KB119054

Cognitive Therapy of Personality Disorders

성격장애의 인지치료

Aaron T. Beck,
Arthur Freeman,
Denise D. Davis, & Associates 공저

민병배 · 유성진 공역

학지사

Cognitive Therapy of Personality Disorders

by Aaron T. Beck, Arthur Freeman, Denise D. Davis, and Associates

| 역자서문 |

역자가 처음 인지치료 서적을 접한 것이 1980년대 후반 무렵이니, 벌써 20년의 세월이 흘렀다. 그동안 많은 강의와 워크숍을 통하여 나름대로 인지치료의 핵심을 전달해 보려 노력했지만, 역량의 한계를 절감하며 좋은 책의 번역 필요성을 느껴 오던 차에 이 책의 개정판을 다시 접하게 되었다.

이 책의 초판(1990)을 처음 접한 것은 1991년 가을이었다. 당시 서울대학교병원 신경정신과에서 임상심리학 수련과정을 밟고 있을 때, 김중술 교수님께서 지도하시는 세미나에서 이 책을 함께 읽게 되었다. 2004년 이 책의 개정판이 출간되었을 때, 혼자서 일독하며 초판에 비해 그 내용이 더 깊이 있고 풍부해졌음을 느낄 수 있었다. 2004년 2학기에 서울대학교 대학원에서 인지치료 강의를 맡는 기회를 얻어 대학원생들과 함께 이 책을 강독하게 되면서, 번역을 결심하게 되었다.

성격장애 환자들은 뿌리 깊고 만성적인 대인관계 문제를 지니고 살면서, 자신의 고통스러운 정서를 해결하기 위하여 경직된 대처방략에 의존하는 사람들이다. 이들의 모습 속에서 우리는 우리 자신의 모습을 발견하며, 우리가 임상 장면에서 실제로 접하는 환자들의 모습을 발견한다. 경직된 대처방략을 통하여 도식의 활성화와 그에 따른 정서적 고통을 만성적으로 회피하려는 성격장애 환자들을 이해하고 치료하기 위해서는, 인지치료의 전통적인 인지적, 행동적 기법만으로는 부족함을 실감하게 된다. 이들에게는 체험적 기법을 통한 정서적 고통의 활성화가 필요하기도 하고, 도식과 대처방략의 발달적 기원으로서 어린 시절의 경험을 재체험하고 이해하는 과정이 요구되기도 하며, 도식과 대처방략이 드러나고 치유되는 장으로서의 치료관계에 대한 세심한 고려가 필요할 때가 많다. 이처럼 성격장애 환자들을 치료하기 위해서는 전통적인 인지치료의 확장이 요구되었으며, 이들에게 인지치료를 적용하는 과정에서 인지치료는 보다 더 통합적인 접근으로 진화했다고 볼 수 있다. 이 책은 인지치료의 이러한 통합적 흐름을 잘 반영하고 있으며, 인지치료의 가장 최근의 모습을 잘 드러내고 있다고 생각된다. 보다 구조화된 장애 특정적 접근을 통해 인지치료에 접한 독자들은 임상 장면에서 실제로 접하는 환자들에게 인지치료를 적용하는 데 뭔가 아쉬움을 느꼈을지도 모르겠다. 만일 그렇다면 이 책에서 보다 통합적이고 실제적인 인지치료의 면모를 느낄 수도 있을 것이다.

이 책의 제1부에서 인지치료의 최근 이론을 접할 수 있을 것이며, 제2부에서는 11개 성격장애에 대한 인지적 이해와 치료접근의 실제를 맛볼 수 있을 것이다. 개별 성격장애에 대한 인지치료를 읽어 갈 때 이를 특정 성격장애에 대한 정형화된 접근으로 간주하지 않기를 바란다. 오히려 다양한 개별 사례에 대해서 그 특정 사례에 고유한 개념화에 입각하여 그 사례를 이해해 보려 했던 저자들의 노력이 반영된 것으로 이해하며 읽어 가기 바란다. 한 환자를 특정한 틀에 맞춰 이해하기보다는 그를 고유한 한 사람으로 이해하고 개념화하는 것이 인지치료의 본래 정신임을 명심해야 할 것이다.

역자가 꽤 오랫동안 영어를 접하고 원서를 읽었지만, 아직도 원서를 빠르고 정확하게 읽고 소화하기에는 한계가 있음을 절감한다. 좋은 심리치료자가 되고 싶었고, 이를 위해 좋은 심리치료 서적을 많이 읽고 싶었지만, 그럴 수가 없었다. 다행히 최근 들어 우리나라에서 좋은 심리치료 서적들이 번역되어 이들로부터 많은 도움을 얻었다. 누워서도 읽고 전철에서도 읽을 수 있다는 사실 하나만으로도 흐뭇한 행복감에 젖어 들 수 있었고, 내게 그런 행복을 가져다 준 역자들에게 깊은 감사를 느끼기도 했다. 오랫동안 인지행동치료를 공부하고 강의했다는 사람이 임상 활동에 바쁘다는 핑계로 인지행동치료에 대한 한 권의 역서도 내지 못한 것이 직무유기처럼 느껴졌고, 마음 한 구석에 늘 빚진 심정이 자리 잡고 있었다. 선배, 동료, 후학들에게 빚을 갚는 심정으로 이 책의 번역에 착수했지만, 번역과정이 만만치 않은 것임을 통감했다. 여러 번 읽고 여러 번 수정했음에도 여전히 미진하고 부족한 부분이 남아 있음을 인정하지 않을 수 없다. 독자들께서 넓은 아량으로 이해해 주시기를 바란다.

2004년 가을 학기, 당시 강의에 함께 참여했던 대학원생들이 한 장씩 맡아 초역을 해 주었다. 심리학과 대학원생으로는 유성진(2장 초역), 이은호(3장), 임진현(4장), 이현우(6장), 임선영(7장), 김상선(9장), 이준득(11장), 이수현(12장)이 참여했고, 교육학과 대학원생으로는 왕은자(1장), 고홍월(5장), 이원이(8장), 김종범(10장), 문수정(13장), 이명경(15장), 은혜경(16장)이 참여했다. 이들이 없었으면 이 책은 나오지 못했을 것이다. 이 자리를 빌려 진심으로 감사를 표한다. 이들의 초역을 바탕으로 유성진이 1장에서 8장까지를 책임 번역하고 민병배가 9장에서 16장까지를 책임 번역한 후, 서로의 원고를 교차 점검하고 수정하면서 번역을 마무리했다.

이 책의 출판을 허락해 주시고 지원해 주신 학지사 김진환 사장님과 정성껏 세심하게 편집과 교정을 해 주신 편집부 정영석 차장님께 진심으로 감사를 드린다. 이 책이 성격장애 환자들을 따뜻하게 이해하고 체계적으로 개입하는 데 소중한 밑거름이 되길 바란다.

2007년 11월

민 병 배

| 저자서문 |

    Aaron T. Beck과 그의 동료들이 『우울증의 인지치료(Cognitive Therapy of Depression)』를 출간한 것이 지금으로부터 벌써 20여 년 전의 일이고, 그동안 인지 치료는 비약적인 발전을 거듭해 왔다. 초창기에는 인지치료가 우울증을 주로 다루었지만, 인지모델은 계속 진보하여 임상장면에서 흔히 접하는 불안장애, 공황장애, 섭식장애, 물질남용 등의 임상증후군뿐만 아니라 정신증에서 나타나는 사고장애에까지 두루 적용되고 있다. 우리는 이런 다양한 임상적 문제에 대한 인지치료의 효과가 여러 치료성과 연구에서 확인된 바 있으며, 인지치료 혹은 인지치료의 변형이 모든 임상집단에 실제적으로 적용되고 있다는 사실과 더불어, 인지치료가 모든 연령의 환자들(어린이, 청소년, 성인, 노인)에게 다양한 장면(외래치료, 입원치료, 부부치료, 집단치료, 가족치료)에서 실시되고 있다는 점을 언급하고 싶다.

    인지치료자의 임상 경험이 풍부해지고 치료기술이 세련되면서, 자연스럽게 성격장애에 대한 임상적 관심이 증가되었고 성격장애 환자들과의 치료작업도 발전하게 되었다. 이 책의 초판은 성격장애라는 복잡하고도 난해한 문제에 구체적으로 주목했던 최초의 인지적 접근이었다. 이번에 내놓는 후속판(제2판)에는 그동안 진일보한 우리의 임상적 지혜와 더불어 종종 치료가 불가능한 것으로 간주되어 왔던 성격장애들을 효과적으로 다룰 수 있는 인지치료의 잠재력이 담겨 있다.

    현재 인지치료는 전 세계적으로 각광받고 있으며, 남극을 제외한 모든 대륙에 인지치료센터(혹은 인지치료 스터디그룹)들이 설립되었다. Prochaska와 Norcross(2003)는 그들의 저서 『심리치료의 체계들(Systems of Psychotherapy)』

에서 다음과 같이 이야기하고 있다.

　　인지치료의 추세를 가장 안전하게 예측하려면, 인지치료가 계속해서 성장하고 있다고 말해야 할 것이다. 같은 시대를 살고 있는 우리가 보기에, 가장 빠른 속도로 발전하면서 가장 진지하게 연구되고 있는 치료적 접근은 인지행동적 치료 전반이며, 특히 Beck의 인지치료가 그러하다. 인지치료가 각광받고 있는 이유는 너무나 분명하다. 인지치료는 매뉴얼화되어 있고, 상대적으로 단기적인 치료이며, 광범위한 검증을 받았고, 약물치료와 병행할 수 있으며, 문제중심적이다. 이런 식으로 생각해 보는 것은 어떨까? 만약 우리가 여러 유형의 심리치료 체계들이 상장된 주식시장에서 어떤 주식을 살 수밖에 없는 상황이라면, Beck의 인지치료는 향후 5년간의 성장을 내다볼 수 있는 블루칩에 해당될 것이다(p. 369).

　　연구에 따르면, 여러 인지적 접근들에 대한 심리치료자들의 관심은 1973년 이래로 600%나 증가되었다(Norcross, Prochaska, & Gallagher, 1989).

　　이 책이 발간되는 데는 펜실베이니아대학교의 인지치료센터에서 수련 받은 치료자들과 그들에게서 훈련받은 치료자들이 많은 영향을 주었다. 이 책에서 소개하는 내용들은 수년간 Beck이 이끌었던 사례토의와 세미나를 통해 제기되고 다듬어진 것들이다. 이런 작업을 통해 우리가 알게 된 것들을 책으로 펴내어 다른 사람들과 공유하기로 마음먹었을 때, 우리는 성격장애들이 너무 다양하기 때문에 한두 명의 치료자가 모든 성격장애를 두루 전문적으로 치료할 수는 없다는 점을 깨닫게 되었다. 그래서 우리는 인지치료센터 출신의 탁월한 치료자들 중에서 우리와 함께 이 책을 쓸 수 있는 동료들을 선별했고, 각자 자신의 전문분야를 집필하게 되었다. 하지만 본질적으로 다른 (혹은 중복되는) 견해들이 제시되는 것을 막기 위해서, 우리는 편집판 형식의 책을 쓰지는 않기로 결정했다. 즉, 저술 전체의 통일성과 일관성을 확보하기 위해서, 우리는 모든 저자들의 기여가 협동적으로 반영될 수 있는 체제를 갖추기로 합의했다.

　　우선 각 저자들이 자신이 맡은 특정한 주제나 임상적 적용에 대해서 책임 집필했다. 더욱 풍성하고 일관적인 저술이 되도록 하기 위해, 우리는 각각의 주제에 대해서 개별 저자들이 보내온 초고를 서로 돌려보았고, 원저자에게 다시 원고를 보내서 수정 및 보완작업을 해달라고 요청했다. 최종적으로, 저자들 중 한 명이 원고 전체를 검토하고 편집하면서 저술의 내용, 용어, 형식을 일관성 있게 가다듬었다. 비록 이 책은 여러 저자들이 힘을 합쳐 노력한 결실이지만 개별 저자들이 각 장의 책임을 맡았기에, 각 장의 책임저자를 다음에 밝혀 두었다. 이 책의 제2판을 출간하는 프로젝트를 총괄한 사람은 Denise D. Davis였고, 그녀는 모든 원고를 통합하여 최종적으로 편집하고 일관성을 갖추는 데 헌신했다.

이 책의 개정작업을 추진해야 되는 이유들을 논의하는 과정에서, 여러 이슈들이 우리의 결심에 영향을 미쳤다. 우선, 이 책의 초판이 발간된 1990년 이래로 14년의 세월이 흐르면서 성격장애의 인지치료는 꾸준히 확장되어 왔다. 그동안 우리는 인지치료자로서의 임상 경험을 축적했고, 이 강력한 잠재력을 지닌 치료접근의 가치와 한계를 더욱 명확하게 인식할 수 있었다. 또한 새로운 경험적 증거들로부터도 많은 것을 배웠다. 이 책의 초판에 기여했던 저자들 중 상당수는, 그동안의 임상 경험을 바탕으로 전보다 더 풍성하고 깊이 있는 글을 쓸 수 있는 준비가 되어 있었다. 또한 우리는 최신의 전문지식으로 무장한 신예들을 여럿 알고 있었고, 그들이 우리의 초판에 신선하고 현대적인 관점을 추가해 줄 수 있을 것이라고 생각했다. 또한 우리는 성격장애의 임상적 평가 부분을 확충하고 싶었고, 성격장애의 인지치료에서 정서와 치료관계가 차지하는 역할을 더 상세하게 논의하고 싶었다.

이 책은 크게 두 부분으로 구성되어 있다. 제1부에서는 성격장애의 역사적, 이론적 및 치료적 측면에 대한 광범위한 조망을 제시했다. 제2부에서는 개별 성격장애에 대한 임상적 적용을 상세하게 다루고 있다. 임상적 적용에 관한 장들은 3개의 군집에 맞춰 순서대로 제시했는데, 이는 『정신장애의 진단 및 통계편람 제4판 개정판』(DSM-IV-TR; American Psychiatric Association, 2000)의 분류에 따른 것이다. '기이하거나 유별나다'고 묘사되는 군집 A에는 편집성, 분열성, 분열형 성격장애가 해당된다. '극적이거나 정서적이거나 변덕스럽다'고 기술되는 군집 B에는 반사회성, 경계선, 연극성, 자기애성 성격장애가 포함된다. '불안하거나 두려워한다'고 묘사되는 군집 C에는 의존성, 회피성, 강박성 성격상애가 해당된다. 우리는 수동-공격성 성격장애를 개정판에 포함시킬 것인지에 대해서 심사숙고한 뒤, 비록 DSM-IV-TR의 성격장애 목록에서는 이 장애가 제외되었고 부록의 후속연구가 필요한 범주로만 분류되어 있지만, 이 책에 포함시키기로 결정했다. 그 이유는 수동-공격성 혹은 거부적 성격장애라는 범주가 임상적으로 특별한 의미를 지니고 있으며, 우리의 연구결과에서 이 성격장애의 임상진단과 관련된 역기능적 믿음의 독특성이 입증되었기 때문이다.

제1부는 Aaron T. Beck, Arthur Freeman, Andrew Butler, Denise D. Davis 및 James Pretzer가 집필했다. 제1장에서는, 성격장애 환자의 진단, 치료, 의뢰와 관련된 전반적인 문제에 대한 인지행동적 접근을 Freeman과 Pretzer가 개관했다. 여기서 도식의 형성이라는 개념 및 도식이 행동에 미치는 영향에 대해서 논의했고, 이후의 장들에서 다뤄질 중요한 이슈들을 독자에게 소개했다. 또한 성격장애의 인지행동적 치료와 관련하여 현재까지 수행된 임상적 및 경험적 연구들을 논의했다.

제2장에서는, Beck이 개인의 삶에서 성격과정이 어떻게 형성되어 적응적인 기능으로 작동하게 되는지를 설명했다. 진화적 관점을 논의의 출발점으로 삼은 Beck은, 도식(및 도식들의 독특한 조합)이 어떻게 다양한 장애를 만들어 내는지를 상세하게 기술했다. 이어서, 각 성격장애에서 관찰되는 기본적인 믿음/태도와 더불어 환자가 적응하기 위해 발달시킨 기본방략을 소개했다. 또한 각 성격장애의 정보처리 특성 및 정보왜곡의 특정한 유형을 비중, 활동성, 활성화 가능성이라는 도식의 특징들과 연결지어 설명했다. 각 성격장애에는 (다른 성격장애와 구분되는) 특별히 우세한 믿음과 방략이 존재하는데, 그것이 그 성격장애의 특징적인 프로파일을 형성하게 된다. Beck은 각 성격장애에서 전형적으로 과잉발달된 방략들과 과소발달된 방략들을 제시했다. 그에 따르면, 방략이란 발달과정의 경험들로부터 파생된 것 혹은 그런 경험들을 보상하기 위한 시도를 의미한다. 그는 각 성격장애의 전형적인 인지적 프로파일을 제시했는데, 여기에는 자기관, 타인관, 핵심 믿음, 조건적 믿음, 그리고 주요 보상전략이 포함된다. 이것을 토대로, 성격장

애에 대한 광범위한 수준의 인지적 및 행동적 개입이 가능한 것이다.

제3장에서는, Andrew Butler가 정신병리의 매우 복잡한 영역을 이해하는 데 필요한 개념적, 방법론적, 전략적 이슈들을 개관하면서 성격장애의 평가와 관련된 주제를 논의했다. 성격병리를 인지적인 관점에서 측정하는 도구들을 개관했고, 최근에 개발된 성격 믿음 질문지(PBQ)의 사례도 예시했다. 제4장을 집필한 Beck과 Freeman은 성격장애를 위한 인지치료의 일반원칙을 정리했다. 환자가 지닌 핵심도식을 추론하는 일차적인 방법은 그의 자동적 사고를 탐색하는 것이다. 또한 과거의 외상 경험을 다시 불러일으키는 심상작업을 통해서도 환자의 핵심도식을 활성화시킬 수 있다. 그런 다음에는 이런 도식의 깊숙한 곳에 자리 잡고 있는 믿음들을 치료적 맥락에서 검토할 수 있게 된다. 그들은 인지치료의 기본적인 치료전략을 개관하면서, 특히 사례개념화의 중요성을 강조했다. 또한 치료적 협력, 안내를 통한 발견, 전이와 역전이의 중요성에 대해서도 논의했다. 이 장의 끝부분에서는 도식을 수정하는 데 적용되는 구체적인 인지적 및 행동적 기법들을 소개했다.

제1부의 마지막인 제5장은 성격장애의 치료에서 치료자와 환자 사이의 치료관계가 매우 중요하다는 점을 강조하기 위해서 이번에 새로이 집필했다. 환자들이 치료에 협력하지 않는 다양한 이유들을 다루었던 Beck과 Freeman의 이전 저작을 기초로 하여, Denise Davis가 사회문화적인 고려사항 및 의료관리체계에서 참작해야 할 사항을 추가한 것이다. 아울러, 그녀는 성격장애 치료라는 맥락에서 대인관계 영역의 확장 필요성에 대해 논의했고, 전이와 역전이를 인지모델에서 어떻게 개념화하고 있는지를 기술했다. 또한 이 장에서는 환자 및 치료자의 감정을 다루는 인지치료의 구체적인 전략들도 소개하고 있다. 여기서 개략적으로 소개한 인지치료의 정서적 및 대인관계적 특징들은, 제2부에서 각각의 성격장애를 다루면서 치료관계의 문제와 구체적인 협력전략을 논의하는 과정에서 보완될 것이다.

이 책의 제2부에서는 11가지의 성격장애를 개별적으로 소개하고 있는데, 각 장은 다음과 같은 형식으로 기술되었다. 우선 해당 성격장애의 핵심특징과 임상적 발현양상을 묘사했고, 지금까지 임상가들이 그 성격장애를 어떻게 이해해 왔는지에 관한 역사적 조망을 제시했다. 또한 주요 연구결과 및 경험적 자료를 언급했고, 감별진단에 대해서도 간략하게 논의했다. 다음으로, 개별 저자들이 특정한 성격장애를 인지적인 관점으로 설명하고 개념화한 내용을 제시했고, 이런 문제를 지닌 환자들을 어떻게 치료할 것인지에 대해서 기술했다. 협력전략을 다룬 부분에서는, 환자가 지니고 있는 구체적인 믿음과 방략이 치료적 협력에 어떤 식으로 영향을 미치는지 그리고 이런 문제를 어떻게 다룰 수 있는지를 언급했고, 독자들의 이해를 돕기 위해 풍부한 사례를 제시했다. 마지막으로, 치료성과의 유지를 위한 제언들을 기술했다. 비록 모든 저자들이 동일한 형식에 맞춰 글을 쓰기는 했지만, 각 장에는 저마다 다른 아이디어들이 스며들어 있기에, 독자들은 인지모델을 풍성하게 살펴볼 수 있을 것이다.

개별 성격장애에 대한 임상적용의 첫 번째 페이지를 장식한 제6장은 편집성 성격장애를 다루고 있는데, 초판의 저자였던 James Pretzer가 직접 수정했다. 이 장애에 대한 연구는 상대적으로 많이 이루어지지 않았는데, 편집성 성격장애 환자들은 대인관계에서의 지나친 의심뿐만 아니라 몇 가지의 독특한 문제를 드러낸다. 분열성 및 분열형 성격장애를 상세하게 소개한 제7장은 Anthony Morrison과 Julia Renton이 새로 집필했다. 저자들은 탄탄한 이론적 설명과 실제적인 치료지침을 제시하고 있는데, 두 성격장애의 변별적 이해, 기이하고 유별난 사회적 적응방식에 기여하는 사고와 믿음을 다루기 위한 임상적 기술, 전형적으로 타인과의 관계형성에서 곤란을 겪는 이 환자들을 치료적 협력관계에 끌어들이는 방법 등을 소개했다.

제8장에서는 반사회성 성격장애를 다루고 있다. 초판에서 이 장을 집필한 사람은 Denise Davis였는데, 개정판에서는 Arthur Freeman과 Davis가 공동으로 극적이고, 정서적이며, 변덕스러운 특징을 보이는 군집 B 성격장애를 소개했다. 저자들은 반사회성 성격장애 환자가 보이는 회피와 조종의 패턴을 직면시키고, 이들에게 한계를 설정하고, 과제를 수행하게 하며, 적응적인 기술을 훈련시키는 방법에 대해서 상세히 기술했다.

경계선 성격장애를 다룬 제9장은 Arnoud Arntz가 새로 집필했다. 그는 지난 10여 년간 축적된 방대한 경험적 및 이론적 자료들을 요약했으며, 도식의 수정을 목표로 하는 인지적 접근방법을 예시하면서 경계선 성격병리의 치료라는 시의적절한 논제를 맵시 있게 다루었다. 제10장 연극성 성격장애를 집필한 Barbara Fleming은 자신이 직접 저술했던 초판을 최신 동향에 맞춰 보완했고, 이 성격장애를 역사적으로 조망하면서 그간의 성차별적인 견해들이 이 장애를 이해하는 데 어떤 영향을 미쳤는지를 잘 정리했다. 그녀는 연극성 성격장애를 인지적 관점에서 다시 개념화했으며, 극적으로 과장된 감정표현의 문제를 다룬 치료사례를 명료하게 제시했다. 제11장에서는 자기과장을 특징으로 하는 자기애성 성격장애를 소개했는데, 이 장은 Denise Davis가 초판에 실었던 자신의 인지적 관점을 보완한 것이다. 그녀는 자기애성 성격장애 환자들의 핵심믿음과 핵심가정을 밝히고 있으며, 상대적으로 수정이 용이한 일차적 믿음에 주목하는 방식으로 이 도전적인 장애를 다루는 인지모델을 소개하고 있다.

Barbara Fleming은 자신이 쓴 초판을 개정하여 의존성 성격장애에 관한 제12장을 구성했고, 불안하고 두려워하는 특징을 지닌 군집 C 성격장애를 소개했다. 그녀는 능력, 유기, 독립 등의 주제와 관련된 의존적인 환자들의 믿음을 다루면서, 보다 적응적이고 독립적인 기능을 수행하도록 도울 수 있는 다양한 방법들을 설명했다. 또한 그녀는 치료자의 좌절이라는 핵심주제를 논의하면서, 환자의 의존을 적정선에서 관리하는 전략을 기술했다. 의존적인 환자들은 치료자에게 의지하기 위해서 피상적으로 순응하거나 아부하는 모습을 특징적으로 드러내므로, 이것은 매우 중요한 문제이다. 회피성 성격장애를 다룬 제13장은 초판과 마찬가지로 Christine A. Padesky와 Judith S. Beck이 함께 집필했다. 저자들은 회피적인 환자들의 특징인 자기비하와 거절예상을 비롯하여, 불쾌한 감정이나 대인접촉은 견딜 수 없다는 믿음을 다루는 방법을 설명하는 데 주력했다. 초판에서와 마찬가지로 불안의 치료 및 구체적인 기술훈련의 필요성이 강조되었으며, 치료에 적용된 구체적인 기법을 보다 상세하게 이해할 수 있도록 임상사례를 확충했다.

초판에서 강박성 성격장애를 집필했던 Karen M. Simon이 최신 동향을 아우른 제14장을 서술했다. Simon은 강박적인 사람들이 지니고 있는 사회적으로 높게 평가받는 특질들과 건설적인 방략들(성실한 수행, 감정조절, 자기훈련, 인내력, 신뢰성, 예의바름)이 역기능적인 경직성, 완벽주의, 반추, 교조주의 및 우유부단으로 변질되는 과정을 잘 설명했다. 또한 그는 강박적인 성격과 관련이 있는 우울, 성적인 곤란, 정신신체증상 등에 대해서도 논의했다. 수동-공격성 성격 혹은 거부적 성격을 다룬 제15장은 Gina Fusco가 새로 집필했다. 그녀는 논란의 소지가 있는 수동-공격성 성격이라는 개념을 역사적으로 조망했으며, 이 환자들의 적응기능을 손상시키는 전형적인 문제인 양가감정, 의존성, 빈약한 자기주장에 주로 초점을 맞추었다. Fusco는 이 장애의 치료에서 맞닥뜨리게 되는 난관을 해결하고 보다 건설적인 방향의 변화를 이끌어 내는 인지적 접근방법을 임상사례를 통해 제시했다.

이 책의 마지막 장인 제16장은 James Pretzer가 집필했는데, 그는 성격장애를 위한 인지치료에서의 핵심논제들을 요약하면서 미래를 위한 종합과 전망을 제시했다.

| 감사의 글 |

이 책을 출간하는 과정에서 기억에 남는 일로 다섯 가지를 언급하고 싶다. 우선, 처음으로 성격장애의 인지치료에 관한 책을 쓰기로 구상하고 틀을 잡아가면서 느꼈던 흥분과 설렘을 잊을 수 없다. 초반 작업을 진행하는 동안, 우리는 무수한 아이디어들을 제안하고, 발전시키고, 수정했으며, 그것들을 폐기하고, 재평가하고, 재개념화하는 작업을 반복했다. 우리의 작업이 대개 그러하듯이, 이 책의 초판과 개정판 모두 과학적인 호기심 및 임상적인 필요성 때문에 시작된 것이다. 우리 센터의 모든 치료자들은 성격장애를 지닌 환자들을 실제로 만나서 치료하고 있다. 이 책을 집필하려는 구상은 Aaron T. Beck이 매주 이끌었던 임상세미나에서 비롯되었다. 그 구상이 실현되는 과정에서 펜실베이니아대학교 및 미국 내 여러 인지치료센터의 동료들이 우리에게 임상적 통찰과 정보를 주었기에, 여기서 그들의 공로에 감사를 표하고 싶다. 그들 중의 상당수는 초판과 개정판의 집필에 직접 참여했고, 이 책의 방향과 내용을 결정하는 데 지대한 영향을 미쳤다. 그들의 탁월하고 예리한 임상능력이 이 책을 빛나게 해주었다.

둘째, 이 책의 초판을 상당 부분 개정하여 후속판을 출간할 것인지 여부를 놓고 고심하던 때가 기억난다. 이와 관련하여 출판사와 저자들 간에 열띤 토의가 벌어졌다. 개정판을 출간하기로 의견을 모으면서, 우리는 이 프로젝트를 기한 내에 마칠 수 있도록 하기 위해, 그리고 저술의 일관성을 유지할 수 있도록 하기 위해, 전체 작업을 총괄할 프로젝트 매니저를 위촉하기로 했다.

셋째, 원고의 수합 및 검토 작업에 대해 언급하고 싶다. 이 시기에 와서, 아이디어들은 구체화되었으며 실질적인 원고로 작성되었다. 무형의 아이디어가 비로소 어떤 형태를 갖추기 시작한 것이다. 이 책의 개정판을 출간하는 과정에서 Denise D. Davis가 프로젝트 매니저로 헌신했는데, 그녀는 구상 단계에서부터 최종 출판에 이르기까지 모든 원고를 검토하고 다듬고 편집하여 세련되게 만들어 주었다.

넷째, 위와 같은 과정을 거쳐 만들어진 초벌 원고를 출판사에 보냈을 때가 생각난다. The Guilford Press의 편집장인 Seymour Weingarten은 인지치료의 오랜 후원자였다(20여 년 전에 『우울증의 인지치료』를 출간한 것도 Seymour의 지혜와 혜안 덕분이었다.). 그는 이 책의 초판과 개정판을 마무리할 수 있도록 끊임없는 지지와 격려와 자극을 보내 주었다. Caroylyn Graham, Craig Thomas를 비롯한 Guilford의 다른 직원들도 이 책이 나오기까지 변함없는 성원을 보내 주었다.

이제는 출판기술이 발전되어 최종 원고를 만들어 내는 데 우리의 힘이 덜 들어가기는 했지만, 이 힘겨운 작업을 마칠 수 있도록 도와준 분들께 개인적으로 감사의 인사를 드리고 싶다.

비록 그 시작은 미약했지만, 이제 인지치료는 세상에서 가장 빠르게 성장하는 심리치료가 되었다. 나는 『성격장애의 인지치료』의 개정판을 내놓는 것이 특별히 자랑스럽다. 왜냐하면, 이 책은 나의 전문가로서의 가족(물론, 나의 딸 Judith를 포함하여)들 중에서 가장 생산적인 사람들이 힘을 합쳐 빚어낸 결실이기 때문이다. 이 책의 출간에 공헌한 모든 사람들의 노고를 치하하며, 특히 Denise D. Davis와 Art Freeman에게 감사드린다.

-Aaron T. Beck

나는 1977년부터 펜실베이니아대학교 인지치료센터에서 일하기 시작했는데, 그때부터 지금까지 사반세기에 걸쳐 Tim Beck과 함께 협동적인 작업을 해 오고 있다. 이것은 개인으로서 그리고 전문가로서 내 인생의 중요한 전환점이었다. Tim은 나의 동료이자 상담자였으며, 협력자이자 지지자였고, 비평가이자 친구였다. Denise Davis는 20년 동안 든든하고 소중한 동료였다. 그녀는 한결같은 친구이자 협력자였다. 나의 아내인 Sharon은 인생의 동반자였으며, 그녀가 보내 준 사랑과 지지와 창의력은 나에게 힘과 용기를 주었다. 　　　　　－Arthur Freeman

　Tim Beck과 Art Freeman은 인지치료의 발전에 지대한 영향을 미친 영감을 지닌 리더들이다. 나는 Tim과 Art가 나에게 보여준 우정과 관대함에 특별한 감사를 표하고 싶다. 그들의 신뢰와 확신은 정말로 값진 선물이었다. 또한 이 책의 출판에 기여한 모든 사람들은 나의 끊임없이 거듭되는 요구에도 성심성의껏 반응하는 멋진 모습을 보여주었다. 그들과의 작업을 통해 많은 것을 배울 수 있는 기회를 얻었다는 데 감사한다. 또한 내 인생의 협력자인 Charles Sharbel에게도 고마움을 전하고 싶다. 그는 내가 이 프로젝트를 완수할 수 있도록 기쁨과 여유와 지지를 보내 주었다. 　　　　　－Denise D. Davis

　마지막으로, 우리 모두는 수년간 우리와 함께 작업하면서 자신들의 무거운 짐과 고통을 다른 사람들과 공유할 수 있도록 허락해 준 환자분들께 감사의 인사를 드리고 싶다. 인지치료라는 이론과 기법을 발전시킬 동기를 북돋아 준 것은 순전히 그들의 고통과 고뇌였다. 환자들은 우리에게 많은 것을 가르쳐 주었다. 우리는 그들이 더욱 충만하고 온전한 삶을 살 수 있기를 바라며, 그렇게 할 수 있도록 우리가 돕기를 원한다.

　다섯째이자 마지막 과정으로, 이 책의 출간을 기념하고 싶다. 이미 많은 것을 언급했지만, 사족으로 덧붙이고 싶다. 우리가 내놓은 책은 이제 당신 및 우리 동료들의 손에 들려 있다. 우리는 이 책이 당신과 당신이 만나는 환자들에게 도움이 되기를 바란다.

Aaron T. Beck
Arthur Freeman
Denise D. Davis

18 ●

제2부 **개별 성격장애에 대한 적용**

제 1 부
역사, 이론 및 연구

제1장

성격장애의 인지치료: 개관

성격장애 환자의 심리치료는 심리치료의 역사가 기록되기 시작한 이래로 지금까지 여러 임상문헌에서 꾸준히 논의되고 있다. 현재의 진단기준을 적용하면, Freud의 고전적인 사례인 안나 오(Anna O; Breuer & Freud, 1893~1895/1955)와 생쥐 인간(Rat Man; Freud, 1909/1955)도 성격장애로 진단할 수 있다. 미국정신의학회가 1952년에 처음 발간한 『정신장애의 진단 및 통계편람(Diagnostic and Statistical Manual of Mental Disorders: DSM-I)』이 발전을 거듭하여 현재의 제4판 개정판(DSM-IV-TR; American Psychiatric Association, 2000)을 발간하기까지, 성격장애라는 심각하고 만성적인 상태에 대한 정의 및 준거는 서서히 확장되고 다듬어져 왔다. 얼마 전에는 성격장애의 심리치료 전반을 다루는 문헌이 출간되었으며, 성격장애의 심리치료는 빠르게 성장하고 있다. 최근까지, 성격장애의 심리치료를 소개한 문헌들은 주로 정신분석적인 관점을 견지해 왔다(Chatham, 1985; Goldstein, 1985; Horowitz, 1977; Kernberg, 1975, 1984; Lion, 1981; Masterson, 1985; Reid, 1981; Saul & Warner, 1982; Waldinger & Gunderson, 1987).

성격장애에 대한 인지행동적 접근

보다 최근에는, 행동주의적인 입장을 견지하는 치료자들(Linehan, 1987a, 1993; Linehan, Armstrong, Suarez, Allmon, & Heard, 1991)과 인지행동적인 입장을 취하는 치료자들(Fleming & Pretzer, 1990; Freeman, Pretzer, Fleming, & Simon, 1990; McGinn & Young, 1996; Pretzer & Beck, 1996)이 성격장애를 인지행동적인 접근으로 이해하여 개념화하고 치료하는 방법을 개발했다. 정서장애 환자의 치료에 인지적인 접근을 처음 적용했을 때, 인지치료자들은 Adler, Horney, Sullivan 및 Frankl과 같은 '자아분석가'들의 견해를 끌어들였다. 비록 인지치료자들의 치료적 혁신이 정신분석가들에게는 급진적인 것으로 받아들여졌지만, 환자의 외현적인 성격을 변화시키기 위해 주로 내성법을 적용했다는 점에서, 초기의 인지치료에는 '통찰치료(insight therapy)'의 요소가 다분히 포함되어 있었다(Beck, 1967; Ellis, 1962). Beck과 Ellis 및 그들의 동료들은 구조화된 실제 노출 과제를 비롯한 다양한 행동적 치료기법들을 처음으로 적용한 사람들 중의 하나다. 그들은 인지적·행동적 기법이 환자의 증상을 경감시킬 뿐만 아니라 환자의 '인지도식(cognitive schema)' 혹은 지배적인 믿음에도 영향을 미친다는 점을 꾸준히 강조해 왔다. 환자가 지니는 도식은 치료의 초점과 방향을 어떻게 설정해야 할지를 알려 주며, 환자가 경험하는 일상생활 및 특별한 사건의 본질이 무엇인지를 파악할 수 있게 해준다.

인지치료자들과 정신분석가들은 성격장애 환자의 치료에서 '핵심 문제'를 파악하고 수정하는 것이 보다 더 효율적이라는 견해에 개념적으로 동의하지만, 이러한 핵심 구조의 특징에 대해서는 서로 다른 시각을 지니고 있다. 정신분석가들은 핵심 구조가 무의식의 영역에 놓여 있기 때문에 환자가 쉽게 접근할 수 없다고 여긴다. 하지만 인지치료자들은 핵심 구조가 작동하는 과정에서 얻어진 산물을 환자가 대체로 자각할 수 있으며(Ingram & Hollon, 1986), 특별한 전략을 적용하면 그것을 훨씬 더 수월하게 의식할 수 있다고 생각한다. 특정한 유형의 상황에서 일관적으로 편향된 판단을 내리게 하고 인지적 오류를 범하게 만드는 것이 바로 도식인데, (인지치료 이론에 따르면) 역기능적인 감정과 행동은 주로 특정한 도식의 작용으로 인해서 생겨난다. 인지치료 이론의 기본 가정은, 성인이 역기능적인 감정과 행동을 보이는 주된 이유는 동기 혹은 반응의 편향 때문이 아니라 귀인의 편향(attributional bias) 때문이라는 것이다(Hollon, Kendall, & Lumry, 1986; Zwemer & Deffenbacher, 1984). 일부 연구에서는, 아동의 정신병리에서도 성인에게서 전형적으로 관찰되는 인지-정서 패턴과 임상적으로 유사한 패턴이 나타난다는 것(Quay, Routh, & Shapiro, 1987; Ward, Friedlander, & Silverman, 1987)과 효과적인 인지치료 방식은 성인과 아동 모두에게서 동일하다는 것이 밝혀졌다(DiGiuseppe, 1989).

심리치료를 받으려는 환자들 중에서 자신의 성격 문제를 일차적으로 호소하는 사람은 거의 없다. 환자들은 성격 문제보다는 우울이나 불안 혹은 외부적인 상황에 따른 곤란 때문에 심리치료를 받으려고 한다. 타인과의 관계에서 어려움을 겪을 때, 성격장애 환자들은 그런 어려움이 자신의 행동이나 기여와는 아무런 관련이 없다고 생각한다. 그들은 종종 다른 사람들 때문에 자신이 피해를 당하고 있다고 생각하며, 더 넓게는 체제에 의해 피해를 당하고 있다고 여긴다. 이런 환자들은 자신이 어떻게 해서 지금과 같은 삶을 살게 되었는지, 현재의 문제에 자신이 어떤 식으로 기여하고 있는지, 어떻게 하면 달라질 수 있는지에 대해서 거의 자각하지 못한다. 몇몇 환자들은 그가 겪고 있는 문제에 자기패배적인 요소(예: 과도한 의존, 억제, 지나친 회피)가 포함되어 있다는 것을 어느 정도 알아차리기도 하지만, 그 문제에 성격적인 측면이 개입되어 있다는 것을 인식하지는 못하며, 변화를 위해서는 개인적인 의지가 중요하다는 점도 깨닫지 못한다.

환자가 축 II 장애, 즉 성격장애를 지니고 있을 가능성을 시사하는 증후에는 다음과 같은 것들이 있다.

1. 중요한 타인이 "맞아요, 그/그녀는 어렸을 적부터 항상 그런 식으로 행동해 왔어요."라고 보고하거나, 혹은 환자가 "나는 늘 이런 식으로 살아왔어요."라

고 표현한다.

2. 환자가 치료절차에 순응하지 않는다. 비록 성격장애가 아닌 다른 문제를 지닌 환자들도 흔히 치료절차를 잘 따르지 않고, 환자들이 치료에 순응하지 않는 이유도 다양하지만, 어떤 환자가 지속적으로 치료절차에 순응하지 않는다면 축 II 장애를 지니고 있는지를 깊이 탐색해야 한다.

3. 환자가 뚜렷한 이유 없이 치료를 갑자기 중단한다. 임상가는 종종 이러한 환자의 불안감이나 우울감을 감소시킬 수는 있지만, 환자의 성격장애로 인해 더 깊은 치료작업은 가로막히게 된다.

4. 환자가 자신의 행동이 다른 사람에게 어떤 영향을 미치는지를 전혀 인식하지 못하는 것처럼 보인다. 이런 환자들은 다른 사람들이 자신에게 어떤 식으로 반응했는지는 보고할 수 있지만, 타인이 그렇게 반응하도록 유도하고 이끌어 낸 자신의 역기능적인 행동을 알아차리지는 못한다.

5. 환자가 '말로는' 변화에 대한 관심과 의지를 표현하면서 치료작업에 동참하겠다고 하지만, 말로만 그렇게 할 뿐 치료자와 합의한 행동을 실천으로 옮기지 않는다. 변화가 필요하다는 것은 인정하지만, 실제적인 변화를 회피하려고 한다.

6. 환자가 자신의 성격 문제를 자연스럽고 당연한 것으로 여긴다. 환자는 성격 문제를 '자기(self)'의 근본적인 측면으로 인식하며, 다음과 같이 이야기한다. "이게 바로 나예요. 나는 늘 이런 식으로 살아 왔어요. 다른 식으로 산다는 것은 상상도 할 수 없어요."

치료자의 눈에 축 II 장애의 증거로 보이는 행동들은, 환자의 입장에서 보면 다양한 일상생활에서 도움이 되는 순기능적인 행동일지도 모른다. 하지만 그 행동이 어떤 장면에서는 순기능적이라고 하더라도, 다른 장면에서는 이로 인해 엄청난 개인적 대가를 치러야 할 수도 있다. 예컨대, 늘 성실하고 부지런하게 일하면서도 만족감을 느끼지는 못하는 완벽주의적인 컴퓨터 프로그래머가 있었다. 그녀는 과제를 제시간에 끝마치지 못하여 직장에서 압력을 받았고, 저녁 시간과 주말에도 일해야 했기 때문에 다른 사람과 어울릴 수 없었으며, 일을 할 때는 자신의 '기준'에 맞추려고 엄청난 노력을 기울여야 했다. 과거 학생 시절에는 그녀의 강박적인 성격이 도움이 되었다. 언제나 깔끔하고 완벽한 과제를 제출했고 뛰어난 수행을 보였기 때문에, 교사들은 그녀에게 최고의 성적을 부여했고 각별한 관심을 쏟았다. 다른 예로, 강박성 성격장애와 의존성 성격장애를 모두 지닌 66세 퇴역군인의 사례를 살펴보자. 그는 "내 인생의 황금기는 군대시절이었어요. 그 시절에는 무엇을 입을지, 어떤 일을 할지, 어디로 갈지, 무엇을 먹을지 전혀 걱정할 필요가 없었죠."라고 이야기했다. 규칙을 지키고 명령에 복종하는 성격 때문에 군대에서는 성공적인 경력을 쌓을 수 있었지만, 일반 시민으로 되돌아오자 적응하기가 몹시 힘들었다.

성격장애 환자들이 겪고 있는 문제가 본질적으로 만성적이며 이들이 사회적 고립, 타인에 대한 의존, 타인의 인정에 대한 갈망이라는 값비싼 대가를 치르고 있다는 점을 고려할 때, 치료자는 이러한 역기능적인 행동이 지속되는 이유가 무엇인지를 생각해보아야 한다. 역기능적인 행동은 직장이나 학교에서 곤란을 초래하며, 개인과 가족의 생활에 부정적인 영향을 미친다. 어떤 경우, 환자의 역기능적인 행동은 사회적으로 강화되기도 한다(예: '항상 최선을 다하라'는 격언). 환자들이 자신의 삶을 좌우하는 지배적인 도식에 오류가 있다는 것을 '알고 있는' 경우도 있는데, 그런 도식이 오히려 가장 변화시키기 어려운 도식인 경우가 많다. 환자가 역기능적인 도식을 버리지 못하고 집요하게 집착하는 이유를 설명하려면, 다음의 두 가지 요소를 제일 중요하게 고려해야 한다. 이런 문제가 생기는 첫 번째 원인은, DiGiuseppe(1986)가 지적했듯이, 사람들은 (과학성을 지향하는 치료자마저도) 과거의 어느 시점에서 때때로 정확했던 가설을 쉽게 포기하지 못하기 때문이다. 즉, '패러다임의 전환'이 어려운 것이다. 두 번째 원인은, Freeman(1987; Freeman & Leaf, 1989)이 지적했듯이, 근본적으로 편향된 도식이 장기적으로는 일상생활을 영위하는 능력을 제한하고 부담을 안겨 주는 것이 사실이지만, 사람들은 종종 근본적으로 편향된 도식에 적응하면서 단기적인 이득을 얻기 때문이다. 패러다임의 전환과 관련하여, DiGiuseppe(1989)는 특정한 도식이 만들어 내는 다양한 오류들을 예시하면서 이것을 치료적으로 활용하라고 제안하고 있다. 즉, 편향된 도식이 환자의 삶의 중요한 영역에 어떤 영향을 미치는지를 인식할 수 있도록 도우라는 것이다. 더 나아가서, 치료자는 편향되지 않은 대안을 채택하면 결과가 어떻게 달라지는지를 환자에게 반복적으로 설명해 주어야 한다.

두 번째 문제는 그리 만만하지 않다. 예를 들어, 일상생활에서 불안감을 느끼지 않으려고 과잉보상을 통해 불안감을 상쇄시키는 삶의 방식에 적응한 경우, 환자의 변화를 위해서는 불안에 직면시켜야 하고 이전의 보상적인 적응 방식을 변경시켜야 한다. 하지만 환자들은 이러한 변화 시도를 쉽사리 받아들이지 못한다. 앞에서 소개했던 강박적인 컴퓨터 프로그래머의 사례를 다시 살펴보자. 그녀의 과거력과 전반적인 적응 방식을 감안할 때, 치료자가 그녀에게 업무를 수행하면서 일부러 실수를 하거나 혹은 적당한 수준에서 마무리하는 위험을 감수하는 과제를 내준다면, 그녀는 이 과제를 쉽게 받아들이지 못할 것이다. 그녀에게 이러한 치료적 과제를 제시하기에 앞서, 치료자는 환자가 치료목표, 소요 시간, 치료절차 등에 대해서 어떤 기대를 가지고 있는지를 탐색하고 이를 적절히 수정할 필요가 있다. 또한 치료자는 환자가 비교적 즉시적이고 실제적인 이득을 얻을 수 있도록 도와야 하며, 상호 간의 신뢰와 존중을 바탕으로 한 협력적인 관계를 형성할 수 있도록 해야 한다.

삶을 살아가면서 겪는 불행한 경험들은 우리의 편향된 도식을 더욱 강화하기도 하고 성격장애의 형성에 기여하기도 한다. Zimmerman, Pfohl, Stangl 및 Coryell (1985)의 연구에서 이 점이 잘 드러난다. 그들은 DSM-III에서 축 I 장애로 분류되는 급성 우울 삽화로 입원한 여성 환자들을 부정적인 생활 사건 혹은 심리사회적 스트레스(축 IV)의 심각성에 따라서 세 집단으로 분류했다. 이들 세 집단의 우울증상 질문지 점수는 모두 비슷한 수준이었다. 하지만, 겉으로 드러나는 증상이 유사했음에도 불구하고, 이들 세 집단은 증상심각성의 다른 측정치 및 치료곤란성에서는 유의미한 차이를 보였다. 연구가 진행되는 동안 전체 환자의 30% 정도가 자살을 시도했는데, 스트레스 수준이 높은 집단의 자살시도율이 스트레스 수준이 낮은 집단에 비해서 4배나 더 높았다. 성격장애의 공병률은 스트레스 수준이 높은 집단에서 84.2%였는데 반해, 스트레스 수준이 중간인 집단에서는 48.1%였고, 스트레스 수준이 낮은 집단에서는 28.6%였다. 이런 결과에 대해서, 연구자들은 빈번한 부정적 생활 사건과 성격장애 사이에는 상관이 있으며, 적어도 부분적으로는 생활 사건의 만성도(chronicity) 및 만성적인 생활 사건에 대한 환자의 반응에 따라서 사례의 심각성이 달라진다고 결론지었다. 만약 어떤 사람의 삶에서 평범하지 않은 부정적인 생활 사건이 빈번하게 발생한다면, 그 사람은 자신과 세상 및 미래에 대해서 비관적으로 편향된 견해를 갖게 될 가능성이 크다. 이와 반대로, 부정적인 스트레스 사건을 별로 겪지 않는 사람은 상대적으로 안정된 개인적 세계에서 살게 될 것이고, 임상적인 수준의 성격장애를 보일 가능성이 매우 낮을 것이다.

인지치료의 효과를 어떤 시점에서 평가한다면, 치료효과는 치료목표에 대한 환자의 기대와 치료자의 기대가 서로 얼마나 일치되는가에 달려 있다(Martin, Martin, & Slemon, 1987). 일반적인 의료 장면에서 그러한 것처럼(Like & Zyzanski, 1987), 인지치료에서도 환자와 치료자 간의 상호 신뢰 및 환자의 요구를 치료자가 얼마나 인정하는지가 중요하다(Wright & Davis, 1994). 일반적으로 인지치료의 가장 중요한 특징 중의 하나는 바로 협력적인 방식으로 목표를 설정하는 것이다 (Beck, Rush, Shaw, & Emery, 1979; Freeman et al., 1990). 성격장애 환자를 치료할 때 치료자가 가장 주의해야 될 사항들 중의 하나는, 치료가 진행되는 과정에서 환자는 자신의 정체감과 자기감에 심각한 위협을 느끼면서 불안해진다는 점을 치료자가 잘 알고 있어야 한다는 것이다. 비록 환자가 지니는 도식적 구조가 아무런 보상도 제공하지 않는다고 하더라도, 환자의 입장에서 보면 변화된다는 것은 전혀 새롭고 낯선 땅으로 옮겨간다는 것을 의미한다. 환자들이 치료과정에서 직면하는 변화는 단순히 행동의 연쇄 한 가지를 바꾸거나 지각을 간단하게 재구성하는 것이 아니라, 오랜 시간 동안 그리고 여러 상황에서 지금까지 자신을 정의해 왔던 방식, 즉 자신이 누구이고 어떤 사람인지에 대한 견해를 송두리째 포기하는 것을 의미한다. 바로 이러한 점이 잠정적으로 환자를 불안하게 만들 수 있다는 것을 환자와 치료자 모두가 반드시 알고 있어야 한다. 이런 일이 벌어지면, 치료자는 차분하고 믿음직스럽고 안심시키는 태도를 보여 줄 필요가 있으며, 다양한 불안 관리 방법(예: Beck & Emery, with Greenberg, 1985)을 동원해서 환자의 불안을 다룰 수 있다(5장 참조).

우리는 성격장애 환사를 효과적으로 치료하기 위한 선략을 3요소 섭근(tripartite approach)으로 개념화한다. 인지적인 접근 방식을 경직되게 고수하면서 환자의 인지적 왜곡에 논리적으로 도전하는 것만으로는 도움이 안 된다. 치료시간에 공상과 회상을 다루면서 억압된 감정을 풀어내도록 하는 것도 그것만으로는 도움이 안 된다. 온화하고 지지적이며 가용한 치료관계를 형성하는 것만으로는 역기능적인 도식의 행동적, 인지적, 정서적 요소를 충분히 변화시킬 수 없다. 우리는 3가지 영역(인지, 행동, 정서 영역)을 모두 다룰 필요가 있으며, 치료적으로 3요소(인지적, 표현적, 관계적 요소)를 모두 활용할 필요가 있다고 믿는다.

임상적 연구 및 경험적 연구

이 책의 초판이 출간되었을 때만 해도 성격장애에서 인지가 어떤 역할을 하는지에 대한 연구나 성격장애의 치료로서 인지치료가 얼마나 효과적인지에 대한 연구는 아직 걸음마 단계였다. 당시에도 성격장애 환자를 인지치료로 치료한 임상보고는 많았지만, 경험적인 연구는 극소수에 불과했다. 하지만 시간이 흐르면서 상황이 많이 나아졌다. 아직도 더 많은 경험적인 연구들이 필요하기는 하지만, 현재는 성격장애의 인지적 개념화 및 성격장애의 치료로서 인지치료의 효과에 대한 경험적인 연구들이 상당히 축적된 상태다.

성격장애의 인지적 개념화가 과연 타당한가?

성격장애를 인지적으로 개념화하기 시작한 것은 비교적 최근의 일이기 때문에, 인지적 개념화의 타당성을 검토한 연구는 소수에 불과하다. 역기능적 인지와 성격장애 사이의 전반적인 관련성을 검토한 두 편의 초기 연구가 있다. O'Leary 등(1991)은 경계선 성격장애 환자들의 역기능적 믿음과 가정을 조사하였다. 경계선 성격장애 환자들은 전반적인 역기능적 믿음의 수준을 측정하는 질문지에서 정상인 통제집단에 비해 유의미하게 더 높은 점수를 보였고, 그 점수는 당시까지 보고 된 어떤 집단(특정한 진단을 받은 집단)의 점수보다도 더 높았다. 더욱이, 그들이 얻 은 점수는 주요우울증의 공병 여부와 상관이 없었으며, 과거에 주요우울증을 겪은 적이 있는지 여부와 다른 임상적 문제를 겪은 적이 있는지 여부와도 상관이 없었 다. 다른 연구에서, Gasperini 등(1989)은 요인분석을 통해 정서장애, 성격장애, 자동적 사고 질문지(Automatic Thoughts Questionnaire: ATQ) 및 자기통제척도 (Self Control Schedule: SCS)의 관련성을 검토하였다. 그 결과, 자동적 사고 질문지 (ATQ) 및 자기통제척도(SCS) 문항들의 요인분석에서 추출된 제1요인은 '군집 B' 성격장애(자기애성, 연극성, 경계선, 반사회성)의 존재를 반영하였고, 제2요인은 '군 집 C' 성격장애(강박성, 의존성, 회피성, 수동–공격성)의 존재를 반영하였다. 비록 '군집 A' 성격장애(편집성, 분열성, 분열형)는 요인분석에서 추출된 어떤 요인과도 관련이 없었지만, 이 연구에 참여한 사람 중에서 군집 A 성격장애 진단을 받은 사 람이 매우 적었기 때문에 이런 결과가 나온 것으로 이해되었다. 이 두 편의 초기 연 구들에서 역기능적 인지가 성격장애에서 중요한 역할을 한다는 전반적인 가설이 지지되기는 했지만, 이 책에서 소개하는 인지적 개념화에 대해서는 제한적인 설명 만 할 수 있을 뿐이다. 왜냐하면, 이 연구자들은 우리의 가설, 즉 특정한 성격장애 와 특정한 역기능적 인지 사이의 관련성은 다루지 않았기 때문이다.

보다 최근에 이루어진 연구들에서는 각각의 성격장애에서 중요한 역할을 한다고 가정되는 일련의 믿음들(Beck, Freeman, & Associates, 1990; Freeman et al., 1990)과 각각의 임상적 상태 사이의 관계를 조사하였다. Arntz, Dietzel 및 Dreessen (1999)은 경계선 성격장애 환자의 특징적인 믿음을 측정한다고 가정된 성격장애 믿음 질문지(Personality Disorder Beliefs Questionnaire: PDBQ)의 하위 척도가 경 계선 성격장애 환자와 군집 C 성격장애 환자를 실제로 정확하게 변별해 낸다는 것 을 밝혔다. Beck 등(2001)은 PDBQ와 유사한 측정도구인 성격 믿음 질문지 (Personality Belief Questionnaire: PBQ)를 가지고 연구하였다. PBQ에는 DSM-III 에 포함된 9가지의 성격장애 각각에서 중요한 역할을 한다고 가정된 믿음들을 평 가하는 9가지의 하위 척도가 포함되어 있다. 연구자들은 회피성, 의존성, 강박성,

자기애성, 편집성 성격장애를 지니고 있는 사람들이 각각의 성격장애에서 중요한 역할을 한다고 가정된 믿음들에 선택적으로 더 많이 응답하였으며, 성격장애가 없는 정신과 환자들에 비해 각각의 성격장애와 관련된 하위 척도에서 더 높은 점수를 보였다고 보고하였다. 이 연구에서는 위에서 언급한 성격장애 이외의 다른 성격장애를 지닌 환자들에 대해서는 조사하지 않았는데, 그 이유는 연구참여자 수가 적었기 때문이었다. 이런 결과들은 역기능적 믿음과 성격장애 사이에 상관이 있다는 인지이론의 가정을 일관적으로 지지한다. 하지만 이런 결과를 바탕으로 성격장애의 원인에 대한 인과적인 설명을 할 수는 없으며 성격장애의 인지치료가 효과적이라고 말할 수도 없다.

성격장애의 인지치료가 과연 효과적인가?

인지치료를 통해서 다양한 축 I 장애를 효과적으로 치료할 수 있다는 것은 이미 잘 알려진 사실이다. 하지만 성격장애 환자를 인지행동적으로 치료하는 것이 얼마나 효과적인지에 대한 연구는 아직 부족하다. 〈표 1-1〉에서 성격장애 진단을 받은 사람들을 인지행동적으로 치료했을 때의 치료 효과에 대한 연구결과들을 개관하였다. 비록 통제된 연구가 아닌 임상보고이기는 하지만 이 표를 살펴보면, 성격장애의 인지행동치료가 효과적임을 입증하는 연구결과들이 많다는 것을 알 수 있다. 그러나 이러한 결과를 지지하는 통제된 연구가 비교적 적기 때문에, 경험적인 연구에 의해 효과성이 입증되지 않은 채 인지이론과 인지치료가 너무 급속도로 성장하는 것은 아닌지 우려되는 면이 있다(Dobson & Pusch, 1993). 다행히 우리는 현재의 임상 활동을 지지하는 몇몇 경험적인 연구자료를 가지고 있다.

〈표 1-1〉 성격장애에 대한 인지행동치료의 효과

성격장애	통제되지 않은 임상적 보고	단일사례연구	성격장애가 치료성과에 미치는 영향에 대한 연구	통제된 치료성과 연구
반사회성	+	−	+	a
회피성	+	+	±	±
경계선	±	−	+	±
의존성	+	+	+	
연극성	+		−	
자기애성	+	+		
강박성	+	−		
편집성	+	+		
수동-공격성	+		+	
분열성	+			
분열형				

주. +: 인지행동치료가 효과적임. −: 인지행동치료가 효과적이지 않음.
± : 혼합된 결과. a: 개인이 사전검사에서 우울할 때만 인지행동치료가 효과적임.

공존 성격장애가 축 I 장애의 치료에 미치는 영향

성격장애 환자들 중의 상당수는 축 I 장애를 해결하는 데 도움을 받고 싶어서 치료자를 찾아오며, 정작 축 II 장애를 치료하는 데는 별로 관심이 없다. 과연 축 II 장애와 관련된 문제들을 다루지 않고서도 축 I 장애를 치료할 수 있을까? 성격장애 진단을 받은 환자들이 겪고 있는 축 I 장애를 인지행동적으로 치료했을 때 그 효과가 어떠한지에 대한 연구는 극소수에 불과하다. 몇몇 연구에서 환자가 축 II 장애를 함께 지니고 있을 때는 치료 효과가 현저하게 감소된다는 것이 밝혀졌다. 예를 들어, Turner(1987)는 성격장애를 동반하지 않는 사회공포증 환자들은 15주의 사회공포증 집단치료를 받고 나서 현저한 호전을 보였고 그 효과가 1년 뒤까지 유지되었다고 보고했다. 하지만 성격장애를 동반하는 사회공포증 환자들은 동일한 집단지료를 받은 뒤에도 거의 혹은 전혀 호전되지 않았으며, 1년 뒤에도 그러했다. Mavissakalian과 Hamman(1987)도 유사한 결과를 보고했다. 광장공포증 환자들을 대상으로 시간제한적인 행동치료 및 약물치료를 시행했을 때, 치료자에 의해 성격장애 양상을 적게 지니는 것으로 평정된 광장공포증 환자들은 75%가 호전을 보인 반면, 성격장애 양상을 많이 지니는 것으로 평정된 광장공포증 환자들은 25%만 호전을 보였다. 다른 연구에서는, 축 I 장애와 성격장애를 같이 지닌 환자들이 인지행동치료를 통해 호전을 보이기는 하지만 호전 속도가 더 느리다는 결과를 보고했다(Marchand, Goyer, Dupuis, & Mainguy, 1998).

하지만 또 다른 연구들을 살펴보면, 축 I 장애와 공존하는 성격장애가 축 I 장애의 치료에 미치는 영향은 훨씬 더 복잡한 듯하다. 환자가 성격장애를 지니고 있더라도 치료 효과에는 영향을 미치지 않는다는 보고가 있고(Dreessen, Arntz, Luttels, & Sallaerts, 1994), 성격장애를 지닌 환자들이 더 심각한 증상을 지니고 있지만 치료에 대한 반응은 동일하게 양호하다는 연구도 있다(Mersch, Jansen, & Arntz, 1995). 또한 공존하는 성격장애가 어떤 특정한 조건에서만 치료 효과에 영향을 미친다는 것을 보여 준 연구들도 있다(Fahy, Eisler, & Russell, 1993; Felske, Perry, Chambless, Renneberg, & Goldstein, 1996; Hardy et al., 1995). 이를테면, 성격장애를 동반한 환자들이 치료를 조기에 종결하는 경향이 있지만 그들도 지속적으로 치료를 받으면 치료 효과가 나타난다는 결과가 있고(Persons, Burns, & Perloff, 1988; Sanderson, Beck, & McGinn, 1994), 치료 효과가 저조한 성격장애들이 일부 있지만 그렇지 않은 성격장애들도 있다는 보고도 있다(Neziroglu, McKay, Todaro, & Yaryura-Tobias, 1996). Kuyken, Kurzer, DeRubeis, Beck 및 Brown(2001)은 저조한 치료 효과를 예측하는 것은 성격장애 그 자체가 아니라 부적응적인 회피적 믿음과 편집적 믿음의 존재라는 것을 발견했다.

흥미롭게도, 축 I 장애의 문제만을 집중적으로 치료하더라도 공존하는 축 II 장애에 긍정적인 영향을 미친다는 연구들이 있다. 예를 들어, Mavissakalian과 Hamman(1987)은 광장공포증 환자들을 대상으로 치료연구를 실시했는데, 치료를 시작하기 전에는 7명 중에서 4명이 한 개의 성격장애 진단 기준에 부합했지만, 치료를 마친 뒤에는 아무도 성격장애 진단 기준에 부합하지 않았다. 이와 대조적으로, 애초에 두 개 이상의 성격장애 진단 기준에 부합한 환자들은 이와 유사한 호전을 보이지 않았다.

이러한 연구결과들을 종합하면, 축 I 장애와 축 II 장애를 같이 지닌 환자들이 겪는 축 I 장애에 대한 인지행동치료가 때로는 비효과적이지만 때로는 효과적이며, 때로는 축 II 장애의 호전을 가져오기도 한다는 것을 알 수 있다. 축 I 장애 치료의 효과를 결정짓는 요인이 무엇인지는 아직 잘 알려져 있지 않다. 축 I 장애와 성격장애를 같이 지닌 환자들이 겪는 축 I 장애에 대한 인지행동치료의 효과를 살펴본 연구들에는 중요한 제한점이 있는데, 그것은 바로 이런 연구들에서는 대개 성격장애의 공존성을 고려하지 않은 치료를 시행했다는 점이다. 따라서, 성격장애의 공존성을 감안한 치료를 실시하면 과연 더 효과적일 것인가라는 질문은 아직 미해결의 의문으로 남아 있다.

축 II 장애에 대한 인지행동치료의 효과: 통제되지 않은 연구들

인지행동치료를 통해 성격장애를 효과적으로 치료할 수 있는지를 집중적으로 살펴본 연구들은 상당히 많다. Turkat과 Maisto(1985)는 성격장애 환자에 대한 개인 인지행동치료의 효과를 알아보기 위해 일련의 단일사례연구를 실시하였다. 그 결과, 인지행동치료로 일부 성격장애 환자들을 효과적으로 치료할 수 있었지만, 연구에 참여했던 상당수 환자들에게는 별 효과가 없었다.

최근의 한 연구에서는, 일련의 반복측정 단일사례 연구를 통해 Beck 등(1990)이 제안한 치료접근의 효과를 검증하였다(Nelson-Gray, Johnson, Foyle, Daniel, & Harmon, 1996). 이 연구에 참여한 9명의 환자들은 주요우울증 및 한 개 이상의 성격장애 진단을 동시에 받은 사람들이었다. 연구자들은 각 환자의 우울 수준 및 주된 성격장애 진단 기준 중에서 몇 가지가 충족되는지를 치료전 · 후 및 치료 종료 3개월 후에 평가하였다. 환자들은 12주의 치료를 받았는데, 3개월 후 추수평가를 마친 8명 중에서 6명의 환자가 우울 수준의 유의미한 감소를 보였고, 그중에서 2명은 우울 수준뿐만 아니라 성격장애 증상도 감소되었으며, 4명은 우울 수준만이 감소되었다. 다른 2명은 우울 수준과 성격장애 증상 모두 호전되지 않았다. 연구자들이 언급한 것처럼, 대부분의 성격장애 환자를 치료하는 데는 상당한 시간이 필요하다는 Beck 등(1990)의 견해와 비교해 볼 때 12주라는 시간은 너무 짧았던 것으로 보인다.

마지막으로, Springer, Lohr, Buchtel 및 Silk(1995)는 다양한 성격장애를 지닌 입원환자들을 대상으로 단기간의 집단 인지행동치료를 실시하여 유의미한 호전을 이끌어냈으며, 그중에서 경계선 성격장애 환자들의 결과만 따로 분석했을 때에도 동일한 양상을 보였다고 보고했다. 또한 환자들은 집단치료가 병원 밖에서 벌어지는 일상생활에도 긍정적인 영향을 미친다고 평가하였다.

축 II 장애에 대한 인지행동치료의 효과: 통제된 연구들

적어도 세 가지 성격장애가 통제된 성과연구의 주제가 되어 왔다. 메타돈(methadone) 유지 프로그램에 참여한 아편 중독자들을 대상으로 한 치료연구에서, Woody, McLellan, Luborsky 및 O'Brien(1985)은 DSM-III의 주요우울증과 반사회성 성격장애 진단 기준을 모두 충족시키는 환자들이 인지치료 및 Luborsky(Luborsky, McLellan, Woody, O'Brien, & Auerbach, 1985)에 의해 체계화된 지지-표현적 심리치료(supportive-expressive psychotherapy) 모두에 잘 반응한다는 것을 밝혀냈다. 이 환자들은 연구에 포함된 22가지의 결과 변인들(예: 정신과적 증상, 약물 사용, 취업, 불법 행동 등) 가운데 11가지에서 통계적으로 유의미한 호전을 보였다. 주요우울증이 동반되지 않는 반사회성 성격장애 환자들은 치료에 거의 반응을 보이지 않았는데, 22가지의 결과 변인 중에서 단지 3가지에서만 호전되었다. 7개월 후의 추수평가에서도 이런 결과가 그대로 유지되었다. 비록 반사회성 성격장애 환자들이 반사회성으로 진단되지 않은 환자들에 비해 전반적으로 치료에 잘 반응하지 않았지만, 우울한 반사회성 환자들은 반사회성이 아닌 환자들보다 약간 더 나쁜 반응만을 보인 데 반해, 우울하지 않은 반사회성 환자들의 치료 반응성은 그보다 훨씬 더 나빴다.

회피성 성격장애 환자의 치료에 대한 초기 연구들에서는, 단기 사회기술훈련,

그리고 사회기술훈련과 인지적 개입을 조합한 개입 모두가 환자의 사회적 상호작용 빈도를 증가시키고 대인불안을 감소시키는 데 동일한 정도로 효과적이라는 결과를 얻었다(Greenberg & Stravynski, 1985; Stravynski, Marks, & Yule, 1982). 처음에는 이 연구에서 적용된 두 가지 치료법의 효과가 동등하다는 것은 인지적 개입이 '무가치함'을 입증하는 것이라고 해석되었다(Stravynski et al., 1982). 하지만, 두 치료법 모두가 동등하게 효과적이었고, 모든 치료절차가 오직 한 명의 치료자(동시에 주된 연구자)에 의해 시행되었으며, 다양한 인지적 개입 방법들 중에서 오직 한 가지 방법(비합리적인 믿음에 대한 논박)만을 적용했다는 점에 주목해야 한다. 후속연구에서, Greenberg와 Stravynski(1985)는 다른 사람들에게 조롱을 당할까봐 두려워하는 회피성 성격장애 환자들의 상당수는 바로 그 두려움 때문에 치료를 조기에 종결하는 것처럼 보인다고 보고하였고, 환자들의 그러한 인지를 수정하는 개입을 실시하면 치료의 효과를 상당히 높일 수 있을 것이라고 제안하였다. 보다 최근에 실시된 성과 연구(Fiske et al., 1996)에서는 노출 중심의 인지행동치료를 통해서 회피성 성격장애 환자들의 문제가 유의미하게 호전된다는 것을 밝혔다. 하지만, 이 환자들은 회피성 성격장애 진단 기준에는 미치지 않는 사회공포증 환자들보다 그 증상이 훨씬 더 심각했다. 비록 회피성 성격장애 환자들이 치료를 통해서 호전을 보였지만, 이들은 동일한 치료를 받은 사회공포증 환자들에 비해서 여전히 더 많은 손상을 보였다. 연구자들은 치료에 대해서 이렇게 제한된 반응을 보인 부분적인 이유가 공존하는 우울증 때문일 수 있다고 설명하였다.

변증법적 행동치료(Dialectical Behavior Therapy)는 Linehan과 그녀의 동료들(Linehan, 1987a, 1987b, 1993)이 경계선 성격장애의 치료를 위해 특별히 개발한 인지행동적 치료접근이다. 이 치료법은 인지행동적 관점과 아울러 변증법적 유물론 및 불교 사상에서 비롯된 개념들을 조합한 것이다. 그 결과, 다소 복잡한 이론적 틀을 갖추게 되었으며, 현대적인 인지행동치료와 문제해결적 접근의 형태를 띠게 되었다. 변증법적 행동치료에서는 협력, 기술훈련, 그리고 수반성의 명료화 및 관리를 강조하며, 경계선 성격장애 환자를 치료하는 데 중요하다고 생각되는 문제를 다루기 위해 고안된 다양한 특징들을 지니고 있다(보다 상세한 설명을 원한다면,

Linehan(1993) 참조).

　일련의 논문들(Linehan et al., 1991; Linehan, Heard, & Armstrong, 1993; Linehan, Tutek, & Heard, 1992)에서, Linehan과 동료들은 유사 자살행동을 만성적으로 반복하는 경계선 성격장애 환자들을 대상으로 한 변증법적 행동치료의 효과와 지역사회 정신건강센터에서 실시하는 '일반적인 치료(Treatment As Usual: TAU)'의 효과를 비교한 통제된 연구의 결과를 보고하였다. 1년 동안 치료를 실시한 뒤에 비교했을 때, 변증법적 행동치료를 받은 환자들의 조기 종결 비율이 '일반적인 치료'를 받은 환자들에 비해서 유의미하게 더 낮았으며, 변증법적 행동치료를 받은 환자들의 자해 행동 빈도도 유의미하게 더 적었다(Linehan et al., 1991). 또한 변증법적 행동치료를 받은 환자들은 대인관계 및 사회적 적응, 분노, 직업 수행, 불안 관련 반추사고 등의 측정치에서도 유의미하게 더 양호한 점수를 얻었다(Linehan et al., 1992). 하지만 우울 및 기타 증상이 호전된 정도는 두 조건 모두에서 대체로 경미한 수준이었으며, 두 조건 사이에 유의미한 차이가 없었다(Linehan et al., 1991). 1년에 걸친 추수연구에서, 변증법적 행동치료를 받은 환자들의 전반적인 기능 수준이 유의미하게 더 높다는 것이 밝혀졌다. 추수연구의 초반 6개월 동안, 변증법적 행동치료를 받은 환자들은 유사 자살행동과 분노를 더 적게 보였고, 환자들 스스로 평정한 사회적 적응 수준이 더 높았다. 추수연구의 후반 6개월 동안, 변증법적 행동치료를 받은 환자들은 입원한 기간이 더 짧았으며, 면접자가 평정한 사회적 적응 수준이 더 높았다.

　연구에 참여한 환자들이 경계선 성격장애를 지니고 있었을 뿐만 아니라 유사 자살행동을 만성적으로 반복하면서 다양한 문제로 정신과 병동에 입원한 경력이 있었고 정신과적인 증상 때문에 직장 생활을 유지하는 것이 어려웠다는 점을 감안할 때, Linehan 등의 연구결과는 매우 고무적이다. 비록 성격장애를 지니고 있지만 유사 자살행동을 반복하지 않고 입원한 적이 거의 없으며 직장 생활을 유지할 수 있던 환자들에 비해서, 이들의 연구에 참여했던 환자들이 훨씬 더 심각한 문제를 지니고 있었음은 분명한 사실이다.

다른 치료법들과의 비교

성격장애에 대한 인지치료의 효과를 다른 치료법의 효과와 비교한 연구는 극히 드물다. 반사회성 성격장애를 동반하거나 혹은 동반하지 않은 헤로인 중독자를 대상으로 한 치료 연구에서, Woody 등(1985)은 치료를 시작할 때 우울했던 반사회성 성격장애 환자의 치료에는 인지치료와 지지-표현적 심리치료 모두가 효과적이며, 치료를 시작할 때 우울하지 않았던 반사회성 성격장애 환자의 치료에는 두 치료법 모두 효과적이지 않음을 밝혔다. 국립정신건강연구소(NIMH)의 우울증 치료 협력 프로그램을 통해서 여러 지역에서 자료를 수집하여 대규모의 효과 연구를 실시한 결과, 성격장애 환자를 치료하는 데 있어서 인지치료가 다른 치료에 비해 더 효과적이라는 경향성이 관찰되었으나, 그 차이가 통계적으로 유의미하지는 않았다. 인지치료를 실시한 경우에는 성격장애 환자들이 다른 환자들에 비해 약간 더 좋은 반응을 보였으나, 대인관계치료와 약물치료를 실시한 경우에는 성격장애 환자들이 다른 환자들에 비해 약간 더 나쁜 반응을 보였다(Shea et al., 1990). 하지만 이런 경향성이 통계적으로 유의미하지는 않았다. 공황장애에 대한 치료 효과를 비교한 소규모의 연구(Black, Monahan, Wesner, Gabel, & Bowers, 1996)에서는, 인지치료를 실시했을 때 약물치료나 위약치료에 비해서 성격장애 특성에 대한 자기보고식 질문지 점수가 더 많이 감소된다는 결과를 얻었다. 마지막으로, Hardy 등(1995)은 군집 B 성격장애에 대한 인지치료의 효과보다 대인관계치료의 효과가 더 저조하다는 것을 밝혔다(군집 A 및 군집 C 성격장애는 다루지 않았다). 이상의 네 가지 연구에서 고무적인 결과를 얻기는 했지만, 이것만으로 성격장애에 대한 인지치료가 다른 치료법보다 효과적이라고 분명하게 결론짓기는 힘들다.

성격장애가 임상 실제에 미치는 '현실적인' 영향

실질적인 임상 장면에서, 동일한 진단을 받은 동질의 사람들에게 표준적인 치료 절차를 똑같이 적용하는 치료자는 거의 없다. 임상가는 다양한 환자들을 만나게 되며, 각 환자에게 적합한 개별화된 치료법을 적용한다. 이처럼 '현실에서 발생하

'는' 조건들에서 인지치료가 얼마나 효과직인지를 연구한 자료들은, 인지치료가 성격장애 환자를 치료하는 데 임상적으로 유용하다는 점을 지지해 준다. Persons 등(1988)은 사설 심리치료 장면에서 우울증에 대한 인지치료를 받는 환자들을 대상으로 흥미로운 경험적 연구를 수행했다. Burns 박사와 Persons 박사에게서 심리치료를 받으려는 70명의 환자들이 연구에 참여하였다. 두 치료자 모두 다양한 강의와 저술로 저명한데, 이 연구에서 그들은 평소에 하던 대로 인지치료를 실시하였다. 즉, 치료 기간이 정해져 있지 않았고, 표준화된 치료가 아닌 개인화된 치료였으며, 필요할 때는 약물치료나 입원치료를 병행하였다.

연구의 주된 초점은 우울증의 인지치료에서 조기 종결 및 치료 효과의 예언인자를 밝혀내는 것이었다. 하지만 우리의 입장에서는, 연구에 참여한 환자들 중에서 54.3%가 DSM-III의 성격장애 진단 기준을 충족시키는 사람들이었으며, 연구자들이 성격장애의 존재를 조기 종결 및 치료 효과의 잠정적 예언인자로 고려했다는 점이 흥미롭다. 연구자들은 성격장애를 지닌 환자들의 조기 종결 비율이 성격장애가 없는 환자들에 비해 유의미하게 높지만, 성격장애를 지니고 있더라도 끝까지 치료를 받은 환자들은 상당한 호전을 보인다는 것을 발견하였다. 사실, 성격장애를 지니고 있으면서도 끝까지 치료를 받은 환자들의 호전 정도는 성격장애가 없는 환자들의 호전 정도와 별다른 차이를 보이지 않았다. Sanderson 등(1994)도 범불안장애에 대한 인지치료의 효과 연구에서 이와 유사한 결과를 보고하였다. 범불안장애와 함께 성격장애를 지니고 있던 환자들의 조기 종결 비율이 높기는 했지만, 최소한의 치료 과정을 마친 환자들의 불안 및 우울 증상은 효과적으로 감소되었다.

임상 실제에 대한 시사점

지난 20년 동안, 성격장애의 인지치료는 이론과 실제 모두에서 경험적 연구의 속도를 앞지르는 상당한 진전을 일궈냈다(Dobson & Pusch, 1993). 비록 임상적 진전과 경험적 연구 사이의 불일치가 문제시될 수도 있지만, 보다 많은 경험적 연구가 이루어질 때까지 이론적 및 임상적 작업을 중단할 필요는 없을 것이다. 다양한 외래 치료 장면에 찾아오는 환자들 중에서 약 50% 정도가 성격장애를 지닌 것으로 보이는데, 현장에서 활동하는 임상가가 그런 장애를 지닌 환자들은 아직 치료할 수 없다며 되돌려 보내기는 어려울 것이다. 다행스럽게도, 인지행동치료를 통해서 성격장애 환자를 효과적으로 치료할 수 있다는 연구결과들이 점차 증가되고 있는 추세. 앞으로 이 책의 나머지 부분에서 살펴보겠지만, 인지치료는 성격장애 환자를 치료하는 전략을 개발하고 그 효과를 검증하는 데 선도적인 역할을 하고 있다.

제**2**장

성격장애의 이론

　심리장애의 인지치료란 심리장애를 인지적인 용어로 개념화하고 그것을 특수한 사례의 고유한 특징에 맞춰 적용하는 것을 의미한다. 이 장에서는 성격의 기원, 발달 및 기능에 대해 폭넓게 개관하면서 성격장애에 관한 전반적인 이론을 제시한다. 초반부에서는 성격이 어떻게 형성되는지, 그리고 성격이 어떤 식으로 작동하면서 적응에 영향을 미치는지를 주로 설명할 것이다. 우리의 성격장애 이론을 제시하기에 앞서, 성격에 대한 우리의 개념화를 먼저 살펴보고 이를 장애와 관련지으려고 한다.

　먼저, 우리는 성격 패턴의 원형이 계통발생적인 유산으로부터 유래되는 과정을 이론적으로 설명하려고 한다. 생존과 생식에 도움이 되는 유전적으로 결정된 '방략(strategies)'은 아마도 자연 선택의 결과물일 것이다. 불안장애나 우울증과 같은 증상증후군 및 의존성 성격장애와 같은 성격장애에서는 이런 원시적인 방략의 파생물이 상당히 과장된 형태로 드러난다.

　진화에 기초한 방략에 대한 설명에 이어서, 우리는 이런 방략의 작동에 선행하는 (정서적 처리를 포함한) 정보처리 과정으로 논의를 확장할 것이다. 상황이 지닌 특정한 요구에 대한 '평가'는 적응적(혹은 부적응적)인 방략의 작동보다 선행하며,

방략의 작동을 촉발시킨다. 상황에 대한 평가는, 적어도 부분적으로는, 상황과 관련된 기저의 믿음에 따라 좌우된다. 이러한 믿음은 '도식(schema)'이라고 불리는 다분히 안정된 구조에 기반을 두고 있는데, 도식은 입력되는 자료를 선별하고 종합하는 역할을 한다. 상황에 대한 평가로부터 시작된 심리적인 연쇄 반응은 정서 및 동기의 각성을 유발하며, 마지막에는 관련된 방략을 선택하여 이행하는 것으로 귀결된다. 우리는 이와 같은 인지적 · 정서적 · 동기적 과정을 좌우하는 기본적인 구조(즉, 도식)를 성격의 가장 근본적인 단위로 간주한다.

'의존적인', '위축된', '거만한', '외향적인' 등의 형용사로 묘사되는 '성격 특질(personality trait)'이란, 기저에 존재하는 성격 구조가 외현적으로 표현된 것으로 개념화할 수 있다. 인지적 구조가 사건에 어떤 의미를 부여함으로써 연쇄 반응이 시작되며, 성격 특질이라고 여겨지는 일련의 외현적 행동(즉, 방략)으로 연쇄 반응이 마감된다. 우리가 일반적으로 성격 특질 혹은 성향이라고 간주하는 행동 패턴('정직한', '수줍은', '사교적인')은 결국 타고난 성향과 환경적 영향의 상호작용에 의해 생겨난 대인관계적 방략을 의미하는 것이다.

성격의 동기이론에서 기본적인 추동으로 가정하는 의존성이나 자율성과 같은 심리적 속성은 기본적인 도식이 복합적으로 작용한 결과라고 볼 수 있다. 그러한 심리적 속성을 행동적 혹은 기능적인 용어로 표현한다면, '기본적 방략'이라고 명명할 수 있을 것이다. 몇몇 외현적인 행동 패턴을 잘 관찰해 보면, 특정한 방략이 과장된 방식으로 드러난다는 것을 알 수 있다. 예컨대, 의존성 성격장애에서는 의존성이 과장된 방식으로 드러나며, 분열성 성격장애에서는 자율성이 과장된 방식으로 드러난다.

그 다음으로, 우리는 도식과 양식(mode)의 활성화 및 도식의 행동적 발현에 대해서 논의하려고 한다. 우리의 성격이론을 토대로 이런 인지적 구조들과 정신병리의 관련성을 개관할 것이다. 우울증과 같은 이른바 축 I 장애의 핵심에는 뚜렷하게 활성화된 역기능적 도식이 자리 잡고 있다. 이런 상태에서는 개인특유적이고 역기능적인 도식이 더 적응적이며 현실적인 도식을 대치하여 정보처리, 회상, 예언과 같은 기능들에 영향을 미치게 된다. 예를 들어, 우울증에서는 자기부정이라는 주제를 중심으로 조직화된 양식이 더 우세해지고, 불안장애에서는 개인적인 위험 양식이 과도하게 활성화되며, 공황장애에서는 임박한 재난과 관련된 양식이 작동하게 된다.

성격장애에서 전형적으로 드러나는 역기능적 믿음과 부적응적 방략은 개인으로 하여금 자신의 인지적 취약성을 자극하는 생활 경험에 더 민감하게 반응하도록 만든다. 즉, 의존성 성격장애 환자는 애정이나 도움의 상실에 민감하게 반응하는 특징을 보이며, 자기애성 성격장애 환자는 자존감의 상처에 민감하게 반응하고, 연극성 성격장애 환자는 타인이 자신에게 관심과 지지를 보내도록 조종하지 못하게 되는 일에 민감하게 반응한다. 인지적 취약성의 근간에는 극단적이고 경직된 명령적인 믿음들이 자리 잡고 있다. 우리는 개인의 유전적 소인이 타인의 바람직하지 못한 영향이나 특별한 외상 사건과 같은 환경적 영향과 상호작용한 결과로 역기능적 믿음이 생겨나는 것으로 보고 있다.

대인관계 방략의 진화

성격에 대해 이해하면서, 우리는 개인의 사고, 정서, 행동 패턴이 진화의 역사를 통해서 조성되어 왔음을 고려하고 있다. 만약 태도, 정서, 행동을 이와 연관성이 있을 법한 비교행동학적 방략에 비추어 살펴볼 수 있다면, 우리는 성격의 구조, 작용 및 과정을 더 잘 이해할 수 있게 될 것이다.

인간이 아닌 동물에게서 관찰되는 대부분의 행동은 대개 '프로그램된' 것이다. 기저의 과정은 프로그램되어 있으며 외현적인 행동으로 드러난다. 이런 프로그램들은 유전적으로 결정된 구조와 환경적인 경험 사이의 상호작용을 통해서 발달된다. 인간의 경우에도 이와 유사한 발달 과정이 일어나는 것 같다(Gilbert, 1989). 장기간 지속되는 인지-정서-동기적 프로그램들이 우리의 자동적 과정, 즉 사건을 구성하는 방식, 특정한 감정의 경험, 행동경향성에 영향을 미칠 수 있다는 견해는 타당해 보인다. 인지적 정보처리, 정서, 각성, 동기 등과 연관된 프로그램들은 아마도 삶을 유지하고 생식을 촉진하는 데 도움이 되었기 때문에 진화되어 왔을 것이다.

추측컨대, 프로그램된 행동과 환경의 요구 사이의 적합성(fit)은 자연 선택을 통해 이루어졌을 것이다. 그러나 주로 사회적인 환경의 변화로 인해서, 우리의 환경은 자동적인 적응 방략에 비해 훨씬 더 빠르게 변화되어 왔다. 그러므로 특수한 문화적·사회적 체계를 갖춘 매우 개인화된 기술사회인 현재의 환경에서는 보다 원시적인 환경에서 유용했던 약탈, 경쟁, 친목이라는 방략이 항상 적합하지는 않을 것이다. 우리가 '성격장애'라고 진단하는 행동이 생겨나는 데는 이러한 부적합성(bad fit)도 하나의 요인으로 작용할 것이다.

비록 보다 원시적인 환경에서는 진화적으로 발달한 패턴이 적응적 가치를 지녔겠지만, 그런 패턴들 중의 일부는 현재의 문화에서 개인의 목표 달성을 방해하거나 집단의 규범과 갈등을 빚을 수 있기 때문에 오히려 문제가 된다. 즉, 잘 발달된 약탈 혹은 경쟁 방략은 원시적인 환경에서의 생존가능성을 높여주었지만 현재의 사회적 환경에서는 적절하지 않을 수 있으며, '반사회성 성격장애'로 귀결될 수도 있다. 이와 마찬가지로, 야생의 환경에서는 조력자 혹은 짝지을 대상의 관심을 이끌어 낼 수 있었던 일련의 과시적인 표현 방략이 현대 사회에서는 지나치거나 부적절한 것이 될 수 있다. 실제로 이런 패턴이 융통성 없이 조절되지 않은 채 드러난다면, 문제가 될 소지가 상당히 크다.

증상증후군(축 I 장애) 역시 진화의 원리로 개념화될 수 있다. 예컨대, 원시적인 환경에서 신체적인 위험에 직면하는 것과 같은 응급 상황에서는 싸움-도망(fight-flight) 패턴이 적응에 도움이 되었겠지만, 이제는 그것이 불안장애나 만성적인 적개심의 근본 원인이 될 수 있다. 일례로, 과거에는 약탈자를 보았을 때 활성화됐던 반응과 동일한 반응패턴이 현재에는 거절이나 모욕과 같은 심리적 외상의 위협에 의해서도 활성화될 수 있다(Beck & Emery, with Greenberg, 1985). 만약 잠재적으로 혐오적인 광범위한 대인관계 상황에 노출될 때 이런 심리적 반응(위험의 지각 및 자율신경계의 각성)이 촉발된다면, 취약성을 지니고 있는 개인은 불안장애로 진단될 만한 수준의 문제를 보일 수 있다.

이와 유사하게, 성격의 개인차는 유전자의 다양성으로도 설명될 수 있다. 즉, 어떤 사람은 위험에 직면하면 얼어 붙는 성향을 지니고 태어났을 수 있으며, 어떤 사람은 공격하는 성향을, 다른 사람은 잠재적으로 위험한 것은 모두 회피하는 성향을 지녔을 수 있다. 사람에 따라서 외현적 행동 혹은 방략의 차이(이들 모두 어떤 상황에서는 생존 가치를 지닌 것일 수 있다)를 보인다는 것은, '성격 유형'마다 전형적으로 나타나는 상당히 지속적인 특징이 있음을 말해 주는 것이다(Beck et al., 1985). 이런 패턴들이 과장된 것이 성격장애다. 예를 들어, 회피성 성격장애에는 사회적으로 비난당할 가능성이 있는 상황으로부터 물러나거나 회피하는 방략이 반영되어 있는 것이다.

전통적으로 '성격 특질' 혹은 '행동 패턴'이라고 명명되던 특징들을 '방략'이라는 용어로 표현하는 이유는 무엇인가? 여기서 언급하는 방략이란, 생물학적 목표를 달성하기 위해 고안된 프로그램된 행동을 의미한다. 비록 방략이라는 용어에는 의식적이고 합리적인 계획이라는 의미가 담겨 있지만 여기서는 그런 의미로 쓰이지 않으며, 오히려 비교행동학자들이 사용하는 것처럼 개인의 생존과 생식을 촉진하는 잘 조직화되고 정형화된 행동을 의미한다(Gilbert, 1989). 이런 행동 패턴의 궁극적인 목표는 생존과 생식이다: '생식의 효용성(reproductive efficacy)' 혹은 '포괄적 적합성(inclusive fitness).' 이런 진화적 방략은 200여 년 전에 Charles Darwin의 조부인 Erasmus Darwin(1791, cited in Eisely, 1961)에 의해서 허기, 욕망, 안전이라는 표현으로 묘사되었다.

비록 동물이 이런 생물학적 방략의 궁극적인 목표를 자각할 수는 없겠지만, 동물도 작동 양식을 반영하는 주관적인 상태는 의식할 수 있다: 허기, 공포, 성적 흥분, 목표의 달성 혹은 미달에 뒤따르는 보상과 처벌(즉, 즐거움 혹은 고통). 우리는 허기의 고통을 줄이기 위해 음식을 먹지만 만족감을 얻기 위해서도 음식을 먹는다. 우리는 성적인 긴장을 감소시키기 위해 성행위를 하지만 기쁨을 얻기 위해서도 성관계를 맺는다. 우리는 외로움을 달래기 위해 다른 사람들과 접촉하지만 우정이나 친밀감이 주는 즐거움을 얻기 위해서도 사람들과 어울린다. 요약하면, 우리가 어떤 단기적인 소망을 충족시키려는 내적인 압력을 경험할 때, 즉 즐거움을 얻거나 긴장을 감소시키려고 할 때, 우리는 적어도 부분적으로는 장기적인 진화의 목표를 달성해 가고 있을 수 있다.

인간에게서 '방략'이라는 용어는 상황에 따라서 적응적 혹은 부적응적일 수 있는 행동에 모두 적용할 수 있다. 자아중심성, 경쟁성, 과시성, 불쾌의 회피 모두 어떤 상황에서는 적응적일 수 있으나 대부분의 다른 상황에서는 부적응적이다. 우리는 오로지 타인의 외현적인 행동만을 관찰할 수 있기 때문에, 우리가 의식하는 내적인 상태(사고, 감정, 소망)가 외적인 방략과 어떻게 관련되는지에 대해서 의문이 생긴다. 만일 우리가 인지적·정서적 패턴을 유심히 살펴본다면, 우리는 한편으로 특정한 믿음과 태도 사이의 관계를 알 수 있을 것이고, 다른 한편으로는 특정한 믿음과 행동 사이의 관계를 알 수 있을 것이다.

이들 사이의 관계를 밝히는 한 방법은 다양한 성격장애를 지닌 사람들에게서 관찰되는 과장된 과정을 조사하여, 어떤 성격장애와 연관된 특정한 전형적인 태도를 그 성격장애에 대응되는 방략과 비교하는 것이다. 〈표 2-1〉에 제시한 것처럼 각각의 전통적인 성격장애와 연관된 전형적인 태도를 보여주는 것도 가능하다. 특정한 성격장애를 대표하는 특정한 방략은 이런 특징적인 태도로부터 논리적으로 추론된다고 볼 수 있다.

〈표 2-1〉 **전통적인 성격장애와 연관된 기본적인 믿음 및 방략**

성격장애	기본적인 믿음 / 태도	방략(외현적 행동)
의존성	'나는 무력해.'	애착
회피성	'나는 상처받을 거야.'	회피
수동-공격성	'나는 통제당할지도 몰라.'	저항
편집성	'다른 사람들은 위험해.'	의심
자기애성	'나는 특별해.'	자기과장
연극성	'나는 감명을 주어야 해.'	극화
강박성	'나는 실수하면 안 돼.'	완벽주의
반사회성	'나는 사람들을 이길 수 있어.'	공격
분열성	'나만의 공간이 필요해.'	고립

경계선 성격장애와 분열형 성격장애는 〈표 2-1〉에 포함되지 않았다. 다른 성격장애들과 달리, 이들 두 성격장애에서는 전형적인 개인특유적 믿음이나 방략이 발견되지 않기 때문이다. 예컨대, 경계선 성격장애에서는 여러 성격장애에서 드러나는 전형적인 믿음이나 행동 패턴들이 상당히 다양하게 관찰된다. 분열형 성격장애에서는 개인특유적인 사고의 내용보다는 사고의 기이성이 더 뚜렷한 특징이다.

〈표 2-1〉의 왼쪽 열에는 성격장애의 목록을 열거하였고, 가운데 열에는 이에 상응하는 외현적 행동의 기저에 존재하는 태도를 제시했으며, 마지막 열에는 성격장애의 개인특유적 행동 패턴을 방략으로 변형하여 제시하였다. 논리적으로 볼 때, 남에게 매달리는 행동이 특징인 의존성 성격장애는 버림받음에 대한 공포라는 인지적 토대에서 비롯되며, 회피성 성격장애의 회피 행동은 상처받는 것에 대한 두려움에 기인하고, 수동-공격적인 패턴은 지배당하는 것에 대한 염려에서 비롯된다. 이런 개념화를 이끌어 내게 된 임상적인 관찰에 대해서는 이후의 장들에서 논의할 것이다.

우리는 이러한 방략들이 진화적 과거에는 어떤 전구체(antecedent)의 모습을 띠었는지를 분석해 볼 수 있다고 생각한다. 예를 들어, 연극성 성격장애에서 나타나는 연극적인 행동의 뿌리는 동물의 노출 의례라고 볼 수 있으며, 약탈 행동은 반사회성 성격장애의 기원이 될 수 있고, 동물의 왕국에서 널리 관찰되는 애착 행동(Bowlby, 1969 참조)은 의존성 성격장애의 기반이 될 수 있다. 이러한 관점을 견지함으로써 우리는 인간의 부적응적 행동을 더욱 객관적으로 살펴볼 수 있으며, '신경증적' 혹은 '미숙한'이라는 경멸적인 용어로 낙인찍는 경향을 줄일 수 있다.

인간의 행동을 진화론적 시각을 통해서 생산적으로 이해할 수 있다는 생각은 McDougall(1921)에 의해서 발전되었다. 그는 '생물학적 본능'이 '감성'으로 변환되는 과정을 상세하게 설명했다. 그의 저술을 토대로 Buss(1987), Scarr(1987), Hogan(1987)과 같은 현대의 생물사회 이론가들이 등장하게 되었다. Buss는 경쟁성, 지배성, 공격성과 같이 인간에게서 관찰되는 다양한 행동 유형에 대해 논의했으며, 인간과 다른 영장류의 유사성을 찾으려 했다. Buss는 특히 인간 및 다른 영장류가 보이는 사회성의 역할에 주목했다.

Hogan은 발달 과정에서 생물학직으로 프로그램된 기제들이 나다난다는 점을 근거로 계통발생적 유산의 존재를 가정하였다. 그는 문화가 유전적 패턴이 표현될 수 있는 기회를 제공한다고 보았다. 그는 수용, 지위, 권력, 영향력 등을 얻기 위해 몰두하는 것과 같은 인간 성인의 추동력은 인간뿐만 아니라 다른 영장류나 사회적 포유류에서 관찰되는 것과 유사하다고 보았다. 그는 인간 발달에 대한 진화적 이론에서 '적합성(fitness)'의 중요성을 강조하였다.

Scarr는 성격을 결정하는 유전적 자질의 역할을 특별히 강조하였다. 그녀는 다음과 같이 이야기했다.

발달과정에서는 서로 다른 유전자들이 작동을 시작하고 또 작동을 중단하면서 신체적 성장 패턴의 성숙 변화와 더불어 행동의 조직화에서도 성숙 변화가 일어난다. 이와 유사하게, 개인이 환경 속에서 어떤 것을 경험하도록 혹은 경험하지 않도록 결정하는 데는 개인들 사이의 유전적 차이도 영향을 미친다(Scarr, 1987, p. 62).

유전적 요소와 대인관계적 요소의 상호작용

성격장애에서 부각된 과정들은 발달심리학 분야에서 이뤄진 연구들을 통해서도 명료화될 수 있다. 성장기 아동에게서 관찰되는 매달리기, 수줍음, 반항성 등은 발달의 모든 시기를 통해 지속될 수 있다(J. Kagan, 1989). 우리는 이런 패턴이 후기 청소년기 및 성인기까지 지속될 것이며, 일련의 성격장애(의존성, 회피성, 수동-공격성 유형)에서는 이런 패턴이 계속적으로 표현될 것이라고 예측한다.

유전적으로 결정된 인간행동 원형의 궁극적인 기원과는 별개로, 영아가 세상에 태어날 때부터 존재하는 비교적 안정된 기질 및 행동 패턴이 있다는 강력한 증거도 있다(J. Kagan, 1989). 선천적으로 타고난 이러한 특징은 일종의 '경향성'으로서, 환경적인 경험을 통해서 강해지거나 약해질 수 있다. 더 나아가서, 개인의 타고난 패턴과 중요한 타인의 패턴 사이에는 지속적이고 상호 강화적인 순환이 생겨날 수 있다.

예컨대, 돌봄을 유발해 내는 잠재력을 지닌 사람은 타인으로부터 돌보는 행동을 잘 이끌어 낸다. 이에 따라 그의 타고난 패턴은 그런 행동이 적응적으로 여겨지는 시기 이후에도 오랫동안 유지될 것이다(Gilbert, 1989). 나중에 자세히 소개할 샌디(Sandy)라는 환자의 사례를 살펴보자. 그녀의 어머니는 샌디가 다른 자녀들과 달리 태어날 때부터 더 자신에게 매달리면서 관심을 요구했다고 말했다. 그녀의 어머니는 그녀에게 특별한 돌봄과 보호를 제공하는 방식으로 반응했다. 발달 시기를 거쳐 성인이 되기까지, 샌디는 그녀의 소망 표현에 지속적인 애정과 지지를 보내주던 강한 사람들에게 계속해서 애착할 수 있었다. 하지만 그녀는 자신이 사랑받을 만하지 못하다는 믿음을 지니고 있었다. 그녀는 오빠들에게 괴롭힘을 당했으며, 이것은 이후에 '나는 남자에게서 지속적인 애정을 받을 수 없어'라는 믿음을 형성하는 기초가 되었다. 이런 믿음 때문에 그녀는 거절당할 수 있는 상황을 미리 회피해버리는 경향이 있었다.

지금까지 우리는 '타고난 경향성'과 '행동'이 마치 개인차를 설명할 수 있는 특징인 것처럼 이야기해 왔다. 실제로 우리는 통합된 인지-정서-동기 프로그램이 개인의 행동을 결정하고, 한 사람을 다른 사람과 변별할 수 있게 만든다고 가정한다. 나이 든 아동과 성인의 경우를 예로 들면, 수줍음은 '나를 드러내는 것은 너무 위험해'라는 태도, 대인관계 상황에서의 낮은 불안 역치, 새로운 사람이나 낯선 사람을 만나지 않으려는 동기 등의 내적 구조의 파생물이다. 이런 믿음을 확증하는 것처럼 보이는 외상 경험이 반복된다면, 이런 믿음은 고정불변의 것이 될 수 있다.

그러나 타고난 천성과 환경적 영향의 강력한 조합에도 불구하고, 어떤 사람들은 자신의 행동을 변화시킬 수 있고 기저의 태도도 수정할 수 있다. 수줍음이 많던 아이들이 모두 수줍은 어른이 되는 것은 아니다. 예를 들어, 더 주장적으로 행동하게 만들려는 중요한 사람들의 영향이나 의도적인 경험을 통해서, 수줍음이 많은 사람도 주장적이고 사교적인 사람으로 변할 수 있다. 이 책의 나머지 장들에서 보게 되겠지만, 강력한 부적응적 패턴도 이런 태도를 검증하는 그리고 더 적응적인 태도를 형성하고 강화하는 집중적인 치료를 통해서 수정될 수 있다.

　　지금까지의 개념화에서, 우리는 타고난 기질과 환경적 영향의 상호작용을 통해서 개인차를 설명할 수 있는 특징적인 인지적 · 정서적 · 행동적 패턴의 양적인 차이가 생겨나는 양상을 살펴보았다. 사람들은 저마다 고유한 성격 프로파일을 지니고 있는데, 특정한 상황에서 특정한 정도로 특정하게 반응할 가능성은 사람마다 상당히 다르다.

　　낯선 사람들이 섞인 집단에 들어갈 때, 어떤 사람은 '나는 멍청하게 보일 거야'라고 생각하며 멈칫 물러난다. 다른 사람은 '내가 그들을 즐겁게 해 줄 수 있을 거야'라는 생각을 하고, 또 다른 사람은 '그들은 우호적이지 않고 나를 이용해먹으려고 할 거야'라고 생각하며 경계심을 발동한다. 이처럼 개인마다 다른 특징적인 반응을 보일 때, 이 반응은 그들의 기본적인 믿음(혹은 도식)을 표상하는 중요하면서도 구조적인 차이를 반영한다. 이들의 기본적인 믿음은 각각 다음과 같을 수 있다: '나는 새로운 상황에 서투르기 때문에 취약하다', '나는 모든 사람을 즐겁게 하고 있다', '사람들이 우호적이지 않기 때문에 나는 취약하다'. 이런 생각의 차이는 정상적이고 잘 적응하는 사람들에게서도 발견되며, 개인차를 드러내는 독특한 성격 특징이 된다. 하지만 성격장애에서는 이런 종류의 믿음들이 훨씬 더 뚜렷하게 드러난다. 앞서 언급한 예들은 각각 회피성, 연극성, 그리고 편집성 성격장애에 해당된다. 성격장애를 지닌 사람들은 다른 사람들에 비해 동일한 행동을 더 많은 상황에서 반복한다. 성격장애에서 전형적으로 관찰되는 부적응적인 도식은 여러 상황 혹은 거의 모든 상황에서 촉발되며, 마치 의례처럼 반복되는 특징이 있고, 다른 사람들의 도식에 비해 통제하거나 수정하기가 어렵다. 자신이 지닌 부적응적인 도식의 내용과 연관이 있는 상황에 처하면, 그들은 보다 적응적인 도식은 활성화시키지 못하고 늘 부적응적인 도식을 활성화시킨다. 개인적으로 중요한 목표의 관점에서 볼 때, 이런 패턴은 대개의 경우 자기패배적이다. 요약하면, 성격장애 환자들의 역기능적인 태도와 행동은 다른 사람들에 비해 과잉일반화되어 있고, 융통성이 부족하며, 명령적이고, 쉽게 변화되지 않는다.

역기능적 믿음의 기원

성격장애를 지닌 사람들의 성격 패턴(인지, 정서, 동기)이 일반인의 성격 패턴과 분명한 차이를 보인다면, "이런 성격 패턴은 어떻게 발달하는가?"라는 의문이 생겨난다. 이런 의문에 간략하게나마 답하기 위해서, 우리는 천성-양육(nature-nurture)의 상호작용을 다시 한번 살펴볼 필요가 있다. 선천적으로 거절당하거나 버림받거나 좌절되는 것에 대해서 유난히 과민하게 반응하는 성향을 타고난 사람들은, 그런 사건의 파국적인 의미에 대한 강렬한 공포 및 믿음을 발달시키게 된다. 예를 들어, 어릴 때 누구라도 한 번쯤은 겪을 법한 정도의 거절에도 천성적으로 강렬한 반응을 보이는 사람은 '나는 사랑받을 만하지 않아'라는 부정적인 자기상(self-image)을 발달시킬 수 있다. 만약 그 거절이 특별히 강력한 것이거나, 특별히 취약한 시기에 일어나거나, 지속적으로 반복된다면, 이러한 자기상은 강화될 것이다. 여러 차례 반복되면, 믿음은 구조화된다.

앞서 소개했던 환자 샌디는 실수할 때마다 형제들에게 비난을 받았기 때문에, 서툴고 부적절하다는 자기상을 발달시켰다. 자신을 고통과 아픔으로부터 최대한 보호하기 위해서, 그녀는 고통을 유발할 소지가 있는 상황을 아예 회피하게 되었다. 그녀는 '어떤 상황에서라도 나 자신을 취약하게 내버려 둔다면, 나는 상처받을 거야'라는 과잉일반화된 태도를 지니고 있었다.

정보처리와 성격

개인의 믿음 및 인지적 구조의 구성 요소들은 개인이 자신과 타인에 대한 정보를 처리하는 방식에 영향을 미친다. 어떤 유형의 심리장애(증상증후군인 축 I 장애 혹은 성격장애인 축 II 장애)[1]를 지니고 있을 때 정보를 질서정연하게 활용한다는 것은, 정보를 역기능적인 방식으로 체계적인 편향에 의해 처리한다는 것을 의미한다. 이런 해석의 편향 및 뒤이어 나타나는 행동은 역기능적 믿음에 의해 조성된다.

의존성 및 회피성 성격장애를 지니고 있으며 거절당하는 것을 지나치게 염려하는 환자인 샌디의 예로 돌아가 보자. 전형적인 줄거리를 소개하면, 그녀는 남자 친구인 톰(Tom)이 옆방에서 작업하면서 내는 소음을 들었다. 소음에 대한 그녀의 지각은 그녀가 이 상황을 해석하는 원자료다. 그녀의 지각은 구체적인 맥락, 즉 톰이 옆방에서 그림을 정리하고 있다는 것에 토대를 두고 있다. 정보는 기본적으로 자극과 맥락이 융합된 것이다.

감각 기관을 통해 입력되는 소음과 같은 원자료 자체에는 제한된 정보만 담겨 있기 때문에, 이것은 무언가 의미 있는 형태로 변환되어야 한다. 소음이 어떤 의미 있는 패턴으로 통합되는 것은 원래의 감각 자료를 구체적인 맥락에서 처리하는 구조(즉, 도식)가 있기 때문에 가능하다. 샌디가 처음 떠올린 생각은 '톰이 너무 시끄러운데……'였다. 대개의 경우, 사람들은 이 정도에서 정보처리를 마치며, 이런 추론을 단기 기억에 저장한다. 그러나 샌디는 거절에 취약한 사람이기 때문에 그런 상황에 중요한 의미를 부여하게 된다. 결과적으로 그녀의 정보처리는 지속되며, '톰이 나한테 화가 났기 때문에 저렇게 시끄럽게 구는 거야'라는 개인화된 의미를 부여한다.

이런 방식의 인과 귀인은 사건에 의미를 부여하는 상위 구조에 의해 발생한다. 이런 상위 수준(도식) 체계의 한 요소는 그녀의 믿음이다: '만약 나와 친한 사람이 시끄럽게 군다면, 이것은 그가 나한테 화났다는 뜻이야.' 이런 유형의 믿음은 기본적인 도식(나는 사랑받을 만하지 못해)과는 구분되는 조건적인 도식(만약 ～라면, ～이다)이다.

이 경우에, 실제로 톰이 샌디에게 화가 났을 수도 있다. 하지만 기본적인 믿음이 너무 강력하기 때문에, 그녀는 톰과 같이 친한 사람이 시끄럽게 굴 때면 실제로 화가 났는지 여부와는 무관하게 언제나 이런 식의 해석을 내리기 쉽다. 더욱이, 그녀

---

1) 이 책에서 우리는 미국정신의학회(APA, 2000)가 발간한 『정신장애의 진단 및 통계편람 제4판 개정판(DSM-IV-TR)』을 따른다. 여기서, 주관적으로 강렬한 증상을 특징으로 하는 주요우울증이나 범불안장애와 같은 전통적인 증후군은 축 I 장애로 분류되며, 성격장애는 축 II 장애로 분류된다.

의 믿음 위계에서 가장 현저한 내용은 '만약 나와 친한 사람이 화가 난다면, 그는 나를 거절할 거야'이며, 보다 일반화된 수준에서는 '만약 사람들이 나를 거절하면, 나는 늘 외톨이가 될 거야' 및 '혼자가 된다는 것은 끔찍해'라는 믿음이 나타난다. 믿음은 연속적인 수준에서 점진적으로 더 광범위하고 더 복잡한 의미를 부여하는 위계에 따라 조직화되어 있다.

샌디의 사례는 인지심리학에서 비교적 새로운 개념, 즉 '사전평가(feedforward)' 기제가 개인의 정보처리 과정에 영향을 미친다는 것을 잘 보여 준다(Mahoney, 1984). 가장 기본적인 수준에서, 샌디는 자신이 사랑받을 만하지 못하다는 믿음을 지니고 있다. 이 믿음은 관련되는 사건이 발생할 때마다 거기에 늘 동일한 의미를 부여하는 성향으로 발현된다(Beck, 1964, 1967). 이 믿음은 다음의 조건적인 형태를 띠기도 한다. '만약 남자들이 나를 거절한다면, 그것은 내가 사랑받을 만하지 않다는 뜻이야.' 만약 그녀가 남자에게 개인적으로 거절당하는 사건이 일어나지 않는다면, 이 믿음은 보류 상태로 존재한다. 그러나 이 믿음과 관련되는 사건이 발생하면, 이 믿음(도식)이 보다 적절하고 합리적인 믿음(도식)을 밀어내고 그 자리를 차지하게 된다(Beck, 1967). 이때 그녀가 톰에게 거절당했다고 생각할 수도 있음 직한 어떤 자료가 존재한다면, 그녀의 주의는 자신이 사랑받을 만하지 못하다는 생각에 고정된다. 심지어 그 자료를 더 잘 설명할 수 있는 다른 방식이 있더라도(예를 들어, '큰 소리로 망치질을 하는 것을 보니 힘이 넘치는군'), 그녀는 톰의 행동에 관한 정보를 자신의 도식에 부합하는 방식으로 처리하게 된다. 샌디가 지니고 있는 거절 도식은 빈번하게 활성화되며, 빈번히 활성화되는 거절 도식을 억제할 수 있을 만한 다른 도식들을 제치고 더 쉽게 촉발된다.

물론, 샌디의 심리적 과정은 톰에게 거절당했다는 결론을 넘어서 더 진행된다. 개인적인 상실이나 위협의 도식이 활성화될 때는 늘 '정서도식(affective schema)' 도 뒤이어 활성화된다. 샌디의 경우에는 깊은 슬픔을 경험하는 것이다. 사건에 대한 부정적인 해석은 이와 조화되는 부정적인 정서로 연결된다.

사고, 감정, 소망 등의 심리현상은 오직 잠깐 동안만 의식되지만, 이런 주관적인 경험을 하는 것은 비교적 안정적이고 지속적인 밑바탕의 구조가 있기 때문이다.

더욱이, 우리는 내성을 통해서 그 구조의 내용을 확인할 수 있지만, 그 구조 자체는 의식하지 못한다. 그러나 해석에 대한 재인·평가·검증과 같은 의식적인 과정(인지치료의 기본 기법)을 통해서 기저의 구조를 수정할 수 있으며, 어떤 경우에는 기저의 구조를 본질적으로 변화시킬 수도 있다.

도식의 특징

이제는 개인의 성격에서 도식이 차지하는 위상을 살펴보고, 도식의 특징을 서술할 필요가 있어 보인다.

'도식(schema)'이라는 개념은 20세기 심리학에서 비교적 긴 역사를 지닌다. Bartlett(1932, 1958)과 Piaget(1926, 1936/1952)까지 거슬러 올라가는 이 개념은, 개인이 사건을 통합하고 의미를 부여하는 구조를 기술하기 위해 사용되었다. 도식의 내용은 자신 혹은 타인에 대한 태도와 같은 개인적인 관계에 관한 것들이며, 무생물 대상과 같은 비인격적인 범주도 여기에 포함될 수 있다. 여기서 말하는 대상이란, 구체적인 것(예: 의자)일 수도 있고 추상적인 것(예: 나의 조국)일 수도 있다.

도식은 범위(협소한, 분리된, 광범한), 유연성 혹은 경직성(수정가능성), 비중(인지적 조직화 내에서의 상대적인 현저성) 등과 같은 구조적인 특징을 부가적으로 지니고 있다. 또한 도식은 특정한 시점에 촉발되는 정도인 활성화가능성(valence)의 관점에서 기술될 수도 있다. 활성화가능성의 수준은 잠재적인 수준부터 빈번하게 활성화되는 수준까지 다양한 차이를 보인다. 잠재적인 도식은 정보처리에 관여하지 않으나, 활성화된 도식은 정보처리의 처음부터 끝까지를 관장한다. 도식 개념은 George Kelly(1955)의 '개인적 구성개념(personal constructs)'과 유사하다.

정신병리 분야에서, '도식'이라는 용어는 우울증, 불안증, 공황발작, 강박증 등의 심리장애를 겪을 때 활성화되어 대단히 우세해지는 매우 개인화되고 개인특유적인 내용을 지닌 구조라는 의미로 사용된다. 활성화된 상태에서, 이런 개인특유적 도식은 그 상황에서 더 적응적이고 더 적절할 수 있는 다른 도식을 대체하거나 억제한다. 결과적으로, 도식은 정보처리 과정의 체계적인 편향을 일으킨다(Beck, 1964, 1967; Beck et al., 1985).

성격장애의 전형적인 도식과 증상증후군의 도식이 서로 유사하기는 하지만, 성격장애 환자들의 도식은 정보처리 과정에서 더 지속적으로 작동한다. 의존성 성격장애 환자의 '나에게는 누군가의 도움이 필요해'라는 도식은 문제 상황이 발생할 때마다 늘 활성화되지만, 우울증 환자의 도식은 오직 우울한 기간 동안에만 현저해진다. 성격장애에서, 도식은 정상적이고 일상적인 정보처리의 한 부분인 것이다.

성격은 체계(system) 및 양식(mode)으로 구성된 비교적 안정된 조직체다. 상호 연동된 구조들(도식들)의 체계는 자극의 입력부터 마지막 행동 반응까지의 연쇄반응 전체를 관장한다. 전문화된 구조들이 상호 연동된 체계가 환경 자극을 통합하고 적응적인 반응을 산출하는 데 관여한다. 기억, 인지, 정서, 동기, 행동, 통제에 관여하는 체계는 서로 분리되어 있으면서도 서로 연결되어 있다. 기본적인 처리 단위인 도식들은 기능과 내용에 따라서 조직화된다. 서로 유형이 다른 도식은 저마다 다른 기능을 지니고 있다. 예컨대, 인지적 도식은 추론·해석·회상 등에 관여하며, 정서적 도식은 감정의 경험에 관여하고, 동기적 도식은 소망이나 욕구를 다루며, 도구적 도식은 행동을 준비시키고, 통제 도식은 자기감찰 및 행동의 억제 혹은 발현과 관련된다.

인지적 도식을 구성하는 하위 체계들 중에는 자기평가를 담당하는 것도 있고 타인평가를 담당하는 것도 있다. 어떤 하위 체계는 일화기억 혹은 의미기억을 저장하고 접근할 수 있게 한다. 또 다른 하위 체계는 다가올 사건에 대비시키며, 기대·예측·장기적인 예상을 제공하는 기능을 한다.

특정한 도식이 빈번하게 활성화된다면, 그 도식의 활성화 역치는 낮은 것이다. 즉, 관련이 적거나 사소한 자극에 의해서도 쉽게 촉발된다는 뜻이다. 또한 그 도식은 상당히 우세하다. 즉, 정보처리 과정에서 보다 적절한 도식을 밀어내고 그 자리를 차지해 버린다(Beck, 1967). 임상적으로 관찰해 보면, 실제 자극 상황에서 더 적절한 도식은 오히려 억제된다. 임상적 우울증을 예로 들면, 부정적인 도식이 상승세를 타면 그 도식이 단기적 혹은 장기적 예측뿐만 아니라 경험의 해석과 회상에

체세적이고 부정적인 편향을 초래하는 반면, 긍정직인 도식은 영향을 덜 미치게 된다. 따라서 우울증 환자들은 사건의 부정적인 측면은 쉽게 볼 수 있지만, 긍정적인 측면은 잘 보지 못한다. 그들은 긍정적인 사건보다는 부정적인 사건을 더 잘 회상할 수 있으며, 긍정적인 결과보다는 바람직하지 않은 결과가 나올 가능성에 더 많은 무게를 둔다.

개인이 임상적인 수준의 우울증(혹은 불안장애)을 겪을 때는 현저한 '인지의 전환(cognitive shift)'이 일어난다. 에너지 개념으로 말하면, 전환은 정상적인 인지적 정보처리가 우울 양식을 구성하는 부정적 도식이 우세한 정보처리로 바뀌는 것을 의미한다. 정신분석가들이 사용하는 '점유(cathexis)'와 '역점유(countercathexis)'라는 용어는 무의식적 패턴을 활성화시키는 에너지 배분[점유]과 이를 억제하는 에너지 배분[역점유]을 설명하는 것이다. 즉, 우울증에서는 우울 양식에 점유된 것이고, 범불안장애에서는 위험 양식에 점유된 것이며, 공황장애에서는 공황 양식에 점유된 것이다(Beck et al., 1985).

성격에서 정서의 역할

인지적·행동적 패턴에 대해 논의하다 보면, 정서 생활의 주관적인 측면(슬픔, 기쁨, 공포, 분노의 느낌)을 간과하는 것처럼 보일 수 있다. 우리는 사랑하는 사람과 이별하거나 지위를 상실할 때 슬픔을 느끼고, 사랑 고백을 받거나 목표를 달성할 때 기뻐하고, 불공정한 대우를 받을 때 화가 난다는 것을 인식한다. 이런 정서적(혹은 정동적) 경험은 성격 조직의 구조와 어떻게 부합하는가? 기본적인 인지적 구조와 방략 사이에는 어떤 관계가 있는가? 우리는 즐거움이나 고통과 관련된 정서는 핵심적인 방략의 동원 및 유지에 결정적인 역할을 한다는 생각을 가지고 있다. 생존 및 생식 방략은 부분적으로 즐거움-고통 중추와 함께 작동하는 것처럼 보인다. 앞서 지적했듯이, 생존 및 생식과 관련된 목표가 성공적으로 달성되면 즐거움을 경험하고, 이것에 방해를 받으면 고통을 경험한다. 음식 섭취나 성행위와 관련된 충동이 자극을 받으면 긴장이 유발되며, 이것이 충족되면 만족감을 경험한다. 불안과 슬픔을 초래하는 정서적 구조는 각각 위험에 기민하게 반응하게 만드는 인지적 신호를 강화하며, 무언가 가치 있는 것을 잃었다는 지각을 강하게 만든다(Beck et al., 1985). 즉, 정서적 기제는 다양한 유형의 즐거움에 대한 기대와 경험을 통해서 생존 및 유대와 직결된 행동을 강화하는 역할을 한다. 이와 동시에, 상보적인 기제가 불안과 불행감을 각성시킴으로써 잠재적으로 자기패배적이거나 위험한 행동을 못하게 만든다(Beck et al., 1985). 통제 체계와 연관되어 있으면서 행동 조절에 관여하는 또 다른 자동적인 기제에 대해서는 곧 논의할 것이다.

지각에서 행동으로

성격 조직의 기본적인 구성 요소들 중에는 마치 조립 공정과 유사하게 작동하는 다른 종류의 도식들의 연쇄반응이 있다. 단순하게 말하면, 이런 구조들은 논리적이고 선형적인 방식으로 작동한다고 볼 수 있다. 예를 들어, 위험한 자극에 노출되면 이와 관련된 '위험도식'이 활성화되어 정보를 처리하기 시작하며, 뒤이어서 정서도식, 동기도식, 행동도식, 통제도식이 활성화된다. 개인은 상황을 위험한 것으로 해석하며(인지도식), 불안을 느끼고(정서도식), 회피하고 싶어 하며(동기도식), 도망을 치게 된다(행동도식 혹은 도구적 도식). 만약 개인이 도망치는 행동이 비생산적이라고 판단하면, 그는 아마도 도망치고 싶은 충동을 억제할 것이다(통제도식).

축 I 장애의 경우, 어떤 특정한 양식이 활성화되면 이것은 상실, 위험 혹은 싸움에 집착하도록 만든다. 우울증을 예로 들면, 다음과 같은 연쇄반응이 일어난다: 인지 → 정서 → 동기 → 행동. 개인적으로 의미 있는 상황에서, 상황에 대한 해석과 정서는 다음 '연쇄반응의 고리' 즉 행동 체계에 동력을 공급한다. 예를 들면, 어떤 상황을 거절이라고 해석한 뒤에는 샌디의 얼굴에 슬픈 표정이 스친다. 계통발생적으로 볼 때, 자동적으로 발생하는 이런 과정은 의사소통의 한 형태로 작용한다. 즉, 고통을 겪는다는 신호를 내보내는 것이다. 아울러 행동도식이 촉발된다. 즉,

그녀가 거절을 다루는 특별한 방략이 활성화되고, 그녀는 옆방으로 가서 톰에게 위안을 구하고 싶은 충동을 경험하게 된다. 그녀는 자신의 정형화되고 고정된 방략에 따라 행동하도록 이끌어진다. 이 시점에서, 그녀는 톰에게 달려가고 싶은 충동에 따를 수도 있고 그렇게 하지 않을 수도 있다.

내적 통제체계

우리는 사람들이 웃고 싶거나 울고 싶거나 혹은 누군가를 때리고 싶은 등의 모든 충동에 굴복하지는 않는다는 것을 알고 있다. '통제체계(control system)'라는 또 다른 체계가 행동체계와 함께 직동하면서, 충동을 조절하거나 수정하거나 억제한다. 통제체계 역시 믿음에 기초를 두는데, 이 믿음은 대개 현실적이거나 적응적인 것이다. 충동은 '소망'으로 구성되어 있지만, 믿음에는 허용(~하라)과 금지(~하지 마라)가 포함된다(Beck, 1976). 예를 들면, '너보다 더 약한 사람을 때리는 것은 옳지 않다', '너는 권위 있는 사람들에게 순종해야 한다', '사람들 앞에서는 울면 안 된다'와 같은 것이 이런 믿음에 해당된다. 이런 믿음은 자동적으로 '때리지마', '지시대로 해', '울지 마' 등과 같은 명령으로 변환된다. 이런 금지는 소망의 표현을 억누르는 힘으로 작용한다. 샌디는 '만약 내가 톰에게서 너무 많은 위안을 얻으려고 하면, 그는 나한테 화를 낼 것이다'(예측)와 같은 구체적인 믿음을 지니고 있었다. 따라서, 그녀는 톰이 있는 옆방으로 달려가서 그가 여전히 자신을 사랑하고 있는지를 물어보고 싶은 소망을 억제했다.

이와 같이 개인적인 해석을 조성하는 믿음(예: '나는 누군가가 좋아할 만한 사람이 아니다'), 행동을 일으키는 도구적 체계(예: '그가 나를 사랑하고 있는지를 물어봐라'), 예측을 관장하며 결과적으로 행동을 촉진 혹은 억제시키는 통제체계를 확인하는 것은 중요한 치료적 작업이다(Beck, 1976). 통제체계 혹은 조절체계는 (종종 인식되지 않지만) 성격장애에서 핵심적인 역할을 하기 때문에, 자세하게 살펴볼 필요가 있다. 통제 기능은 자기조절에 관련되는 것(즉, 내부지향적)과 외부 환경(주로 사회적 환경)에 관여하는 것으로 나뉠 수 있다. 성격장애와 특히 관련이 깊은 자기조절 과정은 자신과 의사소통하는 방식을 의미한다. 자기감찰(self-monitoring), 자기평가(self-appraisal), 자기판단(self-evaluation), 자기경고(self-warning), 자기지시(self-instruction) 등이 내적인 의사소통에 해당된다(Beck, 1976). 이런 과정이 과장되거나 여기에 결함이 있다면, 그것은 현저하게 드러난다. 자신을 너무 많이 감찰하는 사람은 억제되는 경향이 있는 반면(불안 상태나 회피성 성격장애에서 이런 경우를 볼 수 있다), 너무 적게 억제하면 충동성이 증가되는 경향이 있다.

자기평가와 자기판단은 자신이 제대로 하고 있는가를 측정하는 중요한 방법이다. 자기평가는 단지 자기에 대한 관찰을 표상한 것인 반면, 자기판단은 자신에 대한 가치 판단을 의미한다. 즉, '좋다–나쁘다', '가치있다–무가치하다', '사랑받을 만하다–사랑받을 만하지 않다' 등의 판단과 관련된다. 부정적인 자기판단은 우울증 상태에서 겉으로 잘 드러나지만, 대부분의 성격장애에서도 좀 더 미묘한 방식으로 작동하고 있을 수 있다.

정상적인 경우, 자기판단과 자기감독(self-direction) 체계는 자동적으로 작동한다. 여기에 특별한 주의를 기울이지 않는 한, 사람들은 이런 자기 신호를 인식하지 못한다. 이런 인지는 '자동적 사고(automatic thought)'라는 특별한 형태로 표현된다(Beck, 1967). 앞서 언급한 것처럼, 이런 자동적 사고는 우울증에서 쉽게 활성화되며, '나는 무가치하다' 혹은 '나는 바람직하지 못하다'와 같은 말들로 표현된다.

자기판단과 자기지시는 보다 깊은 구조, 즉 자기개념(self-concept) 혹은 자기도식(self-schema)에서 유래하는 것으로 보인다. 사실, 부정적으로(혹은 긍정적으로) 과장된 자기개념은 개인의 '성격 유형(personality type)'이 '성격장애(personality disorder)'로 진행되게 만드는 요인일 수 있다. 예를 들어, 자신을 무기력하다고 생각하는 경직된 견해는 아동기에 나타나는 의존에 대한 정상적인 소망을 성인기의 '병적인' 의존성으로 진행시킬 수 있다. 이와 유사하게, 체계·통제·질서에 대해서 지나치게 강조하면 체계가 도구가 아니라 주인이 되어버리는 성격장애, 즉 강박성 성격장애를 겪게 될 소지가 크다.

우리는 성숙의 과정에서 자기판단 및 자기감독의 토대가 되는 일련의 규칙(rule)들을 발달시킨다. 이런 규칙은 또한 우리의 기준, 기대, 행동 계획의 기초를 형성한다. 즉, '나는 항상 완벽하게 일해야 한다'와 같은 내용의 규칙을 지닌 여성은, 자신의 수행을 지속적으로 평가하면서 특정한 목표를 달성했을 때는 자신을 칭찬하지만 조금이라도 실수했을 때에는 자신을 비난하는 모습을 보일 것이다. 그 규칙이 너무 경직되어 있기 때문에, 그녀는 '완벽하지 않다고 하더라도 그 일을 끝마치는 것이 더 중요하다'와 같은 실제적이고 보다 융통성 있는 규칙을 적용할 수가 없다. 이와 마찬가지로, 사람들은 대인관계 수행에 관한 규칙도 발달시킨다. 회피성 성격장애를 지닌 사람들이 가지는 허용이나 금지의 규칙은 현저한 사회적 억제를 초래할 수 있다. 이런 사람들은 '남들에게 취약한 부분을 드러내서는 안 된다'와 같은 규칙을 위반하는 생각을 떠올리기만 해도 불안해질 수 있다.

축 I 장애로의 변환

우리는 이미 '인지의 전환'이라는 개념에 대해서 논의하였다. 축 I 장애를 지닌 사람들은 정보를 선택적이고 역기능적인 방식으로 처리하는 경향이 있다. 우울증이나 불안장애를 발달시키기 이전에 환자가 지녔던 믿음은 이제 더 그럴 듯하게 여겨지며 더 많은 상황에 광범위하게 적용된다. '만약 성공하지 못한다면 무가치하다' 혹은 '좋은 부모는 늘 아이의 욕구를 충족시켜야 한다'와 같은 믿음은 더욱 절대적이고 극단적인 양상을 띠게 된다. 더욱이, 부정적인 자기상의 특정한 측면이 강조되거나 확장되기 때문에, 환자는 '나는 무가치해' 혹은 '나는 실패자야'라는 생각을 끊임없이 반복하기 시작한다. 우울증이 생기기 이전에 지녔던 일시적이고 덜 강력했던 부정적인 생각들에 더 힘이 실리게 되며, 그것이 환자의 감정과 행동을 지배하게 된다(Beck, 1963).

보다 구체적인 조건적 믿음들 중의 몇몇은 더욱 폭넓은 상황에 포괄적으로 적용될 만큼 확장된다. '만약 나를 새로운 상황으로 안내해 줄 누군가가 없다면, 나는 대처할 수 없을 거야'와 같은 믿음이나 태도는 '누군가 강력한 사람이 늘 내 곁에 있지 않는다면, 나는 당황해서 허둥댈 거야'와 같은 믿음으로 확대된다. 우울증이 깊어질수록, 이런 믿음은 '나는 무력하기 때문에, 나를 책임져주고 돌봐줄 누군가가 필요해'라는 믿음으로 확장될 수 있다. 즉, 믿음은 점점 더 절대적이고 극단적인 형태로 되어간다.

우울증이나 불안장애를 겪는 동안에 환자들이 이런 역기능적인 믿음을 더 쉽게 수용하게 된다는 것은, 그들이 역기능적인 해석에 대한 현실 검증을 할 수 있는 능력을 일시적으로 상실하게 됨을 의미한다. '나는 비열한 인간이야'라는 생각을 지닌 우울증 환자를 예로 들면, 그는 이런 믿음을 검토하는 능력, 반대되는 증거를 신중히 고려하는 능력, 그리고 증거가 없을 때 이런 믿음을 거부할 수 있는 능력을 상실한 것처럼 보인다. 우리가 어떤 결론을 검토하는 방식인 합리적인 인지양식에 일시적으로 접근할 수 없거나 그것을 적용하지 못할 때, 위와 같은 인지적 능력의 상실이 나타나는 것으로 보인다. 인지치료의 명시적인 목표는 '현실검증 체계에 다시 힘을 부여하는 것'이다. 이 과정에서 치료자는 '환자를 보조하는 현실검증자'의 역할을 한다.

우울증 환자들은 자동적으로 정보를 처리하는 방식에 있어서도 남들과 다른 모습을 보인다. 실험 결과(Gilson, 1983), 그들은 자신에 관한 부정적인 정보는 더 빠르고 효율적으로 받아들이는 반면, 긍정적인 정보의 처리는 차단하였다. 역기능적인 사고가 점점 더 우세해지며, 교정적인 그리고 보다 합리적인 인지적 과정을 적용하는 것은 더 어려워진다.

앞서 지적한 것같이, 개인의 성격 조직은 사람들이 자신에 관한 정보를 사용하는 방식에 영향을 미친다. 어떤 유형의 심리장애(증상증후군인 축 I 장애 혹은 성격장애인 축 II 장애)를 지니고 있을 때 정보를 질서 정연하게 활용한다는 것은, 정보를 역기능적인 방식으로 체계적인 편향에 의해 처리한다는 것을 의미한다. 이런 해석의 편향 및 이에 뒤이어 나타나는 행동은 역기능적 믿음에 의해 조성된다.

인지의 전환

성격장애에서 불안 상태로, 그리고 다시 불안 상태에서 우울증으로 변환되는 과정에서 드러나는 인지 기능의 전환은 샌디의 경험에서 잘 드러난다. 기억할 수 있는 만큼 과거로 거슬러 올라가 보았을 때, 샌디는 과연 자신이 남들에게 받아들여질 수 있는지에 대한 의문을 품고 있었다. 톰과의 관계에 위협을 받을 때, 이런 산발적인 자기회의는 지속적인 걱정으로 변질된다. 우울증으로 진행되면서, '나는 받아들여지지 않을 수도 있어'라는 그녀의 믿음은 '나는 받아들여지지 않아'라는 믿음으로 전환된다.

샌디가 지닌 미래에 대한 태도 역시 유사한데, 그녀의 만성적인 불확실감은 지속적인 예기 불안으로 전환되며, 우울증이 깊어지면서 종국에는 미래에 대한 무망감으로 발전한다. 불안해질 때 그녀는 미래에 대해서 파국화하는 경향을 보이지만, 우울해지면 자신이 파국화한 내용이 마치 이미 일어나버린 것처럼 받아들이게 된다.

임상적으로 우울하거나 불안하지 않을 때, 샌디는 자신에 대한 몇몇 긍정적인 정보(자신은 좋은 사람이고, 사려 깊고 충직한 친구이며, 양심적인 노동자라는 생각)에 접근할 수 있었다. 불안해지면서 그녀는 자신에게 여전히 긍정적인 측면이 있다는 것을 알기는 했지만, 더 이상은 그것이 자신과 부합하지 않는 것처럼 생각하게 되었다. 아마도 그런 측면들이 남자와의 안정적인 관계에 대한 그녀의 염려를 안심시켜주지 못했기 때문일 것이다. 하지만 우울증이 시작되면서, 그녀는 자신의 긍정적인 자산을 인식하는 데 어려움을 겪게 되었고 심지어는 그것을 생각할 수도 없게 되었다. 심지어 자신의 긍정적인 측면을 인식할 수 있을 때조차도, (현재의) 자기상과 부합하지 않기 때문에 이를 평가절하하는 경향을 보였다.

정서장애가 발생하면 환자의 역기능적 믿음이 더 극단적이고 경직되게 변한다는 것을 이미 언급하였다. 샌디에게 불안장애나 우울증이 생기기 이전에는, '남자가 없으면, 나는 행복해질 수 없을 거야'라는 생각은 가끔씩만 떠올랐다. 그러나 불안장애와 우울증이 생기면서, 이런 생각은 '만약 남자를 얻지 못하면, 나는 늘 불행할 거야'로 진전되었다.

이와 같이 성격장애에서 불안장애로, 그리고 다시 우울증으로 진전되면서 인지적인 역기능이 심해지는 것은 점차적으로 현실 검증력이 손상됨을 의미한다. 불안한 상태에서, 샌디는 그래도 어느 정도 객관적인 시각에서 자신의 파국적인 염려를 바라볼 수 있었다. 그녀는 '만약 이 관계가 끝장난다면, 나는 늘 외롭고 불행할 거야'라는 생각은 단지 생각에 불과할 뿐이라는 것을 알 수 있었다. 그러나 우울해졌을 때, 정말로 늘 불행할 수 있다는 생각은 그녀에게는 더 이상 어떤 가능성 있는 생각 수준이 아니라 현실, 곧 사실이 되어버렸다.

성격장애의 기초가 되며 오랫동안 지속되는 믿음을 변화시키는 것은 치료과정에서 가장 어려운 일이다. 오직 정서장애나 불안장애와만 연관된 믿음은 비교적 덜 안정적이기 때문에 보다 빨리 수정할 수 있다. 즉, 심리치료나 약물치료를 통해서, 혹은 단지 시간이 흐름에 따라 개인의 우울 양식이 정상적인 양식으로 변환되는 것이 가능하다. 여기서는 한 양식에서 다른 양식으로의 에너지 변환이 일어나는데, 이런 변환이 일어나면 우울증에서의 '사고장애(thinking disorder)' 양상(체계적인 부정적 편향, 과잉일반화, 개인화)이 상당히 감소한다. 성격장애의 '정상' 양식은 우울 혹은 불안 양식보다 더 안정되어 있다. 정상 양식에서의 도식이 더 밀집되어 있고 인지적 조직체를 더 짙게 표상하고 있기 때문에, 이것들은 변화시키기가 더 어렵다. 정상 성격과 성격장애를 구분해 주는 어떤 변별적 특징이 드러나는 것은 바로 이런 도식 때문이다. 각각의 성격장애에서, 어떤 믿음이나 방략은 다른 것에 비해 더 두드러진 양상을 보이며, 이런 믿음과 방략이 각 장애에 특징적인 프로파일을 형성한다.

인지적 프로파일

성격장애에 접근하는 한 가지 단순한 방법은 성격장애를 어떤 방향성(vector)의 관점에서 보는 것이다. Horney(1950)의 개념화에 따라서, 우리는 성격 유형이 타인과 어떻게 관계하고 타인에게 어떤 영향을 미치는가, 그리고 대인관계 공간을 어떻게 활용하는가 하는 관점에서 이런 대인관계 방략들을 살펴볼 수 있다. 개인은 타인에 대항해서(against), 타인을 향해서(toward), 타인으로부터 멀어지게(away from), 타인보다 위로(above), 혹은 타인보다 아래로(under) 자신을 이동시키거나 위치시킬 수 있다. 의존적인 사람은 타인을 향해서 움직이며 종종 자신을 다른 사람의 아래에 놓으려고 한다(복종적, 굴종적). 그냥 그대로 멈춰있거나(stay still) 남을 방해하는 유형도 있는데, 이것이 수동-공격적인 성격이다. 자기애적인 사람은 자신을 남들보다 높이려고 한다. 강박적인 사람은 통제하는 데 관심이 있기 때문에 자신을 타인 위에 놓으려고 한다. 분열성 성격을 지닌 사람은 다른 사람에게서 멀어지려고 하며, 회피적인 사람은 남에게 더 가까이 다가갔다가 이내 물러나곤 한다. 연극성 성격을 지닌 사람은 다른 사람들을 자기에게로 이끌어 오기 위해서 공간을 활용한다.[2]

앞으로 살펴보겠지만, 이런 방향성은 특정한 성격장애와 연합된 특정한 대인관계 방략이 가시적으로 드러난 것이라고 볼 수 있다. 타인과의 관계에서 자신을 위치 짓는 방식에 대한 이런 식의 간략한 묘사 역시 성격 유형이나 성격장애를 이해하는 한 방법이다. 이런 패턴이 역기능적인 것으로 간주되는 범위 안에서, 역기능적인 패턴이 (1) 환자 본인의 고통을 초래하거나(예: 회피성 성격장애) (2) 타인과의 관계 혹은 사회적 관계의 곤란을 유발한다면(예: 반사회성 성격장애) 성격장애로 진단할 수 있다. 그러나 성격장애 진단을 받은 사람들 중 상당수는 자신에게 그런 장

---

2) 앞서 언급한 것처럼, 경계선 성격장애와 분열형 성격장애는 어떤 특정한 내용의 사고를 특징으로 하지 않기 때문에 우리의 방략 구분에 포함되지 않았다.

애가 있다고 생각하지 않는다. 대개 그들은 자신의 성격 패턴이 증상(예: 우울, 불안)을 유발할 때 혹은 (의존성, 회피성, 수동-공격성 성격장애의 경우처럼) 중요한 사회적 · 직업적 성취를 방해할 때만 이를 바람직하지 않은 것으로 간주한다.

그들은 자신이 지닌 개인특유적 방략의 작동을 방해하는 상황과 맞닥뜨리게 될 때, 우울이나 불안과 같은 증상을 드러낸다. 예를 들어, 의존적인 사람이 중요한 타인으로부터 분리되거나 분리의 위협을 당할 때, 혹은 강박적인 사람이 쉽게 관리할 수 없는 상황에 처하게 될 때 증상이 드러난다. 성격장애를 지닌 사람들 중에서 또 다른 일부(자기애성, 분열성, 반사회성 성격장애의 경우)는 자신의 패턴이 완전히 정상이며 만족스럽다고 여기지만, 다른 사람들이 그들의 행동을 부정적으로 평가하기 때문에 성격장애 진단을 받는다.

그러나 관찰 가능한 행동(혹은 방략)은 단지 성격장애의 한 측면에 불과하다. 각각의 성격장애는 역기능적 혹은 비사회적인 행동으로 특징지을 수 있지만, 더 나아가 믿음 · 태도 · 정서 · 방략의 조합으로 특징지을 수 있다. 각 장애에서 전형적으로 나타나는 인지적 · 정서적 · 행동적 양상에 기초하여 성격장애마다 변별되는 프로파일을 제시할 수 있다. 비록 이런 유형론이 단순한 형태로 제시되기는 했지만, 특정한 한 사람이 하나 이상의 성격 유형에서 드러나는 양상들을 한꺼번에 같이 보일 수도 있다는 점을 명심해야 한다.

과잉발달된 패턴 및 과소발달된 패턴

성격장애를 지닌 사람들은 특정한 행동 패턴을 보이는 경향이 있는데, 그 행동 패턴은 비정상적으로 과잉발달된 패턴(overdeveloped pattern)일 수도 있고 그와 반대로 과소발달된 패턴(underdeveloped pattern)일 수도 있다. 예를 들어, 강박성 성격장애를 지닌 사람들은 통제 · 책임감 · 체계화를 지나치게 강조하는 반면, 자발성과 유희는 상대적으로 부족하다. 〈표 2-2〉에 제시했듯이, 다른 성격장애들에서도 어떤 패턴의 비중은 상당히 큰 반면, 다른 패턴의 비중은 약하게 드러난다.

결핍된 양상은 종종 강력한 양상에 대응되는 정반대의 것이다. 마치 한 가지의 대인관계 방략이 지나치게 발달하면, 이와 균형을 이루는 다른 방략은 적절하게 발달되지 못한 것과 같은 양상을 띠고 있다. 이런 양상을 보이는 이유는, 어렸을 적에 어떤 우세한 행동에 지나치게 몰두했기에 그것이 다른 적응적인 행동의 발달을 약화시키거나 가렸기 때문이라고도 생각할 수 있다.

〈표 2-2〉 **각 성격장애에서 전형적인 과잉발달 방략 및 과소발달 방략**

성격장애	과잉발달 방략	과소발달 방략
강박성	통제 책임감 체계화	자발성 유희
의존성	도움 구하기 매달리기	자기충족 사회적 유동성
수동-공격성	자율성 저항 수동성 태업	친밀감 주장성 능동성 협동성
편집성	경계심 불신 의심	평온함 신뢰 수용
자기애성	자기과장 경쟁심	공유 집단동일시
반사회성	투쟁성 착취 약탈	공감 상호성 사회적 민감성
분열성	자율성 고립	친밀감 상호성
회피성	사회적 취약성 회피 억제	자기주장 사교성
연극성	과시 표현성 인상주의	내성 통제 체계화

　각 성격장애에 관한 장들에서 다루겠지만, 어떤 과잉발달된 방략은 특정한 유형의 자기개념에서 파생된 것이거나 이를 보상하려는 시도일 수 있고, 특별한 발달적 경험에 대한 반응일 수 있다. 앞서 논의한 것같이, 유전적 소인 또한 다른 가능한 패턴을 제치고 어떤 특정한 패턴이 발달하도록 하는 데 기여했을 수 있다. 예를 들어, 어떤 아이들은 남을 즐겁게 하는 일에 관심이 있어 보이지만, 다른 아이들은 비교적 이른 시기부터 수줍어하는 억제된 모습을 보인다. 즉, 자신의 깊은 무가치감을 극복하기 위해 필사적으로 싸우는 과정에서 자기애성 성격이 발달될 수 있다. 어린 시절의 혼란한 상황에 대한 반응으로서, 무질서한 환경에 질서를 부여하기 위해 발달된 것이 강박성 성격일 수 있다. 편집성 성격은 배신이나 기만과 같은 초기 경험의 영향으로 형성된 것일 수 있으며, 수동-공격성 성격은 타인의 조종에 대한 반응으로 생겨난 것일 수 있다. 의존성 성격은 종종 여러 가지 이유로 인해 친밀한 애착에 고착된 것을 말하는데, 이것이 발달 시기 동안 정상적으로 약화되지 않고 가족에 의해서 강화된 결과일 수 있다. 유사하게, 연극성 성격은 인정이나 애정을 받기 위해 다른 사람을 즐겁게 한 일과 같은 과시에 대해서 성공적으로 보상을 받았던 경험에 의해 생겨난 것일 수 있다. 다양한 경로를 통해 성격장애가 형성된다는 점을 명심할 필요가 있다. 예를 들어, 자기애성, 강박성, 편집성, 그리고 심지어 반사회성 성격장애는 보상기제 혹은 공포기제로 발달했을 수도 있고(즉, 혼돈, 조종, 희생의 결과로서), 관련된 방략이 중요한 타인에 의해 강화되었기 때문에 발달했을 수도 있으며, 두 경우 모두에 해당될 수도 있다.

　우리는 다른 가족 구성원과의 동일시(identification)의 중요성도 간과해서는 안 된다. 어떤 사람들은 부모나 형제의 역기능적 패턴을 받아들인 뒤, 성장하면서 이를 자기 것으로 삼은 것처럼 보이기도 한다. 다른 사람들의 경우에는, 강한 유전적 소인의 영향으로 성격장애가 생긴 것처럼 보이기도 한다. 즉, J. Kagan(1989)의 연구에서는 생애 초기의 수줍음이 일생 동안 지속된다는 점이 시사되었다. 태어날 때부터 수줍어하는 소인을 지닌 사람이 이후의 경험을 통해 강화된 결과, 단지 비주장적인 사람이 되는 것 이상으로 회피성 성격을 갖게 되는 것도 가능하다. 성격장애를 지닌 사람들의 심리적 특성을 그들의 자기관 및 타인관, 기본적 믿음, 기본적 방략, 주요 정서 등의 관섬에서 분석해 보는 것도 유용하다. 이런 식으로 개념화함으로써, 치료자는 각 성격장애를 이해하고 치료하는 데 도움이 되는 구체적인 인지적-행동적-정서적 프로파일을 얻을 수 있다.

구체적인 인지적 프로파일

회피성 성격장애

DSM-IV-TR의 기준에 의해 회피성 성격장애(Avoidant Personality Disorder: APD) 진단을 받은 사람들은 다음과 같은 핵심 갈등을 지니고 있다. 그들은 다른 사람들과 가깝고 친밀하게 지내고 싶어 하며 자신의 지적·직업적 잠재력을 발휘하고 싶어 하지만, 다른 사람들에게 상처받거나 거절당하는 것과 성공하지 못하는 것을 두려워한다. 그들이 구사하는 방략은 (의존적인 사람들과 정반대로) 대인관계에서 물러서는 것, 즉 다른 사람들과 연루되는 일을 일단 회피하는 것이다.

자기관: 자신을 사회적으로 부적절하고, 학업면이나 직업면에서 무능하다고 지각한다.

타인관: 타인을 잠재적으로 비판적이고, 무관심하며, 얕잡아 본다고 지각한다.

믿음: 다음과 같은 핵심 믿음을 지니고 있는 경우가 많다: '나는 변변치 못하고…… 무가치하며…… 사랑받을 만하지 못하다. 나는 불쾌한 감정들을 감당할 수 없다.' 이런 믿음은 다음 수준의 조건적 믿음으로 이어진다: '만약 다른 사람들과 가까워지면, 그들은 나의 참모습을 알게 될 것이고 나를 거절할 것이다. 그러면 견딜 수 없을 것이다.' 혹은 '만약 내가 무언가 새로운 일을 떠맡았다가 성공하지 못한다면, 그것은 정말로 끔찍할 것이다.'

행동과 직결되는 그 다음 수준의 도구적 믿음 혹은 자기지시적 믿음에는 다음과 같은 것들이 있다: '다른 사람과의 위험한 접촉은 아예 안 하는 것이 제일 낫다.'

'어떤 대가를 치르더라도 불쾌한 상황은 반드시 피해야 한다.' '무언가 불쾌한 느낌이나 생각이 들면, 주의를 분산시키거나 약물(예: 알코올, 마약)을 복용해서라도 그것을 지워버리려고 노력해야 한다.'

위협: 주로 자신이 '사기꾼'이라는 것이 밝혀지거나, 남들에게 경멸이나 업신여김을 당하거나, 거절당하는 것을 두려워한다.

방략: 주로 남들에게 평가당할 수 있는 상황을 회피하는 방략을 구사한다. 즉, 그들은 사회적인 모임의 주변부로 물러나 있으려고 하며, 타인의 주목을 받는 것을 회피한다. 실패하는 것이 두렵고 실패로 인해 남들로부터 보복당하는 것이 두렵기 때문에, 직장에서 새로운 책임을 떠맡거나 승진하는 것을 회피한다.

정서: 주로 불안과 슬픔이 조합된 정서인 저조감을 느끼며, 이는 친밀한 관계에서의 즐거움이나 성취를 통해 얻어지는 성취감을 느끼지 못하는 것과 관련이 있다. 그들은 불안을 경험하며, 이는 사회적 혹은 직업적 상황에서 위험을 감수하는 것에 대한 두려움과 관련이 있다.

저조한 기분에 대한 감내력이 낮기 때문에, 수줍음을 극복하지 못하고 자신을 효율적으로 드러내지 못한다. 내성을 많이 하고 자신의 감정을 지속적으로 관찰하기 때문에, 슬픔이나 불안에 매우 예민하다. 이처럼 고통스러운 감정을 과도하게 자각하는 경향이 있음에도 불구하고 불쾌한 사고는 잘 인식하지 못하는 역설적인 모습을 보이는데, 이것은 '인지적 회피'라고 명명되는 그들의 주요 방략과 일맥상통한다. 불쾌한 기분에 대한 낮은 감내력 및 실패와 거절에 대한 예민성이 그들의 모든 행동을 잠식해버린다. 남에게 의존함으로써 실패에 대한 두려움을 다루려는 의존적인 사람과 달리, 회피적인 사람은 단지 남들의 기대를 낮추는 방법으로, 그리고 실패하거나 거절당할 위험성이 있는 상황을 회피하는 방법으로 살아간다.

의존성 성격장애

의존성 성격장애(Dependent Personality Disorder: DPD)를 지닌 사람들은 자신을 무력한 존재로 지각한다. 그렇기에, 그들은 자신의 생존과 행복을 위해 필요한 자원을 제공해 줄 수 있을 듯한 강한 사람에게 매달리고 의존하려고 한다.

자기관: 자신을 보잘것없고, 약하고, 무력하고, 무능하다고 지각한다.

타인관: 강한 '보호자'를 자신을 잘 돌봐주고, 지지적이며, 유능한 존재라고 이상화한다. 인간 관계에 얽히지 않으려고 하여 사회적인 지지를 받지 못하게 되는 회피성 성격장애 환자와 달리, 의존성 성격을 지닌 사람은 강한 대상에게 접근할 수 있는 한 적절한 수준에서 잘 기능할 수 있다.

믿음: 이들은 '내가 살아남기 위해서는 다른 사람, 특히 강한 사람의 도움이 필요해'라는 믿음을 지니고 있다. 더욱이, 이들은 그런 강한 사람이 주변에 있느냐 없느냐에 따라서 자신의 행복이 좌우된다고 생각한다. 이들은 남들에게서 꾸준한, 그리고 결코 중단되지 않는 지지와 격려를 받아야 한다는 믿음을 지니고 있다. 어떤 의존성 성격장애 환자는 "나는 남자 없이는 살 수가 없어."라고 이야기하며, "사랑받지 못한다면 결코 행복할 수 없을 거야."라고 말하는 환자도 있다.

믿음을 위계적으로 살펴볼 때, 이들의 핵심 믿음은 '나는 완전히 무력한 존재다' 혹은 '나는 늘 혼자다'일 가능성이 높다. 조건적 믿음으로는 다음과 같은 것들이 있다: '나는 누군가 유능한 사람에게 의지해야만 잘 살아갈 수 있다.' '만약 버림을 받는다면, 죽어버릴 것이다.' '만약 사랑받지 못한다면, 늘 불행할 것이다.' 도구적 믿음은 다음과 같은 명령문의 형태를 띠고 있다: '돌봐주는 사람의 기분을 상하게 하지 마라.' '되도록 가까이 붙어 있어라.' '가능하면 친밀한 관계를 많이 만들어라.' '그 사람과의 관계를 유지하려면, 그에게 복종해라.'

위협: 주로 거절당하거나 버림받는 것을 두려워한다.

방략: 주로 의존적인 관계를 형성하는 방략을 구사한다. 이들은 종종 '강한 대상'에게 복종하는 방식 및 강한 대상을 기쁘게 하거나 노여움을 가라앉히려고 애쓰는 방식으로 의존적인 관계를 이어간다.

정서: 주로 의존적인 관계가 깨질까 봐 염려하면서 불안을 경험한다. 의존하는 관계에 실질적인 긴장이 촉발되면 간헐적으로 상당한 수준의 불안을 경험한다. 의존하던 대상이 사라지면 우울감에 빠져들기도 한다. 반면, 의존 욕구가 충족되면

만족감 혹은 행복감을 경험한다.

수동-공격성 성격장애

DSM-IV-TR에는 수동-공격성 성격장애(Passive-Aggressive Personality Disorder: PAPD)가 포함되어 있지 않지만, 상당수의 환자들이 이 성격장애를 시사하는 행동과 믿음을 보인다. 수동-공격적인 성격을 지닌 사람들은 반항적인 양상을 드러내는데, 그 기저에는 권위적인 대상으로부터 인정과 지지를 받고 싶은 소망이 감추어져 있다. 이들은 한편으로는 권위 대상으로부터 인정받기를 원하고 다른 한편으로는 자신의 자율성을 유지하고 싶어 하는데, 이런 두 가지 소망 사이의 갈등이 이들이 주로 호소하는 문제다. 결과적으로, 이들은 수동적이고 복종적인 모습을 보임으로써 관계를 유지하려고 하면서도 자신의 자율성이 침해당했다고 여겨질 때는 권위 대상에게 저항하거나 심지어 전복시키려는 시도를 하게 된다.

자기관: 자신을 혼자서도 충분한 자족적인 존재로 여기지만, 타인의 부당한 간섭에 취약한 사람으로 지각한다(그러나 사회적인 인정과 지지를 갈망하기 때문에, 이들은 강한 대상이나 조직에 속하고 싶어 한다. 따라서 이들은 애착에 대한 소망과 간섭에 대한 두려움 사이에서 종종 갈등하게 된다.).

타인관: 타인(특히 권위적인 인물)을 자신을 침해하고, 요구 사항이 많고, 간섭하고, 통제하고, 지배하는 사람으로 지각하는 동시에 인정해 주고, 수용해 주고, 돌봐주는 사람으로 지각한다.

믿음: 이들의 핵심 믿음은 다음의 내용과 관련이 깊다: '남에게 통제당하는 것은 참을 수 없다.' '내 방식대로 일을 해야 한다.' '내가 해 놓은 것을 보면, 나는 인정받을 만한 자격이 있는 사람이다.'

이들의 갈등은 '나를 돌봐주고 지지해 줄 권위적인 사람이 필요해'라는 믿음과 '나의 정체성을 지킬 필요가 있어'라는 믿음 사이의 갈등으로 표현할 수 있다. (이와 동일한 종류의 갈등은 종종 경계선 성격장애 환자에게서도 나타난다.). 조건적 믿음은

'만약 내가 규칙을 따른다면, 나는 행동의 자유를 잃게 될 것이다'로 표현된다. 도구적 믿음은 권위적인 대상이 기대하는 것을 실행하지 않고 미루기 혹은 겉으로는 순종하는 척하면서 본질적으로는 그렇게 하지 않는 것과 관련이 있다.

위협: 주로 타인의 인정을 받지 못하는 것과 자신의 자율성이 축소되는 것을 두려워한다.

방략: 주로 겉으로는 권위 대상의 비위를 맞추면서도 실제로는 우회적으로 반항함으로써 자신의 자율성을 강화하는 방략을 구사한다. 이들은 위장된 저항을 통해 규칙을 교묘히 피하거나 깨뜨리려고 한다. 맡은 일을 제시간에 끝내지 않거나 아예 결근해버리는 식의 궁극적으로 자기패배적인 행동을 한다는 점에서, 종종 비굴하다고 묘사되기도 한다. 하지만 표면적으로는 권위 대상에게 순응적이고 권위 대상의 요구를 두말없이 승낙하는 것처럼 보이는데, 이것은 이들이 지닌 인정에 대한 욕구 때문이다. 이들은 흔히 강력한 수동성을 지니고 있으며, 저항이 거의 필요 없는 직업에 종사하는 경향이 있다. 경쟁적인 상황을 종종 회피하며, 주로 혼자 일하는 데 더 관심이 많다.

정서: 주된 정서는 표현되지 않은 분노이며, 이것은 권위적인 대상이 내세운 규칙에 대한 반감과 관련이 깊다. 환자도 분노를 의식하고 있는데, 보복이 예견되거나 지원이 중단될 위협을 느낄 때는 분노가 불안으로 대체된다.

강박성 성격장애

강박성 성격장애(Obsessive-Compulsive Personality Disorder: OCPD)의 핵심 특징은 '통제'와 '당위'로 요약된다. 이들은 수단 그 자체가 목적이 될 정도로, 목적을 달성하기 위한 수단을 중요시한다. 이들은 '규칙대로 하는 것이 곧 신의 뜻'이라고 생각한다.

자기관: 스스로를 자신과 타인을 책임져야 할 사람으로 지각한다. 이들은 어떤 일을 해내기 위해서는 스스로에게 의지해야 한다고 믿는다. 이들의 완벽주의적인

양심은 자신으로부터 비롯된 것이다. 이들은 '당위적 의무'에 이끌려 행동한다. 이 성격장애를 가진 사람들 중의 상당수는 자신이 서투르거나 혹은 무력하다는 자기상을 지니고 있다. 무력해지는 것에 대한 깊은 염려는 압도당하거나 제대로 기능할 수 없게 되는 것에 대한 공포와 연관이 있다. 여기서, 체계적인 것을 지나치게 강조하는 양상은 자신을 결함투성이의 무력한 존재로 지각하는 것에 대한 보상 시도라고 볼 수 있다.

타인관: 타인을 너무 조심성 없고, 무책임하고, 스스로에게 관대하며, 무능하다고 지각한다. 자신의 나약함을 벌충하려는 시도로서, 이들은 타인에게도 '당위적 의무'를 적용한다.

믿음: 심각한 수준의 환자들에게서 '나는 언제라도 압도당할지 모른다,' '나는 기본적으로 정돈되지 않은 혼란스러운 사람이다' '살아남기 위해서는 질서 · 체계 · 규칙이 필요하다' 등의 핵심 믿음이 발견된다. 조건적 믿음으로는 다음과 같은 것들이 있다: '만약 체계적으로 하지 않는다면, 모든 게 다 끝장날 것이다.' '일을 할 때는 작은 실수나 결함도 큰 문제를 초래할 수 있다.' '만약 나 혹은 다른 사람이 가장 높은 기준에 맞춰 수행하지 않으면 실패할 것이다.' '만약 여기서 실패하면, 나는 인간으로서 실패한 것이다.' '만일 완벽한 체계를 갖춘다면, 나는 성공하고 행복할 것이다.' 도구적 믿음은 다음과 같은 명령문의 형태를 띤다: '나는 항상 잘 통제해야 한다.' '나는 뭐든지 항상 제대로 해야 한다.' '나는 무엇이 최상인지를 잘 알고 있다.' '당신은 내 방식대로 따라야 한다.' '세부 사항이 매우 중요하다.' '사람이라면 더 잘해야 하고, 더 열심히 해야 한다.' '늘 지칠 때까지 나(및 타인)를 밀어붙여야 한다.' '사람들을 비판해야만 미래의 실수를 막을 수 있다.' 이러한 비판 성향이 묻어나는 자동적 사고로 '그들은 왜 똑바로 하지 않지?' 혹은 '나는 왜 항상 잘못을 저지르지?' 등이 빈번하게 경험된다.

위협: 주로 결함, 실수, 혼란, 불완전에 대한 두려움을 경험한다. 이들은 '통제할 수 없을 것'이고 '제대로 할 수 없을 것'이라며 파국화하는 경향이 있다.

방략: 주로 구사하는 방략은 규칙적인 체계, 기준, 당위적 의무 등과 관련이 깊다. 규칙을 적용할 때는 자신의 수행뿐만 아니라 타인의 수행까지도 평가하고 점

수를 매긴다. 자신의 목표를 달성하기 위해서, 이들은 목적 달성과 관련이 있는 타인 및 자신의 행동을 최대한 통제하려고 애쓴다. 이들은 스스로에게 '당위적 의무'를 부과하고 자신을 엄격하게 질책함으로써 자신의 행동을 통제하려고 하며, 타인의 행동은 과도한 지시 및 비난과 처벌을 이용하여 통제하려고 한다. 자신과 타인에 대한 이런 도구적인 행동은 거의 노예를 부리는 수준의 강제에 가깝다.

정서: 완벽주의적인 기준을 적용하기 때문에, 특히 자신 및 타인에 대한 후회, 실망, 분노를 느끼기 쉽다. 수행이 기준에 미치지 못할 것으로 여겨질 때는 불안 혹은 분노를 경험한다. 중대한 실패를 하게 되면 우울해질 수 있다.

편집성 성격장애

편집성 성격장애(Paranoid Personality Disorder: PPD)의 핵심 특징은 '불신'이다. 비록 어떤 상황에서는 신중하게 행동하면서 다른 사람을 의심하거나 숨은 동기를 찾는 것이 (심지어 목숨을 살릴 정도로) 적응적이겠지만, 편집성 성격의 소유자들은 가장 순조로운 경우를 포함한 대부분의 상황에서 불신하는 모습을 보인다.

자기관: 자신을 정의로운 사람이자 타인의 부당한 대우에 취약한 사람으로 지각한다.

타인관: 타인을 본질적으로 사악하고, 기만적이며, 믿을 수 없고, 은밀하게 조종하는 존재로 지각한다. 이들은 타인이 본심을 숨긴 채 순진한 태도로 위장하고 있지만, 실제로는 자신을 방해하고 경시하며 차별하려 한다고 믿는다. 어떤 환자들은 다른 사람들끼리 자신을 배척하기 위한 비밀 제휴를 맺고 있다고 생각하기도 한다.

믿음: 이들의 핵심 믿음은 다음과 같은 내용으로 이루어져 있다: '나는 다른 사람들에게 취약하다.' '다른 사람들은 믿을 수가 없다.' '사람들은 나에게 불순한 의도를 지니고 있다.' '사람들은 기만적이다.' '사람들은 나를 몰래 해치거나 얕보려고 한다.' 조건적 믿음에는 다음과 같은 것들이 있다: '만약 조심하지 않으면, 사

람들은 나를 조종하고 학대하고 이용할 것이다.' '사람들이 나에게 친근하게 굴면, 이는 나를 이용하려고 그러는 것이다.' '사람들에게서 거리감이 느껴지면, 이것은 그들이 나에게 비호의적이라는 증거다' 도구적 (혹은 자기지시적) 믿음으로는 '항상 조심하고 경계하라' '누구도 믿지 마라' '숨은 의도를 찾아라' '사람들을 받아들이지 마라' 등이 있다.

위협: 주된 두려움은 어떤 식으로든 품위가 손상되는 것(조종당하거나, 통제당하거나, 모욕당하거나, 차별당하는 것)과 관련이 있다.

방략: 다른 사람들이 자신에게 적대적이라고 생각하기에, 편집적인 사람들은 지나치게 예민하고 경계하며 항상 조심스러워하는 모습을 보인다. 이들은 방심하지 않고, 의심하며, 항상 '적'들의 '숨은 의도'를 드러내는 단서를 찾으려고 한다. 때로는 자신이 부당한 대우를 당했다는 근거 없는 주장을 펼치면서 적들에게 직면하고, 이 때문에 결과적으로 타인의 적개심을 유발하며, 예전부터 그들이 그랬었다고 믿어버린다.

정서: 주로 자신이 추정해 낸 모욕에 대한 분노를 경험한다. 하지만 어떤 환자들은 지각된 위협에 대한 일상적인 불안을 경험하기도 한다. 이런 고통스러운 불안이 편집성 성격장애 환자들이 치료를 받으려는 이유가 되는 경우가 종종 있다.

반사회성 성격장애

반사회성 성격장애(Antisocial Personality Disorder: ASPD)는 다양한 형태로 드러나는데, DSM-IV-TR에서는 부정 행위의 공모부터 조작, 착취 및 직접적인 공격에 이르기까지 여러 형태의 반사회적 행동을 제시하고 있다.

자기관: 대체로 자신을 외롭고, 자주적이고, 강한 사람으로 지각한다. 어떤 환자들은 자신이 사회에 의해 학대당하거나 부당한 대우를 받았다고 지각하며, 자신이 그렇게 당했으므로 자기가 남들을 괴롭히는 것도 정당하다고 생각한다. 어떤 환자들은 자신을 '서로 먹고 먹히는 세상'에서 약탈하는 존재로 지각하며, 사회 규칙

을 어기는 행동을 정성적이고 심지어 바람직한 것으로 여긴다.

타인관: 타인을 착취적인 존재 혹은 취약한 존재로 지각한다. 타인을 착취적인 존재로 지각할 때는 그가 먼저 착취했으므로 그 역시 보복으로 착취당하는 것이 당연하다고 여기며, 타인을 나약하고 취약한 존재로 지각할 때는 그가 나약하니까 괴롭힘을 당하는 것이 당연하다고 여긴다.

믿음: 핵심 믿음은 '나는 나 자신을 돌볼 필요가 있다' '먼저 공격해야 한다. 그렇지 않으면 내가 당하게 될 것이다' 등이다. 또한 반사회적 성격의 소유자들은 '남들은 봉이거나 바보, 멍청이다' 혹은 '남들이 착취적이니까 나에게도 그들을 착취할 권리가 있다' 는 믿음을 지닌다. 이들은 자신에게는 규칙을 따르지 않아도 되는 특권이 있다고 믿는다. 규칙이란 자의적인 것이고, '가지지 못한 자' 에 반해서 '가진 자' 를 보호하기 위해 만들어진 것이라고 생각한다. 이런 견해는 자신이 특별하고 독특한 존재이기 때문에 규칙보다 우위에 있으며, 자신에게는 누구라도 쉽게 인정하고 존중해야 하는 특권이 있다고 지각하는 자기애성 성격장애 환자들의 견해와 대조를 이룬다.

조건적 믿음은 '만일 내가 남을 협박(조종 · 착취 · 공격)하지 않으면, 당연한 내 권리를 누리지 못하게 될 것이다' 이며, 명령문 형태의 도구적 믿음은 '남이 먼저 하기 전에, 네가 먼저 하라' '이제는 네 차례다' '가져라. 너는 그럴 자격이 있다' 등이다.

방략: 주로 구사하는 방략은 두 종류로 나뉜다. 외현적인 반사회성 성격을 지닌 환자들은 공개적으로 남을 공격하고, 강탈하고, 사취하는 반면, 보다 미묘한 반사회성 성격인 '사기꾼' 유형의 환자들은 약삭빠르고 세밀한 조작을 통해 남을 착취하고, 사기치며, 거짓말한다.

정서: 어떤 특별한 정서가 존재한다면 그것은 본질적으로 분노인데, 이는 자신이 누려야 할 것을 불공정하게 다른 사람들이 소유하고 있다는 지각에서 비롯되는 것이다.

자기애성 성격장애

자기애성 성격장애(Narcissistic Personality Disorder: NPD)의 핵심 특징은 '자기 과장'이다.

자기관: 자신을 특별하고 독특한 존재(거의 왕자나 공주 수준)로 지각한다. 이들은 자신이 보통 사람들보다 더 특별한 지위나 위상을 지니고 있다고 믿는다. 이들은 자신이 남보다 우월하다고 여기며, 자신에게는 특별한 대우를 받을 만한 특권이 있다고 생각한다. 따라서 자신은 일반인에게 적용되는 규칙보다 우위에 있다고 지각한다.

타인관: 타인을 열등한 존재로 지각하기는 하지만, 반사회성 성격장애 환자들이 지각하는 것만큼은 아니다. 단지 이들은 자신이 저명하며, 평범한 사람들보다 우월하다고 지각하며, 타인을 자신의 부하 혹은 잠재적인 숭배자 정도로 지각한다. 이들은 주로 자신의 웅대성을 입증하고 우월한 지위를 보존하려는 목적으로 타인의 인정을 추구한다.

믿음: 핵심 믿음으로 다음과 같은 것들이 있다: '나는 특별하기 때문에, 특별한 대우와 권리를 누릴 자격이 있다.' '나는 남들보다 우월하며, 사람들은 이 점을 인정해야 한다.' '나는 규칙보다 우위에 있다.' 이들 중의 상당수는 자신이 사랑받을 만하지 못한 존재 혹은 무기력한 존재라는 내현적 믿음을 지니고 있다. 이런 내현적 믿음은 중대한 실패 경험 이후에 출현하며, 우울증의 핵심 요소를 형성한다.

조건적 믿음에는 '만일 나의 특별한 지위를 몰라보는 사람이 있다면, 마땅히 처벌을 받아야 한다' '나의 우월한 지위를 유지한다면, 사람들이 내게 복종할 것이다' 등이 있다. 반대로, '만약 최고가 되지 못한다면, 나는 실패자다'와 같이 부정문의 형태로 된 믿음도 존재한다. 따라서, 이들이 중대한 좌절을 경험할 때는 자존감의 실추를 겪게 될 취약성이 크다. **도구적 믿음**에는 '너의 우월함을 드러내 보이기 위해서 항상 노력하라'와 같은 것이 있다.

방략: 주로 자신의 우월한 지위를 강화하고 '개인적인 영역'을 확장할 수 있는 방략을 구사한다. 즉, 우월한 자기상을 지속적으로 강화하는 방식으로 명예·부·

지위·권력·특권을 추구한다. 이들은 자신과 동등하게 높은 지위를 주장하는 타인과 경쟁하는 경향이 있고, 자신의 목적을 달성하기 위해 조종적인 방략을 구사하기도 한다.

반사회성 성격장애 환자와 달리, 이들은 인간의 행위를 지배하는 규칙을 경시하지는 않으며, 단지 자신이 그 규칙의 적용에서 면제된다고 생각한다. 유사하게, 이들은 자신을 사회의 일부분으로 간주하지만, 자신이 그 사회의 최상위에 속한다고 생각한다.

정서: 자신에게는 남들로부터 흠모와 존경을 받을 만한 특권이 있다고 믿기에, 남들이 자신을 흠모하거나 존경하지 않을 때 혹은 어떤 방식으로든 자신을 방해할 때 주로 분노를 경험한다. 하지만 자신이 구사하는 방략이 수포로 돌아갈 때는 우울해지기 쉽다. 예를 들면, 주가 조작 사건이 발각되어 사회적으로 불명예스러운 일을 당하고 우울감에 빠졌던 월스트리트의 내부 거래자들이 심리치료자들에게 치료를 받은 적이 있었는데, 그들은 자신이 누리던 높은 지위에서 추락했기 때문에 모든 것을 잃었다고 생각했다.

연극성 성격장애

연극성 성격장애(Histrionic Personality Disorder: HPD)를 핵심적으로 포착하는 단어는 '표현성'이다. 즉, 이들은 모든 상황을 극적이거나 낭만적인 것으로 만들려 하며, 타인에게 깊은 인상을 심으려 하거나 타인을 매혹시키려는 경향을 보인다.

자기관: 자신을 매력적이고, 인상적이며, 주목받을 만한 사람으로 지각한다.

타인관: 타인이 자신에게 관심, 즐거움, 애정을 제공하는 한 남들을 호의적인 존재로 지각한다. 이들은 다른 사람들과 강한 동맹 관계를 맺으려고 노력하지만, 자신이 모임의 중심이 되며 남들이 자신에게 주목한다는 것을 전제로 한 경우에만 그러하다. 자기애성 성격장애 환자와 달리, 매순간 타인과의 상호작용에 더 몰두하며, 이들의 자존감은 남들로부터 지속적으로 찬사를 받는지의 여부에 좌우된다.

믿음: 흔히 관찰되는 핵심 믿음은 '나는 근본적으로 매력적이지 않다' '행복해지기 위해서는 사람들이 나를 흠모하게 만들 필요가 있다' 등이다. 보상적 믿음으로는 다음과 같은 것이 있다: '나는 매우 사랑스럽고, 남을 즐겁게 하며 재미있는 사람이다.' '나에게는 남들의 찬사를 받을 만한 자격이 있다.' '사람들은 나를 흠모하고 내 명령에 따르기 위해 존재한다.' '사람들에게는 나와 내가 당연히 받아야할 것을 거부할 권리가 없다.'

조건적 믿음에는 다음과 같은 것이 있다: '만약 내가 남들을 즐겁게 하거나 그들에게 감명을 줄 수 있다면, 나는 가치 있는 사람이다.' '만약 다른 사람들을 매혹시키지 못한다면, 나는 아무것도 아니다.' '만약 내가 남들을 즐겁게 해 주지 못한다면, 그들은 나를 버릴 것이다.' '내게 반응을 보이지 않는 사람들은 역겨운 것들이다.' '만약 다른 사람들을 매혹시키지 못한다면, 나는 무력한 존재다.'

연극성 성격의 소유자들은 포괄적이고 인상주의적인 사고방식을 지니고 있는데, 그런 양상은 '나는 내 느낌에 따라 행동한다'와 같은 도구적 믿음에 반영되어 있다. 강박성 성격장애 환자들이 합리성과 지성이 강조되는 체계에 따라 살아간다면, 연극성 성격장애 환자들은 주로 감정에 이끌려 살아간다. 연극성 성격을 지닌 사람들이 분노를 느낀다면, 그 분노감정은 타인을 처벌해도 괜찮다는 것을 입증해주는 충분한 근거가 된다. 만약 애정을 느낀다면, 이들은 그 느낌을 근거로 (심지어 몇 분 뒤에 다른 느낌으로 변질되는 일이 벌어질 수도 있지만) 타인에게 애정을 쏟아 부어도 괜찮다고 생각한다. 만약 슬픔을 느낀다면, 이들은 슬프니까 얼마든지 울어도 괜찮다고 생각한다. '연극성 자살 시도'의 경우처럼, 이들은 자신이 느끼는 좌절감이나 절망감을 극적인 방식으로 드러내는 경향이 있다. 이런 전반적인 패턴은 '느낌을 표현하라' '남을 즐겁게 하라' '사람들에게 네가 상처받았다는 것을 보여 주어라' 등과 같은 명령문 형태의 믿음에 반영되어 있다.

방략: 사람들을 자신에게 붙들어 매기 위해서 극적이고 노골적인 표현을 사용한다. 하지만 이런 방략이 실패하면 불공정한 대접을 받았다고 생각하며, 고통과 분노를 연극적으로 표현함으로써 사람들의 마음을 움직여 자신에게 순응시키려고 한다: 울기, 공격하기, 충동적인 자살 시도 등.

정서: 성공적으로 다른 사람들과 관계를 맺을 때 경험하는, 띠들썩하고 고양된 기분이 혼합된 유쾌발랄함이 가장 현저한 긍정적 정서다. 하지만, 거절당하는 것에 대한 두려움 때문에 기저에는 불안감이 깔려 있는 것이 일반적이다. 좌절하면, 이들의 정서는 분노나 슬픔으로 급격하게 변화된다.

분열성 성격장애

분열성 성격장애(Schizoid Personality Disorder: SZPD)의 핵심 특징은 '사회적 고립'이다. 이들은 자율성의 화신이다. 이들은 자신의 자율성을 보존하고 초연한 분리 상태를 유지하기 위해서 기꺼이 친밀감을 희생한다. 다른 한편으로, 이들은 자신을 통제당하기 쉬운 존재로 지각하는데, 만약 남들이 자신에게 너무 가까이 다가오도록 내버려둔다면 그들에게 통제당할 가능성이 크다고 보는 것이다.

자기관: 자신을 자족적이고 외로운 사람으로 지각한다. 이들은 언제라도 관계를 중단할 수 있는 유동성과 독립성을 우선시하며, 개인적인 활동을 추구한다. 이들은 스스로 결정내리는 것을 편하게 여기며, 사람들과 어울리는 것보다는 혼자 지내는 것을 선호한다.

타인관: 타인을 간섭하고, 침해하며, 통제하는 존재로 지각한다.

믿음: 핵심 믿음으로 '나는 근본적으로 혼자다' '남들과의 친밀한 관계는 보상도 없고 귀찮을 뿐이다' '다른 사람의 방해를 받지 않으면, 일을 더 잘할 수 있다' '친밀한 관계는 내 행동의 자유를 제한하기 때문에 불필요하다' 등과 같은 것이 있다.

조건적 믿음에는 다음과 같은 것이 있다: '만약 사람들과 너무 가까워지면, 그들과 얽히게 될 것이다.' '만일 완전히 유동적인 관계가 아니라면, 나는 행복해질 수 없다.' 도구적 믿음으로는 '사람들과 너무 가까워지지 말라' '항상 거리를 유지하라' '너무 깊이 연루되지 말라' 등이 있다.

방략: 가능한 한 다른 사람들과 거리를 두고 지내려는 대인관계 방략을 주로 구사한다. 특별한 이유(직업 활동, 성행위)가 있다면 사람들과 어울릴 수 있으나, 그렇

지 않은 경우에는 남들과 거리를 두고 지내는 것을 선호한다. 이들은 타인이 자신의 영역에 침입해 들어오는 것 같을 때 쉽게 위협을 느낀다.

정서: 사람들로부터 거리를 유지하고 있는 한, 슬픔을 거의 느끼지 않는다. 만약 이들에게 친밀한 관계 형성을 강요한다면, 매우 불안해질 것이다. 연극성 성격장애 환자와는 정반대로, 이들은 자신의 느낌을 언어 반응이나 얼굴 표정을 통해서 드러내려고 하지 않는다. 결과적으로, 이들은 어떤 강한 감정도 느끼지 못하는 것 같은 인상을 풍긴다.

사고양식

성격장애는 환자의 행동적 방략을 반영하는 인지양식으로 특징지을 수도 있다. 인지양식이란 정보처리의 구체적인 내용을 의미하는 것이 아니라, 개인이 정보를 처리하는 방식에 관한 것이다. 몇몇 성격 유형에는 다른 유형과 구별되는 인지양식이 존재하므로, 여기에 대해서 기술할 만한 가치가 있다.

연극성 성격장애를 지닌 사람들은 다른 사람의 관심을 끌기 위해서 그리고 남들에게 지지받거나 남들과 친밀해지고 싶은 소망을 충족시키기 위해서 자신을 드러내는 '자기현시' 방략을 사용한다. 남에게 좋은 인상을 심어 주거나 남을 재미있게 하려는 방략이 성공적이지 못할 때, 이들은 자신의 소망을 충족시키지 않은 사람들을 처벌하고 남들이 자신의 요구에 순응하도록 만들기 위해 공개적이고 '극적인' 방식으로 자신을 현시한다(울기, 화내기 등). 이들은 포괄적이고 인상주의적인 방식으로 정보를 처리하기에, '나무는 보지 못하고 숲만 보게' 된다. 이들은 결정적인 세부 사항을 간과한 채, 정형화되고 광범위하며 전체적인 방식으로 상황을 해석한다. 이들은 불충분한 정보에 기초하여 반응하며, 상황에 대한 대략적인 형태(gestalt)에 반응한다. 또한 연극성 성격장애를 지닌 사람들은 상황에 어떤 패턴을 부여하는 경향이 있는데, 그 패턴이 상황에 적절하게 부합하지 않는 경우에도 그렇게 한다. 예컨대, 남을 즐겁게 하려는 자신의 노력에 대해서 사람들이 별다른 반응을 보이지 않는 듯할 때, 이들은 다른 사람들의 무심한 반응을 설명할 수 있는 구체적인 이유를 찾기보다는 '그들이 나를 거절한다'와 같은 포괄적인 판단을 내린다. 즉, 이들은 다른 사람들이 피곤하거나 지쳤거나 혹은 다른 일에 몰두하고 있을 수 있다는 사실은 염두에 두지 않는다. 이들은 인상주의적인 정보처리 방식을 통해서 모든 경험을 곡해하며, 자신이 경험하는 사건을 아주 명랑한 드라마 혹은 장엄한 비극으로 낭만화시켜서 묘사한다. 마지막으로, 이들은 사건을 객관적으로 파악하기보다는 주관적으로 파악하는 모습을 보이며, 자신의 느낌을 결정적인 지침으로 삼아서 상황을 해석하는 경향이 있다. 즉, 이들이 누군가와 만났을 때 좋지 못한 느낌을 갖게 되면, 이를 그 사람이 나쁘다는 의미로 받아들인다. 반대로 유쾌한 느낌을 갖게 되면, 상대방은 매우 멋진 사람이 된다.

연극성 성격장애와는 정반대로, 강박성 성격장애를 지닌 사람들은 '숲은 보지 못하고 나무만 보는' 사람들이다. 이들은 세부 사항에 너무 지나치게 주의를 기울이기 때문에 전체적인 패턴은 파악하지 못한다. 예를 들어, 이들은 타인의 수행에서 발견되는 작은 실수에 근거해서 모든 게 실패했다는 결론을 내리는데, 심지어 그 실수가 단지 일부에서 문제가 될 뿐 전반적으로는 성공한 수행일 때에도 그런 결론을 내린다. 강박적인 사람들은 주관적인 경험을 최소화하는 경향이 있다는 점도 연극적인 사람의 특징과 상반된다. 즉, 이들은 스스로에게서 (감정에 따른) 삶의 풍요로움을 박탈해 버리며, 중요한 사건의 의미를 더 잘 처리할 수 있게 하는 감정이라는 정보에 접근하지 못한다.

회피성 성격장애를 지닌 사람들의 사고양식은 앞서 논의한 두 성격장애의 경우와 다르다. 좋지 않게 느낄 만한 소지가 있는 상황을 회피하는 경향이 있는 것처럼, 이들은 '내적 회피' 기제를 사용한다. 어떤 불쾌한 느낌을 갖게 되면, 이들은 곧바로 주의를 다른 곳으로 돌리거나 알코올과 같은 약물을 복용함으로써 불쾌한 느낌을 몰아내려고 한다. 또한 이들은 불쾌한 느낌을 초래할 수 있는 생각마저도 회피한다.

그 밖의 다른 성격장애의 인지양식에 대해서는 아직 뚜렷하게 설명되지 않고 있다.

특징의 요약

〈표 2-3〉에서는 9가지 성격장애의 특징을 정리하여 제시하였다. 처음의 두 열에는 자기관 및 타인관을 제시하였고, 그 다음에는 특징적인 믿음을, 마지막 열에는 특징적인 방략을 제시하였다. 이 표를 살펴보면 자기관, 타인관 그리고 믿음이 어떻게 특정한 방략을 이끌어내는지를 알 수 있다. 비록 방략 혹은 행동이 성격장애 진단의 기초가 되기는 하지만, 성격장애의 양상을 충분히 이해하려면 자기관, 타인관, 믿음 등을 명료하게 이해해야 한다. 이런 인지적 요소들은 정보처리 과정에 관여하며, 일단 활성화되면 그와 관련되는 방략을 촉발시킨다.

회피성 성격장애를 지닌 질(Jill)을 예로 들면, 그녀는 자신이 사회적으로 서투르다고 지각하여 경멸이나 거절을 당하는 것에 취약했다. 그녀는 다른 사람들이 자신에게 비판적이고 무례하다고 생각했으며, 이런 생각은 그녀의 취약성을 더 깊게 만들었다. 거절당하는 것은 끔찍하다는 그녀의 믿음은 그녀의 예민성을 더 자극했고, 그녀는 예상되는 거절이나 실제로 벌어진 거절의 의미를 부풀리는 경향이 있었다. 사실상, 이런 특별한 믿음은 긍정적인 피드백을 여과하여 걸러 내는 경향이 있다. 그녀는 남들에게 거절당할 것이라고 예상했기 때문에 인간관계에서 만성적인 불안감을 느꼈으며, 자신이 남들에게 받아들여지지 않는 듯한 어떤 단서만 있으면 이를 확대시켰기 때문에 부정적인 기분을 느끼게 되었다.

그녀가 관계에 몰입하지 못하고 물러나게 되는 데에는 다른 두 개의 믿음이 기여했다. 즉, (1) 만약 사람들과 가까워지면 그들이 열등하고 부적절한 자신의 모습을 알게 될 것이라는 믿음과 (2) 불쾌한 느낌을 경험하는 것을 견딜 수 없다는 믿음 때문에 회피하게 되는 것이다. 이런 다양한 믿음과 태도의 영향으로 그녀는 자신의 지나친 염려에 상응하는 유일한 방략, 즉 평가를 받을 만한 상황은 모두 회피하는 방략을 따를 수밖에 없었다. 더욱이, 불쾌한 느낌이나 생각을 잘 견더내지 못했기 때문에, 그녀는 불쾌한 느낌을 유발할 수 있는 생각은 아예 하지 않으려는 만

〈표 2-3〉 성격장애의 인지적 프로파일

성격장애	자기관	타인관	주요 믿음	주요 방략
회피성	거절과 상처에 취약한 사회적으로 부적절한 무능한	비판적인 얕잡아보는 우월한	"사람들에게 거절당하고 업신여김을 받는 것은 매우 끔찍한 일이다." "나의 '참 모습'을 알게 되면, 사람들은 나를 거절할 것이다." "나는 불쾌한 감정을 견딜 수 없다."	평가받는 상황을 회피하기 불쾌한 감정이나 생각을 회피하기
의존성	보잘것없는 약한 무력한 무능한	(이상화할 때) 돌봐 주는 지지적인 유능한	"내가 살아남으려면, 그리고 행복해지려면 다른 사람이 도움이 필요하다." "나에게는 다른 사람의 꾸준한 지지와 격려가 필요하다."	의존적인 관계를 형성하기
수동 공격성	혼자서도 충분한 통제와 간섭에 취약한	침해하는 요구사항이 많은 간섭하는 통제하는 지배하는	"사람들은 내 자유를 간섭한다." "남에게 통제당하는 것은 참을 수 없다." "내 방식대로 일을 해야 한다."	수동적으로 저항하기 겉으로는 복종하기 규칙을 교묘히 회피하거나 깨뜨리기
강박성	책임감 있는 책임을 지는 세심한 유능한	무책임한 조심성 없는 무능한 스스로에게 반대한	"나는 무엇이 최상인지 잘 알고 있다." "세부사항이 매우 중요하다." "사람이라면 더 잘해야 하고, 더 열심히 해야 한다."	규칙을 적용하기 완벽주의 평가하기, 통제하기 당위적 의무를 부과하기, 비난하기, 처벌하기
편집성	정의로운 순진한, 고결한 취약한	방해하는 악의적인 차별하는 학대하려는	"사람들의 동기가 의심스럽다." "항상 조심하고 경계해야 한다." "다른 사람들은 믿을 수가 없다."	예민하게 경계하기 숨겨진 동기를 찾아내기 고발하기 역습하기
반사회성	외로운 자주적인 강한	취약한 착취하는	"나에게는 규칙을 붕이지 않아도 되는 특권이 있다." "다른 사람들을 붕이거나 바보 명청이다." "나는 남들보다 우위에 있다."	공격하기, 강탈하기 사취하기, 조종하기

성격장애	자기관	타인관	주요 믿음	주요 방략
경계선	(거절, 배신, 지배에) 취약한 (정서적 지지를) 박탈당한 힘없는 통제가 안 되는 결함투성이인 사랑받을 만하지 못한 나쁜	(이상화할 때) 힘센 사랑해 주는 완벽한 (평가절하할 때) 거절하는 통제하는 배신하고 버리는	"내 힘으로는 대처할 수 없다." "나에게는 누군가 이끌을 사람이 필요하다." "나는 불쾌한 감정을 도저히 견딜 수 없다." "누군가에게 의지한다면, 한대당하고 제외되지 않으며 버림받을 것이다." "좌아의 가능성은 버림받는 것이다." "나 자신을 통제하는 것이 불가능하다." "나는 처벌받아 마땅하다."	관계를 유지하기 위해 자신의 욕구를 예속시키기 극단으로 향의하고 위협하기, 혹은 거절의 가능성을 비추는 사람을 처벌하기 자해 및 자기과괴적 행동을 통해 긴장을 경감시키기 고통에서 벗어나기 위한 자살 시도
자기애성	특별한, 독특한 특별대우를 받을 만큼 우월한 규칙보다 우위에 있는	열등한 자신을 숭배하는	"나는 특별하니까, 특별대우를 받을 자격이 있다." "나는 일반인에게 적용되는 규칙보다 우위에 있다." "나는 남들보다 우월하다."	다른 사람들을 이용하기 규칙을 넘어서기 조종하기 경쟁하기
연극성	매력적인 인상적인	유혹할 수 있는 반아 주는 자신을 흠모하는	"사람들은 나를 흠모하고 내 명령에 따라야 한다." "사람들에게는 나와 내가 당연히 받아야 할 것을 거부할 권리가 없다." "나는 내 느낌에 따라 행동한다."	극적인 표현으로 매혹하기 노골적으로 분노를 표현하기, 울기 자살 시도
분열성	혼자서도 충분한 외로운	침해하는	"사람들과 어울려 봐야 얻을 게 없다." "인간관계는 귀찮을 뿐이고, 바람직하지도 않다."	다른 사람들과 거리를 두고 지내기
분열형	비현실적인 고립된, 외로운 취약한 남이 눈에 잘 띄는 불가사의한 정도로 예민하고 예술 수 있는	믿을 수 없는 악의적인	(유별나고, 기이하고, 미신적이고, 마술적인 사고) (예: 천리안, 텔레파시, 죽음 등에 대한 믿음이 지배적임) "남들로부터 떨어져 지내는 것이 더 낫다."	다른 사람들의 악의적인 의도를 주시하고, 그것을 무력화시키기 자신에게만 관심 찾기 불가사의한 힘 또는 사건에 주목하기

싱화된 모습을 보였다. 치료 장면에서 그녀는 의사결정을 하는 일, 부정적인 사동적 사고를 찾아내는 일, 자신의 기본적인 믿음을 검토하는 일에 어려움을 보였는데, 이런 작업이 불쾌한 감정을 유발할 수 있기 때문이다.

[그림 2-1]은 기본적인 흐름을 나타낸 것인데, 각각의 장애에서 이와 유사한 흐름도(flow chart)를 만들어낼 수 있다. 흐름도에는 각 장애의 고유한 믿음과 결과적인 행동 패턴이 포함되어야 한다. 예를 들어, 의존적인 성격을 지닌 사람은 잠재적으로 자신을 돌보아 주는 사람을 우상화하고 그들이 자신을 돕거나 지지해 줄 것이라고 믿는다는 점에서 회피성 성격장애와는 다르다. 즉, 의존적인 사람은 회피적인 사람과 달리 남에게 이끌린다. 수동–공격적인 사람은 남에게 인정을 받고 싶어 하지만 통제당하는 것은 참지 못하기 때문에, 타인의 기대에 어긋장을 놓는 방식으로 자기패배적인 삶을 살아간다. 강박적인 사람은 질서와 체계를 이상적인 것으로 여기며, (자기를 포함한) 다른 사람들을 통제하려고 한다. 편집적인 사람은 기본적인 불신감과 의심을 지니고 있기 때문에 다른 사람을 극도로 경계하며, 다른 사람의 차별 대우를 (외현적 혹은 정신적으로) 책망하는 경향이 있다. 반사회적인 사람은 자신이 부당한 대접을 받아 왔고, 다른 사람들은 소심한 바보들이며, 서로 먹고 먹히는 사회에서 살고 있다고 믿기 때문에, 자신에게는 남을 조종하거나 학대

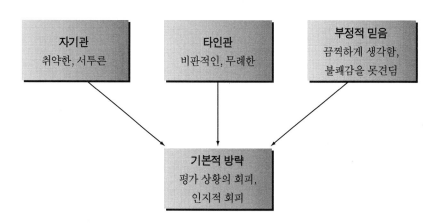

[그림 2-1] 자기관, 타인관 및 믿음과 기본적 방략 사이의 관계

할 권리가 있다는 특권의식에 사로잡혀 있다. 자기애적인 사람은 자신이 보통 사람들보다 우위에 있다고 생각하며, 일상생활 속에서 명예와 찬사를 얻으려고 한다. 연극적인 사람은 남을 즐겁게 해줌으로써 자신에게로 끌어당기려고 애쓰며, 이런 노력이 실효를 거두지 못할 때는 강제로라도 그렇게 하기 위해 성질을 부리거나 극적인 방법을 동원한다. 분열성 성격을 지닌 사람은 인간관계에는 아무런 보상도 없다는 믿음을 지니고 있으며, 다른 사람들로부터 일정한 거리를 유지하려고 노력한다.

각 성격장애의 전형적인 믿음과 방략에 대한 이해를 통해서, 치료자는 밑그림을 가지게 된다. 하지만 대부분의 성격장애 환자들은 다른 장애와 중첩되는 태도나 행동을 보일 수 있다는 점을 명심해야 한다. 결론적으로, 철저한 평가를 위해서는 치료자가 여러 변형된 모습을 잘 알고 있어야 한다.

제**3**장

성격장애의 평가

성격장애를 임상적으로 평가하고 개입하는 일은 매우 중요하면서도 상당히 힘든 작업이다. 성격장애 환자들은 심각한 손상과 고통을 겪는다. 또한 이론적인 개념화 및 경험적인 연구에 따르면, 환자가 성격장애, 부적응적 성격 특질, 혹은 이와 관련된 인지도식을 지니고 있을 때는 축 I 장애를 경험할 위험성이 증가되며, 이런 요인들은 축 I 증상의 발생, 유지 및 발현에 영향을 미친다(Beck, Freeman, & Associates, 1990; Gunderson, Triebwasser, Phillips, & Sullivan, 1999). 따라서 환자가 성격장애를 지니고 있는지 여부와 성격장애가 있다면 어떤 유형의 장애를 지니고 있는지를 평가하는 작업을 통해서, 치료자는 환자에게 공존하는 정신병리의 원인에 대한 중요한 정보를 얻어낼 수 있으며 축 I 및 축 II 장애에 대한 적절한 치료적 개입 방향을 결정할 수 있다. 더 나아가서, 치료의 진전이 더디거나 치료가 지연되는 경우, 그것은 치료자가 미처 확인하지 못한 성격장애가 존재할 가능성 혹은 치료자가 환자의 성격적인 병리를 부적절하게 평가하고 개념화했을 가능성을 시사하는 것일 수 있다.

이 장에서는 성격장애의 평가와 관련된 개념적·방법론적 논제들을 개관하고, 일반적으로 활용되고 있는 평가절차와 평가도구들을 소개하고 있다. 특히, 이 책의 초판이 출판된 이래로 발전을 거듭해 온 성격장애의 인지적 요소를 평가하는 자기보고식 질문지들을 중심으로 설명할 것이다.

개념적 및 방법론적 논제들

성격장애를 평가하려면 성격장애의 일반적인 정의뿐만 아니라 특정 성격장애의 세부적인 진단 기준을 잘 알고 있어야 한다. 앞으로 여러 유형의 성격장애를 다루면서 특정한 성격장애의 세부적인 진단 기준을 소개할 것이기에, 여기서는 자세한 설명을 생략한다. 하지만 성격장애의 일반적인 정의에 대해서는 특별히 강조해서 언급할 것이다. 왜냐하면, 임상가들이 환자가 지닌 성격 구조의 내용에만 초점을 맞추면서 일반적인 진단 기준의 중요성을 간과하거나 평가절하하는 경향이 있기 때문이다.

미국정신의학회(1994)가 발간한 『정신장애의 진단 및 통계편람 제4판(DSM-IV)』의 정의에 따르면, 성격장애란 "개인이 속한 사회의 문화적 기대로부터 심하게 벗어난 내적 경험 및 행동의 지속적인 패턴으로서, 일상생활 전반에 광범하게 퍼져 있고 융통성이 없으며, 청소년기 혹은 초기 성인기에 시작되고, 시간이 지나도 안정적이며, 심각한 고통 혹은 손상을 초래하는 것"(p. 633)이다. 이러한 패턴은 다음의 4가지 영역 중 2가지(혹은 그 이상)의 영역에서 나타난다: (1) 인지(즉, 자기·타인·사건을 지각하고 해석하는 방식), (2) 정동(즉, 정서 반응의 범위·강도·불안정성·적절성), (3) 대인관계 기능, (4) 충동 조절.

이와 같은 성격장애의 일반적인 정의를 감안할 때, 환자에게 성격장애 진단을 내릴 수 있는지 여부를 결정하는 과정에서 임상가는 반드시 다음에 제시한 두 가지의 결정적인 질문을 염두에 두어야 한다.

1. 문제시되는 내적 경험과 행동은 현재의 정신과적 상태와 관련된 일시적 혹은 일화적인 것이 아니라, 일상생활 전반에 광범하게 퍼져 있고 융통성이 없으

며 장기간 지속되고 있는 패턴인가?

2. 이렇게 장기간 지속되고 있는 패턴은 다양한 영역(예: 사회적·직업적 영역)에서 심각한 고통이나 기능의 손상을 초래하고 있는가?

병리적인 성격과 정상적인 성격 사이의 경계, 축 II 장애와 축 I 장애 사이의 경계, 그리고 다양한 성격장애들 사이의 경계를 구분짓는 뚜렷한 분할점이 경험적으로 확인되거나 제안된 것이기 때문에, 이러한 질문에 대한 판단은 궁극적으로 임상가의 몫으로 남는다(Zimmerman, 1994).

범주적 접근 및 차원적 접근

비록 DSM-IV에서는 성격장애를 질적으로 명확하게 구분되는 임상적 증후군으로 분류하는 범주적(categorical) 접근 방식을 취하고 있지만, DSM-IV 역시 성격장애를 개념화하고 측정하는 데 있어 차원적(dimensional) 접근 방식을 취하는 것이 잠재적으로 유용하다는 점을 인정하고 있다. 예컨대, 환자가 각각의 성격장애에서 몇 개씩의 진단 기준을 충족시키는지를 세어서 각 성격장애의 심각성을 양적으로 표현하고, 이런 정보를 프로파일의 형태로 제시하는 것이 차원적 접근 방식이다. 또 다른 차원적 접근 방식은 성격장애들과 관련되는 특질들을 양적으로 표현하여, 정상적인 상태부터 병리적인 상태까지를 아우르는 연속선상의 한 지점에 위치시키는 것이다. 이러한 특질-차원적(trait-dimensional) 접근 방식은 성격장애의 경계가 '모호'하고 자의적이라서 특정한 성격장애를 서로 구분하거나 혹은 정상 성격과 성격장애를 구분하는 데 어려움이 있다는 견해와 부합되는데, 이러한 견해를 지지하는 증거들이 점점 축적되고 있다(Pfohl, 1999).

성격장애를 평가할 때 범주적 접근과 차원적 접근 중에서 어떤 접근 방식을 선택하느냐에 따라서 평가의 전략도 달라진다. 임상보고서에 축 II 진단을 기록하기 위해서는 진단명이 필요하다는 점과 같은 실질적인 이유로 인해서, 임상가들은 종종 범주적 접근 방식을 더 선호하는 경향이 있다. 또한 의사소통이 명료하고 용이

하며 임상가들에게 친숙하다는 것도 범주적 접근 방식의 장점이다(Widiger, 1992). 하지만 범주적 접근 방식에는 다음과 같은 단점들이 있다: (1) 성격장애와 다른 장애의 공병률(comorbidity)이 높아서 두 개 이상의 장애로 함께 진단되는 경우가 많다는 점, (2) 특정한 성격장애를 지닌 환자와 그렇지 않은 환자를 구분하는 명확한 기준이 없다는 점, (3) 성격장애 진단의 시간적 안정성이 떨어진다는 점, (4) 다양한 성격장애들을 적절하게 개념화했는지에 대한 의견 일치가 잘 이뤄지지 않고 있다는 점(L. Clark, 1999). DSM에서 채택하고 있는 범주적 접근 방식의 또 다른 문제점은, 어떤 장애의 원형(prototype)이라고 할 수 있는 전형적인 진단 기준의 목록 중에서 일부 몇 개의 진단 기준만 충족시키면 그 장애를 지니고 있다고 진단하도록 되어 있기 때문에, 동일한 진단을 받은 환자들도 상당히 다른 모습을 보인다는 것이다. 즉, 어떤 장애의 진단 기준을 충족시키는 프로파일의 양상이 환자들마다 서로 다름에도 불구하고 그들 모두에게 동일한 진단을 내리게 된다는 문제점이 있다. 또한 차원적 평가를 실시하면 개별기술적(idiographic)인 프로파일을 얻을 수 있는 데 반해, (어떤 장애가 있다 혹은 없다고 구분하는) 범주적 평가를 통해서 얻을 수 있는 임상적 정보는 훨씬 더 적어지게 된다.

심리측정적인 측면에서도, 범주적 판단보다 차원적 판단의 신뢰도가 더 양호하다는 결과가 일관적으로 보고되고 있다(Heumann & Morey, 1990; Pilkonis, Heape, Ruddy, & Serrao, 1991; Trull, Widiger, & Guthrie, 1990). 임상실제에서 범주적 접근 방식과 차원적 접근 방식을 통합적으로 적용하지 못할 이유는 없다. 예컨대, 차원적 접근을 통해서 환자의 성격 기능에 대한 상세한 정보를 얻을 수 있으며, 이러한 정보는 축 II 장애에 관한 범주적 진단을 내리는 데도 유용하게 활용될 수 있을 것이다.

축 I 장애와 축 II 장애의 구분

환자들이 축 I 장애와 축 II 장애를 함께 지니는 경우는 부지기수이다. 예컨대, 우울, 불안, 섭식장애에 관한 문헌들을 개관하면서, van Velzen과 Emmelkamp (1996)는 이러한 장애로 진단받은 환자들 중에서 절반 가량은 성격장애도 함께 지니고 있다는 것을 발견했다. 다른 장애와의 공존 문제는 특히 성격장애의 평가와 밀접한 관련이 있다. 임상가는 축 I 장애로 인해서 환자가 겪는 손상이나 고통을 그가 축 II 장애를 지니고 있다는 증거로 잘못 간주하는 실수를 범하기도 한다. 예 컨대, 환자가 자신을 사회적으로 부적절한 존재라고 지각하고 있는 경우, 몇 가지 가능성만 언급하면, 이것은 회피성 성격장애, 우울증, 사회공포증 등과 관련된 문 제일 수 있다. 우울증 환자들은 현재의 자기지각 및 과거의 기억을 회상해서 보고 할 때 부정적인 편향을 보인다고 알려져 있으므로(Clark & Beck, with Alford, 1999), 이런 증상의 진단적 의미를 분간하기 위해서는 신중한 질문과 임상 경험에 입각한 지식이 필요하다. 특히, '불안하고 두려워하는' 양상을 특징으로 하는 군 집 C 성격장애(회피성, 의존성, 강박성 성격장애; Peselow, Sanfilipo, & Fieve, 1994 참 조)와 우울 및 불안 증상을 감별진단하려고 할 때, 이런 문제가 가장 흔하게 발생한 다. 성격장애들의 진단 기준이 서로 중첩되는 것도 이와 유사한 복잡성의 문제를 만들어 낸다. 예컨대, 편집 사고가 편집성 성격장애의 핵심 진단 기준이기는 하지 만, 이것은 또한 경계선 성격장애 환자가 스트레스 상황에서 드러내는 반응이기도 하다(진단 기준 9).

상위 성격차원 및 하위 성격차원

성격에는 3~5개의 상위(higher-order) 차원들이 있다는 확고한 증거들이 있다 (예: 신경증 성향, 외향성-내향성, 우호성, 성실성, 경험에 대한 개방성; Costa & McCrae, 1992). 하지만 이런 구성개념들은 너무 광범위하고 상위 위계에 속하는 성격 특질 들이어서 임상적인 목적으로 활용하기는 힘들다. 더욱이, 이런 구성개념들은 성격 장애와 같은 병리적 상태를 설명하려는 목적으로 도출된 것이 아니며, 이런 차원 들을 다양한 성격장애들과 관련지으려고도 시도해 봤지만 그 이론적 근거는 빈약 했다(Millon & Davis, 1996).

성격장애의 평가와 관련이 있는 하위(lower-order) 차원들을 밝히려고 시도한 연구들도 여럿 있었다. 하위 위계에 속하는 성격차원들을 밝히려고 했던 연구자들은 요인분석 기법을 적용했는데, 선형적으로 15~22개의 차원들이 성격장애와 관련된다는 것을 알 수 있었다. 많은 경우, 이렇게 해서 밝혀진 하위 차원들의 반복검증도는 상위 차원들의 반복검증도와 유사한 수준이었다. 예컨대, L. Clark(1999)은 하위 위계에 해당하는 성격 특질을 측정하는 세 종류의 자기보고식 질문지가 상당한 정도의 수렴타당도를 지니고 있음을 보고했다. 이 연구에 사용된 질문지는 SNAP(Schedule for Nonadaptive and Adaptive Personality; L. Clark, 1993), DAPP-BQ(Dimensional Assessment of Personality Pathology-Basic Questionnaire; Livesley, 1990) 및 MPQ(Multiple Personality Questionnaire; Tellegen, 1993)였다. 성격장애 환자들이 지니고 있는 믿음과 도식은 성격장애의 인지치료에서 특별히 유용한 하위 위계의 차원들이라고 할 수 있다.

평가 전략

자기보고식 질문지

성격장애와 관련이 있는 정보를 수집하는 가장 효율적이고 실용적인 전략은 자기보고식 질문지(self-report questionnaire)를 활용하는 것이다. 지난 20여 년 동안 성격의 병리를 평가하는 여러 종류의 질문지들이 개발되었는데, 이에 대해서는 다른 문헌들에서 폭넓게 개관하고 있으므로 참고하기 바란다(Millon & Davis, 1996; J. Reich, 1987; Widiger & Frances, 1987). 이러한 평가도구들 중 일부는 DSM의 축 II에서 정의하는 성격장애를 평가하기 위해 개발되었는데, 그중에서 가장 많이 사용된 도구는 MCMI-III(Millon Clinical Multiaxial Inventory-III; Millon, Millon, & Davis, 1994)와 PDQ-R(Personality Diagnostic Questionnaire-Revised; Hyler & Rieder, 1987)이다. 또한 성격장애와 관련이 있는 성격 특질을 평가하기 위해 개발된 도구들도 있는데, 대표적인 것으로 DAPP-BQ(Livesley, 1990), SNAP(L. Clark, 1993), 그리고 WISPI(Wisconsin Personality Disorders Inventory; Klein et al., 1993)

를 꼽을 수 있다. 그 밖에, PBQ(Personality Belief Questionnaire; Beck & Beck, 1991)나 SQ(Schema Questionnaire; Young & Brown, 1994)처럼, 성격장애와 관련이 있는 인지적 차원을 평가하기 위해 특별히 제작된 도구들도 있다. PBQ와 SQ에 관해서는 본 장의 뒷부분에서 자세히 소개할 것이다.

다른 평가 전략들(예: 구조화된 임상면접)과 비교해 볼 때, 자기보고식 질문지를 실시하면 임상가의 시간이 절약되며 임상 훈련에 대한 부담도 줄어든다. 또한 규준집단의 점수와 환자의 점수를 비교할 수 있으며 이미 마련된 프로파일을 활용할 수 있다는 것도 자기보고식 질문지의 장점이다. 더욱이, 앞서 언급했던 질문지들, 즉 임상가들이 흔히 활용하는 질문지들은 대체로 우수한 수준의 안면타당도, 양호한 수준의 내적 일관성 신뢰도 및 검사-재검사 신뢰도, 우수한 수준의 구성타당도를 지니고 있는 것으로 밝혀져 있다. 비록 성격장애를 평가하는 '황금률'이 없었기 때문에 준거타당도를 확보하는 데는 문제가 있지만, 이것은 자기보고식 질문지뿐만 아니라 모든 평가 전략이 동일하게 지니는 문제다.

준거타당도의 문제는 성격 평가에서 중요한 주제이므로, 이에 대해 좀 더 논의할 필요가 있다. 성격장애를 평가하는 데 황금률이 있을 수 없다는 현실을 인정하면서, Spitzer(1983)는 종단적(Longitudinal)이고 전문적(Expert)으로 모든 자료(All Data)를 고려해야 한다는 'LEAD 기준'을 제안했다. LEAD 기준은 임상가의 전문적 판단, 신뢰도에 대한 면밀한 주의, 다양한 정보원의 활용(이전 치료 기록, 이전 치료자의 피드백, 환자에게 중요한 인물과의 면담), 시간에 따른 환자의 상태와 진단에 대한 관찰 등과 같은 모든 자료들을 통합하라고 요구한다. 비록 이런 방법을 실제로 적용하는 데 어려움이 있음을 지적하는 임상가들도 있지만(Loranger, 1991), LEAD 기준을 적용한 연구에서 몇 가지 중요한 사실이 밝혀졌다. Pilkonis 등(1991)은 접수면접 시의 구조화된 임상면접에만 의존한 진단과 비교할 때, LEAD 절차를 통해서 내려진 진단은 환자의 증상적 상태의 영향을 덜 받는다는 것을 발견했다. 현재, LEAD 기준과 자기보고식 질문지를 직접 비교한 연구는 거의 없다. 하지만, 자기보고식 질문지를 통한 진단이 구조화된 면접을 통한 진단보다 더 나은 것 같지는 않다. 현재까지의 연구로 미루어 볼 때, 축 II 장애를 진단하려는 임상가는 오직 자기보고식 질문지에만 의존하지 않도록 (혹은 주로 자기보고식 질문지에 의존하지 않도록) 주의해야 한다.

구조화된 임상면접

성격장애 및 이와 관련이 있는 성격차원들을 평가하기 위해서 몇 종류의 구조화된 임상면접(structured clinical interview) 방법들이 개발되었다. 자기보고식 질문지와 마찬가지로, 이에 대해서는 다른 문헌들에서 폭넓게 개관하고 있으므로 참고하기 바라며(예: Millon & Davis, 1996; J. Reich, 1987; Widiger & Frances, 1987), 여기서는 간단하게만 요약하겠다. 특히, van Velzen과 Emmelkamp(1996)는 현재까지 가장 많이 사용되고 연구된 구조화된 임상면접 방법들을 간결하게 소개하였다. 이에 해당하는 것으로는, SCID-II(Structured Clinical Interview for DSM-IV; First, Spitzer, Gibbon, & Williams, 1995), PDE-R(Personality Disorder Examination-Revised; Loranger, Susman, Oldham, & Russakoff, 1987), SIDP-R(Structured Interview for DSM-IV Personality Disorders; Pfohl, Blum, Zimmerman, & Stangl, 1989) 등이 있다. 이들 세 가지 임상면접 방법은 적절한 수준의 신뢰도를 갖춘 것으로 밝혀졌으며, 특히 적절한 훈련을 받은 임상가가 실시했을 때는 매우 우수한 신뢰도를 보이는 것으로 밝혀졌다. 임상가의 훈련과 능력이 중요하다는 점은 더 언급할 필요가 없을 것이다.

구조화된 임상면접을 통해 얻은 결과물을 살펴보면, 일반적으로 범주적 진단보다는 차원적 점수의 신뢰도가 더 높다(L. Clark, 1999; Pilkonis et al., 1995). PDE-R은 축 II 장애들 각각의 차원적 점수를 얻어내는 데 특히 유용하지만, 임상면접을 실시하는 데 가장 많은 시간이 소요되는 단점이 있다. SCID-II는 시간의 소모가 상대적으로 적다는 장점을 가지고 있지만(SCID-II의 평균 실시 시간은 36분, SIDP-R은 60~90분, PDE-R은 2시간 20분 정도다; van Velzen & Emmelkamp, 1996), 차원적 점수를 얻어낼 수 없다는 단점이 있다. SCID-II에 관한 연구는 다른 임상면접 방법들에 비해 상대적으로 많은 편이다. SCID-II의 신뢰도에 대한 최근의 연구에 따르면, 범주적 진단의 면접자 간 일치도 계수는 .48～.98의 범위에 속했으며, 차원적 진단의 면접자 간 일치도 계수는 .90～.98의 범위에 속했다(Maffei et al., 1997). Ventura, Liberman, Green, Shaner 및 Mintz(1998)는 임상 경험과 훈련이 SCID-II를 활용한 진단에 미치는 영향을 조사하였는데, 임상 경험이 많은 면접자들이 초심자들에 비해서 더 높은 면접자 간 일치도를 보였고, 그들이 내린 전반적인 진단의 정확성도 더 높았다. 하지만 적절한 훈련을 시킨 뒤에 평가했을 때는 두 집단 모두에서 높은 면접자 간 일치도를 보였고, 진단의 정확성도 더 높아졌다.

다양한 정보원의 활용

자기보고식 질문지와 구조화된 임상면접을 통해서 성격장애를 평가하기 위해서는, 환자가 자신의 내적 경험과 만성적인 행동 패턴을 정확하게 보고할 수 있는 능력을 갖추어야 하며, 또한 이를 정확하게 보고하려는 의지를 지녀야 한다. 하지만 임상 경험, 인지이론, 경험적 연구 등에서는 환자의 자기보고에 몇 가지 유형의 편향(bias)이 개입될 소지가 있다는 점을 지적하고 있다. 이렇게 편향된 자기보고가 발생하는 부분적인 이유는 정신과적인 상태 자체가 환자의 자기보고에 영향을 미치기 때문이다. 예를 들어, 우울한 사람들은 자신, 주변 사람 및 미래에 대해서 부정적으로 편향되게 지각한다(Clark et al., 1999). 이러한 왜곡 때문에, 환자들은 특정한 영역과 관련된 축 II 증상들을 실제보다 부풀려서 과장되게 보고할 가능성이 높다(예: 회피성 및 의존성 성격장애; Loranger et al., 1991; Peselow et al., 1994). 반면, 사회적 바람직성을 염려하거나 자기공개를 원하지 않는 환자들(예: 강박성 성격장애)은 자신의 역기능적 행동을 실제보다 축소시켜서 보고할 수도 있다. 특히, 반사회성 성격장애 환자 혹은 법적인 문제가 개입된 환자들로부터 자기보고 자료를 얻을 때는, 그들이 짐짓 꾸며낸 가장된 응답을 했을 가능성을 반드시 고려해야 한다. 마지막으로, 심각한 성격장애를 지니고 있든지 그렇지 않든지 간에, 환자들은 자신이 겪는 고통과 장해를 과장해서 보고하는 경향이 있다. 왜냐하면, 그들이 치료자의 도움을 간절히 원하기 때문이며, 현재 자신들이 받고 있는 치료나 관심에 만족하지 못하기 때문이다(Loranger, 1999).

임상가는 환자를 잘 알고 있는 사람들(예: 가족, 친구, 직장 동료 등)로부터 정보를 얻어내서 환자의 자기보고를 보완할 수 있다. 비록 정보제공자들이 환자 본인만큼은 환자의 내적 경험을 잘 알고 있지는 못할 것이고 그들의 지각도 어느 정도 왜곡된 것일 수 있지만, 정보제공자들은 환자가 자각하지 못하거나 혹은 환자가 보고하지 않으려는 행동 패턴을 통찰할 수 있는 정보를 주기도 한다(Zimmerman, Pfohl, Stangl, & Corenthal, 1986).

환자의 관점과 정보제공자의 관점이 서로 다르다는 점, 그리고 환자의 자기보고가 편향되는 이유에 대해 앞서 언급했던 것들을 감안하면, 일부 연구에서 환자의 성격 병리에 대한 두 종류의 정보 사이에 중간 수준의 상관만을 보였다는 것은 그리 놀라운 일이 아니다(Zimmerman, Pfohl, Coryell, Stangl, & Corenthal, 1988; 반면, 높은 상관을 보고한 Peselow 등(1994)의 자료도 있다). 몇몇 연구에서는, 환자의 역기능적 성격 특질을 환자 본인보다 정보원들이 더 많이 보고한다는 결과가 나타났다(Peselow et al., 1994; Zimmerman et al., 1986, 1988). 환자의 자기보고와 정보원의 보고가 서로 불일치되는 경우, 임상가는 다른 자료들(임상 관찰, 치료 기록, 이전 치료자의 보고)을 더 찾아보아야 하며, 자신의 임상적 판단을 통해서 불일치되는 부분들을 해소해야 한다.

비구조화된 임상면접

실제 임상 장면에서, 상당수의 임상가들은 비구조화된 임상면접을 통해 환자의 성격 병리를 평가한다. 하지만 구조화된 면접과 비구조화된 면접을 비교한 연구에서는 두 면접 방법 사이의 진단 일치율이 저조한 것으로 나타났다는 점을 언급하고 싶다(Steiner, Tebes, Sledge, & Walker, 1995). 구조화된 면접을 실시하지 않고서 정확한 진단을 하려면, 면접자의 임상 경험과 임상 지식이 매우 중요하다.

구조화된 면접과 비구조화된 면접 중에서 어떤 방식을 택하든 간에, 임상가는 환자가 현재 드러내는 성격장애의 특질과 진단 기준이 무엇인지뿐만 아니라 그런 양상이 얼마나 만연되어 있고 지속되어 왔는지, 장해의 수준은 어느 정도인지를 파악해야 한다. 예를 들어, SCID-II를 활용한 면접 방법을 소개한 자료에 따르면, 면접자는 환자에게 어떤 진단 기준이 충족된다고 볼 수 있는 다양한 상황들을 예시해보라고 요청해야 한다. 또한 환자가 축 I 장애(예: 현재의 주요우울증 삽화)를 지니고 있지 않은 경우에는, 성격장애 양상을 보이는지 여부를 평가하는 질문들을 던져야 한다.

모든 평가면접의 일부 측면들은 임상가의 이론적 지향과 무관하지만(예: 주호소 문제의 확인, 전반적인 심리사회적 과거력의 탐색), 일부 다른 측면들은 임상가가 어떤 이론을 선호하는지에 따라서 영향을 받는다. 예를 들면, 심리도식치료(Young, 1994)에서 실시하는 초기 평가에는 집중적인 과거력 면접이 포함되는데, 이때 임상가는 과거에 심리도식이 활성화되었던 시기가 있었는지를 탐색하고, 그러한 경험들과 현재의 문제들에 공통적으로 관련되는 주제를 찾아낸다. 표준적인 인지치료의 면접기법들도 성격장애의 진단 기준 혹은 차원을 평가하는 데 활용될 수 있다. 환자의 핵심 믿음과 가정을 밝혀내는 기법들에 대한 설명은 여러 인지치료 문헌에서 찾아볼 수 있을 것이다(예: Beck, Rush, Shaw, & Emery, 1979; J. Beck, 1995). 예를 들면, 임상가는 현재의 문제 상황에 대해서 환자가 어떤 자동적 사고를 떠올렸는지를 물어보고, 환자가 자동적 사고에 어떤 의미를 부여했는지 밝혀내며, 환자가 오랫동안 지속된 것이라고 보고하는 인지적 주제의 발달적 기원이 무엇인지를 탐색할 수 있다.

성격장애의 인지적 측정도구

성격장애에 대한 인지이론에서는 도식(schema)과 핵심 믿음(core belief)이 중요하다는 점을 강조하고 있는데, 도식은 개인의 행동과 정보처리를 이끄는 조직화된 구조이자 전반적인 정신적 표상이다. 따라서, 인지치료에서는 도식 및 그와 관련된 믿음과 가정을 면밀하게 평가하는 것을 특히 중요시한다. 환자의 역기능적 믿음을 평가할 때는 반드시 다양한 자료들을 고려해야 하며, 이러한 평가과정은 지료가 끝날 때까지 지속되어야 한다. 환자의 발달력, 현재의 문제와 증상, 면접 과정에서 보이는 행동 등의 모든 자료가 환자의 역기능적 믿음을 파악하는 데 도움이 되는 실마리를 제공한다. 치료자와의 관계 그 자체를 통해서도 성격장애의 믿음을 평가할 수 있다. 이에 더해, 두 종류의 자기보고식 질문지가 개발되고 검증되었는데, 다음에서 PBQ(Beck & Beck, 1991)와 SQ(Young & Brown, 1994)를 차례로 소개한다.

성격 믿음 질문지(PBQ: Personality Belief Questionnaire)

PBQ는 성격장애에 대한 인지이론이 발전하면서 자연스럽게 개발된 질문지다. 인지이론 및 임상관찰에 근거하여, Beck 등(1990)은 대부분의 축 II 장애의 특징적이고 전형적인 도식의 내용을 설명하였다. Beck 등(1990)이 저술한 책의 부록에는 각각의 성격장애와 관련이 있다고 생각되는 구체적인 믿음과 가정의 목록이 제시되어 있다. 이러한 도식의 내용을 통합한 것이 바로 PBQ이다. PBQ에는 각각 따로 혹은 모두 함께 실시할 수 있는 9개의 척도가 포함되어 있는데, 각 척도는 DSM-III-R의 축 II에 포함된 9개의 성격장애를 측정한다. 척도마다 14개의 문항이 있으므로 전체 문항수는 모두 126개가 된다. PBQ를 실시할 때는 다음과 같은 지시문을 따르면 된다: "아래에 제시된 문항들을 잘 읽고, 당신이 각 문항에 대해서 그렇게 생각하는 정도가 얼마나 되는지 평정하십시오. 각 문항에 대해서 대부분의 시간 동안 당신이 어떻게 느끼는지를 판단하려고 노력하십시오." 피검자는 0점(전혀 그렇게 생각하지 않는다)부터 4점(전적으로 그렇게 생각한다)까지의 응답 중에서 한 가지를 선택할 수 있다. PBQ는 1990년대 중반부터 지금까지 두 곳의 외래 인지치료 장면에서 일상적으로 실시되고 있는데, 그중 한 곳은 펜실베이니아대학교의 인지치료센터이고, 다른 한 곳은 필라델피아에 있는 Beck 인지치료연구소다. 다음의 〈표 3-1〉에는 6가지의 성격장애에 관한 척도에서 환자들이 가장 자주 응답하는 PBQ 질문지의 믿음들을 제시하였다.

〈표 3-1〉 **특정한 성격장애와 가장 밀접한 관련이 있는 PBQ의 믿음들**

회피성 성격장애

- '나는 사회적으로 부적절하며 직장이나 사회적 상황에서 탐탁지 않게 여겨지는 존재다.'
- '만약 사람들이 나와 가까워지게 되면, 그들은 내 '진짜' 모습을 알아차리고 나를 거부할 것이다.'
- '나는 남들에게 주목받는 상황을 피해야만 하며, 가능한 한 남들의 이목을 끌지 않아야 한다.'
- '남들에게 열등하거나 부적절한 존재로 비춰지는 것을 견딜 수가 없다.'
- '사람들은 잠정적으로 비판적이고, 나에게 무관심하고, 나를 업신여기며, 나를 거부한다.'

의존성 성격장애

- '만약 사랑받지 못한다면, 나는 늘 불행할 것이다.'
- '나에게 일어날 수 있는 가장 최악의 일은 남들에게 버림받는 것이다.'
- '나 혼자 남겨질 때, 나는 무력하다.'
- '나를 지지해주거나 돌봐 줄 사람과 항상 관계를 유지하고 있어야 한다.'
- '나보다 강한 사람과 함께 있을 수 없는 한, 나는 근본적으로 외톨이다.'

강박성 성격장애

- '세부 사항을 확실히 하는 것이 매우 중요하다.'
- '모든 일을 완벽하게 해내는 것이 중요하다.'
- '다른 사람들은 내 방식을 따라야 한다.'
- '내가 일을 적절하게 완수하려면 질서, 체계, 규칙이 필요하다.'
- '만약 내가 체계적으로 하지 않는다면, 모든 일이 엉망이 될 것이다.'

자기애성 성격장애

- '나는 다른 사람에게 적용되는 규칙에 얽매일 필요가 없는 사람이다.'
- '나는 거창한 일들을 기대할 만한 충분한 이유가 있다.'
- '나는 매우 뛰어난 존재이기 때문에, 특별대우를 받고 특권을 누릴 만한 자격이 있다.'
- '다른 사람들은 찬사를 받거나 부를 누릴 만한 자격이 없다.'
- '나는 재능이 매우 뛰어나기 때문에, 다른 사람들은 내 승진을 위해서 자리를 내줘야 한다.'

편집성 성격장애

- '만약 내가 허점을 보인다면, 사람들은 나를 이용할 것이다.'
- '만약 내가 조심하지 않는다면, 사람들은 나를 이용하거나 조종하려고 할 것이다.'
- '나는 항상 경계심을 늦춰서는 안 된다.'
- '우호적으로 행동하는 사람들은 나를 이용하거나 착취하려고 그렇게 하는 것이다.'

- '다른 사람들은 일부러 나의 품위를 손상시키려고 할 것이다.'

경계선 성격장애

- '불쾌감이 점점 더 커져서 통제하지 못하게 될 것이다.'
- '나는 다른 사람들처럼 대처할 수가 없다.'
- '사람들이 말하는 것은 종종 실제로 의미하는 것과 다르다.'
- '만약 사람들이 나와 가까워지게 되면, 그들은 내 '진짜' 모습을 알아차리고 나를 거부할 것이다.'
- '나와 가까운 사람이 나를 배신하거나 나에게 충실하지 못할 수 있다.'
- '나는 요구하는 게 많고 약한 사람이다.'
- '나는 다른 사람들을 믿을 수가 없다.'
- '나는 항상 경계심을 늦춰서는 안 된다.'
- '내가 필요로 할 때 또는 어떤 나쁜 일이 발생할 때 나를 도와줄 누군가가 항상 곁에 있어야 한다.'
- '만약 내가 허점을 보인다면, 사람들은 나를 이용할 것이다.'
- '인간관계에서 긴장감이 느껴진다면 그것은 관계가 나빠지고 있다는 뜻이다. 그러므로 나는 관계를 끝내야 한다.'
- '나 혼자 남겨질 때, 나는 무력하다.'
- '사람들은 내가 극단적인 방식으로 행동할 때만 내게 관심을 가질 것이다.'
- '내가 먼저 공격하지 않으면, 그들이 나를 공격할 것이다.'

주. 경계선 성격장애를 제외한 5가지의 성격장애의 경우, 각 성격장애와 다른 성격장애를 가장 잘 변별해 주는 5개씩의 PBQ 믿음을 제시하였다. 경계선 성격장애의 경우, Butler 등(2002)에 의해서 경계선 성격장애를 다른 성격장애와 잘 변별해 주는 것으로 밝혀진 14개의 믿음을 모두 제시하였다.

대학생들을 대상으로 PBQ 초판의 신뢰도를 조사한 연구에서, 여러 척도들의 내적 일치도가 우수함이 입증되었다(Trull, Goodwin, Schopp, Hillenbrand, & Schuster, 1993). 정신과 외래환자들을 대상으로 한 연구에서도 비슷한 수준으로 양호한 신뢰도를 보였는데, Cronbach 알파 계수는 .81(반사회성 하위척도)에서 .93(편집성 하위척도)의 범위에 속했다(Beck et al., 2001). 그중에서 15명의 환자를 대상으로 8주 간격의 검사-재검사 신뢰도를 조사했을 때의 신뢰도 계수는 .57(회피성 하위척도)에서 .93(반사회성 하위척도)의 범위에 속했다(Beck et al., 2001). Trull 등(1993)의 연구에서는 PBQ 하위척도들 사이의 상관이 다소 높은 편이었으며(상관중앙치 = .40), PBQ와 PDQ-R(Personality Disorder Questionnaire-Revised; Hyler & Rieder, 1987) 및 MMPI-PD(Minnesota Multiphasic Personality Inventory-

Personality Disorder; Morey, Waugh, & Blashfield, 1985) 간에는 중간 수준의 상관이 있었다. 또한 Beck 등(2001)은 PBQ 하위척도들 사이에 예상치 못한 높은 상관이 있음을 발견했는데, 이런 결과를 보인 이유로 몇 가지 가능성을 생각해 볼 수 있다. 우선, 인지이론에서 제안한 것과는 다르게, 개념적으로 분명하게 구분되지 않는 믿음들이 일부 있기 때문일 수 있다. 그렇지 않다면, 믿음들이 공유하고 있는 변량들 중의 일부는 특정한 장애가 아니라 전반적인 고통과 관련되기 때문일 수 있다. 또한 축 II 장애 진단 자체가 서로 겹치는 면이 있기 때문에 이런 결과가 나타났을 가능성도 있다(Beck et al., 2001).

최근에 Beck 등(2001)은 PBQ의 5가지 하위척도의 준거타당도를 조사하였다. 그들은 SCID-II를 통해서 성격장애 진단을 받은 정신과 외래환자들을 대상으로, PBQ의 회피성, 의존성, 강박성, 자기애성 및 편집성 하위척도의 타당도를 살펴보았다. 특정한 축 II 장애 진단을 받은 환자들이 그 진단과 상응하는 하위척도에서 다른 축 II 장애 진단을 받은 환자들보다 더 높은 점수를 보이는지를 검증하기 위해서, 일련의 집단 간 분석을 실시하였다. 그 결과, 연구자들이 가정했던 25가지의 예언 중에서 20가지(80%)가 확증되었으며, 나머지 3가지(12%)의 예언도 유의미한 수준에 근접한 결과를 보였다. 다음으로, 특정한 축 II 장애 진단을 받은 환자들의 경우, 그 진단과 상응하는 PBQ 하위척도의 점수가 그 진단과 무관한 다른 PBQ 하위척도의 점수보다 더 높을 것이라는 가설을 검증하기 위해서, 일련의 집단 내 분석을 실시하였다. 그 결과, 20가지의 예언 중에서 19가지(95%)가 확증되었는데, 이것은 PBQ의 변별타당도가 상당히 높음을 입증하는 결과다. 집단 내 분석에서 얻어진 결과는, PBQ를 활용하면 축 II 장애 환자들이 지니고 있는 믿음을 파악하는 데 특별히 도움이 된다는 것을 잘 보여 준다. 이러한 결과를 [그림 3-1]에 나타냈다. 그림에서 알 수 있듯이, 연구에 포함된 모든 성격장애의 경우, 특정한 성격장애 진단을 받은 환자들은 그 진단과 이론적으로 연관이 있는 PBQ 하위척도에서 가장 높은 점수를 보였다.

Beck 등(1990)이 저술한 책의 부록에는 경계선 성격장애 환자들이 지니는 믿음들의 목록이 빠져 있는데, 그 이유는 당시에 경계선 성격장애 환자들은 다른 여러

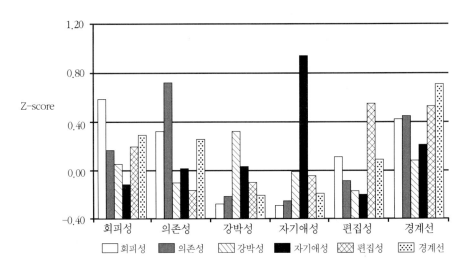

[그림 3-1] 6가지 성격장애의 PBQ 하위척도 점수의 평균

성격장애와 관련되는 믿음들 여기저기에 상당수 응답한다고 생각했기 때문이다. 그래서 경험적인 연구를 수행하였고, PBQ에 포함된 믿음들 중에서 14가지가 경계선 성격장애 환자들과 다른 성격장애 환자들을 변별해 주는 것으로 밝혀졌다 (Butler, Brown, Beck, & Grisham, 2002; 경계선 성격장애 환자들의 14가지 믿음은 〈표 3-1〉에 제시되어 있다). 이러한 결과는 각각 42명의 경계선 성격장애 환자를 대상으로 했던 두 편의 독립적인 연구에서 교차타당화되었다. 이렇게 경험적으로 확인된 믿음들은 PBQ의 경계선 성격장애 하위척도에 포함되었다. [그림 3-1]을 살펴보면, 각 성격장애 환자들의 척도별 평균 점수를 알 수 있다.

Kuyken, Kurzer, DeRubeis, Beck 및 Brown(2001)은 PBQ의 예언타당도를 조사하였다. 연구자들은 PBQ의 회피성 및 편집성 하위척도가 우울증 환자들의 인지치료 결과를 예측한다는 것을 발견했는데, 이들 두 하위척도에서 높은 점수를 받은 사람들의 치료 결과가 더 저조하였다. 최근 들어, PBQ는 각각 63개씩의 문항으로 구성된 두 개의 동형질문지로 나누어졌다. 예비연구 결과, 두 개의 동형질문지 모두가 전반적으로 양호한 내적 일치도 및 적절한 수준의 검사-재검사 신뢰도를 지니고 있음이 밝혀졌다(Butler & Beck, 2002).

임상 장면에서는 PBQ를 두 가지 방식으로 활용할 수 있다. 즉, 환자의 인지적 프로파일을 얻기 위해서 PBQ를 활용하기도 하며, 치료에서 다룰 환자의 역기능 적 믿음을 구체적으로 파악하는 데 PBQ를 활용할 수도 있다. 표준화된 PBQ 점수 를 구하면, 환자가 지닌 성격장애와 관련된 믿음의 독특한 프로파일이 얻어진다. [그림 3-2]에는 두 환자의 PBQ 프로파일이 제시되었는데, 두 환자 모두 축 II에서 는 회피성 성격장애 진단을 받았고 축 I에서는 주요우울증 진단을 받았다. 환자 A 는 32세의 남성으로, 이혼한 뒤 혼자 사는 컴퓨터 기술자였다. 그는 대부분의 자유 시간을 책을 읽거나 TV를 보는 데 썼고, 우울하지 않을 때는 집에서 개인적인 일 을 처리하기도 했다. 그는 새로운 직장을 구하려고 대도시로 이사한 뒤에 우울해 졌는데, 예전 직장에서 사귄 몇몇 친구들이 있었지만 지금은 그들과 연락을 주고 받지 않았으며, 이사한 뒤로는 새로운 사람들을 만나려고 하지 않았다. 그는 5년 전에 이혼했으며, 그 후로는 여자를 사귀지 않았다. 환자 B는 23세의 여성으로, 부 모와 함께 살면서 화원에서 일하고 있었다. 그녀에게는 친한 친구가 없었다. 그녀 는 약혼자와 헤어졌다가 다시 만나기를 거듭하면서 우울해졌고, 통제적인 어머니 와 갈등을 겪고 있었다. 한 집에 있는 오빠와도 갈등이 있었는데, 그녀의 오빠는 오랫동안 실직 상태였으며 알코올을 남용했고 지배적인 모습을 보였다. 전체적으 로 볼 때, 그녀의 가족은 서로 지나치게 관여하면서도 서로 상당히 소원했다.

[그림 3-2]에 제시된 두 개의 PBQ 프로파일을 살펴보면, 환자 A와 B는 회피성 성격장애 하위척도에서 비슷한 수준의 높은 점수를 얻었지만 몇몇 하위척도에서 는 의미심장한 차이를 보였다. 환자 A는 강박성 및 분열성 성격장애 하위척도에서 상대적으로 높은 점수를 얻은 데 반해, 환자 B는 의존성, 경계선 및 편집성 성격장 애 하위척도와 관련된 믿음들에 많이 응답하였다. 즉, 두 환자 모두 겁이 많고, 만 성적으로 은둔적이며, 스스로를 사회적으로 부적절한 존재로 지각하고, 타인을 잠 재적으로 비판적이고 거절하는 존재로 지각하는 공통점이 있었다. 하지만 환자 B 는 몇몇 사람들(가족 및 약혼자)의 지지에 의존하면서 그들이 자신을 지지하지 않을 때 남들을 불신하거나 심각한 고통을 받는 데 반해, 환자 A는 세부 사항이나 정리

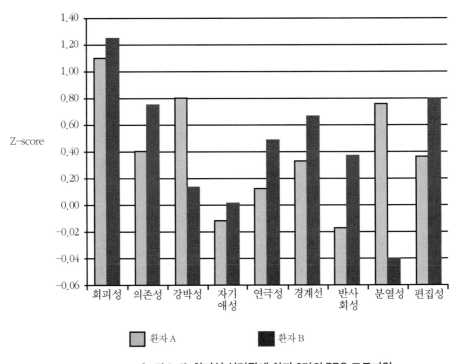

[그림 3-2] 회피성 성격장애 환자 2명의 PBQ 프로파일

정돈, 규칙 등을 강조하면서 남들과 애착을 맺고 싶은 욕구를 부인하고 혼자서 쓸쓸히 고립된 삶을 사는 경향이 있었다.

[그림 3-2]를 살펴보면, 성격장애를 범주적으로만 평가하지 않고 차원적으로도 접근하는 것(즉, 프로파일)의 가치를 잘 알 수 있다. 임상가는 차원적 접근을 통해서 각 환자에 대한 임상 정보를 더 풍부하게 얻어낼 수 있다. 또한 이런 정보는 환자의 사례를 개념화하고 치료에 대한 의사결정을 하는 데 상당한 도움이 된다. 환자 A와 B가 똑같이 회피성 성격장애 및 주요우울증을 지니고 있지만 두 사람의 성격 구조의 인지적 측면이 서로 다르다는 점은, 그들에게 각기 다른 치료적 접근이 필요하다는 것을 시사해준다.

도식 질문지(SQ: Schema Questionnaire)

앞에서 소개한 PBQ는 축II 장애를 직접적으로 평가하기 위해 개발된 질문지인데 반해, SQ는 축II 장애의 분류 체계와 개념적으로 무관한 성격 구성개념들을 차원적으로 평가하는 질문지다. SQ는 때때로 YSQ(Young Schema Questionnaire; Young & Brown, 1994)라고 불리기도 하며, DSM 범주를 아우르는 초기 부적응 도식(Early Maladaptive Schema: EMS)을 평가하기 위해 개발된 것이다. Young(1994)의 정의에 따르면, 초기 부적응 도식이란 '아동기에 형성되고 생애 전반에 걸쳐 정교화되는 자신 및 타인과의 관계에 대한 광범위하고 만연된 주제 혹은 패턴으로서, 심각한 정도로 역기능적인 것(p. 9)'이다. 초기 부적응 도식은 한 사람의 자기감(sense of self)의 핵심에 해당하는 단단하게 굳어진 뿌리 깊은 패턴을 의미한다. Young(1994)은 다음의 5가지 영역에서 16가지의 초기 부적응 도식을 제시하였다.

- 단절 및 거절 (유기/불안정, 불신/학대, 정서적 결핍, 결함/수치심, 사회적 고립/소외)
- 손상된 자율성 및 손상된 수행 (의존/무능감, 무선적인 사건에 대한 취약성, 융합/미발달된 자기, 실패)
- 손상된 한계 (특권의식/과대성, 부족한 자기통제/자기훈련)
- 타인-중심성 (복종, 자기희생, 승인추구/인정추구)
- 과잉 경계 및 억제 (통제 가능한 사건에 대한 취약성/부정적 태도, 과잉 통제, 엄격한 기준, 처벌)

SQ는 이러한 16가지의 초기 부적응 도식을 평가하기 위해서 개발된 자기보고식 질문지로서 총 205문항으로 구성되어 있다. 최근에, Young(2002a)은 임상적으로 관찰된 초기 부적응 도식을 추가하여, 그 수를 18가지로 수정하였다.

Schmidt, Joiner, Young 및 Telch(1995)는 SQ의 심리측정적 속성을 평가하였다. 대학생들의 자료를 요인분석한 결과 13가지의 초기 부적응 도식이 확인되었고, 정신과 입원환자들의 자료를 요인분석한 결과 Young이 제안한 도식들 중에서 15가지 초기 부적응 도식의 타당성이 입증되었다. 또한 Young이 제안한 상위 주제들 중의 일부를 포괄하는 3개의 상위 요인(단절, 과도한 연결, 과장된 기준)이 발견되었다. 대규모의 임상 집단을 대상으로 한 후속 연구에서도 이러한 결과들이 반복검증되었는데(Lee, Taylor, & Dunn, 1999), 앞서 확인된 15가지의 요인에 더하여 통제 상실에 대한 두려움과 관련된 16번째 요인도 확인되었다.

최근에는 SQ 단축형이 개발되었고, 심리측정적 속성도 검증되었다. 단축형인 SQ-SF(Schema Questionnaire-Short Form)는 총 75문항인데, 여기에는 원래의 SQ에 대한 요인분석 연구에서 초기 부적응 도식들을 측정하는 것으로 확인된 문항들이 포함되었다. 즉, 원래의 SQ에서 요인부하량이 가장 큰 5개의 문항씩을 선택하였고, 15가지의 요인이 반복 검증되었다. 낮병원에서 치료를 받는 정신과 환자들의 SQ-SF 자료를 요인분석한 결과, Young이 제안한 15가지 초기 부적응 도식과 매우 유사한 15개의 요인이 추출되었다(Wellburn, Coristine, Dagg, Pontefract, & Jordan, 2002). 하위척도들의 내적 일관성은 중간 이상으로 양호한 수준이었다(Cronbach 알파 계수는 .76에서 .93의 범위에 속했다). 대부분의 하위척도들은 현재의 정신과적 상태와 유의미한 정적 상관을 보였다. 같은 자료를 가지고 중다회귀분석을 실시한 결과, 5개의 하위척도(유기, 위험에 대한 취약성, 실패, 자기희생, 정서적 억제)가 불안과 관련된 고유 변량을 잘 설명하였다. 이런 결과는 초기 부적응 도식과 현재의 정신과적 상태 사이에 관련이 있음을 보여 주는 것으로써, 심리도식치료의 이론과 잘 부합한다(Young, 1994). 물론, 이런 결과는 상관적 특성 및 횡단적 특성을 나타내는 것이지, 인과적 관계의 방향을 입증하는 것은 아니다. 성격에 관한 자기보고식 측정치가 다 그렇듯이, 환자의 SQ-SF 점수는 그의 특질 및 상태 모두에 영향을 받았을 수 있다. 하지만 최근의 연구에 따르면 SQ-SF 점수 변량의 상당 부분은 상대적으로 안정된 초기 부적응 도식(즉, 특질과 같은 특성)과 연관이 있는 것으로 보인다(Wellburn, Dagg, Coristine, & Pontefract, 2000). 연구자들은 84명의 정신과 낮병원 환자들에게 12주에 걸친 집중집단치료를 시행하기 전과 후에 SQ-SF 및 BSI(Brief Symptom Inventory)를 실시하였다. 그 결과, 집중집단치료를 받은 환자들의 정신과적 증상은 유의미하게 호전되었다. 하지만, 치료 후에도 그들의 SQ-SF 점수는 변화되지 않았는데, 15개 하위척도 중에서 12개 하위척도의 점수가 변화되지 않았다. 이러한 결과는, 초기 부적응 도식이란 특질처럼 상대적인 지속성을 지닌 구성개념이며, 현재의 정신과적 상태에 수반되는 부수적 현상이 아니라는 것을 의미한다.

Young과 Brown(1994)은 환자의 SQ 프로파일을 작성할 수 있는 서식을 제공하였다. 또한 심리도식치료에서는 환자의 대처방식(coping style)과 양식(mode)을 강조한다(Young, 2002a). 심리도식치료에 따르면, 사람들은 다양한 상황에서 다양한 방식으로 자신의 도식에 대처한다. Young과 동료들은 세 종류의 부적응적 대처방식(굴복, 회피, 과잉보상)이 있다고 제시했는데, 이런 부적응적 대처방식이 비임상집단에서는 경미한 형태로 드러나지만 임상집단에서는 극단적이고 경직된 형태로 드러난다. 심리도식치료에서 중요시하는 양식이란 우리가 경험하는 순간순간의 정서 상태 및 현재 활성화되어 있는 대처반응을 의미한다. 역기능적 양식이 활성화되면 강렬한 감정 혹은 경직된 대처방식을 보이게 되며, 그것이 개인의 기능을 통제하게 된다. 양식은 다음과 같이 분류된다: 아동 양식(취약한 아동, 성난 아동, 충동적인/훈육되지 않은 아동), 역기능적 대처 양식(순응하는 굴복자, 분리된 보호자, 과잉 보상자), 역기능적 부모 양식(처벌적인 부모, 요구적인 부모), 그리고 건강한 성인 양식. 이러한 대처방식과 양식을 평가하는 자기보고식 질문지들이 개발되어서 온라인에서 쉽게 구할 수 있지만(Young, 2002b), 이들 질문지의 심리측정적 속성에 대한 자료는 아직 보고된 바 없다.

Young은 사람들이 한 양식에서 다른 양식으로 전환할 수 있으며, 그런 양식의 전환이 이뤄지면 이전에 휴지 상태였던 다른 도식 혹은 다른 대처반응이 활성화된다고 제안하였다. 만약 이런 설명이 어느 정도 사실이라면, SQ 혹은 SQ-SF의 점수는 상대적으로 불안정할 것이라고 유추할 수 있다. 하지만, 앞에서 언급했듯이, 동일한 기간 동안에 즉각적인 정신과적 상태에 대한 측정치가 유의미하게 호전되더라도 임상집단의 SQ-SF 점수는 대체로 안정적으로 유지된다는 것이 밝혀졌다(Wellburn et al., 2000).

결론

   치료 계획은 정확한 평가 및 사례개념화로부터 시작된다. 따라서, 성격장애를 평가할 때 몇 가지 유념할 점들이 있다. 첫째, 임상가는 성격장애의 일반적인 정의 및 구체적인 진단 기준에 익숙해져야 하며, 이것은 성격장애 평가의 전제 조건이다. 둘째, 임상가는 성격장애의 전반성과 지속성 및 구체적인 진단 기준, 성격특질, 인지적 특성과 관련된 손상의 정도를 면밀하게 평가해야 한다(예: 역기능적 믿음과 도식). 축 I 장애와 축 II 장애의 공병률이 상당히 높으므로, 일화적 혹은 일시적으로 나타나는 정신과적 상태와 만성적으로 지속되는 성격 특질을 변별하는 것이 매우 중요하다. 셋째, 명백한 증상 중심의 축 I 장애 진단과 비교하면 축 II 장애 진단은 임상가의 추론에 의존하는 부분이 더 많으므로, 경험이 적은 임상가는 자칫 환자의 병리를 과잉 진단할 수 있다는 점에 특히 유의해야 한다.

   임상가가 어떤 평가 전략을 선택할지는 여러 요인에 의해 결정된다. 지난 10여 년 동안 성격장애를 개념화하고 측정할 때 차원적인 접근을 선호하는 임상가들이 늘어났는데, 그 이유는 차원적인 접근 방식을 통해서 보다 풍부한 정보를 얻을 수 있기 때문이며 범주적인 접근 방식에는 개념적 및 경험적인 문제점들이 있기 때문이다. 이를테면, 다른 축 II 장애의 존재(혹은 부재) 정도를 양적으로 표현하는 것이 보편적으로 활용되고 있는 차원적 접근 방식이다. 또한 구조화된 임상면접(예: PDE-R; Loranger et al., 1987)의 결과 환자가 성격장애 진단 기준 중에서 몇 가지를 충족시키는지를 개수로 표현할 수도 있고, 특정한 DSM 성격장애 진단 기준을 직접적으로 평가하는 문항들로 구성된 자기보고식 질문지(예: PDQ-R; Hyler & Rieder, 1987)를 사용할 수도 있다. 다양한 영역에서 드러나는 장애특정적 병리를 평가하는 문항들(예: MCMI-III; Millon et al., 1994)을 활용하는 방법도 있으며, 역기능적 믿음과 같은 단일한 중요 영역을 평가하는 자기보고식 질문지(예: PBQ; Beck & Beck, 1991)를 활용하는 방법도 있다.

　차원적인 접근 방식의 또 다른 대안은 성격장애와 관련되는 성격 특질 혹은 특질과 유사한 구성개념(예: 초기 부적응 도식)들을 평가하는 것이다. 이런 경우에는 주로 자기보고식 질문지가 사용된다. 관련된 성격 특질을 포괄적으로 측정하면서도 심리측정적인 속성이 양호한 질문지로는 SNAP(L. Clark, 1993), DAPP-BQ(Livesley, 1990), WIPSI(Klein et al., 1993) 등이 있다. 심리도식치료를 적용하는 임상가는 SQ 및 SQ-SF를 통해서 환자의 초기 부적응 도식을 평가할 수 있는데, 각 도식의 미묘한 뉘앙스까지 평가하려고 한다면 SQ를 활용하는 것이 더 좋을 것이다(Young, 2002b).

　성격장애를 평가할 때 범주적인 접근 방식을 취하는 것의 장점은 개념적으로 명료하고, 의사소통이 용이하며, 임상가에게 친숙하다는 점이다. 이에 더해, 많은 임상 장면에서는 평가보고서를 작성할 때 축II 장애 진단명을 첨부하도록 하고 있으며, 신뢰할 만하고 타당한 진단이 내려져야 성격장애에 관한 연구를 할 수 있다는 점도 중요하다. 비구조화된 임상면접과 비교할 때, SCID-II와 같은 구조화된 임상면접을 활용하면 성격장애 진단의 정확성 및 신뢰성이 상당히 향상될 수 있으며, 환자와 임상가의 시간적 부담도 줄어든다. 어떤 구조화된 임상면접 방법을 활용하더라도, 신뢰할 만하고 타당한 진단을 얻기 위해서는 부주의한 실수를 줄이도록 하는 적절한 임상 훈련이 반드시 필요하다.

　성격장애를 평가할 때 범주적 접근과 차원적 접근을 통합하려는 임상가도 있을 수 있다. 구조화된 임상면접을 실시하면, 성격장애의 존재 여부를 범주적으로 결정하는 데 도움이 된다. 자기보고식 질문지를 활용하면, 환자가 드러내는 임상적인 모습과 부합하는 개인특유적인 프로파일을 얻을 수 있으며, 사례를 개념화하고 치료 계획을 수립하는 작업이 수월해진다. 인지적인 방식으로 사례를 개념화하려고 한다면 PBQ, SQ, SQ-SF와 같은 측정도구를 활용하여 상당히 유용한 성격 프로파일을 얻어낼 수 있을 것이다.

　자기 및 타인에 대한 특징적인 견해, 역기능적 믿음, 주요한 방략과 정서, 구체적인 정보처리 방식 등은 성격장애를 평가할 때 고려해야 할 핵심적인 인지적 요소들이다. 만약 임상가가 각 성격장애의 전형적인 인지적 특성을 잘 알고 있다면,

각각의 사례를 비교적 쉽게 개념화할 수 있을 것이다. 하지만, 성격장애를 지닌 환자들 중의 상당수가 전형적인 패턴과는 상당히 다른 모습을 보인다는 점을 명심해야 하며, 철저한 평가를 위해서는 전형적인 패턴과 부합하는 점뿐만 아니라 전형적인 패턴과 부합하지 않는 점에 대해서도 면밀하게 다루어야 한다.

제4장
일반 원칙 및 특수 기법

축 I 장애가 어느 정도 진정되어 증상이 경감되면, 환자들은 그런 심리장애를 겪기 이전의 인지양식으로 되돌아가는 모습을 보인다. 이를테면, 우울증을 겪다가 회복된 대부분의 환자들은 더 이상 자신을 비난하지 않게 되고, 자신을 부적절하거나 열등한 존재라고 생각하지 않게 되며, 미래에 대한 부정적인 예측을 하지 않게 된다. 하지만, 심리장애를 겪을 때 드러냈던 특성들을 지속적으로 보이면서 자신은 지금까지 '항상' 이런 식으로 생각해 왔다고 이야기하는 환자들도 있다. 그렇다고 해서, 그 환자들이 여전히 임상적인 우울증을 겪고 있는 것은 아니다.

축 II 장애에서 드러나는 양상과 축 I 장애에서 드러나는 양상은 여러 가지 측면에서 서로 다르다. 환자들이 과거의 인지기능을 회복하게 되면, 급성의 장애를 겪고 있을 때 관찰되었던 역기능적 자동적 사고의 빈도와 강도가 줄어든다. 비록 '정상적인 신경증 기간' 동안에는 환자들이 자신의 역기능적 자동적 사고를 보다 쉽게 인식하고 검증할 수 있기는 하지만, 이렇게 과장되거나 왜곡된 해석 및 이와 관련된 파괴적인 감정은 특정한 상황에서 계속 출현한다. 예를 들면, 어떤 지적이고 유능한 여성은 보다 높은 수준의 지적인 능력이 요구되는 지위에 대한 제안을 받을 때마다 '나는 그 일을 해낼 수 없을 거야' 라는 생각을 자동적으로 하게 된다.

축 I 장애와 축 II 장애(즉, 성격장애)의 차이에 대한 가장 설득력 있는 설명은 다음과 같다. 현저한 증상으로 드러나는 축 I 장애에서 특징적으로 관찰되는 환자의 매우 그릇된 믿음과 해석은 상대적으로 유연하며 변화될 가능성이 크다. 즉, 아무런 치료적 개입을 받지 않더라도, 우울증이 가라앉으면 이런 그릇된 믿음과 해석이 다소 약해진다. 하지만, 성격장애 환자들이 특징적으로 드러내는 역기능적 믿음은 지속적으로 되풀이되는 '구조화된' 것이다. 다시 말해, 그것이 성격장애 환자들의 '정상적' 인지양식으로 자리 잡고 있는 것이다. 그러므로 성격장애 환자를 변화시키기 위해서는 일종의 구조적 변화가 필요하며, 정서장애 환자의 역기능적 사고를 변화시키는 것보다 훨씬 더 많은 시간과 노력이 필요하다.

치료자들은 우울증(Beck, Rush, Shaw, & Emery, 1979)이나 범불안장애(Beck & Emery, with Greenberg, 1985)와 같은 급성의 축 I 장애(American Psychiatric Association, 2000)를 치료할 때, 일반적으로 '표준적인' 인지치료 기법을 적용한다. 이러한 접근 방법을 통해서 역기능적 자동적 사고를 효과적으로 다룰 수 있으며, 우울증(혹은 범불안장애) 상태의 정보처리 방식을 '정상' 상태로 되돌리는 인지적 변화를 이끌어낼 수 있다. 환자들이 우울 혹은 불안 삽화를 겪는 동안에 자신의 자동적 사고와 믿음을 검토하는 작업을 하게 되면, 증상이 진정되어 상대적으로 평온한 시기에도 이런 인지적 과정을 다룰 수 있게 된다. 과거의 정신과적 용어로는, 이렇게 평온한 시기 동안에 치료자를 찾아오는 환자들을 '신경증' 환자라고 불렀다. 일반적으로 '신경증적 성격'의 특징을 묘사할 때는 '미성숙한' 혹은 '유아적인'이라는 표현을 사용했다. 또한 정서적 불안정성, 거절 혹은 실패에 대한 과장된 반응, 비현실적으로 높거나 낮은 자기개념, 그리고 무엇보다도 강한 자기중심성이라는 표현이 자주 사용되었다.

현실에 대한 환자의 태도와 방략을 결정짓는 본바탕을 이루는 것이 바로 역기능적 믿음이기 때문에, 역기능적인 믿음은 여전히 작동한다. 환자들은 자신의 역기능적 믿음에 근거해서 자신에게 벌어지는 사건들을 해석하기 때문에, 역기능적 믿음 대신에 새로운 적응적인 믿음이나 방략을 받아들이기 전까지는 과거의 역기능적 믿음을 포기할 수가 없다. 장애를 겪기 이전의 기능 수준으로 회복되면, 환자들은 자신들이 과거에 일상적으로 구사해 왔던 방략을 또다시 채택하게 된다. 이렇게 회복된 시기에 환자들이 기저에 가정하고 있는 믿음의 양상은 우울증이나 범불안장애를 겪던 시기에 비해서 일반적으로 덜 역기능적이다. 하지만 급성의 장애를 겪던 시기에 비해서, 역기능적인 믿음이 변화되고 수정될 가능성은 줄어든다.

이처럼 변화되지 않고 여전히 남아 있는 믿음(도식)은 몸에 뿌리 깊이 밴 것이며, 표준적인 항우울치료나 항불안치료에서 적용하는 기법들만으로는 쉽사리 변화되지 않는다는 점을 환자와 치료자 모두가 인정할 필요가 있다. 심지어 환자들이 자신이 가진 기본적인 믿음이 역기능적이고 비합리적임을 잘 알고 있을 때조차도, 그런 믿음에 대한 질문을 하거나 혹은 그런 믿음이 사라지기를 소망하는 식의 단순한 방법만으로는 변화되지 않는다.

이런 환자들의 성격 구조를 변화시키기 위해서는 오랜 기간의, 때로는 지루한 작업이 필요하다. 심리치료의 소위 '성격적 단계(characterological phase)'에서는 상당한 시간이 요구되며, 환자들이 어느 순간에 극적으로 좋아지는 경우는 많지 않다.

사례개념화

환자의 부적응적인 행동을 이해하고 역기능적인 태도를 수정하기 위한 개념적 틀을 갖추기 위해서는 각각의 사례를 구체적으로 개념화(conceptualization)하는 것이 결정적으로 중요하다. 따라서 치료자는 되도록 빨리, 가능하면 초기의 평가 과정 동안에 사례를 개념화해야 한다. 물론, 새로운 자료가 수집되면 그에 맞추어 개념화된 내용을 수정한다. 치료자는 일부 가설들을 확증하고, 다른 일부 가설들을 수정 혹은 기각하며, 또 다른 가설들을 개념화한다.

이렇게 개념화된 내용을 환자와 공유하면 자료를 수집하는 과정에 도움이 된다. 사례개념화의 공유를 통해서, 환자는 어떤 경험에 주목해야 하는지를 알게 되고, 어떤 해석이나 기저의 믿음을 확인해야 하는지도 알게 된다. 환자와 치료자는 새

좁게 얻어진 자료들이 이미 개념화했던 내용과 '부합하는지'를 검토할 수 있다. 새로운 자료가 수집되면서, 치료자는 이러한 자료에 근거하여 사례를 다시 개념화한다.

환자의 계속되는 경험이 전반적인 개념화 내용과 얼마나 부합하는지를 보여 주기 위해, 사례개념화를 요약한 도표를 작성한다. 환자에게 이런 도표를 건네는 것도 종종 도움이 된다. 어떤 치료자들은 현실에 대한 그릇된 구성이 기저의 믿음에서 비롯된다는 것을 보여 주기 위해 칠판이나 그림 카드를 사용하기도 한다. 새로운 일에 직면할 때마다 치료자에게 '나를 도와주세요'라고 말하는 의존적인 성격의 환자의 경우를 생각해 보자. 이 환자는 '나를 도와주세요'라는 말과 '다른 사람의 도움 없이는 아무 것도 할 수 없어' 혹은 '나는 무력한 사람이야'라는 핵심 믿음 사이의 관련성을 인식할 필요가 있다. '행동실험(behavioral experiment)'을 계획하고 실행에 옮기는 반복적이고 체계적인 반증 작업을 하게 되면, 이러한 역기능적 믿음이 서서히 약화되고, '다른 사람의 도움 없이도 많은 일을 해낼 수 있어' 혹은 '나는 다방면에서 유능한 사람이야'와 같은 보다 적응적인 태도로 변화될 수 있는 토대가 갖추어진다.

〈표 4-1〉에는 어떤 부부가 지닌 문제들이 구조적으로 개념화되어 있다. 이 부부는 서로 상당히 비슷한 믿음을 가지고 있었지만, 결정적인 측면에서는 서로 다른 모습을 보였다. 이 부부의 사례는 다른 책에서도 소개된 바 있다(Beck, 1988). 간략히 소개하면, 자기애성 성격장애가 있는 게리(Gary)는 비벌리(Beverly)에게 폭력적인 분노를 퍼붓는 때가 종종 있었다. 비벌리는 집안일에 소홀하다는 이유로 게리에게 잔소리를 했고, 이것이 게리를 화나게 한 것이었다. 게리는 의존성 성격장애를 지닌 비벌리를 통제할 수 있는 방법은 그녀를 때려서라도 조용히 시키는 것 밖에 없다고 믿고 있었다. 반면, 비벌리는 게리가 남편과 아버지로서의 역할을 직무유기하고 있다는 점을 책망하고 질책함으로써 그를 일깨우고 통제해야 한다고 믿고 있었다. 그녀는 자신이 아내와 어머니로서의 책임을 다하는 유일한 방법은 남편에게 잔소리를 하는 것이라고 생각했다. 이러한 생각의 밑바탕에는 누군가에게 기대지 않는 한 자신은 아무 일도 할 수 없을 것이라는 그녀의 확고한 믿음이 자리

〈표 4-1〉 핵심 도식에서 비롯되는 인지적 처리 과정: 사례

	비벌리(Beverly)의 믿음	게리(Gary)의 믿음
당위적 사고	내가 요청하면, 게리는 당연히 나를 도와주어야 한다.	비버리는 당연히 나를 더 존중해야 한다.
의무적 사고	나는 다른 사람의 행동을 반드시 통제해야 한다.	나는 다른 사람의 행동을 반드시 통제해야 한다.
조건적 믿음	만약 게리가 나를 돕지 않는다면, 나는 제대로 할 수 없을 것이다.	다른 사람들에게 허점을 보인다면, 그들은 나를 비난할 것이다.
공포	나는 버림받을 것이다.	나는 비난받을 것이다.
핵심 도식	나는 무기력한 어린애에 불과하다.	나는 소심한 빙충이다.

잡고 있었다.

　게리는 '강력한 힘이 곧 정의이고, 목소리 큰 사람이 이긴다'고 생각하는 집안에서 성장했다. 그의 아버지와 형은 게리를 '소심한 빙충이'라고 윽박질렀다. 그는 자신의 소심한 모습을 보상하려는 대인관계 방략을 채택하였다. 즉, 남들이 자신을 지배하거나 업신여기지 못하게 하는 최선의 방법은 그들을 겁먹게 하는 것이고, 필요하다면 폭력적인 위협을 행사해서라도 그렇게 해야 된다는 것이 게리가 채택한 방략의 본질이었다. 치료자는 부부면담과 개별면담을 통해서 다음과 같은 초기 개념화를 시도했다. "게리의 핵심 도식은 '나는 소심한 빙충이야'다. 게리는 자신이 남에게 업신여김을 당할 만큼 취약한 존재라고 생각할 때마다, 그의 자기 개념이 표면에 떠올라서 위협을 느낀다. 자신을 보호하기 위해서, 그는 '내가 남들을 통제해야 한다'는 믿음을 공고히 한다. 이런 믿음은 그의 아버지가 했던 것과 같다." 뒷부분에서, 우리는 이러한 믿음들을 다루는 방법에 대해서 설명할 것이

다. 치료자는 게리의 행동을 이러한 믿음들과 관련지을 수 있었다.

비벌리 역시 '나는 게리를 통제해야 한다'고 믿었다. 그녀의 믿음은 다른 사람의 도움 없이는 자신의 의무를 감당할 수 없을 것이라는 두려움에서 비롯되었다. '나는 무력한 어린애야'라는 믿음이 그녀의 핵심 도식이었다. 게리의 행동(집안일을 돕지 않는 것)이 그녀의 핵심 도식('다른 사람의 도움 없이는 아무 것도 할 수 없어')을 건드렸고, 이로 인해 비벌리는 지친 듯이 축 늘어지는 느낌을 갖게 되었다는 점을 주목하라. 그녀는 게리에게 화를 내며 비난하는 방법으로 자신의 취약한 감정에 반응했다.

치료자는 무력감을 느꼈던 과거 경험을 심상 속에서 다시 체험하게 하면서 비벌리의 핵심 도식을 활성화시킬 수 있었다. 또한 치료자는 그녀가 게리에게 잔소리를 하면서까지 그토록 도움을 받고 싶어 하는 까닭은 바로 자신을 무기력한 어린애로 여기기 때문임을 인식할 수 있게 도왔다. 즉, 그녀의 부적응적인 '잔소리'는 자신의 깊은 무력감을 모면하기 위한 시도였던 것이다. 게리와 비벌리의 상호작용을 통해서, 우리는 배우자의 성격 구조가 서로의 문제를 악화시킬 수 있다는 점 및 개인의 성격 문제가 결혼생활과 같은 특정한 맥락에서 표출될 수 있음을 인식하는 것이 중요하다는 점을 알 수 있다.

도식의 파악

치료자가 수집하는 자료들은 환자의 자기개념 및 삶의 규칙과 원칙을 알아내는 데 사용된다. 환자의 자기개념은 자신이 다양한 상황에서 어떻게 살아가는지를 묘사할 때 겉으로 드러나게 되는데, 그 중에서 어떤 것이 환자의 자기개념을 반영하고 있는지를 치료자가 판단해야 될 때가 자주 있다.

예를 들어, 어떤 환자가 다음과 같이 이야기한다고 가정해보자: "나는 차장에게 거스름돈을 잘못 주었어요. 완전히 바보짓을 한 거죠." "내가 어떻게 대학을 졸업했는지, 심지어는 어떻게 법과대학까지 나왔는지 모르겠어요. 나는 항상 실수투성이에요." "내가 처한 상황을 당신에게 잘 설명할 수도 없을 것 같아요." 이와 같은 환자의 이야기를 들으면서, 치료자는 환자가 스스로를 기본적으로 부적절하고 결함투성이인 존재로 지각하고 있음을 시사하는 단서를 찾아낼 수 있다. 또한 치료자는 환자의 이야기가 얼마나 타당한지 여부에 대해서도 신속하게 판단한다. 물론, 환자가 우울한 상태일 때는 이렇게 광범위하고 전반적으로 일반화하는 양상(핵심 믿음)이 가장 두드러지게 드러난다. 이를테면, 문제시되는 상황에 대해서 이야기한 뒤, 환자는 "이런 것들이 내가 얼마나 무가치하고, 부적절하고, 매력 없는 사람인지를 잘 보여 준다."라는 말로 매듭지을 수 있다.

환자의 묘사는 어떤 조건에서 부정적인 자기개념이 드러나는지를 구체적으로 설명해 주는데, 치료자는 이를 통해 환자의 조건적 가정을 알아낼 수 있다. 예를 들어, 남들이 평소보다 덜 친근한 반응을 보일 때, 어떤 사람이 '보브(Bob)와 린다(Linda)는 더 이상 나를 좋아하지 않아' 와 같은 생각을 한다고 하자. 치료자는 그가 '만약 남들이 강렬한 애정과 관심을 보여 주지 않는다면, 그것은 그들이 나를 돌보지 않는다는 뜻이다' 와 같은 조건적 가정을 가지고 있다고 짐작할 수 있다. 물론, 어떤 경우에는 이러한 가정이 사실일 수 있으며, 혹시라도 그들에게 사회적 기술의 결핍이나 마찰적인 대인관계 양상이 있는지를 특별히 주목해서 살펴볼 필요가 있다. 하지만, 성격문제를 가진 사람들은 자신의 믿음과 상반되는 대안적 설명이나 강력한 반대 증거가 있음에도 불구하고, 자의적이고 독단적이며 이분법적인 가정을 모든 상황에 적용하는 경향이 있다.

환자의 자기개념 및 조건적 가정을 알아내는 과정과 비슷하게, 치료자는 환자가 타인에 대해서 어떤 견해를 지니는지를 알아내기 위해 노력한다. 예를 들어, 편집적인 성격을 지닌 사람의 이야기 속에서, 그가 다른 사람을 사악하고 조종하며 편견에 사로잡힌 존재로 지각하는 기본적인 도식을 가지고 있음을 알아차릴 수 있다. 이와 같은 타인에 대한 도식은 다음과 같은 말 속에서 분명하게 드러날 수 있다. "의사 선생님이 나를 보고 웃었어요. 하지만, 나는 그 선생님이 많은 환자들을 돌보느라 불안하기 때문에 모든 사람에게 사용하는 거짓 미소라는 것을 알아요." "그 점원이 나를 믿지 못해서 내가 지불한 돈을 천천히 세어 보더군요." "오늘밤에는 아내가 니무 친절한 걸. 나에게시 뜯어내려고 하는 게 뭔지 궁금한데." 이런 환자들은 자신의 견해를 지지하는 증거가 전혀 없거나 혹은 강력한 반대 증거가 있음에도 불구하고, 종종 이런 식의 결론을 내린다.

이런 사람들이 급성의 편집증 상태에 처하게 되면, '그는 지금 나에게 무슨 짓을 하려고 해' 혹은 '그들은 나를 궁지에 빠뜨리려고 해' 와 같은 전반적인 생각이 마음을 좌우하게 된다. 이들의 핵심 도식은 '다른 사람들은 믿을 수가 없어' 및 '모든 사람들은 사악하고 교활한 의도를 지니고 있어' 와 같은 것이다. 이런 식으로 자의적인 결론을 내리는 패턴은 인지적인 편향을 반영하며, '도식으로부터 유래된 것(schema driven)' 이다.

기저 목표의 구체화

완전하게 자각하지는 못할 수 있지만, 일반적으로 사람들은 자신에게 매우 중요한 광범위한 목표들을 지니고 있다. 이때, 환자가 이야기하는 포부와 야망을 기저의 목표로 바꾸어서 이해해 내는 것은 치료자의 역할이다. 예를 들어, 어떤 환자가 "파티에 갔을 때, 단지 몇 사람만 아는 척을 해서 몹시 기분이 나빴어요." 혹은 "어찌나 많은 사람들이 몰려 와서 내 여행 이야기를 듣고 싶어 하는지, 아주 좋았어요."라고 이야기했다고 하자. 다양한 상황에 대한 묘사들로부터, 치료자는 그가 다음과 같은 기저 목표를 지니고 있다고 추론할 수 있다. '모든 사람들이 나를 좋아하는 것이 매우 중요해.' 목표는 핵심 도식으로부터 도출된다. 이 경우에는, '만약 다른 사람들이 나를 좋아하지 않는다면, 나는 무가치한 존재다' 와 같은 핵심 도식으로부터 도출된다고 볼 수 있다.

시험에서 완벽한 성적을 받지 못해서 기분이 나빴다는 다른 환자의 예를 살펴보자. 그는 친구와 대화하던 중에 어떤 과학자의 이름이 생각나지 않았을 때도 적잖은 난처함을 느꼈다. 더욱이, 그는 대학원에 진학하면서 전액 장학금을 받게 될 것이라는 소식을 듣고 너무 흥분돼서 잠을 이루지 못했다. 자신의 경험에 대해서 치료자가 질문을 던질 때까지는 인식하지 못했지만, 그의 목표는 '유명해지는 것'이었다. 이런 목표는 다음과 같은 조건적 가정과 연관되어 있다. '만약 내가 유명해지지 못한다면, 내 인생은 완전히 헛수고가 될 것이다.'

다른 종류의 목표들도 이와 같은 방식으로 추론할 수 있다. 완전한 자유로움을 주장하면서 다른 사람으로부터 어떠한 도움도 받지 않으려고 하고 어떤 인간관계에도 관여하지 않으려고 하는 사람을 생각해 보자. 일단 치료자가 '나만의 공간이 필요해'라는 공통 주제를 이끌어 낸다면, 환자가 치료 시간 및 다른 상황에서 드러내는 반응을 관찰함으로써 정말로 그러한지를 검증해 볼 수 있다. 예를 들어, 만약 환자가 면담 중에 거리를 두고 멀리 떨어져 앉는다거나, 면담을 너무 빨리 끝낸다거나, 혼자서 문제를 해결해 보겠다고 표현한다면, 환자의 기저에는 자율성이라는 목표가 있다고 볼 수 있다. 환자는 다음과 같은 조건적 가정을 지니고 있을 수 있다. '만약 내가 남들에게 너무 의존하거나 너무 친밀해진다면, 더 이상은 내가 자유롭지 못하게 될 것이다.' 이런 가정은 '내 행동이 완전히 자유롭지 않는 한, 나는 무기력한 존재다'라는 믿음과 연관되어 있다.

치료자가 모든 자료를 수집하여 환자의 핵심 가정, 조건적 믿음 및 목표를 알아차린 후에는, 인지모델에 근거하여 사례를 개념화할 수 있다(예: 앞에서 살펴본 게리와 비벌리 사례의 개념화).

치료자-환자 관계에 대한 강조

협력

인지치료의 기본 원칙 중의 하나는, 환자가 믿을 만한 치료자와 협력(collaboration)하고 있다는 느낌을 가질 수 있게 하는 것이다. 협력적인 치료 관계를 형성하는 것은 급성적인 증상을 지닌 환자보다는 만성적인 성격장애를 지닌 환자와 작업할 때 더욱 중요하다. 일반적으로 (우울이나 불안과 같은) 급성의 심리적 고통을 겪는 환자들은 치료자가 제안하는 것을 실행해 보려는 깅한 동기를 지니고 있으며, 그러한 노력을 통해 고통이 즉각 감소되면서 보상을 얻게 된다. 하지만, 만성적인 성격장애 환자의 변화는 훨씬 더디게 일어나며, 변화되었다고 지각할 수 있는 정도 역시 훨씬 미미하다. 따라서 치료자와 환자는 성격 변화를 위해 상당히 장기적인 작업을 하게 된다.

환자가 과제를 수행하도록 하기 위해서는 자주 동기를 북돋울 필요가 있다. 어떤 행동이라도 하도록 추동하던 불쾌한 감정들(불안, 슬픔, 분노)이 가라앉으면서 급성의 고통이 진정되면, 종종 환자의 동기도 감소한다. 더욱이, 성격장애 자체가 과제를 수행하기 어렵게 만들고 방해하는 경우도 빈번하다. 회피성 성격장애 환자는 '내 생각을 글로 적는 일은 너무 고통스러워' 라고 생각할 수 있고, 자기애성 성격장애 환자는 '이런 것들은 내 수준에 맞지 않는 일이야' 라고 생각할 수 있으며, 편집성 성격장애 환자는 내 기록이 나한테 불이익이 되는 쪽으로 이용될지도 몰라' 혹은 '치료자가 나를 조종하려고 하는군' 이라고 생각할 수 있다.

치료자는 이러한 형태의 '저항' 을 치료 작업의 소재로 여겨야 하며, 다른 유형의 소재나 자료를 다룰 때처럼 치료 시간에 함께 논의할 분석의 대상으로 삼아야 한다.

안내를 통한 발견

환자가 지니고 있는 믿음의 기원을 밝혀내고 해명하며, 외상적인 사건에 어떤 의미를 부여하는지를 탐색하고, 환자의 풍부한 심상을 건드리는 작업에는 인지치료의 단순한 기법이 아닌 예술적인 기교가 필요하며, 위험과 고통을 무릅쓰고 시도해 보려는 환자의 모험 정신이 필요하다. 만약 그렇지 않다면, 인지치료는 시간이 갈수록 지루해지고 장황해지는 반복적인 과정으로 쇠퇴할 가능성이 있다. 치료 관계를 교육적인 체험의 기회로 활용하기 위해서는, 치료자가 다양한 방법으로 가설을 제시하고, 상투적인 표현이 되지 않도록 새로운 단어들을 가려서 사용하며, 비유나 일화를 들어가면서 요점을 제시해 줄 필요가 있다. 마치 양념을 뿌리듯이 현명하고도 가벼운 유머를 사용하는 것도 이러한 체험에 도움이 된다.

만성적인 성격 문제를 다룰 때, 치료자는 환자가 자신의 경험에 어떤 의미를 부여하고 있는지를 밝혀내는 데 주력하며 많은 시간을 할애한다. 그 이유는, 환자에게 특별히 취약하고 민감한 부분이 무엇인지를 알아내고, 어째서 환자가 특정한 상황에서 과도한 반응을 보이는지를 확인하기 위함이다. 제2장에서 언급하였듯이, 환자가 자신의 경험에 부여하는 의미는 대부분 기저의 믿음('만약 누군가가 나를 비판한다면, 그것은 나를 좋아하지 않는다는 뜻이야')에서 비롯된 것이다. 그 의미를 밝혀내기 위해서, 치료자는 점진적인 단계들을 밟아가야 할 것이다.

'전이' 반응의 활용

환자가 치료의 진행 과정 및 치료자에 대해서 정서적인 반응을 보인다면, 이를 매우 중요하게 다룰 필요가 있다. 치료자는 늘 기민하게 살피면서도 일부러 자극하지는 않는 자세로 환자의 정서적인 반응을 탐색할 준비가 되어 있어야 하는데, 정서적인 반응은 환자가 지니고 있는 생각과 믿음의 체계에 관해서 풍부한 자료를 제공해 주기 때문이다. 만약 이것을 탐색하지 않는다면, 왜곡된 해석을 수정하지 못하고 계속 고수하게 되거나 환자와의 협력 관계가 깨지는 일이 벌어질 수 있다. 환자의 정서적 반응을 드러내놓고 다룬다면, 환자에게서 특유하고도 반복적으로 나타나는 반응의 이면에 자리 잡은 의미와 믿음을 이해하는 데 도움이 되는 풍부한 자료를 종종 얻을 수 있다. 역전이의 측면에서 볼 때, 환자의 부적응적인 패턴에 대해서 치료자가 비판단적이고 공감적이면서도 객관적인 태도를 견지하는 것이 매우 중요하다. 전형적으로 성격장애 환자들을 치료할 때는 치료자에게도 상당한 노력과 계획 및 스트레스 관리가 필요하다. 비협력의 문제를 개념화하는 전략 및 치료에 대한 환자와 치료자의 정서적 반응을 다루는 방법에 대해서는 이 책의 제5장에서 상세히 설명한다.

특수화된 기법의 적용

구체적인 전략과 기법을 계획하고 적용할 때에는, 환자가 지닌 특정한 정신병리 뿐만 아니라 환자가 자신에 관한 정보를 통합하고 사용하는 독특한 방법이 무엇인지도 고려해야 한다. 환자들마다 서로 다른 방식으로 배우게 된다. 더욱이, 어떤 특정한 시기에는 환자가 구사하는 방법이 성공적으로 작동한다고 하더라도, 다른 시기에는 그것이 효과적으로 작동하지 않을 수도 있다. 치료자는 최선을 다해서 치료 계획을 세워야하며, 환자에게 적용할 수 있는 다양한 기법들 중에서 가장 효과적인 것을 선택하거나 혹은 새로운 기법을 개발해야 한다. 어느 정도의 시행착오는 불가피할지 모른다. 때로는, 내성 기법을 선택하는 것이 가장 성공적일 수 있다. 하지만, 감정을 방출하여 정화시키는 기법 혹은 기술 훈련을 적용하는 것이 더 적절한 선택인 경우들도 있다.

인지치료 기법을 가장 효과적으로 적용하기 위해서는, 사례를 명료하게 개념화하고 긍정적인 치료 관계를 형성하는 것뿐만 아니라 치료자의 예술적 기교가 필요하다. 치료의 예술적 기교에는 표준적인 인지기법과 행동기법뿐만 아니라 재치있는 유머·일화·비유의 사용 및 치료자의 자기공개가 포함된다. 노련한 치료자는 언제 민감한 주제를 꺼내야 하는지, 언제 물러나야 하는지, 언제 직면시켜야 하는지를 잘 알고 있다. 그는 단조로운 흐름을 뜨겁게 달굴 수 있으며, 너무 과열된 흐름을 차갑게 식힐 수도 있다. 능숙한 치료자는 어휘와 스타일을 변화시키면서 다채로운 방식으로 표현한다.

치료 시간에 '융통성'을 발휘하는 것이 중요하다. 치료자는 적극적으로 경청하다가 어느새 어떤 주제에 초점을 맞추어 깊이 탐색하기도 하고, 새로운 행동 양식을 시범으로 보여 주기도 한다. 이 책을 읽는 치료자들은 인지행동치료의 기본 원리들을 충분히 숙달하게 될 것이다. 여기서 소개하는 내용들의 상당수는 Beck 등 (1979)과 같은 책에서도 다루어져 있으므로 참고하기 바란다. 우리는 기법들을 주로 '인지적(cognitive)'인 기법과 주로 '행동적(behavioral)'인 기법으로 나누었는데, 이것은 자의적인 구분이다. 순전히 인지적이거나 혹은 순전히 행동적인 기법은 없다는 점을 명심해야 한다. 더욱이, 인지적 기법이 행동 변화를 이끌어 낼 수도 있으며, 행동적 기법이 전반적인 인지적 재구조화를 이끌어 낼 수도 있다.

성격장애 환자의 치료에 효과적인 방법들 중에는 이른바 '체험적(experiential)' 기법이라고 불리는 것들도 있다. 이를테면, 아동기에 경험한 사건과 심상을 지금 다시 체험해 보게 하는 것이 체험적 기법의 한 예다. 이런 극적인 기법들은 새로운 학습으로 이어지는 수로의 수문을 여는 것처럼 보인다. 혹은 과거에 학습한 것을 소거시킬 통로를 만드는 것처럼 보인다. 무엇보다 중요한 점은, 일정한 수준 이상의 정서적 체험이 뒷받침되어야 인지 변화가 이뤄진다는 것이다.

인지적 기법과 행동적 기법은 성격장애 환자의 치료에서 상호 보완적인 역할을 담당한다. 이런 기법들을 적용하는 주된 이유는 새로운 도식을 발달시키고 옛 도식을 수정하기 위함이다. 물론, 궁극적으로는 아마도 인지적 기법이 대부분의 변화를 이끌어 낼 것이다. 행동적 작업도 마찬가지지만, 성격장애 환자를 치료할 때는 다른 때보다도 더 지속적이고 정교한 인지적 작업을 수행할 필요가 있다. 성격장애 환자들의 인지도식은 계속해서 역기능적이고, 심지어 보다 적응적인 행동 패턴을 발달시킨 뒤에도 그러하기 때문에, 더욱 다양하고 지속적인 인지적 작업이 필요한 경우가 대부분이다.

인지적 전략 및 기법

축 II 장애 환자들을 치료할 때 적용할 수 있는 인지적 기법의 목록을 다음에 제시하였다. 우울증 치료에 관한 다른 문헌(Beck et al., 1979)에서 이미 설명했던 몇몇 기법들은 여기서 자세히 설명하지 않았다. 하지만, 우리는 축 II 장애 환자의 치료를 위해서 몇몇 기법들을 확충하였다. 여기서 제시하는 인지적 기법들의 목록은 대표적인 것일 뿐 모든 기법들을 망라한 것은 아니다.

성격장애 환자의 치료에 유용한 인지적 기법에는 다음과 같은 것들이 있다.

(1) 안내를 통한 발견(guided discovery): 환자가 자신의 정형화된 역기능적 해석 패턴을 인식할 수 있도록 도움

(2) 개인특유적 의미의 탐색: 자신의 경험에 대한 극단적이고 평범하지 않은 해석을 탐색함

(3) 그릇된 추론과 왜곡에 이름 붙이기: 특정한 자동적 사고 패턴의 편향과 비합리성을 자각하도록 도움

(4) 협력적 경험주의(collaborative empiricism): 환자가 지니고 있는 믿음, 해석, 기대의 타당성을 검증하기 위해 환자와 함께 작업함

(5) 타인의 행동에 대한 설명 검토하기

(6) 척도화하기(scaling): 전형적인 이분법적 사고를 극복하기 위해, 극단적인 해석을 차원적인 해석으로 변환시킴

(7) 재귀인(reattribution): 행동과 결과에 대한 책임을 다시 귀인시킴

(8) 고의적으로 과장하기: 상황에 대한 안정감을 고취시키고 역기능적 결론에 대한 재평가를 촉진시키기 위해, 일부러 극단적인 생각을 하게 함

(9) 이득-손해 분석: 믿음 및 행동을 유지하는 것과 그것을 변화시키는 것의 이득과 손해를 각각 검토하고, 일차적 및 이차적 이득을 분명히 함

(10) 탈재앙화(decatastrophizing): 최악의 결과만을 배타적으로 생각하는 경향을 인식하고 극복하도록 도움

인지적 탐사(cognitive probes)

성격 문제를 다룰 때에도, 우울증이나 범불안장애 환자들의 자동적 사고를 유발하고 평가하는 데 적용되는 기법(Beck et al., 1979; Beck et al., 1985)과 동일한 기법들을 유용하게 활용할 수 있다. 구체적으로 설명하면, 치료자와 환자는 성격 문제를 드러내는 사건들을 확인하고, 이런 사건을 인지적인 관점으로 설명하는 데 초점을 맞춘다. 예를 들어, 로이스(Lois)라는 회피성 성격장애 환자가 직장 동료들이 자신을 무시하는 것처럼 여겨져서 화가 났다고 가정하자. 인지적 탐사의 첫 번

째는 그녀의 자동적 사고(Beck, 1967)가 무엇인지를 밝히는 것이다. 만약 환자가 자동적 사고를 잘 밝혀낼 수 있도록 훈련을 받았다면, 그녀는 "저는 '그들은 나를 좋아하지 않아' 라고 생각했어요."라고 말할 수 있을 것이다.

만약 환자가 자신의 자동적 사고를 찾아내지 못한다면, '마치 그 일이 지금 일어나고 있는 것처럼 상상해 보라' 고 그녀를 격려할 수 있다. 그렇게 해서 경험이 생생해지면, 그녀는 마치 실제 상황인 것처럼 자동적 사고를 경험하게 될 수 있다. 물론, 그녀는 미래의 사건에 대한 예상을 통해서도 자동적 사고를 확인하는 많은 기회를 얻을 수 있다. 만약 환자가 특정한 '외상적' 경험을 미리 예견해 볼 수 있다면, 그런 혐오적인 상황에 처하기 전에 자신의 사고의 연쇄('오늘 점심에 린다가 나를 깔볼까 봐 걱정돼요')에 섬세하게 조율함으로써 미리 준비시킬 수도 있을 것이다. 로이스에게는 거절당하는 것과 관련된 생각들을 포착해 보라는 인지적 탐사를 시켰다. 거리감이 느껴지는 린다의 태도에 주목하면서, 로이스는 다음과 같은 부정적인 생각을 포착했다: '그녀는 나를 좋아하지 않아', '나한테 뭔가 문제가 있어.' 물론, 앞으로 보겠지만, 자동적 사고 자체가 언제나 반드시 검증되어야 할 필요가 있는 역기능적 혹은 비현실적인 생각은 아니다.

무엇보다도 중요한 것은, 환자가 자신이 경험한 사건에 부여하는 궁극적인 의미이다. 예컨대, 로이스는 린다의 거절하는 듯한 태도를 다음과 같이 해석하면서 어깨를 으쓱해 보일 수도 있다. '그래서 뭐 어때? 나도 그녀를 별로 좋아하지 않아' 혹은 '그녀는 내 친구가 아니야.' 하지만, 환자가 특히 거절당하는 것에 취약하다면, 결국 오랜 슬픔이라는 감정으로 마감될 수 있는 연쇄반응이 시작된다.

때때로, 환자가 내성을 통해서 자신의 연쇄반응을 알아차릴 수도 있다. 치료자는 기술적으로 질문을 던지면서 두드러진 출발점(즉, 핵심 도식)에 다가갈 수 있다. 또한 치료자는 환자가 의미를 추론하고 결론짓는 과정에서 범하는 특정한 오류나 결함이 무엇인지를 보여 주기 위해서도 이런 기법을 적용할 수 있다. 점심을 먹는 동안 다른 동료와의 대화에 정신이 팔려있는 린다 때문에 속이 상한 로이스가 치료자와 나눈 대화를 살펴보자.

치료자: 점심을 먹으면서 당신 머릿속에 어떤 생각이 스치고 지나갔나요?

로이스: 린다는 나를 무시하고 있어. [선택적 주의, 개인화]

치료자: 그것은 무엇을 의미하나요?

로이스: 나는 사람들과 잘 어울리지 못해. [자기 귀인, 과잉일반화]

치료자: 그것은 어떤 의미죠?

로이스: 나한테는 친구가 하나도 없을 거예요. [절대주의적 예언]

치료자: '친구가 하나도 없다'는 것은 무엇을 의미하죠?

로이스: 나는 늘 혼자예요. [핵심 도식]

치료자: '늘 혼자'라는 것은 어떤 의미죠?

로이스: 나는 늘 불행할 거예요. (울기 시작함)

환자가 울기 시작했기 때문에, 그리고 가장 밑바닥에 자리 잡은 핵심 도식('나는 늘 불행할 거예요')에 도달했다고 생각했기 때문에, 치료자는 질문을 멈추었다. 그토록 강렬한 감정이 올라왔다는 것은 환자의 핵심 도식이 드러났다는 것뿐만 아니라 역기능적 사고방식의 수정 가능성이 높아졌음을 의미하는 것이다. 이러한 유형의 질문, 즉 보다 깊은 믿음을 탐사하여 핵심 도식에 접근하려는 시도를 '하향 화살표 기법(downward arrow technique)'이라고 부른다(Beck et al., 1985). 이후에, 치료자와 환자는 그 밖에 또 다른 핵심 도식이 있는지를 알아보기 위해서 더 탐색하려고 할 것이다.

이 사례에서, 로이스가 겪는 문제는 다음과 같은 그녀의 믿음에서 비롯된 것이다. '만약 사람들이 나에게 반응을 보여 주지 않는다면, 그것은 그들이 나를 좋아하지 않는다는 뜻이다' 및 '만약 누군가가 나를 좋아하지 않는다면, 그것은 내가 매력 없는 사람이라는 뜻이다.' 자신이 근무하는 건물에 있는 음식점에 들어갈 때, 그녀는 다른 동료들이 자신을 어떻게 받아들이는지에 매우 예민해진다. 동료들이 그녀가 자기 옆에 앉기를 바라는지 그렇지 않은지, 대화에 그녀를 끼워 주는지 그렇지 않은지, 그녀의 말에 응답을 하는지 안 하는지 등에 지나치게 예민해지는 것이다. 하지만 회피성 성격장애를 지닌 로이스는 거절당할 가능성이 있는 상황 자체를 아예 회피해 버리기 때문에, 아는 사람 특히 린다가 앉아 있는 자리는 피해버린다. 다음에 제시한 대화에서 알 수 있듯이, 당면한 문제에 환자를 직면시키는 것도 이런 종류의 어려움을 다루는 한 방법이다.

로이스는 활기차게 대화 중인 몇몇 여자들 옆에 앉아 있다가 속이 상했다. 치료자는 이 사건의 의미를 탐사한다.

> 치료자: 사람들이 당신을 반갑게 맞아주지 않는다고 가정해 봅시다. 그건 무엇을 의미하죠?
>
> 로이스: 잘 모르겠어요. 그들이 나를 좋아하지 않는다고 느껴질 것 같아요.
>
> 치료자: 만약 그들이 당신을 반갑게 맞아 준다면요, 그건 어떤 의미로 받아들여지나요?
>
> 로이스: 글쎄요. 나는 그들과 비슷한 점이 거의 없어요. 나는 그들이 나누는 이야기에는 전혀 관심이 없어요.
>
> 치료자: 그들 중의 누구라도 친한 친구로 사귀어볼 수 있을 것 같아요?
>
> 로이스: 아마, 아닐 거예요.
>
> 치료자: 당신은 그들 중의 누구와도 친해지는 데는 별로 관심이 없군요. 그렇다면, 실제로 어떠한가보다는 '좋아한다' 혹은 '안 좋아한다' 는 데 중요한 의미를 두고 있는 것 같아요. 어때요, 그런가요?
>
> 로이스: 그런 것 같아요.

그녀의 핵심 도식은 남들이 자신을 좋아하는가 아닌가 하는 주제에 관련된 것이기 때문에, 로이스는 거의 모든 사람들과의 만남을 자신이 받아들여지는지 아닌지를 시험하는 데 사용하며, 거의 사느냐 죽느냐의 문제로 만들어버린다. 하향 화살표 기법을 통해서 핵심 도식을 밝힘으로써, 치료자는 '무시당하는 것' 의 기저에 깔린 의미를 표면으로 드러낼 수 있으며, 모든 사람들이 자신을 좋아해야 된다는 믿음은 역기능적이라는 점을 보여 줄 수 있다.

일단 기저의 믿음에 접근할 수 있게 되면(즉, 기저의 믿음이 의식되면), 환자는 현실석이고 논리적인 추론을 통해서 그 믿음을 수정할 수 있다. 이를테면, 로이스는 '그들은 나를 배려하지 않아'와 같은 자동적 사고에 대항하여 '그들이 나를 배려하지 않더라도 문제가 되지는 않아. 그들은 나와 아무런 공통점도 없어'와 같은 합리적인 반응을 하게 된다. 환자들은 자신이 경험한 사건에 절대적인 의미를 부여하고 이분법적으로 지각하는 경향이 있다. 치료자의 역할은 환자가 사건이나 사람의 중요성을 연속선상에 놓고 볼 수 있도록 돕는 것이다. 즉, 그녀가 마주치는 사람들이 자신에게 '얼마나 중요한지'를 연속선상에서 평정하게 했을 때, 로이스는 진짜 친구들에 비해서는 그들을 훨씬 낮게 평정하고 있다는 것을 알 수 있었다. 일단 이렇게 객관적으로 평정할 수 있게 되면, 그녀는 자신과 마주치는 사람들이 자기를 좋아하는지 여부에 대해서는 더 이상 집착하지 않게 될 것이다.

물론, 대부분의 상황에서는 가볍게 마주치는 사람들이 거절하는 모습보다는 중립적인 모습을 보이는 게 일반적이지만, 환자들은 중립적인 모습을 거절하는 것으로 해석하는 경향이 있다. 따라서, 이러한 역기능적 사고방식을 변화시키기 위해서는 이와 관련된 감정을 체험하고 핵심 믿음을 명료하게 밝혀야 한다. 부정적인 자동적 사고와 기저의 믿음을 다루는 기법에 대해서는 다른 문헌에서 다루고 있다 (Beck et al., 1979; Freeman, Pretzer, Fleming, & Simon, 1990).

도식에 직면시키기

환자에게 도식에 대해서 설명하고 논의하는 과정에서 편집성, 연극성, 자기애성, 경계선 등의 진단적인 명칭을 사용하면, 치료자가 환자를 편향적인 시각으로 바라보게 될 우려가 있다. 따라서 환자의 성격 유형을 조작적(operational)인 용어로 기술하는 것이 좋다. 예를 들면, 분열성 성격 유형을 지닌 사람은 '매우 개인주의적인' 혹은 '남에게 의존하지 않는' 사람이라고 설명할 수 있다. 의존성 성격장애 환자는 '타인과의 애착에 상당한 가치를 두는' 혹은 '보다 사교적인 사람이 되는 것을 아주 중요하게 여기는' 사람이라고 설명할 수 있다. 모든 경우에, 환자에게는 그가 지닌 특정한 믿음 체계에 부합하면서도 판단적인 색채는 배제된 용어로 바꾸어 설명해 줄 필요가 있다.

포괄적인 치료 프로그램에서는 인지적, 행동적, 정서적 도식을 모두 다룬다. 이 것들을 어떤 방식으로 조합하여 치료할지를 결정하는 요인은, 치료의 목표가 되는 도식의 심각도, 범위, 활동성 및 정서가에 따라서 달라진다(제2장 참조). 도식이 존 재함을 보여 주는 인지적 왜곡이나 인지적 편향을 다룸으로써, 치료자는 먼저 환 자로 하여금 자신의 삶을 좌우하는 역기능적인 규칙들을 발견할 수 있게 도와주 며, 그 후에는 환자가 보다 적응적으로 기능할 수 있도록 돕기 위해 도식을 수정하 거나 다른 것으로 변경하고 대체하는 작업을 한다. 도식을 다루는 작업을 할 때 치 료자에게는 몇 가지의 선택지가 있는데, 어떤 선택을 할지는 그 사례의 목표 및 개 념화에 달려 있다.

치료자가 선택할 수 있는 첫 번째 방법은 '도식의 재구성(schematic restructuring)' 이다. 비유하면, 이 방법은 도시를 재개발하는 것과 흡사하다. 만약 어떤 구조물이 나 몇몇 구조물들의 복합체가 튼튼하지 않다는 결론이 나면, 기존의 낡은 구조물 을 단계적으로 철거하고 그 자리에 새로운 구조물을 건설하기로 결정할 것이다. 여러 치료적 접근들이 이러한 도식의 재구성을 치료의 목표로 삼아 왔다(특히 정신 분석 및 정신역동 학파에서 파생된 치료들에서 그러하였다). 하지만 치료에 투자하는 시간과 노력 및 환자(혹은 치료자)의 능력에는 한계가 있다는 점을 고려할 때, 모든 역기능적 도식을 재구성할 수 있는 것은 아니며, 그렇게 하는 것이 항상 합리적인 것도 아니다.

예를 들어, 타인을 끊임없이 의심하던 편집성 성격장애 환자가 타인을 충분히 신뢰하는 사람으로 변화된다면, 그 환자의 도식이 총체적으로 재구성되었다고 말 할 수 있을 것이다. 다른 사람들 때문에 잠재적 혹은 절박한 위험에 처하게 될 것이 라는 도식이 제거되고, 그 도식이 있던 자리에는 다른 사람들을 전반적으로 신뢰 할 수 있다는 믿음, 남들로부터 공격당하고 상처받을 가능성은 낮다는 믿음, 자신 을 도와주고 힘이 되어 줄 사람들이 있을 것이라는 믿음이 들어서게 될 것이다. 두 말할 나위 없이, 이것은 가장 어려우면서도 가장 많은 시간이 소요되는 치료적 선 택이며, 불신과 관련된 주제에 과도하게 반응하는 도식들과 보다 호의적인 도식들 사이에서 타협을 이뤄 내야만 한다. 달리 표현하면, 도식의 재구성이란 역기능적인 도식을 약화시키고 더욱 적응적인 도식을 발달시키는 것이다.

많은 경우, 환자들은 자신의 역기능적인 믿음과 부합하지 않는 체험들이 있음에도 불구하고, 이런 모순된 체험들을 아울러서 통합해 내는 적절한 도식을 발달시키지 못해 왔다. 즉, 그들은 새로운 긍정적 체험을 통합하지 못하며, 결과적으로 기존의 도식을 통해서 사건들을 여과하는 일을 지속하게 된다. 그 결과, 환자들이 일상생활에서 체험하는 것들은 자신과 타인에 대한 기존의 역기능적이고 대체로 부정적인 믿음을 확증하는 방식으로 조성된다. 더욱 심각한 손상을 보이는 환자들, 특히 경계선 성격장애 환자들은 적응적인 도식이 아예 존재하지 않는 영역을 하나 이상 지니고 있다. 따라서 그들은 새롭고 건설적인 체험들을 저장할 수 있는 적응적인 구조를 발달시켜야만 한다.

치료자는 새로운 도식을 발달시키거나 결함이 있는 도식을 제거하기 위해서 다양한 기법들을 활용할 수 있다. 환자가 새롭게 관찰한 것들을 조직화하고 저장하도록 하는 게 치료 목표일 수 있는데, '반증일기'는 이런 목표를 달성하는 데 도움이 되는 창의적인 기법이다. 예컨대, '나는 부적절한 존재야'라는 믿음을 지닌 사람이 있다면, 노트를 주고 '직장 생활' '인간관계' '자녀 양육' '개인적인 일' 등으로 구획을 나누게 한 뒤, 일상생활 속에서 자신이 적절한 존재임을 보여 주는 (즉, 그의 믿음과 부합하지 않는) 작은 예들을 찾아내어 각 영역에 매일 기록하게 한다. 치료자는 환자가 자신의 적절성을 시사하는 예들을 찾아낼 수 있게 도와주며, 그것을 규칙적으로 기록하고 있는지 점검한다. 반증일기에 기록된 내용을 다시 읽고 검토하면서, 환자는 자신의 부정적인 도식과 관련된 절대적인 믿음을 반격하게 된다. 특히, 환자에게 익숙한 기존의 부정적인 도식이 강하게 활성화되는 스트레스 상황이나 실패 상황에서, 이런 식으로 반증일기를 다시 검토하고 그릇된 믿음을 반격하는 작업을 할 수 있다.

환자의 부정적인 도식을 약화시키고 대안적인 도식을 강화시키는 데 도움이 되는 다른 유형의 일기도 있다. '예언일기'가 그것인데, 환자로 하여금 만약 그가 지니고 있는 부정적인 도식이 참이라면 특정한 상황에서 어떤 일이 벌어질 것인지를 예언하여 그것을 기록하게 한다. 그 후에는 실제로 벌어진 일을 기록하게 하고, 예언했던 내용과 실제로 벌어진 내용을 비교하게 한다.

예컨대, 강박성 성격장애를 지닌 한 여성 환자는 날마다 끔직한 재난이 자신을 기다리고 있다고 믿었고, 자신은 이런 재난에 대처할 능력이 전혀 없는 부적절한 존재라고 생각하고 있었다. 치료자는 그녀에게 세 칸으로 구성된 예언일기를 쓰게 했는데, 첫째 칸에는 그녀가 예측하는 재난이 무엇인지를 적었다. 둘째 칸에는 그 재난이 발생했는지 아닌지를 적었고, 또한 예측하지 못했던 재난이 실제로 일어났다면 그것이 무엇이었는지를 적었다. 셋째 칸에서, 그녀는 실제로 발생한 재난에 대한 자신의 대처 행동을 평정하였다. 한 달 후에 예언일기를 다시 검토하면서, 그녀는 다섯 가지의 재난이 발생할 것으로 예측했으나 오직 한 번만 그런 일이 실제로 일어났었고, 그 재난도 자신이 70% 수준으로 적절하게 다룰 수 있었다는 점을 확인할 수 있었다.

세 번째 유형의 일기는 자신이 일상생활에서 체험하는 것을 과거의 낡은 도식과 새로운 도식의 관점에서 보다 적극적으로 분석하도록 하는 것이다. 치료자는 보다 적응적인 새로운 도식을 어느 정도 믿기 시작한 환자들로 하여금 일주일동안 벌어진 결정적인 사건들을 평가해보게 한다. 예를 들어, 만약 다른 사람들을 불쾌하게 만든다면 사랑받을 수 없을 것이라고 믿는 환자가 있다고 가정하자. 그녀는 이러한 낡은 도식이 활성화되는 일상생활의 체험들을 분석하였는데, 한 번은 직장에서의 저조한 수행 때문에 그녀가 종업원을 비판한 사건이 있었다. 그녀는 다음과 같은 일기를 적었다. "내가 그의 수행에 대해 비판하자 그는 나 때문에 기분이 언짢은 듯했다. 내가 가지고 있던 낡은 도식의 관점에서 본다면, 나는 이 사건 때문에 몹시 괴로웠을 것이고 사랑받을 수 없다고 생각했을 것이다. 하지만 지금 나는 업무상 잘못된 점을 바로잡는 것이 나의 책임이라는 것을 알고 있으며, 그가 나에게 화를 낸다고 해도 크게 문제될 것은 없다. 나와 함께하는 모든 사람들을 행복하게 해 줄 필요는 없으며, 내가 항상 사랑을 받아야 되는 것도 아니다."

이러한 방식으로 '도식일기'를 쓰는 작업은 적응적인 도식을 발달시키는 데 도움이 되고, 뒤따르는 체험을 통해 새로운 도식을 강화시킬 수 있으며, 새로운 사건들을 처리하고 낡은 사건들을 다시 개념화하는 과정에서 기존의 부적응적인 도식을 반격할 수 있게 한다. 물론, 이 과정에서 발달되는 '기능적인 도식'은 환자가 지닌 문제 및 진단 범주가 무엇인지에 따라서 다르다.

성격장애를 지닌 사람을 자신의 역량을 최대한 발휘하는 충분히 성숙한 사람으로 변화시키는 것이 치료의 이상적인 모습이기는 하지만, 치료를 하는 동안에는 거의 그런 일이 일어나지 않는다. 하지만, 대부분의 환자들은 치료를 마친 뒤에도 계속해서 성숙해가며 궁극적으로는 이러한 이상적인 모습에 근접해 갈 수 있다.

치료자가 선택할 수 있는 두 번째 방법이자 변화를 연속선상에서 개념화할 때 두 번째로 가능한 결과는 '도식의 수정(schematic modification)'이다. 도식의 수정은 도식의 재구성에 비해 환자가 세상에 대해 반응하는 기본적인 방식이 상대적으로 덜 변화되는 것을 의미한다. 이 방법은 오래된 낡은 집을 개량하는 것과 흡사하다. 예컨대, 편집성 성격장애 환자가 지니고 있는 타인에 대한 불신 도식을 조금 덜 불신하고 조금 덜 의심하는 믿음으로 바꾸는 것 혹은 몇몇 사람들을 몇몇 상황에서 믿어 보고 그 결과를 평가해 보는 것과 같은 실험을 하도록 하는 것이 도식의 수정이다.

치료자가 선택할 수 있는 세 번째 방법이자 변화를 연속선상에서 개념화할 때 세 번째로 가능한 결과는 '도식의 재해석(schematic reinterpretation)'이다. 도식의 재해석이란 환자로 하여금 자신의 생활양식과 도식들을 보다 기능적인 방식으로 이해하고 재해석할 수 있게 돕는 것을 의미한다. 예컨대, 남들에게서 반드시 사랑과 흠모를 받아야 된다고 믿는 연극성 성격을 지닌 사람은 자신의 믿음에는 역기능적인 측면이 있다는 점을 깨달을 수 있을 것이다. 하지만, 선생님을 끌어안고 입을 맞추는 유치원 아동들을 가르치는 직업을 선택하는 것과 같이, 그 사람은 여전히 남들에게서 사랑과 관심을 받는 것을 만족감의 원천으로 여길 수 있다. 만약 자기애성 성격을 지닌 사람이 어떤 직함(예: 교수, 박사)을 얻음으로써 남들로부터 존경과 우러름을 받기 원한다면, 그 사람은 명성과 관련된 역기능적이고 강박적인 믿음에 이끌리지 않고도 자신의 지위에 대한 욕구를 충족시킬 수 있을 것이다.

23세의 컴퓨터 프로그래머인 메리(Mary, 제1장에서 간략하게 소개하였음)는 수면

곤란과 자살 사고를 지니고 있었고, 그 외에도 '일에 대한 과도한 압박감, 삶을 즐기는 능력의 결여, 거의 모든 과제를 완벽하게 해내려는 태도, 다른 사람들로부터의 전반적인 고립'(Freeman & Leaf, 1989, pp. 405-406) 때문에 치료자를 찾아왔다. 그녀는 직장에서 전혀 만족감을 느끼지 못하고 있었을 뿐만 아니라, 자신이 맡은 일을 항상 제시간에 끝마치지 못했다. 이러한 강박적인 성격 때문에 과거에 학교와 가정에서는 보상을 받았다. 하지만, 그녀의 인생에서 학교와 같은 구조가 없어지고 직장 일에 모든 시간을 할애하게 되자, 메리의 완벽주의는 더 이상 보상을 주지 못했다. 그녀가 학교에 다니던 때에는, 숙제를 끝마치는 데 좀 더 많은 시간이 필요하다고 말하면 선생님들은 그녀를 기다려 주었다. 그것은 메리가 완성해 낸 결과가 기다릴 만한 가치가 있을 정도로 훌륭하다는 것을 그들이 알고 있었기 때문이었다.

메리는 '높은 기준'에 맞추는 것이 매우 중요하다고 생각했다. 치료자가 이처럼 지나치게 활성화된 도식을 변화시키려고 하자 그녀는 강력하게 저항했다. 그녀는 스트레스로부터 벗어나고 싶어 했지만, 자신이 중요하게 여기는 규칙과 기준을 포기하지는 않으려고 했다. 그래서 치료자와 메리는 그녀의 '높은 기준'을 적용해도 무방한 새로운 직업을 찾아보는 방안에 대해 논의했다. 몇몇 직업들을 알아본 뒤, 그녀는 시간에 상관없이 '천천히 그리고 주의 깊게' 일하는 것이 중요한 대학 연구센터에서 일자리를 얻었다. 그녀의 동료들은 메리의 일처리 방식이 자신들이 진행하고 있는 프로젝트의 목적과 잘 부합한다고 생각했다. 이후에도 사회적 상황 및 직업에 대한 규칙을 수정하기 위한 치료를 계속했다.

치료자는 도식들이 변화되면서 불안 수준이 높아질 수 있다는 점을 환자에게 미리 알려주어서 환자가 불안해진다고 해도 크게 동요되지는 않도록 해야 한다. 접수 면접에서 경계선 성격장애의 진단을 받은 한 우울한 환자가 "당신은 왜 불안을 통제하라고 가르치는 거죠? 나는 우울해요. 전혀 불안하지 않단 말이에요."라고 물었다. 그 시점에서, 치료자는 환자에게 불안을 감소시키는 기술을 배울 필요가 있다고 말했다. 불안을 감소시키는 기술은 성공적인 치료를 위해 꼭 필요한 기술이 될 것이다. 제1장에서 소개했던 한 환자는 치료자의 설명에 대해 "나는 안전한

게 좋아요. 네가 왜 그것들을 포기해야 되는지 이해할 수가 없군요."라고 반응하였다. 만약 환자가 불안에 적절히 대처하지 못한다면, 그들은 과거의 역기능적인 패턴으로 되돌아갈 것이고 치료를 중단하게 될 것이다(불안을 어떻게 치료할 것인지에 대한 상세한 논의는 Beck 등(1985)의 문헌 참고).

의사결정하기

치료자들은 종종 성격장애 환자의 '치료실 밖에서의 삶'에 개입하는데, 그 중의 하나가 환자의 의사결정을 돕는 것이다. 성격 문제를 치료하는 동안에는, 환자가 지금껏 미뤄 왔던 중요한 결정을 어떻게 매듭짓는가를 배우는 협력 작업이 필요하다. 우울증이나 불안장애가 현저하게 드러나는 급성의 단계에서, 치료자는 환자의 힘을 이끌어 내서 당면한 문제들에 직면시키는 데 초점을 맞춘다. 이런 문제들은 우울증을 겪는 동안에는 해결할 수 없을 것처럼 여겨졌던 것들이다(또한 이러한 느낌은 우울증의 부산물일 수 있다): '내가 오늘 잠자리에서 일어나야 되나?' '애들을 어떻게 학교에 데려다 주지?' '슈퍼마켓에서 무엇을 사야 되지?' 예컨대, 우울증에 빠져 있던 한 변호사는 사무실에 가서 어떤 사건을 먼저 처리해야 될지를 결정할 수 없었다. 치료자의 도움 없이는 업무의 우선순위를 정할 수도 없었고, 각 사건을 처리하기 위해 무슨 일을 해야 될지를 열거할 수도 없었다. 우울증상은 아주 간단한 일상적인 결정을 내리는 것도 힘들게 만들 수 있다. 따라서 환자의 삶에 오랫동안 영향을 미칠 중요한 결정들(예를 들어, 결혼, 자녀양육, 직업 변화)은 우울증이 경감될 때까지 미뤄 둘 필요가 있다.

급성의 증상들이 가라앉으면, 치료자는 결혼이나 직업과 같은 보다 만성적이고 오랫동안 영향을 미치는 문제들에 초점을 맞춘다. 치료자는 환자를 옴짝달싹 못하게 묶어놓는 것처럼 보이는 결정들(특히 인간관계 영역에서 벌어지는 것)을 다루어야 한다. 직업을 선택하고, 데이트 상대를 고르고, 결혼이나 이혼을 결심하고, 자녀를 갖기로 결정하는 것과 같은 흔한 일상적인 주제와 관련된 선택의 순간에 맞닥뜨릴 때, 어떤 환자들은 마치 마비된 것처럼 아무런 행동도 취하지 못하고, 어떤 환자들은 신중한 고려 없이 충동적으로 결정해버린다. 성격 문제를 다루게 되면, 환자가 현실적인 문제를 해결하고 의사결정을 하는 데도 도움이 된다. 환자의 성격문제로 인해서, 의사결정에 필요한 따져 보고 계산하는 과정이 종종 차단되기도 한다. 회피성 성격을 지닌 사람들과 수동–공격적 성격을 지닌 사람들은 결정을 지연시키면서 꾸물거리는 경향이 있다. 연극성 성격을 지닌 사람들은 좀 더 충동적인 편이다. 강박성 성격을 지닌 사람들은 완벽주의에 사로잡힌다. 의존성 성격을 지닌 사람들은 누군가가 자기 대신에 결정해 주기를 고대한다. 자기애성 성격을 지닌 사람들은 그렇게 결정하면 남들이 자신을 어떻게 볼지에 초점을 맞춘다. 반사회성 성격을 지닌 사람들은 즉각적으로 얻어지는 자신의 이득이 무엇인지에 주목한다.

환자의 성격 문제를 아무런 일도 벌어지지 않는 진공 상태에서 치료할 수는 없다. 환자에게 인지적인 문제가 있다면, '실생활에서 벌어지는 일들'에 대처하는 환자의 능력도 잠식당하기 마련이다. 역으로, 환자가 새로운 대처전략을 배우고 통합해낼 수 있게 도움으로써, 치료자는 성격장애로 인해 드러나는 부적응적인 전략들을 어느 정도 중화시킬 수 있게 된다. 환자가 새롭게 배운 의사결정 전략을 자기 것으로 소화해 내면, 의존적인 사람의 자기신뢰가 증가되며, 회피적인 사람의 결정 능력이 향상되고, 연극적인 사람이 좀 더 심사숙고하게 되며, 강박적인 사람의 융통성이 늘어난다. 즉, 새로운 의사결정 패턴을 학습하게 되면 각 성격장애에서 드러나는 독특한 유형들을 수정할 수 있게 된다.

치료자는 의사결정에 관한 다양한 문헌에 소개되어 있는 실용적인 기법들을 활용할 수 있다. 예를 들면, D'Zurilla와 Goldfried(1971)가 성공적으로 적용한 방법은 문제를 정의하고, 목표를 설정하고, 브레인스토밍을 통해 좋은 의견을 내는 등의 일련의 단계로 구성되어 있다.

둘 중의 하나를 선택해야 하는 상황에서 환자에게 영향을 미치는 비합리적인 의미가 무엇인지를 알아내는 방법은, 각 선택에 어떤 장점과 단점이 있는지를 열거하고 칸을 나누어서 따로 적어 보게 하는 것이다. 치료자의 도움을 받으면서, 환자는 각각의 대안을 선택할 때 어떤 이득과 손해가 뒤따르는지를 열거하고, 각 항목에 가중치를 부여해 볼 수 있다.

예컨대, 강박적으로 의사결정을 하는 경향이 있는 톰(Tom)은 시험을 치르는 것이 힘들고 기대 수준에 도달하지 못할까 봐 두렵다는 이유로 법과대학원을 그만두기로 결정했다. 그는 어떤 일을 할 때마다 강박적으로 하는 버릇이 있어서 매사에 상당한 긴장을 느꼈다. 치료자는 그 결정이 혹시 스트레스에서 벗어나려면 법과대학원을 그만둘 수 밖에 없다는 믿음에서 비롯된 것은 아닌지를 물으면서 톰이 곰곰이 생각해 볼 수 있도록 자극하였다. 객관적인 결정을 내릴 수 있도록 돕기 위하여, 치료자와 톰은 〈표 4-2〉에 제시한 것과 같이 칸을 넷으로 나눈 뒤에 그 칸들을 함께 채워 나갔다. 첫 번째 칸에는 법과대학원을 그만두는 이유 및 머무르는 이유들을 열거했다. 두 번째 칸에는 각각의 이유가 얼마나 중요한지를 평정했다. 세 번째 칸에는 각각의 이유를 반박하는 내용을 적었고, 네 번째 칸에는 각각의 반박 내용이 얼마나 중요한지를 평정했다.

치료자와 함께 목록을 작성한 뒤, 톰은 법과대학원을 그만두는 문제를 좀 더 객관적인 시각으로 바라보게 되었다. 그가 그토록 힘들게 지내는 진짜 이유는 법과대학원 자체보다는 자신의 완벽주의와 강박적인 성격에서 기인한다는 것과 그의 삶 전체를 짓눌렀던 성격 문제를 치료자의 도움을 통해 다룰 수 있다는 것을 깨닫게 되자, 톰은 상당한 안도감을 느꼈다.

의사결정을 하는 것은 그 사람의 성격적으로 민감한 부분을 건드리기 때문에, 어떤 환자에게는 상대적으로 간단할 수 있는 의사결정이 다른 환자에게는 매우 중요할 수 있다는 점을 명심해야 한다. 예컨대, 의존적인 성격을 지닌 아그네스(Agnes)는 친구들을 불러서 저녁파티를 열 것인지를 결정하는 일은 전혀 어려워하지 않았지만, 혼자서 여행을 갈 것인지를 결정하는 일은 몹시 힘들어했다. 반면, 자율적이 성격의 필(Phil)은 얼마든지 혼자서 여행할 수 있었지만, 길을 물어보려고 친구에게 전화를 걸어야 했을 때는 난처해서 어쩔 줄 몰라 했다.

〈표 4-2〉 톰(Tom)의 의사결정 과정

법과대학원을 그만두는 이유	가치	법과대학원을 그만두는 이유에 대한 반박	가치
'지금처럼 지나치게 걱정할 필요가 없어질 것이다.'	60%	'나는 지금 나 자신을 고통스럽게 만드는 완벽주의를 극복하기 위해 치료를 받고 있다.'	40%
'내가 정말로 변호사가 되기를 원하는지 아닌지를 알 수 있을 것이다.'	10%	'그것을 알기 위해 돌이킬 수 없는 결정을 할 필요는 없다. 학교를 계속 다니면서도 결정할 수 있을 것이다.'	30%
'상당한 안도감을 느끼게 될 것이다. 시간을 가지고 잠시 동안 이것저것을 해볼 수 있을 것이다.'	40%	'처음에는 안도감을 느끼겠지만 조금 지나면 정말로 슬퍼질지 모른다.'	30%
법과대학원에 머무르는 이유	**가치**	**법과대학원에 머무르는 이유에 대한 반박**	**가치**
'법과대학원에 오기 위해서 오랫동안 준비했고, 이제 1년 반만 더 보내면 된다.'	40%	없음	–
'나는 실제적인 법률 활동을 좋아하는 것 같다(내가 힘겨워하고 있는 것은 바로 시험이다).'	30%	없음	–
'만약 내가 실제적인 법률 활동을 좋아하지 않는다고 하더라도, 법과대학원은 다른 직업으로 진출하기 위한 좋은 출발점이다(심지어 대학 총장도 될 수 있다).'	30%	없음	–
'지금 배우고 있는 일부 과목들은 나를 매료시키고 있다.'	20%	없음	–
'완벽주의적인 성향이 나의 법률 활동에 긍정적으로 작용할 수도 있을 것이다.'	20%	없음	–

행동적 기법

행동적 기법을 사용하는 목적은 다음의 세 가지다. 첫째, 치료자는 환자의 자기패배적인 행동을 변화시키기 위해서 직접적인 개입을 할 필요가 있다. 둘째, 환자들은 기술이 부족할 수 있으며, 치료에는 반드시 기술습득적인 요소가 포함되어야

한다. 셋째, 환자의 인지를 검증하는 작업을 돕기 위해서 행동 과제를 숙제로 부여
할 수 있다. (비록 모든 기법을 여기서 자세히 설명하지는 않겠지만) 치료적으로 도움
이 되는 행동적 기법에는 다음과 같은 것들이 있다.

(1) 활동 감찰(monitoring) 및 활동 계획 세우기(scheduling): 이미 변화된 것을 확인
하고 장차 변화될 것을 계획함

(2) 성취감(mastery) 및 즐거움(pleasure)을 주는 활동 계획 세우기: 자기효능감을 증
진시키고, 변화되면서 느끼는 (혹은 변화의 결여에 따른) 성취감과 즐거움을
확인함

(3) 행동 시연(behavioral rehearsal), 모델링(modeling), 주장 훈련(assertiveness
training) 및 역할 연기(role playing): 과거의 문제 상황이나 새로운 상황에서 보
다 효과적으로 반응하는 시도를 하기 전에, 환자의 기술을 발달시킴

(4) 이완 훈련(relaxation training) 및 행동적 주의전환(behavioral distraction) 기법:
변화를 시도하는 동안에 환자가 급격히 불안해 할 때 활용함

(5) 실제 노출(in vivo exposure): 환자의 역기능적 도식과 행동들 중에는 일반적
인 치료 장면에서는 (여러 가지 이유로) 논의하기 힘든 것들이 있는데, 이런
문제를 잘 다룰 수 있도록 치료자가 환자와 함께 실제 문제 상황에 참여하여
노출시킴

(6) 점진적 과제 부여(graded task assignment): 환자로 하여금 점진적이고 단계
적인 변화를 체험할 수 있게 하며, 각 단계에서 겪게 되는 어려움을 다룰 수
있고, 각 단계에서 성취감을 느낄 수 있음

주장 훈련이 그러하듯이, 역할 연기는 환자의 기술을 발달시키고 억제 성향을
극복하는 데 도움이 된다. 일반적으로, 강렬한 감정을 불러일으키는 주제를 가지
고 역할 연기를 하면, 환자가 지닌 역기능적인 인지들이 드러나게 된다. 다른 자동
적 사고를 다룰 때와 마찬가지로, 이때 드러나는 인지들도 '훈습' 할 수 있다.

역할 바꾸기(reverse role playing)를 실시할 때, 치료자는 적절한 행동의 본보기

를 시범으로 보여 줄 수 있다. 또한 치료자는 다른 사람들이 가지는 관점을 보다 쉽게 시각화하여 환자에게 전해 줄 수 있다. 역할 바꾸기는 공감 훈련에서 매우 중요한 요소다.

자신의 아버지를 '비판적이고, 비열하고, 통제적인' 사람이라고 생각하면서 그에게 끊임없이 분노를 느끼는 18세 여성이 있었다. 그녀는 "아빠는 내 삶을 조종하려고만 하고, 내가 하는 일은 아무것도 인정해 주지 않아요."라고 토로했다. 역할 연기가 무엇인지를 간단히 설명하고, 최근에 있었던 사건(아버지는 딸이 혹시 마약을 복용하는지 물었고, 딸은 그것 때문에 몹시 화났던 일)을 파악한 뒤, 치료자는 먼저 아버지의 역할을 연기했다. 역할 연기를 하는 도중에, 그녀는 다음과 같은 생각들을 떠올렸다: "아빠는 나를 좋아하지 않아!" "아빠는 내 모든 삶을 조종하려고 해!" "아빠에게는 그럴 권리가 없어!" 이어서, 치료자와 환자가 역할을 바꾸었다. 그녀는 잘 해보려고, 즉 아버지의 관점에서 이 상황을 이해해보려고 열심히 노력했다. 역할 연기를 하는 도중에 눈물을 흘리면서, 그녀는 "아빠가 나한테 정말로 관심이 있고 진심으로 걱정하고 있다는 것을 알겠네요."라고 이야기했다. 그녀는 그동안 자신의 관점에만 갇혀서 아버지의 입장에서는 전혀 생각할 수가 없었던 것이다.

아동기 경험을 다시 체험하기

우울이나 불안과 같은 급성 증상을 치료할 때는 환자의 아동기 경험을 비중 있게 다루지 않지만, 만성적인 성격장애를 치료할 때는 환자의 아동기 경험을 다루는 것이 매우 중요하다. 어렸을 적의 경험을 다루면, 부적응적인 패턴이 생겨난 근본적인 이유를 이해하는 데 도움이 되는 실마리를 얻게 되며, 관점이 확장되고 객관성이 증진된다. 예컨대, 자신이 지니고 있는 믿음이 비합리적이고 역기능적인 것임을 시사하는 많은 증거들이 있음에도 불구하고 끊임없이 스스로를 비난하던 한 환자는, 어렸을 적에 비판당했던 경험을 다시 체험하면서 비로소 자기비난을 줄일 수 있었나. "지금 내가 나를 비난하는 이유는 그렇게 하는 게 옳기 때문이 아니라, 엄마가 항상 나를 비난했기 때문이에요. 나는 엄마의 비난을 물려받은 거죠."

역할 연기와 역할 바꾸기를 통해 과거에 중요했던 인물과의 핵심적인 상호 작용을 재연하면, 환자는 강렬한 감정을 느끼게 되고, 핵심 도식 혹은 핵심 믿음이 변화된다. 환자가 성장과정에 경험했던 '병인적(pathogenic)'인 상황들을 치료 장면에서 다시 만들어 내면, 그 시기에 형성된 태도들을 재구성할 수 있는 기회를 얻게 된다. 이런 사례들은 '전투신경증(combat neurosis)'과 비슷하다. 환자가 가진 강력한 믿음을 변화시키기 위해서는 정서적 정화(catharsis)를 체험할 필요가 있다 (Beck et al., 1985).

과거의 인물을 연기함으로써, 환자는 '나쁜' 부모(혹은 '나쁜' 형제자매)를 보다 우호적으로 지각하게 된다. 환자는 자신에게 끔찍한 상처를 준 부모를 공감하고 측은하게 여기기 시작한다. 환자는 자신이 과거에도 '나쁜' 존재가 아니었고 지금도 '나쁜' 존재가 아니라는 것을 인식하게 되며, 부모가 속이 상해서 환자에게 분노를 퍼부었기 때문에 자신이 나쁜 존재라는 고정된 이미지를 발달시키게 된 것임을 알게 된다. 또한 환자는 자신의 부모가 경직되고 비현실적인 기준을 임의적으로 적용했다는 점도 알게 된다. 결과적으로, 환자의 자신에 대한 태도가 유연해지게 된다.

환자는 과거에 부모가 했던 행동을 그럴 수도 있었던 것이라고 이해하게 되며, 그가 자신을 바라보는 견해는 논리나 이성에 근거하여 만들어진 것이 아니라 부모의 비합리적인 반응에 의해 만들어진 것임을 인식하게 된다. 예를 들면, 부모가 "너는 무가치한 녀석이야."라고 말했을 때, 이 말이 환자에게는 타당한 것으로 받아들여졌고 그의 믿음 체계에 통합되었던 것이다. 심지어, 환자는 그 말이 실제로는 정당하지 않다고 생각했더라도 그렇게 받아들인 것이다. 어릴 때의 구체적인 경험을 '다시 체험'하는 것이 치료에 도움이 된다는 논리는 상태-의존적 학습 (state-dependent learning)이라는 일반적인 개념과도 부합한다. 아동기 경험에 의해 형성된 도식의 타당성을 '현실 검증'하기 위해서는, 이런 믿음을 표면으로 끌어내어 환자가 알아차릴 수 있도록 해야 한다. 과거의 경험을 다시 체험하면 환자의 중심적인 구조(즉, 핵심 도식)가 겉으로 드러나게 되며, 그 구조에 좀 더 쉽게 접근할 수 있게 된다. 즉, 환자가 그 구조를 수정할 수 있게 되는 것이다.

심상의 활용

불안장애 환자를 치료할 때 심상을 활용하는 방법에 대해서는 다른 문헌(Beck et al., 1985)에서 자세하게 기술했다. 성격장애 환자를 치료할 때도 동일한 방법들을 활용할 수 있다. 즉, 심상을 활용하여 환자로 하여금 과거의 외상적인 사건을 '다시 체험' 하게 하고, 외상적인 경험 및 그 경험으로부터 비롯된 태도를 재구성하게 할 수 있다.

심상을 활용하는 작업이 필요한 이유에 대해서 몇 가지 생각해 보자. 예컨대, 외상적인 사건을 단순히 말로 표현하게 하면 환자는 자신이 왜 부정적인 자기상을 갖게 되었는지를 지적으로 통찰할 수는 있지만, 그 자기상이 실질적으로 변화되지는 않는다. 환자의 자기상을 수정하기 위해서는, 그것이 형성된 시기로 되돌아가서 그때의 상황을 다시 체험하게 해야 한다. 과거의 상호작용 양상을 현재의 삶으로 끌어오게 되면, 강렬한 감정이 동반된 환자의 왜곡된 구성이 활성화되며 인지적 재구성이 가능해진다.

12회기의 치료를 통해 공황장애를 성공적으로 극복한 여성 환자(28세, 미혼)가 있었다. 하지만 그녀의 공황증상은 회피성 성격장애의 일환이었다. 공황장애가 진정된 뒤, 그녀는 성격장애를 다루기 위해 좀 더 치료를 받고 싶어 했다.

그녀는 회피성 성격장애 환자에게서 전형적으로 관찰되는 과거 경험을 지니고 있었다. 그녀는 결혼하고 싶은 마음이 간절했지만, 사회적인 상황을 회피하려고 했고, 결과적으로 다른 사람들과 거의 접촉하지 못했다. 더욱이, 그녀는 지금껏 종사했던 다양한 직업들에 걸맞지 않을 정도로 충분한 교육을 받고 자격을 갖춘 사람이었지만, 더 많은 책임을 떠맡아야 하는 직업은 선택하지 않으려고 했다.

초반의 몇 회기 동안, 치료자는 성격 문제를 다루는 표준적인 인지치료를 실시했다. 치료자가 부여했던 과제를 마무리하지 못한 채 찾아왔던 어느 날, 그녀는 과제를 마무리하지 못한 것 때문에 몹시 속상하다고 이야기했다. 치료자는 그런 느낌이 어디에서 느껴지는지를 물어보았다. 그녀는 '위장' 근처에서 느껴진다고 대답했다. 또한 치료자는 그녀를 속상하게 만드는 것과 관련된 어떤 심상이 떠오르는지를 물었다. 그러자 그녀는 다음과 같은 이야기를 했다. "치료실에 들어오고 있는 내가 보여요. 선생님이 실제보다 더 커 보여요. 선생님은 나를 비난하고 업신여기고 있어요. 선생님은 위대한 권위자 같아요."

그 뒤, 치료자는 과거에도 이런 일이 있었는지를 물어보았다. 그녀는 어린 시절에 어머니와 불쾌하게 마주쳤을 때 여러 번 그런 일을 경험했다고 대답했다. 그녀의 어머니는 술을 지나치게 많이 마셨고, 술을 마셨을 때는 그녀에게 자주 짜증을 부렸다. 한 번은 그녀가 학교에서 일찍 돌아온 적이 있었는데, 그때 어머니는 단잠을 깨웠다면서 호되게 야단을 치며 그녀를 비난했다.

치료자는 그 경험을 심상으로 떠올려보라고 요청했다. 그러자, 환자는 다음과 같은 심상을 떠올렸다. "내가 집에 돌아와서 초인종을 눌렀어요. 엄마가 문으로 나왔어요. 엄마가 나를 쳐다봤어요. 엄마가 실제보다 더 커 보였어요. 엄마는 나를 내려다보았고, 단잠을 깨웠다고 소리를 질렀어요. 엄마는 '네가 감히 잠자고 있는 나를 깨워?' 라고 말했어요. 엄마는 내가 나쁜 아이고 잘못을 저질렀다고 했어요."

환자는 이러한 경험(그리고 이와 유사한 다른 경험들)으로부터 다음과 같은 내용을 이끌어 냈다. '나는 나쁜 아이다' '엄마를 화나게 했기 때문에, 내가 잘못했다.'

치료자는 어머니의 행동을 달리 설명해 보게 하려고 노력했다. 즉, 자신이 나쁜 아이라는 설명이 아닌 대안적인 설명을 유도했다. 환자는 어머니가 술을 너무 많이 마셨고, 짜증을 많이 부렸으며, 통제력을 상실한 채 쉽게 화를 냈다고 자발적으로 이야기했다. 하지만, 환자는 어머니가 그렇게 행동한 것은 자기 때문이라는 생각으로부터 벗어나지는 못했다.

이런 강렬한 기억을 다루면서, 치료자는 환자의 '성인 부분(adult part)'에 집중하려고 노력했다. 치료자는 만약 그 심상 속의 아이가 성인다운 성숙함과 기술을 다 가지고 있었다면 어머니에게 어떤 식으로 적절하게 반응할 수 있었는지를 시범을 통해서 본보기로 보여 주었다. 치료자가 어머니의 역할을 하는 동안, 환자는 치료자가 시범 보였던 반응을 연습했다. 연습을 거듭할 때마다 불확실한 부분이 조금씩 줄어들었고, 마침내 그녀는 어느 정도 확신을 가지고 다음과 같이 이야기할 수 있었다. "그건 내 잘못이 아네요. 엄마는 말도 안 되는 이야기를 하고 있고, 합당한 이유도 없이 나를 괴롭히고 있는 거예요. 나는 아무것도 잘못한 게 없어요."

환자는 심상 속에서 그때의 상황을 다시 체험해 보려고 노력했고, 다시 초인종을 눌렀다. 하지만 이번에는, 움츠러들고 무력감을 느끼는 대신에, 앞서 소개했던 대답을 (심상 속에서) 어머니에게 당당하게 이야기할 수 있었다.

역할 연기, 심상 유도 및 믿음에 대한 평가와 검증을 통한 '훈습'은 1년이 넘도록 이루어졌다. 이런 과정을 통해서, 환자가 자신의 믿음을 확신하는 정도가 실질적으로 변화되었다. 이와 동시에, 그녀의 증상도 현저하게 완화되었다. 그녀의 자기비난은 이전보다 훨씬 줄어들었으며, 결국에는 교육 수준이나 자격에 걸맞지 않았던 이전 직장을 그만두고 그녀에게 합당한 보다 높은 직책을 얻을 수 있었다.

처가에서 운영하는 회사에서 일하던 회피성 성격장애를 지닌 남성 환자에게도 심상 작업이 성공적으로 적용되었다. 환자는 장인이 맡긴 일에 전념하지 않았고, 그의 장인은 그 문제로 환자에게 짜증을 부렸으며, 환자는 그것 때문에 고통스러워했다. 환자는 치료자에게 다음과 같이 이야기했다. "장인 양반(동시에 그가 다니는 회사의 사장)은 나를 좋아하지 않아요. 나는 그가 나를 비난할 것이라는 걸 알아요. 그래서 나는 맡겨진 일을 하지 않아요. 그가 나를 비난할까봐 항상 두려워요." 치료자는 장인과 마지막으로 만났을 때를 심상으로 떠올려보라고 요청했고, 그 상황을 자세히 묘사하게 했다. 환자는 장인이 매우 격하게 이야기하는 장면을 그려 냈다. "자네한테 아주 실망했어. 자네가 저질러놓은 골칫거리들이 자네 눈에는 안 보이나?" 이 장면에서 환자가 느낀 감정들(수치스럽고, 슬프고, 도망치고 싶은 소망)은 학교 성적이 부진하다는 이유로 그의 어머니가 자신을 비난했던 어린 시절에 경험했던 감정들과 똑같았다. 어렸을 적에, 그의 학교 공부를 도와준 사람은 아무도 없었다. 하지만 성적이 부진할 때마다 그의 어머니는 다음과 같이 이야기했다.

"이렇게 공부를 못하는 애는 너밖에 없어. 지금 내가 학교로 가서 선생님을 좀 만나야 되겠다."

환자는 과거와 현재를 구분할 수 있었다. 즉, 비록 그가 과거에 어머니에게 반응했던 것과 똑같이 현재의 장인에게도 반응하고 있지만, 어머니와 장인은 분명히 서로 다른 사람이며, 그도 더 이상은 어린 아이가 아니라는 것을 체험적인 수준에서 '인식할' 수 있었다. 만약 치료자가 환자에게 현재의 경험과 과거의 경험을 단순히 비교하도록 시켰거나 혹은 어머니에게 했던 반응과 장인에게 했던 반응을 단순히 언어적으로만 비교하게 했다면, 아마도 환자는 이 정도 수준의 '정서적 통찰(emotional insight)'을 얻지 못했을 것이다.

앞으로 각각의 특정한 성격장애들을 다루는 과정에서, 이 장에서 소개한 전략들을 더욱 자세하게 설명할 것이다.

제**5**장
성격장애 환자와의 치료 관계

대인관계 영역으로의 확장

성격장애 환자를 치료할 때는 불안이나 우울과 같은 급성(축 I) 장애 환자를 치료할 때보다 치료 관계에 더 많은 주의를 기울여야 한다. 축 I 장애 환자의 병전 성격은 대개 안정적이고 적응적인 편이다. 성격장애에 비해서 조금은 덜 복잡하게 얽힌 급성 장애를 다룰 때, 치료자는 일반적으로 환자가 가지는 고통스러운 증상을 경감시키는 데 도움이 되는 절차들을 잘 알고 있는 권위자의 역할을 취한다. 대개의 환자들은 치료자가 제시하고 유도하는 것을 수용하고 받아들이며, 치료자의 권위에 지나치게 저항하지 않는다. 그들은 비교적 수월하게 치료자를 신뢰하며, 치료자가 자신을 수용하는지 아니면 거절하는지에 대해서 강한 의문을 품거나 심하게 걱정하지 않는다. 치료자의 도움을 통해서, 환자들은 자신에게도 부분적인 책임이 있다는 것을 이해하며, 호전되기 위해서 적절하게 노력한다. 자신이 나아질 것이라고 기대하고 또한 상태가 빠르게 호전되는 것을 인식하면서, 환자들은 전문적인 도움을 제공하는 치료자를 따뜻하고 고마운 사람이라고 여긴다. 이러한 상호작용 양상은 치료자와 환자 모두가 순기능적으로 기대하고 있으며 적절한 기술을 지니고 있다는 것을 반영한다. 또한 치료 관계를 형성하고 유지하기 위해서 명시적으로 어떤 계획을 세우거나 서로 논의할 필요가 상대적으로 적은 편이다.

그러나 더 지속적이고 광범위한 문제를 보이는 성격장애 환자를 대할 때는, 치료자의 역할이 미묘하게 달라진다. 치료자가 유도하는 방향을 환자가 잘 수용할 수 있도록 돕기 위해서, 그리고 환자가 나아지지 못하도록 가로막는 방해물이 무엇인지 이해하기 위해서는 더욱 세심한 노력이 필요하다. 치료자는 환자의 전체적인 삶(자녀, 배우자, 직업, 개인력, 흥미)을 깊이 이해하는 작업에 치료 시간의 상당 부분을 할애한다. 치료자가 합리적인 범위 내에서 이런 식으로 노력할 때, 치료자는 우호적인 조언자의 역할을 할 수 있게 된다. 사실상 치료자가 하는 역할의 대부분은, 자신의 인생 경험으로부터 자료를 이끌어 내고 타인의 인생 경험을 면밀히 관찰한 것을 기초로 하여 환자에게 그가 맺고 있는 인간 관계의 특징을 가르칠 뿐만 아니라 환자의 문제를 해결할 수 있는 방책을 제시하는 것이다. 특히 성격의 결함이나 부정적인 경험들로 인해서 기본적인 기술을 습득하거나 확립하지 못하고, 자기통제력과 스트레스 감내력을 발휘하지 못하며, 다른 사람들과 안정적인 관계를 맺지 못하는 경계선 성격장애 환자를 치료할 때, 이러한 교육과 기술 훈련 과정이 매우 중요하다.

이상적인 경우, 치료과정에서 치료자는 환자의 역할 모델(role model)이 된다. 즉, 친밀한 관계에 있는 사람들을 배려하고, 슬기롭게 대하고, 감사하고, 이해하는 치료자의 모습을 환자가 본받게 되는 것이다. 치료자의 모습을 관찰하면서, 스트레스 상황에서 침착하고 편안하게 행동하는 방법, 실망하더라도 과도한 반응을 보이지 않는 방법, 말하거나 행동하기에 앞서 생각하는 방법 등을 배웠다고 이야기하는 환자들이 많다. 드문 경우이기는 하지만, 너무 과도하게 본받아서 치료자의 전체 인격을 자신의 것으로 합병해 버리는 환자들도 있는데, 이런 문제는 인지적인 방법으로 다룰 수 있다. 예를 들어, 치료자는 환자가 자신의 고유한 정체성을 버린 이유를 탐색해 볼 수 있다.

하지만 이렇게 우호적인 치료 관계를 형성하고 유지하는 것은 상당히 어려운 일이며, 종종 감정적으로 감당하기 힘든 경우들이 있다. 치료자는 자신과 환자 사이에서 벌어지는 상호작용 양상을 개념적으로 이해하고 다루는 데 상당한 에너지를 쏟는다. 왜냐하면, 정신병리의 대인관계 양상은 전형적으로 치료 회기 내에서 혹은 치료 회기 사이에서 특징적으로 드러나기 때문이다. 치료자는 자신이 어느 정도의 노력을 기울여야 하는지, 환자에게 즉각적으로 반응하는 것이 적절한지, 대인관계 영역에서 어떤 문제를 집중적으로 다룰 것인지 등에 대해서 예상하고, 환자가 협조하지 않거나 호전을 보이지 않는 이유를 찾아내는 작업을 하게 되는데, 성격장애 환자를 치료할 때는 이런 모든 부분에서 조정이 필요하다.

환자의 삶에서 중요한 위치를 차지하는 사람들과 치료자가 접촉하는 것도 상당히 도움이 된다. 왜냐하면, 환자가 겪는 어려움에 대한 정보를 더 많이 얻을 수 있고 환자의 대인관계 문제를 직접적으로 다룰 수 있기 때문이다. 특히 군집 B 성격장애와 같은 몇몇 축 II 장애의 경우에는, 중요한 타인들이 더 큰 고통을 겪고 있을 수 있으며 치료에 대한 동기도 높은 편이다. 환자가 성인일 때는, 중요한 타인들과 함께 치료받으러 오라고 환자에게 권유하는 것이 가장 건설적인 방법이며, 그렇게 해야 비밀 보장의 문제를 조화롭게 유지할 수 있다. 이런 공동 회기를 통해서 치료자는 보다 구체적인 문제를 다룰 수 있고, 더 많은 정보를 얻을 수 있다. 환자가 청소년일 때에도 비슷한 방식으로 접근하는 것이 좋은데, 십대 청소년의 성장해 가는 자율성을 지지하면서도 부모와 정보를 공유할 수 있고, 환자와 치료적 라포를 유지할 수 있기 때문이다.

비록 성격장애 환자를 치료할 때는 치료자의 역할이 다소 변화될 수 있다고 하더라도, 기본적인 경계는 항상 유지되어야 한다. 치료자는 환자를 보호하기 위한 한계가 적절히 유지되도록 객관적이고 책임있는 자세를 보여 주어야 하며, 특히 환자가 기술이 부족하기 때문에 문제를 겪게 되거나 혹은 환자의 그릇된 믿음이 심하게 활성화될 때에는 더욱 그렇게 해야 한다(Newman, 1997). 다른 전문적인 심리치료에서와 마찬가지로, 치료자와 환자가 이중 관계를 맺는 일이나 성적으로 연루되는 일은 명백하게 금지되어 있다(American Psychological Association, 2002; Koocher & Keith-Spiegel, 1998).

비협력

환자가 치료자에게 협력하지 않는 비협력(noncollaboration)의 문제는 어떤 환자들과의 작업에서도 일어날 수 있는 일이다. 하지만, 만성적이고 광범위한 문제를 드러내는 성격장애의 특성상, 축 I 장애 환자들보다는 축 II 장애 환자들이 비협력적이고 비순응적인 모습을 보일 가능성이 더 크다. 인지적인 개념화를 과거의 전통적인 견해와 구별하기 위해서, 우리는 예상되는 무의식적인 반응을 의미하는 '저항(resistance)'이라는 용어 대신에 '비협력(noncollaboration)' 및 '비순응(noncompliance)'이라는 용어를 사용하고 있다. 행동주의적인 접근을 지향하는 여러 편의 저작들에서도 이것을 중요한 주제로 다루어 왔다(A. Ellis, 1985; Shelton & Levy, 1981; Wachtel, 1982).

환자가 지니는 변화에 대한 도식과 자신 및 타인에 대한 견해는 아주 극단적으로 과장된 것일 수 있으며, 이렇게 과장된 견해는 다양한 방식으로 표출될 수 있다. 환자의 비협력은 서로가 합의한 계획을 따르지 않는 것과 같은 직접적인 행동(예: 약속시간에 오지 않거나 연기하기)으로 드러날 수도 있으며, 혹은 치료 시간에 중요한 내용을 보고하지 않고 빠뜨리는 것과 같은 미묘한 행동으로 드러날 수도 있다. 환자의 자기효능감이 낮은 경우에 생겨나는 수동적인 비협력은 부정적이고 개인적인 의미 부여 때문에 발생하는 적극적인 회피와는 다를 수 있다(Davis & Hollon, 1999). 환자가 비협력적인 모습을 보일 때 가장 흔하게 나타나는 주제는 치료자에 대한 불신, 비현실적인 기대, 개인적인 수치심, 타인(사람일 수도 있고 기관일 수도 있음)에 대한 비난과 불평, 자신과 타인에 대한 비하, 거절과 실패에 대한 공포 등이다.

때로는 치료자를 괴롭히거나, 정서적으로 학대하거나, 신체적으로 학대할 가능성을 드러내는 것과 같은 극단적인 형태의 비협력 행동을 보이는 환자들도 있다. 이런 경우, 치료자는 환자가 극단적인 행동을 보이는 이유가 무엇인지 개념화하는 동시에, 그런 극단적인 행동은 치료에 방해가 되는 치료-방해 과정이라고 명명하고, 치료를 계속하기 위해서는 이런 행동을 용납할 수 없다는 점을 분명하게 밝힌 다(Newman, 1997 참조). 환자가 극단적인 행동을 보일 때는 동료 치료자들에게 자 문을 구하는 것이 도움이 된다. 이를 통해서 환자의 비순응을 개념화하고 생산적 인 방향으로 치료를 이끌어갈 수 있는 효율적인 전략을 만들 수 있고, 동료들로부 터 정서적인 지지를 받을 수 있으며, 치료자 자신을 적절히 보호할 수 있다.

환자가 비순응적인 행동을 보이는 데는 그가 '변화하고 싶지 않거나' 혹은 '심 리내적인 구조들 사이에 갈등이 발생했기' 때문인 것 외에도 여러 가지 다른 이유 가 있을 수 있다. 이런 이유들은 서로 조합된 방식으로 혹은 순차적인 방식으로 드 러나며, 또한 환자의 생활환경에 변화가 생기거나 치료에서 진전을 보이면 그 양 상도 달라진다. 치료적인 협력을 방해하는 환자의 믿음을 치료자가 어떻게 다루느 냐에 따라서도 비순응적인 행동의 강도는 상대적으로 달라질 수 있다.

비협력에 대한 개념적 이해

우리는 환자가 비협력적인 모습을 보이는 다양한 이유를 기술, 믿음, 상황 조건 등의 용어로 개념화할 수 있다. 비협력의 이유를 정확하게 개념화하게 되면, 특정 한 이유를 겨냥한 적절한 수정 계획을 수립할 수 있고, 인지 모델에서 구사하는 기 법을 통해 비협력의 문제를 다룰 수 있다. 여기서는 한 번에 한 가지씩의 이유를 기 술하지만, 한 환자에게 다양한 이유들이 복합적으로 작용할 수 있다.

다음과 같은 일련의 질문들이 치료자가 비협력의 이유를 탐색하는 데 도움이 될 것이다. 첫째, 어떤 기술의 결함이 비협력의 문제를 야기하는가? 그것은 치료자의 결함인가, 환자의 결함인가? 둘째, 협력을 방해하는 어떤 믿음이 있는가? 그것은 치료자의 믿음인가, 환자의 믿음인가? 셋째, 진전을 방해하는 어떤 상황적 조건이 나 수반되는 문제가 있는가? 넷째, 이런 문제들이 어떤 방식으로 서로 혼입될 수 있는가? 마지막으로, 이 문제를 해결하기 위해 어떤 일을 할 수 있는가?

1. 환자의 협력하는 기술이 부족할 수 있다. 기술이 부족한 환자는 치료자와 효율적으로 작업하지 못할 수 있다. 많은 경우, 치료 방법을 잘 따르지 못하는 환자들은 삶의 다른 영역에서도 특별한 어려움을 겪는다. 이것은 환자가 기술을 충분히 발달시키지 못했기 때문이다. 비록 그가 어떤 영역에서는 적절한 기술을 발휘하여 문제를 해결할 수 있더라도, 보다 복잡한 과제를 해결하기 위한 기술은 충분히 발달시키지 못했을 수 있다. 예컨대, 축 II 장애 환자들은 학습에 필요한 기술이나 지적인 기술은 잘 발달시켰지만 실제적인 삶에 필요한 기술이나 사회적 기술은 부족하다. 치료자는 특정한 기술을 계발하기 위해서 과제를 잘게 분할할 필요가 있고, 환자가 치료과정 및 일상생활에서 협력하고 진전을 보이는 데 도움이 되는 구체적인 행동들을 가르치고 연습시켜야 한다.

임상 사례　회피성 성격장애를 지닌 39세의 변호사 앨런(Alan)은 이혼한 상태에서 심리치료를 시작했다. 그는 앞으로는 결코 다른 여자를 만나지 못할 것이고 항상 상처를 받게 될 것이라고 생각했으며, 삶이 무가치하다고 느꼈다. 그는 상처를 극복하고 사람들과 어울리고 싶었지만, 현실적으로는 해낼 수 없을 것이라고 여겼다. 그는 "이건 내가 아니야."라는 말을 끊임없이 반복했다. 몇 회기에 걸쳐서, 치료자는 동료한테서 소개받은 여자에게 전화를 걸어 데이트를 신청하라는 과제를 내주었다. 여덟 번째 회기에서 치료자는 전화를 거는 게 왜 그렇게 어려운지를 물었는데, 앨런은 지금까지 전화로 여자에게 데이트를 신청해본 적이 한 번도 없다고 대답했다. 치료자는 역할 연기를 통해서 여자에게 전화 거는 연습을 해보자고 제안했고, 이 과정에서 앨런이 여자에게 무슨 말을 해야 될지 전혀 모른다는 것을 발견할 수 있었다. 몇 가지 방법들을 연습한 뒤, 앨런은 여자에게 전화를 걸고 데이트 약속을 받을 수 있었다.

　성격적으로 회피하는 특성과 아울러 충분한 경험도 없었기 때문에, 앨런은 과제를 충실히 따를 수가 없었다. 만약 치료자가 이것을 발견하지 못했다면, 아마도 앨런은 영영 치료 절차를 따르지 못했을 것이다. 만약 치료에서 실패했다면, 그는 이것을 자신의 절망적인 믿음, 즉 다시는 여자를 사귈 수 없다는 믿음을 지지하는 증거로 해석했을 것이다.

2. 치료자의 협력하는 기술이 부족할 수 있다. 우리가 환자들의 개인차를 인식하는

것처럼, 우리는 치료자들에게도 기술의 차이가 있다는 것을 인정해야 한다. 어떤 치료자는 특정한 문제(예: 충격적인 외상 환자)나 특정한 계층의 사람(예: 노인 환자)을 치료해 본 경험이 부족해서 혹은 문제의 심각도(예: 심하게 손상된 환자)에 따른 경험이 부족해서 적절한 치료 기술을 지니지 못했을 수 있다. 어떤 기관이나 병원에서 근무하는 치료자들은 특정한 사례나 문제에 대해서 비교적 쉽게 자문과 슈퍼비전을 받을 수 있다. 하지만 자문을 받기가 어려운 경우들도 많이 있다. 만약 치료자가 환자의 문제를 효과적으로 다룰 만한 기술을 충분히 지니고 있지 못하다면, 환자를 다른 치료자에게 의뢰하는 것이 윤리적으로 옳은 일이다. 하지만 의뢰할 수 있는 다른 치료자가 여의치 않다면, 추가적인 수련을 통해서 치료자 자신의 기술을 향상시켜야 할 의무가 있다. 어떤 수련 경력이나 이론적인 배경을 지니고 있든지 간에, 모든 치료자는 자신의 전문적인 성장을 도모하기 위해서 박사후 과정, 세미나, 워크샵, 연구회, 자율학습 등을 통해서 지속적으로 교육을 받아야 한다.

임상 사례 심리학 박사후 과정 중인 모린(Maureen)은 18세의 여대생 환자를 의뢰받았는데, 그 여대생은 심리적인 이유로 소변을 보지 못하는 심인성 요폐(urinary retention) 증상을 동반한 강박성 성격장애를 지니고 있었다. 그 여대생은 대학 기숙사에서 생활하면서 공동 화장실을 사용하고 있었기 때문에, 요폐 증상은 신체적으로 고통스러웠을 뿐만 아니라 사회적인 문제를 일으켰다. 치료자인 모린이 요폐 증상에 대한 경험이 없었기 때문에, 그녀는 슈퍼비전 시간에 이 문제를 의논하였다. 하지만 슈퍼바이저 역시 여성의 요폐 증상을 다룬 경험이 부족했다. 이 문제에 대한 경험이 있는 다른 치료자를 주변에서 쉽게 찾을 수가 없었기에, 두 사람은 요폐 증상의 치료에 대한 자료를 얻기 위해 각지에서 활동하고 있는 동료들에게 도움을 청했다. 이와 더불어, 모린은 더 많은 정보를 얻기 위해서 여러 문헌들을 조사했다.

이렇게 특수한 상황이었기에, 치료자는 환자를 효과적으로 도울 수 있는 전략과 개입방법을 익힐 필요가 있었다. 모린은 여성 해부학, 운동요법, 근육통제 등에 대해서 공부하였고 케겔(Kegel) 훈련을 소개한 자료집에서 이 문제에 대한 해결책을 찾아낼 수 있었다. 환자는 치료자로부터 케겔 훈련을 배웠고, 수차례의 연습을 통해서 자신의 방광을 통제하는 능력을 증진시킬 수 있었다. 치료자는 행동 치료와 더불어 인지적인 작업을 병행하였으며, 공중 화장실에서 용변을 보는 것에 대한 환자의 역기능직인 생각을 확인하고 다룰 수 있었다. 또한 청결, 도덕, 완벽주의와 관련된 환자의 도식을 수정하는 작업도 이루어졌다.

3. 환자의 문화적 배경이 미치는 영향을 치료자가 과소평가할 수 있다. 성격장애라고 진단하기 위해서는, 환자의 문제 행동이나 내적 경험이 그가 속한 문화에서 기대되는 것에서부터 현저하게 일탈된 것이어야 한다(American Psychiatric Association, 2000). 이때 중요한 점은 치료자가 속한 문화가 아니라 환자가 속한 문화를 기준으로 한다는 것이다. 환자가 처한 상황의 기능성이나 역기능성에 대한 가설을 수립할 때에는, 혹시라도 치료자가 자기 문화 중심적으로 편향되게 바라보지는 않았는지를 검토해야 한다. 그렇게 하지 않으면, 치료자가 적당하지 못한 치료 목표를 세우거나 환자의 정신병리를 과도하게 부풀릴 수 있으며, 환자는 이해받지 못하거나 존중받지 못한다고 느낄 수 있다.

> **임상 사례** 인도 출신의 아시아계 대학원생인 비디야(Vidya)는 중요한 졸업시험을 앞두고 시험에 대한 불안을 느껴서 치료자를 찾아왔다. 그녀는 학위를 취득한 뒤 고향으로 돌아가서 부모가 짝지어준 남자와 결혼할 계획을 지니고 있었다. 치료자가 그녀의 문제를 의존성 성격장애라고 개념화했을 때, 비디야는 당황스러워하면서 힘들어했다. 그녀는 자기주장 능력을 증진시키고 가족으로부터 독립할 필요가 있다고 제안하는 치료자의 의견에 동의할 수 없었다.

4. 중요한 타인들이 지니고 있는 믿음이 환자가 변화되는 것을 방해하거나 환자의 역기능적인 행동을 강화할 수 있다. 환자가 삶 속에서 마주치는 사람들이나 사건들이 그의 역기능적인 도식 및 이와 연관된 역기능적인 행동을 유지시키기도 한다. 중요한 타인들의 믿음이 환자가 심리치료를 받는 것을 미묘하게 혹은 분명하게 가로막는 경우도 있다. 심리치료를 받는 것을 불명예스러운 일로 낙인찍는 것, 심리치료를 통해서 예상되는 변화를 불편하게 여기는 것, 긍정적인 정서를 죄스럽고 부당하고 위험한 것으로 왜곡하는 것, 부정적인 정서를 숭고하고 정의로운 것으로 왜곡하는 것 등이 환자의 치료를 방해하

는 믿음들이다. 중요한 타인들은 "변하지 말라."라는 메시지를 명시적 혹은 묵시적으로 환자에게 전달하기도 한다. 명시적인 경우에, 그들은 은밀한 '가족의 문제를 낯선 사람에게 드러낸다'는 이유로 환자를 신체적으로 공격하거나 괴롭히고, '사이코' 혹은 '정신나간 녀석'이라고 부르면서 언어적으로 학대하며, '쓸데없이 허튼 일'에 시간과 돈을 낭비한다고 윽박지르기도 한다. 묵시적인 경우에, 그들은 환자를 홀로 외롭게 내버려 두고, 관심이나 애정을 거두어 버리며, 심술궂게 행동해서 환자를 고통스럽게 만드는 방식으로 메시지를 전달하기도 한다. 마음이 편해지려고 노력하는 것은 위험하고 부적절하다는 중요한 타인들의 믿음은, 심지어 환자가 그들과 접촉하는 일이 그리 많지 않거나 더 이상 그들과 마주치지 않아도 되는 경우에도 지속되며, 환자가 더 나아지려는 노력을 할 때마다 강한 불안을 불러일으킨다. 중요한 타인들과의 경험을 통해서, 환자는 자신이 마음을 편하게 가지려고 노력하면 반드시 그들로부터 조롱이나 거절을 당하게 되고 좋지 않은 일을 겪게 될 것이라고 결론짓게 되며, 자신이 그런 위험을 자초했다고 여기며 더 악화될 수 있다.

임상 사례 부모와 함께 살고 있는 30세의 미혼 남성인 보브(Bob)는 대학을 졸업한 뒤 대기업의 고객 서비스 관리자로 일하고 있었다. 그는 혼자 독립해서 살기에 충분한 연봉을 받았지만, 그의 부모는 아들과 함께 살기를 원했다. 그의 부모는 보브가 혼자 나가서 살게 되면 체중 관리를 제대로 못할까 봐 염려했고, 예전처럼 140kg이 넘을 정도로 다시 비만해질 것을 우려했다. 심리치료를 받고 체중관리 모임에 참여하면서 지금은 100kg 정도의 체중을 유지하고 있지만, 보브의 부모는 명시적 및 묵시적으로 그에 대한 걱정을 계속했다. 그의 어머니는 혹시라도 심리치료를 받으면서 아들이 독립해서 따로 살겠다는 비현실적이고 위험한 생각을 갖게 되지 않을까 염려했고, 보브는 이것 때문에 상처를 받았다. 그의 부모는 자신들이 구조적으로 도와주지 않으면 아들이 체중 관리에 실패할 것이라고 믿고 있었고, 보브는 부모가 그렇게 믿고 있다는 것을 알고 적잖이 놀랐다. 그는 자신이 독립하게 되면 부모님이 서운해하실까 봐 감히 엄두를 못 냈으며, 혼자서 체중 관리를 잘 할 수 있을지에 대해서도 회의적이었다. 그는 부모님의 걱정을 덜어 드리려고 계속 그들과 함께 지냈으며, 여전히 그들에게 의존한 채 어린 아이의 노릇을 지속했고, 음식에 대한 자제력을 잃을까 봐 두려워서 그들로부터 독립하지 못하고 있었다. 자신의 부모가 그랬던 것처럼, 그는 어떤 일에 저절히 대처하기 위해서는 그 일에 대해 걱정할 필요가 있다고 믿었으며, 자신의 자기관리 능력에 대해서 확신하는 것은 위험하고도 당치 않은 일이라고 생각했다.

5. 잠재적으로 치료에 실패할 가능성이 있다는 생각과 믿음 때문에 환자가 비협력적인 모습을 보일 수 있다. 환자가 치료에서의 성공 가능성을 어떻게 생각하는지를 다루는 것이 상당히 중요하다. 환자가 잠재적인 실패에 대해서 어떻게 생각하는지를 탐색하고, 이런 부정적이고 자기경시적인 생각에 적절히 반응하는 방법을 학습하게 하는 것은 아주 훌륭한 단기목표다. 치료자는 성공이라는 것이 결과에 의해서 완전한 성공 혹은 완전한 실패로 나뉘는 이분법적인 개념이 아니라 지속적인 노력의 과정에서 달성되는 차원적인 개념이라고 소개할 수 있다. 점차 더 어려운 과제를 부여하고, 작은 단위로 나누어 접근하게 하고, 변화를 시도했을 때 어떤 반응이 뒤따르는지를 평가하게 하고, 스트레스와 불안에 대한 면역력을 높이고, 끈기 있게 노력할 때 지지해 주고, 좌절하더라도 감내하게 하고, 행동 실험을 통해 새로운 것을 발견하게 하는 방법 등을 통해서, 환자는 잠재적인 실패 가능성에 보다 덜 집착하게 되며 기꺼운 마음으로 변화하려는 노력을 하게 된다.

임상 사례 회피성 성격장애를 지니고 있는 20세의 대학생 미치(Mitch)는 지금까지 친구를 사귀거나 데이트를 해 본 경험이 거의 없었다. 그는 3학년이 될 때까지 2년 동안 기숙사에서 생활하다가 대학 캠퍼스 밖으로 이사했는데, 그 이유는 자신을 제외한 다른 남녀 대학생들이 기숙사에서 서로 데이트를 하고, 파티를 열고, 전화를 주고받고, 가벼운 대화를 나누는 등의 비공식적인 사회적 접촉을 적극적으로 누리는 것이 보기 싫었기 때문이다. 심리치료를 받으면서, 그는 대학생활 동안에 친구관계를 맺는 것이 중요하다는 점을 지적으로 수용할 수 있었고, 자신은 사교술이 부족하고 대인불안이 있으며 사람들과 어울리는 것을 꺼린다는 것을 인식할 수 있었다. 심리치료에 대한 그의 생각은, 그가 데이트에 대해서 생각하는 것과 비슷했다. 그는 심리치료와 데이트 모두에 노력을 기울여서 성공하고 싶어 했지만, 자신은 기술이나 능력이 부족하기 때문에 모두 거절당하게 될 것이라고 예상했다. 그는, 일단 거절당하게 되면, 실패에 따라 더욱 부정적인 감정들을 느끼게 될 것이라고 예측했다. 심리치료와 데이트에 대한 그의 자동적 사고는 다음과 같았다: "차라리 노력하지 않는 게 더 낫다. 결국 나는 조롱을 당하거나 바보가 되고 말 것이다. 사실, 아예 죽어버리는 것이 더 낫다. 아무도 나를 그리워하지 않을 것이다. 나는 모든 사회생활에서 실패할 운명을 타고났고, 심리치료 역시 마찬가지다."

6. 자신의 변화가 타인에게는 이롭지 못할 것이라고 믿는다면, 환자는 치료에 협력하지 않고 저항한다. 자신이 변화되려고 노력하면 중요한 타인들에게는 해로운 결과가 초래될 것이라는 과장된 생각은 치료에 방해가 되는 또 다른 종류의 믿음이다. 환자는 실제로 어떤 일이 벌어질지에 대해서는 모호하고 막연하게 말하면서도, '아주 끔찍한 일이 벌어질 거야'라고 생각하면서 자신이 타인에게 미치는 영향을 파국적으로 확대해석할 수 있다. 몇몇 경우, 중요한 타인이 위협을 가하면 환자는 전혀 의문을 품지 않고 이를 받아들이기도 한다.

임상 사례 42세의 미혼 여성인 마르타(Marta)는 강박성 성격장애를 지니고 있었다. 그녀는 어머니와 함께 살고 있었는데, 그녀의 어머니는 이것저것 요구하는 것이 많고 자신의 건강에 대해서 늘 걱정하는 사람이었다. 실제로는 특별한 질병이 없었지만, 그녀의 어머니는 마르타가 벌어오는 돈으로 항상 병원을 찾아다녔다. 마르타는 불필요한 병원비를 대느라고 경제적인 위기를 겪게 될까 봐 두려워했지만, 어머니가 자신에게 시간과 관심을 쏟으라고 요구하는 것을 들어주지 않으면 실제로 그녀가 아프게되고 돌아가시게 될까 봐 적절히 거절하지도 못했다. 더욱이, 마르타는 자신이 개인적인 생활을 희생하고 어머니와 함께 집에 있어야만 어머니의 목숨을 연장시킬 수 있을 것이라고 믿었다. 그녀의 어머니는 건강에 대해서 걱정하고 대처해야 된다는 생각을 강화했고, 그것이 딸에게 의존하면서 사는 진짜 이유라고 여겼으며, 상황이 조금이라도 달라지면 '아주 끔찍한 일이 벌어질 것'이라고 생각하고 있었다.

7. 환자는 치료에 협력하면 자신의 성격이나 자기존재감이 말살될 것이라고 믿는다. 축 II 장애 환자들은 자신의 생각, 믿음, 행동을 변화시키는 것을 자신의 개인적 정체감에 대한 직접적인 위협으로 지각하는 경향이 있다. 그들의 생각이 스스로를 불안하고 우울하게 만들고 자살이나 역기능적인 행동으로 이끈다는 점에서 보면 지극히 모순적이지만, 성격장애 환자들은 자신이 잘 알고

있는 범위에서 벗어나서 자신을 잘 모르게 되는 일이 벌어지는 것을 두려워한다. 아무리 자기에게 해롭고 도움이 되지 않는다고 할지라도, 그들은 흔히 새로운 생각이나 행동 때문에 불편해지고 불확실해지는 것보다는 불편하더라도 이미 익숙하게 잘 알고 있는 것을 선택한다.

> **임상 사례** 메리(Mary)는 지난 3년 동안 만성 우울증과 자살 충동을 겪었으며, 연극성 성격장애도 지니고 있었다. 자살 시도를 한 적은 한 번도 없었지만, 그녀는 자살 사고로 네 차례나 입원한 적이 있었다. 그녀의 자살 사고는 매우 극적이었다. 치료자가 그녀의 독특한 사고방식을 직면시켰을 때, 그녀는 "이게 저예요. 한번도 달리 생각해 본 적이 없어요. 다른 방식으로 생각하는 것은 상상도 할 수 없어요."라고 대답했다. 그녀는 자신의 자살 사고가 자신뿐만 아니라 중요한 타인들까지도 고통스럽게 만들고 있다는 점을 깨달았다. 하지만, '그런 게 바로 저예요'라는 강력한 믿음 때문에 자신의 관점을 쉽게 변화시킬 수가 없었다.

8. 환자와 치료자의 역기능적인 믿음이 서로 절묘하게 조합되기도 한다. 환자와 치료자 모두가 특정한 역기능적인 생각(예: '모든 게 절망적이다')을 지니고 있다면, 치료자 자신의 맹점이 환자의 진전을 방해할 수 있다. 환자와 치료자가 지니고 있는 기저의 도식이 서로 일치하는 상태에서 믿음을 공유하게 되면, 치료자는 환자의 절망적인 생각과 믿음을 반증하기보다는 오히려 추인하는 결과를 초래할 수 있다.

> **임상 사례** M 박사는 매우 조심스럽고 신중하게 일하는 사람이었다. 그녀는 스트레스를 받으면 강박적인 모습을 보이곤 했다. 그녀는 부가적인 노력을 기울이면서 매우 조심스럽게 일하면 스트레스가 줄어들 것이라고 믿었다. 이런 식으로 철저하게 공부했기 때문에, 그녀는 명문대학에서 평점 4.0의 우수한 학점을 받을 수 있었다. 슈퍼비전 시간에 의논할 어려운 환자를 선정하고, 그녀는 그 환자가 '완벽주의적이고, 강박적이고, 자신에게 너무 많은 것을 요구하는 남성'이라고 기술하면서, 치료자 자신은 '환자를 절망감에 빠뜨리는 모든 완벽주의를 완전히 제거하려고' 노력하고 있다고 설명했다. 그녀는 환자가 지니고 있는 완벽주의를 다소 수정하려고 노력하는 것이 아니었고, 환자의 완벽주의를 완전히 없애는 것이 치료의 목표라고 여기고 있었다. 그녀의 슈퍼바이저는 그런 목표가 오히려 환자의 문제를 강화시킬 수도 있다는 견해

를 제시했다. 이런 지적을 받았을 때, M 박사는 '항상 최선을 다해야만 하고, 완전하지 않은 결과를 얻는 것을 목표로 삼을 수는 없다'는 지극히 완벽주의적인 입장에 서서 슈퍼바이저와 논쟁을 벌였다.

9. 환자가 치료 모델을 충분히 이해하지 못한 것도 그가 치료에 순응하지 않는 한 가지 이유일 수 있다. 심리치료가 무엇이고 어떻게 진행되는지를 잘 모르는 환자는 치료자가 부여한 과제를 수행하거나 치료자의 제안을 따르는 데 어려움을 겪을 것이다. 치료자는 인지치료의 기본적인 내용을 환자에게 소개하고 교육하는데, 이런 작업은 첫 번째 회기부터 치료가 끝날 때까지 계속된다. 다른 치료자로부터 의뢰된 환자의 경우에는 의뢰하는 시점부터 인지치료에 대해 소개하기도 한다. 환자로부터 효과적인 협력을 이끌어 내기 위해서, 치료자는 충분한 시간을 들여서 인지치료에서 사용되는 용어와 개념을 설명할 필요가 있다. 또한 치료자는 환자의 적극적인 참여가 중요하다는 점을 강조하고, 기술 훈련이나 자조 훈련을 실시하는 목적을 설명해 준다. 더 나아가서, 치료자는 환자가 얼마나 잘 이해하고 있는지를 확인해 보기 위해 환자로부터 지속적으로 피드백을 구할 필요가 있다. 환자가 인지치료에 관한 책을 읽거나 인터넷에 소개된 연구결과를 찾아보는 등의 노력을 할 때 치료자가 이를 존중하는 것이 중요하기는 하지만, 그런 노력을 했다고 해서 환자가 인지치료의 모델을 충분히 알고 있다고 가정해서는 안 된다. 심지어 환자가 과거에 인지치료를 받은 적이 있더라도, 그가 치료 모델을 충분히 이해하고 있다고 볼 수는 없는 것이다. 이전에 치료를 받았던 경험이 현재의 치료과정을 간섭할 수도 있는데, 특히 이론적으로 다른 접근법을 적용하는 치료자와 만났던 경우에는 더욱 그러하다. 또한 절망감, 충동성, 선택적 추상화, 개인화 등의 문제 및 치료 관계를 형성하지 못한 데서 오는 좌절감 때문에 치료자의 말을 주의 깊게 듣고 이해하는 것이 환자에게는 상당히 어려운 일일 수도 있다.

임상 사례 정신분석치료를 받던 42세의 내과의사 에드(Ed)는 분석가의 사망으로 인해 인지치료자에게 의뢰되었다. 그는 만성 우울증 및 주기적인 자살 사고 때문에 15년 동안 정신분석치료를 받아 왔으며, 그동안 매주 세 번씩 분석가와 만났다. 에드는 그를 분석하던 치료자가 사망한 뒤에 다른 분석가를 찾아서 정신분석을 계속했지만, 새로운 분석가와의 작업은 몇 개월 만에 상호 합의로 종결되었다. 그러고 나서 그는 우울증을 치료하기 위해 인지치료를 시작했다. 그런데, 그는 매 회기의 초반마다 '자유연상' 내용을 보고했고, 꿈과 상상을 비롯하여 그 순간에 자신의 머리에 떠오르는 내용을 빠짐없이 추적하려고 했다. 치료자는 그의 말을 중간에 끊으면서 끼어들려고 애썼고 그와 함께 논의할 의제를 설정해 보려고 시도했지만, 그것은 쉽지 않았다. 치료자가 회기 초반의 10~15분 정도를 자유연상에 제한적으로 할애하면서 꾸준하고 끈질기게 방향을 재설정해 나가자, 회기의 나머지 시간 동안에는 방향을 갖춘 집중적인 대화를 나눌 수 있었다. 치료자는 인지치료와 정신분석치료의 차이점을 분명하게 설명해 주었고, 환자가 새로운 치료 모델을 접하면서 느낄 만한 혼란감을 인정하고 수용해 주었으며, 문제를 중심으로 상담을 진행하는 것이 얼마나 도움이 되는지를 시험적으로 검토해 보자고 권유하였다. 그리고 에드의 협력을 이끌어 내기 위해서 10분간의 자유연상을 의제에 포함시켰다. 몇 회기를 이런 식으로 진행하고 나서 생산성을 평가했을 때, 환자와 치료자 모두 더 만족감을 느낄 수 있었다.

10. 역기능적인 패턴을 유지하는 것이 환자에게 이차적 이득으로 작용할 수 있다. 현재의 상태가 환자에게 어느 정도 이득이 된다면, 변화를 이끌어 내는 것이 매우 어려울 수 있다. 환자가 분노를 뿜어내며 난동을 부리지 않게 하려고 가족들이 환자를 애지중지하며 조심스럽게 대할 수 있고, 그에게 어떤 것도 강요하거나 직면시키지 않을 수 있으며, 환자가 원하는 것은 무엇이든지 다 허용할 수도 있다. 환자는 자신과 상호작용하는 가족, 친구, 고용주, 조직 등으로부터 이차적 이득을 얻어내게 된다. 치료자와 환자 사이의 관계에서도 이차적 이득이 발생한다. 환자로 하여금 이차적 이득을 얻기 위해서 치러야만 하는 '일차적 손해'를 평가하도록 하는 것이 이 문제를 다루는 인지적 기법 중의 하나다.

임상 사례 38세의 목수 시드(Sid)는 실직 상태였고, 수동-공격성 성격장애와 의존성 성격장애를 지니고 있었다. 그는 지난 5년 동안 정규 직업을 갖지 못했으며, 집에서 TV를 보면서 시간을 보냈다. 그의 아내는 전일제로 일하고 있었지만, 그는 정부로부터 장애연금을 지급받으면서 생활했다. 그는 조금만 힘든 일을 하면 심장마비나 뇌졸중으로 쓰러지게 될까 봐 걱정스럽다고 말했다. 시드가 이런 질병을 앓았던 적도 없었고 그의 가족들 중에서도 심장질환을 앓은 사람이 아무도 없었지만, 아내와 두 자녀들은 시드의 건강을 너무 걱정한 나머지 그가 집에서 아무 일도 하지 못하게 했다. 만약 그에게 일자리를 구하라고 압박한다면, 시드는 건강에 대한 불안으로 벌벌 떠는 대신에 자살을 선택할 판이었다. 그가 거주하는 지역의 정신건강센터에서도 그에게 굳이 일자리를 찾으라는 압력을 넣지 않겠다는 내용의 편지를 보내 오고 있었다. 이유는 분명하지 않았지만, 시드와 치료자 모두 '그는 일을 할 수가 없다'고 믿었다. 시드는 오전 11시쯤에 잠자리에서 일어나서 점심시간이 될 때까지 신문을 읽었고, 그 뒤에는 줄곧 TV를 보았다. 자녀들이 학교에서 돌아올 때쯤에는 낮잠을 잤고, 저녁식사 시간에 맞춰서 일어났다. 저녁을 먹은 뒤에는 다시 잠자리에 들 때까지 TV를 보거나 음악을 들었다. 이렇게 일찍 '은퇴'해서 몹시 안락하게 지내고 있는 사람을 어떤 식으로든 변화시킨다는 것은 매우 어려운 일이었다.

11. 치료자가 개입하는 시점이 적절하지 않은 것도 환자가 치료에 순응하지 않는 한 가지 이유일 수 있다. 치료자가 너무 서두르거나 혹은 적당한 시점에 개입하지 못한다면, 치료 작업의 중요성이나 타당성이 환자에게 충분히 전달되지 않기 때문에 환자가 치료에 순응하지 않는 모습을 보일 수 있다. 만약 치료자 자신이 불안해서 축 II 장애 환자를 성급하게 밀어붙인다면 환자와의 협력 관계가 깨져 버릴 것이고, 환자가 치료 시간에 나타나지 않거나, 치료 목표를 이해하지 못하거나, 치료를 조기에 종결해 버리는 문제가 나타날 수 있다. 때로는 치료자가 인지치료 모델을 곡해하는 경우도 있는데, 마치 요리책을 보고서 그대로 따라하듯이 기계적으로 기법을 적용하는 것이 인지치료라고 오해할 수 있다. 어떤 치료자는 자신이 전문성을 갖추고 있음을 보여 주기 위해서 성급하게 기법들을 동원하는데, 그렇게 하면 환자가 스스로 학습하고 발견하는 과정에 충분히 참여하지 못하게 된다.

임상 사례 박사학위를 취득하기 위해 인턴과정 중인 마리(Marie)는 인지치료를 배우고 있었다. 성공해야만 된다는 내직인 압박감과 불안감 때문에 그녀는 자신의 해석 내용과 개입 방법이 올바르다는 것을 입증하는 충분한 자료를 모으기도 전에 환자에게 섣부르게 도식을 해석해 주는 경향이 있었다. 결과적으로, 그녀가 자신을 잘 이해하지 못하는 것 같다고 불평하는 환자들이 많았다. 따라서 그녀는 더 불안해졌고, 더 성급하게 해석하거나 혹은 적절하지 않은 시점에 섣불리 개입하는 일이 더 잦아졌다.

12. 의료관리 체계하에서 시간제한적인 치료를 하는 것이 환자의 반발이나 비협력을 유발하기도 한다. 보험회사는 계약으로 정해진 치료 회기만큼만 보험 상환금을 지불하려고 하는데, 이런 문제가 심리치료에 영향을 미치는 경우가 많다. 치료자가 정해진 시간 내에 치료를 마치려고 환자를 강하게 밀어붙이는 경우 혹은 조만간 치료가 끝나서 치료자와 결별하게 되는 것에 대해 환자가 너무 일찍부터 주목하고 절망감을 느끼는 경우에는 협력 관계에 문제가 생길 수 있다. 계약된 치료 회기가 길든지 짧든지 간에, 치료 목표를 회기에 맞춰 현실적으로 조정하고 환자가 추가적인 치료 작업을 선택할 수 있게 함으로써 치료의 효과를 극대화할 수 있다.

임상 사례 R 박사는 여러 보험회사에 가입해서 서비스를 받고 있었는데, 전형적인 계약 조건은 환자 한 명당 6~25회기 범위의 치료에 대해서 상환금을 지급받는 것이었다. 많은 경우, 이 정도의 시간이면 특정한 치료 목표를 달성하기에는 적당했다. 하지만 축 II 장애 환자들은 주어진 과제를 잘 수행하지 못해서 정해진 회기 내에 치료를 끝마칠 수 있을 정도로 빠르게 호전되지는 않았으며, 이로 인해 R 박사는 좌절감을 느꼈다. 그는 환자가 지니고 있는 문제가 얼마나 복잡하든지 간에 미리 정해진 회기 내에 치료를 마쳐야만 자신도 생계를 유지하고 환자도 보험금을 지급받을 수 있을 것이라고 믿었다. 이런 문제에 대처하기 위해서, 그는 축 II 장애 환자의 이야기를 경청하는 데에는 시간을 덜 할애하면서 주로 자신이 환자에게 조언하고 강의하고 과제를 내주는 방식으로 치료 시간을 더 지시적이고 주도적으로 이끌었다. 그의 환자들 중에는 3~4회기 만에 치료를 중단하는 사람들이 상당히 많았는데, 그는 이런 현상이 빚어지는 이유가 축 II 장애 환자들은 단지 빨리 좋아지기만을 바라면서 스스로 변화하려고 노력하지는 않기 때문이라고 생각했다.

13. 치료 목표가 분명하게 논의되지 않았을 수 있다. 환자가 초반에 호소하는 문제 목록을 종합하더라도 치료 목표가 분명하게 드러나지 않고 모호하게만 보여 지는 경우가 있다. 예를 들어, 환자가 '부부 불화'라는 문제를 호소할 때, 이 것은 관계형성기술의 결함, 의사소통기술의 결함, 성관계기술의 결함, 양육 기술의 결함, 재정관리기술의 결함, 우울증, 혹은 기타 다양한 문제를 의미 하는 모호한 것일 수 있다. 치료자는 환자가 호소하는 문제 목록을 기반으로 하여 분명한 치료 목표를 설정할 필요가 있다. 물론, 문제 목록은 치료를 진 행하는 과정에서 얼마든지 수정될 수 있다. 치료에서 집중해야 될 부분에 대 한 기저선 정보가 없다면, 치료가 얼마나 진전되었는지를 평가하기도 어려 워진다.

> **임상 사례** 51세의 메리언(Maryann)은 불안감 때문에 심리치료를 받기 시작했다. 몇 회기의 상담 끝에, 그녀가 지니고 있는 강박성 성격장애가 임상적으로 발현될 때 부분적으로 불안감을 느끼게 된다는 것이 밝혀졌다. 치료자는 메리언이 더 융통성 있 게 행동할 수 있도록 돕는 작업을 했는데, 이 과정에서 그녀는 더 불안해지고 동요되 는 모습을 보였다. 여섯 번째 회기에서, 그녀는 점점 더 불안해지기 때문에 치료를 중 단해야 되겠다면서, "저는 치료가 도움이 될 거라고 생각했지, 더 악화시킬 거라고는 생각하지도 못 했어요."라고 이야기했다. 치료자는 심리치료의 초점이 성격 패턴을 변화시키는 데 맞춰져야 된다는 점에 대해서는 한 번도 논의하지 않은 채, 메리언이 자신의 경직된 성격 패턴을 바꾸고 싶어 할 것이라고 가정한 것이다.

14. 치료 목표가 막연하고 모호할 수 있다. 환자들은 전형적으로 "행동을 일관되게 하고 싶어요." "생각을 똑바로 하고 싶어요." "가족문제를 다루고 싶어요." "행복해지고 싶어요." 등과 같은 모호한 말을 한다. 치료자는 환자가 모호 한 치료 목표를 지니는 것이 아니라, 치료 장면에서 다룰 수 있고 관찰할 수 있으며 조작적으로 정의된 치료 목표를 설정하도록 도와주어야 한다.

> **임상 사례** 19세의 마크(Mark)는 친구들과의 잦은 싸움 때문에 기숙사 상담자에 의 해서 의뢰되었다. 마크는 대학상담센터에서도 '분노'와 '집안 배경' 문제로 상담한 적

이 있었다. 어덟 번의 상담 뒤, 상담자는 마크가 변화될 만큼 충분한 통찰을 얻었다며 상담을 종결하였다. 그러나 충분한 통찰에도 불구하고 행동 변화가 뒤따르지 않았기 때문에, 그는 다시 치료를 받게 되었다. 이번에는 치료 목표를 구체적이고 분명하게 설정했으며, 변화에 대한 기준을 마련했고, 기숙사 친구들과의 관계를 개선하기 위해 점진적인 과제를 부여했다. 또한 충동을 통제하는 능력을 키우고, 공격적이지 않은 언어를 구사하고, 자기주장을 하면서도 상대를 존중하는 의사소통기술을 배우는 데 집중하였다.

15. 치료 목표가 비현실적일 수 있다. 환자가 지니고 있는 치료 목표가 비현실적인 것일 수도 있고, 치료자의 치료 목표가 비현실적인 것일 수도 있다. 치료 목표가 비현실적으로 너무 높거나 너무 낮은 경우에는 상당히 부정적인 결과가 나타난다. 만약 환자가 전혀 새로운 사람으로 변화되기를 원한다면(즉, 지난 40년 동안 살아온 방식과 정반대로 살고 싶어 한다면), 치료자는 환자가 보다 현실적이고 단계적인 목표를 세우도록 도와야 할 것이다. 변화되는 것은 가능하지만, 완전히 변화된다는 비현실적인 목표를 설정한다면 그것은 실패하기 위한 목표를 설정하는 것이나 다름없다. 만약 치료자가 비현실적으로 높은 목표를 지니고 있다면, 환자는 치료자의 기대에 부담을 느끼고 압도될 수 있다. 만약 치료자가 비현실적으로 낮은 목표를 지니고 있다면, 환자는 치료자가 자신을 무시하고 업신여긴다고 생각할 수 있다. 축 II 장애 환자를 치료할 때 특히 우려되는 부분은, 치료자가 환자에 대해서 '성격장애 환자니까 쉽게 변하지 않을 것'이라고 부정적으로 기대하고, 결과적으로 열심히 노력하지 않거나 창의적인 개입을 하지 못하게 되는 것이다.

임상 사례 52세의 닉(Nick)은 회피성 성격장애를 지니고 있었고, 우울감과 고립감 때문에 심리치료를 받으러 왔다. 첫 회기에 그는 자신의 삶 전체를 바꾸고 싶다고 이야기했다. 그는 미혼이었는데, 31세가 될 때까지 한 번도 여자들과 데이트를 해 본 적이 없었고, 지금까지도 오직 몇 번의 데이트 경험만 있을 뿐이었다. 그는 세상 사람들이 자신을 스치듯이 비켜가 버린다고 생각했다. 그는 자신을 중년이 되면서 더 외롭게 늙어가고 있는 사람이라고 여겼다. 그는 가족에 대한 TV 프로그램을 보다가 혼자서 울 때도 있었다. 그의 치료 목표는 다시 젊어질 수 없다면 당장 데이트를 시작해서 올해 안에 결혼하는 것이었다. 이런 비현실적인 목표는 실패할 수밖에 없는 상황을 조성하기 쉬웠고, 치료의 진전을 더디게 했다. 반면에, 치료자는 닉의 문제가 너무 만성적인 것이기 때문에 변화될 가능성이 매우 적다고 보았다. 치료자는 닉이 혼자서 지내더라도 스트레스를 덜 받게 하려는 데 주력했고, 그가 사회적 관계를 넓힐 수 있도록 도우려는 노력은 별로 기울이지 않았다.

16. 치료 목표에 대해서 치료자와 환자 사이에 불일치하는 부분이 있을 수 있다. 조작적으로 정의된 분명한 치료 목표를 설정했다면, 환자와 치료자는 치료 목표에 대해서 서로 동의하고 있는지를 확인해야 한다. 정신건강 문제를 다룰 때는 치료 절차에 대한 서로의 동의가 요구되는 경우가 많은데, 치료 계획을 수립한 뒤에 환자에게 알려서 계획서를 읽고 서명하게 하는 것도 그러한 동의 절차의 일부분이다. 치료 목표를 달성하는 데 소요되는 기간을 설정하고 (예: 3개월의 인지치료), 그런 목표를 수립한 논리적 근거를 논의하고, 이에 대한 환자의 의견을 청취하고, 수정할 필요가 있을 때는 서로 협의하여 고치고, 환자가 충분히 이해했는지 확인하고, 서로에게 피드백을 주고받는 과정은 인지치료 모델에서 필수불가결한 부분이다. 또한 치료를 진행해 가면서도 지속적으로 치료 목표를 점검하고 확인할 필요가 있다. 이런 절차들은 치료적 협력 관계를 꾸준히 유지시켜 주는 매우 중요한 과정이다.

17. 환자가 강제로 치료를 받아서 치료에 대한 동기가 부족할 수 있다. 자신이 기꺼이 원해서 치료를 받는 것이 아니라 외부의 압력 때문에 어쩔 수 없이 치료를 받는 환자들도 많다. 치료를 받지 않으면 불이익을 당할 것이라며 주변 사람들이 환자를 위협하는 경우도 있고, 본인의 의지와는 상관없이 법원에 의해 치료에 의뢰되는 경우도 있다. 이들은 자신이 타인이나 환경으로부터 피해를 당한다고 여기는 경향이 있기 때문에, 다른 사람들에 대한 불평불만을 늘어놓을 뿐 건설적인 행동을 취하지는 않으려고 한다. 이런 사례를 다룰 때는 초반의 관계 형성에 주력해야 한다. 또한 치료라는 것이 자신을 불편하게 하는 공격적이고 강제적인 과정이라는 생각을 줄여 나가고, 자신에게 주어진

선택의 범위 내에서 어디에 관심이 있는지를 탐색해야 한다.

임상 사례 59세의 보석상 샘(Sam)은 만성적으로 우울한 사람이었고 사업 실패로 간헐적으로 자살 시도를 한 적이 있었다. 그는 헐값에 보석을 처분하는 도매상들 때문에 사업에 실패한 것이지 자신의 실수 때문에 실패한 것은 아니라고 생각했다. 그는 예전에 자신이 누렸던 수입, 고객, 지위 등을 다시 회복할 방법은 없다고 여겼으며, 그렇다고 해서 홍보하는 데 돈을 '낭비'할 생각도 없었다. 매일 매장에 나가기는 했지만, 그의 매장에는 쓰레기 상자들이 여기저기 나뒹굴었다. 그는 새로운 사업을 모색하지도 않았고, 어쩌다가 손님이 찾아오면 퉁명스럽고 불친절하게 대했다. 그는 치료 장면에서도 동일한 모습을 보였다. 그는 치료받기를 원하지 않았으며, 치료해 봐야 아무런 소용이 없다고 여겼고, 괜한 시간과 돈만 낭비한다고 불평했다. 오직 아내와 딸의 불만을 잠재우려고 치료를 받고 있을 뿐이었다.

18. 치료를 수동적 혹은 마술적인 과정으로 생각하는 환자들이 있다. 어떤 축 II 장애 환자들은 현재의 문제나 그에 대한 해결책 모두가 자신들의 통제력 밖에 있다고 생각하는데, 이것은 그들이 겪는 임상적인 문제의 일부분이기도 하다. 이런 환자들은 상당한 동기를 지닌 것처럼 보이기도 하지만, 그들은 단지 치료자 곁에 머물면서 어느 정도의 치유효과를 얻으려고 할 뿐이다. 어떤 환자들은 모든 치료 작업이 치료자의 몫이라고 생각하면서 자기 스스로는 거의 혹은 전혀 노력하지 않으며, 치료자의 비범한 관찰과 지시를 통해서 통찰과 행동변화를 얻게 되기만을 바란다. 초반에는 그들이 치료자를 이상화하거나 치켜세우기도 하지만, 이내 방어적인 모습을 보이거나 치료의 효과에 대한 환상이 깨지게 된다.

임상 사례 캐롤라인(Carolyn)은 아이가 없는 40세의 주부였다. 그녀는 정신분석 대신에 인지치료를 받아 볼 것을 권하는 친구의 권유로 '자신을 이해하기 위해서' 치료실을 찾았다. 그녀는 재발성 우울증을 겪은 적이 있었고, 자기애성 성격과 의존성 성격의 특징이 결합된 성격장애를 지니고 있었다. 치료자는 그녀에게 인지치료의 성패를 결정짓는 변수들에 대해서 충분히 설명했고, 환자의 참여가 중요하다는 점을 강조했다. 하지만 캐롤라인은 자신의 문제나 목표에 대해 막연하고 모호하게만 이야기하면서, 치료자에게 "나는 당신이 이해시켜 줄 거라고 생각해요."라고 말할 뿐이었다. 치료 시간에 다룰 주제를 한두 가지 정도 계획해 오라는 과제를 그녀에게 몇 번이나 분명하게 제시했지만, 매시간 그녀는 아무런 준비 없이 찾아와서 치료자에게 방향을 제시해 줄 것을 요구했다. 치료자가 그녀에게 좀 더 적극적으로 치료에 참여해 달라고 부드럽게 요청했을 때, 캐롤라인은 방어적인 모습을 보이면서 자신에게 조언과 지시를 해달라는 요구를 만족시켜 주지 않는 치료자에 대한 불만을 토로했다.

19. 환자의 경직성이 치료에 대한 순응을 방해하기도 한다. 많은 경우, 환자가 치료자를 찾아올 때 호소하는 바로 그 문제가 치료에 대한 비순응의 주요한 원인이 되기도 한다. 강박성 성격이나 편집성 성격을 지닌 환자들은 경직된 성격패턴을 지니고 있는데, 이러한 경직성 때문에 그들은 치료자가 미치는 영향을 순순히 받아들이지 못하는 완고한 모습을 보인다. 사실, 이런 환자들은 치료자의 동기나 목표에 대해 의문을 품기도 한다. 종종 그들은 경직된 패턴으로부터 벗어나는 것이 힘들다고 느끼는데, 이는 자신들이 안전하기 위해서는 그런 경직된 패턴을 고수할 필요가 있다고 믿기 때문이다.

> **임상 사례** 28세의 간호사 엘레나(Elena)는 편집성 성격장애를 지니고 있었다. 그녀는 자신을 통제하려는 어머니의 욕구가 연장된 것이 심리치료(및 치료자)라고 생각했다. 그녀는 자살하는 것을 포함하여 자신이 원하는 일은 무엇이든지 할 수 있는 권리를 유지하는 것만이 어머니의 힘과 통제를 극복할 수 있는 방법이라고 여겼다. 그녀의 왜곡된 견해를 촉발시킬 만한 빌미를 주지 않기 위해서, 치료자는 매우 조심스럽게 행동해야 했고 그녀를 통제하려는 시도는 전혀 할 수 없었다. 왜냐하면, 치료자의 통제 시도가 엘레나의 자살 시도를 유발할 수 있기 때문이었다.

20. 환자의 충동 통제 능력이 취약할 수 있다. 충동 통제 능력이 취약한 환자들은 치료자가 매주 한 번씩 만날 것을 요구하거나 구조화된 치료 방법을 적용하거나 약속 시간을 미리 정하거나 치료 시간에 제한을 두면, 불안감이나 분노감을 경험할 수 있다. 그들과의 치료 장면에서는 '내가 원하는 것을 내가 원하는 때에 한다'는 환자의 도식이 드러날 수 있다. 이런 환자들을 만날 때, 치

료자는 이른바 '국지전 치료(brushfire therapy)' 라고 불리는 작업을 할 필요가 있다. 즉, 전반적이고 광범위한 목표를 달성하기 위해 노력하는 것보다는 국지적으로 발생하는 작은 규모의 문제들을 다루면서 순간순간의 위기들에 개입하기 위해 꾸준히 힘을 쏟는 것이 좋다.

> **임상 사례** 경계선 성격장애를 지니고 있는 엘리스(Alice)와의 치료 작업은 무척 혼란스럽고 어지러웠다. 23세의 나이에도 불구하고, 그녀는 끊임없이 변하는 사람이었다. 그녀가 겪는 위기들은 직업의 잦은 변화, 친구 및 연인 관계의 잦은 변화, 거주지의 잦은 변화, 그리고 치료자의 잦은 변화 등과 밀접하게 연관되어 있었다. 그녀는 벌써 일곱 번째 결혼과 이혼을 반복해 왔다. 치료 시간 중에도 그녀는 무척 불안정한 모습을 보였으며, 치료자가 치료 시간 중의 어느 한 시점 혹은 그녀 인생의 어느 한 부분에 초점을 맞추려고 할 때마다 "그건 내가 아니에요."라는 말로 피해갔다. 충동적으로 돈을 썼고 고용상태도 불안정했기 때문에, 그녀는 번번이 치료 시간을 빠뜨리거나 지각했으며, 치료비를 지불하지 못할 때도 있었다. 이러한 모든 문제들은 치료자와의 상호작용을 방해했으며, 그녀의 충동성을 감소시키려는 치료적 목표를 달성하는 데도 지장을 주었다.

21. 치료의 진전이 더디어서 환자 혹은 치료자가 좌절감을 느낄 수 있다. 축 II 장애는 환자의 삶 전반에 영향을 미치는 장기적으로 지속되는 문제이며, 이 문제를 치료하는 데는 상당한 시간이 소요된다. 따라서 환자나 치료자 혹은 두 사람 모두가 치료과정에서 좌절감을 느낄 수 있다. 누가 좌절하든지 간에, 이런 결과는 이후의 치료 과정에 악영향을 끼칠 수 있으며, (치료자 혹은 환자로 하여금) 실패했다는 생각을 갖게 할 수 있고, 좌절의 원인으로 지목된 대상(치료자 혹은 환자)에 대한 분노를 야기할 수 있다.

> **임상 사례(1)** 슈퍼비전을 받고 있는 심리치료자 파멜라(Pamela)는 경계선 성격장애 환자 라라(Lara) 때문에 쓰라린 좌절감을 느끼고 있었다. 파멜라는 "그녀는 전혀 변하지 않아요. 그녀는 늘 화난 상태인데, 대개 저한테 화를 내요. 저는 그녀가 찾아오는 날이 정말로 두려워요. 어쩌다가 그녀가 약속을 취소하는 날에는 너무 행복해요."라고 말했다. 대체로 복잡한 성격 문제가 동반되지 않은 전형적인 우울증 환자를

치료하면서 인지치료자로서 꽤 성공적으로 일해 온 파멜라는, 치료 기간이 길어지는 환자들이나 반항적인 환자들과의 작업에는 익숙하지 않았다. 그녀는 "그동안 경계선 성격장애 환자에 대한 책도 읽었고 여러 이야기도 들었지만, 제가 이런 어려움을 겪게 될 거라고는 전혀 생각지도 못했어요."라고 말했다. 파멜라의 슈퍼바이저는 그녀로 하여금 자신의 역기능적 사고를 다룰 수 있게 도왔으며, 슈퍼비전의 초점을 향후 치료에 대한 기대, 복잡하고 어려운 사례에 대한 치료방법, 치료자의 정서적 반응 등에 맞추었다.

> **임상 사례(2)** 말라(Marla)는 원래 우울한 기분을 누그러뜨리려고 치료를 받기 시작했다. 그녀의 우울증은 강박성 성격장애 위에 더해진 것이었다. 그녀는 몇몇 대중매체를 통해서 인지치료는 효과가 입증된 단기적인 치료라는 내용의 글을 읽은 뒤, 인지치료를 받기로 결심했다. 25회기가 지난 뒤, 그녀는 치료자에게 자신이 왜 지금까지 치유되지 않았는지 알고 싶다고 물었다. 그녀의 치료자는 치료의 초점이 증상의 경감에 있는 것과 도식의 변화에 있는 것의 차이를 미처 설명하지 않았었다.

22. 환자가 심리치료 상황을 자신의 지위와 자존감이 낮아지는 것으로 받아들인다면, 이것은 치료에 대한 순응을 방해할 수 있다. 대부분의 사람들은 '환자'가 된다는 것을 자신에게 무언가 근본적인 문제가 있음을 의미하는 것으로 생각한다. 자신이 환자라는 것은 '나약한' 사람임을 뜻하고, 보통 사람들이 무난하게 대처하는 것을 자신은 감당할 수 없음을 의미한다고 받아들인다. 더욱이, 그들은 타인들로부터 '정신병자', '무능력자', '미친 사람' 등으로 낙인찍힐 수도 있다.

> **임상 사례** 로이(Roy)는 60세의 성공한 사업가였는데, 그의 주치의가 우울증이라며 심리치료를 의뢰하였다. 치료자를 찾아와서 그가 처음 꺼낸 말은 다음과 같았다. "나는 별로 오고 싶지 않았어요. 사실, 치료를 받으러 온다는 것이 나를 더 우울하게 만들어요. 나는 여태껏 정신병자가 아니었고, 지금부터 정신병자가 되기도 싫어요. 우리 세대의 남자들은 그런 식으로 성장하지 않았어요. 나는 가족들 몰래 빠져나와서 여기까지 왔고, 내 자동차도 멀리 떨어진 곳에 세워 뒀어요. 절대로 내 사무실이나 집으로는 전화하지 마세요. 어느 누구도 내가 심리치료를 받으러 다닌다는 것을 알아서는 안 돼요."

치료자는 환자가 치료적인 노력에 협력하지 않거나 순응하지 않는 데는 다양한 이유가 있을 수 있다는 점을 잘 알고 있어야 한다. 다른 이유도 있겠지만, 우리는 다음과 같은 이유들을 다루었다: 환자의 기술 부족, 치료자의 기술 부족, 순응을 방해하는 환경적 스트레스 요인, 환자가 속한 문화에 대한 불충분한 이해, 치료실패에 대한 환자의 생각, 자신의 변화가 자신과 타인에게 미칠 영향에 대한 환자의 생각, 환자와 치료자 사이의 왜곡된 합의, 인지 모델에 대한 불완전한 이해, 이차적 이득, 치료적 개입 시점의 부적절성, 관리의료체계의 치료 시간 제한에 대한 반발, 치료 목표에 대한 언급 부재, 모호하거나 비현실적인 치료 목표, 환자의 동기 부족이나 수동적 기대, 경직성 혹은 취약한 충동통제능력, 환자 혹은 치료자의 좌절, 환자의 저하된 자존감과 관련된 문제 등.

인지치료에서는 역경을 기회로 바꾸기 위해 모든 노력을 경주한다. 만일 환자가 치료에 협력하지 않는 모습을 보인다면, 이는 그의 믿음과 태도를 확인하고 탐색할 수 있는 좋은 기회다. 치료과정을 방해하는 것처럼 보이는 환자의 믿음과 태도는, 그가 더 큰 삶의 목표를 추구하는 데 걸림돌이 되는 바로 그것이다. 걸림돌이 되는 믿음을 일단 확인하면, 치료자는 인지 모델의 협력적인 틀 안에서 그 믿음을 탐색할 수 있다. 성격장애 자체가 상당히 복잡한 것이고, 환자로 하여금 치료를 받게 만드는 급성의 축 I 문제는 성격장애와 얽혀있는 경우가 많기 때문에, 성격장애 환자와 순조로운 협력 관계를 형성하는 데는 어려움이 따를 수밖에 없다. 사례개념화에 필요한 이론적 및 실제적 기술로 철저히 무장되어 있다면, 치료자는 각기 성격이 다른 환자들의 각기 독특한 요구에 사려 깊게 반응할 수 있을 것이다. 우리는 치료자가 인지치료의 개념적 모델을 충분히 소화할 필요가 있으며, 앞에서 소개한 일반적 및 구체적 치료 지침을 꾸준히 따라야 한다고 생각한다. 치료에 대한 비협력이라는 장벽이 무너지면, 치료자와 환자 사이에서 보다 강력한 작업동맹이 형성될 것이고, 보다 생산적인 치료적 상호작용이 일어날 것이다.

치료 관계에서 느껴지는 감정: 전이와 역전이에 대한 인지적 이해

축 II 장애를 치료하는 동안 환자와 치료자 모두가 상대방 및 치료 과정에 대해서 강렬한 정서 반응을 경험할 수 있다. 전통적으로 이러한 정서 반응은 '전이'와 '역전이'라는 용어로 명명되어 왔다. 정신역동치료에서 가정하는 내용과의 혼돈을 피하고 인지 모델이 개념화하는 것에 초점을 맞추기 위해서, 우리는 이것을 간단히 '치료과정에서 일어나는 정서 반응(emotional reactions within the therapy process)'이라고 부르겠다. 환자 및 치료자의 정서 반응에 주목하는 것은 축 II 장애 환자의 인지치료에서 아주 근본적이고 기본적인 부분이다.

환자의 감정

환자가 치료자에 대해서 부정적 혹은 긍정적인 감정을 느낀다면, 치료자는 이를 허용해야 한다. 하지만, 환자로 하여금 어떤 감정을 느끼도록 일부러 자극하는 것 혹은 그런 감정을 치료자가 의도적으로 무시하는 것은 바람직하지 않다. 치료자는 혹시라도 환자가 치료 관계에서 분노감, 실망감, 좌절감을 느끼고 있지는 않은지 주의 깊게 살펴야 한다. 또한 환자가 치료자를 지나치게 칭찬하고 이상화할 때나 치료의 초점을 환자 자신이 아닌 치료자에게로 돌리려는 시도를 할 때에도, 치료자는 주의를 게을리하지 말아야 한다. 이러한 정서 반응은 환자의 은밀한 내면세계로 들어갈 수 있는 통로를 열어 준다. 그러나 만약 치료자가 마음이 산란해지지 않기 위해서 자신의 정서 반응이 야기하는 각성 상태를 통제하고 회피하고 억제해야만 되는 감정으로 인식한다면, 그 통로 너머에 있는 환자의 믿음이나 의미를 이해할 수 없게 된다. 인지치료자들이 더 자주 범하는 오류는, 환자가 치료자 혹은 치료에 대해서 표현하는 감정을 충분히 주목해서 다루지 않고 너무 성급하게 넘어가 버려서 환자를 더 깊이 이해할 수 있는 절호의 기회를 놓치는 것이다.

환자가 치료에 대해서 어떤 감정을 느끼고 있으며 이와 연합된 어떤 생각을 지니고 있음을 넌지시 보여 주는 징후들은 상당히 많다. 이런 징후들은 환자가 치료 시간 중에 자동적 사고를 떠올렸을 때 관찰되는 것들과 동일하다. 예컨대, 환자의 비언어적 행동이 갑작스럽게 달라질 수 있다. 하던 말을 멈추고 침묵하거나 갑자기 표정이 바뀌기도 하며, 주먹을 꽉 움켜쥐거나 자세를 구부정하게 바꾸기도 하고, 발을 움직여 무언가를 두드리거나 툭툭 치는 모습을 보이기도 한다. 혹은 갑작스럽게 새로운 주제를 꺼내기도 하며, 말문이 막히거나 말을 더듬기도 한다. 이런 징후들 중에서 가장 분명하게 드러나는 것은 시선의 변화인데, 특히 환자가 어떤 생각을 떠올렸지만 그것을 드러내고 싶어 하지는 않을 때 이런 모습을 보일 수 있다. 이때 치료자가 질문을 하면, 환자는 "별로 중요한 게 아니에요. 아무것도 아니에요." 라고 대답하기 쉽다. 하지만 그것이 중요한 생각일 수도 있으므로, 치료자는 그 생각을 이야기해 달라고 환자에게 부드럽게 요청할 필요가 있다. 어떤 환자들은 상담 내내 자동적 사고를 떠올리기도 하지만, 실제로 그것을 모두 보고하지는 않는다. 그러나 환자들이 자동적 사고를 기억했다가 종이에 기록할 수는 있다.

치료자의 감정

환자로 하여금 자신의 생각을 깨닫고 감정을 표현하게 하는 작업을 효과적으로 이끌기 위해서, 치료자는 자신의 감정을 인식하고 명명하고 이해하고 표현하는 기본적인 기술을 갖추어야 한다. 인지치료자는 아무런 감정도 느끼지 않는 사람이 아니며, 감정을 억압하는 전문가도 아니다. 오히려, 인지치료자는 치료 작업에 영향을 미칠 수 있는 자신의 감정에 민감하게 초점을 맞춘다. 환자에게 그렇게 하라고 격려하는 것과 마찬가지로, 인지치료자는 자신의 신체 감각과 감정 상태의 미묘한 변화를 단서로 자동적 사고가 스치고 지나갔음을 알아차린다. 치료자가 보이는 전형적인 행동이 어떤 식으로든 달라진다면, 이것 역시 치료자에게 정서 반응 및 이와 연합된 자동적 사고가 있었음을 보여 주는 징후다. 예를 들면, 치료자는 명령하는 듯한 (혹은 주저하는 듯한) 어조로 말하기도 하고, 회기가 끝난 뒤에 환자에 대한 생각을 더 많이 하게 되기도 하며, 환자에게서 걸려 온 전화에 답하는 것을 피하기도 하고, 회기의 시작과 마무리를 늦추기도 한다. 치료자는 어떤 회기나 상황에 대해서 자신이 무슨 생각을 하고 있는지 자문해 볼 수 있으며, 특정한 환자 혹은 축 II 장애 환자와의 치료 작업에 대해서 무슨 생각을 하는지를 스스로 탐색하면서 그것을 역기능적 사고 기록지에 적어 볼 수 있다.

　자신의 부정적인 감정에 휩쓸리지 않으면서 치료의 목표에 적절히 초점을 맞추기 위해서, 치료자는 자신이 치료와 관련된 생각과 감정을 어떤 식으로 바라보고 다루는지를 인지적으로 재구성할 필요가 있을지도 모른다. 우선, 치료 과정에서 실수를 범하거나 치료가 실패할 조짐이 보이는 것에 대해서 치료자가 느끼는 감정과 두려움을 직면하고, 감정을 불러일으키는 사건을 이해하는 방식에 주목하는 것이 도움이 된다. 치료자가 어떤 감정을 느끼는 데는 여러 가지 이유가 있다. 예를 들면, 치료자가 자신의 전문적인 역할을 어떻게 지각하느냐에 따라서 각기 다른 감정을 느끼게 된다. 또한 환자의 문제 행동을 다루는 상호작용 과정뿐만 아니라 치료자가 속한 문화나 그의 가치관, 치료자의 고유한 학습 배경 등도 치료자가 느끼는 감정에 영향을 미친다(Kimmerling, Zeiss, & Zeiss, 2000).

　성격장애 환자를 전문가답게 치료하기 위해서, 치료자는 환자를 판단하지 않으려는 각별한 노력을 기울여야 한다. 우리가 성격장애를 묘사하는 데 쓰는 전문용어(자기애적, 강박적, 의존적 등) 자체가 환자에게는 경멸당한다는 느낌을 줄 수 있다. 우리가 성격장애의 특징을 언급할 때, 장애로서의 '성격'이 아니라 고통받고 있는 '사람'을 보기란 여간 어려운 일이 아니다. 일단 진단을 내렸다면, 꼬리표처럼 따라 붙는 진단명을 쓰지 않는 게 좋고, 그 환자의 믿음, 예상되는 반응, 의미, 행동 등을 중심으로 생각하는 것이 좋다. 치료자가 환자를 공감하는 것이 바람직하다. 치료자 자신이 환자와 같은 예민성, 무력감, 취약성을 가졌다고 상상하면서 환자의 입장이 되어 보려는 노력을 통해서, 치료자는 환자를 더 잘 이해할 수 있게 된다. 이와 동시에, 치료자는 환자의 문제에 너무 깊이 빠져들어서 객관성을 상실하지 않도록 조심해야 한다. 바람직한 치료자의 태도는, 문제중심적으로 접근하는 비판단적인 분위기 속에서 인내력을 가지고 꾸준히 노력하는 것이다.

　하지만 성격장애 환자를 치료하는 과정에는 많은 난관들이 도사리고 있기 때문에, 순수한 의지와 신한 의도만으로는 바람직한 치료자의 모습을 충분히 구현하기 어려울 수 있다. 치료자가 인지적 기법들을 잘 활용한다면, 치료자의 정서 반응은 치료의 진전을 가로막는 장벽이 아니라 변화를 이끌어내는 교량의 구실을 한다. 슈퍼비전이나 자문을 받아가면서, 치료자는 자신이 특정한 촉발 상황에 부여한 의미 혹은 판단이 무엇인지를 알아차릴 수 있을 것이다. 한 예로, 연극성 성격장애 환자와 작업하고 있는 치료자가 힘든 회기를 마치고 작성한 역기능적 사고 기록지를 참고하기 바란다([그림 5-1]).

상 황	감 정	자동적 사고	합리적 반응
• 환자가 늦게 옴 • 극적인 이야기를 계속함 • 치료자가 의제설정으로 다시 방향을 바꾸려고 할 때 흐느껴 움	• 좌절스러움 • 실망스러움 • 불확실함 • 당황스러움	• 이 환자는 결코 나아질 수 없다! • 인지치료를 했지만 아무런 진전도 없었다. • 앞으로 어떻게 치료해야 할지 모르겠다. • 나는 이 방법을 효과적으로 구사하지 못한다.	내가 환자를 경멸하는 것은 아무런 도움이 되지 않는다. 그러므로 나는 이런 판단을 하지 않으면서 환자와 더 공감할 필요가 있다. 그녀는 자신의 감정을 전보다 잘 명명하고 있으며, 생각도 잘 찾아내고 있다. 또한 나는 그녀가 사람들에게 정서적으로 지지받고 싶을 때 취할 수 있는 행동들의 목록을 만드는 게 중요하다고 강조하고 있다. 나는 그녀의 가치를 존중할 필요가 있고, 그녀가 문제를 정의하는 법을 배울 수 있도록 도와주어야 하며, 포기하지 않게 해야 한다. 단지 불확실한 느낌이 든다고 해서 내가 효과적인 치료자가 못 되는 것은 아니며, 내가 부끄러운 행동을 한 것도 아니다. 내가 지금 불편감을 느끼는 이유는 모든 환자가 빨리 변화되어야만 한다고 믿기 때문이고, 만약 환자가 빨리 변화되지 않는다면 그것은 내 잘못이라고 생각하기 때문이다. 효과적인 치료자는 '절대로' 불확실감을 느끼지 않는다는 게 말이 되는가? 나는 앞으로 어떻게 치료해야 될지를 여러 각도에서 깊이 생각해 볼 수 있다.

[그림 5-1] 치료자의 역기능적 사고 기록지

스트레스 대처 기술을 자신에게 적용하거나 다른 형태의 자기보호 행동을 취하는 것도 치료자에게 많은 도움이 된다. 이를테면, 치료 시간에 자신을 격려하고 수용하는 말을 (마음속으로) 할 수도 있고, 치료 시간에 특정한 정서적 혹은 관계적 목표를 달성하는 것을 염두에 뒀다가 회기가 끝난 뒤에 얼마나 잘 해냈는지를 평정해 볼 수도 있다. 또한 어려운 환자와 생산적으로 작업해 내는 심상을 조용히 시연해 볼 수도 있으며, 환자의 강점을 찾아 칭찬함으로써 회기 중에 긍정적인 말을 더 많이 하는 것도 한 방법이다. 치료 장면이 아닌 곳에서는 자신이 좋아하는 운동이나 즐거운 활동을 하고, 다른 사람들과 만나서 어울리며, 일에서 벗어나서 자유로운 시간을 보낼 수 있는 기회를 정기적으로 확보하는 것이 중요하다.

치료자가 느끼는 감정이 심리치료를 수행하는 과정은 물론 심리치료의 효과에도 상당한 영향을 미친다는 데는 별다른 이의가 없지만, 이런 복잡한 주제를 다룬 연구들은 아직 걸음마 단계에 있다. 지난 40년 동안 심리치료 연구가 수없이 진행되었지만, 치료자의 감정이라는 주제는 임상 실제와 이론적 연구를 편가르는 고전적인 분할점이었다고 볼 수 있다. 치료자의 감정을 중요하고 결정적인 요소로 간주하는 치료 이론들은 많지만, 이를 뒷받침하는 경험적인 자료는 아직 미흡한 실정이다(Najavits, 2000). 이처럼 명확한 연구가 존재하지 않는 상황에서는, 환자와 치료자의 정서 반응에 내포된 여러 가능성들을 조심스럽고 예민하게 다루는 것이 최선인 듯하다.

요 약

축 II 장애 환자의 인지치료에서, 치료자는 일련의 상호작용을 통해 환자의 기술 부족과 손상된 믿음을 다루는 데 세심하게 공을 들일 뿐만 아니라 환자의 대인관계 영역을 살피면서 그를 전반적으로 이해하는 데 많은 시간을 할애한다. 치료자가 환자 및 치료 과정에 대해서 일관되고, 꾸준하고, 문제중심적이고, 비판단적인 태도를 견지하는 것이 매우 중요하다. 그러나 전문적인 치료에 필요한 충분한 경계를 유지하는 데에는 어떠한 절중도 용납되지 않는다. 환자가 치료에 협력하는 데 어려움을 보일 때는 이를 환자의 기술, 믿음, 상황 등의 관점에서 파악하여 개념화하며, 비협력을 타개할 만한 해결책을 모색한다. 환자의 강렬한 정서 반응은 그를 깊이 이해하여 적극적이고 생산적인 치료작업을 진행하는 데 필수적인 것으로 받아들인다. 정서 반응을 이해하고 잠재적으로 조절하기 위해서, 필요한 경우에는 환자와 치료자 모두에게 인지적 기법을 적용할 수 있다.

제 2 부
개별 성격장애에 대한 적용

제**6**장

편집성 성격장애

편집성 성격장애(Paranoid Personality Disorder: PPD) 환자들은 다른 사람의 의도와 행동을 해석하는 과정에서 남들이 자신을 업신여기거나 위협한다는 식의 비현실적인 해석을 되풀이한다. 하지만 그들이 망상이나 환각과 같은 지속적인 정신증적 증상을 지니고 있는 것은 아니다. 예를 들어, 비서직에 종사하는 30대 중반의 기혼 여성 앤(Ann)은 긴장감, 피로감, 불면증, 성마름 등의 문제로 심리치료를 받게 되었다. 그녀는 이러한 문제들이 생겨난 원인을 직장 생활의 스트레스 탓으로 여겼다. 주로 어떤 일들 때문에 직장에서 스트레스를 받는지 물었을 때, 그녀는 "사무실 사람들이 나를 괴롭히려고 끊임없이 물건을 바닥에 떨어뜨리면서 시끄럽게 군다.", "그들은 내 상사가 나를 싫어하게 만들려고 애쓴다."라고 대답하였다.

그녀는 다른 사람들이 자신에게 심술궂고 악의적인 의도를 품고 있다고 생각하는 경향이 있었는데, 이것은 상당한 시간 동안 지속되어 온 것이었다. 또한 그녀는 직장 동료들의 행동을 다른 각도에서 대안적으로 설명해 보려고 하지 않았다. 그녀는 스스로를 상당히 예민하고, 질투심이 많고, 쉽게 공격을 받고, 화를 잘 내는 사람이라고 묘사했다. 그녀가 비현실적인 의심을 한다는 것은 분명했지만, 그녀에게서 사고장애, 지속적인 망상, 기타 정신증적 증상은 찾아볼 수 없었다.

앤의 사례에서는 심리치료를 시작할 때부터 그녀의 편집증상이 분명하게 드러났지만, 편집증상이 초기부터 분명하게 드러나는 경우는 그리 많지 않다. 그렇기 때문에 치료자가 증상을 놓치기 쉽다. 예를 들면, 20대 후반의 방사선과 의사 게리(Gary)는 아직 미혼이었지만 꾸준히 여자 친구를 사귀고 있었고, 부모와 함께 살았으며, 전일제로 병원에서 일하면서 부분적으로는 대학원에 다니고 있었다. 그는 자신이 만성적으로 신경이 과민한 사람이라고 묘사했으며, 걱정, 불안발작, 불면증 등의 문제를 호소했다. 그는 학업의 부담 때문에 이런 증상들이 더 심해졌다면서 심리치료를 받으려고 했다. 첫 번째 상담을 진행하는 동안 그는 자신을 개방적으로 잘 드러냈고 솔직해 보였다. 오로지 '가족들이 심리치료를 신뢰하지 않기 때문에' 자신이 심리치료를 받는다는 것을 가족들이 모르게 했으면 좋겠다고 말한 점과 비밀보장에 대한 염려가 있으니 의료보험을 적용하지 않았으면 좋겠다고 말한 점만이 첫 상담에서 눈에 띄는 대목이었다. 그는 "병원에서 얼마나 많은 비밀스러운 정보들이 제대로 관리되지 않은 채 마구 널려져 있는지 봤다."라고 설명했다.

초반의 6회기 동안은 스트레스와 불안에 효과적으로 대처하는 기술을 학습하는 작업과 그의 두려움을 검토하는 작업에 초점을 맞춘 인지치료가 별다른 문제없이 잘 진행되었다. 7회기의 초반에, 게리는 점진적 이완기법이 '잘 듣지 않는' 몇몇 경우들이 있다고 이야기했다. 이런 경우들을 논의하면서, 그는 "나는 이완되는 것을 별로 원하지 않는 것 같다.", "아마도 사람들이 나한테서 뭔가를 빼앗아 갈 것 같아서 두려운가 보다.", "그가 내 생각을 훔쳐가지 않았으면 좋겠다.", "아무리 사소한 것이라고 하더라도, 당신이 말하는 것이 오히려 당신에게 나쁘게 사용될 수 있다."라는 언급을 했다. 마지막으로 그는 일반적인 다른 사람들에 대해서 "자신들의 이득을 위해서 사람을 이용해 먹는다."라고 묘사했다.

이런 문제들에 대해서 더 깊은 대화를 나누자, 대인관계 상황에서 늘 의심하면서 방어적인 태도를 취하는 것은 게리가 오랫동안 구사해 온 특징적인 방략임이 분명해졌다. 이것이 그에게 스트레스와 불안을 일으키는 핵심 요소였으며, 그가 점진적 이완기법을 적용하기 어려워한 이유였다. 하지만 초반의 6회기 동안에는 이 점이 분명히 드러나지 않았었다.

역사적 조망

편집증(paranoia)이라는 광범위한 주제에 대해서는 이미 오래 전부터 많은 논의
가 있었으며, 과거에는 모든 형태의 심각한 정신장애를 지칭할 때 편집증이라는
용어를 별다른 제약 없이 사용했다. 보다 현대적인 의미에서의 편집증은, Freud로
부터 시작해서 현재까지 이어지는 정신역동적 입장의 학자들로부터 집중 조명을
받았다. Shapiro(1965)는 편집증에 대한 대표적인 견해를 제시했는데, 그는 용납
할 수 없는 느낌과 충동을 타인에게 '투사(projection)' 한 결과로 편집증이 생겨난
다고 주장했다. 이론적으로 볼 때, 용납할 수 없는 충동을 자신이 아닌 타인의 것
으로 귀인하게 되면 그런 충동에 대한 죄책감을 줄이거나 없앨 수 있으며, 이로 인
해 내적인 갈등을 방어할 수 있게 된다. 용납할 수 없는 충동이 실제로는 자신의 것
임에도 불구하고 이를 타인의 것이라고 부정확하게 지각하면, 자신과 타인에 대해
서 더 현실적인 견해를 지닐 때보다 결과적으로 덜 고통스럽게 된다는 것이 정신
분석적인 설명의 핵심이다.

Colby와 동료들은 위와 같은 전통적인 견해와 유사한 편집증의 인지행동적 모
형을 제안했다(Colby, 1981; Colby, Faught, & Parkinson, 1979). 이들은 정신과적
면담에서 편집증 환자들이 드러내는 반응들을 컴퓨터 시뮬레이션으로 구성했는
데, 면담의 내용이 어떤 특정한 주제만으로 한정되는 경우에는 경험이 많은 면담
자라도 컴퓨터의 반응과 편집증 환자의 반응을 정확히 분간하기 어려울 만큼 충분
히 사실적이었다(Kochen, 1981). Colby의 모형은 편집증이 사실은 수치심과 굴욕
감을 최소화하거나 미연에 방지하기 위한 일련의 전략들이라는 가정에 기초하고
있다. 편집증상을 보이는 사람은 자신이 부적절하고, 불완전하고, 불충분한 존재
라고 굳게 믿는 것 같다. 자신을 이렇게 부적절한 존재라고 생각한다면, 남들로부
터 조롱을 당하거나 터무니없는 무고를 당하거나 혹은 신체적인 장애를 입는 경우
에 참을 수 없는 수준의 수치심과 굴욕감을 느끼게 될 것이다. Colby는 '굴욕적

인' 사건이 벌이질 때 그 사건에 대해서 (자신이 아닌) 다른 사람을 비난하고 자신은 (타인에게서) 부당한 취급을 당했다고 강하게 주장하면, 다른 사람들로부터 비난을 당하거나 수치심과 굴욕감을 느끼게 되는 상황을 회피할 수 있게 된다고 가정하였다.

편집성 성격장애는 그 자체로도 많은 연구자들의 주목을 받아 왔다. Cameron (1963, 1974)은 부모가 아동을 학대하고 애정을 주지 않으면 기본적인 신뢰감이 결여되는 문제가 생기는데, 이로 인해서 편집성 성격장애가 발생한다고 보고 있다. 아동은 다른 사람들이 자신을 가학적으로 다룰 것이라는 기대를 갖게 되고, 위험신호를 지나치게 경계하고 조심하게 되며, 재빨리 자신을 방어하는 행동을 취하게 된다. 이런 지나친 경계심으로 인해 타인에게서 예상되는 부정적인 반응의 미묘한 단서들을 더 빠르게 포착하게 되고, 그런 단서에 강렬하게 반응하게 된다. 이와 동시에, 실제로는 (남이 아닌) 스스로가 타인에게 적대적인 태도를 지니고 있기 때문에 생겨나는 부정적인 영향들에 대해서는 전혀 자각하지 못하는 결과를 낳게 된다.

Cameron의 설명과 마찬가지로, Millon(1996) 역시 기본적 신뢰감의 결여가 편집성 성격장애의 핵심이라고 설명했다. 그는 타인에 대한 신뢰감의 결여로 인해서 자신이 남들에게 처벌을 당하거나 통제를 당할 것이라는 강렬한 두려움이 생겨난다고 가정했으며, 신뢰감의 결여가 환자의 대인관계 문제에서 중요한 비중을 차지한다고 보았다. 더 나아가서, 신뢰감의 결여 및 처벌과 통제에 대한 두려움은 대인관계의 고립을 초래하고, 이것은 다시 편집증상을 지닌 사람이 제대로 '현실 검증 (reality check)'을 해서 근거 없는 의심과 엉뚱한 공상을 줄일 수 있는 기회마저 박탈하게 된다. 하지만 Millon(1996, p. 701)은 편집성 성격장애의 '본질'을 이루는 일관된 귀인양식 같은 것은 없다고 주장했다. 그는 편집성 성격장애를 총망라하는 일반적인 개념화를 시도하는 대신에, 다섯 가지의 하위 유형을 제시했다.

Turkat(1985, 1986, 1987, 1990; Turkat & Banks, 1987; Turkat & Maisto, 1985)은 임상 사례를 세밀하게 검토하는 작업을 통해서 편집성 성격장애의 발생과 유지에 관한 인지행동적 모형을 제안하였다. Turkat은 부모와 아동 사이의 초기 상호작용에서 부모가 아동에게 "너는 실수하지 않게 조심해야만 해.", "너는 남들과는 다른 사람이야."라고 가르친다고 보았다. 이런 두 종류의 믿음은 아동으로 하여금 다른 사람들의 평가에 너무 신경을 쓰게 만들며, 부모의 기대를 충족시키고 이에 동조하느라고 또래로부터는 수용받지 못하는 결과를 초래한다. 따라서 결국은 또래에게 굴욕을 당하거나 그들로부터 배척당하는 경험을 하게 되며, 이런 배척과 추방을 극복할 수 있는 대인관계 기술은 부족한 상태에 놓이게 된다. 결과적으로, 개인은 자신의 고립된 처지와 또래들의 부당한 대우를 반복적으로 곱씹으면서 대부분의 시간을 보내게 되고, 자신이 남들과는 다른 특별한 사람이고 다른 사람들이 그런 자신을 질투하기 때문에 이렇게 박해를 당한다는 결론을 내리게 된다. 이런 '논리적인' 설명은 사회적으로 고립되어 있기 때문에 생겨나는 환자의 심리적인 고통을 줄여 주는 것으로 보인다. 이렇게 형성된 타인에 대한 편집증적인 견해는 환자의 대인관계 고립을 더욱 영속화시키게 되는데, 그 이유는 남들로부터 거절당할 것이라고 미리 예상하기에 대인관계를 맺는 데 상당한 불안감을 느낄 수밖에 없기 때문이며, 만일 다른 사람들에게 자신이 받아들여진다면 이러한 설명체계가 심각하게 위협을 받게 될 것이기 때문이다.

연구와 경험적 자료

편집성 성격장애에 관한 연구는 그리 많지 않은데, 그 부분적인 이유는 연구에 참여할 피험자 집단을 모으는 게 어렵기 때문일 것이다. 우리가 아는 대부분의 자료는 다양한 성격장애들 중의 하나로 편집성 성격장애를 포함시켜서 조사했던 연구들에서 얻어진 것들이다. 지금까지 밝혀진 것으로는, 유전적인 요인이 편집성 성격장애의 발생에 중요한 영향을 미치는 것으로 보인다. 예를 들어, Coolidge, Thede 및 Jang(2001)은 4세에서 15세 범위에 속하는 쌍둥이 112명을 대상으로 연구하여 편집성 성격장애의 유전계수가 .50에 달한다는 결과를 얻었다. 다른 연구들에 따르면, 언어적 학대(Johnson et al., 2001), 부모와의 갈등(Klonsky,

Oltmanns, Turkheimer, & Fiedler, 2000), 정서직인 방치 및 소홀한 양육(Johnson, Smailes, Cohen, Brown, & Bernstein, 2000) 등과 같은 부정적인 초기 경험이 편집성 성격장애의 발생에 중요한 영향을 미치는 것으로 보인다. 또한 역기능적인 사고(Beck et al., 2001)와 역기능적인 대처 방략(Bijettebier & Vertommen, 1999)도 편집성 성격장애 및 다른 성격장애와 밀접한 관련이 있음을 시사하는 경험적인 자료들이 있다. 하지만 안타깝게도, 우리가 이 장에서 소개하는 편집성 성격장애의 개념화 내용이 얼마나 타당한지를 검증한 자료와 여기서 제안하는 치료적 접근방식의 효과에 관한 자료는 아직까지 충분하지 않다.

감별 진단

다음의 〈표 6-1〉에 제시한 진단 기준을 살펴보면, 사고장애나 환각경험, 지속적인 망상 등이 동반되지는 않지만 반복적으로 타인을 불신하고 의심하는 편집적인 양상을 드러내는 것이 편집성 성격장애 환자의 주된 특징임을 알 수 있다. DSM-IV-TR(American Psychiatric Association, 2000)에 분명한 진단 기준이 제시되어 있기는 하지만, 편집성 성격장애를 진단하는 일은 그리 쉽지 않다. 왜냐하면, 이런 문제를 가진 사람들이 "선생님, 제가 갖고 있는 문제는 편집증입니다."라고 말하면서 치료를 받으려는 경우는 거의 없기 때문이다.

편집적인 사람들은 인간 관계에서 생겨나는 문제의 원인을 자신이 아닌 다른 사람의 탓으로 돌리고 비난하는 경향이 강하며, 일반적으로 타인에 대한 자신의 생각을 정당화해 주는 것처럼 보이는 여러 가지 경험을 기억하고 있다가 언급한다. 이들은 자신의 문제를 부인하거나 최소화하려고 하며, 인간관계의 갈등이 생겨나는 데 자신이 어떤 식으로 기여하고 있는지에 대해서는 거의 인식하지 못한다. 따라서 환자의 자기보고에만 의존해서 평가를 하게 되면, 환자의 의심을 정당한 것으로 혹은 타인의 부적절한 행동 때문에 문제가 생긴 것으로 오해하기 쉽다. 더욱이 대부분의 일반인들도 편집증의 특징을 어느 정도는 알고 있기 때문에, 편집증

〈표 6-1〉 편집성 성격장애에 대한 DSM-IV-TR의 진단 기준

A. 타인의 동기를 악의에 찬 것으로 해석하는 등의 광범위한 불신과 의심이 성인기 초기에 시작되어 다양한 상황에서 나타나며, 다음 중 4개의 (또는 그 이상) 항목을 충족시킨다.

   (1) 충분한 근거 없이, 타인이 자신을 착취하고 해를 주거나 속인다고 의심한다.
   (2) 친구나 동료의 성실성이나 신용에 대한 부당한 의심을 한다.
   (3) 정보가 자신에게 악의적으로 사용될 것이라는 부당한 공포 때문에 터놓고 얘기하기를 꺼린다.
   (4) 타인의 말이나 사건 속에서 자신을 비하하거나 위협하는 숨겨진 의미를 찾으려 한다.
   (5) 원한을 오랫동안 풀지 않는다. 예컨대, 자신에 대한 모욕, 손상, 경멸을 용서하지 않는다.
   (6) 타인은 그렇게 생각하지 않지만 자신의 인격이나 명성이 공격당했다고 인식하고 즉시 화를 내거나 반격한다.
   (7) 이유 없이 배우자나 성적 상대자의 정절에 대해 반복적으로 의심한다.

B. 장애가 정신분열병, 정신증적 양상을 동반하는 기분장애, 기타 정신증적 장애의 경과 중에만 나타나는 것이 아니며, 일반적인 의학적 상태의 직접적인 심리적 효과에 따른 것이 아니어야 한다.

을 가진 사람들은 남들이 자신을 편집증 환자로 여길 수 있다는 점을 알아채고서 자신의 생각을 남들에게 알리지 않는 게 차라리 현명하다고 지각하는 경향이 있다. 이런 경우에는 편집증의 징후가 치료 과정에서 바로 드러나지 않고 서서히 드러나므로 치료자가 이를 놓치기 쉽다.

   환자가 드러내는 여러 가지 특징들을 잘 관찰하면, 명백하게 비현실적인 의심에 주목할 때보다 더 쉽게 편집성향을 알아차릴 수 있다. 다음의 〈표 6-2〉에는 편집성 성격장애 환자들이 초기에 드러낼 가능성이 있는 몇 가지 징후들을 소개하였다. 편집성 성격장애 환자들은 매우 조심스럽게 경계하는 모습을 보이며, 모호한 상황을 위협적인 것으로 해석하고, 일단 위협을 지각하면 재빠르게 대비책을 강구하는 경향이 있다. 다른 사람들의 눈에는 그들이 종종 논쟁적이고, 고집이 세고, 방어적이고, 타협할 줄 모르는 사람으로 보인다. 또한 그들은 다른 사람들이 솔직하지 않고, 기만적이고, 불성실하고, 적대적이고, 악의적이라고 지각하면서도, 자신들 역시 그와 유사한 모습을 보이기도 한다. 편집성 성격장애뿐만 아니라, 편집형 정신분열병(Schizophrenia, paranoid type), 피해형 망상장애(Delusional disorder,

〈표 6-2〉 편집성 성격장애 환자들이 드러낼 수 있는 징후들

- 지속적으로 조심하고 경계함. 면담을 하는 동안 치료자의 방을 유심히 살피거나 창밖을 자주 응시하는 모습으로 드러날 수 있음
- 비밀보장에 대해서 지나치게 염려함. 치료자가 차트를 기록하는 것을 꺼리거나, 치료자가 자신에게 전화할 때는 비밀보장을 위해 특별한 조치를 취해 줄 것을 요구함
- 모든 문제가 다른 사람들 때문에 일어난 것이라고 남을 탓하며, 자신은 부당한 취급과 학대를 받았다고 지각하는 모습을 보임
- 권위적인 인물과 반복적으로 갈등을 빚음
- 다른 사람의 동기에 대해서 지나치게 강한 확신을 보이며, 대안적인 설명을 고려하는 데 어려움을 보임
- 사소한 사건을 매우 중요한 일로 해석하여 강렬하게 반응하고 침소봉대함
- 지각된 위협이나 모욕에 신속하게 반격하고, 논쟁이나 소송에 휘말리는 경향이 있음
- 남들에게 부당한 대우를 당하면 이를 더 과장되게 지각하고, 다른 사람들의 적대감을 불러일으키는 행동을 하는 경향이 있음
- 다른 사람에 대한 부정적인 기대를 확증하는 증거를 샅샅이 찾으며, 맥락을 무시한 채 평범한 사건 속에 숨겨진 동기나 특별한 의미를 읽어내려고 시도함
- 긴장을 풀지 못하고, 특히 다른 사람과 함께 있을 때 이완된 상태를 유지하지 못함. 치료자와 함께 이완훈련을 할 때도 눈을 감지 않으려고 하거나 눈을 감지 못함
- 유머감각이 없음
- 자기충족적이고 독립적이려는 욕구가 지나치게 강함
- 약한 것, 부드러운 것, 병약한 것, 결함이 있다고 보이는 것을 경멸함
- 따뜻하고 부드러운 감정, 의심과 불안감 등을 표현하지 못함
- 병적인 질투를 보이며, 배우자의 부정을 막기 위해 지속적으로 상대방의 행동과 인간 관계를 통제하려고 시도함

persecutory type), 정신증적 양상을 동반한 기분장애(Mood disorder with psychotic features) 등과 같은 몇몇 다른 장애들에서도 '편집적인' 사고 경향이 나타난다. 이런 문제를 지닌 사람들은 지속적인 피해망상 및 그 밖의 정신증적인 증상을 보인다. 이와 달리, 편집성 성격장애 환자들은 다른 사람들이 고의적으로 자신을 위협하거나 업신여긴다는 시각을 근거도 없이 부당하게 하는 경향이 있기는 하지만, 정신증적인 증상을 지속적으로 나타내지는 않는다(American Psychiatric Association, 2000). 편집성 성격장애 환자들도 극심한 스트레스를 받으면 일시적으로 망상적인 사고를 경험하는 경우가 있지만, 망상이 오랫동안 지속되지는 않는다.

많은 연구자들이 편집형 정신분열병과 망상장애에 이론적으로 주목하고 경험적

인 연구들을 진행해 왔으나, 아직까지 이들 두 종류의 정신증과 편집성 성격장애의 관계에 대해서 명확하게 밝혀진 것은 없다(Turkat, 1985). 따라서 정신증 환자들을 대상으로 얻어진 연구결과를 편집성 성격장애 환자들에게까지 일반화시켜서 적용할 수 있는지는 분명하지 않다. 하지만, 편집적인 사고 양상을 보이는 정신증과 편집성 성격장애를 감별하는 것은 매우 중요하다. 왜냐하면, 정신증 환자의 경우에는 치료절차를 상당히 조정할 필요가 있기 때문이다. 정신증 환자들에게 인지치료를 적용한 최근의 시도들에 대해서는 Perris와 McGorry(1998)의 연구를 참조하기 바란다.

개념화

앞에서 우리는 편집성 성격장애를 설명하는 몇 가지 이론적인 관점들을 언급하였다. 이런 관점들은, 다른 사람들을 의심하는 것 혹은 남들로부터 피해를 당하고 부당한 대우를 받은 일을 끊임없이 반추하는 것이 편집성 성격장애 환자의 핵심적인 문제가 아니며, 오히려 환자가 자신의 주관적인 고통을 감소시키기 위해서 합리화(rationalization)하는 것이 더 중요한 문제라는 점에 의견을 같이 한다. 이 책의 저자들은 편집성 성격장애 환자가 지니는 생각들이 어떤 구실을 하고 있는지를 인지적으로 분석하고, 이를 색다른 관점에서 제시하였다(Beck, Freeman, & Associates, 1990; Freeman, Pretzer, Fleming, & Simon, 1990; Pretzer, 1985, 1988; Pretzer & Beck, 1996). 앞에서 소개했던 방사선과 의사 게리가 드러낸 편집증적인 양상 중에서, 인지적 및 대인관계적인 요소들을 [그림 6-1]에 요약해서 제시하였다. 게리는 다음과 같은 세 가지의 기본적인 가정을 지니고 있었다. '다른 사람들은 악의적이고 믿을 수가 없다', '기회만 생기면 그들은 나를 공격할 것이다', '항상 긴장하고 경계해야만 피해를 당하지 않을 것이다.' 이런 가정들을 지니고 있었기 때문에, 게리는 인간관계에서 자신이 남들에게 기만당하고, 속아 넘어가고, 위험에 처하게 될 것이라고 예상했다. 또한 다른 사람들이 자신을 기만하고, 속임수를 쓰고, 악의적인 의도를 품고 있는지를 늘 살피고 조심하며 경계하는 것이 당연하다는 결론을 내렸다. 하지만 이처럼 조심하고 경계하는 성향이 예기치 않은 부작용을 초래했다. 만약 어떤 사람이 (타인의 신뢰성과 선의를 드러내는 신호에는 주의를 기울이지 않으면서) 타인의 기만성과 악의를 드러내는 미묘한 신호에만 세심하게 주의를 기울인다면, '다른 사람들은 믿을 수가 없다'는 자신의 견해를 지지하는 것처럼 보이는 단서들을 너무나 쉽게 찾아낼 수 있을 것이다. 왜냐하면, 사람들이란 원래 항상 선하거나 신뢰할 만한 존재가 아니기 때문이며, 또한 인간관계라는 것이 상당히 모호해서 실제로는 상대방이 선량한 의도를 가졌더라도 그것을 악의적으로 지각하려면 얼마든지 그렇게 할 수 있기 때문이다. [그림 6-1]에 제시한 것처럼, 게리는 조심스럽게 경계하는 태도를 취하면서 인간의 본성에 대한 자신의 가정을 지지하는 증거들을 찾아낼 수 있게 되며, 이 때문에 계속해서 편집적인 방식으로 세상을 살아가게 된다.

　더 나아가서, 다른 사람들의 행동에 대한 게리의 기대는 직장 동료들이나 친구들과의 상호작용에도 상당한 영향을 미쳤다. 그는 다른 사람들과 정서적으로 얽히고 연루되는 것이 두려웠으며, 친밀한 관계를 맺어서 남들에게 자신을 공개하면

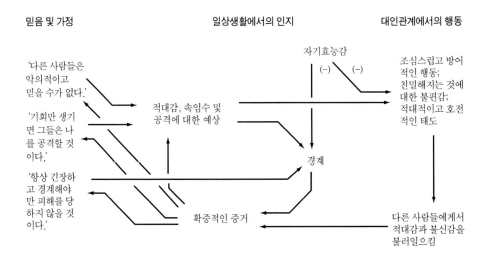

믿음 및 가정　　　　　　　일상생활에서의 인지　　　　　대인관계에서의 행동

[그림 6-1] 편집성 성격장애에 대한 인지적 개념화

자신의 취약성이 더 두드러지게 될 것을 염려했기에 친밀한 관계를 회피했다. 또한 그는 다른 사람들을 대할 때 전반적으로 조심스럽고 방어적인 모습을 보였고, 대수롭지 않은 일에도 과도하게 반응하는 경향이 있었으며, 자신이 부당한 대우를 받았다고 생각되면 재빨리 반격에 나섰다. 게리가 이런 식으로 행동하다 보니 다른 사람들도 그에게 친절을 베풀거나 관대하게 대할 수 없었다. 오히려 그의 행동은 동료들로부터 불신감과 적대감을 불러일으키는 경향이 있었다. 즉, 게리의 인간관계는 자신이 기대하고 예상했던 식으로 전개되었으며, 남들에게 좋지 않은 대우를 받는 경험이 반복되었다. 이런 경험들은 다시 그의 부정적인 예상을 지지하고 확증하는 결과를 낳았고, 그는 계속해서 편집적인 삶을 살아갈 수밖에 없었다.

[그림 6-1]에서 제시한 세 번째 요인은 자기효능감(self-efficacy)이다. 이것은 특정한 문제나 상황에 효과적으로 대처하는 자신의 능력이 어떠한지를 개인이 주관적으로 평가한 바를 의미하는 구성개념으로, Bandura(1977)가 정의한 것이다. 만약 게리가 자신에게는 다른 사람들의 속임수를 쉽게 꿰뚫어 보고 그들의 공격을 막아 내는 능력이 있다고 확신했다면, 그렇게까지 끊임없이 조심스럽게 행동할 필요는 없었을 것이며, 아마도 덜 방어하고 덜 경계하는 모습을 보였을 것이다. 또한 만약 그가 이렇듯 처절하게 노력하더라도 결국 효과적으로 대처하지는 못할 것이라고 생각했다면, 아마도 그는 경계하며 방어하는 전략을 포기하고 무언가 새로운 대처전략을 선택했을 것이다. 두 가지 중에서 어떤 경우이든지, 그의 편집증을 영속화시키는 악순환은 약화되거나 중단되었을 것이다. 하지만 게리는 끊임없이 경계하지 않으면 결코 다른 사람들과 잘 지낼 수 없을 것이라고 생각했으며, 아울러 자신이 충분히 조심하고 경계한다면 적어도 살아남을 수는 있을 것이라고 생각했다. 따라서 그는 늘 조심스럽게 경계하는 태도를 유지했으며, 이로 인해서 그의 편집증도 지속되었다.

앞에서 논의한 두 가지의 악순환 기제를 통해서, 편집성 성격을 지닌 사람들은 자신의 편집증적인 가정을 강력하게 지지하는 경험을 하게 되고, 그런 상황을 계속 유발해 낸다. 더 나아가서, 세상의 모든 사람들이 전부 다 악의적이지는 않다는 점을 일깨울 만한 경험을 하더라도, 그것을 자신의 세계관 속에 통합시키지 못한

나. 편집성 환자들은 다른 사람들이 악의적이고 기만적이라는 가정을 품고 있기 때문에, 남들이 자신에게 선의를 베풀거나 도움을 주는 것으로 이해할 수 있는 상황도 있는 그대로 받아들이지 못하며, 결국에는 남들이 자신을 공격하거나 착취할 기회를 잡기 위해 잠시 속임수를 동원해서 신뢰하게 만들려고 한다는 식으로 해석하게 된다. 일단 타인의 행동을 기만적인 것으로 해석하고 나면, 다른 사람들이 친절하거나 믿을 만하게 행동함으로써 자신을 속이려고 한다는 '사실'은 타인이 악의적인 의도를 지니고 있음을 입증하는 것처럼 보이게 된다. 따라서 편집성 성격을 지닌 사람들은 타인의 행동에 대한 '명백한' 설명을 받아들이지 않으려고 하며, 기저에 숨겨진 '진짜' 의미를 찾아내려고 애쓰게 된다. 대체로, 편집적인 사람들은 자신의 선입견에 부합하는 해석이 만들어질 때까지 이런 과정을 꾸준히 되풀이한다.

안전하게 살아남기 위해서는 경계를 늦추지 말아야 할 위험한 상황들이 도사리고 있다는 편집적인 믿음은, 편집성 성격장애 환자들이 드러내는 여러 가지 특징들을 이해하는 데 도움이 된다. 그들은 늘 위험 신호에 주의를 기울이고, 의도적으로 조심스럽게 행동하며, 부주의한 모습을 보이지 않고, 불필요한 위험을 감수하지 않는다. 가장 엄청난 위험은 다른 사람들과의 인간관계에서 비롯된다고 생각하기 때문에, 편집적인 사람들은 남들과 상호작용할 때 촉수를 곤두세우고 위험이나 속임수의 신호를 찾으며, 항상 타인의 본심을 드러내는 미묘한 단서를 감지해 내려고 애쓴다. 이처럼 냉혹하고 경쟁적인 세상에서 자신의 약점을 노출시킨다는 것은 공격을 자초하는 것이나 다름없다. 따라서 편집적인 사람들은 어떻게 해서든지 자신의 약점이나 불안정하고 문제시되는 면들을 감추려고 애쓰는데, 주로 속임수를 쓰거나 문제를 부인하고 변명하거나 남을 탓하고 비난한다. 다른 사람들이 자기에 대해서 무언가를 알게 되면 그것이 자신에게 이롭지 않은 방향으로 이용될 수 있다고 가정하기 때문에, 편집적인 사람들은 자신의 사적인 정보를 드러내지 않으려고 한다. 그들은 아주 사소한 부분까지도 비밀스럽게 유지하려고 노력하며, 특히 자신의 감정이나 의도조차도 드러내지 않고 억제한다. 자유에 대한 어떤 구속이 있다면 위험한 상황에서 함정에 빠지거나 취약성이 증가될 소지가 있기 때문에, 편집적인 사람들은 규칙이나 규정에 저항하는 경향이 있다. 상대방의 힘이 세면 셀수록 자신에게 가해지는 위협도 더 커지기 마련이다. 그래서 편집적인 사람들은 누가 더 힘이 센지와 같은 권력의 위계를 예민하게 간파하며, 권위적인 위치에 있는 사람들을 흠모하면서도 무서워한다. 그들은 힘 있는 사람들과 동맹을 맺고 싶어 하지만, 그들에게 배신당하고 공격당할까 봐 두려워하기도 한다. 전형적으로, 편집적인 사람들은 별로 중요하지 않은 사안에 대해서도 남에게 '양보'하지 않으려고 하는데, 그 이유는 남들과 타협하는 것을 일종의 나약함의 표시로 간주하기 때문이며, 나약함을 드러내면 공격당할 것이라고 생각하기 때문이다. 그렇다고 해서 이들이 힘 있는 사람들에게 직접적으로 도전하는 것은 아니며, 오히려 상대방을 자극해서 공격당할까 봐 두렵기 때문에 위험을 무릅쓰는 것을 주저한다. 결과적으로, 편집적인 사람들은 은밀하거나 수동적으로 저항하는 것이 일반적이다.

위협이나 공격의 신호를 지나치게 주시하면서 상대방이 자신에게 악의적인 의도를 품고 있다는 가정을 할 때는, 누군가가 별로 대수롭지 않은 결례를 범하거나 사소하게 부당한 대접을 하더라도 이것을 의도적이고 악의적인 것으로 해석하게 되고, 앙갚음을 해야 마땅하다는 생각을 갖게 된다. 이에 대해서 당사자들이 자신들의 행동은 고의적이지 않았고 우연한 일이었으며 정당한 것이었다고 항변한다면, 편집적인 사람은 그런 항변마저도 상대방이 자신을 속이고 있다는 증거이자 상대방에게 악의적인 의도가 있음을 증명하는 것이라고 받아들인다. 이처럼 남들로부터 부당한 대접을 받는다는 점에만 초점을 맞추면, 남들에게서 누가 보더라도 흡족한 대접을 받는 경우에도 이를 있는 그대로 보지 못하고 깎아내리게 되며, 모든 상황을 불공정하고 부조리한 것으로 인식하게 된다. 편집적인 사람들은 자신이 그동안 불공정한 대접을 받아 왔으며 앞으로도 계속 그럴 것이라고 확신하기 때문에, 보복을 당할 것이 두려운 경우를 제외하고는 남들에게 친절하게 잘 대해 줄 필요를 거의 느끼지 못한다. 따라서 자신이 상대방의 보복에 대항할 수 있을 정도의 힘을 갖추고 있다고 생각하거나 혹은 자신의 행동이 발각될 우려가 없다고 믿는 경우에는, 자신이 남들로부터 당할 것이라고 늘 예상하는 악의적이고 기만적이고 적대적인 행동을 스스로 남들에게 행사하는 경향이 있다.

편집성 성격장애에 대한 이러한 설명(Freeman et al., 1990; Pretzer, 1985, 1988; Pretzer & Beck, 1996)은 과거에 Colby(1981; Colby et al., 1979)나 Turkat(1985)이 제안했던 설명과는 여러 면에서 다르다. 첫째, 여기서 설명한 것에 따르면, 환자가 타인의 의도를 악의적이라고 귀인하는 것은 다른 문제들 때문에 생겨나는 복잡한 부작용이 아니라 오히려 편집성 성격장애의 가장 핵심적인 요소라고 생각된다. 즉, 자신의 용납할 수 없는 충동을 외부에 '투사' 한 결과로 타인을 지나치게 의심하는 문제가 생겨난다고 가정할 필요가 없으며, 지나친 의심은 다른 사람을 탓하고 비난함으로써 자신이 수치심과 굴욕감을 경험하지 않으려는 시도(Colby et al., 1979)라고 가정하거나 혹은 남들을 의심하는 것은 자신의 사회적으로 고립된 모습을 합리화하려는 대처방략(Turkat, 1985)이라고 가정할 필요가 없다. 둘째, Turkat 이 강조한 것처럼 편집적인 사람들이 실수를 범하는 것을 매우 두려워하는 모습을 보이기는 하지만, 이것은 편집성 성격장애의 핵심 문제가 아니며 오히려 '다른 사람들은 위험하고 악의적이다' 는 가정에 의해 야기되는 이차적인 문제로 여겨진다. 셋째, 우리가 제시한 설명에서는 환자의 자기효능감 지각이 중요하다는 점이 강조되고 있다. 이 시점에서 편집성 성격장애에 대한 어떤 설명이 가장 타당한지를 검증한 경험적인 자료가 필요하겠지만, 아직까지는 그런 자료가 존재하지 않는다.

편집성 성격장애에 대해 논의하면서 Turkat(1985)은 이 성격장애가 어떤 식으로 발전해 가는지를 상세하게 기술하였지만, 병인론에 대해서는 그와 같은 비중으로 자세하게 설명하지 않았다. 왜냐하면 편집적인 환자들에게서 얻어낸 과거력 정보가 얼마나 정확한지 알 수 없었기 때문이다. 임상적인 경험에 따르면, 편집성 성격장애 환자들이 지니는 타인에 대한 견해 및 그들이 과거에 경험했던 사건을 회상해서 보고한 자료는 편집증에 부합하는 방식으로 왜곡되어 있는 경우가 많다. 이런 점을 감안한다면, 그들이 보고하는 아동기 경험들 역시 왜곡되었을 가능성이 있다. 하지만 만약 어떤 사람이 실제로 위험한 상황을 겪는다면, 즉 다른 사람들이 공공연하게 혹은 은밀하게 적대감을 드러내는 상황을 경험한다면, 그에 맞서서 편집적인 태도를 취하는 것이 상당히 적응적이라는 점에 주목할 필요가 있다. 편집성 성격장애 환자들 중 상당수는 자신들이 매우 위험하고 무시무시한 가정에서 성장했다고 보고한다. 예를 들어, 게리는 자신의 예민함이나 나약함 때문에 늘 가족들의 놀림거리가 되었던 경험을 이야기했다. 가족들은 그에게 거짓말을 하고 속임수를 썼으며, 언어적 및 신체적으로 그를 학대했다. 더욱이, 그의 부모는 세상은 '서로 물어뜯는 냉혹한 경쟁'의 장이기 때문에 살아남기 위해서는 억세고 모질어야 한다고 가르쳤다. 게리의 이야기를 들어보면, 늘 조심스럽게 경계하는 것이 당연시되는 적대적이고 편집증적인 가정에서 성장하는 것이 편집성 성격장애의 발생에 아주 중요한 영향을 미칠 수 있겠다는 생각이 든다. 이것은 상당히 설득력 있는 가설이지만, 편집성 성격장애 환자들의 과거력에 대한 보다 객관적인 자료가 얻어지기 전까지는 이론적인 설명에 불과할 것이다. 편집성 성격장애 진단을 받은 환자의 일가친척들 중에서 이른바 '정신분열병의 연속선에 속하는 장애(schizophrenic spectrum disorders)'의 발병률이 유난히 높다는 연구결과를 설명하기 위해서도, 편집성 성격장애의 병인론에 대한 포괄적인 이론적 접근이 필요하다(Kendler & Gruenberg, 1982). 이런 연구결과는 편집성 성격장애의 발생에 유전적 요인이 관여될 가능성이 높음을 보여 주지만, 아직까지는 그러한 기제를 설명하는 명확한 연결 고리를 찾아내지 못했다.

치료적 접근

[그림 6-1]에 요약된 개념화 내용을 언뜻 살펴보면, 편집성 성격장애를 효과적으로 치료할 수 있는 개입의 여지가 거의 없는 것처럼 보인다. 환자의 그릇된 기본 가정이 편집성 성격장애의 근간을 이루고 있으므로, 환자의 기본 가정을 수정하는 것이 치료적 개입의 한 가지 목표가 될 수 있을 것이다. 그러나 환자가 다른 사람들과 상호작용할 때 늘 경계하고 의심하며 그로 인해서 자신의 가정을 확증하는 것처럼 보이는 경험들을 끊임없이 만들어 내는 상황에서, 어떻게 치료자가 환자의 기본 가정에 효과적으로 도전할 수 있겠는가? 만약 환자의 경계심과 방어성을 느

슨하게 누그러뜨릴 수 있다면, 그의 기본 가정을 수정하는 작업은 상당히 손쉬워질 것이다. 그러나 환자가 다른 사람들은 자신에게 악의적인 의도를 품고 있다고 강하게 확신하고 있는 상황에서, 어떻게 치료자가 환자로 하여금 경계심을 누그러뜨리도록 혹은 남들에게 더 친절하게 대하도록 유도할 수 있겠는가? 만약 위에서 언급한 두 가지의 자기-영속적인 악순환이 인지적인 설명모형의 전부라면, 인지행동적인 개입을 통해서는 편집성 성격장애 환자를 효과적으로 도울 수 없을 것이다. 하지만, 인지적인 설명모형에서는 위에서 언급한 악순환들 외에도 환자의 자기효능감 지각을 매우 중요한 요인으로 다루고 있다.

편집적인 사람들이 드러내는 극도의 경계심과 방어성은, 자신의 안전을 담보하기 위해서는 그렇게 하는 것이 반드시 필요하다는 믿음 때문에 초래되는 것이다. 만약 문제 상황에 대처하는 자기효능감을 증진시켜서 환자가 자신에게 일어나는 여러 가지 문제들을 적절히 다룰 수 있을 것이라고 합리적으로 생각하게 된다면, 환자는 지나치게 경계하고 방어할 필요를 덜 느끼게 될 것이다. 그렇게 된다면 환자의 경계심과 방어성이 줄어들 것이고, 편집증상이 실질적으로 경감될 것이며, 전통적인 인지치료 기법을 적용해서 환자의 인지에 접근하는 것이 훨씬 수월해질 것이고, 인간관계의 갈등을 다룰 때 대안적인 방법을 써 보라고 환자를 설득하는 것이 더 쉬워질 것이다. 그러므로 편집성 성격장애의 인지치료에서 가장 우선시되는 전략은 환자의 자기효능감을 증진시키는 것이며, 치료자는 환자의 자동적 사고, 대인관계 행동, 기본 가정 등과 같은 측면들을 수정하려고 시도하기 이전에 이런 작업을 수행해야 한다.

협력전략

다른 사람들을 악의적이고 기만적인 존재로 가정하는 사람과 작업하고 있다는 점을 감안하면, 치료자와 환자가 협력적인 관계를 맺는 것 역시 결코 쉽지 않을 것임을 예상할 수 있다. 치료자를 믿으라고 단도직입적으로 몰아붙이면, 오히려 환자의 의심을 불러일으켜서 더욱 신뢰하기 힘들어질 수 있다. 가장 효과적인 접근 방법은 환자가 드러내는 불신감을 치료자가 개방적으로 수용해 주는 것이다. 또한 당장 치료자를 믿으라고 압력을 가하는 것보다는 행동을 통해서 치료자가 믿을만한 사람임을 서서히 입증해 주는 것이 더 효과적이다. 예를 들어, 방사선과 의사인 게리가 다른 사람들을 전반적으로 불신한다는 것이 분명히 드러났을 때, 치료자는 다음과 같은 문제들을 다루었다.

게 리: 제가 늘 그렇게 해온 것 같군요. 극단적으로 나쁜 사람들만 있다고 예상하는 것 말이에요. 그래서 그리 놀랍지는 않네요.

치료자: 다른 사람들에게 의심을 품고 남들을 쉽게 믿지 못하는 경향이 우리 둘 사이의 치료장면에서도 종종 나타나는 것 같다는 생각이 드는군요.

게 리: 음……. (침묵)

치료자: 그럼에도 불구하고, 저를 믿는 게 안전할지 아니면 믿지 않는 게 안전할지를 당신이 어떻게 알 수 있을까요? 사람들은 제 얼굴이 정직하게 생겼다고들 말하는데, 하지만 그걸 어떻게 증명하겠어요. 저는 박사학위를 가지고 있지만, 그래도 그것이 제가 덕망있는 사람임을 입증해 주지는 않는다는 것을 당신도 잘 알잖아요. 당신이 제가 말씀드리는 것들을 잘 이해해 주셨으면 좋겠지만, 당신은 단지 어떤 사람이 말을 잘한다고 해서 그 사람을 무턱대고 신뢰할 만큼 어리석은 사람은 아니잖아요. 치료자를 믿을 것인가 말 것인가를 결정하는 것은 참 어려운 일인 듯 하고, 그것 때문에 당신이 힘들어하는 것 같아요. 어느 정도 저를 믿지 않고서는 도움을 받기도 힘들고, 그렇다고 해서 믿어버리는 게 더 안전하다고 말하기도 어렵고……. 지금까지 제가 말씀드린 내용에 대해서 어떻게 생각하세요?

게 리: 선생님 말씀이 맞는 것 같아요.

치료자: 이런 딜레마에서 빠져나갈 수 있는 한 가지 방법은, 제가 말로 표현하는 것들을 얼마나 잘 행동으로 옮기는지를 시간을 두고 천천히 지켜보시는 거예요. 말보다는 행동을 믿는 게 훨씬 쉽지 않겠어요.

게 리: 그래요. 잘 알겠어요.

치료자: 당신이 그렇게 히기로 결심했디면, 먼저 우리가 어떤 작업을 해야 할지 생각해봐야 되겠네요…….

이렇게 되면 치료자는 자신이 믿을 만한 사람임을 환자에게 증명해 보일 책임을 지게 되는데, 이론적으로 말하면 그것이 그리 어려운 일은 아니다. 치료자는 환자가 기꺼이 원하고 따를 수 있는 것들만을 조심스럽게 제안하고, 분명하고 일관된 모습을 보이려고 노력하며, 환자가 오해하거나 잘못 지각하는 경우에는 그것을 적극적으로 수정하고, 자신이 실수했을 때는 솔직하게 인정하면 된다. 치료자는 신뢰를 쌓기 위해서는 시간이 필요하다는 점을 염두에 두어야 하며, 충분한 신뢰가 쌓이기 전까지는 환자에게 민감한 생각이나 느낌을 표현하라고 압박하지 않는 것이 좋다. 역기능적 사고 기록지를 작성하는 것과 같은 전통적인 인지적 기법을 치료 초반에 적용하면, 너무 많은 부분을 공개하라는 요구를 받는 것처럼 느껴져서 환자가 기꺼이 따르지 않을 수 있다. 따라서 치료의 초기에는 주로 행동적 개입전략을 구사할 수 있는 문제들을 선택하고 거기에 초점을 맞추는 편이 더 낫다.

치료적 협력은 인지치료에서 늘 중요하게 여기는 요소인데, 편집성 성격장애 환자와 작업할 때는 이것이 특별히 더 중요하다. 왜냐하면, 자신이 처벌을 받거나 부당한 대우를 당하거나 혹은 '한 단계 낮은' 위치에 있다고 느낄 때, 그들은 강한 불안감과 분노감을 경험하기 때문이다. 치료자는 환자를 이해하고 치료 목표를 달성하기 위한 작업을 하는 데 초점을 맞출 필요가 있다. 어떤 치료자는 환자가 겪는 스트레스나 부부문제 등에 초점을 맞추는 것을 꺼리는데, 그렇게 하면 편집증 환자의 '실질적인 문제'를 놓칠 수도 있다. 하지만 치료 목표를 달성하기 위해 문제해결적인 접근을 적용하다 보면, 삶의 다른 영역에서 벌어지는 문제들에 편집증이 어떤 영향을 미치고 있는지가 분명하게 드러난다. 그렇게 되면, 환자는 타인에 대한 불신, 자신이 취약하다는 느낌, 방어적인 모습 등의 문제를 치료자와 협력해서 다루려고 하게 될 가능성이 있다. 왜냐하면, 그렇게 하는 것이 자신의 치료 목표를 달성하는 데 매우 중요한 과정이기 때문이다.

치료자는 치료의 초기에 초점을 맞추고 있는 내용들을 전혀 위협적이지 않고 지극히 피상적인 주제라고 인식할 수 있겠지만, 편집성 성격장애 환자에게는 그것마저도 심각한 스트레스가 될 수 있다. 단순히 심리치료를 받는 것만으로도, 편집성 환자는 스스로 매우 위험하다고 여기는 여러 가지 활동들에 참여하고 있는 것이다. 예를 들면, 환자는 자신의 생각과 느낌을 치료자에게 공개해야 하고, 자신의 약점을 인정해야 하며, 다른 사람을 믿어야 되는 것이다. 따라서 치료의 초기에는 보다 덜 민감한 주제들에 초점을 맞추고, 행동적인 개입을 중심으로 시작하며, 환자에게 노골적이고 직접적인 자기 공개를 강요하기보다는 우회적이고 간접적인 방식으로 (즉, 비유를 사용하거나 혹은 환자 자신이 아닌 '어떤 사람'이 특정한 상황에서 드러내는 반응에 대해서 함께 대화하는 방식으로) 문제들을 논의하는 것이 좋다. 그렇게 하면 환자의 스트레스를 다소 완화시켜줄 수 있다. 환자가 치료받는 것을 더 편안하게 느끼도록 만드는 가장 효과적인 방법 중의 하나는, 환자로 하여금 치료 시간에 다룰 내용을 결정하게 하거나 숙제를 부여할지 말지를 결정하게 하는 것이며, 심지어 만날 회수를 정하는 일에 대해서도 다른 환자들의 경우보다 더 많이 통제할 수 있도록 권한을 내어주는 것이다. 일반적으로는 일주일에 한 번씩 만나는 게 보통이지만, 그것보다 좀 덜 만나는 식으로 치료 계획을 세운다면 환자가 더 편안하게 느낄 수 있고 호전도 더 빨라질 수 있다.

구체적 개입

치료 목표를 달성하기 위한 작업을 시작할 때는 문제 상황에 대한 환자의 자기효능감을 증진시키는 데 초점을 맞추는 것이 가장 생산적이며, 어떤 문제가 발생하더라도 적절히 대처할 수 있다는 확신을 갖게 하는 것이 필요하다. 그렇게 하기 위해서 주로 다음과 같은 두 가지 방법을 쓸 수 있다. 첫째, 만약 환자가 문제 상황을 다루는 데 필요한 능력을 지니고 있음에도 불구하고 그 상황의 위협성을 과대평가하거나 혹은 자신의 대처능력을 과소평가하는 경우라면, 자신의 대처능력을 보다 현실적으로 평가하도록 이끄는 개입을 통해서 환자의 자기효능감을 증진시킬 수 있을 것이다. 둘째, 만약 환자가 문제 상황을 다루는 데 필요한 능력을 지니고 있지 못하거나 혹은 환자의 대처기술을 향상시킬 만한 여지가 있는 경우라면, 대처기술을 향상시키도록 이끄는 개입을 통해서 환자의 자기효능감을 증진시킬 수 있을 것이다. 실제로는, 두 가지 방법을 조합해서 함께 적용하는 것이 가장 효과적이다.

앤(앞에서 소개했던 비서)의 경우, 치료자가 처음부터 그녀의 편집적인 사고('사람들이 나를 괴롭히려고 시끄럽게 군다')에 직접적으로 도전했지만 별로 효과가 없었다. 하지만 그녀를 자극하는 동료들의 행동이 얼마나 위험한 것인지를 재평가하게 하고, 그런 상황에 대한 자신의 대처능력을 재평가하도록 한 시도는 상당히 효과적이었다. 다음의 예를 보자.

> 치료자: 당신은 그것이 매우 위험한 상황인 것처럼 반응하는군요. 당신이 보기에는 어떤 점이 그렇게 위험한가요?
>
> 앤: 그들은 저를 괴롭히려고 끊임없이 물건을 바닥에 떨어뜨리면서 시끄럽게 할 거예요.
>
> 치료자: 그것보다 더 위험한 다른 것은 없는 게 확실한가요?
>
> 앤: 예.
>
> 치료자: 그들이 당신을 공격하거나 혹은 다른 나쁜 짓을 할 가능성은 없다는 건가요?
>
> 앤: 예, 그들이 그렇게까지 하지는 않을 거예요.
>
> 치료자: 만약 그들이 계속해서 물건을 바닥에 떨어뜨리고 시끄럽게 군다면, 그게 왜 그렇게 힘든 거죠?
>
> 앤: 말씀드렸다시피, 그것은 진짜로 짜증나는 일이예요. 정말로 신경이 많이 쓰여요.
>
> 치료자: 지난 몇 년간 그래왔던 것처럼 앞으로도 꽤 오랫동안 지속될 것 같군요.
>
> 앤: 예, 신경이 많이 쓰여요. 하지만 저는 참을 수 있어요.
>
> 치료자: 앞으로도 그런 일이 계속 일어난다면, 당신은 적어도 지금까지 했던 방식으로 문제를 다룰 수는 있겠네요. 회사에서는 짜증나는 것을 참고 견디다

가 집에 돌아가서 남편에게 쏟아놓는 방법 같은 것 말이죠…. 그런데, 당신이 짜증을 좀 덜 내게 되거나 혹은 짜증스러운 감정을 지금보다 더 잘 다룰 수 있는 방법이 있다고 가정해 봅시다. 여기에 관심이 있나요?

앤: 예, 괜찮아 보이는데요.

치료자: 당신이 예전에 말씀하셨던 또 다른 위험은, 그들이 상사한테 나쁜 말을 해서 상사가 당신을 싫어하게 될지도 모른다는 것이었어요. 당신이 보기에는, 그들이 얼마나 오랫동안 그렇게 해온 것 같나요?

앤: 제가 그 회사에 나가기 시작했을 때부터 지금까지요.

치료자: 그렇게 했는데, 지금까지는 그들이 얼마나 성공했죠?

앤: 별로요.

치료자: 지금까지보다 앞으로 더 나빠질 것이라고 생각되는 어떤 징후 같은 게 있나요?

앤: 아뇨, 그런 것 같지는 않아요.

치료자: 당신은 직장에서 정말로 위험한 일들이 벌어지고 있다고 온몸으로 실감하는 것 같군요. 하지만 잠시 멈춰서 곰곰이 생각해 보면, 그들이 할 수 있는 가장 최악의 행동은 당신을 정말로 짜증스럽게 만드는 것 정도라는 결론이 나네요. 심지어 우리가 무언가 새로운 대처방법을 찾아내지 못한다고 하더라도, 지금까지 그랬던 것처럼 당신은 문제를 잘 다룰 수 있을 것 같아요. 제 말에 일리가 있나요?

앤: (미소를 지으며) 예, 그런 것 같아요.

치료자: 그리고 우리가 스트레스를 더 잘 다루는 방법을 찾아내게 되면, 그 사람들이 당신에게 영향을 미칠 수 있는 부분도 훨씬 더 줄어들게 될 거예요.

위와 같은 대화만으로 앤에게 극적인 변화가 일어난 것은 아니었지만, 이런 대화를 나눈 뒤에 그녀는 직장에서 벌어지는 일들을 예전보다 훨씬 덜 위협적으로 지각했으며, 따라서 스트레스를 받거나 지나치게 경계하는 모습도 눈에 띄게 줄었다. 그녀는 다른 사람들이 자신을 괴롭힌다는 생각을 덜 하게 되었고, 결과적으로 분노감과 좌절감을 경험하는 빈도가 줄었다. 또한 그녀로 하여금 지각된 위협을 재평가하게 하고, 스트레스 관리능력과 자기 주장능력 및 부부간 의사소통능력을 향상시켰더니 보다 현저한 진전을 보였다. 앤과 남편의 보고에 따르면, 그녀가 여전히 어느 정도는 조심스럽게 경계하면서 지내는 게 사실이었지만, 이제는 사소한 문제에 대해서 예전처럼 지나치게 반응하지 않았다. 더욱이, 그녀는 적대감을 드러내기보다는 자기 주장을 펼칠 수 있었고, 더 이상은 직장에서 벌어진 짜증스러운 일들로 남편에게 분통을 터뜨리지 않았으며, 시댁 식구들과의 관계도 상당히 편안해졌다.

젊은 방사선과 의사 게리의 경우, 그가 편집성 성격장애를 지니고 있다는 것을 알게 되었을 즈음에는 효과적인 스트레스 관리 훈련을 통해서 그의 자기효능감이 이미 상당히 증진된 상태였다. 하지만 자신의 대처능력에 의문을 품고 있었기 때문에, 게리는 별로 신경쓰지 않아도 될 만한 상황에서조차 여전히 조심스럽게 경계할 필요가 있다고 느꼈다. 그는 유능함에 대한 엄격한 기준들을 가지고 있었는데, 이것은 직장 생활과 대인관계의 영역에서 분명히 드러났다. 더욱이, 그는 유능함에 대한 이분법적인 견해를 지니고 있었고, 한 사람은 전적으로 유능하든지 혹은 전적으로 무능할 수밖에 없다고 생각했다. 유능함에 대한 경직된 견해를 재평가하도록 돕기 위해서, 치료자는 게리에게 '연속선 기법(continuum technique)'을 적용하였다.

> 치료자: 당신이 직장에서 왜 그렇게 심하게 긴장하는지, 그리고 어째서 몇 번씩 확인하고 점검하느라 많은 시간을 소모하는지를 알 것 같군요. 당신은 자기 자신을 근본적으로 무능한 사람이라고 여기고 있고, '주의를 기울여야만 해. 그렇지 않으면 정말로 실수를 하게 될 거야'라고 생각하고 있는 것 같아요.
>
> 게 리: 맞아요. 하지만 그냥 단순히 작은 일에서 실수를 하는 게 아니죠. 제가 어떻게 하느냐에 따라서 다른 사람의 목숨이 달려 있으니까요.
>
> 치료자: 음. 우리는 당신이 수련을 받는 동안에 어떤 평가를 받았는지 살펴보면서

당신의 능력에 대해서 검토했고, 그 뒤로 별다른 실수 없이 잘 지내고 있다는 것도 이야기했죠. 저는 당신이 말하는 '능력'이란 게 정확히 무엇을 의미하는지 잘 모르겠네요. 누군가를 정말로 능력 있는 사람이라고 평가하려면 뭐가 필요한 거죠? 예를 들어, 만약 인간에 대해서 아무 것도 모르는 화성인이 지구에 내려와서 정말로 유능한 사람을 가려내는 방법을 알고 싶어 한다면, 당신은 그에게 무엇을 살펴보라고 말씀하시겠어요?

게 리: 어떤 일을 하든지 간에 그 일을 잘하는 사람이 유능한 사람이겠죠.

치료자: 그 사람이 어떤 일을 하고 있는지가 중요할까요? 만약 어떤 사람이 무언가 쉬운 일을 잘 해낸다면, 당신은 그 사람을 유능하다고 인정하시겠어요?

게 리: 아니오. 쉬운 일을 잘하는 것을 가지고 정말로 유능하다고 할 수는 없지요.

치료자: 그 얘기는, 유능하다고 인정받기 위해서는 무언가 어려운 일을 하면서도 좋은 결과를 보여야만 한다는 말씀처럼 들리는군요.

게 리: 그렇죠.

치료자: 그게 전부인가요? 당신은 상당히 어려운 일을 해 왔고, 또한 잘 해 왔어요. 하지만 당신은 스스로 유능하다고 느끼지 않잖아요.

게 리: 저는 항상 긴장하고 있고, 일에 대해서 걱정을 많이 하잖아요.

치료자: 정말로 유능한 사람은 긴장도 걱정도 하지 않는다는 말씀인가요?

게 리: 예. 그들에게는 자신감이 있어요. 일을 하는 동안에는 마음이 편안하고, 끝내고 나서 걱정하지도 않아요.

치료자: 그렇다면, 어려운 일을 잘 해내고, 일하는 동안에 마음이 편안하고, 일을 끝낸 뒤에 걱정을 하지 않는 사람이 유능한 사람이군요. 그게 전부인가요? 아니면 유능하기 위해서는 무언가가 더 필요한가요?

게 리: 글쎄요. 자신의 실수를 찾아낼 수 있고 자신의 한계를 알고 있다면, 굳이 완벽해야 될 필요는 없겠죠.

치료자: (치료자는 기록을 하고 있었음) 제가 지금까지 받아 적은 것에 따르면, 정말로 유능한 사람은 어려운 일을 잘 해내고, 일하는 동안에 마음이 편안하고, 일을 끝낸 뒤에 걱정을 하지 않고, 자신의 실수를 찾아내서 수정하고,

자신의 한계를 알고 있는 사람이네요. 이제는 당신이 유능하다는 딱지를 쓸 때 마음에 품고 있던 것들이 다 언급되었나요?

게　리: 예, 그런 것 같네요.

치료자: 당신이 방금 한 말들을 들으면서, 저는 당신이 유능하다는 것을 흑 아니면 백으로 구분한다는 인상을 받았어요. 즉, 당신이 유능하냐 혹은 그렇지 않으냐로 구분한다는 거죠.

게　리: 그래요. 그런 식이죠.

치료자: 유능하지 못한 사람들에게 어울리는 좋은 명칭이 없을까요? 무능하다고 말하는 것은 어떤가요?

게　리: 예, 괜찮네요.

치료자: 무능한 사람들의 특징은 뭐죠? 그들을 가려내려면 어떤 점을 살펴보시겠어요?

게　리: 그들은 모든 것을 망쳐버려요. 일을 제대로 못하죠. 심지어는 자기가 제대로 하고 있는지 신경도 쓰지 않고, 자신이 남들에게 어떻게 비춰지는지 상관하지도 않아요. 그들에게는 아무 것도 기대할 수 없어요.

치료자: 그게 전부인가요?

게　리: 예, 저는 그렇게 생각해요.

치료자: 좋아요. 그렇다면 당신이 그런 기준들에 얼마나 들어맞는지 같이 살펴봅시다. 무능한 사람의 특징 중의 하나는, 그가 모든 것을 망쳐 버린다는 것이었어요. 당신도 모든 일을 엉망으로 망쳐 버리나요?

게　리: 글쎄요, 그건 아니에요. 제가 하는 일의 결과는 대부분 괜찮지만, 그래도 저는 일할 때 너무 긴장하잖아요.

치료자: 그리고 당신이 말하기를, 무능한 사람은 자기가 제대로 하고 있는지 신경도 쓰지 않고 남들에게 어떻게 비춰지는지 상관하지도 않는다고 했어요. 그렇다면 당신이 긴장하는 것이나 걱정하는 것은, 당신이 무능한 사람이라는 생각과는 부합하지 않네요. 만약 당신을 무능하다고 말할 수 없다면, 그것은 당신이 완전히 유능하다는 뜻인가요?

게 리: 저는 유능하다고 느끼지 않아요.

치료자: 다른 기준을 적용해도 당신은 무능하지 않아요. 당신은 어려운 일을 잘 해
        내고 있고 자신의 실수를 잘 찾아내기는 하지만, 일을 할 때 편안하지도
        않고 걱정을 많이 하죠. 이런 기준들을 적용하면, 당신을 완전히 무능한
        사람이라고 말할 수도 없고 그렇다고 전적으로 유능한 사람이라고 말할
        수도 없어요. 한 사람이 유능하기도 하고 무능하기도 하다는 생각이라면
        어떨까요?

게 리: 반드시 이것 아니면 저것은 아니라는 생각이 드네요.

치료자: 당신이 유능함과 무능함에 대한 생각을 이야기하는 동안, 제가 여기에 기
        준들을 적어 놓았어요. 여기에 0점부터 10점까지의 눈금이 매겨진 척도가
        하나 있다고 가정해 봅시다. 절대적으로 완전하게 무능한 게 0점에 해당하
        고, 늘 항상 전적으로 유능한 게 10점에 해당합니다[그림 6-2] 참조). 대학
        원 시절에는 당신이 얼마나 유능했지요? 점수를 매겨 보세요.

게 리: 처음에는 3점이라고 말하려고 했었는데, 잘 생각해보니 작문실력을 빼면
        7점이나 8점을 줄 수 있을 것 같아요. 그 후로는 그때처럼 열심히 공부해

• 모든 일을 망쳐버림
• 옳은 일을 하지 않음
• 올바른지를 고려하지 않음
• 남들에게 어떻게 보이는지 신경쓰지
  않음
• 결과를 예상하지 못함

• 어려운 과제를 잘 해내고 만족스러운
  결과를 얻음
• 과제를 수행하면서 이완되어 있음
• 과제를 마친 뒤에는 걱정하지 않음
• 실수를 발견하고 수정함
• 자신의 한계를 알고 있음

[그림 6-2] 유능함에 대한 게리의 이분법적 견해로부터 도출된 연속선

본 적이 없어요.

치료자: 지금 하는 일과 관련해서는 당신의 유능함에 몇 점을 주시겠어요?

게 리: 일의 결과를 놓고 보면 8점이나 9점을 줄 수 있을 것 같지만, 제 마음이 편안하지 않으니까 대략 3점 정도가 될 것 같아요. 너무 지나친 걱정만 하지 않는다면, 제가 실수를 잘 찾아내기는 하니까 8점 정도가 될 것 같고, 제 한계를 알고 있는 부분에서는 9점이나 10점이 될 것 같아요.

치료자: 당신의 스키 실력에 대해서는 몇 점을 주시겠어요?

게 리: 6점 정도 될 것 같은데, 그것은 별로 중요하지 않아요. 단지 재미로 하는 거니까요.

치료자: 우리는 몇 가지 중요한 점들을 알게 됐어요. 첫째, 곰곰이 생각해보면, 유능하다는 것이 흑 아니면 백이라는 식으로 이분법적이지는 않다는 게 드러났어요. 둘째, 당신이 유능함의 지표라고 여겼던 특징들이 꼭 앞뒤가 잘 맞는 것은 아니군요. 당신은 일의 결과에 대해서는 8점이나 9점을 줬지만, 마음이 편안하고 걱정하지 않는 것에 대해서는 3점을 주셨지요. 마지막으로, 당신이 일을 할 때처럼 유능하다는 것이 당신에게 매우 중요한 경우도 있지만, 스키를 탈 때처럼 유능하다는 것이 당신에게 별로 중요하지 않은 경우도 있네요.

게 리: 예, 항상 최고일 필요는 없다는 생각이 드네요.

치료자: 어떤 사람이 유능하다면 그 사람은 마음이 편안할 것이고, 어떤 사람이 긴장을 느낀다면 그 사람이 유능하지 않은 것이라는 의견에 대해서는 어떻게 생각하세요?

게 리: 글쎄요, 잘 모르겠어요.

치료자: 어떤 사람이 자기가 그 상황을 다룰 수 있다고 확신한다면, 그 상황에서 분명히 덜 긴장할 것 같기는 하네요. 하지만, 그 반대에 대해서는 잘 모르겠는데요. 만약 당신이 긴장한다면, 그것은 당신이 무능함을 입증하는 것이라는 생각 말이에요. 당신이 긴장하고 걱정할 때, 어떤 일을 잘 하는 게 더 쉽나요 아니면 더 어렵나요?

게 리: 많이 힘들어지죠. 집중하는 것도 어렵고, 자꾸 잊어버리게 돼요.

치료자: 누군가가 긴장하고 걱정하는데도 불구하고 어떤 일을 잘 해낸다면, 그 사람은 난관을 극복하고 있는 거군요.

게 리: 예, 그래요.

치료자: 별로 어렵지 않은 상황에서 일을 잘 해내는 사람보다는 난관을 극복해야만 하는데도 불구하고 일을 잘 해내는 사람이 더 우수한 능력을 가지고 있는 것이라고 주장하는 사람들도 있는데, 그런 의견에 대해서는 어떻게 생각하세요?

게 리: 일리가 있는 말이네요.

치료자: 자, 보세요. 당신은 직장에서 매우 긴장하고 걱정하는데도 불구하고 일처리를 잘 해왔어요. 당신은 지금까지 일을 할 때 긴장한다는 점을 당신이 정말로 무능한 사람임을 입증하는 증거라고 여겨 왔고, 매우 조심스럽고 신중하게 일했기 때문에 그럭저럭 해온 것뿐이라고 생각했죠. 그런데 다른 관점에서 보면, 상당히 불안함에도 불구하고 일처리를 잘한다는 것은 당신이 무능한 사람이 아니라 정말로 유능한 사람임을 말해 주고 있는 것 같은데요. 어떤 설명이 더 진실에 가까운 것 같으세요?

게 리: 어쩌면 제가 제법 능력이 있는 사람인 것 같기도 해요. 하지만 그렇게 긴장하는 것은 정말 싫어요.

치료자: 물론 그래요. 우리는 그 부분에 대해서 계속 작업할 거예요. 하지만 핵심적인 부분은, 일을 할 때 긴장한다고 하더라도 그것이 꼭 당신이 무능한 사람임을 의미하는 것은 아니라는 거죠. 자, 당신이 많이 긴장하면서 스스로를 무능하다고 생각하게 되는 또 다른 경우들이 있는데, 그것은 다른 사람들과 어울리는 사회적인 상황들이군요. 당신이 그때도 똑같이 무능하게 느끼는지 한 번 살펴봅시다.

일단 게리가 상당한 스트레스와 불안에도 불구하고 긴장되는 상황들을 잘 다룰 수 있다는 점을 자신이 무능하다는 증거로 받아들이지 않고 실제로는 자신이 유능하다는 증거로 받아들이게 되자, 그의 자기효능감이 상당히 높아졌다. 이렇게 자기효능감이 증진됨에 따라, 그는 덜 방어적인 모습을 보이게 되었고 자신의 생각과 느낌을 남들에게 기꺼이 드러내려고 했다. 또한 그는 자신의 믿음과 가정을 비판적으로 보려고 노력했고, 문제 상황에 새롭게 접근하는 방법을 시험해 보려고 했다. 따라서 표준적인 인지적 기법들이 그에게 더 효과적으로 적용될 수 있었다.

다른 사람들이 믿을 만한지 혹은 그렇지 않은지 여부를 이분법적으로 파악하는 그의 흑백논리에 도전하기 위해서 연속선 기법을 사용한 것도 상당한 반향을 일으켰다. 치료자는 어떤 사람이 믿을 만한지 여부를 판단할 때 일단 사소한 문제에 대해서 다른 사람을 믿어보고 그들의 행동을 끝까지 주시하는 방법도 있다는 아이디어를 제안했고, 일반적인 다른 사람들도 게리에게 못되게 굴었던 가족들처럼 정말로 그렇게 악의적인지에 대해서 의문을 제기했다. 이런 작업을 거친 뒤, 그는 작고 사소한 문제에 대해서 동료들과 주변 사람들을 일단 믿어 보고 그들의 행동을 유심히 관찰하는 방법으로, 남들이 악의적인 의도를 품고 있다는 자신의 부정적인 견해를 점진적으로 검토해 볼 수 있었다. 그는 자기가 생각했던 것보다는 세상이 훨씬 덜 악의적이라는 점을 깨닫고 놀라워하면서 좋아했고, 세상에는 악의적인 의도를 지닌 사람들뿐만 아니라 자신에게 호의적이거나 무관심한 사람들도 있다는 것과 혹시 부당한 대우를 당하더라도 자신이 그런 상황을 효과적으로 다룰 수 있다는 것을 알게 되었다.

다른 사람들이 자신을 악의적으로 대한다는 환자의 견해를 검증하려고 할 때는, 환자의 시각이 분명히 왜곡되어 있을 것이라고 섣불리 가정하지 않는 게 중요하다. 편집적인 사람들이 실제로 다소 악의적인 사람들 속에서 살아가는 경우가 종종 있으며, 그들은 친구들이나 동료들로부터 실제로 심각하게 소외된 삶을 살기도 한다. 치료의 목표는 환자가 다른 사람들을 변별적으로 지각할 수 있도록 돕는 것이다. 즉, 모든 사람들이 악의적이라고 단순하게 가정하는 것이 아니라, 세상에는 전반적으로 믿어도 될 만한 안전한 사람들도 있고, 어느 정도 믿을 수 있는 사람들도 있으며, 정말로 악의적이고 신뢰할 수 없는 사람들도 있다는 것을 변별하게 되는 것이 치료의 목표다. 또한 환자 주변의 중요한 타인들이 그의 편집적인 믿음에 어떤 식으로 영향을 미쳤는지를 고려할 필요가 있다. 편집적인 사람들은 종종 자신과 유사하게 편집적인 사람들과 결혼한다. 이런 경우에는 심리치료를 통해서 이뤄지는 변화에 환자의 배우자가 적극적으로 저항할 수 있으므로, 부부를 같이 만나는 작업이 필요한 때도 있다.

치료자가 주로 인지적인 개입 전략을 구사하기는 하지만, 이와 동시에 환자의 역기능적인 대인관계 상호작용 양상을 수정하는 것이 중요하다. 즉, 환자 스스로 타인들을 자극해서 그들로부터 적대적인 반응을 유발해 내고, 그런 적대적인 반응을 다시 자신의 편집적인 견해를 지지하는 것으로 받아들이는 역기능적인 패턴을 중단하게 한다. 게리의 사례에서, 치료자는 구체적인 문제 상황이 발생할 때 거기에 초점을 맞추었다. 그로 하여금 적절한 자기주장을 하지 못하게 만드는 인지들 (예컨대, "별로 좋을 게 없을 것 같아." "그들은 화만 낼 거야." "내가 원하는 것을 알게 되면, 그들은 그걸 이용할 거야.")을 다루는 것이 중요한 것으로 드러났다. 또한 그의 자기주장 기술과 명료한 의사소통 기술을 향상시킬 필요가 있었다. 이런 식으로 그의 동료 및 여자친구와의 관계가 개선되자, 게리는 치료자의 안내에 따라 자신의 예전 상호작용 방식이 뜻하지 않게 다른 사람들의 적대적인 반응을 불러일으키고 있었음을 알아차릴 수 있었다.

치료자: 당신이 직접적으로 이야기한 게 상당히 효과적이었던 것 같은데, 다른 사람들은 그 점에 대해서 어떻게 느끼고 있는 것 같아요?

게 리: 아주 좋았던 것 같아요. 수(Sue)와 저는 잘 지내고 있고, 직장에서도 전보다 덜 긴장되었어요.

치료자: 그것 참 흥미롭군요. 내가 기억하기로는, 당신이 걱정했던 것 중의 하나가 만약에 당신이 자신의 의견을 말하면 다른 사람들이 화를 낼지도 모른다는 것이었는데, 오히려 일이 더 잘 풀리는 데 도움이 된 것처럼 들리는데요.

게 리: 글쎄요. 약간의 논쟁이 있었는데, 그것은 금방 잊어버렸어요.

치료자: 그렇다면 상당한 변화인데요. 예전에는 누군가와 논쟁을 하게 되면, 그것

때문에 오랫동안 괴로웠잖아요. 왜 그런 차이가 생겼다고 생각하세요?

게 리: 잘 모르겠어요. 단지 그게 제 마음속에 오래 머무르지 않았던 것 같아요.

치료자: 이번 주에 있었던 논쟁들 중의 하나를 조금 자세히 말씀해주실 수 있을까요? [상사와 의견이 불일치했던 사건을 상세하게 논의함.] 당신의 이야기를 들어보니, 이런 종류의 상황을 다루는 방식에서 과거와 달라진 점이 두 가지 정도 있는 것 같군요. 당신은 예전처럼 화를 내면서 논쟁을 중단해버리기보다는 그 논쟁을 계속했고, 당신이 무엇 때문에 불편한지를 상사에게 알려줬어요. 이렇게 변화된 모습과 논쟁한 일을 평소보다 빨리 잊을 수 있었던 것 사이에 뭔가 관련이 있어 보이나요?

게 리: 예, 그런 것 같아요.

치료자: 대부분의 사람들이 당신이 했던 것처럼 행동하는데, 그런 방식이 효과가 있어요. 만약 그 방식이 당신에게 도움이 되는 걸로 밝혀진다면, 그것은 당신의 생각을 직접적으로 드러내서 얻을 수 있는 또 다른 이득이겠네요. 만약 그들이 당신의 요구사항을 받아들인다면 아무런 문제도 생기지 않을 것이고, 혹시 그들이 당신의 요구사항을 받아들이지 않는다고 하더라도 예전보다는 더 빨리 잊어버릴 수 있을 테니까요. 예전에 논쟁을 매듭짓지 못하고 끝내버렸을 때는 어떤 느낌이 들었는지 기억나세요?

게 리: 며칠 동안이나 그것을 생각하느라고 골치가 아팠죠. 긴장이 돼서 안절부절못했고, 사소한 일들 때문에 신경이 굉장히 많이 쓰였어요.

치료자: 당신의 직장 동료들은 어땠을 것 같아요?

게 리: 그들도 역시 상당히 긴장하고 안절부절못했죠. 얼마동안은 서로 이야기도 나누지 않으려고 했어요.

치료자: 사소한 실수나 오해가 또 다른 불화를 만들어내곤 했다는 말씀처럼 들리는데요.

게 리: 선생님 말씀이 맞아요.

치료자: 당신도 알다시피, 동료들과의 갈등이나 긴장을 최소한으로 줄이기 위해서는 신경이 거슬리는 부분이 있더라도 드러내놓고 언급하지 않거나 그

들에게 짜증을 내지 않는 편이 낫다는 생각은 꽤 합리적이에요. 하지만, 당신에게는 그런 방식이 별로 효과가 없는 것 같군요. 지금까지 말씀하신 것처럼, 오히려 당신이 불편하게 느껴지는 부분에 대해서 솔직하게 이야기했을 때 갈등이 더 적었고, 갈등이 생기더라도 더 쉽게 해결되었던 것 같은데요.

게 리: 예, 그래요.

치료자: 다른 사람들에게 짜증을 내지 않으려고 노력하다보면 실제로는 일이 더 꼬이게 될 수도 있다고 생각하세요?

게 리: 그런 것 같아요.

치료를 매듭지어가면서 치료자는 환자가 다른 사람들의 관점을 더 잘 이해하고 공감할 수 있게 돕는데, 이를 통해서 타인에 관한 환자의 새로워진 시각과 그가 새롭게 익힌 대인관계 기술들을 섬세하게 조정할 수 있다. 예를 들면, 치료자는 자신의 행동이 남들에게 어떤 영향을 미칠지 예상해 보라는 질문을 던지거나, 서로 입장이 바뀌었다면 어떤 느낌이 들지 생각해 보게 할 수 있다. 또한 환자로 하여금 상대방의 행동을 토대로 그 사람의 생각과 느낌을 추론하게 한 뒤, 자신이 내린 결론이 실제 자료와 얼마나 잘 부합하는지를 검토해 보게 할 수도 있다. 처음에는 환자들이 이런 질문에 대답하기 어려워하기도 하고 다소 엉뚱한 반응을 보이기도 하지만, 치료자에게서 피드백을 받고 자신이 직접 상호작용을 체험해 보게 되면 타인의 관점을 정확하게 이해하는 능력이 조금씩 꾸준히 향상되는 것 같다. 환자들은 다른 사람들이 자신에게 짜증스러운 반응을 보인다고 하더라도 그것이 반드시 악의적인 의도에서 비롯된 것은 아닐 수도 있다는 점을 깨닫게 되는데, 이런 식으로 타인의 관점을 이해할 수 있게 되면 환자들은 상대방의 행동으로부터 영향을 덜 받게 된다.

치료를 마칠 즈음, 게리는 눈에 띄게 더 안정되고 이완된 상태였으며 가끔씩 가벼운 스트레스나 불안 증상만을 경험했는데, 이것도 중요한 시험을 앞두고 있을 때 누구나 일반적으로 겪을 수 있는 가벼운 수준이었다. 그는 친구들이나 동료들과 훨씬 편안하게 어울리면서 더 적극적으로 사교 활동을 하고 있다고 보고했고, 특별히 조심하거나 경계할 필요를 느끼지 않는 것처럼 보였다. 더 깊고 친밀한 연애 관계로 발전하는 것을 여자친구가 다소 불편해하는 점 때문에 그녀와의 관계에서 문제가 생기기 시작했을 때, 게리는 처음에는 거절당했다고 느끼고 보복하고 싶었지만 이를 잠시 제쳐두고 그녀의 입장을 충분히 헤아려 볼 수 있었다. 그는 그녀와의 문제를 해결하는 과정에서 주도적인 역할을 할 수 있었는데, 그녀가 걱정하는 것을 자신도 이해한다고 말해 줄 수 있었고("결혼 얘기를 꺼냈을 때 당신이 상당히 놀랐을 거야. 이해할 수 있어."), 자신이 느끼는 두려움과 의심을 인정하였으며("결혼에 대해서는 나도 신경이 많이 쓰여."), 그녀와의 관계에 얼마나 중요한 의미를 두고 있는지를 표현할 수 있었다("이 문제 때문에 우리가 헤어지지 않았으면 좋겠어.").

치료성과의 유지

다른 유형의 성격장애 환자들과 비교할 때, 군더더기 없이 수월하게 치료를 종결하는 것이 편집성 성격장애 환자들의 전형적인 특징이다. 편집적인 사람들은 일반적으로 자신을 더 믿으려고 하며, 치료가 빨리 끝나기를 고대하는 경우도 있다. 실제로, 치료자는 환자가 너무 성급하게 치료를 끝마치려고 하는 것은 아닌지 주의 깊게 살펴볼 필요가 있으며, 재발 방지에 관한 문제를 솔직하게 다룰 기회가 생길 때까지는 치료를 계속하자고 환자를 설득할 필요가 있다. 환자의 상태가 호전됨에 따라서 치료자와 만나는 시간간격이 늘어나게 되면, 환자를 설득하기가 더 쉬워진다.

재발 방지를 위한 작업에서 특별히 중요한 점은 환자가 타당한 이유로 의심하고 경계하고 방어하게 될 만한 상황들을 미리 예상하고, 그런 상황을 효과적으로 다룰 계획을 수립하는 것이다. 장차 환자가 자신에게 호의적인 사람들만을 만나게 될 것이라고 설불리 추측하는 것은 분명히 안전하지 않은 일이다. 오히려, 때로는 악의적이거나 기만적인 사람들을 만날 수도 있다는 것을 치료자와 환자가 받아들이고, 그런 경우에 적절하게 대처할 방법을 계획해 보는 것이 중요하다. 치료를 모두 끝마치기 전에 자신이 부당한 대우를 받는다고 느껴지는 상황을 적절히 다룰 수 있는 연습의 기회를 갖게 된다면, 환자에게 큰 도움이 될 것이다.

편집적인 사람들은 필요할 때 '추수 회기'를 갖는 것을 꺼릴 수 있는데, 만약 치료를 끝마친 이후에 다시 치료자를 찾아오는 것을 자신의 연약함이나 실패의 증거로 간주한다면 더욱 그렇다. 이들에게는 필요할 때 다시 치료자에게 자문을 구하는 것은 일종의 '예방적 유지 조치'라고 설명해 주는 것이 좋으며, 그렇게 치료자를 다시 찾아오는 것은 환자가 현명한 판단을 하고 있다는 증거라고 말해 주는 것이 도움이 된다. 게리는 두 번에 걸쳐서 잠깐씩 다시 치료를 받았다. 첫 번째 종결로부터 대략 1년 반쯤 지났을 때, 게리는 여자친구의 심각한 음주 문제로 그녀와 헤어지고 나서 치료자를 찾아왔다. 그로부터 몇 년 뒤에는 직업을 바꾸는 문제를 결정하는 데 도움을 주기를 청하면서 치료자를 다시 방문했다. 두 경우 모두에서, 그는 상당한 스트레스를 겪고 있었고 약간의 불안 증상을 지니고 있었다. 하지만, 그는 예전과 같은 지나친 의심이나 경계심으로 복귀하지는 않은 채 어려운 상황들에 적절히 대처할 수 있었고, 대략 6회기 이내에 불안 증상을 감소시킬 수 있었다.

결 론

여기서 소개한 치료적 개입 방법을 적용할 때, 일반적으로 치료자는 환자의 편집적인 견해에 주된 초점을 맞추지 않는다. 그 대신 환자가 겪는 다른 문제들을 다룰 때는 표준적인 인지행동적 개입 방법을 적용하고, 치료 목표를 달성하는 데 필요하고 적절한 경우에만 환자의 편집적인 견해를 다룬다. Colby 등(1979)이나 Turkat(1985; Turkat & Maisto, 1985)이 제안한 인지행동적 접근 방법과 이 장에서 우리가 소개한 접근 방법은 다음과 같은 몇 가지 점에서 구별된다. 치료자-환자 관계를 형성하는 데 상당한 주의를 기울이고, 치료의 초반에는 환자의 자기효능감 지사을 증신시키는 작업을 의도적으로 강조하며, 치료의 후반에는 환자의 편집적인 믿음에 직접적으로 도전하기 위해 인지적 기법과 행동실험을 적용한다. 우리는 이런 전략으로 다른 개입 방법의 효과가 더 촉진되고, 치료 초반에 자기효능감이 증진되고 경계심이 줄어들면서 편집증적 증상들이 완화되는 것을 경험해 왔다.

비록 편집성 성격장애의 인지치료가 얼마나 효과적인지에 대한 구체적이고 경험적인 자료는 없지만, 우리의 임상 경험이나 Turkat과 동료들이 보고한 사례들을 살펴보면 상당히 고무적이다. 환자의 자기효능감 지각을 증진시키는 작업, 불안 및 대인관계 문제에 대한 대처 기술을 향상시키는 작업, 다른 사람의 의도와 행동을 보다 현실적으로 지각하도록 돕는 작업, 다른 사람의 관점에 대한 자각을 증진시키는 작업 등이 유용한 개입 방법으로 추천되고 있다. 이런 개입들은 개인의 심리적인 문제 및 대인관계에 광범위한 영향을 미칠 것으로 기대되는 변화를 이끌어낸다. 인지치료를 통해서 이와 같이 주요한 '성격 변화'가 일어나는 것으로 여겨지지만, 이렇게 달성된 변화가 얼마나 일반화되고 지속되는지에 대한 자료는 아직 존재하지 않는다.

제**7**장
분열성 및 분열형 성격장애

분열성 성격장애

  분열성 성격장애(Schizoid Personality Disorder: SZPD) 환자들의 주된 특징은 대인관계의 결여 및 대인관계에 대한 무관심이다. 그들은 모든 사회적 관계로부터 거리를 두고 관여하지 않는 모습을 지속적으로 드러낸다. 그들은 사회적으로 위축되고 고립되어 있으며, 다른 사람들과 어울리거나 접촉하려고 하지 않고, 자신들이 맺는 어떤 관계에서도 거의 혹은 전혀 만족감을 느끼지 못한다. 그들은 대부분의 시간을 혼자서 외롭게 보내며, 다른 사람들과 접촉해야 하는 활동에는 참여하지 않으려고 한다.

  지극히 제한된 범위의 감정만을 겉으로 표현하는 것도 분열성 성격장애 환자들의 주된 특징이다. 그들은 따분하고 무기력해 보인다. 그들은 말수가 적으며, 말을 할 때는 대개 느리고 단조로운 어투로 이야기한다. 그들은 감정의 동요를 일으킬 만한 외부적인 사건을 겪더라도 기분의 변화를 거의 보이지 않는다. 그들은 전반적으로 상당히 부정적인 양상의 기분을 드러내지만, 긍정적인 방향이나 부정적인 방향을 막론하고 기분의 현저한 변화를 나타내지 않는다. 감정에 대한 질문을 받더라도, 그들은 분노나 기쁨과 같은 강한 감정은 거의 보고하지 않는다. 설령 직장생활을 하더라도, 그들은 일반인이나 동료들과의 접촉이 빈번하지 않은 직업을 선택하는 경향이 있다. 그들은 다른 사람들과 어울리지 않고 혼자서 일한다. 분열성 성격장애 환자들은 육체적인 사랑이나 정신적인 사랑이 내포된 친밀한 관계를 형성하는 데 어려움을 겪는다. 그들의 재미없는 모습과 대인관계에 관여하지 않는 양상으로 인해서, 다른 사람들은 그들을 없는 사람 취급하여 무시하거나 빼 버리는 경향이 생긴다. 이렇게 시간이 흐르면서 그들은 사회적인 기술을 연마할 기회를 잃고, 적게나마 가지고 있던 최소한의 사회적인 기술마저도 점점 퇴색하게 된다.

하지만 증상의 이면에 존재하는 믿음에 경미함과 과중함의 차이가 있는 것처럼, 이러한 증상에도 경미한 데서부터 심각한 데까지 정도의 차이가 있으므로 이를 경험적인 연속선상에서 파악하는 것이 중요하다. 우리가 '성격장애'라는 진단적 명칭을 사용할 때는, 이것이 치료자에 의해서 제기되어 환자 및 그와 더불어 일하는 다른 사람들과 공유될 수 있어야 하며, 이를 통해 환자의 고통스러운 경험과 어려움을 보다 정상적으로 만드는 데 기여할 수 있어야 한다는 점을 명심해야 한다.

분열성 성격장애에 대한 DSM-IV-TR(American Psychiatric Association, 2000)의 진단 기준은 다음의 〈표 7-1〉에 제시되어 있다.

〈표 7-1〉 **분열성 성격장애에 대한 DSM-IV-TR의 진단 기준**

A. 사회적 관계에서 고립되고 대인관계 상황에서 감정 표현이 제한되는 특성이 성인기 초기부터 생활 전반에 나타나며, 다음의 특성 중 4개 이상의 항목을 충족시켜야 한다.

(1) 가족의 일원이 되는 것을 포함하여, 친밀한 관계를 원하지도 즐기지도 않는다.
(2) 거의 항상 혼자서 하는 활동을 선택한다.
(3) 다른 사람과 성 경험을 갖는 일에 거의 흥미가 없다.
(4) 만약 있다고 하더라도, 소수의 활동에서만 즐거움을 얻는다.
(5) 직계 가족 이외에는 가까운 친구나 마음을 털어놓는 친구가 없다.
(6) 타인의 칭찬이나 비평에 무관심해 보인다.
(7) 정서적인 냉담, 무관심 또는 둔마된 감정 반응을 보인다.

B. 장애가 정신분열증, 정신증적 양상을 동반하는 기분장애, 기타 정신증적 장애, 혹은 전반적 발달장애의 경과 중에만 나타나는 것이 아니며, 일반적인 의학적 상태의 직접적인 심리적 효과에 기인한 것이 아니어야 한다.

역사적 조망

분열성 성격장애의 진단은 축 II 장애 가운데서도 가장 혼란스러운 것 중의 하나이며 지난 100년에 걸쳐서 진단 기준이 변천되어 왔다. '분열성(schizoid)' 이라는 용어를 처음 사용한 사람은 스위스 Burgolzi Clinic의 Manfred Bleuler였다 (Siever, 1981). 이 용어는 '분열(splitting)' 이라는 의미를 지닌 접두사 'schizo' 와 '~처럼 보인다 혹은 ~과 비슷하다' 는 의미를 지닌 'oid' 의 조합으로 이루어져 있다. Campbell(1981)은 분열성 성격장애가 '정신분열증의 특징인 성격의 분할, 분리, 분열' 과 유사하다고 언급하면서 이러한 전통적인 정의를 사용하였다(p. 563). 전통적으로, Kraepelin(1913)은 분열성 성격장애 환자들을 조용하고, 수줍고, 말수가 적으며, 정신분열증 환자와 비슷한 특징을 지닌 사람들이라고 보았다. 당시의 여러 저술가들은 분열성 성격장애 환자들이 나타내는 행동 패턴을 정신분열증적인 과정의 일부분으로 간주했으며, 정신분열증의 전구증상으로 개념화했다. Campbell(1981)과 같은 이들은 분열성 성격장애 환자들의 행동을 정신분열증으로 발전될 가능성이 높은 유전적 및 만성적 취약성을 드러내는 것 혹은 정신분열증으로부터 부분적으로 회복된 사람들이 나타내는 모습이라고 주장하였다.

하지만 지금까지 네 차례에 걸쳐서 개정된 『정신장애의 진단 및 통계편람(DSM)』에서 묘사하는 분열성 성격장애의 진단 기준은 앞에서 소개한 전통적인 견해와 사뭇 다르다(Freeman, 1990). 여기서는 분열성 성격장애 환자들을 정신병의 전구증상이나 부분적인 증상을 지닌 사람들이라고 간주하지 않으며, 오히려 사회적으로 은둔적이고 고립된 삶을 지속시키는 믿음을 지닌 사람들이라고 보고 있다. 어떤 연구자들은 분열성 성격장애의 몇 가지 하위유형들을 기술하기도 했다. Kretschmer(1936)는 세 가지 하위유형을 가정했는데, 첫 번째 하위유형에는 사회적 상황에서 틀에 박힌 듯이 딱딱하고 격식을 차리며 올바른 모습을 보이는 사람들로서 자신들에게 부과되는 사회적인 요구를 예민하게 알아차리는 사람들이 해당된다. 두 번째 하위유형은 고립되고 기이한 사람들로서 사회적 관습에 무감각하거나 무지한 사람들이다. 세 번째 하위유형은 인간관계에서 쉽게 상처를 받고 심악하며 지나치게 예민한 사람들로 구분된다. 이와 달리, Millon과 Davis(1996)는 다음과 같은 네 가지의 하위유형을 제시하였다.

1. 감정 표현이 없는(affectless) 유형　강렬한 감정을 드러내지 않고, 반응을 보이지 않고, 온화한 감정을 느끼지 못하고, 쌀쌀하고, 상냥하지 않고, 정서적으로 동요되지 않고, 기운이 없고, 생기가 없고, 흥분하지 않고, 놀라지 않고, 냉정하며, 모든 정서가 감소된 사람

2. 대인관계에서 거리를 두는(remote) 유형　다른 사람들과 거리를 두고서 동떨어져 지내고, 다가가기 힘들고, 혼자서 외롭게 고립되고, 소속된 곳이 없고, 단절되고, 은둔적이고, 목적 없이 떠돌며, 주변부에 머무는 사람

3. 맥이 빠진 채 침체된(languid) 유형　심한 무기력감에 사로잡혀 있고, 거의 활동을 하지 않고, 침체되어 있고, 활발하지 않고, 정신적으로 피곤해 보이고, 풀 죽어 지내고, 맥이 빠져 있고, 지친 듯이 보이며, 쇠약한 사람

4. 이인화 경향을 보이는(depersonalized) 유형　타인 및 자신에게 관여하지 않고, 자신을 육체로부터 이탈되었거나 동떨어져 있는 대상으로 간주하고, 자신의 육체와 정신을 서로 분할되고 격리되고 해리되고 분리되고 제거된 것으로 지각하는 사람

Millon(1996)은 위와 같은 가설적인 하위유형들을 구분하고 각 유형에 적합한 차별적인 치료 방향을 제안하였다. 그러나 이러한 구분을 뒷받침하는 경험적인 자료가 아직은 충분하지 않으므로, 이 책에서는 이를 따르지 않았다.

연구와 경험적 자료

분열성 성격장애에 대한 연구 및 경험적 자료를 제시하는 문헌들은 상당히 적은 편이다. Scrimali와 Grimaldi(1996)는 정신분열증 진단을 받은 집단과 군집 A 성격장애 진단을 받은 집단, 그리고 통제집단이 각성 수준, 정보처리 및 애착의 측면에서 서로 구별되는 몇 가지 특징적인 패턴을 보인다고 보고하였다. 그들은 이 결과가 인지치료에 시사하는 것에 대해 논의하면서, 정신분열증 환자와 군집 A 성격장애 환자에게는 서로 다른 인지치료적 지침을 제공할 필요가 있다고 주장하였다. 그들에 따르면, 군집 A 성격장애 환자들을 인지치료할 때는 인지적 재구성 기법을 포함한 언어적 의사소통을 시도하는 것이 효과적이라는 가설을 상정할 수 있다 (Beck, Freeman, & Associates, 1990; Freeman, 1988; Freeman & Datillio, 1992). 하지만 그들은 이러한 방법 외에도 사회기술훈련이나 신체적 표현과 같은 기법을 포함시켜야 한다고 덧붙였다.

감별 진단

망상장애, 정신분열증, 정신증적 양상을 동반하는 기분장애와 분열성 성격장애의 감별 진단

위와 같은 진단이 내려진 상태에서 분열성 성격장애 진단을 추가하기 위해서는 정신증적 증상이 발병하기 전부터 성격장애를 지니고 있어야 하며, 정신증적 증상이 관해된 후에도 성격장애가 지속되어야 한다(DSM-IV-TR; American Psychiatric Association, 2000).

회피성 성격장애와 분열성 성격장애의 감별 진단

위의 두 진단을 받은 사람들은 처음에는 서로 비슷해 보일 수 있다. 두 경우 모두 친밀한 인간관계가 결여되어 있고, 혼자서 고립된 활동을 한다. 그러나 인간관계를 맺고 싶은 소망을 물어보면, 이들은 서로 다른 모습을 보인다. 회피성 성격장애 환자들은 거절이나 비판을 당할까 봐 두려워서 인간관계를 회피한다. 분열성 성격장애 환자들 역시 거절이나 비판을 두려워한다. 하지만 그들은 인간관계를 맺고 싶어 하지 않으며, 이 때문에 스스로 초래한 고독을 덜 문제시하는 양상을 보인다.

경미한 자폐장애, 아스퍼거장애와 분열성 성격장애의 감별 진단

이들 모두에서 사회적 상호작용이 심각하게 손상되어 있고 정형화된 행동과 관심을 보이기 때문에, 이들을 감별하는 것은 상당히 어렵다. 환자가 드러내는 양상을 정확하게 구분하기 위해서는 각 장애의 전문가로부터 조언을 구해야 한다.

개념화

분열성 성격장애 환자들의 주요한 초기 아동기 경험을 살펴보면, 그들이 종종 또래들로부터 거절, 괴롭힘, 따돌림을 당한 적이 있었음을 알 수 있다. 아울러, 가까운 일가친척들도 환자를 자신들과는 무언가 다른 사람으로 여기거나 혹은 남들과 자꾸 비교해서 깎아내리는 경향이 있었다. 이런 경험들을 통해서 그들은 부정적인 의미에서 자신을 남들과 다른 사람이라고 여기게 되었고, 타인을 불친절하고 몰인정한 존재로 간주하고, 사회적 관계를 어렵고 상처받기 쉬운 일로 생각하게 되었다. 결과적으로 그들은 '안전감'을 주는 일련의 규칙이나 가정을 발달시키게 되었고, 이런 규칙과 가정은 그들로 하여금 혼자서 고립된 생활을 하거나 사회적 관계를 영위하지 못하는 생활방식을 갖도록 이끌었다.

데릭(Derek, 남자, 36세)은 지난 11년 동안 직장을 갖지 못했다. 그는 대부분의 시간을 집에서 혼자 라디오를 듣거나 책을 읽는 데 보냈다. 그는 매일 교회에 나가는데, 목사나 신도들과 어울려서 대화해야만 되는 상황을 회피하기 위해서 아침 예배가 시작된 직후에 슬며시 예배당에 들어갔다가 예배가 끝나기 직전에 살짝 빠져나왔다. 데릭은 불안감이 커지고 기분이 자꾸 가라앉는 문제 때문에 치료를 받으러 왔다. 첫 면담에서 데릭은 눈 맞춤을 피했으며 치료자가 묻는 말에만 아주 짧게 대답하였다. 그는 치료자에게 "우리 가족들이 나를 혼자서 지내도록 가만히 내버려 두게 해 달라."라고 부탁했고, 가족들이 모임에 나오라고 다그치는 것 때문에 너무 불안하다고 하소연했다. 또한 데릭은 인생의 무상하고 헛됨에 대해서 이야기했고, 자신의 남다른 모습은 아무것도 변할 수 없음을 의미하는 것이 아닌가 하는 걱정을 토로하였다. 이런 믿음이 그의 저조하게 가라앉은 기분을 더 심화시키는 듯 했다. 데릭은 오랫동안 실업 상태였고, 보조금과 실업수당으로 살아가고 있었다.

데릭은 삼형제 중의 둘째였다. 데릭의 아버지 잭(Jack)은 배관업자였고, 어머니 데어드르(Deirdre)는 결혼한 이후로 줄곧 남편의 경리 업무를 맡아 왔다. 그의 가족들은 사교적이고 활동적이었으며, 다른 형제들은 모두 아버지의 뒤를 이었다. 한 명은 아버지와 함께 배관공 일을 하고 있었고, 다른 한 명은 배관 사업에 쓰이는 물건들을 팔았다. 이들과는 대조적으로, 데릭은 학교에서 무자비한 놀림과 괴롭힘을 당하는 수줍고 소심한 아이였다. 어렸을 때부터 그는 고독하고 외로운 아이였고, 아버지나 형제들과 어울려서 공놀이를 하는 것보다는 혼자서 공부하는 데 더 관심이 있었다. 데릭은 자신에 대해서 다음과 같은 믿음을 지니고 있었다. '나는 남들과 달라', '나는 혼자야', '나는 별난 사람이야', '나는 남들과 잘 맞지 않아', '나는 반쪽짜리 모자란 사람이야', '내 성격은 너무 안 좋아', '나는 정상이 아니야', '나는 무가치한 인간이야', '나는 지루하고 따분한 사람이야, 그리고 '나는 아무 것도 아니야.' 데릭이 다른 사람들이나 세상에 대해서 갖고 있는 믿음은 다음과 같은 것들이었다. '사람들은 잔인해', '사람들과 어울리는 것은 재미가 없어', '사람들은 나를 좋아하지 않아' 그리고 '세상은 나에게 적대적이야.' 데릭은 이러한 믿음들을 보상하기 위해서 다음과 같은 조건적 가정들을 만들어 냈다. '만약 내가 다른 사람들과 친해진다면, 그들은 내가 자신들과 다르다는 점을 알아채고 나를 조롱할 거야', '만약 다른 사람들과 이야기를 나눈다면, 그들은 내가 얼마나 멍청한지 알아채고 나를 거부하고 비아냥거릴 거야', '남들과 조화를 이루지 못하는 사람은 환영받지 못할 거고 친구를 사귈 수가 없을 거야' 그리고 '무언가 중요한 할 말이 있을 때만 이야기를 해야 돼.'

초기 경험
'동그란 구멍에 억지로 끼우려는 네모난 나무토막'
학교에서 놀림을 받고 따돌림을 당함
가족활동에 '서투름'

↓

핵심 믿음
'나는 남들과 다르고, 혼자이고, 별난 사람이고, 남들과 잘 맞지 않고, 무가치하고,
지루하고 따분하며, 반쪽짜리 모자란 사람이고, 성격이 너무 안 좋고, 정상이 아니다.'
'사람들은 잔인하고, 적대적이고, 나에게 상처를 주고,
어울려도 재미가 없고, 나를 싫어하고, 내 약점을 들춘다.'
'세상은 적대적이다.'

↓

조건적 가정
'만약 다른 사람들과 친해진다면, 그들은 내가 자신들과 다르다는
점을 알아채고 나를 조롱할 것이다.'
'만약 다른 사람들과 이야기를 나눈다면, 그들은 내가 얼마나 멍청한지 알아채고
나를 거부하고 비아냥거릴 것이다.'
'남들과 조화를 이루지 못하는 사람은 환영받지 못할 거고 친구를 사귈 수 없을 것이다.'
'다른 사람들과 이야기를 나누려 해도, 뾰족하게 할 말도 없고 대화의 요지도 없을 것이다.'
'무언가 중요한 할 말이 있을 때만 이야기를 해야 된다.'
'만약 다른 사람들이 내가 불안해하는 것을 알게 되면,
그들은 나를 약하다고 생각하고 괴롭힐 것이다.'
'다른 사람들에게 화를 내면, 그들은 나에게 상처를 입힐 것이다.'

↓

촉발 요인
엄마가 데릭을 가족행사에 참석시키려고 시도함

↓

기저 가정의 활성화

↓

부정적인 자동적 사고
'나는 어울리지 못해. 아무것도 할 말이 없어.'
'다른 사람들이 나를 조롱할 거야.'

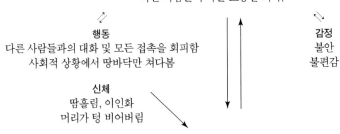

행동
다른 사람들과의 대화 및 모든 접촉을 회피함
사회적 상황에서 땅바닥만 쳐다봄

감정
불안
불편감

신체
땀흘림, 이인화
머리가 텅 비어버림

환경
다른 사람들이 쳐다봄, 데릭을 대화에 끼어들이려 하지 않음

[그림 7-1] 데릭에 대한 사례개념화 도표

데릭이 어렸을 때, 주변 사람들은 그를 동그란 구멍에 억지로 끼우려는 네모난 나무토막처럼 '환경과 잘 맞지 않는 녀석'이라고 불렀고, 그의 아버지도 "병원에서 우리 아이가 바뀐 것이 틀림없다."라고 말하곤 했다. 지금껏 데릭은 스포츠 활동이나 가족이 하는 사업에 관여해 보려고도 시도했었지만 번번이 서투르고 어리석다는 평가만을 받았고, 결국에는 그것마저 포기해 버렸다. 그가 규칙적으로 외출하는 유일한 활동은 동네에 있는 교회에 가는 것이었는데, 그것도 상당히 불안했지만 교회에는 빠지지 않았다. 치료자가 이 점에 대해서 물었을 때, 데릭은 하나님과 천국과 지옥에 대한 자신의 믿음을 말해 주었다. 그는 자신이 반쪽짜리 모자란 사람이고 너무 좋지 않은 성격을 지니고 있기 때문에, 교회에 나가지 않는다면 영원한 지옥에 떨어질 수밖에 없을 것이라고 생각했다. 최근 들어 데릭의 부모님이 일선에서 은퇴하셨고 남동생이 결혼을 앞두고 있었기 때문에 (그의 형은 이미 결혼해서 두 아이의 아빠가 되었음), 데릭의 어머니는 가족들이 함께 모여서 시간을 보내기를 원했다. 이것이 데릭의 불안감과 저조한 기분을 심화시킨 듯했고, 그 기저에는 자신이 남들과 다르다는 믿음 및 이런 만남들이 다 무의미하고 부질없다는 생각이 자리 잡고 있었다. 이와 같은 사례개념화 내용을 [그림 7-1]에 제시하였다.

치료적 접근

축 I 장애의 공존

비록 데릭이 저조한 기분과 불안감을 분명히 드러내고 있지만, 그를 불안장애로 진단하기는 어렵다. 데릭이 사회적 상황에서 불안해하는 것은 틀림없다. 그러나 데릭에게는 사회공포증이나 회피성 성격장애에서 예상되는 부정적인 평가에 대한 두려움이 없는 것 같다. 오히려, 그는 사회적인 접촉 상황에서 지나치게 압도되는 느낌을 경험하고 있다. 우울과 관련해서, 분열성 성격장애 환자들이 강렬한 정서 반응을 보이지는 않지만 그래도 삶과 존재가 헛되고 무상하다는 믿음들로 인해서 기분이 가라앉을 수 있다. 분열성 성격장애 환자를 치료하는 과정에서 맞닥뜨릴 수 있는 어려움에 대해서는 앞에서 언급한 데릭의 사례를 바탕으로 하여 다음에 논의하겠다.

협력 전략

심리치료는 그 자체가 대인관계적인 작업이기 때문에, 분열성 성격장애 환자와 협력적인 치료 관계를 맺는 데는 여러 가지 어려움이 있을 수 있다. 분열성 성격장애 환자의 대인관계가 자신 및 타인에 대한 믿음에 의해 영향을 받는 것처럼, 이런 믿음은 치료자와의 관계에도 영향을 미칠 것이다.

치료과정에 참여하는 것에 관해 질문했을 때, 데릭은 치료를 받는 것에 대해서 양가적인 태도를 보였다. 그는 자신의 성격 때문에 현재의 문제들이 생겨난다는 것은 알고 있었지만, 치료를 받으면서 자신의 성격에서 더 많은 결함을 발견하게 되어 부적절감이 더 커질까 봐 몹시 두려워했다. 따라서 치료자와 환자는 치료를 받는 것의 장단점과 함께 치료를 받지 않는 것의 장단점을 논의할 필요가 있었다(〈표 7-2〉 참조). 데릭은 치료를 받는 것이 잠정적으로 손해가 되기보다는 이득이 될 것이라고 생각할 수 있었고, 그제서야 치료과정에 참여할 수 있었다. 하지만 데릭이 치료에

〈표 7-2〉 **치료의 장점과 단점 탐색하기**

인지치료에 참여하는 것의 장점	인지치료에 참여하는 것의 단점
• '치료의 효과가 있을지 알고 싶다.' • '나는 치료에 관심이 있다.' • '치료는 내 문제에 도움을 줄 수 있을 것이다.' • '치료는 사회가 나에게 관심을 갖고 있다는 믿음을 지닐 수 있게 도와준다.' • '유쾌한 사람과 이야기하는 것은 괜찮은 일이다.' • '치료는 일주일을 더 흥미롭게 만들어 준다.'	• '치료는 나를 더 내성하도록 만들어서 어려움을 가중시킬 것이다.' • '자기공개는 매우 고통스러울 것이다.' • '자기공개는 나를 곤혹스럽게 만들 것이다.' • '그나마 남아 있던 내가 가치 있는 사람이라는 환상을 잃어버리게 될 지도 모른다.' • '스스로 너무 몰아붙이면, 더 안 좋아질지도 모른다.'
인지치료에 참여하지 않는 것의 장점	인지치료에 참여하지 않는 것의 단점
• '나에게는, 감당하기 버거운 치료를 버텨낼 만한 정신적인 힘이 없다.' • '치료는 나를 동요시켜서 불안하게 한다.'	• '스스로를 발전시킬 수 있는 기회를 잃어버릴지도 모른다.' • '생활이 상당히 좋지 않다.' • '다른 사람의 도움이 없이는 상황이 나아지지 않을 것이다.'

참여할 수 있을 정도로 충분히 편안해지고 치료를 받으면 어떤 가능성이 있을 것이라고 느끼는 데까지는 다섯 번의 연속적인 면담이 필요했다.

치료를 받는 장점과 단점에 대해 논의하던 마지막 시기에, 데릭은 인지치료를 받지 않으면 특정한 목표를 성취하기 위해 노력하는 과정에서 흔들리게 될 것이라고 생각하게 되었다.

문제 목록과 목표 목록을 협력적으로 이끌어 내기 분열성 성격장애 환자와 함께 문제 목록과 목표 목록을 협력적으로 이끌어 내는 일은 쉽지 않다. 환자가 지닌 문제와 관련해서, 치료자가 예상하는 문제 영역과 환자가 생각하는 문제 영역이 상당히 다를 수 있으므로, 치료자는 환자의 말을 주의 깊게 들으면서 그의 경험 속에서 어떤 부분이 환자 자신에게 문제시되고 있는지를 구체적으로 설명하도록 요청해야 한다. 문제 목록을 작성할 때는 소크라테스의 산파술(産婆術)처럼 환자로부터 협력적으로 정보를 이끌어 내는 것이 중요하다. 만약 개괄된 어려움을 다루기 위한 적절한 목표에 대해서 치료자가 (환자의 협력 없이) 추측하기 시작한다면, 치료자는 완전히 빗나간 과녁을 표적으로 삼을 위험에 빠지게 되고, 환자와 치료자는 서로 다른 목적지를 향해서 서로 다른 과정을 밟으며 헤매게 될 수 있다.

데릭은 문제 목록을 다음과 같이 개괄하였다: (1) 직업이 없음, (2) 별로 바쁘게 지내지 않음, (3) 친구가 없음, (4) 불안함, (5) 아무것도 성취한 게 없음, (6) 너무 기분이 가라앉아서 말도 하기 어려움. 각각의 문제에 대한 목표 목록을 작성하는 과정에서, '나는 항상 이런 식이었기' 때문에 어떤 목표를 설정하는 게 상당히 힘들다는 것이 드러났다. 하지만 치료자의 시각에서 적절하고 합당한 목표로 여겨지는 것이 환자에게는 합당하지 않을 수도 있다는 점을 염두에 두는 것이 매우 중요하다. 예컨대 친구가 없는 것과 관련해서, 치료자는 한두 명의 친밀한 친구를 사귀는 것이 중요하고도 유용한 목표라고 제안하고 싶었지만, 데릭은 자신의 형제들이 친구가 없다는 이유로 더 이상 자신을 들쑤시고 힘들게 하지 못하게 했으면 좋겠다는 것이나 '인터넷을 통해서 사귄 친구'와 매주 한 번씩 대화하는 것을 목표로 삼고 싶어 했다.

환자에 대한 치료자의 반응 치료자의 믿음과 환자의 믿음이 너무 판이하게 다를 때, 치료과정에서 곤란한 문제들이 생겨날 수 있다. 친밀한 인간관계와 상호작용이 핵심인 전문직을 선택한 치료자의 믿음과 분열성 성격장애 환자의 믿음은 현저하게 다를 것이다. 이로 인해서 치료자가 강렬한 정서반응을 경험할 수 있는데, 치료를 협력적인 방식으로 진행하기 위해서는 치료자가 느끼는 이런 감정들을 잘 이해하고 다룰 필요가 있다.

데릭은 인간관계와 관련된 여러 가지 믿음들을 치료자에게 표현했다. '사람들은 잔인해', '사람들과 어울리는 것은 재미가 없어' 그리고 '무언가 중요한 할 말이 있을 때만 이야기를 해야 돼' 등이 그의 믿음이었다. 앞서 언급했듯이, 사회적 결속을 증진시키는 방향이 아닌 환자의 목표에 치료자가 동의하는 것은 쉽지 않은 일이었다. 또한 환자가 지니는 타인에 대한 믿음, 이를테면 다른 사람들이 잔인하고, 재미가 없고, 자신을 반겨 주지 않는다는 믿음이나 어떤 특정한 목적이나 방향이 없는 대화는 무의미하다는 환자의 믿음에 도전하는 것이 포함되지 않은 목표를 치료자가 받아들이는 것도 힘든 일이었다. 환자가 표현하는 믿음이나 목표에 대한 자신의 강렬한 정서 반응을 이해하기 위해서, 치료자는 그 자신의 핵심 믿음과 조건적 가정이 환자의 것과 어떻게 다른지를 깊이 성찰해 보아야 했다. 이러한 성찰의 과정 자체가 치료자로 하여금 환자와 자신 사이의 불일치에 대한 대안적인 시각을 갖게 해주었다. 즉, 치료자는 환자에게 강렬한 부정적인 감정을 느끼는 대신에, 두 사람이 지니고 있는 규칙이나 믿음이 충돌하고 있음을 볼 수 있게 되었다. 필요하다면, 슈퍼비전을 받거나 혹은 자기 내면의 슈퍼바이저를 활용하는 방법을 통해서, 치료자 자신만이 '결정적'이고 '건강한' 규칙이나 믿음을 지니고 있는 것이 아니며, 치료자 역시 사실은 한 가지의 사고방식을 지니고 있다는 점을 발견하도록 도울 수 있다.

구체적 개입

치료 과정에서 확인된 문제 목록과 관련하여, 데릭은 다음과 같은 치료 목표를 설정하였다.

1. 아버지가 원한다면, 아버지의 사업을 돕기
2. 시간을 만족스럽게 잘 활용하기
3. 형제들로 하여금 친구가 없는 자신의 모습을 존중할 수 있게 하기, 어려운 일이 있을 때 상의할 수 있는 사람을 한 명 만들기(그런 사람이 물리적으로 존재할 필요는 없음)
4. 걱정을 덜 하기
5. 할 필요가 있는 과제들을 수행하기
6. 자신에 대해서 더 좋게 느끼기

불안 데릭은 치료의 첫 번째 목표로 자신의 불안을 다루고 싶어 했다. 그의 불안에 대해서 탐색하면서, ([그림 7-1]의 아래 부분에 제시한) 불안이 유지되는 기제에 대한 이해가 이루어졌는데, 세 가지의 주요한 주제가 불안이 지속되는 데 기여하고 있었다. 첫째, 그는 자신이 다른 사람들과 걸맞지 않고 조화를 이루지 못한다고 믿고 있었다. 둘째, 그는 만약 자신이 다른 사람들과 조화를 이루지 못하면, 남들이 이 점을 자신에게 불리한 방향으로 이용할 것이라고 염려하고 있었다. 셋째, 그는 다른 사람들과 의사소통할 이야깃거리가 없다고 믿고 있었다. 이러한 믿음들의 조합을 통해서, 그가 다른 사람들과 대화하지 않으려는 이유와 그러한 자신을 기이하고 유별나다고 지각하는 견해를 이해할 수 있었다. 그는 자신의 기이함을 남들이 알아차리게 될 것이고, 이 때문에 남들에게 창피를 당하거나 위해를 입을 것이라고 예상했다. 치료자는 소크라테스식 대화법을 사용해서 이런 귀결을 이끌어 냈으며, 개념화된 내용을 데릭과 함께 논의하였다. 데릭은 이런 설명이 자신이 겪는 문제를 잘 요약하고 있다고 느끼는 듯했다. 또한 문제시 되는 증상의 감소를 위해서는 어떤 구체적인 믿음이 변화될 필요가 있는지에 대해서도 함께 논의하였다.

우선 '만약 내가 남들에게 말을 건다면, 내 말 속에는 변변한 이야깃거리도 없고 요점도 없을 것이다'는 믿음을 검토하였다. 만일 이 믿음이 변화될 수 있다면, 데릭은 자신이 기이하고 유별난 사람이라는 느낌을 덜 갖게 될 것이고, 따라서 남들에게 창피를 당할 것이라는 두려움도 줄어들 수 있을 것이었다. 하지만 그는 남들과의 간단한 대화를 늘려 나가는 것도 원하지 않았다. 다음으로, 자신은 동그란 구 멍에 억지로 끼우려는 네모난 나무토막처럼 기이하고 유별난 사람이라는 믿음을 검토하였다. 여러 모로 탐색하였지만 데릭은 이런 믿음을 다루는 데는 별로 확신 이 없었으며, 그것보다는 자신이 기이하고 유별나다는 이유로 남들이 자신을 공격 할지 모른다는 믿음에 의문을 품어 보고 싶어 했다. 데릭은 이런 믿음에 도전하고 맞서는 것이 그의 불안을 감소시키는 가장 효과적인 방법일 것이라고 생각했다.

데릭은 자신의 믿음에 입각한 행동 방식 때문에 다른 사람들로부터 공격의 표적 이 될 가능성이 높아지는지를 검토해보는 게 도움이 될 것이라고 생각했고, 자신 의 행동 방식을 어떻게 바꾸면 불쾌한 결과가 빚어질 가능성이 줄어들지를 알고 싶어 했다. 따라서 데릭과 치료자는 남들이 그의 유별난 점이나 불안감을 알아차 리고 그를 공격할지 여부를 확인해 보기 위해서 다음과 같은 일련의 행동 실험을 (그리고 이런 믿음에 도전하기 위한 언어적 재귀인 방법을) 계획했다.

우리는 데릭이 '만약 다른 사람들이 나의 불안감이나 유별난 점을 알아차리면 '나를 공격할 것이다'라고 믿고 있으며, 이런 믿음에 대처하기 위해 자신의 감정 을 겉으로 드러내지 않는 둔마된 모습을 보이면서 남들로부터 거리를 둔 채 고립 되는 안전 행동을 구사한다는 것을 알 수 있었다. 따라서 남들과의 눈 맞춤을 회피 하고, 바닥만을 쳐다보고, 모든 표정을 감추고, 자신이 남들에게서 공격당하는지 여부만을 주시하는 안전 행동을 중단하는 것을 일련의 행동 실험에 포함시켰다. 행동 실험의 수행에 앞서, 자신이 공격당할 것이라는 믿음에 대한 확신을 90%에 서 25%로 줄일 수 있었고, 언어적 재귀인(믿음에 부합하는 증거가 무엇인지 고려하기 및 대안적인 설명을 만들어 내기) 방법을 적용함으로써 실제로 있을 법한 다른 결과 들을 고려할 수 있었고 행동 실험에 참여할 여유가 생겼다.

핵심 믿음의 재구성 치료 초반에는 자신을 기이하고 유별난 존재로 여기는 믿음 에 대해서는 검토하지 않으려고 했지만, 이후에 데릭은 자신이 겪는 고통의 핵심 에는 이런 믿음이 자리 잡고 있으며 이것을 다룰 필요가 있다고 생각하게 되었다. 데릭은 자신이 지니고 싶은 대안적인 핵심 믿음으로 '나는 정상이다'는 믿음을 내

놓았다. 치료자는 어떤 믿음에 반대되는 증거가 있음에도 불구하고 정보처리의 편향으로 인해서 부정적인 자기-믿음이 유지되는 기제를 설명하려고, 데릭에게 Padesky(1993)의 편견의 비유를 소개하였다. 이런 비유는 과거의 핵심믿음을 그가 제안한 새롭고 유용한 믿음으로 변화시키는 데 필요한 것이 무엇인지를 논의하는 출발점이 되었다. Padesky(1994)가 권유한 대로, 치료자는 데릭에게 긍정적 자료 기록지(positive data log)를 활용하여 '나는 정상이다'는 믿음에 부합하는 자료들을 수집하라는 과제를 부여하였다. 이런 작업에 쓰이는 정보를 이끌어 내는 질문에는 다음과 같은 것들이 있었다. '당신이 오늘 한 일들 중에서, 당신이 정상임을 보여 주는 일 혹은 누군가가 당신을 정상이라고 여겼을 만한 일은 무엇인가요? 당신이 오늘 한 일들 중에서, 누군가 다른 사람이 그렇게 했을 때 당신이 그것을 보고 그 사람이 정상이라고 여겼을 만한 일은 무엇인가요?' 이렇게 수집된 자료들을 토대로, 데릭은 '나는 정상이다'는 믿음을 일주일에 한 번씩 다시 평정하였다. 데릭이 자신의 새로운 믿음을 지지하는 증거로 찾아낸 자료들에는 슈퍼마켓에서 줄서 있는 동안 다른 손님과 이야기한 일, 인지치료를 받는 일, 어머니에게 차를 타드린 일, 이웃 사람에게 친절하게 인사한 일 등이 포함되었다.

치료성과의 유지

앞서 언급했듯이, 데릭은 치료를 받는 것에 대해서 양가적인 태도를 지니고 있었고 치료 시간의 상당 부분을 이 문제에 대해서 논의하는 데 썼다. 그간의 치료를 돌이켜보면서, 데릭과 치료자는 그의 목표 목록을 검토하고 각각의 목표가 얼마나 진척됐는지를 살펴보았다. 목표의 진척 여부에 따라서 두 가지의 결정이 내려졌다. 목표가 진척된 경우에는, 그 영역에서 도움이 될 만한 다른 목표가 있는지를 고려하였다. 목표가 진척되지 않은 경우에는, 그 목표가 여전히 적절하고 성취할수 있는 것인지를 고려하였다. 만약 그렇다면 그들은 계속해서 그 목표를 이루기위해 노력해야 할 것이고, 만약 그렇지 않다면 그들은 새롭고 더 절실한 목표를 선택해야 할 것이었다.

치료를 받는 것에 대한 데릭의 양가감정은 치료를 진행하는 과정에서 분명하게 드러났다. 심지어 치료에서 진전을 보이고 성공적이었을 때조차, 그와 새로운 치료 목표를 협의하기 위해서는 항상 그런 치료를 받는 것의 장점과 단점을 따져 봐야 했다. 걱정을 덜 하고 싶고 자신에 대해서 더 좋게 느끼고 싶다는 치료 목표가 어느 정도 성취되었을 때, 치료의 종결을 위한 계획을 함께 논의할 수 있었다. 종결을 하기 전에는 치료를 종결하는 데 필요한 작업 및 새로운 믿음을 공고하게 만들 수 있는 작업을 계획해야 했다. 데릭이 치료를 지속하고 싶어 하지 않았기 때문에, 그 작업은 지금까지 어떤 믿음들이 변화되었는지를 검토하는 것과 새로운 믿음에 대한 확신을 평정하고 강화하는 것이 주류를 이뤘다.

지금껏 해낸 일들 중에서 데릭에게 도움이 되었던 작업을 강화해 주고, 그로 하여금 이제까지 제안된 방향으로 치료적인 노력을 기울이게 하기 위한 개념적인 이해의 틀을 제공하며, 이상적으로는 장차 겪게 될 어려움을 미연에 방지하기 위해서 다음과 같은 개략적인 윤곽을 제시하였다.

1. 당신이 겪는 문제들이 어떻게 생겨났고 일단 생겨난 뒤에는 어떻게 유지되는지를 일깨워 주기 위해서, 당신과 내가 함께 만든 문제의 발생과 유지에 대한 이해의 틀을 제시했습니다([그림 7-1] 참조).

2. 당신이 겪는 문제들을 이런 식으로 이해하고 나서, 우리는 만약 다른 사람들이 당신의 불안을 알아차린다면 그들이 당신을 공격할 것이라는 믿음 때문에 당신은 남들에게 감정을 드러내지 않으려고 한다는 점에 대해서 다뤘습니다. 우리는 치료 시간에 이것을 논의하였고, 이런 믿음을 지지하는 증거가 부족하다는 것을 알아냈으며, 일련의 행동 실험을 계획했습니다. 행동 실험을 통해서 감정을 감추는 것이 안전하다는 믿음이 당신에게 있다는 것을 알 수 있었습니다. 하지만 실제로는 당신이 그런 안전 행동을 멈추어도 다른 사람들이 당신을 공격하지 않았습니다. 따라서 당신의 불안은 몇몇 상황에서 상당히 줄었습니다. 이런 안전 행동이 당신을 계속 불안하게 만들고 있으며 당신이 예상하는 최악의 결과가 일어나지 않을 것이라는 점을 깨닫지 못하게 하고

있다는 점을 꼭 기억해야 할 것 같습니다.

3. 당신이 겪는 문제들을 개념적으로 이해한 다음에, 우리는 당신의 믿음이 사회적인 상황에서 당신이 경험하는 불안감을 유지시키고 있다는 점을 살펴보았습니다. '나는 기이하고 유별난 사람이야' '나는 동그란 구멍에 억지로 끼우려는 네모난 나무토막처럼 남들과 잘 맞지 않아'라는 믿음들은, 다른 사람들이 이것을 알아차리고 당신을 괴롭힐 것이라는 믿음에 영향을 미치고 있었습니다. 우리는 그런 믿음들이 (당신에 대해 부정적인 편견을 갖는 것과 마찬가지로) 정보를 처리하는 방식에 영향을 미치고, 이를 통해서 다시 그런 믿음들이 유지될 수 있다는 점을 논의하였습니다. 우리는 당신이 '나는 정상이야'라고 믿고 싶어 한다는 것을 알 수 있었습니다. 하지만, 이런 새로운 믿음에 부합하는 정보는 모두 버려지고 있거나 혹은 당신의 부정적인 믿음에 맞게 조작되고 있었습니다. 우리는 이런 과정에 굴복하지 않고 맞서는 것이 도움이 될 것이라고 생각했고, 긍정적 자료 기록지를 통해서 자료를 수집했습니다. 기록지를 활용해서 당신은 자신이 정상임을 보여 주는 행동들에 관한 자료들을 모았고, 또한 남들이 당신처럼 했다면 그것을 정상이라고 보았을 경우들에 관한 자료들도 수집했습니다. 이런 식으로 기록했기 때문에 우리는 그런 자료들을 잃어버리지 않았습니다. 이러한 작업이 더 이상은 불필요하다고 느껴질 때까지 이 글을 계속 읽으시고, 긍정적인 자료를 수집하는 일도 꾸준히 하시면 도움이 될 것입니다.

4. 치료를 시작할 때 당신이 세웠던 목표 중의 하나는 시간을 더 만족스럽게 보낼 수 있는 방법을 찾는 것이었습니다. 이제는 집을 나섰을 때 당신에게 어떤 일이 벌어질지에 대한 걱정들을 어느 정도 다루었기 때문에, 당신에게 더 만족스러운 활동들을 찾아서 시간을 보내는 것을 고려해 봐도 좋겠습니다.

5. 당신이 세웠던 또 다른 목표는 해야 할 필요가 있는 과제들을 수행하는 것이었습니다. 우리는 '나는 실패자이고 반쪽짜리 사람이야'라는 믿음이 당신으로 하여금 어떤 일에서든지 부정적인 결과를 예상하게 만들고 있다는 점을 이해할 수 있었고, 이로 인해서 당신이 여러 가지 회피 행동을 한다는 것을 알

수 있었습니다. 결과적으로, 당신이 어떤 일도 시도하지 않으려고 하는 이유를 알게 된 것입니다. 하지만, 이런 식으로 회피하면 당신은 어떤 예상에 대해서도 합당한 증거를 가지고는 검증해 볼 수 없는 문제를 겪게 됩니다. 따라서 우리는 당신이 점진적으로 시도해 볼 수 있는 일련의 과제들을 계획하려고 했고, 당신의 부정적인 예상이 얼마나 정확한지를 평가해볼 계획을 세우기도 했습니다.

6. 마지막으로, 당신은 몇 가지 문제들을 함께 나눌 만한 친구 같은 사람을 인터넷을 통해서 만들려는 목표를 가지고 있었습니다. 당신은 이 점에 있어서도 자신감을 느끼고 있는 것 같습니다.

분열형 성격장애

분열형 성격장애(Schizotypal Personality Disorder: STPD)와 분열성 성격장애는 상당히 비슷하다. 두 성격장애 모두 대인관계의 회피를 특징으로 한다. 하지만 분열형 성격장애를 지니고 있는 사람들은 정신증적 증상들을 경험하는 경향이 있고, 행동의 측면에서 기태적인 양상을 드러내기도 한다.

분열형 성격장애 환자들의 주된 특징은 친밀한 인간관계에 대한 극심한 불편감과 친밀한 관계 형성 능력의 부족이며, 이와 더불어 인지적 혹은 지각적 왜곡을 보이고, 행동적인 기괴함도 드러낸다. 그들은 종종 준임상적인 수준의 정신증적 증상이나 이상 경험을 지니고 있는데, 이를테면 의심성 혹은 사람들이 자신에 관해서 이야기한다거나 자신에게 위해를 가하려고 한다는 생각을 지니고 있다. 또한 그들은 친구가 없고, 사회적인 상황에서 불안해하며, 남들이 보기에 기이하게 느껴지는 행동을 한다. DSM-IV-TR(American Psychiatric Association, 2000)에서 제시하고 있는 분열형 성격장애의 진단 기준은 다음의 〈표 7-3〉과 같다.

〈표 7-3〉 **분열형 성격장애에 대한 DSM-IV-TR의 진단 기준**

A. 친밀한 대인관계에 대한 현저한 불안감, 인간관계를 맺는 능력의 제한, 인지적 또는 지각적 왜곡, 그리고 기이한 행동으로 인해 생활 전반에서 대인관계와 사회적 적응에 현저한 손상을 나타낸다. 이러한 특성이 성인기 초기에 시작되고 다양한 상황에서 나타나며, 다음의 특성 중 5개 이상의 항목을 충족시킨다.

   (1) 관계사고(분명한 관계망상은 제외)
   (2) 행동에 영향을 미치며 하위문화의 규준에 맞지 않는 기이한 믿음이나 마술적 사고(예: 미신, 천리안에 대한 믿음, 텔레파시나 육감, 아동이나 청소년의 경우 기괴한 환상이나 집착)
   (3) 신체적 착각을 포함한 유별난 지각 경험
   (4) 기이한 사고와 언어(예: 모호하고, 우회적이고, 은유적이고, 지나치게 자세하게 묘사되거나 또는 상동증적인 사고와 언어)
   (5) 의심이나 편집증적인 사고
   (6) 부적절하거나 메마른 정동
   (7) 기이하고 엉뚱하거나 특이한 행동이나 외모
   (8) 직계 가족 외에는 가까운 친구나 마음을 털어놓을 수 있는 사람이 없음
   (9) 과도한 사회적 불안(이러한 불안은 친밀해져도 줄어들지 않으며, 자신에 대한 부정적인 판단 보다는 편집증적 공포와 연관되어 있음)

B. 장애가 정신분열증, 정신증적 양상을 동반하는 기분장애, 기타 정신증적 장애, 또는 전반적 발달 장애의 경과 중에만 나타나는 것이 아니며, 일반적인 의학적 상태의 직접적인 생리적 효과로 인한 것이 아니어야 한다.

연구와 경험적 자료

분열형 성격장애를 지닌 사람들의 인지적 및 행동적 특징을 살펴본 연구는 매우 적은 편이며, 이 성격장애와 관련된 연구들은 대부분 신경심리학적 혹은 신경발달 적인 과정에 초점을 맞추고 있다. 분열형 성격장애 진단을 받은 사람들은 광범위 한 인지적 결함을 지니고 있으며(Cadenhead, Perry, Shafer, & Braff, 1999), 주의 기 능의 손상을 보인다(Wilkins & Venables, 1992). 몇몇 연구에서는 발달적 요인이 분 열형 성격장애의 발생에 어떤 영향을 미치는지를 살펴보았다. 지역사회를 기반으 로 실시한 종단연구에서, 아동기에 방치당하거나 소홀한 취급을 당한 경험이 분열 형 성격장애의 발생과 관련이 있다는 것이 밝혀졌다(Johnson, Smailes, Cohen,

Brown, & Bernstein, 2000). Olin, Raine, Cannon 및 Parnas(1997)는 분열형 성격 장애의 아동기 전구증상을 평가하기 위해서 아동이 학교에서 보이는 행동에 대한 교사들의 보고를 꾸준히 수집하였다. 연구자들에 따르면, 나중에 분열형 성격장애를 지니게 된 사람들은 어릴 때 더 수동적이었고, 또래들과 잘 어울리지 못했으며, 다른 아이들의 비난에 더 과민하게 반응했다. 또한 불안-회피적인 애착 유형은 환각 경험과 기이한 믿음을 특징으로 하는 양성 분열형(positive schizotypy) 및 사회적 고립, 무감동, 무쾌감을 특징으로 하는 음성 분열형(negative schizotypy)과 관련이 있었다. 해리증상과 분열형 사이의 관련성을 시사하는 결과들도 있었다.

　(환자 집단과 일반인 집단 모두에서) 정신증적 경험을 잘 살펴보는 것이 분열 성향을 이해하는 데 가장 유용할 것이다. 여러 연구들에서 분열형 성격장애에서 나타나는 개별 증상들(편집증적 시고, 관계 사고, 지각적 이상경험, 기이한 언어와 행동 등)과 정신증 사이의 관련성을 조사하였으며, 분열형 성격장애 기저의 심리적 과정을 더 명확하게 이해하기 위해서는 진단적 증후군으로 뭉뚱그려서 살펴보는 것보다는 개별 증상들을 연구하는 것이 더 낫다는 주장이 제기되었다(Persons, 1986). 예를 들어, 부정적 생활 사건에 대한 외부 귀인(Bentall, Kinderman, & Kaney, 1994) 및 정보처리의 편향(Bentall & Kaney, 1989) 때문에 편집증적 믿음이 생겨난다는 증거들이 있다. 이와 유사하게, 개인이 환각 경험을 해석하고 평가하는 과정에서 이와 연관된 심리적 고통이 생겨난다는 증거들도 있다(Morrison, 1998). 이러한 지각적 이상경험은 정상인 집단에서도 상당히 빈번하게 관찰된다(Peters, Joseph, & Garety, 1999; van Os, Hanssen, Bijl, & Ravelli, 2000). 따라서 지각적 이상경험은 보편적이고 정상적인 경험이라는 점을 알려 주는 것이 정신증 환자의 치료에서 중요하다(Kingdon & Turkington, 1994). 이렇게 낙인을 찍지 않는 접근 방식은 진단적인 방식보다 덜 경멸적이라는 장점이 있다. 왜냐하면 성격장애라는 진단을 받는 것은 환자에게 또 다른 심리적 고통을 줄 수 있기 때문이다.

감별 진단

망상장애, 정신분열증, 정신증적 양상을 동반하는 기분장애와 분열형 성격장애의 감별 진단

이러한 진단이 내려진 상태에서 분열형 성격장애 진단을 추가하기 위해서는, 정신증적 증상이 발병하기 전부터 성격장애를 지니고 있어야 하며 정신증적 증상이 관해된 후에도 성격장애가 지속되어야 한다(DSM-IV-TR; American Psychiatric Association, 2000). 정신분열증 환자들과 비교할 때, 분열형 성격장애 환자들의 정신증적 경험은 대체로 덜 고통스럽고, 기능 손상의 정도가 약하며, 이에 대한 확신도 덜하다.

분열성 성격장애와 분열형 성격장애의 감별 진단

두 장애 모두 사회적 상호작용의 결핍이라는 공통점을 지니고 있지만, 이들 사이에는 차이점도 있다. 분열형 성격장애 환자들은 일반적으로 기이한 믿음, 지각적 이상경험, 마술적 사고를 지니고 있으며, 행동이나 외모가 평범하지 않고 기괴하다. 이와 달리, 분열성 성격장애 환자들은 무관심하게 초연하고, 동떨어져 지내고, 두드러지지 않는 모습을 보인다.

개념화

분열형 성격장애 환자들은 종종 분열성 성격장애 환자들과 유사한 어린 시절의 경험을 지니고 있다(예: 또래들에게 따돌림이나 거절을 당함). 아울러, 그들은 어린 시절에 신체적 혹은 성적으로 학대당했을 수 있으며, 이런 경험들 때문에 자신을 남들과 다르고, 나쁘고, 비정상적인 사람이라고 여기게 되었을 수 있다. 또한 그들은 실제로 어떤 박해 경험을 당했을 수 있다. 결과적으로 그들은 (마술적 사고, 지나친 의심, 관계 사고와 같은) 평범하지 않은 믿음을 자주 경험하게 되고, 이러한 믿음을 보상하기 위해서 다른 사람들을 믿지 않거나 지나치게 예민할 정도로 조심스럽게 경계하는 전략을 채택하게 된다.

조(Joe, 남자, 25세)는 사회단체(약물 남용 문제를 다루기 위해 여러 학문 분야가 힘을 합쳐 구축한 지역 기관)에서 의뢰된 환자로서, 지나친 의심, 기이한 행동, 지각적 이상경험 등의 문제를 지니고 있었다. 그는 술집에서 일하면서 여인숙에 거주하고 있었다. 그는 많은 손님들을 상대해야 하는 직업을 가지고 있었지만, 상당히 높은 수준의 대인불안 증상을 겪고 있었기 때문에 일하는 데 어려움이 많았다. 그는 돌아가신 어머니의 목소리를 듣는 환청도 경험하고 있었지만, 이것이 그리 고통스럽지는 않았다. 그는 사람들이 자신에 대해서 수군거리며 자신을 해치려고 한다는 편집증상을 지니고 있었고, 이런 두려움으로부터 벗어나기 위해서 술, 대마초, 코카인을 복용했다. 그는 불면증을 겪고 있었고, 성격장애 환자라는 꼬리표가 붙을까 봐 몹시 염려했다. 왜냐하면, 치료를 의뢰한 사회단체 직원이 그에게 성격장애라는 것은 성격의 결함을 의미한다고 설명했기 때문이었다.

조는 외아들이었는데, 그가 7살 때 어머니가 돌아가셨다. 그의 아버지는 이곳저곳으로 옮겨 다니는 직업을 가지고 있었다. 이 때문에 조는 여러 번 전학을 해야 했고, 친구를 사귀기 힘들었다. 그의 아버지는 일찍 사별한 어머니의 공백을 채워 주려는 마음으로 조를 매우 특별하게 양육했다. 그의 아버지는 조가 평범한 아이들과는 다르며, 남들도 조의 특별한 모습을 알아야만 한다고 말하곤 했다. 조는 아버지가 자신에게 원하는 것은 남들의 눈에 띄는 것이라고 생각했다. 그는 학교나 이웃에서 친구를 사귀지 못했고, 점차로 괴롭힘과 따돌림의 표적이 되었다. 이런 문제에 대처하기 위해서, 그는 아버지와 함께 더 많은 시간을 보냈고, 아버지가 일하러 가시면 혼자서 지냈다. 그는 돌아가신 어머니와 대화하는 것을 비롯하여 혼자서 노는 방법들을 개발했고, 그렇게 하면 마치 어머니의 응답을 듣는 것 같았다. 이러한 경험들로 인해서, 그는 (또래들로부터 고립되어 지냈고, 그들에게 놀림감이 되었기 때문에) 자신이 무가치하고, 취약하고, 재미없는 사람이라는 믿음을 지니게 되었을 뿐만 아니라, (아버지의 말씀 때문에) 자신은 남들과 다른 특별한 사람이라는 믿음을 형성하게 되었다. 그는 다른 사람들을 위험하고 믿을 수 없는 존재로 여겼으며, 세상은 그에게 다정하지 않다고 생각했다. 그는 '내가 남들과 친해지려고

하면, 그들은 나를 거부할 거야', '내가 남들과 많이 다른 모습을 보인다면, 그들이 나를 알아 줄 거야', '내가 비범한 경험을 하면, 나는 중요한 존재가 될 수 있을 거야', '엄마와 대화를 할 수 있다면, 나는 혼자가 아닐 거야', '사람들이 내가 얼마나 기이한 녀석인지 알게 되면, 그들도 나한테 관심을 가질 거야', '남들에게 화를 내면, 그들이 나를 해칠 거야'와 같은 조건적 가정을 발전시켰다. 그는 다음과 같은 전략들을 사용하여 이러한 믿음들을 보상하려고 시도했다. 그는 말을 할 때 모호하고 은유적인 방식으로 이야기했으며, 미사여구로 덧칠한 듯한 기이한 용어를 사용했고, 남들의 이목을 끄는 매우 유별나고 특이한 옷을 입었다. 이런 것들은 모두 다른 사람들의 눈에 띄기 위한 전략이었고, 그가 11세 때부터 구사하기 시작해서 오랫동안 지속해 온 것들이었다. 다른 한편으로, 조는 사회적인 상황을 가능한 한 회피하였고, 남들이 자신에 대해서 수군거리는 증거 혹은 자신을 해치려고 하는 증거를 찾아내기 위해 늘 주변을 샅샅이 살폈으며, 사회적인 위협을 당할까 봐 항상 과민하게 경계하면서 지냈다. 그는 또한 자신에게는 다른 사람의 신체 언어를 읽어 내는 천부적인 능력이 있다고 믿으면서 남들의 행동을 주의 깊게 관찰하였다. 하지만 그의 추측은 대부분 정확하지 않았다. 이런 전략들은 청소년기 초반에 나타나기 시작했다. 또한 그는 마음을 진정시키기 위해서 술을 마셨고, 불법적인 약물을 복용했다. 때로는 이런 전략들이 효과적이기도 했지만, 어떤 경우에는 오히려 그의 지나친 의심을 고조시킬 뿐이었다. 이와 같은 사례개념화 내용을 다음의 [그림 7-2]에 제시했다.

초기 경험
학교에서 따돌림을 당함 / 전학을 자주 함
눈에 띄어야 한다는 압박감을 느낌 / 7세 때 어머니가 죽음

↓

핵심 믿음
'나는 남들과 다르고, 무가치하고, 재미없고, 이상한 사람이다.'
'다른 사람들은 잔인하고, 위험하고, 믿을 수 없다.'
'세상은 다정하지 않다.'

↓

기저 가정
'만약 내가 남들과 친해지려고 하면, 그들은 나를 거부하고 상처를 줄 것이다.'
'만약 내가 남들과 많이 다른 모습을 보인다면, 그들이 나를 알아줄 것이다.'
'만약 내가 비범한 경험을 하면, 나는 중요한 존재가 될 수 있을 것이다.'
'만약 엄마와 대화를 할 수 있다면, 나는 혼자가 아닐 것이다.'
'사람들이 내가 얼마나 기이한 녀석인지 알게 되면, 그들도 나한테 관심을 가질 것이다.'
'남들에게 화를 내면, 그들이 나를 해칠 것이다.'

↓

보상 전략
사회적 상황 회피하기
부정적인 감정 표현 제한하기
유별난 방식으로 옷을 입거나 말하기
환각에 주의 기울이기

↓

촉발 요인
돌아가신 어머니에 대한 환각
약물 복용
술집에서 일함

↓

기저 가정의 활성화

↓

부정적인 자동적 사고
'나는 특별해야 해.'
'나에게는 영적인 힘이 있어.'
'그들은 의도를 숨기고 있을 거야.'
'나는 공격당할지 몰라.'
'나는 사람들의 의도를 알아차릴 수 있어.'

↗   ↕   ↕   ↖

행동적 및 인지적 반응	감정	신체	환경
대인관계의 위협에 대한 선택적 주의 사회적 상황의 회피 기이한 행동과 옷차림 고통을 숨김 모호하고 은유적인 언어	불안 우울 분노	수면 문제 각성	술집의 나쁜 손님들 높은 범죄 빈도

[그림 7-2] 조에 대한 사례개념화

치료적 접근

협력 전략

분열형 성격장애 환자들은 심리치료에서 치료적 관계를 형성하는 데 어려움을 겪을 가능성이 크다. 만약 사회적으로 불안하면, 그들은 심리치료를 받는 것 역시 회피하려고 할 것이다. 이런 부분을 분명하게 평가해야 하며, 심리치료를 지속하는 이유와 견주어 보아야 한다. 마찬가지로, 타인에 대한 지나친 의심이 치료자에게까지 확장될 수 있으므로, 임상가는 환자가 자신을 믿을 만한 사람으로 여기고 있는지를 점검해야 한다. 만약 그렇지 못하다면, 치료 전략을 협력적으로 수립해야 한다. 예컨대, 어느 정도의 한정된 기간을 설정하고서 적어도 그때까지는 치료자에 대한 불신을 유보해 보도록 계약하는 것이 도움이 된다. 환자의 의심스러운 염려를 활용해서 그에게 '증거 조사'라는 개념을 설명해 줄 수 있다. 환자로 하여금 '나는 치료자를 믿을 수가 없어'라는 믿음에 부합하는 증거 및 이에 반하는 증거를 모두 찾아보게 하면 지나친 의심을 줄이는 데 도움이 되며, 이와 동시에 환자에게 인지치료의 모델을 이해시킬 수 있다.

상당수의 환자들이 자신의 성격 특성을 긍정적으로 보는 측면이 있기 때문에, 분열형 성격장애 증상에 대한 환자의 양가감정은 치료 과정에서 문제로 작용할 수 있다. 특히 치료자와 환자가 서로 합의하고 공유하는 문제 목록과 목표 목록을 만드는 것이 어렵다. 예를 들어, 조는 자신의 평범하지 않은 지각경험을 높이 평가했다. 또한 그는 의심이나 편집증적인 성향이 있었기 때문에 자신이 남들로부터 피해를 당하지 않은 것이라고 믿으면서, 때로는 의심하고 편집증적으로 행동하는 것이 유용하다고 생각했다. 이러한 양가감정의 문제를 해소하는 데는 구체적인 증상의 이득과 손해를 따져 보는 것이 도움이 된다. 편집증적인 믿음의 경우, 이런 믿음이 어떻게 생겨났는지, 이런 믿음이 얼마나 유용했는지, 현재의 환경에서 변화된 것은 무엇인지, 그런 믿음이 지금도 여전히 유용한지를 따져 보는 것이 도움이 된다. 인지적 접근에서 무엇보다 중요한 부분은, (과거가 아닌) 현재 및 미래의 상황에서 환자에게 더 유용한 믿음이 무엇인지를 탐색하는 것이다.

구체적 개입

문제 목록과 목표 목록을 협력적으로 이끌어 내기 조는 치료자와 협력하여 문제 목록을 작성하였다. 문제 목록을 작성하는 것은 첫 번째 과제의 일부였으며, 다음 회기의 상당한 시간 동안에는 문제 목록을 더 구체적이고, 측정 가능하고, 현실적이고, 시간제한적인 목표로 바꾸는 작업을 진행하였다. 이것을 다음에 개략적으로 기술하였다.

1. 대인 불안 직장에서의 불안을 70%에서 35%로 줄이는 것이 목표다.
2. 편집증 '다른 사람들이 나를 공격할 것이다' 는 믿음에 대한 확신을 75%에서 40%로 줄이거나, 이와 관련된 고통을 95%에서 50%로 줄이는 것이 목표다.
3. 편집증 '다른 사람들이 나에 대한 이야기를 하고 있다' 는 믿음에 대한 확신을 80%에서 50%로 줄이거나, 이와 관련된 고통을 80%에서 50%로 줄이는 것이 목표다.
4. 약물 복용 약물 복용을 줄이고, 자가치료가 아니라 재충전을 위해서 약물을 복용하는 것이 목표다('어떤 문제에 대처하기 위해서는 약물을 복용해야만 한다' 는 믿음에 대한 확신을 40%에서 0%로 줄인다).
5. 수면 오전 9시에서 11시 사이에 잠자리에서 일어나고, 자정에서 새벽 3시 사이에 잠자리에 드는 식으로 수면습관을 안정시키는 것이 목표다.
6. 낙인 찍기 '나는 성격장애 환자다 혹은 내 성격에 결함이 있다' 는 믿음과 관련된 고통을 50%에서 10%로 줄이는 것이 목표다.
7. 친구 관계 나 자신에 대한 이야기를 함께 나눌 수 있을 정도로 믿음직스러운 한 명의 친구를 만드는 것이 목표다.

이러한 목표들은 치료의 방향을 결정짓는다. 조와 치료자가 합의한 목표들은 (물론 증상이 없어질 수도 있겠지만) 증상을 완전히 제거하는 데 초점을 맞춘 것이라기보다는 작지만 의미 있는 변화를 이끌어 내기 용이한 것들로 구성되어 있었다. 그들은 일단 10번 만나서 상담하기로 계약했으며, 마지막 시간에는 장차 더 많은 상담이 필요할지 여부에 대해서 논의하기로 했다. 그들은 모두 30번의 만남을 가졌다. 분열형 성격을 지닌 환자들의 치료 사례에서 종종 나타나듯이, 분열형 성격의 몇몇 특징적인 양상(예를 들어, 환각 경험)은 문제 목록에 포함시키지 않았다. 왜냐하면, 그것들은 심리적 고통과 별로 관련이 없고, 오히려 환자에게 편안함을 주기 때문이었다.

불안 감소 불안을 치료의 첫 번째 표적으로 선택하였다. 그 이유는 환자가 겪는 주된 어려움이 불안이었고, 인지치료를 통해서 불안장애를 효과적으로 치료할 수 있다는 증거들이 많았기 때문이다(D. Clark, 1999). 그런데 증상을 상세히 탐색하는 과정에서 환자의 대인 불안이 남들로부터 부정적인 평가를 받는 것에 대한 염려나 부정적인 자기상과는 별로 관련이 없으며, 오히려 지나친 의심 및 편집증상과 밀접한 연관이 있다는 점이 밝혀졌다. 과제로 제시되었던 역기능적 사고 기록지에서도 이런 점들이 확연하게 드러났다. 따라서 대인 불안과 편집증상을 동시에 다루게 되었다.

편집증적인 믿음의 변화 다른 사람들에게 위해를 당할 것이라는 믿음과 다른 사람들이 자신에 대해서 수군거린다는 믿음 사이에는 상호 연관성이 있었기 때문에, 이것들을 함께 다루었다. 초반에는 편집증적인 믿음이 생겨난 계기를 탐색하고, 그런 믿음을 지니고 사는 것의 손해와 이득을 따져 보는 방식으로 환자의 편집증적인 믿음을 검토하였다. 조는 학교와 이웃의 아이들에게 괴롭힘을 당했던 경험들 때문에 지나치게 의심하게 되었고, 이렇게 의심했기 때문에 많은 경우에 안전할 수 있었다고 이야기했는데, 그것은 틀린 얘기가 아니었다. 또한 그는 남들이 자신에 대해서 수군거린다는 믿음이 자신이 불쾌한 사회적 상호작용을 회피하는 정당한 근거로 작용했다는 점을 인식했다. 또한 남들이 자신에 대해서 수군거리는 이유는 그가 중요한 사람이기 때문이라고 생각했고, 이것은 그가 지닌 몇 가지 가정과 분명히 연관되어 있었다. 하지만 그는 이런 믿음들로 인해서 심리적인 고통을 겪었으며, 대인 불안을 줄이고 친구를 사귀려는 목표를 달성할 수 없었다는 점도 깨달았다. 다음으로, 위와 같은 전략들을 발달시킨 어린 시절부터 지금까지의 삶에서 어떤 부분들이 달라졌는지를 논의하였고, 그런 전략이 학창 시절에는 유용했는지 모르지만 지금은 유용하지 않을 수도 있다는 것을 분명히 알아차렸다.

이러한 작업을 기초로, 조는 편집증적인 믿음 때문에 실제로 위험한 일을 당하지 않게 되는 경우도 가끔 있지만, 대부분의 경우에는 과거의 경험으로 인해서 자신이 대인관계에서의 위험을 너무 부풀리고 과대평가하게 된다는 결론을 내릴 수 있었다. 조가 이런 견해를 갖게 되자, 그와 치료자는 최근에 불안과 의구심을 느꼈던 구체적인 사건을 돌이켜 보면서, 편집증적인 믿음에 부합하는 증거와 부합하지 않는 증거를 협력적으로 탐색할 수 있었다. 전형적인 예를 들면, 그는 몇몇 사람들이 술집에 모여 앉아 웃고 떠드는 상황에서 쉽게 불안해지면서 의심했다. 그럴 때마다 조는 '저 사람들이 나에 대해서 수군거리고 있어' 혹은 '저 사람들이 나를 창피하게 만들 계획을 짜고 있어' 라는 생각을 했으며, 그 생각에 대한 확신은 대략 75% 정도나 되었다. 치료자는 위와 같은 상황에 대한 대안적인 설명을 만들어 보도록 조를 격려했다. 그는 만약 자신이 다른 사람의 입장에 서 있다면 이와 유사한 상황에서 어떤 식으로 행동했을지 따져 보았다. 그는 사실과 생각의 차이를 구분하려고 애썼으며, 실제로는 그렇지 않은데 마치 그런 것처럼 느껴지는 과정을 인식하였다(〈표 7-4〉에 예시). 이런 주제들에 대한 논의는 조의 편집증적인 믿음을 감소시키는 데 도움이 되었고, 그는 어느 정도의 위험을 무릅쓰고 일련의 행동 실험

〈표 7-4〉 '사람들이 나에 대해서 수군거리고 있으며 나를 창피하게 만들려고 한다' 는 생각에 대한 증거를 검토하기

생각에 부합하는 증거	생각에 부합하지 않는 증거 및 대안적 설명
• '그들은 모두 이야기를 하고 있고 (가끔) 내 쪽을 쳐다본다.' • '나는 과거에 자주 창피를 당했다.' • '진짜 같이 느껴졌다.'	• '나는 이런 느낌을 여러 번 받았지만, 최근에 창피를 당한 적은 거의 없었다.' • '대부분의 사건이 오래 전에 있었던 일이다.' • '내가 그렇게 생각한다는 것은, 그것이 반드시 사실이라는 것을 의미하지는 않는다. 아마도 내가 편집증적인 습관을 발달시킨 것 같다.' • '그들은 주문을 하려고 이쪽을 쳐다봤을지도 모른다.'

에 참여해 볼 수 있을 것 같다고 느꼈다.

행동 실험 언어적 재귀인 기법만을 적용하는 것보다는 인지 변화를 목적으로 한 행동 변화를 시도할 때 편집증적인 믿음이 더 쉽게 수정된다는 증거들이 있다 (Chadwick & Lowe, 1990). 몇 주에 걸쳐서 증거를 따져 보는 작업을 한 뒤, 조는 자신의 행동을 변화시키면 어떤 일이 벌어질지 시험해 볼 수 있을 정도로 자신감을 느꼈다. 그와 치료자는 치료 시간에 만나서 각각의 행동 실험을 세밀하게 계획했다. 그들은 시험해 보려는 특정한 믿음과 관련해서 장차 어떤 일이 일어날지를 구체적으로 예측하였고, 행동 실험을 수행하는 과정에서 발생할 것으로 예상되는 어려움들도 미리 다루었다. 여기에는 혹시라도 치료자가 자신을 놀리고 창피를 줄 목적으로 장난을 치고 있다고 생각하는지 여부를 정기적으로 평가하는 작업도 포함되었다. 이처럼 조가 치료자를 의심하는 경우에는 치료 시간의 일부를 그가 그렇게 해석하는 사건을 탐색하는 데 할애하였고, 이에 대한 대안적인 설명을 이끌어 내고 증거를 검토했으며, 치료자의 직업적인 윤리와 한계에 대해서도 논의하였다. 이러한 불신과 의심은 치료자를 좌절시킬 수도 있으므로, 정기적인 슈퍼비전을 통해서 이런 감정들을 다루는 것이 좋다.

행동 실험은 조가 구사하는 보상 전략이나 안전행동을 수정하는 것으로 구성되었다. 예컨대, 대인관계를 회피하는 것, 주목받기를 원치 않으면서도 남들의 이목을 집중시킬 정도로 특이한 옷을 입는 것, 부정적인 감정을 표현하지 않으려고 애쓰는 것 등을 변화시키는 것이 행동 실험의 일부였다. 각각의 행동 실험을 통해서, 조는 자신이 구사하는 전략들이 오히려 역효과를 초래하는 때가 있다는 것을 깨달을 수 있었다. 더 중요한 것은, 남들에게 창피를 당하거나 공격을 당할 것이라는 그의 두려움이 행동 실험을 통해서 반증되기 시작했다는 것이다. 예를 들어, 처음에 조는 만약 자신의 불안을 남들에게 드러낸다면 술집에 있는 모든 사람들이 자신을 비웃거나 심지어는 자신을 폭행할 것이라고 믿었다. 실제 행동 실험에 들어가기 전에 그와 치료자는 역할 연기를 통해서 이 문제를 다루었다. 치료 시간에 연습한 것처럼, 조는 술집에 있는 손님들에게 자신의 심약한 모습을 그대로 내보이면서 그날 밤에 자신이 나소 불안한 것 같다고 이야기할 수 있었다. 그 결과, 조는 대부분의 사람들이 자신을 지지해 주고 아무도 자신을 비웃거나 폭행하지 않는다는 것을 알 수 있었다.

낙인찍기 및 기타 문제들 조의 대인 불안과 편집증상이 줄어들자, 다른 문제들은 상대적으로 수월하게 해결되었다. 그는 활동계획일지를 기록하는 작업을 통해서 수면 습관을 안정시키기로 결심했다. 이것은 지나친 의심과 대인 불안 때문에 처음에는 어려워 보였다. 왜냐하면, 잠들기 전에는 그날 벌어졌던 대인관계 사건들을 곰곰이 돌이켜 보느라고 잠드는 게 힘들었기 때문이다. 하지만 일단 의심과 대인 불안이 줄어들자, 취침 시간과 기상 시간을 규칙적으로 지키는 것만으로도 수면 습관을 변화시킬 수 있었다. 이런 식으로 매우 구체적인 변화가 일어나자, 조는 삶의 다른 영역에서 겪는 문제들도 변화시킬 수 있다는 확신을 가질 수 있었다. 이와 마찬가지로 일단 의심과 대인 불안이 줄어들자, 약물 복용에 대한 갈망도 줄었다. 그래도 그는 여전히 직장에서 술과 마리화나를 복용했으며, 이것을 완전히 끊고 싶어 하지는 않았다. 또한 그는 어린 시절에 이사를 많이 다녔던 일이나 친구들에게 괴롭힘과 따돌림을 당했던 일과 같은 개인적인 경험들도 다른 사람들에게 공개할 수 있었다.

그에게 남은 주요한 걱정거리는 분열형 성격장애 환자라는 꼬리표와 관련된 낙인이었다. 치료자가 그의 경험이 정상적임을 시사하는 정보들을 제공하자, 조도 이 문제에 접근할 수 있었다. 예를 들어, 분열형 성격 특성을 연속선상에서 이해할 수 있다는 설명(Rossi & Daneluzzo, 2002), 일반인에게서 나타나는 환각 경험과 편집증적 경험의 유병률에 대한 정보(Kingdon & Turkington, 1994; Peters et al., 1999; van Os et al., 2000), 마리화나 복용과 분열형 경험과의 상관관계에 대한 정보(Dumas et al., 2002), 평범하지 않은 경험의 잠재적 유용성에 대한 정보(McCreery & Claridge, 2002; O'Reilly, Dunbar, & Bentall, 2001) 등이 그에게 도움이 되었다. 이런 정보들은 성격장애 환자라는 꼬리표 때문에 느끼는 조의 고통을 완화시켜 주었으며, 원래부터 자신의 성격에 결함이 있는 것이 아니라 어린 시절의

제7장 분열성 및 분열형 성격장애 247

상처들로 인해서 자신이 특정한 방식으로 생각하고 경험하게 된 것이라는 조의 대안적인 설명을 지지해 주었다. 이런 대안적인 관점을 채택하게 되자, 자신을 비정상적인 사람이라고 생각하던 그의 견해 및 이와 관련된 심리적 고통이 극적으로 감소되었다.

핵심 믿음의 재구성

조의 치료 목표가 하나씩 성취되면서, 치료자는 기존의 사례 개념화를 손질하였고 새로운 문제를 추가적으로 다루었다. 편집증적인 믿음을 검토하는 작업 및 뒤이어 진행된 행동 실험을 통해서, 조가 지니고 있던 타인과 세상에 대한 편집증적인 믿음뿐만 아니라 자신을 취약한 존재로 여기는 견해도 상당히 약해졌다. 하지만 그는 여전히 자신을 남들과 다르고, 무가치하고, 재미없는 사람이라고 생각하고 있었다. 그는 자신이 남들과 다르다는 점에 대해서는 좋게 여겼지만, 자신이 무가치하고 재미없는 사람이라는 믿음에 대해서는 더 논의하고 싶어 했다. 이 부분을 다룰 때는 Padesky(1994)가 소개한 도식변화기법을 적용하였는데, 여기에는 과거의 경험 속에서 믿음을 검토하는 것, 가치 및 재미를 연속선상에서 평가하는 것, 그가 이전의 것과 맞바꾸기로 결정한 대안적인 믿음('나는 괜찮은 사람이다')을 지지하는 자료를 수집하는 것 등이 포함되었다.

가능한 변형들

비록 조의 사례가 분열형 성격장애의 전형적인 경우이지만, 이와 달리 변형적인 모습을 보이는 때도 많다. 평범하지 않은 지각경험들로 심리적 고통을 겪는 환자들도 많이 있다. 이런 경우라면, 환각경험을 이해하고 개입하는 쪽으로 접근하는 것이 유용할 것이다(예, Morrison & Renton, 2001). 조의 사례에 비해서 마술적인 사고와 미신적인 사고가 더 현저하게 나타나는 경우도 있다. 이렇게 초자연적이고 불가사의한 인지패턴을 가진 환자들은 강박증 치료에 쓰이는 전략들에 가장 잘 반응하는 경향이 있다. 예컨대, 사고-행위 융합(thought-action fusion)과 관련된 믿음을 검증하는 행동 실험(Freeston, Rheaume, & Ladoucer, 1996)이나 보호 및 안전에 대한 상위인지적 믿음을 검증하는 행동 실험(Wells, 1997)이 유용할 수 있다.

치료성과의 유지

조와의 치료는 30번 만에 마무리되었다. 세 번째이자 마지막 평가 시간에, 조는 그때까지 자신이 이룩한 성과에 만족했으며 또 다른 목표를 달성하기 위해 치료를 계속할 생각은 없다고 이야기했다. 그래서 앞으로 한 달에 한 번씩 세 번을 더 만나서 그동안의 경과를 확인하고 재발 방지를 위한 개략적인 윤곽을 작성하기로 합의하였다. 개략적인 윤곽은 사례개념화 내용의 복사본, 조에게 유용했던 전략들을 요약한 내용, 앞으로 문제를 일으킬 수 있는 잠재적인 촉발 자극의 목록을 포괄하고 있다. 잠재적인 촉발 자극 목록에는 그의 역기능적인 믿음을 다시 활성화시킬 가능성이 있는 생활 사건들(예를 들어, 실제로 창피를 당하거나 폭행을 당하는 것)을 포함시켰으며, 이런 사건들에 어떻게 대처할지에 대한 계획도 수립하였다. 치료자는 그가 자신을 남들과 다른 사람이라고 생각하는 것이 잠재적으로 재발할 수 있는 취약성 요인이라고 간주했지만, 그는 이런 믿음을 변화시키고 싶어 하지 않았다. 마지막으로, 그는 사회적인 접촉의 기회 및 자신의 생각을 확인해 볼 기회를 만들기 위해서 그가 편하게 느낄 수 있는 친구 관계를 적어도 두 명 정도는 유지하려고 노력하겠다고 결심했다.

결 론

분열성 성격장애와 분열형 성격장애 환자들은 괴롭힘, 거절, 학대와 관련된 전형적인 초기 경험을 가지고 있다는 것을 알 수 있었다. 이런 경험들은 종종 자신이 남들과는 다른 사람이라는 믿음 및 다른 사람들은 위험하고 믿을 수 없는 존재라는 믿음을 초래하며, 인간관계를 노력할 가치가 없는 무용한 것으로 여기게 만들기도 한다. 또한 분열형 성격을 지는 사람들은 편집증상과 환각현상을 경험하며,

평범하지 않은 기이한 행동과 외모를 특징적으로 드러내는 경우가 많다. 환자가 이런 어려움을 지닌 경우에는 좋은 치료 관계를 발전시키는 것이 몹시 힘들지만, 치료자와 환자가 서로 공유하는 목표를 정기적으로 검토하고 변화에 대한 환자의 양가감정을 적절히 고려한다면 치료 관계를 형성하는 데 도움이 된다. 환자가 지닌 특징적인 믿음과 전략을 변화시키기 위해 언어적 재귀인과 행동 실험을 적용하는 심리치료는 환자의 심리적 고통을 감소시키고 삶의 질을 향상시킬 수 있다. 이런 문제를 겪는 환자들과의 작업을 촉진시키고 치료의 성공 가능성을 높이기 위해서는, 치료적 협력 및 안내를 통한 발견을 강조하는 인지치료의 기본 원리를 늘 염두에 둘 필요가 있다.

제**8**장

반사회성 성격장애

반사회성 성격장애(Antisocial Personality Disorder: ASPD) 환자들은 청소년기에 품행장애를 나타낸 경력이 있고, 매우 무책임한 행동과 타인에게 위협이 되는 행동을 성인기에 이르기까지 지속하는 양상을 보인다. 주로 어떤 범죄 행동과 정신병리를 드러내느냐에 따라서 다르겠지만, 다양한 치료 장면에서 반사회성 성격장애 환자들을 만날 수 있다. 환자가 교도소나 교정 시설에 수감된 채 만날 수도 있고, 정신병원에 입원한 상태에서 만날 수도 있으며, 사설 심리치료기관이나 개업의를 외래로 방문했을 때 만날 수도 있다. 수감자이든, 입원환자이든, 외래환자이든 간에, 그들은 대개 '변화'되라고 압박하는 외부적인 힘(혹은 법적인 강제)에 의해서 치료를 받게 된다. 주로 가족, 중요한 타인, 직장 상사, 교사 등이 반사회성 성격장애 환자에게 치료받을 것을 종용하며, 더 빈번하게는 사법 기관에 의해서 강제로 치료를 받는 경우가 많다. 왜냐하면, 그들은 도저히 용납될 수 없는 행동을 하거나 한계를 넘어서는 대인관계 양상을 보이기 때문이다. 많은 경우에 그들에게 치료를 받으라고 권고하는 것은, 그렇게 하지 않으면 해고시키거나 퇴학시키겠다는 최후통첩인 셈이다. 법원은 유죄를 선고받은 피고인에게 교도소에 수감되는 것과 치료를 받는 것 중에서 한 가지를 선택하라고 제안할 수 있는데, 대부분의 사람들이 치료받는 것을 선택한다. 일반적으로, 심리치료를 전제 조건으로 집행유예를 선고하는 경우가 많다.

반사회성 성격장애 환자들이 자발적으로 외래 치료장면을 찾아오는 경우도 있는데, 일반인에게는 판매 금지된 약물을 구하려고 다양한 신체증상이나 정신병리를 허위로 꾸며내서 호소하는 모습을 보인다. 이러한 경우에는, 확인할 수 있는 심리적 문제 및 적절한 치료와 환자의 조종 시도를 분리하는 것이 매우 중요하다.

반사회성 성격장애 환자들은 '다른 사람의 권리를 무시하고 침해하는 패턴' (American Psychiatric Association, 2000, p. 685)을 보이기 때문에, 사회적인 이목을 끄는 곤혹스러운 문제들을 만들어 낸다. 이러한 정의에 따르면, 반사회성 성격장애에는 다른 사람의 생명과 재산에 위해를 가하고 위협을 초래하는 범죄 행동이 포함되므로, 이런 환자들은 상당한 사회 문제를 만들어 낸다고 볼 수 있다.

반사회성 성격장애 환자의 심리치료가 가능한가? 많은 임상가들은 반사회성 성격장애 환자는 치료를 통해서 얻을 수 있는 게 없다고 말하면서 치료를 포기한다. 이처럼 치료가 불가능하다는 견해의 연원을 탐색해 보면 세 가지 사항이 드러난다. 첫째, 심리치료가 가능하려면 초자아가 필요하다는 정신분석적 개념과 관련이 있다. 정신분석의 견해에 따르면, 반사회성 성격장애 환자는 공감능력이 결여되어 있고 공동체의 규칙과 규범(즉, 초자아)을 수용하지 못하기 때문에 치료가 불가능하다(Kernberg, 1975; Person, 1986). 둘째, 대부분의 반사회성 환자들에게는 치료에 대한 동기가 없다는 것이다. 그들은 자신의 의지와 상관없이 치료를 받게 되고, 변화의 방향에 대한 명료한 개념이나 변화해야 될 분명한 이유가 없다. 셋째, 반사회성 성격장애의 진단 자체가 뚜렷하지 않은 부정형이며, 관련된 행동의 개수보다는 유전적으로 결정된 전체적인 모습으로 진단할 수 있다는 의견이 지배적이기 때문이다. 여기서 우리는 반사회성 성격장애 환자가 드러내는 행동 및 믿음과 관련된 복합적인 측면에 초점을 맞출 것이다.

역사적 조망

Cleckley(1976)와 Robins(1966)의 연구는 반사회적인 사람들이 빈번하게 드러내는 성격 특질을 이해하는 데 도움을 주었다. Hare(1985b)는 반사회성 성격장애의 핵심 특질을 변별하기 위해서 Cleckley(1976)가 개발한 질문지(psychopathy checklist)를 개정하였다. 특질을 측정하는 대부분의 평가 방식이 그렇듯이, 이 질문지 역시 반사회성 성격에 관한 몇 가지의 적절한 서술문의 형태로 구성되어 있다. 따라서 주관적인 판단에 의지할 수밖에 없다.

DSM-I(APA, 1952)에서는 '동성애, 복장도착증, 소아기호증, 물품음란증, (강간, 성폭행, 성기절단 등을 포함하는) 성적 가학증'(p. 39)과 같이 성적으로 일탈된 행동을 보일 뿐만 아니라 항상 문제를 일으키면서 도덕적으로 비정상적인 환경에서 살아가는 무책임한 사람들을 진단하기 위해서 사회병질적 성격질환(sociopathic personality disturbance)이라는 범주를 포함시켰다.

DSM-II(APA, 1968)에서는 반사회성 성격장애로 진단명을 개정하여 다음과 같은 모습을 보이는 사람들을 이 장애로 진단하였다. '개인, 집단 및 사회의 가치를 존중하지 않는다. 전반적으로 이기적이고 냉담하고 무책임하고 충동적이고 죄책감을 느끼지 못하고 경험과 처벌로부터 배우지 못한다. 좌절에 대한 감내력이 낮다. 자신의 행동을 그럴듯하게 합리화하면서 타인을 비난하는 경향이 있다'(p. 43).

DSM-III(APA, 1980)에서는 반사회적 행동이 15세 이전에 시작되어 만성적으로 반복된다는 주의 사항을 추가하였다. 반사회적 행동으로는 '거짓말, 도둑질, 싸움, 무단결석, 권위에 대한 저항, 유난히 이른 혹은 공격적인 성행동, 지나친 음주, 불법 약물 복용'(p. 318)이 포함되었다. 이후에 DSM-III-R(APA, 1987)에서는 반사회적 행동에 신체적 잔인성, 문화파괴행동, 가출이 추가되었다.

DSM-IV-TR(APA, 2000)에서는 반사회성 성격장애를 다른 성격장애들과 달리 구분하고 있다. 다른 모든 성격장애는 아동기 및 청소년기 환자에게도 동일하게 진단할 수 있으나, 반사회성 성격장애는 아동기 환자에게 진단할 수 없다(p. 687).

너 나아가서, 반사회성 성격장애로 진단하기 위해서는 과거에 품행장애 진단을 받은 적이 있어야만 한다.

연구와 경험적 자료

반사회성 성격장애의 치료에 대한 문헌들은 주로 정신병질자(psychopath) 혹은 사회병질자(sociopath)로 정의된 사람들(대개 정신과 환자가 아니라 범죄자들이었음)을 대상으로 한 경험적 연구자료에 토대를 두고 있다. 정신병질에 대한 문헌에서는 '일차적' 정신병질과 '이차적' 정신병질을 구분하는 데 초점을 맞추었다(Cleckley, 1976). 일차적 정신병질자는 자신의 불법적 혹은 비도덕적 행동에 대해서 전혀 불안감이나 죄책감을 느끼지 못하는 사람이다. 자신의 유익을 위해서 고의적으로 거짓말을 하고도 아무런 불편감이나 회의 및 후회를 느끼지 않으면서 다른 사람을 신체적으로 위협하는 행동을 보이기 때문에, 일차적 정신병질자는 도덕적 양심이 결여된 사람이라고 간주된다. 이차적 정신병질자는 동일한 착취 행동을 보이기는 하지만 다른 사람에게 위해를 가한 것에 대해서 죄책감을 느끼는 사람이다. 이차적 정신병질자는 자신의 잘못된 행동으로 초래될 결과를 두려워하면서도 대개는 충동통제능력이 취약하고 정서적으로 불안정하기 때문에 반사회적 행동을 지속하는 사람이다. 현저하게 낮은 특질불안을 근거로 일차적 정신병질자로 분류된 재소자들은 이차적 정신병질자로 분류된 재소자들보다 더 빈번하고 더 심각한 공격 행동을 보였으며(Fagan & Lira, 1980), 다른 사람들이 자신을 증오하고 있음을 지각하는 상황에서 신체적으로 각성되는 수준이 더 낮았다(Blackburn & Lee-Evans, 1985).

여러 조건에서 연구한 뒤, Hare(1986)는 정신병질자 집단의 자율신경반응이나 행동 반응이 정상인 집단과 다르지 않다는 점을 지적하였다. 예를 들면, 어떤 행동에 수반되는 결과가 즉각적이고 구체적이고 명백하며 (담배를 얻거나 혹은 잃는 것과 같이) 개인적인 관심사와 관련되는 경우에는, 정신병질자들도 경험으로부터 무언가를 배울 수 있었다. Hare에 따르면, 일차적 정신병질자들이 정상인들에 비해 저조한 피부전도반응을 보인다는 실험결과는 과도하게 해석된 측면이 있으며, 특히 다양한 인지활동이 피부전도반응에 영향을 미치는 경우에는 더욱 그러하다고 볼 수 있다. 이에 대한 대안으로, 정신병질자들의 반응 특성을 더 분명하게 이해하기 위해서는 동기적 측면과 인지적 측면을 구분할 필요가 있겠다.

지금까지 진행된 연구들에서는, 반사회성 성격장애 환자는 단순한 범죄 행동을 보이는 사람과 구분되는 체계적인 장애를 지니고 있을 것이라고 가정해 왔다. 하지만, 어느 정도의 범죄 행동을 중요하게 간주해야 하는지에 대해서는 계속 논란이 되고 있다.

감별 진단

DSM-IV-TR(APA, 2000)의 반사회성 성격장애 진단 기준(〈표 8-1〉)을 살펴보면, 개인이 그가 속한 문화의 기대로부터 현저하게 일탈된 내적 경험과 행동의 패턴을 지속적으로 보일 때 반사회성 성격장애로 진단할 수 있다. 이러한 패턴은 다음에 기술된 영역 중 세 개(혹은 그 이상)의 영역에서 드러나야 한다.

1. 인지 (즉, 자기, 타인 및 사건을 지각하고 해석하는 방식) 비록 반사회성 성격장애 환자들이 보이는 '전형적인' 인지를 몇 가지 밝혀 낼 수는 있지만, 그들이 어떤 특정한 인지를 지니고 있다고 단정하기는 어렵다. 대신에 그들의 자동적 사고에서 흔히 드러나는 주제를 살펴보면, 자기고양(self-advancement)을 위한 실용적인 방략이 자주 언급되는 것을 알 수 있다. 그들은 공동체의 다른 구성원들과는 현저하게 다른 규칙을 지니고 살아가며, 그들의 인생 목표는 타인의 통제를 제한하거나 회피하는 것인데, 이것이 바로 반사회성 성격장애 환자들이 공통적으로 드러내는 특성인 것 같다.

2. 정동 (즉, 정서반응의 범위, 강도, 불안정성, 적절성) 인지와 마찬가지로, 반사회

성 성격장애 환자들이 보이는 정서 반응을 어떤 단일한 정서 패턴으로 정의하기는 어렵다. 반사회성 성격장애 환자들의 정서 반응은 상당히 다채로운데, 어떤 환자들은 주로 자신을 대상으로 하는 반사회적 행동(예: 헤로인 복용)을 보이면서 은둔적이고 고립된 삶을 살아가는 데 반해, 어떤 환자들은 보다 공격적으로 행동화하는 모습(예: 타인에 대한 신체적 폭행)을 보인다. 반사회성 성격장애 환자가 보이는 정서 반응의 주된 특징 중의 하나는, 아마도 그들이 정서처리 과정에 심각한 결함을 지니고 있다는 점일 것이다(Habel, Kuehn, Salloum, Devos, & Schneider, 2002).

3. 대인관계 기능 앞에서와 마찬가지로, 반사회성 성격장애 환자들이 보이는 대인관계 패턴을 어느 한 가지로 정의할 수는 없다. 일부 반사회성 성격장애 환자들은 대인관계 기술이 빈약하며, 분명한 이유도 없이 부적절한 행동을 하는 점에서 알 수 있듯이 사회적 기술의 결함에서 비롯되는 문제들을 드러낸다(예: 타인의 양해를 구하지도 않고 무언가를 이야기함). 하지만 어떤 반사회성 성격장애 환자들은 아주 뛰어난 대인 관계 기술이 있음에도 불구하고, 이런 기

〈표 8-1〉 **반사회성 성격장애에 대한 DSM-IV-TR의 진단 기준**

A. 다른 사람의 권리를 침해하고 무시하는 패턴이 15세 이후로 전반적으로 나타나며, 다음의 특성 중 3개(혹은 그 이상)의 항목을 충족시켜야 한다.

  (1) 법에서 정한 사회적 규범을 준수하지 않으며 구속당할 행동을 반복함
  (2) 개인의 이익이나 쾌락을 위한 반복적인 거짓말, 가명 사용 또는 타인을 속이는 사기 행동
  (3) 충동성 또는 미리 계획을 세우지 못함
  (4) 빈번한 육체적 싸움이나 폭력에서 드러나는 호전성과 공격성
  (5) 자신이나 타인의 안전을 무시하는 무모성
  (6) 꾸준하게 직업 활동을 수행하지 못하거나 채무를 이행하지 못하는 행동으로 나타나는 지속적인 무책임성
  (7) 타인에게 상처를 입히거나 학대하거나 절도 행위를 하고도 무관심하거나 합리화하는 행동으로 나타나는 자책의 결여

B. 적어도 18세 이상에게 진단한다.
C. 15세 이전에 품행장애를 나타낸 증거가 있어야 한다.
D. 반사회적 행동이 정신분열증 혹은 조증 삽화의 경과 중에만 나타나는 것이 아니어야 한다.

술을 다른 사람을 조종하는 데 사용한다(예: 사기꾼). Stanley, Bundy 및 Beberman(2001)은 반사회성 성격장애 환자들에게 사회기술훈련을 시키면 치료에 도움이 될 것이라고 보았다.

4. **충동 조절** 반사회성 성격장애 환자들의 충동 조절 능력도 사람마다 제각각이다. 어떤 반사회성 성격장애 환자들은 자신이 원하는 것을 얻을 만한 기회가 올 때까지 끈기 있게 기다릴 수 있을 정도로 매우 우수한 충동 조절 능력을 지니고 있다(예: 공금횡령범). 하지만, 일부 반사회성 성격장애 환자들은 어떤 결과가 초래될지를 생각해보지도 않고 자신이 원하는 것을 당장 움켜쥐려고 하는 기회주의자들이다(예: 노상강도). 또한 대체로 양호한 충동 조절 능력을 보이다가도 일시적으로 기회주의적인 모습을 보이는 환자들도 있다.

성별에 따른 차이는 반사회성 성격장애와 경계선 성격장애를 감별 진단하는 데 상당히 중요한 주제다. 일부 연구자들은, 진단 기준 자체가 다소 공격성에 치우친 면이 있기 때문에(APA, 2000, p. 704), 반사회성 성격장애를 지닌 여성을 정확하게 진단하는 것이 어려워서 과소 진단할 수 있다는 점을 우려해 왔다. Zlotnick, Rothschild 및 Zimmerman(2002)의 연구에서는, 경계선 성격장애 진단을 받은 남성들이 동일한 진단을 받은 여성들에 비해서 일생 동안 약물복용, 반사회적 행동, 간헐적 폭발장애 등의 문제를 더 많이 보인다는 것이 밝혀졌다. 사회경제적 지위(DSM-IV-TR; APA, 2000) 및 인종(Delphin, 2002)도 이런 문제와 관련이 있는 요인들이다.

어린 나이에 문제를 일으켜서 사법 기관이나 치료 기관에 방문했던 적이 없는 사람들은 품행장애 진단을 받지 않았을 것이므로, 이런 경우에는 반사회성 성격장애로 진단되지 않을 수 있다. 더욱이, 반사회적 행동 혹은 품행장애로 간주할 수 있는 행동에 대한 보고는 종종 환자의 자기보고 및 임상가의 해석에 달려 있는 경우가 많다. 이를테면, '그 사람의 행동이 너무 이르거나 공격적인 성경험이었다고 볼 수 있는가?' 혹은 '약물을 과도하게 복용한 적이 있는가?' 에 대한 평가가 그러하다. 현재로는 반사회성 성격장애 진단 기준을 모두 충족시키지만, 과거에 품행장애를 보였다는 것을 입증할 자료가 없는 사람들도 있다. 반면, 자신의 청소년 시절 일화들을 무용담처럼 이야기하면서 임상가에게 강한 인상을 심어주고 면접자를 즐겁게 해 주려는 사람들도 있다. 이런 무용담은 진실일 수도 있고, 자신을 과시하기 위한 것일 수도 있다.

반사회성 성격장애 진단을 내리기 위해서는 환자의 과거력을 면밀하게 검토해야 한다. 임상가는 환자의 생활 환경, 신체적 건강, 약물남용 경력, 자기개념뿐만 아니라 전반적인 대인관계 양상, 학업적 및 직업적 성취, 군복무 경력, 구금 혹은 전과 기록 등을 철저하게 조사해야 한다. 또한 전적으로 환자의 보고에만 의존하지 않기 위해서, 임상가는 추가적으로 다른 정보원에게서 자료를 얻을 필요가 있다. 협력적 탐색의 취지를 살리기 위해, 치료자는 환자에게 중요한 타인을 치료실에 데리고 와서 그들로부터 환자의 기능에 대한 정보를 얻을 수 있게 해 달라고 요청할 수 있다. 중요한 타인에는 환자의 배우자, 가족, 친척, 친구 등이 포함된다. 또한, 환자에게 서면으로 동의를 받은 뒤, 치료자는 이전 치료 기록 혹은 법정 소송 기록과 같은 관련 문서들의 사본을 확보해야 한다. 이러한 노력을 통해서 환자의 과거력을 파악하면, 후속 작업에 지침이 될 문제 목록을 작성할 수 있을 것이다.

개념화

반사회성 성격장애 환자들은 세상을 다른 사람들과 상호작용하는 공간으로 보지 않고 자신의 사적인 공간으로 지각한다. 사회인지적인 개념을 빌어 표현하면, 그들은 자신의 관점과 타인의 관점을 동시에 취할 수 없는 사람들이며, 타인의 입장에서 생각하지 못하는 사람들이다. 그들의 사고는 일차원적이며, 일단 자신의 욕구에 근거해서 행동한 뒤에 다른 사람들이 어떤 반응을 보일지를 생각한다. 이러한 인지적 한계로 인해서, 그들은 사회적 상식에 부합하는 행동을 하지 못한다. 그들의 자기관은 자기방어적인 평가와 귀인으로 점철되어 있다. 예컨대, 그들은 '노름을 해서 돈을 따면 바로 갚아야지' 라고 생각하면서 고용주에게 돈을 빌리기도 한다. 그들은 자신의 구미에 당기는 행동을 하며, 다른 사람들이 자신과 동일한 행동을 하더라도 자신의 행동을 더 긍정적인 것으로 평가한다. 반사회성 성격장애 환자들은 자신을 현명하고, 끈기 있고, 상황에 맞게 절제하는 사람이라고 생각하지만, 자신과 똑같은 행동을 하는 다른 사람들은 '동정심을 유발하는 도둑'이라고 생각한다.

반사회성 성격장애 환자들이 보이는 행동은 범죄성의 정도에 따라 연속선상에서 차원적으로 분류될 수 있으며, 이는 사법기관에서 적용하는 분류 방식과 유사

〈표 8-2〉 반사회성 성격장애의 임상적 유형 분류

유형 I. 사회적 규칙에 어긋나지만, 자신에게만 행해지는 파괴적 행동
(예: 알코올중독, 약물 남용, 매춘).
유형 II. 일반 집단에서는 간헐적으로 갈등을 초래할 수 있으나, 그것이 '수용될 만'하거나 심지어 간과되는 하위 집단에서는 상당히 용인되는 문제 행동. 의도적일 수도 있고, 비의도적일 수도 있음
(예: 싸움, 술주정, 무질서행동)
유형 III. 대규모 조직을 상대로 한 비폭력적인 행동
(예: 보험사기, 탈세, 횡령, 군대·통신회사·전화회사 물품의 절도)
유형 IV. 타인에게 상해를 입히지는 않으나, 타인의 소유물을 노리는 의도적이고 비폭력적인 행동
(예: 강도, 차량절도, 소매치기)
유형 V. 타인의 소유물을 노리는 의도적이고 폭력적인 행동
(예: 방화, 폭파)
유형 VI. 타인을 겨냥한 의도적이고 비폭력적인 행동
(예: 속임수, 편취, 부동산사기)
유형 VII. 타인에게 두려움을 불러일으킬 수 있는 의도적이고 비폭력적인 행동
(예: 스토킹, 언어적 위협, 신체적 위협)
유형 VIII. 우연한 사고, 혹은 무지함에 따른 비의도적이고 폭력적인 행동
(예: 약물 혹은 알콜의 영향으로 인한 총기 발사)
유형 IX. 타인에게 신체적 상해를 입히지는 않으나, 의도적이고 폭력적인 행동
(예: 유괴, 차량 납치, 성기 마찰)
유형 X. 치명적인 수준은 아니지만, 통제되거나 조절되지 않은 폭력적인 행동
(예: 간질 발작 유사 행동, 통제되지 않은 강간 시도)
유형 XI. 치명적인 수준은 아니지만, 타인에게 신체적 상해를 입히는 의도적이고 폭력적인 행동
(예: 범죄 조직의 행동 대원, 데이트 강간, 아동 성도착, 성적 학대)
유형 XII. 치명적인(혹은 치명적일 수 있는) 수준으로 타인에게 신체적 범죄를 범하는 의도적이고 폭력적인 행동
(예: 살인, 무장공격, 폭행, 배우자 학대)

하나. 예를 들어, 〈표 8-2〉에는 반사회성 성격장애 환자의 몇 가지 '유형'을 제시했는데, 이는 Stone(2000)이 제시한 '반사회성의 정도에 따른 단계별 구분 방식'과 유사하다.

환자들마다 변화하려는 동기(관심)와 능력(기술)이 서로 달라서 미묘한 차이를 보이므로, 각 유형에 대한 치료 계획도 그에 맞게 수립되어야 할 것이다.

치료적 접근

임상가의 입장에서 볼 때, 반사회성 성격장애 환자를 치료하는 것은 상당히 힘겨운 도전이다. 환자의 변화하려는 동기와 기술이 치료에 영향을 미친다고 이미 언급하였는데, 이것은 치료자에게도 동일하게 적용된다. 즉, 치료자가 이런 환자들을 치료하는 기술을 지니고 있는지, 그리고 효과적인 치료의 밑바탕이 되는 치료 관계를 형성하고 유지하려는 동기가 치료자에게 있는지 등이 문제가 될 수 있다. 반사회성 성격장애 환자들이 치료를 받더라도 그 효과는 상당히 제한적인데, 치료를 통해서 교정 시설 내에서의 파괴적인 행동이 어느 정도 관리되거나 혹은 교정 시설에 수용되는 것을 면할 수 있을 정도의 경미한 행동 변화를 보이는 것이 고작인 경우가 많다. 그러므로 이런 환자들을 치료하는 것이 특별히 어렵다고 여기는 치료자들이 종종 있다는 것은 그리 놀라운 일이 아니다(Merbaum & Butcher, 1982; Rosenbaum, Horowitz, & Wilner, 1986).

반사회성 성격장애의 인지치료에서는, 비도덕적인 행동과 관련된 정서(불안 혹은 수치심)를 유발시키는 방법으로 환자가 양호한 도덕 구조를 형성할 수 있게 돕는 것보다는 인지기능의 증진을 통해서 환자의 도덕적 및 사회적 행동을 향상시키는 데 주안점을 둔다. 인간의 도덕성 발달(Gilligan, 1982; Kohlberg, 1984) 및 심리사회적 발달(Erikson, 1950)에 관한 주요 이론들을 고려할 때, 반사회성 성격장애 환자의 인지치료에서는 R. Kagan(1986)이 소개한 '인지적 성장(cognitive growth)을 심화시키는 전략'을 토대로 치료계획을 수립할 필요가 있어 보인다. 인지적 성장을 심화시키는 전략이란, 인지발달의 하위 단계인 구체적 조작 및 자기결정에서 벗어나서 보다 상위 단계인 형식적 조작으로 전환하는 것을 촉진시키는 전략을 의미하며, 추상적인 사고를 가능하게 하고 인간관계의 상호성을 고려할 수 있게 하는 것을 말한다. 이때, 도덕적 기능은 인식론이라는 광범위한 맥락 속의 한 차원으로 간주되며, 생각하는 방식 및 아는 방식이라고 볼 수 있다.

반사회성 성격장애의 인지치료에서는, 환자가 즉각적이고 구체적인 사고에서 벗어나서 더욱 폭 넓은 스펙트럼의 사고를 할 수 있게 돕는다. 즉, 치료자는 환자가 인간관계의 상호성을 다양한 측면에서 살펴볼 수 있게 하고, 대안적인 믿음을 고려하게 하며, 자신이 선택할 수 있는 가능한 행동들이 무엇인지 인식하게 돕는다.

협력 전략

반사회성 성격장애 환자들이 보이는 심각한 증상들은 환자와 치료자 모두에게 상당한 영향을 미친다. 비유컨대, 치료자는 폭풍-우가 몰아치는 바다에서 확고하고 안정되게 노를 저어갈 수 있어야만 한다. 그렇게 하기 위해서는 고도의 특별훈련과 슈퍼비전을 받을 필요가 있다. 만약 치료자가 반사회성 성격장애 환자들을 치료하는 것이 단지 약간 어려울 뿐이지 다른 환자들과 크게 다르지 않다고 생각한다면, 그것은 그들을 다분히 과소평가하는 것이다.

치료 계획을 수립하는 과정에서, 임상가는 환자에게 반사회성 성격장애 진단의 의미 및 반드시 치료를 받아야 된다는 사실을 분명하게 알려 주어야 한다. 그렇게 하지 않으면, 반사회성 성격장애 환자 스스로 심리치료를 지속할 필요성이나 목적을 인식하기는 매우 어렵다. 그들은 다른 사람들이 자신을 수용하지 못하고 자신의 자유를 제한하려고 하기 때문에 문제가 생긴다고 지각한다. 치료장면에서 치료자 및 환자에게 기대되는 행동을 정립하고 한계를 설정하는 것은 어떤 치료적 관계에서도 중시되는 부분이지만, 반사회성 성격장애 환자들은 이러한 경계를 대체로 위반하는 경향이 있기 때문에 이런 작업이 특별히 더 중요하다.

반사회성 성격장애 환자를 치료할 때, 임상가는 치료를 구조화하는 작업을 명시적으로 진행해야 한다. 치료자는 전반적인 치료의 윤곽을 환자에게 분명하게 설명해 주는 것이 좋으며, 다음과 같은 사항에 미리 합의한 뒤에 그것을 철저히 지킬 필요가 있다: 회기의 길이, 상담 취소에 대한 정책, 회기 사이의 접촉에 관한 규칙, 과제 수행에 대한 사항, 비상연락전화의 적절한 활용에 대한 사항. 더 일반적인 측면에서, 치료자는 환자의 치료 동기가 상당히 저조하고 때때로 치료를 중단하고 싶은 경우가 있더라도 심리치료를 지속할 필요가 있음을 환자에게 거듭 강조해 주는 것이 좋다. 치료 계약을 체결할 때는 상호 간에 합의한 회기의 수 및 예상되는 행동 변화를 언급해야 한다. 치료 목표를 설정할 때는 치료자와 환자 모두가 수용할 수 있는 합리적이고, 순차적이고, 현실적이고, 의미 있고, 단기간에 성취 가능한 목표를 환자의 역량을 고려하면서 협력적으로 설정해야 한다.

치료자는 환자가 드러내는 전이행동을 잘 알아차린 뒤에 차분하고 적절하게 반응해야 할 뿐만 아니라, 치료자 자신이 드러내는 자동적인 반응(종종 환자에 대한 부정적인 정서반응인 경우가 많음)을 잘 감찰해야 한다. 예를 들어, 미심쩍거나 우스꽝스러운 변명을 늘어놓으면서 반복적으로 상담 시간에 빠지는 환자가 있다면, 치료자는 그에게 조종당한다고 느낄 수 있다. 더욱이 반사회성 성격장애 환자와는 견고한 치료적 동맹을 형성하는 것이 어렵기 때문에, 치료가 협력적으로 진행되고 있는지를 항상 주목해서 살펴야 한다. 치료자는 대다수의 반사회성 성격장애 환자들이 기껏해야 80-20 혹은 90-10 정도의 협력을 보일 뿐이어서 치료자의 몫으로 남겨지는 부담이 상당히 크다는 점을 유념해야 한다. 안타깝게도 이와 같은 불균형적인 노력으로 인해서 치료자가 극심한 스트레스를 받고 지쳐서 소진되는 일들이 종종 발생한다(Freeman, Pretzer, Fleming, & Simon, 1990).

'매우 열정적으로 전념하는' 치료자들과 면담을 해 보면, 그들이 치료 작업에 열정적으로 전념할 수 있는 이유는 전문가(치료자)로서의 생활과 비전문가(개인)로서의 생활 사이에 적절한 경계를 유지하고 있기 때문임을 알 수 있다. 즉, 그들은 여가 활동을 하는 동안 전문적인 일에서 잠시 벗어나 안락한 휴식을 취하고, 치료 과정의 장애물들을 도전할 만한 것으로 인식하며, 동료들에게서 끊임없이 피드백을 구하는 모습을 보인다(Dlugos & Friedlander, 2001).

치료적 협력 관계에 작용하는 치료자의 책임과 환자의 책임을 면밀하게 살펴보면, 상당히 흥미로운 유사점들이 발견된다. 대다수의 치료적 논점들은 환자에게 영향을 미칠 뿐만 아니라 치료자에게도 저항할 수 없을 정도의 영향을 미친다. 치료자가 이러한 유사점을 인식한다면 환자에게 공감적인 태도를 취하고 유지하는 데 도움이 될 것이고, 환자가 치료적 경험 속에서 이러한 유사점을 발견하여 활용할 수 있는 기회를 극대화시키게 될 것이다. 두 사람 모두 특정한 환자가 겪는 장해의 정도 및 장애의 다양한 양상뿐만 아니라 반사회성 성격장애의 장기적이고 만성적이며 전반적인 특성을 이해할 필요가 있다.

반사회성 성격장애 환자를 치료하려면, 치료자는 반드시 작업 동맹이 불안정한 상태에서 환자의 분노, 해리, 불성실, 대인관계 곤란 등의 문제를 다루는 훈련을 받아야 한다. 또한 치료자는 인내심과 끈기를 지녀야 하며, 환자가 드러내는 모든 반응은 치료자에 대한 개인적인 차원의 반응이 아님을 인식할 수 있는 능력을 갖추어야 한다. 때때로 치료자는 환자가 꾸준히 견뎌 내지 못하고 치료결과에 좌절하며 치료를 무익한 것으로 본다는 이유를 들어 치료를 중단하고 싶은 유혹을 느끼기도 하지만, 그럼에도 불구하고 치료자는 환자에 대한 희망을 저버려서는 안 된다.

반사회성 성격장애 환자들은 종종 치료자를 업신여기면서 분노와 적개심을 드러내는 언행을 보이는데, 치료자는 환자가 이런 모습을 보일 때에도 자신의 반응을 적절히 통제할 수 있어야 하며 환자를 폄하하는 경멸적인 반응이나 경직된 반응을 보여서는 안 된다. 또한 치료자는 환자가 치료자의 전문적, 정서적, 신체적 및 성적인 경계를 침해하지 못하도록 신경을 써야 한다. 스스로를 '최고의 치료자' 혹은 '나를 돌보는 유일한 사람'이라고 여기면서 그런 믿음을 계속 강화하는 환자들을 대하게 되면, 치료자의 다른 취약한 부분이 건드려질 수 있다. 이런 경우에 치료자는 기존의 규칙을 완화하기도 하는데, 예를 들어 환자의 편의를 봐주느라 일요일에도 일하거나 혹은 자신의 사적인 정보를 환자와 공유하는 등의 문제 행동을 보일 수 있다. 이런 문제와 관련하여, 반사회성 성격장애 환자들과 작업하는 치료자는 다음 사항을 특히 유념해야 할 것이다: 치료자는 환자들에게 적절한 행동의 본보기를 몸소 보여 주어야 하고, 개인적인 경계와 한계를 유지해야 하며, '나에게는 그런 규칙이 적용되지 않는다'는 환자의 믿음을 강화시키지 말아야 한다.

반사회성 성격장애 환자들은 치료자의 행동 중에서 가장 직접적이고 구체적인 측면에 반응하는 경향이 있다. 그러므로 치료자가 과도한 의심, 피암시성, 우월감에 찬 태도, 무심함, 동정심 등을 드러내는 모습을 보이게 되면, 환자와의 라포가 감소되기 쉬우며 다양한 역효과를 낳는다. 청소년의 심리사회적 발달을 촉진시키기 원하는 경우에 그러한 것처럼, 치료자는 반사회성 성격장애 환자들이 치료자를 '또래의 동료 같은' 사람으로 동일시할 수 있는 방법이 무엇인지 고려할 필요가 있다. 치료자가 확신에 차 있고, 이완되어 있고, 판단하지 않고, 방어하지 않고, 유머 감각을 지니고 있다면, 이러한 관계를 형성하는 데 도움이 된다. 일례로, 자신이 치료하던 반사회성 성격장애 환자에게 '마치 누나 같은' 사람이라는 긍정적인 인식을 심어 준 치료자가 있었는데, 그녀는 환자에게 설교하고 훈계하는 모습을 드러내기보다는 주로 경청하는 태도를 보이면서 환자가 그의 가정 문제를 먼저 풀어낼 수 있게 도와주었기에 그런 관계를 맺을 수 있었다. 어떤 치료자들은 여가 시간에 재소자나 환자들과 카드놀이를 하면서 라포를 형성하기도 하고, 감방이나 병실을 돌면서 최근에 유행하는 농담을 가르쳐 주는 방식으로 '그들 무리 중의 한 사람'으로 받아들여지기도 한다. 물론, 라포 형성에 도움이 되는 유일한 방법이 있는 것은 아니다. 왜냐하면, 어떤 치료자가 어떤 환자와 어떤 장면에서 만나느냐에 따라서 적절한 조합은 상당히 달라질 것이기 때문이다.

치료자로부터 자신이 만성적이고 치료하기 힘든 장애를 지니고 있다는 말을 듣게 되면, 환자들은 앞으로도 충분히 나아지지 않을 것이라는 생각으로 인해 사기가 저하되고 의기소침해지게 된다. 그러므로 치료자는 비록 성격장애가 만성적인 문제이기는 하지만 치료될 가능성은 상당히 높다고 이야기해 줄 필요가 있다. 더 나아가서, 환자의 변화하려는 동기가 치료의 성공에 결정적인 영향을 미친다는 점을 알려주는 것도 도움이 된다(Freeman & Dolan, 2001; Prochaska & DiClemente, 1983).

환자에게 변화될 수 있다는 낙관적인 기대를 심어 주고 싶다면, 치료자는 환자를 폄하하는 경멸조의 용어를 쓰지 않도록 조심해야 한다. 치료자가 환자를 폄하하면, 비록 이런 일이 대부분 의도치 않게 벌어진다고 하더라도, 자신을 무기력하고 취약하고 본질적으로 사랑받을 만하지 못하고 치료될 수 없는 존재라고 여기는 환자의 믿음을 더욱 강화시키게 된다. 환자는 자신이 겪는 만성적인 장애를 치료하기 위해서는 마치 당뇨병이나 천식과 같은 만성적인 질병을 다룰 때와 마찬가지로 구조화된 치료를 받아야 한다는 점을 이해해야 하며, 치료자는 이 점을 잘 인식시킬 필요가 있다.

성격장애 환자들은 상당히 다양한 증상을 드러내며 성격장애 외에도 다른 정신병리를 함께 지니고 있을 가능성이 높다. 따라서 성격장애 진단만으로는 환자의 심리사회적 기능의 최고 수준이 잠재적으로 얼마나 되는지를 정확하게 예측하기 힘들다. 반사회성 성격장애 환자들 중에는 구조화된 시설(예: 감옥)에 장기적 및 반복적으로 드나드는 사람들도 있지만, 치료적인 도움을 전혀 혹은 거의 받지 않더라도 높은 기능 수준을 유지하면서 직장 생활, 가정 생활 및 부부관계를 적응적으로 유지하는 사람들도 있다. 치료를 통해서 얻은 성과를 지속적으로 유지하고 앞으로의 문제를 미연에 방지하거나 최소화하기 위해서는, 환자가 현실적인 기대를 갖는 것, 즉 자신의 강점과 약점 및 한계가 무엇인지를 이해하는 것이 중요하다. 따라서 치료자는 환자의 기능 수준을 신중하게 평가한 뒤, 그것을 주제로 환자와 함께 논의해야 할 것이다.

구체적 개입

문제중심적으로 작업을 시작하기

문제 목록을 중심으로 치료를 시작하면서, 환자는 또다시 자신이 가진 문제를 부인하는 모습을 보일 가능성이 있다. 이때 치료자가 환자에게 자신의 문제를 부인하지 말고 인정하라고 강압적으로 요구하면 두 사람 사이의 라포가 손상될 것이고, 아마도 환자는 치료에 반발하고 조기종결하거나 혹은 치료자와의 힘겨루기를 지속할지 모른다. 그렇게 강요하는 대신에, 치료자는 반사회성 성격장애의 진단 기준을 다시 검토하면서 이것을 환자의 과거력과 비교해 볼 수 있다. 치료자는 반 사회성 성격장애가 개인의 판단력과 행동에 영향을 미치는 심각한 장애라는 것을 환자에게 일깨워 줄 필요가 있다. 또한 반사회성 성격장애는 친구들과 가족들로부 터 배척을 당하고, 타인들에게서 신체적인 위해를 당하며, 수감 생활이 길어지는 등의 장기간 지속되는 매우 부정적인 결과를 초래하는 경향이 있다는 것을 환자에 게 설명해 줄 필요가 있다. 치료자는 여러 형태의 치료 프로그램을 선택할 수 있다. 치료를 주저하는 환자에게는 2주간의 시범적인 치료를 실시할 수 있으며, 가족치 료와 같은 대안적인 치료 프로그램에 의뢰할 수도 있고, 입원을 통한 집중적인 치 료를 시행하는 것도 가능하고, 낮병원 형식의 부분적인 입원 치료를 실시하거나 혹은 보호관찰관에게 환자를 되돌려 보낼 수도 있다. 환자기 감옥에 가는 것 대신 에 심리치료를 받는 경우라면, 그에게 계속 치료를 받을 의지가 있는지를 시간마 다 다시 확인할 필요가 있다. 또한 치료자는 심리치료의 지속 여부와 관련된 일반 적인 규칙, 즉 치료를 통해서 환자가 얻는 것이 분명히 있을 때만 치료를 계속한다 는 규칙을 염두에 두어야 한다. 만약 이 기준에 부합하지 않는다면, 치료를 중단해 야 한다.

원래 방식이 그렇기 때문에, 반사회성 성격장애 환자들은 치료 시간도 제멋대로 '통제' 하려고 한다. 예컨대, 치료 시간에 말을 하지 않고, 자살 혹은 살인에 대한 생각을 드러내고, 자기 마음대로 주제를 바꿔버리고, 치료자에게 화를 내고, 주변 사람들과 세상 전반에 대한 분노를 표현한다. 대부분의 약물중독자들이 그런 것처 럼, 반사회성 성격장애 환자들은 자신의 '무용담' 을 상세하게 이야기하면서 자신 을 굉장히 강한 사람으로 묘사하고 자신을 강화한다. 그들은 과거에 위험을 무릅 쓰고 어떤 행동을 했던 사건이나 남들에게 불순종했던 사건에 대해서 장황하게 떠 벌리고 싶어 한다. 또한 그들은 자신의 몸에 있는 '싸움의 흔적들' , 즉 흉터, 화상 자국, 꿰매거나 절단된 부위 등을 보여 주기도 한다. 치료과정 전반에서, 치료자는 환자가 과거의 익숙하고 편안했지만 결과적으로 부정적이었던 사건들에 더 이상 붙들리지 않고, 새롭고 성공적인 경험에 눈을 돌릴 수 있도록 도와주어야 한다.

치료를 시작하는 시점에서, 치료자는 환자가 그 시간에 말하고 싶어 하는 주제를 충분히 이야기할 수 있게 허용하면서도 치료시간 전체의 통제권은 유지하는 세련된 솜씨를 발휘할 필요가 있다. 치료 시간을 구조화하는 것에 쉽게 동의하는 환자들도 있고 그렇지 않은 환자들도 있는데, 이는 과거의 치료 경험이 어떠했는지에 따라서 다르다. 초반의 몇 회기를 진행하면서, 치료자는 환자가 보다 구조화된 치료모델에 맞추도록 그의 행동을 체계적으로 조성하게 된다. 후반에는 환자가 퇴행적인 모습을 보일 수도 있는데, 그가 구조화된 모델에서 벗어나는 일탈된 모습을 보인다면 즉시 그런 문제에 직면시켜야 하며 치료 시간에 이런 문제를 직접 다루어야 한다.

환자들은 자신과 특별한 관련이 있는 고통스러운 주제를 다루는 과정에서 '무용담'을 늘어놓던 이전의 모습으로 되돌아갈 가능성이 크다. 이와 같이 환자가 치료시간에 논의되는 주제를 통제하려고 하거나 혹은 주의를 다른 곳으로 돌리려고 한다면, 치료자는 그것을 환자를 깊이 탐색하고 이해할 수 있는 단서로 삼아야 한다. 하지만 이런 문제를 직접적이면서도 조심스럽게 다루지 않는다면, 치료가 고착 상태에 빠질 소지가 있다. 비록 환자가 원하는 것이 무엇이든지간에 그것들을 모두 말하고 행하라고 치료자가 격려해 주지 않는 것이 환자에게는 좌절감을 유발할 수도 있겠지만, 치료를 통해서 환자는 어떤 구조를 수립하고 유지하는 것의 필요성과 목적 및 기술을 학습할 필요가 있다. 이렇게 구조를 수립하고 유지하게 되면, 환자는 치료에 더욱 협력하게 되며 궁극적으로 치료적 동맹이 향상된다. 더 나아가서, 치료 시간에 구조화된 과제를 부여하고 자신을 감찰하도록 하면, 환자는 치료실 밖의 일상생활에서도 어느 정도 구조를 수립할 수 있게 된다.

사례 보호관찰소를 통해 의뢰된 랜디(Randy)는 교도소 수감 대신에 심리치료를 받게 된 28세의 남성이었다. 보호관찰관은 랜디에게 1년 동안 매주 1회의 심리치료를 받으라고 명령했다. 치료자는 랜디가 치료 시간에 잘 참석하는지 여부를 매월 말에 보호관찰관에게 통보했으며, 만약 한 달에 두 번 이상 치료 시간에 빠지면 곧장 교도소로 보내지게 되어 있었다.

랜디는 첫 시간에 10분 늦게 찾아와서 이렇게 밀했다. "나 오늘 여기 왔어요. 나는 당신을 만났다는 것을 확인해야 돼요. 그러고 나면, 내가 여기에 다시 올 필요는 없어요." 치료자가 랜디에게 보호관찰관의 명령에 따라서 매주 치료실에 와야 된다고 이야기하자, 그는 윙크를 하면서 다음과 같이 말했다. "이것 보세요. 내가 여기에 오지 않아도 당신은 계속 돈을 받잖아요. 서로 좋잖아요. 내가 가끔 당신에게 전화할 테니까, 당신은 자유 시간을 보내세요."

치료자가 심리치료는 단순히 '출석 확인'만을 하는 것이 아니라고 이야기하자, 랜디는 언성을 높여서 협박하기 시작했다. "옛날에 다 해 봤어요. 군이 내가 여기 올 필요가 없다니까요. 나한테 치료받으라고 강요하는 것은 내 권리를 침해하는 거예요. 이건 불법이라구요. 당신한테는 나를 여기 오게 할 권한이 없어요."

치료자는 자신이 법률전문가가 아니므로 보호관찰관에게 전화를 할 것이며, 그렇게 하면 재판이 끝날 때까지 그가 감옥에서 지내야 할 것이라고 말해 주었다. 랜디는 계속해서 언성을 높이면서 자신과 같은 사람들을 제도가 얼마나 옭아매는지에 대해 불평하였고, 치료자 역시 그런 제도의 일부분이라고 이야기했다.

치료자는 조용히 고개를 끄덕이면서 랜디의 이야기를 들어 주었고, "우리 좀 더 이야기해보는 게 어때요? 앞으로 어떻게 할지 상의해 봅시다."라고 제의했다.

랜디는 분명한 답을 요구했다. "연방감옥의 수감자로서 내가 당신에게 말하는 것은 모두 비밀이 보장되는 거죠? 그렇죠?"

"그래요. 맞아요."

"이 시간에 있었던 일도 당신과 나만 아는 거죠?"

"물론이죠."

"좋아요."

그러자 랜디는 뒷주머니에서 잡지를 꺼내 읽기 시작했다. 그는 치료자의 질문에 전혀 대답을 하지 않았으며, 치료자가 어떤 말을 해도 꿈쩍도 하지 않았다.

정해진 시간이 다 지난 뒤, 치료자는 "오늘 상담은 다 끝났어요. 다음 주에도 같은 시간에 만납시다. 10분 이상 지각하면 결석으로 간주할 거예요. 그리고 나는 그것을 보고해야만 하구요."라고 말했다.

랜디는 아무런 말 없이 치료실 밖으로 나갔다.

랜디는 그 다음 주에도 10분 늦게 나타났다. 이번에는 신문을 가져와서 상담 시간 내내 그것을 조용히 읽었다. 그 다음 주에도 같은 행동이 반복되었다. 정해진 시간이 다 되어 문 밖으로 나가려던 랜디는 치료자를 돌아보며 다음과 같이 말했다. "박사님, 다음 주에는 뭔가 할 만한 것을 가지고 오세요."

네 번째 회기에서, 치료자는 심리도식적인 접근을 시도하기로 결심했다. 예전처럼 랜디가 잡지를 들고 10분 늦게 나타나자, 치료자는 "재미있네요. 지난 두 주 동안 나는 당신이 참으로 어리석다고 생각했어요."라고 말했다.

그러자, 랜디는 잡지에서 눈을 떼며 다음과 같이 물었다. "한 방 먹이시려는 겁니까?"

"아니요. 그럴 생각은 없는데요." 치료자가 말했다.

"어쩌면 그렇게 더럽게 똑똑하십니까?"

"내가 똑똑하다고 말한 적 없어요. 당신이 어리석다고 말했을 뿐이예요."

"그래요? 내가 왜 어리석은가요?"

"음, 사람들은 나와 대화하려고 꽤 많은 치료비를 내요. 그런데 당신은 공짜로 대화할 수 있잖아요. 책꽂이에 있는 책들 보이죠? 그게 다 내 거예요. 나는 행동변화의 전문가죠. 그런데 당신은 너무 어리석어서 나를 이용하지 못하고 있어요."

랜디는 잡지를 탁자 위에 내려놓으며 다음과 같이 물었다. "내가 당신을 어떻게 이용할 수 있죠?"

"음, 행동을 좀 변화시키고 싶은 사람이 있나요?"

"예, 있어요. 내 여자친구요. 걔는 게으른 계집애거든요. 걔가 나를 위해서 저녁밥을 지어줬으면 좋겠고, 성관계를 더 원했으면 좋겠어요."

"정보가 좀 더 필요한데요." 이런 방식으로, 치료자는 랜디가 여자친구의 행동을 변화시키는 데 치료자를 '이용'한다는 표면적인 목적을 내세워서 정보를 수집했다.

랜디는 비안카(Bianca)와 3년째 동거하고 있었다. 그는 여자친구에게 말은 거칠게 하면서도 신체적인 폭력을 휘두르지는 않았다. 정보수집의 일환으로, 치료자는

"그녀에게 선물을 사주기도 하나요?" 라고 물었다.

"어떤 선물이요?"

"꽃이나 보석 같은……. 뭐 그런 선물 있잖아요."

"예. 크리스마스나 그녀의 생일에요."

"만약 당신이 그녀에게 선물을 하면 어떤 일이 벌어질 것 같아요? 그녀가 좋아할 거라는 것 말고는 아무런 다른 이유 없이 말이에요."

"아무런 이유도 없이요?"

"그래요. 이게 우리가 하고 있는 일에 대한 자료가 될 것 같은데, 그녀는 무슨 선물을 좋아할까요?"

"걔는 꽃을 좋아해요."

이것이 랜디에게 주어진 과제였다. 그는 비안키에게 꽃을 선물하고, 그녀가 어떤 반응을 보이는지 살펴보는 것이었다.

그 다음 주에 랜디는 정확한 시간에 상담실에 도착했고, 신문이나 잡지를 들고 오지 않았다. 과제를 어떻게 수행했는지 묻자, 랜디는 다음과 같이 말했다. "믿을 수 없는 일이 일어났어요. 내가 그녀에게 꽃을 주었거든요. [사실, 그는 집에 가다가 남의 집 정원에서 꽃을 꺾었다]. 내가 꽃을 들고 나타나자, 그녀는 정말 의심스러운 눈초리로 저를 바라보더군요. 그러고는 '이게 뭐야?' 라고 물었어요."

"우리 함께 얘기했었잖아요. '아무것도 아니야. 그냥 네가 좋아할 거란 생각이 들어서' 라고 말하라고."

"그래요. 그 후로 우리는 키스를 하기 시작했고 침대로 가서 사랑을 나눴어요. 그러더니 그녀가 나에게 '저녁으로 뭘 먹고 싶어?' 라고 묻더군요."

치료자는 "그래, 이번 일로 무엇을 배웠죠?" 라고 물었다.

랜디는 치료자가 예상했던 대답을 했다. "음, 그녀를 변화시키는 일은 아주 멋졌어요. 이런 게 다른 사람들한테도 통할까요?"

"다음에는 누구를 변화시키고 싶은데요?"

"내 보호관찰관이요."

어떤 독자는 치료자가 랜디를 더 심한 반사회성 성격장애 환자로 만들었다고 생각할지도 모르겠다. 하지만, 환자의 병리적인 측면을 활용한 치료자의 개입이 환자가 더 효과적으로 기능할 수 있게 도왔다고 볼 수도 있다.

왜곡된 사고와 부적응적인 행동을 연결시키기

각각의 문제 영역에서, 치료자는 환자의 문제 행동과 관련되는 인지적 왜곡이 무엇인지를 밝혀낼 필요가 있다. 전형적으로, 반사회성 성격장애 환자들은 자기중심적인 믿음을 많이 지니고 있으며, 이것 때문에 문제 행동을 드러낸다. 여기서 소개하는 것들이 전부는 아니지만, 다음의 여섯 가지 믿음이 가장 빈번하게 관찰된다.

1. 정당화 '나는 무언가를 원하기 때문에 혹은 무언가를 피하고 싶기 때문에 그런 행동을 해. 그것은 정당해.'
2. 생각하는 것이 믿는 것이다 '내 생각과 느낌은 완벽하게 정확해. 그 이유는 단지 내가 그렇게 생각하고 느끼기 때문이야.'
3. 개인적 무오류성 '내 선택은 언제나 탁월해.'
4. 감정이 사실을 만든다 '나는 내가 옳다는 것을 알고 있어. 왜냐하면, 내가 어떤 행동을 할 때는 그것이 옳게 느껴지거든.'
5. 타인을 무능력하게 봄 '남들이 내 결정을 직접 통제하는 경우를 제외하곤, 내가 결정한 것에 대해 남들이 어떻게 생각하는지는 중요하지 않아.'
6. 결과를 얕잡아 봄 '좋지 않은 일은 일어나지도 않을 거고, 나한테 영향을 미치지도 못할 거야.'

반사회성 성격장애 환자들은 즉각적이고 개인적인 만족을 강조하며 장차 발생할 결과를 최소화하는 자기중심적인 믿음을 지니고 있는데, 이런 믿음에 의해서 그들의 자동적 사고와 반응이 종종 왜곡된다. 기저에는 자신이 언제나 옳다는 믿음이 자리 잡고 있기 때문에, 그들은 자신의 행동에 전혀 의문을 품지 않는다. 다른 사람을 신뢰하거나 불신하는 정도는 환자들마다 다르겠지만, 그들은 어떤 행동을 할 때 다른 사람에게서 지침이나 조언을 구하지 않는다. 반사회성 성격장애 환자가 무언가를 원한다면, 그는 자신의 행동이 초래할 결과를 고려하거나 염려하지 않고 자신이 원하는 것을 취할 것이다.

예를 들어, 치료자는 대기실에 있던 잡지들이 하나 둘씩 없어지는 것을 알아차리고 반사회성 성격장애 환자인 랜디를 의심했다. 치료자는 랜디가 상담하러 오기 전에는 잡지들이 제자리에 있었다는 것을 확인했고, 랜디가 왔다 간 뒤에는 잡지들이 사라졌다는 것도 확인했다. 다음 치료 시간에 잡지에 관해 물었을 때, 랜디는 처음에는 완강하게 부인했고, 나중에는 고의가 아닌 실수로 잡지를 가져간 것 같다며 태도를 바꿨다. 하지만 랜디는 다음과 같은 논리를 동원했다. 잡지는 환자들을 위해 비치된 것이고, 자신은 환자이므로 '자신의' 잡지를 읽으려고 집으로 가져간 것은 정당하다는 논리였다. 이런 사례에서 볼 수 있듯이, 반사회성 성격장애 환자들의 행동은 타인으로부터 부정적인 반응을 유발해 내는 경향이 있다. 그들에게는 자신을 도우려고 애쓰고 있는 사람의 물건을 훔친다는 것에 대한 아무런 자각이나 염려가 없는 것이다.

그들이 드러내는 문제들은 대체로 만성적이고 자아동조적(ego-syntonic)이기 때문에, 환자들은 다른 사람들이 보이는 부정적인 반응에 종종 당혹감을 느낀다. 그들은 현재 어떤 일이 벌어지고 있는지를 알지 못하는 것이다. 예를 들면, 사실 랜디는 치료자가 '하찮은' 잡지 때문에 그렇게 '크게' 반응하는 것을 보고 적잖이 놀랐다. 게다가 랜디가 잡지 값을 치른 뒤에도, 치료자는 여전히 그 문제에 대해서 더 논의할 필요가 있다고 생각하고 있었다. 전형적으로, 반사회성 성격장애 환자들은 다른 사람들과의 관계에서 벌어지는 곤란한 일들이 외부적인 원인 때문이라고 생각하며 자신의 행동과는 무관하다고 지각한다. 즉, 곤란의 소재는 외부에 있다고 보면서, 자신은 불공평하고 편견으로 가득 찬 적대적인 체계의 희생양이라고 여기는 것이다.

대처기술 증진시키기

정상인에게는 아주 간단해 보이는 일조차도 반사회성 성격장애 환자들에게는 매우 어려울 수 있다. 예컨대, 직장을 다니려면 출퇴근의 어려움을 감수해야 하고,

동료들과 관계를 맺어야 하고, 과제를 완수해야 하고, 상사의 요구에 대처해야 한다. 대부분의 사람들도 이런 일들 때문에 어느 정도의 스트레스를 받기는 하지만, 반사회성 성격장애 환자들은 이런 일들로 일상적인 좌절감과 잠재적인 굴욕감을 느끼게 된다. 대다수의 반사회성 성격장애 환자들은 책임감 있는 삶이 무엇인지에 대한 정서적, 행동적 지침을 거의 제공받지 못한 채 성장해 왔다. 대처기술을 발달시킬 수 있도록 도와준 사람들이 거의 없었기 때문에, 그들은 대처기술이 심각하게 결핍된 채로 힘겹게 살아가는 것이다. 따라서 환자가 적응적인 문제해결기술을 발달시킬 수 있도록 돕는 작업은 반사회성 성격장애의 치료에서 결정적으로 중요한 요소라고 볼 수 있다.

다른 사람들은 대처기술이 결핍된 반사회성 성격장애 환자를 조종적인 행동을 일삼는 사람이라고 종종 오해한다. 치료자는 자신에게 위해를 끼치지 않으면서 남들에게 접근하는 방법 및 남들에게 사회적으로 적절하다고 인식될 수 있는 방법을 가르쳐서 반사회성 성격장애 환자들의 문제해결기술을 증진시킬 수 있다. 증진시킬 수 있는 기술에는 다음과 같은 것들이 있다: 조망 취하기, 충동 통제하기, 효과적으로 의사소통하기, 정서 조절하기, 좌절 감내하기, 자기 주장하기, 결과에 대해 고려하기, 반응 지연시키기, 인지적 재구성.

상당한 노력을 기울였음에도 불구하고 즉각적인 만족이 뒤따르지 않을 때는 정서적 대처기술을 발휘할 필요가 있다. 마치 평상시의 소방 훈련을 통해서 실제로 발생한 화재에 적절히 대처할 수 있게 되는 것처럼, 반사회성 성격장애 환자들도 반복적인 '예행연습'을 통해서 자신과 타인 및 인간관계에 최소한의 상처만 입은 채 '심기가 불편한 날들'을 견디낼 수 있게 된다. 이 과정에서 치료자는 환자가 '심기가 불편한 날들'을 잘 견뎌 내고 있다는 것과 기분이 나빠지더라도 그 감정은 시간이 지나면 곧 사라진다는 것을 일깨워 줄 필요가 있다. 비록 어떤 감정을 생생히 느끼고 있는 동안에는 마치 그 감정이 영원히 지속될 것 같이 보이지만, 정서적인 동요를 일으키는 감정의 파도는 일시적으로 밀려왔다가 다시 사라지는 것이다. 반사회성 성격장애 환자들은 이러한 이치를 반드시 깨달아야 한다. 감정의 파도는 일시적이라는 것을 인식하면서 한 순간의 감정에 휩쓸리지 않는 능력을 갖추고 있어야 고통을 견뎌 낼 수 있기 때문이다. 더 나아가서, 세상에는 상당한 노력을 기울였음에도 불구하고 그 효과가 즉각적으로 나타나지 않는 일들이 많다. 하지만, 그렇다고 바로 포기하는 것보다는 더 노력해 보는 것이 궁극적으로 원하는 결과를 얻을 수 있는 방법인 것이다.

분노 및 충동성에 체계적으로 접근하기

반사회성 성격장애 환자들은 자신이 분노와 적대감을 표현하면 남들이 위협을 느끼고 겁을 먹는다는 것을 잘 알고 있는 듯하다. 분노를 표출하면 다른 사람들과의 관계에서 어느 정도 거리가 생기기 때문에, 분노 표출은 자신을 보호하는 방어적인 기능을 가지고 있다. 분노 표출을 일종의 '불을 이용한 시험'이라고 볼 수도 있는데, 환자는 자신이 남들에게 불같은 분노를 표출하더라도 남들이 자신을 돌보려고 과감하게 불에 접근하여 가까워질 수 있는지 여부를 시험하고 있는지도 모른다. 분노와 적대감은 타인을 통제하는 방법이며, 동시에 자신의 안전과 생존을 유지하는 수단이기도 하다. 분노를 드러내는 환자를 대할 때, 치료자는 환자에게 직설적으로 반응해야 되는지 아니면 전통적으로 치료적이라고 여겨 온 진정시키는 말로 반응해야 되는지에 대해서 고민하게 될 수 있다. 만약 치료자가 환자를 회피하거나 달래거나 혹은 거부하는 반응을 보인다면, 환자의 삶과 일터에서 지속적으로 문제를 일으키는 바로 그 행동을 강화하는 꼴이 되어 버릴 것이다.

반사회성 성격장애 환자들은 각성 수준이 높기 때문에 자주 충동적인 행동을 하는데, 이런 행동이 사회적으로는 받아들여지지 않는다는 게 문제가 된다. 치료자는 직설적이면서도 부드러운 방식으로 환자의 분노와 충동적인 행동을 반영해 줄 필요가 있다. 반사회성 성격장애 환자는 온몸으로 드러나는 '본능적인' 반응을 보이기 쉬우므로, 치료자는 환자가 자신의 행동이 초래하는 장점과 단점을 검증해 볼 수 있도록 보다 더 체계적이고 과학적인 대안을 제시해야 한다. 치료자가 환자에게 자극과 반응 사이의 일정한 패턴을 인식시키는 것보다는 다음과 같은 방법을 가르치는 것이 좋다. 치료자는 환자로 하여금 (1) 자기 내면의 정서적 및 인지적 단서에 주목하게 하고, (2) 자신의 지각을 평가하게 하고, (3) 반응할 가치가 있는지를 결정하게 하고, (4) 어떤 반응을 할 수 있을지 생각하게 하고, (5) 반응을 선택하게 하고, (6) 반응하도록 가르칠 수 있다.

자기감찰 및 기능적 동기

반사회성 성격장애 환자들의 행동은 도덕적으로 결함이 있을 뿐만 아니라 기능적인 목적도 결여된 것처럼 보인다. 무조건적인 긍정적 존중이 필요하다고 역설한 Carl Rogers 같은 심리치료자조차도 반사회성 성격장애 환자들의 행동을 무조건 긍정적으로 존중하기는 어려웠을 것이다. 하지만 치료자는 반사회적인 '행동'과 그런 행동을 하는 '사람'을 따로 분리해서 볼 수 있어야 한다. 또한 치료자는 환자가 자신의 행동을 관찰할 수 있도록 가르쳐야 하며, 자신의 행동이 어떤 보상이나 기능과 연합되어 있는지를 추정할 수 있도록 도와주어야 한다. 예컨대, 치료자의 '욕구'에 관심을 표명하면서 자신이 도와주겠다고 자청하는 환자가 있을 수 있다. 랜디는 주차장에서 치료자의 낡고 오래된 자동차를 보았다고 말했다. 그는 치료자가 훨씬 더 좋은 자동차를 타야 한다고 생각했고, 치료자도 속으로 수긍했다. 그 자동차는 9년 된 것이었고 모양새도 볼품이 없었기 때문에, 상당한 비용을 들여서 수리하지 않고서는 다음 번 정기 검사 때 통과되지 못할 형편이었다. 최근에 이사를 한 치료자는 자동차도 새 것으로 바꿀지를 고심하고 있었다.

그러자 랜디는 몇 가지의 등록서류만 구비하면 치료자가 원하는 어떤 자동차라도 구해 주겠다고 제안했다. 치료자는 "그렇게 합시다."라고 말하면 그만이었고, 그 일은 '둘 사이의 비밀'이 되었을 터였다. 하지만 치료자는 랜디의 제안을 거절하면서 그가 그런 제안을 한 동기가 무엇인지를 탐색했다. 치료자는 그 날 저녁 자신의 자동차를 몰고 집으로 돌아가면서 얼마나 멋진 새 자동차를 구할 기회를 놓쳤는지를 아쉬워하지 않을 수 없었을 것이다. 그러나 치료자가 그런 거래를 했다면, 랜디가 치료적으로 얻는 것은 없었을 것이다. 그의 행동은 전형적인 반사회적 수단을 동원하여 힘을 발휘하고 영향력을 행사하려는 시도에 지나지 않았기 때문이다.

반사회성 성격장애 환자들은 자신의 내면을 들여다보는 내성(內省) 능력이 부족하며, 자신의 행동패턴이 어떤 다른 기능을 수행하고 있는지를 알아차리지 못한다. 우선 그들은 자신의 내면에 귀를 기울일 필요가 있다는 것을 이해해야 하고, 내면을 들여다보는 과정에서 유발될 수 있는 불편감을 다루어야 하며, 자신의 생각과 느낌을 살펴보는 기술을 발달시켜야 한다. 또한 그들은 자신의 내면에서 벌어지는 내적 대화, 정서적 반응, 자동적 행동에 주파수를 맞추고 거기에 조율하는 방법을 배워야 한다. 대다수의 반사회성 성격장애 환자들은 생존이라는 주제를 지니고 있는데, 여기에는 의존, 애착, 유혹, 회피 행동이 포함된다. 물론, 반사회성 성격장애 환자들이 자신의 반사회적 행동에 대한 통찰을 얻는다고 해서 곧바로 자신의 행동을 보다 적응적인 행동으로 대치하겠다고 작정하지는 않을 것이다. 만약 그렇다면, 치료는 훨씬 단순한 과정이 될 것이다. 자신의 내면을 들여다보면서 알아차리는 기술은 상당히 차원이 높은 세련된 기술이다. 이러한 기술을 접하고 발달시키는 것 그 자체를 치료의 목표로 삼아도 손색이 없을 것이다.

귀인과 평가의 근거를 확장시키기

치료자는 반사회성 성격장애 환자들의 관심 범위를 확장시키기 위해서, 즉 가능하다면 지극히 개인적인 일에만 관심을 두는 데서 벗어나서 인간관계적인 측면에 더 주목할 수 있게 하기 위해서, 환자들로 하여금 자신의 귀인과 평가 및 선택을 검토해 볼 수 있게 한다. 치료자는 도덕발달 및 인지발달의 이론에 근거하여 위계적으로 접근하는데, 환자의 사고방식과 행동방식에 어떤 문제가 있는지에 따라서 그에 대한 접근방식도 세부적인 단계로 구분된다. 위계의 첫 번째인 가장 낮은 단계에 속하는 환자들은 타인을 고려하지 않은 채 오로지 자기중심적으로 생각하며, 즉각적인 보상을 얻으려는 선택 혹은 즉각적인 처벌을 피하려는 선택을 한다. 치료를 받지 않는 반사회성 성격장애 환자들은 거의 모든 상황에서 이 정도 수준의 기능을 보인다. 이런 수준에서는, 앞에서 설명한 역기능적인 믿음이 철저하게 작동되고 있다고 볼 수 있다. 이런 수준에 속하는 반사회성 성격장애 환자들은 자신이 하고 싶은 것은 무엇이든지 행동으로 옮기고, 자신은 항상 가장 유익한 행동을 한다고 굳게 믿으며, 자신의 그릇된 점을 지적하는 교정적인 피드백이 들어와도 전혀 신경을 쓰지 않는다.

위계의 두 번째인 중간 단계에 속하는 환자들은 자신의 행동에 어떤 함의가 있는지를 인식하고, 자신의 행동이 타인에게 미치는 영향을 어느 정도 이해하며, 관심의 폭이 보다 넓은 편이다. 전형적으로, 반사회성 성격장애 환자를 치료하는 임상가들이 심리치료에서 지향하는 지점은 환자가 바로 이 정도 수준에 도달하는 것이다. 그렇게 하기 위하여, 치료자는 환자가 역기능적인 생각과 행동이 무엇인지를 이해할 수 있도록 도와주고, 기존의 삶의 규칙을 수정할 수 있는 대안적인 해결책을 검토해 보도록 격려한다. 예컨대, 반사회성 성격장애 환자들은 다른 사람들이 자신을 어떻게 보고 있느냐 하는 것이 특정한 상황에서 얻어지는 즉각적인 결과를 직접적으로 통제하는 것은 아니지만 결과적으로는 자신이 원하는 것을 얻는 데 타인들의 견해가 영향을 미친다는 점을 깨닫게 된다. 또한 환자들은 어떤 결과가 즉각적 혹은 '실질적'인지를 고려함과 동시에 어떤 결과가 '가능한'지를 고려하는 기술을 점진적으로 획득하게 된다. 자신이 항상 '옳다'는 확신이 다소 약해지며, 몇몇 새로운 정보를 취할 수 있게 되고, 그 정보에 맞추어 자신의 행동을 변화시킬 수 있게 된다.

위계의 세 번째인 가장 높은 단계는 정의하기가 훨씬 어렵다. 왜냐하면, 도덕발달의 최고 수준이 무엇인지에 대해서 이론가 간에 논쟁이 계속되고 있기 때문이다. 도덕적 혹은 인간관계적인 개념으로 설명하면, 이 수준에 속하는 사람들은 책임감을 지니고 있으며 다른 사람들을 배려한다. 그들은 다른 사람들의 욕구와 필요를 존중하고, 사회적 선(善)을 유지하기 위한 법규를 준수한다. 두 번째 단계에 속하는 사람들은 무언가 자신에게 이득이 되거나 혹은 손해가 되는 것이 있는 상황에서 몇몇 특정한 사람들을 고려한다. 하지만, 세 번째 단계에 속하는 사람들은 전반적인 상황에서 다른 사람들 및 사회의 욕구가 무엇인지를 고려하는 사람들이다. 다른 사람들의 복지를 염려하고 인간관계를 자기 삶의 중요한 일부로 생각하기 때문에, 그들은 질서와 규칙을 존중하고 다른 사람을 위해 자신을 헌신하기도 한다.

간단한 사례를 살펴보면, 지금까지 설명한 인지적 위계를 개략적으로 이해하는 데 도움이 될 것이다. 반사회적인 성격을 지닌 한 남성이 자신의 성적인 욕망을 충족시키고 싶어 한다고 가정해 보자. 그가 위계의 첫 번째 단계에 속하는 사람이라면, 그는 상대방 여성의 의견이나 자신의 행동이 초래할 결과를 고려하지 않은 채 제멋대로 상대방을 따라다닐 것이다. 예컨대, 여성과의 관계에서 자기 마음에 내키는 대로 성적인 행동을 하는 한 청년이 있었다. 그의 현재 여자친구는 그에게 패스트푸드점 같은 공공장소에서 만나자고 거듭 요구했다. 왜냐하면, 그녀는 그가 공식적으로 '데이트'를 신청해 주기를 원했기 때문이다. 하지만 그는 연애 관계를 발전시키고 싶은 그녀의 소망에 부응할 생각은 추호도 없었고, 성관계를 맺을 때 그녀가 요구하는 것에 대해서도 거들떠보지 않았다. 그는 여자친구가 어떻게 느끼는지는 전혀 아랑곳하지 않은 채 자신의 개인적인 목적, 즉 성적인 소망을 충족시키는 데만 열중했고, 아무런 불편도 느끼지 않았다.

위에서 소개한 반사회적인 성격을 지닌 남성이 위계의 두 번째 단계에 속하는 사람이라면, 그는 다른 사람들의 관심이나 소망에 제한적이나마 다소 영향을 받을 것이다. 예를 들어, 그는 여자친구와의 관계에서 얻는 자신의 유익을 지속시키기 위해서 때로는 그녀의 요구사항을 어느 정도 받아들일 것이다. 그는 아마도 "가끔씩 그녀를 행복하게 해 주면 그녀도 내가 원하는 것을 계속 채워 주겠지."라고 생각할 것이다. 만약 그가 위계의 세 번째 단계에 속하는 사람이라면, 그는 자신의 행동을 보다 폭넓게 볼 수 있을 것이며 자신의 관심사뿐만 아니라 다른 사람의 관심사에도 주의를 기울일 수 있을 것이다. 예컨대, 그는 여자친구를 좌절시키기보다는 만족시키려고 애쓸 것이다. 왜냐하면, 일반적으로 인간관계에서 타인의 욕구를 배려하는 것이 더 낫고, 그렇게 하면 두 사람 모두가 보다 안정되고 만족스러운 관계를 영위할 수 있을 것이기 때문이다.

건설적인 선택을 하기

환자가 자신의 문제를 일련의 선택이라는 관점으로 보게 되면, 다른 사람들에 의해 조종당하거나 통제당하는 느낌이 줄어들며 그릇된 행동으로 인해 비난받는다는 느낌도 감소한다. 문제가 되는 여러 상황에서, 치료자는 환자와 함께 그가 택할 수 있는 다양한 선택들의 '손해-이득 비율'을 체계적으로 검토해 볼 수 있다.

반사회성 성격장애 환자들이 행동을 변화시킬 가능성이 가장 높은 때는 바로 자신의 행동을 변화시키는 것이 자신에게 분명한 이득을 가져다준다고 생각되어 그렇게 하기로 선택할 때다.

반사회성 성격장애로 인해 치과대학에서 퇴학당할 위기에 처해 있던 샘(Sam)이라는 청년의 사례를 살펴보자. 그는 자신의 수련감독자에게 거친 비난을 퍼부었고, 월요일과 화요일에 진료 일정이 있었음에도 불구하고 수요일이 될 때까지 주말 휴가에서 복귀하지 않는 등의 문제 행동을 보였으며, 자기가 하고 싶은 일은 뭐든지 다 해야 된다고 생각하는 사람이었다. 그는 자기가 아니라 다른 사람들 때문에 이런 일들이 벌어진다고 여기고 있었다. 그는 '부끄러운 줄 알라'며 자신의 그릇된 행동을 지적하고 일깨워 주려는 사람들을 무시하였고, 때로는 그들과 싸움을 벌였다.

이 문제를 다루기 위해, 치료자는 샘 자신이 치과대학에서 퇴출되는 상황이 벌어지는 것은 피하고 싶어 한다는 점을 깨달을 수 있게 도와주었다. 또한 치료자는 자기가 하고 싶은 일은 뭐든지 다 해야 된다는 믿음을 수정하는 데 치료의 초점을 맞추었다. 순간적인 느낌에 근거하여 자신의 행동을 정당화시키던 샘은 그런 행동을 감소시키려고 노력했다. 그는 치과대학 졸업이라는 목표를 달성하기 위해서 이런 변화를 선택한 것이었다.

치료자는 '어떤 선택이 가능한지 살펴보기' 연습을 과제로 부여할 수도 있고, 특정한 환자에게 적합하도록 이 연습을 일부 수정하여 적용할 수도 있다. 연습의 첫 단계에서는 문제 상황을 정의하고 그 상황에 관련된 사안들을 모두 열거한다. 그렇게 하고 난 뒤, 환자는 열거된 사안들에 대한 만족도를 0부터 100까지의 범위에서 평정한다.

두 번째 칸에는 자신이 어떤 선택을 할 수 있는지를 가능한 한 많이 나열하여 기록한다. 현재의 부적응적인 행동도 이 칸에 적어 넣을 수 있는 여러 선택들 중의 하나이며, 그 밖에 보다 적응적인 대안들은 무엇인지를 기록한다. 그렇게 하면, 환자가 보이는 즉각적이고 '자동적인' 반응들뿐만 아니라 치료자와의 논의과정에서 얻어진 가능성 있는 대안들까지 포괄할 수 있게 된다. 다음으로 그 옆에 두 칸을 추기히여 각 선택의 장점과 단점을 기록한다. 이런 작업을 하고 나면, 치료자는 환자가 지금껏 간과해 왔던 부적응적인 행동의 단점들을 지적할 수 있게 된다. 또한 보다 적응적인 행동의 장점들을 주목하게 될 수도 있다. 마지막으로, 환자는 각 선택이 얼마나 효율적일지를 0부터 100까지의 범위에서 평정한다.

이런 연습을 끝마친 뒤에도 사후점검 작업을 계속한다. 치료자는 문제 영역에서 환자가 선택한 행동을 지속적으로 관찰하면서 환자로 하여금 그런 선택이 실제로 얼마나 효율적인지를 평가하게 한다. 만약 환자가 선택한 행동이 실제로는 효율적이지 못하다면 그 선택의 장점과 단점을 다시 검토할 필요가 있을 것이고, 혹시라도 특정한 기술의 결함 때문에 이런 어려움을 겪고 있는지를 살펴볼 필요가 있을 것이다. 대안적으로 환자가 비효율적인 선택을 반복하는 이유가 무엇인지를 검토해 볼 수도 있다. 이전에 밝혀지지 않은 역기능적인 믿음으로 인해서 이런 문제가 벌어지는 경우도 있기 때문이다.

사례 다소 복잡하기는 하지만, 다음에 제시한 사례를 통해서 반사회성 성격장애 환자를 치료할 때 구체적이고 문제중심적인 인지적 개입을 실시하는 것이 왜 도움이 되는지를 알 수 있을 것이다. 치료가 진행됨에 따라서, 이 환자의 인지는 점진적으로 변화되었다. 즉, 환자는 자신의 관심사 및 즉각적인 감정 반응에 초점을 맞추던 이전의 양상에서 벗어나서 자신의 행동이 다른 사람들에게 어떤 영향을 미치는지를 잘 인식할 수 있었다. 뿐만 아니라, 자신의 행동에 대한 다른 사람들의 반응이 또다시 자신의 행동에 어떤 영향을 미치는지도 알 수 있게 되었다.

28세의 백인 여성인 수잔(Susan)은 복합적인 가족치료적 개입의 일부로 외래에서 개인 심리치료를 받고 있었다. 그녀에게는 두 명의 딸이 있었는데, 7세인 캔디(Candy)는 법적인 양육권자인 아버지 및 계모(R씨 부부)와 살고 있었고, 4세인 캐롤(Carol)은 외할머니와 살고 있었다.

치료자는 법정에 제출된 자료를 검토하고 수잔과 R씨 부부를 면담하여 그녀의 개인력 정보를 얻을 수 있었다. 그녀는 15세 이전에 품행장애를 보였으며, 15세 이후로는 줄곧 무책임하고 반사회적인 행동을 보였다. 18세 때, 그녀는 불법 약물을 판매한 혐의로 기소되어 교도소에 1년간 수감되었다. 수잔은 R씨와의 짧은 교제 중에 큰 딸인 캔디를 임신하였지만 그 사실을 R씨에게 알리지 않았다. R씨는 캔디가 세 살이 될 때까지 딸의 존재조차도 모르고 있었다. 수잔은 충동적이고 무책임한 행동으로 결국 두 딸의 양육권을 잃었다. 아이들을 돌보는 일을 게을리 했기 때문이다.

치료를 위해 처음 만났을 때, 수잔은 R씨 부부의 집과 150마일 정도 떨어진 도시에서 살고 있었다. 그녀는 한 달에 한 번씩 친정에 방문해서 둘째 딸 캐롤을 만나고 그 날 저녁에는 친정에서 자고 가는 생활을 몇 개월 동안 해 왔다. 그녀는 첫째 딸 캔디도 만나보고 싶었다. 그래서 그녀는 R씨 부부가 제시한 심리치료를 받겠다는 조건을 받아들였다. 수잔은 지난 몇 년 동안 돌발적으로 드문드문 캔디를 만나 왔으며, 어떤 해에는 1년 동안이나 전혀 찾아가지 않기도 했다. 치료를 시작할 당시에, 수잔의 자녀면접권은 감독관의 직접적인 감시 및 양육권자의 승인이 있는 상태에서만 딸들을 만날 수 있는 수준으로 상당히 제한되어 있었다.

수잔은 치료 초기에 진지한 모습을 보이면서도 방어적이었고, 치료를 받게 된 상황에 대해서 분개하고 있었다. 그녀는 별로 내키지 않아 하면서 MMPI-2를 실시했는데, 그 결과 타당하기는 하지만 척도 4(반사회성)가 단독으로 상승한 방어성과 분노를 특징으로 하는 프로파일이 얻어졌다.

캔디와 수잔을 각각 따로 면담하고 두 사람이 함께 어울려 노는 것을 지켜본 뒤, 치료자는 두 사람 간의 상호 관심과 협력에 주목하였다. 수잔은 캔디와 만나는 기회를 더 늘려서 딸의 인생에 엄마로서의 역할을 하고 싶어 했다. R씨 부부는 수잔이 캔디와 함께 있을 때 적절한 행동을 하며, 캔디에게 관심을 기울이고, 캔디와 같이 잘 놀아주고, 캔디를 학대하거나 방치하지 않는다고 보고했다. 수잔은 자신이 몇 개월 동안 경영대학에 다니고 있으며, 6개월 이상 동일한 직장에 근무하고 있고, 6개월 이상 연애관계를 맺고 있다고 주장했다. 비록 상대적으로 짧은 기간이기는 했지만, 그녀의 삶이 이전보다는 상당히 안정된 것 같았다.

이러한 정보들에 근거하여, 치료자는 수잔을 도와서 캔디와 재결합할 수 있도록 노력하기로 합의했다. 치료자는 수잔의 개인력과 심리검사 결과를 고려할 때 그녀에게는 반사회성 성격장애가 있는 것 같다고 말해 주었다. 치료자는 반사회성 성격장애란 그녀 자신뿐만 아니라 캔디와 같은 다른 사람에게도 부정적인 영향을 미치는 판단과 행동상의 장애로서, 일종의 병리적인 생활방식이라고 설명해 주었다. 그들이 합의한 인지치료의 목표는 캔디의 전반적인 적응 상태가 악화되지 않는 범위에서 수잔이 캔디를 더 자주 만날 수 있게 돕는 것이었다.

캔디는 수잔과의 만남에 대해 긍정적인 반응을 보였다. 하지만, 캔디는 씨다른 자매인 캐롤이 엄마와 더 많은 시간을 보내는 것을 질투했고, 몇 시간의 짧은 만남 이후에 엄마와 다시 헤어져야 하는 상황을 힘들어했다. 캔디는 엄마가 캐롤과 만날 때는 밤을 같이 보내면서 자신과 만날 때는 R씨 부부에게 되돌려 보내는 것이 싫었고, 엄마와 만나고 난 뒤에는 침울해지면서 부모의 말을 잘 듣지 않는 모습을 보였다. R씨 부부는 캔디가 엄마를 만나고 나서 보름 정도 지나면 엄마가 다시 자신을 보러올지 의심하기 시작하면서 행동이 더 나빠진다고 보고했다.

수잔의 '어떤 선택이 가능한지 살펴보기' 연습은 주로 캔디와의 만남이라는 주제에 집중되었고, 그녀가 두 딸을 다루는 과정에서 겪는 구체적인 어려움에 대해서도 논의하였다. 〈표 8-3〉에는 수잔이 작성한 '어떤 선택이 가능한지 살펴보기' 연습 사례를 제시하였다. 이 연습에서, 수잔은 딸과 만나는 상황에서 선택할 수 있는 즉각적이고 '자동적인' 반응들을 열거하였을 뿐만 아니라, 치료자와의 논의과정에서 얻어진 대안적인 반응들도 기록하였다. 이 연습을 통해서, 수잔은 자신이 어떻게 행동하느냐에 따라서 앞으로 캔디와 만나는 일이 영향을 받게 된다는 것을 깨닫게 되었다. 즉, 딸과의 만남을 지속하기 위해서는 자신이 어떤 선택을 해야 할지를 인식할 수 있었다. 그녀는 자신의 목적을 이루기 위해서는 R씨 부부와 '신뢰 관계'를 구축하는 것이 필요하다는 것을 알아차렸고, 자신의 자녀면접권을 제한하는 것이 부당하다고 항의하면서 그들에게 분노를 표출하는 것은 그리 효과적인 방법이 아니라는 것을 알 수 있었다. 치료자는 수잔이 "목적을 달성하기 위해서, 즉 캔디를 만날 수 있는 권리를 더 확보하기 위해서, R씨 부부와 '신뢰 관계'를 쌓아가는 점진적인 노력을 해야지."라고 결심할 수 있도록 그녀를 도와주었다.

치료를 시작한 지 8개월 정도 지났을 때, 수잔은 캔디를 만날 수 있는 권리를 점

〈표 8-3〉 수잔의 '어떤 선택이 가능한지 살펴보기' 연습

문제	선택	장점	단점
캔디를 만나는 문제. 법원은 캔디와 나의 만남을 R씨 부부가 통제할 수 있다고 판결함. 그들은 자기 집에서 4시간 동안만 캔디를 만날 수 있도록 허용함. (만족도 = 10)	R씨 부부에게 간섭하지 말라고 이야기한다. (효과성 = 40)	기분이 나아진다.	역효과를 내어, 더 심한 제한을 받을 수 있다.
	캔디와 만나는 것을 포기하고 그만둔다. (효과성 = 20)	쉽다. 다툼이 최소화된다. 모두에게 잘된 일인지도 모른다.	내가 진정으로 바라는 것은 아니다. 캔디에게 상처가 될 수도 있다.
	학교에서 캔디를 데리고 와 버린다. (효과성 = 25)	R씨 부부에게 복수할 수 있고, 캔디와 시간을 보낼 수 있다.	체포될지도 모른다. 캔디가 겁에 질릴 수도 있다.
	캔디와 같이 보내는 시간을 즐기고, 점진적으로 시간을 늘려달라고 요구한다. (효과성 = 50)	커다란 대립은 없을 것이다.	너무 더디다. 캔디는 지금 나와 함께 시간을 보내고 싶어 한다.
R씨 부부는 나를 신뢰하지 않는다. 그들은 내가 엄마로서 자격이 없다고 생각한다. 나는 내 딸과 단 둘이서만 시간을 보내고 싶다. (만족도 = 0)	내가 나쁜 엄마가 아니라는 것을 R씨 부부에게 확신시키려고 노력한다. (효과성 = 40)	R씨 부부가 나를 믿어 주고, 캔디를 더 자유롭게 만나도록 해 줄 것이다.	마음이 아프다. 내 딸을 만나는데 다른 사람의 허락을 받을 정도로 잘못하지 않았어야 했다.
	R씨 부부에게 캔디와 더 많은 시간을 보낼 수 있게 해 달라고 강력히 요구한다. (효과성 = 20)	나에게도 권리가 있다는 것을 그들에게 보여 줄 수 있다. 기분이 나아진다.	그들은 완고한 태도를 바꾸지 않을 것이다. 상황이 더 악화될지도 모른다.
	R씨 부부의 부정적인 태도를 감안하면서, 캔디와 더 많은 시간을 보낼 수 있게 해 달라고 점진적으로 부탁한다. (효과성 = 70)	생각보다 빨리 성과를 거둘 수 있을지 모른다. R씨 부부와 신뢰 관계를 쌓을 기회를 얻을 수 있다.	천천히 하자. 그렇지만, 난 잘해 나갈 수 있다.

주. '문제' 칸의 '만족도 = ___', 평정은 상황에 대한 내담자의 만족도를 0~100으로 평정한 것임.
주. '선택' 칸의 '효과성 = ___', 평정은 각 선택에 대한 효과성 추정치를 0~100으로 평정한 것임.

점 더 많이 갓게 되었다. 처음에는 두 사람이 각각 다른 차를 타고 와서 치료를 받고 돌아갔지만, 이제는 치료를 마치고 나서 캔디와 수잔 단 둘이서만 점심식사를 할 수 있었다. 캔디와 만나는 시간이 4시간에서 8시간으로 늘어났고, 그 중에서 4시간은 단 둘이서만 보낼 수 있었으며, 나중에는 8시간 전체를 그들 마음대로 활용할 수 있었고, 마침내는 캔디의 외할머니 집에서 하룻밤을 함께 보내는 수준에 이르렀다.

수잔은 엄마로서 누릴 수 있는 권리를 달라고 R씨 부부에게 요구할 수 있었는데, 치료자와 더불어 먼저 연습한 뒤에 그것을 실행에 옮겼다. 초반에는 그들 사이의 의사소통을 촉진시키기 위해 치료자가 함께 있는 자리에서 수잔과 R씨 부부 사이의 협상이 진행되었다. 수잔이 치료자와 더불어 연습했던 것처럼 적대적이기보다는 안심시키는 태도로 반응하자 R씨 부부도 기존의 태도를 누그러뜨렸다. 간혹 수잔이 적대적인 반응을 보일 때, R씨 부부는 기존의 입장을 고수하면서 일시적으로 그녀의 요구를 거절했다. 이런 경험은 수잔에게 상당한 도움이 되었다. 그녀는 사람들에게 적대적인 태도를 드러내면 자신이 원하는 것을 얻는 데 방해가 된다는 것을 알 수 있었던 것이다. 치료자는 그녀의 분노를 거울처럼 반영시켜서 보여 주었고, 그녀가 체계적인 접근을 할 수 있도록 도와주었다. 치료자는 그들 사이의 협상에 끼어들지 않으려고 애썼으며, 수잔을 대신해서 R씨 부부를 안심시키려고 하지도 않았다. 그 대신에 치료자는 수잔과 함께 작업하면서 그녀가 우선순위를 염두에 둔 상태에서 자신의 행동이 얼마나 효율적일지를 검토해 볼 수 있도록 도와주었다.

이러한 과정에서, 캔디의 전반적인 감정 상태가 호전되었고 가정과 학교에서의 상호작용도 나아졌다. 이러한 진전이 가능했던 결정적인 이유는 수잔이 R씨 부부를 지속적으로 방문할 수 있을 정도로 책임감 있게 처신했기 때문이었고, 캔디를 만날 때 적절하게 행동했기 때문이었다. 수잔이 딸과의 관계를 소중하게 여긴다는 것은 분명했다. 비록 구조화되고 시간제한적인 엄마로서의 역할이었지만, 그녀는 이 역할을 잘 소화해 냈다. 이와 동시에, 과거에 그녀가 엄마로서 좋지 못한 모습을 보였기 때문에 그에 상응하는 처벌을 받아야 한다는 식의 경직된 구조가 제공되지 않았고, 그녀가 딸과의 만남을 즐길 수 있을 정도로 그 구조가 융통성 있게 변화된 것도 긍정적인 변화에 한 몫을 했다고 볼 수 있었다.

치료적 개입을 통해서, 치료자는 수잔이 자신의 목표를 달성할 수 있게 도와주었다. 즉, 치료자는 딸과 더 많이 만나고 싶다는 그녀의 소망을 효과적으로 충족시킬 수 있게 도와주었으며, 전부가 아니면 전무라는 식의 이분법적인 요구를 하는 것보다는 단계적인 노력을 기울이는 것이 목적을 달성하는 데 더 효과적이라는 점을 깨닫도록 도와주었다. 치료자와 함께 한 역할 연기와 행동 시연을 통해서, 그녀는 감당하기 곤란한 대인관계 상황에서 발휘할 수 있는 정서적 대처기술을 향상시켜 나갔으며, 다른 사람들이 부정적으로 예상하더라도 거기에 즉각적인 분노반응을 보이지 않으면서 차분히 견뎌내는 능력을 키울 수 있었다. 치료자는 그녀의 행동에서 바람직한 부분을 반영해 주었고, 그녀는 자기중심적인 조망이 아닌 상호작용적인 조망을 취할 수 있었다. 이런 경험은 다시 그녀의 정서적 대처기술이 향상되는 데에 긍정적인 영향을 미쳤다.

수잔은 자신이 남들을 대하는 태도가 남들이 자신을 대하는 태도에 영향을 미친다는 것과 자신의 행동을 조절함으로써 남들의 행동을 변화시킬 수 있다는 것을 인식하게 되었다. 이것은 그녀의 사고 및 추론능력이 인지적 위계의 상위 수준으로 한 단계 상승했음을 의미한다. 그녀는 여러 사람들의 소망과 욕구를 동시에 고려하는 모습을 보여 주었는데, 이는 그녀가 위계의 세 번째 단계(전반적인 사회적 관심)까지 도달할 수 있는 잠재력을 지니고 있음을 시사하는 것이었다. 하지만, 그녀는 여전히 자신의 필요에 의해서 행동을 변화시킨 것이었고, 캔디의 적응에 도움을 주는 좋은 엄마가 되겠다는 헌신 때문에 그렇게 한 것은 아니었다. 예컨대, 수잔은 캔디가 그녀와 함께 있을 때 얼마나 즐거워하는지를 말하기보다는 자신이 캔디와 함께 있을 때 얼마나 즐거운지를 강조하는 경향이 있었다. 치료를 끝마칠 무렵에 있었던 일을 하나 더 예로 들면, 그 무렵에 수잔은 자신의 남자친구와 함께 유럽으로 이민을 가게 될지도 모른다고 이야기했다. 그녀는 홀로 남겨진 캔디가 얼마나 엄마를 그리워할지를 염려하거나 자신이 캔디의 엄마로서의 책임을 어떻게 이행할 수 있을지에 대해서 마음을 쓰기보다는 그 일로 캔디가 화를 내고 자신을 거절할지도 모른다는 것을 주로 걱정하였다. 하지만 서로 합의했던 치료 목표에 도달하자 치료는 종결되었다. 치료자와 환자 상호간에 만족스러운 추후 면담 일정을 잡았고, 3개월 동안 별다른 일 없이 진행되었다. 캔디의 전반적인 감정상태는 현저하게 호전되었고 가정과 학교에서의 상호작용도 눈에 띄게 나아졌다.

치료성과의 유지

만약 반사회성 성격장애 환자가 심리치료를 통해서 학습한 전략을 구사하는 것이 왜 필요한지를 마음속 깊이 정서적으로 인식한다면, 치료의 행동적 및 인지적 성과를 유지하는 것이 훨씬 쉬워질 것이다. 따라서 환자가 문제시 되는 방식으로 반응할 개연성이 큰 잠재적 위험상황이 무엇인지를 검토해 보는 것이 좋으며, 분명한 목표와 우선순위를 설정해서 그런 상황에서는 자신이 어떤 반응을 선택할 수 있는지 살펴보겠다는 각오를 다지게 할 필요가 있다. 더 나아가서, 필요하다면 금주 집단과 같은 사회적 지지집단에 환자를 참여시키는 것도 고려해 볼 필요가 있다. 하지만, 반사회성 성격장애 환자들은 자신보다 정서적으로 더 취약한 사람들을 이용하려는 유혹에 쉽게 넘어갈 수 있기 때문에, 그들을 지역사회의 지지집단에 의뢰할 때는 신중을 기해야 한다.

결 론

일단 반사회성 성격장애에 대한 치료적 개입을 시작하면, 만약 그들이 아무런 치료도 받지 않았다면 어떤 모습을 보였을지 상상하기도 힘든 파괴적인 양상과 마주치게 된다. 마찬가지로, 우리는 반사회성 성격장애 환자들이 더 많은 개인적 유익을 얻기 위해서 얼마나 자주 다시는 거짓말을 하지 않고, 속임수를 쓰지 않고, 사기를 치지 않고, 폭력을 행사하지 않고, 강간을 범하지 않고, 도둑질을 하지 않고, 남을 학대하지 않고, 의무를 잘 이행하고, 사회적 조화를 깨뜨리지 않겠다고 결심하는지를 가늠하기도 힘들다. 하지만 이 장에서 소개된 사례들을 통해서 우리는 반사회성 성격장애 환자들의 삶에 인지치료가 긍정적인 영향을 미친다는 것을 잘 알 수 있었다. 환자가 최적의 기능 상태를 지속적으로 유지하도록 돕는 것은 비현실적인 치료 목표일 수도 있지만, 그들의 친사회적 행동을 증진시킬 수 있다면 환자의 삶에는 안정성이 생길 것이고 그들에게 중요한 타인들의 안녕에도 도움이 될 것이며, 더 나아가서 사회 전체에 분명한 이득이 될 것이다.

제9장

경계선 성격장애

경계선 성격장애(Borderline Personality Disorder: BPD)의 주된 특징은 대인관계, 자기상, 정서, 행동 등 개인 기능의 많은 측면에서 나타나는 현저한 불안정성이다. 한 예로, 29세의 나타샤(Natasha)는 일 년 이상 일을 할 수 없어서 도움을 청하였다. 그녀는 너무 피곤하여 일을 할 수 없기 때문에 하루의 대부분을 누워 지낸다고 불평하였다. 문제는 직장에서의 갈등에서 비롯된 것처럼 보였다. 그녀는 직장 상사와 불륜에 빠졌지만, 상사가 자신의 가정을 지키려고 했기 때문에 둘의 관계는 끝이 났다. 그녀는 그에게 매우 실망하였고 곧바로 다른 남자와의 관계를 시작했다. 나타샤에 따르면, 그녀의 결정에 분개한 상사는 그녀에게 이전보다 형편없이 낮은 수준의 일을 주었고 다른 사람들 앞에서 그녀를 심하게 나무라고 비난하였다고 한다. 첫 면담 후에 치료자는 그녀의 문제를 정서적 문제와 대인관계 문제가 혼합된 적응장애라고 생각했다. 그러나 두 번째 시간부터 그녀에 대한 그림은 훨씬 더 복잡해졌다. 그녀는 남편과의 관계를 수많은 싸움과 공격적인 위협이 가득 찬 것으로 기술하였다. 또한 가족에 대한 적개심을 표현하였고 마약(cannabis)과 술을 과용한다는 것을 인정하였다. 그녀는 삶이란 아무런 가치가 없으며 남들은 믿을 수 없다는 걸 알았다고 반복적으로 말했다. 치료를 통해서 무엇

을 얻고 싶은지를 묻자, 그녀는 "나 자신에 대해 편하게 느껴야 돼요."라는 말로
모호하게 대답하였다. 치료자는 나타샤가 높은 수준의 불안과 슬픔, 외로움으로
고통받고 있으리라 짐작할 수 있었다. 그러나 겉으로 드러나는 그녀의 모습은 거
칠고 과격하였으며, 그녀가 풍기는 이러한 분위기가 다른 사람들의 분노를 얼마나
자극할 지는 쉽게 상상할 수 있었다.

치료자는 이러한 추가적인 정신병리의 증거에 주목하고는, 보다 더 철저한 진단
을 위하여 반구조화된 임상면접을 진행하였다. 나타샤가 보이는 문제들이 많은 축
I과 축 II 진단에 부합할 뿐 아니라, BPD의 진단 기준을 충족시킨다는 것이 분명해
졌다. 또한 그녀가 어린 시절과 관련된 해결되지 않은 많은 정서적 문제 및 부모와
의 관계로 고통 받고 있다는 것도 분명해졌다. 따라서 치료자는 BPD가 다른 문제
들보다 우선적인 주요 문제일 가능성과 치료의 초점을 장기간 지속된 성격 문제에
맞추었을 때의 장단점을 그녀와 논의하였다. 나타샤는 성격 문제에 초점을 맞춘
장기 인지치료를 시작하는 데 동의하였다. 그녀는 자기 자신과 다른 사람들에 대
해 느끼는 방식에서 무언가 근본적인 것이 바뀌어야 한다고 생각하였고, 부모와의
고통스러웠던 경험이 정서적으로 잘 처리되기를 원하였다.

BPD는 정신분열증에 비견할 만큼 막대한 사회적 비용이 드는(Linehan & Heard,
1999; van Asselt, Dirksen, Severens, & Arntz, 2002) 상대적으로 흔한 장애로서(일반
성인 인구의 1.1~2.5%), 자살 위험이 높으며(약 10%가 자살로 사망; Paris, 1993), 개
인의 삶에 상당한 지장을 준다. BPD 환자의 비율은 치료 환경에 따라 다른데, 외
래 시설에서는 10% 미만의 비율을 보이지만 전문화된 입원 시설에서는 50% 이상
에 이르기도 한다(American Psychiatric Association, 1994). BPD 환자는 가족이나
친구, 동료들에게 부담스러운 존재일 수 있으며, 자녀에게 정신병리를 유발할 위
험이 매우 높다(Weiss et al., 1996). BPD 환자들 중에는 똑똑하고 재능이 있는 사
람들이 많이 있지만, 이들은 장애로 인해 자신을 충분히 계발하지 못하며, 교육을
마치는 데 어려움을 겪고, 일을 하지 못하거나 자신의 능력 이하의 직업을 갖기도
한다. 대인관계에서의 위기를 겪는 일이 흔하고, 종종 자해를 하며, 흔히 자가 처
방 형태로 물질 남용에 빠져든다.

이들은 정신건강 시설뿐 아니라, 신체건강 의료시설 또한 매우 많이 이용한다 (Van Asselt et al., 2002). 많은 BPD 환자들이 외상후 스트레스 장애, 우울증, 사회 공포증, 관계의 장애를 포함하는 보다 더 만성적인 문제와 관련된 위기 때문에 도움을 청한다. 임상가는 그들이 자신의 어려움을 성격 문제의 관점에서 볼 수 있도록 도와주어야 하며, 동시에 그러한 문제가 치료될 수 있다는 희망을 심어주어야 한다.

BPD 환자들은 분노 폭발과 잦은 위기로 인해 의료 시설에서 나쁜 평판과 오명을 덮어쓰게 되었고, 많은 치료자들이 이들을 두려워하기도 한다. 이들을 정말로 도울 수 있을 것인가에 대한 의구심이 널리 퍼져 있다. 그러나 최근의 발전은 이러한 관점이 틀렸음을 시사한다. 전문화된 형태의 인지치료가 가장 유망한 치료적 대안들 중 하나다. BPD에 대한 인지치료가 결코 단순하지는 않으나, 많은 치료자들은 이 틀을 이용하여 BPD 환자를 치료하는 것이 성공적이고 보람된 경험이 될 수 있음을 알게 되었다.

역사적 조망

'경계선(borderline)' 이라는 진단은 신경증과 정신증 사이의 어딘가에 해당되는 문제를 지닌 환자들을 지칭하기 위해 1930년대에 처음 등장하였다(Stern, 1938). 이후 대상관계 이론가들은 이를 더 정교화하면서, '경계선' 을 아동의 분리-개별화 발달 단계에서의 고착과 관련된 성격 조직으로 개념화하였다. 경계선 조직은, 정체감의 혼란을 보이고 분리나 투사적 동일시와 같은 원초적인 방어를 사용하지만 현실검증력은 대체로 온전한 것으로 특징지어지는 미성숙한 성격으로 기술된다 (Kernberg, 1976, 1996; Kernberg, Selzer, Koenigsberg, Carr, & Appelbaum, 1989). 대상관계 표상(자기표상을 포함)이 통합되지 못하고, 긍정적인(좋은) 표상 대 부정적인(나쁜) 표상으로 서로 분리되어 조직화됨으로써, 나쁜 표상에 부착된 공격적인 충동이 긍정적인 표상을 파괴하지 못하도록 방지하게 된다. 그러나 대상관계 이론가들이 말하는 경계선 조직(혹은 경계선 구조)의 개념은 현재의 BPD보다 훨씬 더 광범위하며, 물질 남용/의존, 양극성 장애, 충동통제 장애 등의 다양한 성격 유형과 증상 장애들을 포함한다는 것에 유념해야 한다. 1970년대에 들어 Gunderson과 Singer(1975)는 처음으로 BPD의 조작적 정의를 소개하였다. Gunderson의 정의는 이후 경험적 연구들에 의해 지지되었고, BPD가 DSM-III에 공식 진단명으로 포함되는 데 기반을 제공하였다. 이 정의는 다소간의 개정을 거쳤지만, 그 핵심 내용은 DSM-IV-TR에서도 여전히 유지되고 있다. 이 무렵부터, 이전에 '경계선'이라고 진단되었던 환자들 중에서 정신증에 더 가깝고 사회적으로 고립된(정신분열증 같은) 환자들은 분열형 성격장애로 진단되기 시작하였다. DSM-IV-TR의 BPD 개념의 본질은 불안정한 대인관계, 불안정한 자기상 및 정동, 그리고 현저한 충동성으로 표현되는 불안정성이다(〈표 9-1〉).

〈표 9-1〉 **경계선 성격장애에 대한 DSM-IV-TR 진단 기준**

대인관계, 자기상 및 정동에서의 불안정성과 심한 충동성이 광범위하게 나타나며, 이러한 특징적 양상은 성인기 초기에 시작하여 여러 가지 상황에서 일어난다. 다음 중 5가지 (또는 그 이상) 항목을 충족시킨다.

(1) 실제적이거나 가상적인 유기를 피하기 위한 필사적인 노력
  주의: 진단 기준 5에 열거한 자살 또는 자해 행위는 포함되지 않음
(2) 극단적인 이상화와 평가 절하가 교차하여 반복되는, 불안정하고 강렬한 대인관계 양식
(3) 정체감 혼란: 심각하게 지속적으로 불안정한 자기상 또는 자기 지각
(4) 자신에게 손상을 줄 수 있는 충동성이 적어도 2가지 영역에서 나타남
  (예: 낭비, 성관계, 물질 남용, 무모한 운전, 폭식)
  주의: 진단기준 5에 열거한 자살 또는 자해 행위는 포함되지 않음
(5) 반복적인 자살 행동, 자살 시늉, 자살 위협, 혹은 자해 행동
(6) 현저한 기분 변화에 따른 정동의 불안정성
  (예 : 대체로 수 시간 지속되며 드물게는 수일간 지속되기도 하는 간헐적인 심한 불쾌감, 성마름, 불안)
(7) 만성적인 공허감
(8) 부적절하고 심한 분노, 혹은 분노 조절의 어려움
  (예: 자주 분노를 터뜨림, 계속 화를 냄, 자주 신체적으로 싸움)
(9) 스트레스에 따른 일시적인 망상적 사고, 또는 심한 해리 증상

연구와 경험적 자료

심리학적 모델

BPD에 대한 심리학적 모델을 검증하려고 한 초기의 시도들은 대상관계 이론으로부터 도출된 가설들에 초점을 맞추었다. 연구자들은 주제통각검사(TAT)와 같은 투사법 검사를 이용하여, BPD 환자들의 대상관계 표상과 분리 방어기제 등의 심리적 과정을 이끌어 내려고 시도하였다. 일반적으로, 대상관계 이론이 기술하듯이 BPD 환자들이 전-오이디푸스기 아동 수준으로 기능할 것이라는 가설은 지지되지 않았다. BPD 환자들은 투사검사에 나타나는 인물들에 대해 발달적으로 매우 분화된 의도를 추론할 수 있는 것으로 보인 반면, 분리의 증거는 거의 나타나지 않았다. 그러나 BPD 환자들은 여러 연구에 걸쳐 일관적으로 타인에 대해 악의적인 동기를 귀인하는 특징을 보였다. Westen(1991)에 따르면 악의성은 정상적인 전-오이디푸스기 아동의 대상 세계의 특징이 아니며, BPD 환자들이 보이는 복잡한 귀인 양상은 걸음마기 아동이 할 수 있는 것보다 인지적으로 훨씬 더 발전된 것이다. Baker, Silk, Westen, Nigg 및 Lohr(1992) 또한 BPD 환자들의 부모에 대한 평정을 연구하면서 이와 비슷한 결과를 보고하였다.

다양한 연구들에서 BPD 환자들은 혼란된 애착 표상의 특징을 보이는 것으로 나타났다(Fonagy et al., 1996; Patrick et al., 1994). 이러한 애착 표상은 아동기 외상이 해결되지 않은 사람들, 특히 부모가 직접적이고 공포스러운 행동을 한 경우에 전형적으로 나타나는 것 같다. 혼란된 애착은 아동으로서는 해결하기 어려운 상황, 즉 '부모가 공포의 원천인 동시에 잠재적으로는 안전한 피난처'(van IJzendoorn, Schuengel, & Bakermans-Kranenburg, 1999, p. 226)로서 기능한 상황에서 연유한 것으로 보인다.

일련의 다른 연구들은 BPD 환자들의 발달력을 조사하였다. 처음에는 아동기 성적 학대, 특히 6～12세 사이에 양육자에 의해 이루어진 성적 학대의 비율이 높은 것으로 보고되었다(예, Herman, Perry, & van der Kolk, 1989; Ogata et al., 1990; Weaver & Clum, 1993). BPD와 성적 학대 경험의 연관성이 매우 강한 듯 보였기 때문에, BPD를 특정한 외상 후 장애로 보아야 한다는 관점이 제안되기도 하였다(예, Herman & van der Kolk, 1987). 특히 양육자에 의한 심각한 성적 학대는, 타인에 대한 악의적인 관점과 혼란된 애착양식 등을 포함하는 BPD의 증상과 행동을 상당 부분 설명하는 것으로 보였다. 그러나 몇몇 연구들은 BPD가 아동기의 신체적, 정서적 학대와도 연관된다는 것을 발견하였다.

외상적인 아동기 경험이 BPD의 병인론에서 중요한 역할을 한다면, 이는 많은 BPD 환자들이 자해를 하면서 통증을 느끼지 않는다고 보고하는 이유를 설명해 줄 수도 있다. 통제할 수 없는 높은 스트레스하에서는 내생적 아편(opioid)이 방출될 수 있는데, 이는 통증의 경험을 감소시킨다(Janssen & Arntz, 2001; Pitman, van der Kolk, Orr, & Greenberg, 1990). 성적, 신체적, 정서적 학대라는 극심한 스트레스는 처음에는 무조건적인 아편 방출을 유발할 수 있다. 이후 고전적 조건형성 과정을 통해서, 반복적인 학대의 예상과 같은 스트레스에 대한 반응으로 조건화된 아편 방출이 유발될 수 있는 것이다. 실험적인 통증 자극을 사용한 연구들에서 이러한 견해와 일치하는 결과가 나타났다. 즉 자해 동안에 통증을 느끼지 않는다고 주장하는 BPD 환자들의 경우, 스트레스에 의해 유발되는 무통각증(analgesia)이 실제로 존재한다는 것이 밝혀졌다(Bohus et al., 2000; Kemperman et al., 1997; McCown, Galina, Johnson, DeSimone, & Poas, 1993; Russ et al., 1992, 1994). 일부 BPD 환자들에게서 나타나는 무통각증이 어느 정도로 스트레스에 의해 유발되는지, 그리고 이러한 무통각증이 과연 아편에 의해 매개되는지에 대해서는 앞으로 좀 더 많은 논의가 필요하다.

BPD 병리의 발생에서 아동기 성적 학대가 어떤 역할을 하는지에 대해서는 아직 논란이 계속되고 있지만(Fossati, Madeddu, & Maffei, 1999; Trull, 2001; Weaver & Clum, 1993; Zanarini, 1997), BPD 환자들에게서 어떤 형태로든 아동기 학대 경험의 비율이 매우 높다는 점에 대해서는 연구자들마다 의견의 일치를 보이고 있다. 대부분의 BPD 환자들은 부모로부터 신체적 처벌, 정서적 학대, 위협, 성적 학대

등을 당했거나, 부모의 심각한 정신과적 문제로 인해 고통을 겪은 것으로 보인다. 혹 부모가 가해자가 아니었더라도, 그들은 아동을 보호하지 못했거나 아동이 학대 경험을 정서적으로 처리할 수 있도록 도와주지 못하였으며, 오히려 학대 경험에 대해서 아동을 처벌하거나 비난한 것으로 보인다.

최근에는 외상 그 자체보다는 아동이 외상을 처리하고 이에 의미를 부여하는 방식이 BPD를 발달시키는 주요 원인이며, 이러한 외상 처리방식은 개인의 타고난 기질과 연령, 상황적 요인들에 의해 영향을 받는다는 견해가 나타났다(Arntz, 1994; Zanarini, 2000). 어떤 형태의 외상적인 경험, 특히 양육자의 처벌, 유기, 거부 반응 등과 같이 아동에게 혼란된 애착을 야기하는 외상적인 경험이 매우 어린 나이에 일어났을 수도 있다. 인지적인 용어로 말하면, 아동은 외상적인 경험에 대해 어떤 유치한 해석과 반항적인 행동을 보일 수 있고, 이는 양육자에게서 추가적인 부정적 반응을 이끌어 내어, 결국 병리적인 핵심도식과 방략을 형성하게 되는 과정을 야기할 수 있다.

Arntz(1994)는 BPD로의 발달을 이끄는 핵심도식 형성의 기저에 아동기 외상이 있다고 가정하였다. 이러한 가설을 검증하기 위하여, 아동기 외상과 가정(assumptions)에 대해서 BPD 환자 집단, C군 성격장애 환자 집단, 비환자 집단을 비교한 결과, BPD 환자 집단은 다른 두 통제 집단에 비해 훨씬 더 많은 아동기 성적, 정서적 학대 경험을 보고하였으며, 다른 집단들과 뚜렷이 구별되는 특정한 가정들을 지니고 있었다. 또한 구조 방정식 모형을 통해서, 이러한 가정들이 아동기 학대 경험과 BPD의 관계를 매개한다는 것을 보여 주었다(Arntz, Dietzel, & Dreessen, 1999).

이후 한 대규모 연구에서, BPD 환자들은 다른 성격장애에서도 발견되는 광범위한 가정들(특히 회피성과 편집성의 믿음)에 더하여 BPD에 특정적인 일련의 가정들을 지닐 것이라는 가설이 지지되었다. 그 특정한 주제는 외로움, 사랑스럽지 않음, 타인의 거부와 유기, 그리고 자신은 나쁘고 처벌 받아 마땅하다고 보는 관점이었다(Arntz, Dreessen, Schouten, & Weertmen, 인쇄 중). Butler, Brown, Beck 및 Grisham(2002)은 또 다른 접근을 이용하여, 성격 믿음 질문지(PBQ)의 14 문항이

BPD와 다른 6개 성격장애를 잘 구분해 준다는 것을 보여 주었다. BPD에 특정한 믿음들은 의존, 무력함, 불신, 극단적인 주의-추구 행동, 거부와 유기에 대한 두려움, 정서 통제 상실에 대한 두려움 등의 주제를 반영하였다. Giesen-Bloo와 Arntz(2003)는 세상 가정 척도(World Assumption Scale)를 사용하여, BPD에서 세 가지 주제의 믿음('세상은 위험하고 악의적이다' '나는 무력하고 취약하다' '나는 본래 받아들여지지 못할 존재다')이 중요하다는 Pretzer(1990)의 가설을 지지하는 증거를 발견하였다. 이러한 세 연구들에서 밝혀진 주제들이 상당 부분 중첩되기는 하지만, 서로 다른 부분 또한 존재하기 때문에 앞으로 추가적인 연구가 요구된다.

최근에는 Young의 도식 양식 모델(schema mode model; McGinn & Young, 1996; Young, Klosko, & Weishaar, 2003)이 검증되고 있다. Arntz와 그 동료들은, BPD 환자들이 C군 성격장애 환자와 비환자 통제 집단에 비해 네 가지 병인적 BPD 양식(분리된 보호자 양식, 버림받은/학대당한 아동 양식, 화난 아동 양식, 처벌적인 부모 양식)과 관련된 믿음, 정서 및 행동의 문항들에서 더 높게 평정하며, 건강한 성인 양식 척도에서는 더 낮게 평정함을 보여 주었다(Arntz, Klokman, & Sieswerda, 2003). C군 성격장애 환자들은 특징적으로 완벽주의 등의 과잉보상 양식 문항들에서 유의미하게 더 높은 점수를 보이는 것으로 나타났다. 아동 학대 장면을 담은 정서적인 영화를 이용하여 스트레스를 유발하였을 때, BPD 환자들은 두 통제집단에 비해 분리된 보호자 양식의 증가를 보였다.

BPD 도식의 내용과는 별개로, 초기 인지적 관점에서는 BPD 환자들이 과잉경계(아무도 믿을 수 없는 위험한 세상에서 자신은 취약한 존재라고 느낌)와 이분법적 사고로 특징지어진다고 가정하였다(Pretzer, 1990). 세 연구에서 정서적 STROOP 패러다임을 이용하여 과잉경계 가설을 검증하였다. 가설과 일치되게, 제시 단어가 위협적이면 색깔을 명명하는 반응 시간이 증가한다는 증거가 발견되었다(Arntz, Appels, & Sieswerda, 2000; Sieswerda & Arntz, 2001; Waller & Button, 인쇄 중). 처음 두 연구는 자극 특정성을 발견하는 데 실패하였으나(즉, 모든 유형의 위협 단어들이 간섭을 유발함), 마지막 연구에서는 자기 처벌적 단어만이 편파를 유발한다는 것을 보여 주었다. 이 중 한 연구는 역하 수준(즉, 자각하지 못하는 수준)에서도 이러한 효과가 나타남을 입증하였다(Sieswerda & Arntz, 2001). 첫 번째 연구에서 제언했 듯이, 이러한 과잉경계가 BPD에만 특정적인지 혹은 광범위한 성격장애에 일반적 인 것인지는 아직 불분명하다.

Veen과 Arntz(2000)는 이분법적 사고가 BPD 환자들의 매우 중요한 특징이라 는 경험적인 증거를 보여 주었다. 학대나 유기의 주제를 담은 영화를 보고 나서, BPD 환자들은 C군 성격장애나 비환자 집단보다 영화 속의 인물들에 대해 더 양극 화된 평가를 하였다. 그러나 중성적이거나 비특정적인 정서적 영화를 보고 나서 는, BPD 환자들도 두 통제 집단과 비슷하게 중간 정도로 평가했다. 흥미롭게도, BPD 환자들이 인물의 특질에 대해 평정한 양극화 양상을 분석해 보았을 때, BPD 환자들은 타인을 완전히 좋거나 완전히 나쁜 사람으로 보는 경향(splitting)이 있다 고 기술하는 대상관계이론이 예언하는 것처럼 선-악 차원에 따라 조직화되지는 않았다.

영화의 인물들을 비구조화된 방식으로 묘사해 보라고 했을 때, BPD 환자들과 C 군 성격장애 환자들이 비환자 집단에 비해 덜 복잡하게 기술하였으며 특질에 대한 묘사를 덜 사용하였다(Arntz & Veen, 2001). BPD 환자들은 다른 두 집단에 비해 인물을 가장 부정적으로 기술하여, 투사법 검사를 사용한 이전의 발견들과 일치하 는 결과를 보여 주었다. 종합하면, 이러한 결과들은 BPD 환자들이 비구조화된 상 황에서보다는 구조화된 상황에서 더 높은 수준으로 기능할 수 있음(즉, 더 많은 차 원을 사용하여 평가함)을 시사한다.

BPD의 정서 조절에 관한 연구들은 서로 일치하지 않는 결과들을 보여 주었다. 말초적인 심리생리적 지표, 얼굴 표정, 그리고 자기 보고를 사용한 연구들에서는, 실험실 상황에서 정서적 자극에 대한 BPD 환자들의 반응이 심지어 역하 수준에서 도 비환자 통제집단과 비슷함을 시사한 반면(Herpertz et al., 2000; Herpertz, Werth, et al., 2001; Renneberg, Heyn, Gebhard, & Bachmann, 인쇄 중), 중추적 지 표(fMRI, 특히 편도핵 반응)를 사용한 연구에서는 BPD의 과잉각성을 시사하였다 (Herpertz, Dietrich, et al., 2001). 말초 영역과 중추 영역 간의 이러한 불일치는, BPD 환자들의 초연하게 거리를 두는 듯한 외견적 인상과 그들의 강한 내적 정서 경험 간의 대조적인 차이를 연상시킨다. 실험실 상황이 아닌 자연적인 상황에서의 자기 보고 연구들은, BPD 환자들이 강하고 불안정한 부정적 정서를 지닌다는 가설을 지지하고 있다(Cowdry, Gardner, O'Leary, Leibenluft, & Rubinow, 1991; Stein, 1996).

심리치료 연구

이전의 연구들은 주로 정신역동적 치료에 집중되었다. 일반적으로, BPD 환자들에게 더 전통적인 형태의 정신역동적 치료를 제공했을 때 조기 탈락 비율이 높은 것으로 보고되었다: 3개월 안에 67%(Skodol, Buckley, & Charles, 1983); 6개월 안에 46%, 총 67%(Waldinger & Gunderson, 1984); 6개월 안에 43%(Gunderson et al., 1989); 12개월 안에 64%(Yeomans, Selzer, & Clarkin, 1993), 6개월 안에 42%(Clarkin et al., 1994). 전통적인 역동적 접근은 BPD 환자의 자살 위험률을 감소시키지 못한 것으로 보인다. 네 연구를 종합하여 볼 때, 대략 10%의 환자들이 치료 중에 혹은 치료 후 15년 이내에 자살로 사망하였다(Paris, 1993). 이러한 비율은 BPD 환자들의 일반적인 자살위험률과 비슷한 수치다(8~9%; Adams, Bernat, & Luscher, 2001).

BPD에 대한 초기의 인지행동적 치료 접근들은 장애 전반에 대해 통합적인 틀로 접근하기보다는 주로 문제 행동에 초점을 맞추었다. 도식 중심적 접근은 치료가 단기로 진행되었을 때 제한적인 효과를 보이는 것으로 나타났다(Davidson & Tyrer, 1996). 그러나 보다 더 통합적인 형태의 장기 치료를 도입하였을 때는, 이러한 접근들이 유망함을 시사하는 여러 사례 연구들이 발표되었다(Turner, 1989).

Linehan, Armstrong, Suarez, Allmon과 Heard(1991)의 획기적인 연구는, 의사자살(parasuicide)의 위험이 있는 BPD 환자들에게 시행한 1년간의 변증법적 행동치료(DBT)가 일반적인 치료(Treatment As Usual: TAU)보다 세 가지 지표에서 더 우수함을 보여 주었다: 치료를 유지한 환자들의 수(83% 대 50%), 입원 기간의 중앙값(17일 대 51일), 치료의 마지막 3개월 동안 여전히 자살 위험이 있었던 환자들의 수(36% 대 62%). 그러나 우울, 절망감, 살아야 할 이유, 자살 사고 등에 대한 주관적인 보고의 지표들에서는 DBT가 TAU보다 환자들에게 더 많은 도움을 주었다는 증거는 나타나지 않았다. 물질의존적인 BPD 환자들을 대상으로 DBT와 TAU를 비교한 네덜란드 연구에서도 이와 유사한 결과를 보고하였다(van den Bosch, Verheul, Schippers, & van den Brink, 2002). TAU에 비해 DBT에서는 치료 탈락률이 더 감소하고(1년 37% 대 77%), 자해와 자기 파괴적인 행동이 더 줄어든 반면, 물질 남용을 비롯한 다른 지표들에서는 두 집단 간에 효과의 차이가 관찰되지 않았다. 이와 유사하게, Linehan 등(1999)은 DBT가 TAU보다 물질 남용을 감소시키는데에는 더 우월했지만 다른 정신병리 측정치들에서는 차이가 나타나지 않음을 발견하였다. 따라서 DBT는 특히 BPD의 자기 파괴적인 행동을 감소시키는 데는 효과적이지만, 이들의 정서적인 고통을 완화시키는 데 더 효과적이지는 않을 수 있다. 1년간의 DBT가 많은 중요한 측면에서 환자들의 진전을 가져왔고 이러한 효과가 추후에도 유지되었지만(Linehan, Heard, & Armstrong, 1993), 전체적인 자료는 환자들이 여전히 많은 문제들로 고통 받고 있음을 보여 주고 있다(그러나 Koons 등(2001)을 참조).

　　Beck, Freeman 및 동료들(1990)에 따른 인지행동치료의 효과에 대해서 적어도 두 개의 통제되지 않은 연구가 수행되었다. Brown, Newman, Charlesworth와 Chrits-Cristoph(2003)는, 자살 혹은 자해를 시도한 경험이 있는 BPD 환자들이 1년간의 인지행동치료를 받고 난 후에 자살 사고, 절망감, 우울, 다양한 BPD 증상들, 역기능적 믿음 등이 유의미하게 감소하였음을 보고하였다. 이러한 결과는 6개월 후의 추후 조사에서도 유지되었다. 효과의 크기는 중간 정도(0.22-0.55)였고, 탈락률은 9.4%였다. Arntz(1999a)는 6명의 BPD 환자들을 포함한 혼합된 성격장애 집단에서 장기 인지행동치료의 긍정적인 효과를 발견하였다. 두 명의 BPD 환자가 일찍 탈락하였으나, 나머지 네 명은 좋은 결과를 보여 주었다. Berk, Forman, Henriques, Brown 및 Beck(2002), 그리고 Beck(2002)은 통제된 연구를 통해서, 자살 위험이 높은 BPD 환자들에게서 단기의 집중적인 인지행동치료가 통제 조건의 치료보다 자살 사고와 자살 시도를 감소시키는 데 더 성공적이었음을 보여 주었다.

Young의 도식 모델에 기초한 인지행동치료 접근(McGinn & Young, 1996; Young, Klosko, & Weishaar, 2003) 및 Beck의 인지행동치료를 확장한 Arntz(1994)의 접근과 현대의 정신역동적 치료[Kernberg와 동료들(1989)에 의해 개발된 전이-초점적 심리치료(TFP)] 간의 비교 연구가 현재 진행되고 있다. 연구를 공식적으로 시작하기에 앞서, 치료자들이 예비적으로 환자들을 치료했다. 환자들이 두 조건에 정식으로 무선 배정되지는 않았다. 예비연구 결과, 인지행동치료를 받은 20명의 환자들 중에서 10%가 조기 종결된 반면, TFP를 받은 17명의 환자들 중에서는 47%(3명은 자살)가 조기 종결된 것으로 나타났다(Arntz, 1999b). 두 유형의 치료 모두에서, 치료를 마친 환자들은 점진적인 개선을 보였다. 그러나 이 결과는 환자들을 무선적으로 치료에 배정한 것이 아니기 때문에 매우 조심해서 해석해야 한다. 현재 88명의 환자들을 두 치료 집단에 무선 배정하여 3년간의 치료 후 성과를 비교하기 위한 최종적인 연구가 진행되고 있는데, 1년 기간의 치료 후에 중간 예비 자료를 분석해 보았을 때 정신역동적 치료에서 조기 종결의 비율이 더 높은 것으로 나타났다(TFP 28% 대 인지행동치료 7%). 또한 2년 기간의 치료 후에 인지행동치료에서의 탈락률은 13%였던 데 비해 TFP의 탈락률은 42%였다(Giesen-Bloo, Arntz, van Dyck, Spinhoven, & van Tilburn, 2001). 이 연구 자료는 또한 1년간의 치료 후 BPD 증상이 유의미하게 감소되고(효과크기 0.89-1.12), 심지어 정신과적 증상과 직접적으로 관련되지 않은 영역에서도 삶의 질이 유의미하게 증가되며(효과크기 0.66), 이러한 효과들이 치료 2년째까지도 지속적으로 증진됨(BPD 증상에 대한 누적 효과크기는 1.00-1.35; 삶의 질에 대해서는 0.67)을 시사하고 있다(Giesen-Bloo et al., 2001, 2002). 아직 두 치료들을 최종적으로 비교한 연구는 발표되지 않았다.

요약하면, 현대적 형태의 인지행동치료는 특히 BPD가 보이는 문제들에 적합하게 맞추어질 경우 BPD에 대한 심리학적 치료의 효과를 증가시키는 것으로 보인다. 치료를 조기에 종결하는 환자의 비율이 극적으로 감소하였고, 제한된 영역의 문제행동에만 초점을 맞추었던 이전의 다른 접근들에 비해 더 광범위하고 더 깊은 수준의 치료 성과를 거두고 있는 것으로 보인다. 단기적인 치료(즉, 1년)는 많은 문제행동을 감소시키고 분노 통제력과 사회적 기능을 향상시킬 수 있었으나, 대부분의 환자들이 치유되었다고 보기는 어려웠다. 더 의미 있는 개선을 위해서는 더 장기적인 치료가 필요한 것으로 보인다.

감별 진단

BPD는 다양한 입원 및 외래 장면에서 가장 흔한 장애들 중 하나다. 일반 인구에서의 유병률은 1.1∼2.5%로 추정되며, 임상집단에서는 장면에 따라 10%에서 60%까지 다양하다. 이처럼 높은 유병률에도 불구하고 이 장애가 간과되는 경우가 종종 있다. 명백하고 안정적이며 자율적인 축Ⅰ장애가 존재하고 그것이 도움을 구하러 온 주된 이유일 때에는, 축Ⅱ장애가 축Ⅰ장애에 대한 인지행동치료를 방해하지 않는 경향이 있기 때문에 크게 문제되지 않을 수 있다(Dreessen & Arntz, 1998). 그러나 BPD가 일차적인 주요 문제인 경우도 많이 있다. BPD의 진단을 소홀히 했을 경우 치료가 불충분하게 이루어져서 큰 문제가 초래될 수 있다. 우리가 보아 온 많은 사례에서, 환자들에 대한 BPD 진단을 조기에 확인하지 못하여 이들을 치료하려는 헛된 시도로 수년을 소요하기도 했다.

BPD와 연관된 공존 장애의 비율이 매우 높기 때문에 문제는 더욱 복잡해진다. 거의 모든 장애들이 BPD와 연관된 것으로 밝혀졌다: 기분장애, 물질남용/의존, 불안장애(특히 외상 후 스트레스 장애), 정신병적 장애, 다른 성격장애들. BPD 환자들은 으레 하나에서 다섯 가지의 다른 성격장애의 진단 기준을 충족시킨다. BPD는 가장 심각한 성격장애 중 하나로 간주되므로, BPD를 첫 번째 성격장애 진단으로 사용하고 공존하는 다른 중요한 성격장애들에 맞추어 치료를 변형하는 것이 추천된다. 반사회성 및 자기애성 성격장애는 예외가 될 수 있는데, 특히 범죄적인 특성이 나타날 때 그러하다.

몇몇 예외가 있으나, 축Ⅰ장애가 나타날 때에도 BPD가 첫 번째 주진단(즉, 치료의 초점)이 되어야 한다. 예외적인 경우는 양극성 장애, 심한 우울증, 정신증적 장애(BPD 진단 기준 9번과 중복되는, 스트레스에 따른 일시적인 정신증은 제외), 물질남용, 주의력결핍/과잉활동 장애, 신경성 식욕부진증이다. 이러한 축 I 장애들은 우선적으로 치료되어야 한다. 그러나 이런 장애들 또한 BPD의 진단 기준과 부분적으로 중첩되기 때문에, BPD 진단을 어렵게 만들 수 있다. 예를 들어 양극성 장애는 BPD로 오인될 수 있다. 마지막으로, 외상 후 스트레스 장애나 만성적인 물질 남용(예: 코카인)과 같은 어떤 상태들은 BPD와 유사한 성격으로의 변화를 유발하여 BPD와의 감별을 어렵게 만들 수 있다.

진단의 오류를 막는 최선의 안전 장치는 축 I과 축 II 장애 전반에 대해 구조화된 평가를 수행하는 것이다. BPD 환자들로 인한 막대한 비용(van Asselt et al., 2002; Linehan & Heard, 1999)과 그들이 겪는 고통, 그리고 어렵고도 기나긴 치료 과정에 비한다면, 반구조화된 임상면접을 실시하기 위한 수고와 노력은 아주 사소한 것에 불과할 것이다.

개념화

BPD에 대한 주요 인지행동적 개념화로는 크게 세 가지 접근이 있다: Linehan의 변증법적–행동적 관점, Beck의 개념화, 그리고 Young의 도식 양식 모델.

Linehan의 변증법적–행동적 관점

Linehan의 모델에 따르면, BPD 환자들은 아마도 기질적인 영향으로 정서 조절 기능상의 어려움을 겪는 사람으로 특징지어진다(Linehan, 1993). 이러한 기능장애로 인해 BPD 환자들은 스트레스 사건에 대해 강한 반응을 보이며 감정이 원래의 기저선으로 돌아오기까지 오랜 시간이 걸린다. 두 번째 가정은 BPD 환자들의 환경이 환자의 감정반응을 타당한 것으로 수용해 주지 않았으며, 많은 경우 현재까지도 그러하다는 점이다. 아동의 감정 반응에 대해 부인하거나 처벌하거나 부적절한 반응을 함으로써, 아동이 자신의 감정 반응을 이해하고 조절하며 견디는 데 문제를 지니게 된다고 가정한다. 후에 BPD 환자들은 스스로 자신의 감정 반응을 타당화하지 않으며, 감정에 대해 지나치게 단순화되고 비현실적인 관점을 지니게 된다. 부적절한 정서 반응, 특히 통제되지 않은 충동 표현과 자기파괴적 행동이나 자해 행동이 치료의 일차적인 목표다. 치료자는 변증법적인 자세로, 한편으로는 정서적 고통을 수용하면서(고통을 변화시키려고 시도하는 대신), 다른 한편으로는 스트레스의 선행 사건과 환자가 그 정서에 대처하는 방식을 변화시킨다. 감정 반응을 타당한 것으로 수용하는 것에 더하여 감정을 견디고 조절하는 기술을 습득하는 것이 Linehan의 DBT의 핵심이다. DBT는 애초에 자해 행동을 보이는 환자들을 치료하기 위해 개발되었는데, 이러한 환자들의 대부분이 현재는 BPD로 진단된다는 사실이 분명해지면서 BPD의 중요한 치료법으로 인정받게 되었다. 따라서 DBT가 치료 탈락률을 포함하여 심각한 자해 행동과 자기파괴적 행동에 가장 강력한 효과를 미치는 접근이라는 것을 보여 주는 연구 결과들을 접하게 되는 것은 그리 놀랄 만한 일이 아니다.

Beck의 개념화

BPD에 대한 Beck의 초기 개념화에서는 가정의 역할을 강조하였다. Beck 등(1990)은 다른 성격장애들에서 공통적으로 나타나는 많은 수의 다양한 가정들이 BPD에서 더 활발하게 나타난다고 가정하였다. 이에 더하여 Pretzer(1990)는 세 가지 주요 가정이 BPD의 핵심이라는 가설을 내세웠다: '세상은 위험하고 악의적이다', '나는 무력하고 취약하다', '나는 본래 받아들여지지 못할 존재다.' 첫 번째 가정은 두 번째 가정과 결합되어 높은 수준의 경계와 대인관계에서의 불신을 야기한다고 가정된다. 과잉경계에 더하여, 두 가지 다른 인지적 특징이 BPD에 중심적이라고 가정된다. 즉, 이분법적 사고와 약한 정체감(즉, 빈약하게 정교화된 자기도식)이다. 이 세 가지 핵심 가정과 세 가지 인지적 특징이 장애의 유지에 중심적인 역할을 한다고 가정되며, 따라서 치료의 주요 표적이 된다. 예를 들어, 의존적인 가정(다른 사람들은 강하고 유능한 반면 자신은 약하고 무능하다는 믿음)과 편집증적인 가정(다른 사람들은 믿을 수 없고 악의적이라는 믿음)이 다소 역설적으로 결합하면, 타인에게 매달리다가도 어느 순간 타인을 불신하고 밀어내는 행동이 교차하는, BPD 환자들의 불안정하고 극단적인 대인관계 행동이 나타나게 된다. 사물을 다양한 회색의 등급으로 평가하는 능력의 부족이 BPD 환자들이 보이는 갑작스럽고 극단적인 전환에 기여하듯이, 이분법적 사고는 이러한 환자들의 정서적 동요와 극단적인 결정에 기여한다. 따라서 Pretzer는 이분법적 사고를 감소시키는 것이 BPD 치료의 중요한 요소이며, 이는 작업 관계를 확립하는 대로 곧 치료 초기에 언급해야 한다고 제안했다.

이후 Layden, Newman, Freeman과 Morse(1993)는 인지모델을 더 정교화하고 다른 많은 인지적 편파와 과정들을 제안하면서, 이를 BPD 환자들의 초기 아동기 발달 및 발달 정체와 관련지어 논의하였다. Layden 등은 또한 BPD 환자들의 핵심 도식에서 비언어적 요소들의 역할이 중요함을 강조하면서, 이를 초기 전언어적 발달과 연결하여 기술하였다. 따라서 Layden 등은 BPD의 치료에서 체험적인 기법, 특히 심상작업의 중요성을 강조하였다. Arntz(1994)는 BPD에서 아동기 학대의 유병률이 높다는 연구 결과와 Pretzer의 제안을 연결지으면서, 아동이 학대를 처리하는 방식이 BPD 환자의 핵심가정과 인지적 특징의 형성에 결정적인 영향을 미친다고 제안하였다. 그는 Beck의 지금-여기를 강조하는 인지치료와 아동기의 학대를 처리하고 학대로 인한 병인적인 결론을 교정하기 위한 역사적인 작업을 함께 통합할 것을 제안하였다. Layden 등과 마찬가지로, 그는 초기 아동기 기억에 대한 체험적 기법의 중요성을 역설하였다(Arntz & Weertman, 1999; Smucker, Dancu, Foa, & Niederee, 1995 참조).

Young의 도식 양식 모델

BPD의 핵심병리를 악의적인 세상에 홀로 남겨진 채 안전과 도움을 갈구하지만 추가적인 학대와 유기가 두려워서 쉽게 다가가지 못하고 불신에 차 있는, 공포에

질린 학대당한 아동으로부터 기인하는 것으로 개념화한다면, 이는 Young에 의해 발전된 모델과 깊은 관련이 있다(McGinn & Young, 1996). Young은 BPD 환자들의 갑작스러운 행동 변화를 이해하기 위해서, 1980년대에 Aaron Beck이 임상 워크숍에서 이미 소개한 생각, 즉 BPD 환자들의 어떤 병리적인 상태는 아동으로서 경험하였던 강렬한 정서적 상태로의 일종의 퇴행이라는 생각을 더 정교화하였다(D. M. Clark, 개인적 교신). Young은 그러한 상태를 도식 양식으로 개념화하면서, 아이 같은 퇴행의 상태에 더하여 보다 덜 퇴행적인 다른 도식 양식들도 기술하였다. 도식 양식이란 다른 도식 양식들과는 비교적 독립적인, 일련의 도식들에 기반한 사고, 감정, 행동의 조직화된 패턴이다. BPD 환자들은 때때로 한 양식에서 갑작스럽게 다른 양식으로 훌쩍 튀어간다고 가정된다. Beck이 관찰한 것처럼, 일부 이러한 상태는 매우 유치해 보이며 환자 자신과 다른 사람들 모두에게 혼돈스러운 경험일 수 있다. Young은 다음의 네 가지 도식 양식이 BPD에 중심이 된다고 가정하였다. 즉, 버림받은 아동 양식(본 저자는 이것을 학대당하고 버림받은 아동 양식이라고 부를 것을 제안함), 성난/충동적인 아동 양식, 처벌적인 부모 양식, 분리된 보호자 양식이다. 이에 더하여 환자의 건강한 측면을 나타내는 건강한 성인 양식이 있다.

학대당하고 버림받은 아동 양식(abused and abandoned child mode)이란 환자가 어렸을 때 경험했던 유기(혹은 유기의 위험) 및 학대와 관련한 절망적인 상태를 가리킨다. 이 양식의 전형적인 핵심 믿음은, 다른 사람들은 악의적이고 믿을 수 없으며, 특히 그들과 친밀해지면 그들이 나를 버리거나 처벌하리라는 것이다. 그 외에 다른 핵심 믿음은 다음과 같다. '나의 정서적 고통은 멈추지 않을 거야', '나는 언제나 혼자일 거야', '나를 돌봐줄 사람은 아무도 없을 거야' 등이다. 환자는 위로와 양육을 갈망하면서도 또한 이를 두려워하는, 혼란스럽고 절망적인 아이처럼 행동할지도 모른다. 많은 치료자들은 이러한 정서적 표현을 좋아하지 않는데, 이는 치료자들이 치료의 위기와 환자들의 지나친 의존을 두려워하기 때문이다. 대개 환자들은 이 양식의 상태를 두려워한다. 왜냐하면, 한편으로 강렬한 정서적 고통을 경험하거나 외상의 기억과 감정이 다시 활성화되는 것이 무섭기 때문이고, 다른 한편으로는 이러한 활성화에 잇따라 처벌적인 부모 양식(punitive parent mode)이 활성화되기 때문이다. 이 양식은 심각한 자기처벌적인 상태를 가리키는데, 이 상태에서 환자는 자신을 나쁘고 사악하며 처벌받아 마땅하다고 비난한다. 아이가 부정적인 감정이나 의견, 소망을 표현했을 때, 양육자는 아이를 처벌하였으며 이러한 표현을 명시적으로든('너는 나쁜 애야'), 암묵적으로든(예를 들면, 아이를 며칠 동안 무시하기) 아이의 못된 성격에 귀인하였다. 이 양식은 양육자의 유기에 대한 위협('고아원에 보내버릴 거야'), 언어적 혹은 신체적인 공격, 심각한 처벌 혹은 처벌에 대한 위협이 내면화된 것으로 가정된다. 전형적인 핵심 믿음은 '너는 나쁘고 벌을 받아 마땅해', '네 생각/소망/감정은 잘못되었어', '너는 생각/소망/감정을 표현할 권리가 없어', '넌 남을 조종하려고만 해' 등이다. 환자들은 종종 이렇게 자기 처벌적으로 생각할 뿐만 아니라, 스스로에게 다음과 같은 처벌적인 행동을 부가하기도 한다. 자해행동, 자기 삶에서 좋은 것을 파괴하기, 치료회기에 오지 않기 등이다. 이 양식에서 두드러지는 감정은 죄책감이다. 환자들은 때로 치료자를 포함하여 다른 사람으로부터 처벌적인 반응을 유발하기도 한다.

환자들이(그리고 또한 치료자가!) 자주 두려워하는 다른 양식들 중 하나는 성난/충동적인 아동 양식(angry/impulsive child mode)이다. 이 양식은 결국에는 환자 자신과 그의 대인관계를 해치게 되는 유치한 격분과 자기만족적인 충동성의 상태를 가리킨다. BPD 환자들은 평소에 분노의 경험과 표현을 회피하지만, 억압된 분노의 긴장이 축적되면 거의 통제할 수 없는 방식으로 갑작스럽게 표출될 수 있다. Young의 모델에 따르면, 이렇게 충동적으로 발끈하게 되는 상태는 전형적으로 처벌적인 부모 양식의 활성화에 뒤이어 나타난다. 충동적이고 즉각적으로 욕구를 충족시키는 행동들 역시 이 양식에 기인한다. 이 양식 기저의 믿음은 다음과 같다. '나는 기본적인 권리를 빼앗겼어', '다른 사람들은 사악하고 비열해', '내가 살아남으려면, 싸우거나 내가 원하는 걸 반드시 빼앗아야만 해' 등이다.

BPD 환자들은 잦은 위기와 분노 표출로 악명이 높지만, 이 환자들과 오랜 기간 함께 작업한 치료자들이라면 이들이 대부분의 시간 동안 분리되어 초연한 듯 지내는 경향이 있음을 관찰하였을 것이다. 이들은 다른 사람들 또는 자신의 감정이나 의견과 실제로는 접촉하지 않는 것으로 보인다. Young에 따르면, 이들은 분리된 보호자 양식(detached protector mode), 즉 아동이 위험한 세상에서 살아남기 위해 발달시킨 일종의 방어 양식하에 있는 것이다. 이 양식은 애착(애착은 고통, 유기, 처벌, 학대로 이어질 수 있으므로), 정서 경험, 자기 주장, 발달로부터 환자를 보호하는 기능을 하는 것으로 가정된다. 왜냐하면 이들 각각은 잠재적인 고통과 처벌적인 양식이 활성화되는 것의 신호가 될 수 있기 때문이다. 핵심 믿음은 다음과 같다. '감정을 느끼거나 다른 사람들과 연결된다는 것은 아무런 의미가 없어', '그렇게 하는 것은 위험하기조차 하지', '분리되어 지내는 것이 살아남아서 내 삶을 통제하기 위한 유일한 방법이야' 등이다. 환자들은 이 양식을 유지하기 위해 다양한 방략을 사용한다. 가령, 감정과 생각을 인지적으로 회피하는 것, 말하지 않는 것, 다른 사람이나 활동을 피하는 것, 신체적 불편을 호소하는 것, 잠자는 것, 약물을 사용하거나 술을 마시는 것, 심지어는 자살이나 의사 자살 등이다. 이 상태에서는 표면적으로 환자가 이성적이고 건강한 듯 보일 수도 있으나, 이는 환자가 중요한 문제들을 억압하고 있는 것이므로 진정한 의미에서는 건강하다고 말할 수 없다.

치료적 접근

협력 전략

치료를 시작하기 전에, 치료자는 자신이 어떤 치료를 제공하기를 원하는지 결정해야만 한다. 한편으로는 가장 문제가 되고 위험한 문제들을 감소시키는 데 초점을 맞춘 비교적 짧은 치료를 제공할 수 있다. 이러한 치료의 목표는 충동성과 자해 행동, 약물 남용 등을 감소시키고, 감정에 대한 통제력과 문제에 대한 통찰을 얼마간 얻도록 하여 환자가 이후의 심리치료에 더 적합해지도록 하는 것이다. Linehan 등(1991)의 연구와 Brown 등(2003)의 연구는 이러한 목표가 1년간의 치료를 통해 달성될 수 있음을 보여 주었다. 그러나 이 연구들은 또한, 더 넓고 더 깊은 핵심도식 수준의 변화를 이루기 위해서는 더 장기간의 치료가 필요하다는 것을 보여 주었다. 우리는 BPD 환자들을 제대로 치료하기 위해서는, 치료자와 환자 사이에 강한 개인적 관계가 발전될 수 있는 장기 치료가 필수적이라고 믿는다. 그 이유 중 하나는, BPD 환자들이 특히 다른 사람들과 친밀해지게 되면 타인에 대한 기본적인 불신을 갖고 있음이 드러나기 때문이며, 또한 이들의 애착 양식이 너무나 병리적이어서 이러한 대인관계의 장애물을 극복하는 데 오랜 시간이 소요되기 때문이다 (Gunderson, 1996). 따라서 BPD의 진정한 치료를 위해서는, 아동기 동안 잘못된 것을 근본적으로 교정하기 위한 발판으로서 새로운 안전한 애착을 발달시킬 수 있는 시간이 필요하다. 이와 관련하여 아동기의 외상적 기억을 치료하는 데에도 주의를 기울여야만 하는데, 이 역시 시간을 필요로 하는 작업이다.

치료의 유형과 목표를 어떻게 설정하는가에 따라서, 치료 기간뿐 아니라 치료자와 환자가 발전시키게 될 치료 관계의 유형 또한 달라져야 한다. 첫 번째 대안은 단기 치료인데, 이를 선택하였을 때 치료자는 환자와 좀 더 거리를 유지해야 한다. 왜냐하면, 안전한 애착이 이제 막 발달하기 시작할 때 치료가 중단된다면 BPD 환자들에게 큰 해를 미칠 수 있기 때문이다. 물론 BPD 환자들을 치료할 때 위기에 대한 개입과 지지는 항상 제공해야 하는 것이지만, 첫 번째 대안을 선택하였을 경우 치료자가 위기에 개입할 때 너무 깊게 관여할 필요는 없다. 회기의 빈도는 일주일에 한 번 혹은 두 번이 적당하다.

두 번째 대안은 장기 치료다. 우리는 이 장의 나머지 부분을 여기에 할애할 것이다. 장기 치료를 선택하였을 경우, 치료자는 환자와 더 개인적인 돌봄의 관계를 발전시키려고 노력할 필요가 있다. 치료자는 거리를 두는 환자의 분리를 적극적으로 깨고, 위기에 적극적으로 관여하며, 환자가 슬퍼할 때 달래고, 치료자 스스로 한 인간으로서 치료에 참여한다. 회기 간격은 일주일에 한 번 혹은 두 번이 적절하다. 이 접근은 거의 필연적으로 환자에게 핵심 도식에 근거한 힘든 감정들을 일으키게 되는데, 이는 이후 치료에서 다루어질 수 있기 때문에 바람직한 것이다. 따라서 이러한 '재양육(reparenting)' 접근은 치료의 핵심적인 요소로 간주된다. 안전한 애착을 도모하기 위해서, 우리는 BPD 환자에게 정서적으로 필요할 때 회기 사이에 치료자에게 연결할 수 있는 수단(예로, 특별한 전화번호)을 제공한다. 회기 사이의 이러한 개인적인 연결은, 자신을 진정으로 돌봐주는 사람은 아무도 없으며 부정적인 감정을 표현하면 처벌받거나 버림받을 것이라는 환자의 믿음을 반증하는 데 도움이 되며, 안전한 애착을 형성하는 데 도움이 된다. 특히 환자들이 위기에 처해 있을 때 이들의 말을 수용적인 방식으로 들어주는 것은, 이들에게 부정적인 감정을 견디고 수용하는 것을 가르치는 데 매우 효과적이며, 이러한 방식으로 부정적인 감정이 대개는 가라앉는다는 것을 보여 줄 수 있는 좋은 기회가 된다. 회기 사이에 치료자와 연락할 수단을 준다는 것이 치료자는 언제든지 만날 수 있어야 한다거나 혹은 치료자가 전지전능하다는 것을 뜻하는 것은 아니다. 자칫 그렇게 오해할 경우, 치료자에게 너무나 큰 부담이 될 수 있다. 치료자와 접촉할 수 있는 수단 외에도, 치료자와 연락이 닿지 않거나 환자가 치료자에게 말해도 진정할 수 없는 경우에는 다른 위기 개입 기관을 이용할 수 있도록 사전에 말해 두어야 한다.

이러한 치료적 접근을 위해서 치료자에게 요구되는 것이 있다. 환자가 치료자의 개인적 경계를 침범해 들어올 때, 치료자는 한계를 설정하면서도 안전감을 느낄 수 있어야 한다. 개인적 한계를 설정함으로써 환자를 좌절시키는 과정은 실제 양육에서와 마찬가지로 재양육적 접근에서도 필수적이다. 또한 한계 설정은 치료적일 수 있는데, 특히 '한계를 긋는 것은 한 사람으로서의 나를 전적으로 거부하는 것이다' 또는 '한계 설정에 대해 분노를 표현하면 치료자가 나를 처벌하거나 떠나 버릴 것이다' 등의 부정적인 믿음을 검증할 수 있는 기회가 된다. BPD 환자들에게 개인적 한계를 전달할 때 명심해야 할 두 가지 주의 사항이 있다. 첫째, 치료자는 오로지 환자의 행동만을 언급해야 하며, 부모들이 종종 그랬듯이 성격으로 귀인해서는 안 된다는 점이다. 둘째, 치료자는 한계를 전달할 때 자신의 개인적인 동기를 언급해야 하며, 기관의 규칙이나 전문적인 규칙에 근거하여 합리화해서는 안 된다. 예를 들어, 치료자는 다른 개인적인 생활 때문에 하루의 특정한 시간에만 전화를 받겠다고 제한할 수 있다. 다음은 개인적인 한계를 알리는 것과 관련된 대화의 예다.

나타샤: 이번 주말에 제 30번째 생일파티가 있어요, 선생님이 제 파티에 와 주셨으면 좋겠어요. 남편과 친구들한테 선생님을 소개하고 싶어요.

치료자: 날 생일파티에 초대해 줘서 고마워요, 하지만 나는 가지 못할 것 같네요.

나타샤: 왜요? 난 정말로 선생님이 와 주셨으면 좋겠어요.

치료자: 나는 당신을 아주 좋아해요, 하지만 나는 여가 시간을 내 가족이나 친구들과 보내고 싶어요.

나타샤: (화를 내면서) 그러니까 선생님은 나를 친구로 생각하지 않는다는 건가요? 선생님이 말씀하지 않으셨나요? 치료는 깊은 감정을 이끌어 낼 수 있는 아주 특별한 공간이라고? 당신이 특별한 역할을 맡아서 날 돌봐 준다고 말하지 않았나요? 아이를 대하는 부모처럼요? 그런데 이제 내게 아주 소중한 개인적인 걸 부탁하니까, 이제 와서 안 된다고 말하는군요. 당신은 거짓말을 했어요! 난 바보처럼 당신을 믿었고요!

치료자: 당신이 맞아요, 나는 당신을 아주 좋아하지만 친구로 생각하지는 않아요. 그리고 내게는 가족이나 친구들과 함께 지내면서 회복할 수 있는 시간이 필요해요. 이건 내 개인적인 결정이에요, 나는 치료 시간에 당신을 보고 당신과 함께 작업하는 걸 좋아하지만, 당신의 파티에 가고 싶지는 않아요.

나타샤: 이런, 그 말을 또 반복할 필요는 없어요, 상처에 소금을 뿌릴 필요는 없단 말예요. 선생님이 말하는 걸 알겠어요, 알아들었다고요. (이제는 두려워하면서) 세상에, 부탁하지 말았어야 했어. 난 이미 알고 있었어. 선생님이 거절할 거고 그런 주제넘은 부탁에 화를 낼 거라는 걸 뻔히 알고 있었단 말예요. 나가고 싶어요. 여기 더 못 있겠어요. (일어나서 방을 나가려 한다.)

치료자: 나가지 말아요, 머물러 주세요. 내가 거절해서 아주 많이 상처받았군요. 이제는 당신이 감히 그런 부탁을 한 것 때문에 내가 더 상처를 줄까 봐 정말 두려워하고 있는 거죠, 맞아요? 거기에 대해 더 얘기해 봅시다. 당신이 떠나려고 하니까 내 마음이 편치 않네요. 우리가 함께 얘기해 볼 수 있겠어요?

나타샤: (다시 앉아서 울기 시작하며) 좋아요, 하지만 너무 부끄러워요…….

이러한 접근으로 치료를 하려면, 치료자가 강한 수준의 부정적 감정을 잘 견뎌 낼 수 있어야 하는데, 특히 환자의 분노나 슬픔, 절망이 치료자에게로 향할 때 이를 잘 인내하는 것이 필요하다. 치료자를 향한 긍정적인 감정, 특히 치료자를 향한 애정이나 기타 비현실적인 기대 또한 인내를 요구하는 도전적인 과제가 될 수 있다. 따라서 BPD 환자들을 치료할 때는, 비슷한 환자들을 치료하는 동료 치료자들과의 자문이 매우 소중하다.

치료적 관계의 목적은 명백하다. 하지만 이를 적용하는 데는 어려움이 따르지 않을 수 없다. BPD 환자들은 돌봄의 관계를 갈구하지만, 동시에 마음 깊은 곳에서는 이를 두려워한다. 따라서 이들은 지속적이고 친밀한 개인적 관계에서 유발되는 두려움과 불신을 견디는 데 심각한 어려움을 지니고 있다. 따라서 치료자는 거리감과 친밀감의 균형을 이루고 이를 치료 단계에 맞게 적용하기 위해 노력해야 할 뿐 아니라, 치료에서 유발되는 두려움과 불신을 적극적으로 다루어야만 한다. Pretzer(1990)가 기술하였듯이, "가장 효과적으로 신뢰를 확립하는 길은, 환자가 치료자에 대한 신뢰에 어려움을 보일 때 이를 명시적으로 인정하고 수용하며, 이후에는 일관되게 신뢰로운 방식으로 행동하기 위해 노력하는 것이다"(p.191). 문제를 기저의 핵심 도식과 연결시키는 것 또한, 문제를 새로운 시각에서 바라 보고 그 문제가 치료를 통해 극복될 수 있을 것이라는 희망을 갖도록 하는 데 유용하다.

앞서 말한 대로 BPD 환자를 치료할 때 가장 큰 문제들 중 하나는, 조기탈락률이 매우 높다는 것이다. 조기종결을 예방하기 위해서, 치료자는 환자가 치료를 유지할 수 있도록 적극적인 노력을 기울여야 한다. 환자가 회기에 나타나지 않으면 연락하고, 치료를 피하려는 이유를 물어보며, 환자가 거리를 두려는 분리 경향을 돌파하도록 적극적으로 제안하고, 환자가 필요로 하는 것에 치료자 자신의 행동을 맞추어야 한다. 치료를 피하려는 공통적인 이유는 분리(detaching)의 전략(살아남기 위한 방법으로서, 사람들과 연결되지 않고 고통에 대한 감정과 생각을 회피하고 밀어내는 것), 치료자로부터 학대당하거나 버림받을지도 모른다는 두려움, 그리고 자기저빌직인 태도('나는 치료를 받을 만한 가치가 없어', '나는 나 자신을 벌주기 위해 내게 좋은 것들을 파멸시켜야만 해')와 관련이 있다. 이러한 기저의 믿음들을 명료화하여 환자에게 전달해야 하며, 치료를 중단함으로써 병리가 더 지속되고 기저의 믿음을 수정할 기회를 잃어버릴 수 있음을 비판적이지 않은 방식으로 지적해야만 한다. 최근의 시도들은 이러한 접근이 실제로 조기종결을 감소시키는 데 매우 성공적임을 보여 주었다.

시간제한적이고 목표제한적인 치료에서는, 장기적인 치료에서보다 환자와의 목표 설정이 훨씬 더 쉬울 수 있다. 후자의 경우, 목표가 부득이하게 광범위해지지 않을 수 없으며, 핵심 도식과 역기능적 방략들의 영향을 감소시키고 건강한 도식과 방략을 만들어 내고 증가시키는 것으로 기술되어야 한다. 그러나 많은 BPD 환자들은 건강한 관점과 방략들이 무엇인지 알지 못한다. 따라서 특정한 관점과 방략이 다른 것에 비해 왜 더 건강한지를 설명하되 도덕적으로 훈계하지는 않는, 적극적이고 교육적인 자세(좋은 양육에서처럼)가 바람직하다. 역할 연기와 행동 실험 역시 기능적인 도식과 책략들을 발달시키는 데 도움이 된다.

BPD 환자들은 감정을 경험하는 것에 대하여, 자신의 감정은 정당한 근거가 없으며, 그런 감정을 느끼는 자신은 나쁜 사람이고, 감정에 따라 행동하면 충동 통제력을 잃게 될 것이며, 치료자를 포함하여 다른 사람들이 자신을 처벌하거나 거부할 것이라는 부정적인 믿음을 가지고 있다. 그러므로 치료자의 일차적인 태도는 환자의 감정을 수용하고 타당화하면서, 동시에 충동적인 감정적 행동은 그만두게 하는 것이다. 이는 감정 조절에 대한 더 건강한 도식을 구축하기 위한 토대가 된다. 축 I 문제를 다루는 데 익숙한 인지치료자들은 평상시의 습관대로 역기능적 감정을 유발하는 비현실적인 해석을 찾으려는 경향을 보일 수 있는데, BPD 환자들을 대할 때는 이러한 습관에 저항해야 한다. 우선적으로 먼저 다루어야 할 문제는 감정 경험을 이끄는 비현실적 해석이 아니라, 감정 경험 자체에 부여하는 병리적인 의미다.

마지막으로 중요한 관계 기법은 공감적 직면(empathic confrontation)인데, 공감적 직면의 메시지는 다음의 세 가지 요소로 이루어진다. (1) 왜 역기능적인 책략을 선택할 수밖에 없었는지를 치료자가 이해한다는 공감적 표현, (2) 그 책략을 따를 경우 부정적인 결과가 초래되며 장애가 지속될 것이라는 직면, (3) 새로운 기능적인 대안적 책략을 명확하게 제시하고 환자에게 그것을 따르도록 요청하기 등이다.

"나는 당신이 마크(Mark)의 말에 왜 그렇게 마음이 상했는지, 얼마나 가슴 깊이 상처를 받았는지 이해해요. 그리고 당신이 그를 얼마나 나쁜 놈으로 생각하는지 보여 주기 위해서 지금 자기 몸에 상처를 내고 싶은 강한 충동을 느끼고 있다는 것도 이해해요. 하지만 그렇게 행동하지는 말았으면 좋겠어요. 당신이 그렇게 한다면 마크와의 관계가 더 복잡해질 테니까요. 그는 더 화가 날 거고, 당신은 더 두려워질 거고, 그렇게 확대되다 보면 다른 사람들은 사악하며 당신이 믿을 수 있는 사람은 결코 없을 거라는 당신 생각이 더 강해질 거예요. 다른 말로 하면, 당신이 오랫동안 써 오던 방법을 따라 행동하면 당신 문제가 지속될 뿐이라는 거예요. 대신에 나는 새로운 방법을 시도해 보라고 단호하게 요청하고 싶어요. 그건 다름 아니라, 그가 한 행동이 당신에게는 고통스러웠다고 그에게 말하고, 왜 그렇게 고통스러웠는지 설명하고, 그렇게 하지 말아달라고 부탁하는 거예요. 그렇게 하면 당신은 스스로에게 상처를 입히지 않고, 당신 행동을 계속 통제할 수 있을 거예요. 이게 문제를 다루는 더 건강한 방법이에요. 그리고 만약 그가 예전의 행동을 그만두지 않는다면, 우린 당신이 거기에 어떻게 반응할 수 있을지 다시 다룰 수 있을 거예요. 이러한 일이 당신에게 어렵고 두렵기조차 하다는 걸 알아요, 하지만 나는 고집스럽게 요청하고 싶어요. 왜냐하면 이를 통해서 당신이 그런 문제를 다루는 더 건강한 방식을 배울 수 있을 거라고 믿기 때문이죠."

구체적 개입

위계적 접근

어떤 문제를 먼저 다뤄야 할지를 선택하는 데 있어서 위계적인 접근을 사용하는 것이 바람직하다. 〈표 9-2〉에 개관이 적혀 있다. 삶과 죽음의 문제는 언제나 최우

〈표 9-2〉 **다루어야 하는 문제들의 위계**

___

1. 생명을 위협하는 문제들
2. 치료적 관계
3. 자신을 손상시키는 문제들
4. 다른 문제들, 도식 작업, 그리고 외상의 처리

___

선순위를 차지해야만 한다. 자살 충동 및 다른 위험한 행동들이 이에 해당하며, 다른 사람, 특히 의존적인 아이들의 생명을 위협하는 행동도 이에 포함된다. 위계의 다음 순서는 치료 관계를 위협하는 문제들이다. 여기에는 환자가 치료를 그만두려 하거나, 다른 도시로 이사가거나, 치료에 나타나지 않거나, 지금 받는 치료 말고 새로운 치료를 시작하려 하는 등의 섣부른 욕구, 치료자에 대한 환자의 부정적인 감정, 혹은 환자에 대한 치료자의 부정적인 감정, 치료에 지각하는 것, 회기 중에 휴대폰을 사용하는 것 등이 포함된다. 치료 관계를 위협하는 문제가 위계상 높은 우선순위를 차지하는 이유는, 좋은 치료 관계가 다른 문제들을 다루기 위한 전제 조건이기 때문이다. 세 번째로, 당장 생명을 위협하는 행동은 아닐지라도, 자신을 손상시키는 많은 행동들은 너무나 파괴적이어서 기저의 도식을 다룰 여지가 없이 먼저 다룰 필요가 있다. 자해, 물질과 약물의 남용, 일을 나가지 않는 것, 충동적인 행동과 결정, 적절한 음식을 섭취하지 않는 것, 거처나 숙소가 적절치 않은 것, 통제되지 않은 감정 폭발 등이 자기파괴적인 행동에 속한다. 이러한 행동을 반복적으로 다루고, 환자에게 그것들을 중지하라고 요청하고, 대안과 해결책에 대해 함께 작업하는 것이 유용하기는 하지만, 치료자는 치료 초반에 그것이 변화되리라고 기대해서도, 고집해서도 안 된다. 환자의 병리가 매우 심각해서 치료자가 이를 오랫동안 견뎌내야만 하는 경우가 종종 있는데, 치료자가 이를 견뎌낸다는 것이 반복적으로 논의하지 말라는 의미는 아니다. 마지막으로 다루게 될, 그러나 결코 사소하지 않은 다른 문제들은 도식 작업과 외상의 처리 작업을 포함한다.

이러한 위계는 한 회기 내에서 다룰 의제의 우선순위를 결정하는 데 도움을 줄 뿐 아니라, 전체 치료 과정을 계획하는 데에도 도움이 된다. 치료자는 도식 작업이 이루어지는 치료 단계에서도 1~3번의 문제들을 다시 다루는 것이 필요할 수 있음을 유념해야 한다. 예를 들어 아동기 외상을 다룰 때 생명을 위협하는 행동이 야기될 수 있는데, 이러한 경우 생명 위협 행동을 우선적으로 다루어야만 하며, 그 후에 다시 외상의 처리에 초점을 맞출 수 있을 것이다.

위기 다루기

위기 개입 기관이 우리 곁에 늘 존재한다 해도, 결국 위기를 다루는 가장 중요한 인물은 치료자다. 앞서 말한 대로, 대부분의 위기는 감정 경험에 대한 환자의 부정적인 믿음에 의해 악화된다. 이러한 믿음에 반박하는 일차적인 책략은 침착하고 수용적이며 차분히 가라앉히는 자세를 취하는 것이다. 환자의 말을 공감적으로 경청하며, 감정과 해석을 물어보고, 그 감정을 타당화하는 것이 중요하다. 종종 자기 처벌적인 생각과 행동(Young의 모델로 말하면, 처벌적인 부모 양식)이 역기능적인 역할을 하는데, 이러한 생각을 적극적으로 탐색하고 이를 반박하는 것이 중요할 수 있다(예를 들면, "그렇지 않아요. 당신은 좋은 사람이에요. 남편이 당신을 떠날 때 슬픔과 분노를 느끼는 건 전적으로 당연한 거예요. 내게 당신의 감정에 대해 말해줘서 고마워요.").

환자가 위기를 겪는 그 시간에 치료자와 접촉할 수 있다면 큰 도움을 줄 수 있다. 왜냐하면 위기에 대한 개입이 빠를수록 위기의 악화, 자해 행동, 약물 남용, 또는 다른 부적응적인 행동들을 예방할 수 있고 입원의 필요성을 줄일 수 있기 때문이다. 치료의 초반부 또는 그 이후에라도, 치료자에게 말하기 전까지는 자해와 같은 역기능적 행동을 하지 않겠다는 환자의 동의를 얻을 수 있다. 수많은 사례를 통해서, 우리는 전화로 환자의 말을 공감적으로 경청하고 환자에게 이야기를 들려주면 15~20분 안에 위기가 누그러질 수 있음을 알게 되었다. 치료가 진행되면서 환자들은 어려운 감정에 대한 이러한 새로운 태도를 점차로 내면화하기 시작하고, 이를 스스로에게 적용할 수 있게 되며, 이에 따라 타인의 즉각적인 도움을 덜 필요로 하게 된다. 차분히 달래 주는 치료자의 음성이 담긴 테이프나 환자가 자신을 진정시키는 생각을 떠올리는 데 사용할 수 있는 대처 카드를 만들어 줌으로써, 치료자는 그러한 변화 과정을 도와줄 수 있다.

흔히 빠지기 쉬운 한 가지 함정은, 치료자가 환자가 처한 문제와 위기를 어떻게 다룰지에 대한 실제적인 제안을 너무 빨리 제공하려 할 때 나타날 수 있다. 이는 오히려 환자의 처벌적인 믿음('그러니까 내가 잘못한 거야')을 강화하고, 감정 경험에 대한 건강한 태도를 만들어 가는 데 역행한다. 실제적인 제안은 감정이 가라앉았을 때 이루어져만 하며, 환자들은 감정이 가라앉으면 스스로 문제를 다룰 수 있는 경우가 많이 있다. 그러나 이러한 지침을 따르는 것이 생산적이지 않은 상황들도 있을 수 있다. 가령, 환자가 술이나 약물에 너무 취해 있어서 이치에 닿지 않는 혼잣말을 하고 공격적인 충동을 통제할 수 없을 때가 그 한 예다. 이때는 의학적인 도움이 더 바람직하다. 다른 예는, 환자가 치료자에게 말을 하면서 자해 행동을 하고 있는 때이다. 이때 치료자는 단호하게 이를 저지해야만 한다(예를 들면, "지금 당장 칼로 손목을 그으려는 것을 중지하세요. 그리고 나서 당신 감정에 대해 얘기합시다. 그러니 칼을 어서 내려놓으세요.").

한계 설정하기

용인할 수 없는 어떤 행동들에 대해서는 치료자가 한계를 분명히 설정해야 한다. 여기에는 치료자의 개인적 경계를 넘는 행동들이 포함된다(예를 들어, 치료자를 스토킹하고 위협하거나 모욕하는 것). 환자의 생명이나 치료의 지속을 위협하는 위험한 행동들 또한 이에 포함된다. 여기서 개관적으로 살펴볼 공식적인 한계 설정은, 치료자가 치료를 그만두는 마지막 단계를 행할 수 있겠다고 느낄 때에만 이루어져야 한다. 그게 아니라면, 치료자는 그러한 행동을 인내하면서, 이에 대해 계속적으로 환자를 직면하고 변화를 향해 작업해 나가야 한다. 이러한 기법을 적용하면서, 치료자는 한계에 대해 확고해야 하며, 이를 설명하는 데 있어서 규칙에 근거하여 합리화하지 말고 치료자 자신의 개인적 동기를 언급해야 하며, 환자의 행동에 대해 이야기하되 환자의 성격을 비판해서는 안 된다. 그러한 행동이 치료자에게 받아들여질 수 없다는 것을 환자가 이미 알고 있었음에 틀림없다고 가정해서는 절대 안 된다.

"어제 당신이 정서적으로 끔찍하리만치 힘들었을 때, 내가 요청했던 대로 내게 전화했었지요. 하지만, 난 당신이 내게 전화했을 때 당신은 이미 취해 있었고 진정제를 너무 많이 먹은 상태였다는 걸 알았어요. 당신이 너무 취해 있어서, 나는 당신과 제대로 대화할 수 있을 거라고 생각되지 않았어요. 그런 대화는 별 의미가 없어요. 그래서 난 지금, 당신이 이미 취해 있을 때는 내게 전화하지 말아달라고 당부하고 싶어요. 술을 마시거나 과량의 진정제를 먹기 전에 내게 전화하는 것은 환영해요. 그때는 나는 정말로 당신과 연결될 수 있을 거예요. 술에 취한 후가 아니라, 마시기 전에 내게 전화해 주세요."

이러한 한계 설정 이후에도 환자가 같은 행동을 계속할 수 있는데, 그런 경우에 치료자는 단호하게 한계를 되풀이하여 언급한다.

"두 주 전에 당신이 내게 전화할 수 있는 조건을 바꿨지요. 당신이 취했거나 진정제를 사용했을 때는 내게 전화하지 말라고 부탁했었지요. 하지만 당신은 지난 수요일에 와인을 한 병 마신 후에 내게 전화했어요. 당신이 취했다는 걸 알았을 때 난 약간 짜증이 났다는 걸 말해야 할 것 같아요. 나는 취한 사람과 얘기하는 걸 좋아하지 않아요. 또 당신이 취해서 전화하는 것 때문에 당신의 전화를 좋아하지 않게 되는 것도 원치 않아요. 다시 분명하게 하고 싶어요. 당신이 위기에 처해서 나를 필요로 할 때는 언제든지 전화하세요. 하지만 취하지 않았을 때만이에요. 취했을 때는 내게 전화하지 마세요. 술이나 약에 취하기 전에 전화하셔야 해요."

⟨표 9-3⟩은 한계를 설정할 때 취할 수 있는 단계들을 요약하고 있다. ⟨표 9-3⟩에 분명하게 나타나듯이, 주의를 주고 난 이후에만 결과(처벌)가 주어지도록 해서, 결과가 주어지기 전에 환자에게 자신의 행동을 변화시킬 기회를 주어야 한다. 또한 처음에는 결과가 가벼워야 하며, 결과는 가능하다면 바람직하지 않은 행동과 본질적으로 연관되어 있어야 한다(예를 들어, 치료자의 시간을 너무 많이 쓴 환자에게는 다음번 회기가 더 짧아짐). 한계 설정은 환자의 강한 분노를 불러일으킬 수 있는

〈표 9-3〉 한계를 설정하면서 취할 수 있는 단계들

규칙을 설명하라; 개인적 동기를 이용하라.
규칙을 반복하라; 당신의 감정을 약간만 보여주고, 개인적 동기를 반복하라.
이처럼 하면서; 주의를 주고 행동의 결과에 대해 알려줘라.
이처럼 하면서; 결과를 실행하라.
이처럼 하면서; 더 강한 결과를 알려줘라.
이처럼 하면서; 더 강한 결과를 실행하라.
환자가 이에 대해 생각해 볼 수 있도록, 치료를 일시적으로 중단할 것임을 알려줘라.
일시적으로 치료를 중단하고, 환자가 이러한 한계를 가지고도 현재의 치료를 지속하길 원하는지 결정할 수 있게 하라.
치료를 중단할 것임을 알려줘라.
치료를 중단하고 환자를 다른 치료자에게 의뢰하라.

주. 이 표는 Young과의 개인적 교류에 기초한 것임

데, 이는 앞서 개관한 협력적 전략에 따라 다루어질 수 있다.

인지적 기법

기저의 도식(양식)을 밝히기 BPD 환자들은 처음에 자신의 감정, 생각, 행동에 대해 잘 이해하지 못하기 때문에, 치료의 중요한 부분은 환자가 이들을 잘 이해하도록 돕는 데 할애된다. 기저의 도식(혹은 양식)이 어떤 역할을 하는지를 점차 분명히 이해해 가면서, 이들의 혼란이 감소될 수 있고 자신의 행동에 대한 어느 정도의 통제력을 얻을 수 있게 된다. 환자가 매일 자신의 감정, 생각, 행동에 대한 일기를 기록하도록 함으로써, 기저의 도식과 양식을 찾아내도록 도와줄 수 있다. 밝혀진 기저의 도식(혹은 양식)을 환자의 과거력과 연결시키는 것이 특히 도움이 되는데, 환자는 이를 통해 자신의 도식이 어떻게 발달되었고 이전에 어떤 기능을 수행했는지를 볼 수 있게 된다.

한 예로서, 나타샤는 자신이 위해에 대한 두려움을 느낄 때마다, 마치 어느 누구도 자신에게 상처를 입힐 수 없을 거라는 듯이, 다소 거만하고 도전적인 자세를 취하게 된다는 것을 이해하게 되었다. 이러한 태도로 인해 그녀는 종종 다른 사람들로부터 더 큰 상처를 입게 되는 상황을 유발하였는데, 그건 그녀가 가장 원치 않는

일이었다. 나타샤와 치료자는, 그녀가 어렸을 때 어머니의 위협과 신체적인 학대에 대처하기 위해 이러한 태도를 발달시킬 수밖에 없었음을 알게 되었다. 그녀가 얼마나 상처를 받았으며 화가 났는지를 어머니에게 보임으로써 불가피하게 어머니로부터 더 많은 처벌을 받았지만, 이러한 태도를 취함으로써 어떤 면에서는 그녀가 자신의 가치를 지키고 어머니에게 처벌을 되돌려 줄 수 있었던 것이다. 이러한 역사적인 연결을 통해서, 그녀의 도식이 지니는 보호적인 기능이 분명해졌으며, 이러한 도식이 그녀의 어린 시절에는 적응적이었음을 분명히 알 수 있게 되었다. 이러한 도식은 성인이 되어서도 자동적으로 촉발되었고, 치료를 받기 전까지는 이를 거의 인식하지 못하였기 때문에, 그녀가 자신의 행동이 현재 상황에서는 오히려 더 상처를 유발한다는 것을 이해하기까지는 오랜 시간이 걸렸다. 이에 대한 인식이 명확해지자, 그녀는 위협적인 상황을 다루기 위한 대안적인 방법을 배우는 데 관심을 갖기 시작하였다.

이분법적 사고에 도전하기 BPD 환자들은 자주 이분법적인 방식으로 생각함으로써 극단적인 정서에 기름을 붓고, 갈등을 양극화시키며, 갑작스럽고 극단적이며 충동적인 결정을 스스로 자극한다. 환자들이 이러한 사고 양식과 이것이 미치는 해로운 영향을 인식하도록 돕고, 상황을 보다 세분화된 방식으로 평가할 수 있도록 가르치는 것이 중요하다. 보다 더 적응적인 사고 양식을 발달시키기 위해서 구조화된 연습을 시행할 수도 있다. 한 가지 유용한 방법은, 흑백의 사고와 세분화된 사고의 차이를 보여 주기 위해 화이트보드를 이용하는 것이다. 치료자는 화이트보드에 두 칸(흑 아니면 백)을 그리고, 어떤 행동이나 사람을 두 구획 중 하나에 넣는다. 그리고는 이와 대조적으로 두 극단 사이의 연속선상에서 시각적 아날로그 척도(Visual Analogue Scale: VAS)를 만들어 어떤 행동이나 사람을 그 중의 한 점에 위치시킨 후, 이 둘을 비교한다. 각기 다른 사람들, 행위들, 성격 특질들은 이분법적 평가 체계 안에 놓일 수도 있고, 혹은 VAS의 연속선상에 위치할 수도 있는 것이다. 다차원적인 평가를 내려야 할 때는, 각각의 차원마다 별개의 VAS를 그리는 것이 현명한 방법이다.

대처 카드 BPD 환자들에게는, 회기 중에 이해하게 된 것이 있다 해도 정작 실제 삶 속에서 그것이 필요할 때에는 기억해 내기 어려운 경우가 많이 있다. 도식이 실제 촉발되면, 이들의 모든 생각과 감정은 도식에 의해 결정되고 지배되는 것처럼 보이며, 이들이 다른 관점을 취하는 데 상당한 어려움을 보이는 것 같다. 이때 대처 카드는 기억을 도와주고, 그 상황에서 병인적인 도식과 맞서 싸우는 것을 돕기 위한 보조물로서 특히 유용하다. 보통 카드의 한쪽 면에는 병인적인 추론과 활성화된 도식(양식)을 기술하는데, 이는 환자가 자신의 감정이 이러한 도식의 활성화로 야기된 것임을 이해할 수 있도록 돕는다. 반대쪽 면에는 건강한 관점과 함께 문제에 대처하는 더 기능적인 방식을 기술한다. 어떤 환자들은 일종의 안전 장치로 늘 대처 카드를 지니고 다니는데, 이는 카드의 내용 때문이기도 하지만, 또 한편으로 카드를 통해 자신이 치료 및 치료자와 연결되어 있다고 느끼기 때문이다.

체험적 기법

심상으로 각본 다시 쓰기와 역사적인 역할 연기 도식 수준에서 고통스러운 아동기 기억의 변화를 이루는 강력한 기법이 '심상으로 각본 다시 쓰기(imaginal rescripting)'이다(Weertman & Arntz, 2001). 상세한 절차는 다른 문헌에 잘 서술되어 있다(Arntz & Weertman, 1999; Smucker et al., 1995). 대부분의 경우, 현재의 부정적인 감정이 아동기 기억으로 가는 기억의 다리로 여겨지는데, 이때 환자는 (가능하면) 눈을 감고 아동기 기억을 떠올린다. 환자가 아동기 기억을 분명하게 떠올리고 감정이 활성화되면, 치료자(아니면 다른 안전하고 강한 사람)는 그 장면에 들어가서 중재하게 된다. BPD 환자들은 대부분, 적어도 치료 초반에는, 스스로 중재할 수 있을 만큼 충분히 건강하고 힘 있지 못하므로, 다른 누군가(대개는 치료자)가 중재자가 되어 심상의 장면 속에 들어갈 수 있다. 중재자는 학대나 다른 고통스러운 상황을 중지시키고, 아동을 구출하며, 아동에게 무엇을 원하는지 묻는다. 부정적인 해석을 교정하고 아동을 위로하는 데 특별한 주의를 기울여야 하며, 이렇게 하는 동안 심상으로 이루어지는 신체적 접촉이 아동에게 제공되어야 하는데, 이는 아동에게 위안과 사랑을 전달하는 가장 강력한 방법이 될 수 있다. 만일 환자가 신체적 접촉을 받아들이지 않는다면, 어떤 방식으로든 이를 강요해서는 안 된다.
다음의 예에서, 나타샤는 어머니와의 위협적인 아동기 기억을 떠올리고 있다.

나타샤: 아무 것도 할 수 없어요. 너무 두려워요.

치료자: 내가 함께 한다면 괜찮겠어요? 내가 당신 옆에 있는 걸 상상할 수 있겠어요?

나타샤: 네, 내 옆에 당신이 있는 게 보여요.

치료자: 좋아요. 이제 나는 어린 나타샤에게 말하고 있어요……. 지금 네가 원하는 게 뭐니? 내가 대신 해 줄 수 있는 게 있니?

나타샤: (아무 말도 하지 않는다, 매우 두려워 보인다)

치료자: 좋아, 그럼 내가 너의 어머니한테 하는 말을 들어보렴……. 부인, 당신이 나타샤의 어머니죠, 맞죠? 당신이 지금 당신 딸에게 끔찍한 일을 하고 있다는 것을 말해야겠어요. 그녀의 자전거는 도둑맞았어요, 그녀가 할 수 있는 일은 아무 것도 없었어요, 그리고 그녀는 지금 그 일에 대해 슬퍼하고 있어요. 그건 정상이에요, 우리 모두가 중요한 뭔가를 잃어버리면 슬픔을 느끼죠. 하지만 당신은 그녀가 감정적이라고 다른 가족들 앞에서 창피를 주고 있어요. 그리고 더 나쁜 건, 당신은 그녀가 도둑질을 자초했다고 비난하고 있어요. 당신은 그녀가 나쁜 팔자를 타고 나서 항상 문제를 야기하는 것이라고 비난했지요? 그녀가 당신의 모든 불행의 원인이라고요. 하지만 그건 사실이 아니에요, 나타샤는 좋은 아이에요. 그녀는 당신의 공감과 위로를 받아야 해요. 당신이 그녀의 어머니고 그녀는 지금 고통 속에 있으니까요. 만일 당신이 그녀가 필요로 하는 것, 다른 모든 아이들이 필요로 하는 것을 그녀에게 줄 수 없다면, 그건 충분히 문제가 될 수 있어요. 하지만 어떤 경우든 당신이 그녀를 비난할 수는 없어요, 당신이 감정을 다루고 부모가 되는 데 문제를 갖고 있는 거니까요. 그러니까 그녀를 비난하는 것을 멈추고, 그에 대해 사과하세요! (어린 나타샤에게) 나타샤, 이제 엄마를 봐라, 엄마가 어떻게 하고 계시니? 뭐라고 말하시니?

나타샤: 엄마가 약간 놀란 것 같아요……. 엄마는 그런 말을 듣는 데 익숙하지 않으세요……. 엄마는 지금 뭐라고 말해야 할지 모르는 것 같아요……. 음, 엄마는 내가 자전거를 그렇게 다루면 잘못될 수 있다는 걸 사전에 알았어야 했다고, 그러니까 교훈을 얻어야 한다고 말하고 있어요.

치료자: 부인, 제 말을 들어보세요. 그건 터무니없는 소리에요, 나타샤는 그걸 사전에 몰랐어요. 그리고 그녀는 지금 자전거를 잃어버려서 슬퍼하고 있어요. 당신이 그녀를 위로할 수 없다면, 그런 식으로 말하는 걸 그만 두거나 이 방을 나가세요……. (어린 나타샤에게) 이제 엄마가 어떻게 하고 계시니, 나타샤?

나타샤: 엄마는 말을 멈추고 그냥 소파에 앉으세요.

치료자: 어린 나타샤는 이제 어떻게 느끼니?

나타샤: 난 당신이 가버린 다음에 엄마가 벌을 줄까 봐 무서워요.

치료자: 내가 널 도와줄 수 있는 게 있니? 나에게 요청해 봐!

나타샤: 난 당신이 머물러서 날 돌봐줬으면 좋겠어요.

치료자: 좋아, 나타샤, 내가 머물러서 널 돌봐줄게……. 지금 뭐가 필요하니?

나타샤: 당신이 나뿐만 아니라 동생도 돌봐줬으면 좋겠어요.

치료자: 내가 어머니를 보내버릴까, 아니면 너와 네 동생을 나와 함께 데려갈까?

나타샤: 당신이 우리를 데려가요.

치료자: 좋아, 너희 둘을 데려갈게. 네가 장난감을 꼭 껴안고 네가 원하는 것들을 다 가지고, 너, 나, 네 동생 이렇게 우리 셋이서 집을 떠나는 걸 떠올려 볼래? 차를 타고 우리 집으로 가는 거야. 우린 지금 집으로 들어가고, 너는 자리에 편안히 앉아. 뭐가 마시고 싶니?

나타샤: 난 지금 슬퍼요. (울기 시작한다.)

치료자: 괜찮아, 내가 위로해 주기를 원하니? 너를 내 팔에 안아 줄게……. 느낄 수 있니?

나타샤: (더 심하게 운다.)

치료자가 맡게 되는 여러 역할들, 즉 아동의 상황에 개입하여 아동을 보호하고, 죄책감과 사악함에 대한 역기능적인 생각들을 교정하고, 경험이 정서적으로 처리될 수 있도록 아동을 위로하는 역할들에 주목하라. 즉, 치료자는 좋은 부모가 하는 것처럼 행동한다. 각본 다시 쓰기(rescripting)의 목적은 환자의 아동기 현실(일반적으로 나쁜)을 왜곡하거나 대체하려는 것이 아니라, 역기능적인 믿음을 교정하고, 교정적인 체험을 제공하며, 회피하거나 억압했던 감정을 불러일으키는 것이다. 각본을 다시 쓰기 위한 심상은 대단히 직면적인 것인데, 환자가 자신이 얻지 못한 것이 무엇인지와 자신이 얼마나 학대받았는지에 대한 깨달음에 직면하기 시작하며 애도의 기간이 수반되기 때문이다. 치료자는 '지금-여기'와 아동기 기억의 처리 사이에서 초점의 균형을 잡으면서, 환자가 이 기간을 거처나가도록 도와야 한다. 아동기 상황에 대한 역할 연기가 심상 대신에 사용될 수도 있다. 그러나 어떤 행동들은 역할 연기를 통해 수행하기에는 어색하고 비도덕적일 수 있으며(예를 들어, 치료자가 아동을 무릎에 앉혀놓고 얘기하는 것), 심상이 더 쉽고 안전한 방략을 제공해 줄 수 있다.

빈 의자 기법 처벌적인 양육자, 현재 삶 속의 위협적인 인물 또는 처벌적인 도식 양식을 상징적으로 빈 의자에 앉혀 놓고, 치료자와 환자가 그들에 대한 느낌과 생각을 안전하게 표현할 수 있다. 환자가 자신을 표현하는 것을 너무나 두려워할 수 있기 때문에, 대개는 치료자가 먼저 이 기법의 시범을 보이는 것이 좋다. 나타샤는 어머니의 언어적인 공격을 반영하는 처벌적인 도식 양식 때문에 빈번히 고통을 받고 있었기 때문에, 치료자는 이 양식(즉, 그녀의 공격적인 어머니)을 반복적으로 빈 의자에 앉혀 놓고, 단호하게 그 말에 반박하며, 멈추라고 말하였다. 그 다음에 치료자는 나타샤가 스스로 이 일을 할 수 있도록 도와주었고, 나타샤 또한 이 양식이 활성화되어 고통스러울 때마다 집에서 이 일을 성공적으로 수행하기 시작하였다.

정서를 체험하기 BPD 환자들은 강한 부정적 정서 경험으로부터 회피하거나 도피하는 행동을 하지 않고도 그러한 정서 경험을 견뎌 내는 법을 배워야 한다. 행동치료를 통해 잘 알려진 노출 기법이 유용하며, 또한 편지쓰기 연습이 유용할 수 있는데, 이는 환자가 이전에 자신을 학대했던 사람에게 자신의 모든 감정을 표현하는 편지(그러나 보내지는 않음)를 작성하는 것이다. BPD 환자들은 특히 자신이 통제를 잃고 공격적이 될까 봐 두려워서 분노 체험을 두려워한다. 중간 단계로서 치료자는 쿠션을 치면서 분노를 언어적으로 표현하는 시범을 보인 후, 환자도 같이 해보도록 권한다. 이는 분노에 대한 두려움을 감소시켜 준다. 이후에 치료자는 환자에게 어떠한 행동적 활동 없이 분노를 경험해 보도록 요청할 수 있다. 이를 통해 환자는, 정서를 행동으로 표현하지 않고 통제를 잃지 않으면서도, 자신이 높은 수준의 정서를 견뎌 낼 수 있음을 알게 된다.

행동적 기법

역할 연기   이 기법은 환자에게 대인관계 기술, 특히 적절하게 자기를 주장하고 감정을 표현하는 기술을 가르치는 데 유용하다. 대개 치료자가 먼저 주장적인 표현의 시범을 보이는 게 좋은데, 이는 많은 BPD 환자들이 감정을 어떻게 효과적으로 표현할지에 대해 정말로 혼란스러워하기 때문이다. 심지어 환자가 회기 중에 연습하는 것을 거절할 때조차도, 이러한 치료자의 시범은 환자가 회기 밖에서 자신의 감정과 생각을 적절하게 표현하기 시작하는 데 도움을 준다.

새로운 행동을 실험하기   새로운 도식과 책략을 강화하는 한 가지 강력한 방법은, 환자에게 그에 따라 행동하도록 요청하는 것이다. 환자가 여전히 이러한 새로운 방식의 행동이 자신 속에 통합되어 있지 않다고 느낄 때조차도, 이 방법은 도움이 될 수 있다. 치료 후반부에 나타샤는 그녀가 마음의 상처를 받았을 때 이전의 강경한 태도를 취하는 방식 대신에 정서적인 고통을 그대로 내보이기 시작하였는데, 이러한 새로운 방식이 대부분의 사람들이 자신을 더 쉽게 받아들이도록 해 주는 더 기능적인 방식이라는 것을 알게 되었다. 공격적인 남편과 이혼한 후에도, 그녀는 데이트를 하면서 새로운 방식의 행동을 시도해보기 시작했다. 그 결과, 그녀는 다른 유형의 남자들, 즉 전 남편보다 더 보살핌을 주고 덜 위협적인 남자들이 그러한 자신에게 관심을 보여 준다는 것을 알게 되었다.

약물 개입

BPD 환자들은 매우 높은 수준의 부정적인 감정을 경험하면서 그 감정을 잘 인내하지 못한다. 따라서 이들은 종종 약물 처방을 받는다. 연구들에 따르면, 항우울제는 이들의 우울한 감정을 완화시키는 데 효과적이며, 신경이완제(neuroleptics)는 불안, 분노, 충동적 문제들과 정신증적 증상들을 감소시키는 데 도움이 된다(이에 대한 개관을 위해서는 Dimeff, McDavid, & Linehan, 1999; Soloff, 1994 참조). 여기서 주의해야 할 점은, 약물치료의 효과는 일반적으로 그렇게 크지 않으며, 대부분의 약물 효과 검증이 단기간에 걸쳐서만 이루어졌다는 것이다. 일반적으로 약물치료는 그 자체로 BPD를 치료하는 것이 아니라 심리치료에 부가적인 것으로 간주된다. 더욱이 이 집단에 약물을 처방하는 데에는 특정한 위험이 따를 수 있다. 역설적인 효과, 남용, 의존, 자살 시도에 이용될 수 있는 것 등이 이에 속한다. 환자들이 급성 공포 상태일 때 처방되는 벤조디아제핀 계 약물이 특히 그러할 수 있다. 환자가 통제할 수 없다고 느끼는 공격적인 충동은 종종 두려움을 야기할 수 있다. 벤조디아제핀 계 약물을 복용하면, 알코올과 유사하게, 충동을 표현할 것 같은 두려움이 감소하고 표현의 역치가 낮아질 수 있다(그 경험적 증거를 위해서는 Cowdry & Gardner, 1988; Gardner & Cowdry, 1985 참조). 그런데 충동의 표현은 또다시 역설적으로 두려움을 야기하게 된다. 우리는 환자들이 벤조디아제핀 계 약물을 특히 알코올과 함께 복용하고 난 후에 정서적인 위기가 강렬하게 고조되어 자해와 자살 시도를 야기하게 되는 경우를 종종 관찰하였다. 따라서 치료자는 환자에게 이러한 '역설적인' 효과를 설명하고, 벤조디아제핀 계 약물과 알코올을 함께 복용해서는 안 된다고 요청해야만 한다. 환자의 불안 수준이 견딜 수 없을 만큼 높은 것으로 보일 때는, 짧은 기간 동안 신경이완제를 사용하는 것이 종종 안전한 대안이 될 수 있다. 그러나 치료자와의 개인적인 접촉이 더 나은 대안이다. 신경이완제를 장기간 사용하면 많은 BPD 증상들이 둔화되지만, 이로 인해 중요한 감정을 다루는 것이 어려워질 수 있기 때문에 일반적으로 추천되지는 않는다.

치료성과의 유지

치료의 종결은 환자에게 매우 두려운 것일 수 있으므로, 치료 과정의 일부로서 종결을 잘 준비하고 논의할 필요가 있다. 우선 종결에 대한 감정과 부정적인 믿음이 명료화되어야 한다. 또한 남은 문제들의 목록을 작성하고, 적절한 치료 전략을 선택해야 한다. 회기의 빈도를 점차 줄여감으로써, 환자들이 치료자의 정기적인 도움이 없다면 자신의 삶이 어떠할지를 알 수 있도록 도와준다. 추수 보강(booster) 회기가 특히 유용한데, 이를 통해 환자들이 기능적인 책략을 유지하고 옛 도식으로 퇴보하지 않도록 도와줄 수 있다. 어떤 치료자들은 환자가 필요할 때 언제든지 돌아와서 몇 번의 회기를 가질 수 있도록 종결을 열어놓을 것을 추천한다. 역설적으로 이렇게 열린 가능성은 환자가 되돌아올 수 있는 안전 기지를 제공하므로, 재발의 가능성과 다른 의료기관을 찾는 것을 감소시킨다. BPD 환자들은 일반적으로 파트너 선택에서 그리 건강하지 못한데, 치료는 대개 환자의 커다란 변화를 가져오기 때문에 치료에 뒤따라 관계의 문제가 발생할 수 있다. 이때 커플 혹은 부부가 새로운 상황에 적응할 수 있도록 커플 치료 혹은 부부 치료를 의뢰하는 것이 바람직할 수 있다. 많은 경우, 관계가 너무나 건강하지 못해서 환자가 관계를 떠나기로 결심하게 된다. 치료자는 환자가 더 건강한 파트너를 선택하는 법을 배워서, 건강치 못한 파트너를 선택하여 예전의 방식으로 되돌아가는 것을 방지하도록 도울 수 있다. 어떤 이들은, 장기적으로 볼 때 이전의 BPD 환자들은 자신을 돌봐주는 파트너와의 좋은 관계 안에 있을 때 재발로부터 가장 잘 보호될 수 있다고 믿는다.

이와 유사하게, 치료자는 환자가 자신의 진정한 관심사와 능력을 찾고 발전시키도록 격려할 수 있다. 여기에는 취미와 친구뿐 아니라 공부와 일의 선택도 포함될 수 있다. 치료의 마지막 단계에서, 넓은 의미에서 좋고 건강한 환경을 만드는 것은 의제의 중요한 우선순위가 된다. 치료자는 환자의 중요한 문제가 치료에서 아직 다루어지지 않았음을 알고 있는데, 환자는 더 이상의 문제가 없다고 주장하며 치료를 일찍 서둘러 종결하고 싶어 할 위험이 있다. 환자의 이러한 분리 전략에 대한

치료자의 공감적 직면이 효과가 없을 때, 치료자가 할 수 있는 최선은 아마도 환자
가 필요로 할 때 치료를 다시 지속할 수 있다고 제안하는 것일 것이다.

결 론

BPD 환자들은 많은 기능 측면에서 현저한 불안정성을 보인다. 하지만 집중적
이고 직접적인 인지적 개입을 통해서, 이러한 불안정성이 감소되고 대인관계의 불
신이 완화되며, 이 장애에서 너무나 자주 마주하게 되는 외상 관련 도식을 포함한
기저의 핵심 도식들이 변화될 수 있다.

제**10**장
연극성 성격장애

연극성 성격장애(Histrionic Personality Disorder: HPD)의 가장 주된 특징은 과도한 정서 표현과 주의를 끄는 행동이다. 연극적인 사람들은 신체적 매력에 지나치게 관심을 보이며, 종종 유혹적이고, 주목을 받는 자리에서 가장 편안함을 느낀다. 이들의 정서 표현은 부적절하게 과장되어 있고, 불안정한 기복을 보이며, 피상적이다. 이들은 전반적이고 인상주의적인 방식으로 언어를 표현하며, 생생하고 극적이다. 이들의 행동은 지나치게 반응적이고 강렬하다. 이들은 정서적으로 쉽게 흥분하며, 새로운 자극을 갈망하고, 종종 사소한 자극에 비합리적으로 분노를 쏟아 내는 식으로 반응한다. 다른 사람들에게는 이들이 피상적이고, 요구가 많으며, 지나치게 의존적이고, 신경질이며, 관계를 유지하려면 힘이 많이 드는 사람으로 인식된다.

연극적인 사람의 대인관계는 폭풍우처럼 격렬하며 만족을 모른다. 다른 사람의 관심에 집착하기 때문에 특히 분리 불안에 취약하며, 관계가 깨져서 마음이 심하게 동요될 때 치료실을 찾아온다. 정신과 병동에 입원한 32명의 연극성 성격장애 환자들에 대한 연구에서, Slavney와 McHugh(1974)는 이들 중 약 80%가 자살 시도, 우울, 혹은 둘 다의 이유로 입원하였음을 발견하였다. 자살 시도의 대부분이 생명을 위협할 만한 정도는 아니었으며, 대부분 분노 혹은 실망 후에 발생하였다.

공황장애 등의 불안장에 또한 HPD 환자들에게서 흔히 나타나는 장애이다. 몇몇 연구들(Diaferia et al., 1993; Sciuto et al., 1991)은 HPD가 공황장애 환자들에게서 가장 흔히 발견되는 성격장애 중의 하나임을 보여 주었다. 그 밖에 HPD의 공통적인 공존장애로는 알코올 및 다른 물질남용, 전환장애, 신체화장애, 단기 반응성 정신증 등이 있다.

역사적 조망

'연극성 성격장애'라는 용어는 비교적 최근에 만들어졌다. 오랫동안 이 장애는 히스테리(hysteria)의 개념으로부터 유래된 히스테리 성격장애로 불려 왔다. 히스테리는 4천년이 넘는 오랜 역사를 지닌다(Vieth, 1963에 잘 요약되어 있음). 히스테리라는 용어는 많은 논란을 불러일으켰는데, 특히 여성들이 쉽게 설명할 수 없는 증상을 호소할 때나 과도한 요구를 늘어놓을 때 여성의 문제를 평가절하하는 방식으로 이 용어를 사용해 왔다. 그래서 여성주의자들은 이를 성차별적인 용어라고 비판하면서 히스테리라는 용어의 사용을 거부하였다. 히스테리라는 용어는 압도적인 스트레스에 따른 일시적인 통제 상실, 전환장애, 브리케 증후군(Briquet syndrome), 성격장애, 성격 특질 등 매우 다양한 현상을 지칭하는 데 사용되어 왔다. 또한 아마도 더 흔하게는, 쉽게 흥분하는 다루기 힘든 여자 환자들을 기술할 때 이 용어를 사용하여 왔다. Temoshok와 Heller(1983)는 진단명으로서의 히스테리는 이와 관련된 다양한 현상만큼이나 인상주의적이고, 쉽게 변하며, 산만하고, 불안정하며, 피상적으로만 호소하는 용어라고 비판하였다. 히스테리라는 용어와 관련한 혼란과 성차별적인 함축을 줄이기 위한 시도로서, 미국정신의학회(APA, 1980)는 DSM-III의 어느 곳에서도 히스테리라는 용어를 포함하지 않았다. 그 대신에, 신체화장애, 전환장애, 건강염려증, 해리장애, 그리고 연극성 성격장애라는 서로 구분되는 개별적 범주들을 사용하였다.

히스테리의 개념은, 자궁이 몸에 정착하지 못하고 몸의 곳곳을 돌아다니다가 머물게 된 곳에서 히스테리 증상이 나타난다는 고대 이집트 사상에서 비롯되었다. 치료는 향기로운 귀중한 물질로 질에 향기를 쐬거나 기름을 바름으로써 자궁을 원래의 위치로 유인하거나, 몸의 고통스러운 곳에 나쁜 냄새를 풍기는 해로운 물질을 흡입함으로써 그곳에서 자궁을 몰아내는 방식으로 이루어졌다. 히포크라테스는 결혼과 출산을 치료 방책으로 처방하였고, 이후 의사들은 히스테리 환자들에게 이 방법을 권면하였다.

비록 정신분석 이론이 히스테리 증상에 대한 Freud의 설명에 그 기원을 두고 있지만, Freud의 일차적인 관심은 전환 히스테리에 있었지, 히스테리 성격 특질에 있었던 것은 아니었다. 초기의 정신역동적 기술은 해결되지 않은 오이디푸스 갈등을 이 장애의 결정 요인으로 강조하면서, 억압을 가장 중요한 방어기제로 보았다. 억압된 성적 감정의 방출이 치유를 가져올 것이라는 믿음에 기초하여, 히스테리에 대한 초기의 분석적 치료에서는 억압된 감정의 해소를 촉진하기 위하여 최면과 암시를 사용하였다. 이후에 Freud는 자신의 방법을 수정하여, 통찰과 감정 해소를 위해서 자유연상과 함께 저항과 전이에 대한 해석을 사용하였다. 비록 히스테리의 치료가 정신분석적 방법의 기초를 형성하였지만, 이러한 치료 접근에 대한 통제된 경험적 연구는 별로 이루어지지 않았다.

Marmor(1953)는 히스테리 성격에서의 고착이 본질상 일차적으로 남근기적이기보다는 구강기적인 것이 아닌가 하는 의문을 제기하면서, 히스테리 성격은 보다 더 원초적인 장애라고 제안하였다. 몇몇 정신분석학자들은 히스테리 성격의 다양한 스펙트럼을 제안함으로써, 이 두 가지 서로 다른 관점 사이의 타협을 제시하였다(Baumbacher & Amini, 1980, 1981; Easser & Lesser, 1965; Kernberg, 1975; Zetzel, 1968).

연구와 경험적 자료

한 역학 연구에서, HPD는 일반 인구에서의 유병률이 2.1%이고 신뢰할 수 있게 진단되는 타당한 구성개념임을 확인하였다(Nestadt et al., 1990). HPD 환자들의 대다수가 여성일 것이라는 임상적 인상에도 불구하고, 이 연구에서는 남성과 여성의 비율이 동등함을 확인하였다.

Lazare, Klerman 및 Armor(1966, 1970)의 요인분석 연구에서는, 고전적으로 히스테리 성격에 부여된 7개의 특질 중에서 예상대로 4개의 특질이 한 요인으로 묶인다는 것이 발견되었다. 정서 표현, 자기 과시, 자기중심성, 그리고 성적 도발성의 특질들이 서로 강하게 묶인 반면, 피암시성 및 성에 대한 두려움의 특질은 위 요인에 함께 묶이지 않았으며, 의존성은 그 중간에 위치했다.

DSM-I(APA, 1952)에서는, 히스테리의 신경증적 측면으로 간주되는 것(전환 반응)과 성격적 측면으로 간주되는 것(당시 '정서적으로 불안정한 성격'이라 불림)을 구분하였다. DSM-II(APA, 1968)에서는, 히스테리 신경증(전환반응과 해리반응을 포함함)과 히스테리 성격 간의 구분이 이루어졌다.

정서적 불안정성의 특질에 대한 몇몇 연구가 이루어졌다. Slavney와 동료들은 일련의 연구를 통해, 히스테리 특질에 대한 자기 평정과 기분의 변동 사이에 정적인 상관이 있으며, 히스테리 성격장애로 진단된 환자들은 통제 집단보다 기분의 변동이 더 심하다는 것을 보여 주었다(Rabins & Slavney, 1979; Slavney, Breitner, & Rabins, 1977; Slavney & Rich, 1980).

Lilienfeld, VanValkenburg, Larntz 및 Akiskal(1986)은 연극성 성격장애, 반사회성 성격장애 및 신체화장애 간의 관계를 연구하였다. 그들은 세 가지 장애가 개인들 안에서 상당히 중복되는데, 특히 반사회성 성격과 연극성 성격 간의 상관이 가장 강력함을 발견하였다. 이에 더하여 연극성 성격은 반사회성 성격장애와 신체화장애 간의 관계를 조절하는 것으로 보이는데, 왜냐하면 연극성 성격을 지니지 않은 개인에게서만 반사회성 성격과 신체화장애 간의 상관이 유의미하였기 때문이다. 이러한 결과들을 통해, 연구자들은 연극성 성격을 지닌 사람이 남성일 경우 반사회성 성격으로 발전하고, 여성일 경우 신체화장애로 발전할 수 있는 가능성을 제안하였다. 몇몇 연구자들은 정신병질적 성격 특성이 성에 따라 다른 유형의 성격장애(예를 들면, HPD와 ASPD)로 드러날 수 있다는 가설을 제안하기도 하였다. 이러한 가설과 관련한 자료들은 서로 일관적이지 않았는데, 이는 Cale과 Lilienfeld (2002)에 잘 요약되어 있다.

HPD는 개인의 신체적 외모와 명백히 연결되어 있는 유일한 성격장애다. Robert Bornstein(1999)의 흥미로운 연구에 따르면, HPD를 지닌 여성은 다른 성격장애를 지닌 여성이나 성격장애 진단을 받지 않은 여성들보다 신체적 매력이 더 높은 것으로 평정되었다. 그러나 남성에게서는 HPD와 신체적 매력 간의 관련성이 나타나지 않았다.

어떤 유형이든 성격장애를 지닌 환자들이 성격장애가 없는 환자들에 비해 전반적 기능 평가 척도(Global Assessment of Functioning Scale; Nakao et al., 1992) 상에서 기능적 손상이 더 많은 것으로 나타났지만, HPD는 성격장애들 중에서 기능적 손상이 가장 적은 장애 중 하나다. 연극성 성격을 지닌 비임상 피험자들의 가족 환경을 조사한 연구에서(Baker, Capron, & Azorlosa, 1996), 연극적인 사람들의 원가족은 통제와 지적-문화적 지향이 높고 응집성은 낮은 특성을 보였다. 이는 연극적인 사람들의 가족에 관한 Millon(1996)의 이론과 어떤 측면에서 일치하는 것으로 보인다. 낮은 응집성 점수는 이러한 가족의 부모가 자신에게 몰두해 있다는 Millon의 가설을 반영하는 것으로 이해할 수 있다.

행동주의적 관점에서 히스테리 치료에 관해 쓰인 문헌은 별로 없으며, 많지 않은 행동주의적 연구들도 대부분 전환장애와 신체화장애의 치료에만 국한되었다(Bird, 1979에 잘 요약되어 있음). HPD에 특정적인 행동치료를 소개한 문헌은 더욱 적다. 두 개의 비통제 연구에서, 히스테리 환자에게 행동치료를 적용하여 꽤 긍정적인 결과를 얻었다고 보고하였다(Kass, Silver, & Abrams, 1972; Woolson & Swanson, 1972). 성격장애 환자들이 전반적으로 표준적인 치료에서 빈약한 효과를 보인다고 종종 보고되지만, HPD에서는 때로 정반대의 결과가 나타났다. Turner(1987)와 Chambless, Renneberg, Goldstein 및 Gracely(1992)는 불안장애에 대한 구조화된 인지행동적 치료에서 HPD 환자들은 다른 환자들에 비해 공황 빈도 측정치에서 더 나은 치료 효과를 보였다고 보고하였다. 특히 정서를 재명명하는 데 초점을 두는 것이 연극성 성격장애 환자들에게 유용했던 것으로 가정되었다.

〈표 10-1〉 DSM-IV-TR의 연극성 성격장애 진단 기준

과도한 정서성과 주목 추구의 만연한 패턴이 성인 초기에서 시작하여 다양한 맥락에서 나타난다. 다음 중에서 다섯 혹은 그 이상의 항목을 충족시킨다.

(1) 자신이 중심적인 관심 대상이 아닌 상황에서 불편해한다.
(2) 다른 사람과의 상호작용이 종종 부적절한 성적 유혹이나 도발적인 행동으로 특징지어진다.
(3) 감정이 빨리 변하며, 감정 표현이 피상적이다.
(4) 신체적 매력을 이용하여 관심을 끌려 한다.
(5) 과도하게 인상주의적이면서 세부적인 것은 결여된 언어 양식을 보인다.
(6) 자기 극화, 연극성, 그리고 감정 표현의 과장성을 드러낸다.
(7) 피암시성이 강하다. 즉, 다른 사람이나 환경에 쉽게 영향을 받는다.
(8) 관계를 실제보다 더 친밀한 것으로 받아들인다.

감별 진단

이름이 시사하듯이, 연극성 성격장애의 가장 주된 특징은 자신을 지나치게 극적으로 드러낸다는 것이다. Slavney(1978)의 연구에서, 치료자들에게 연극성 성격을 기술하는 특질 항목들에 대해 진단적 중요성에 따라 서열을 매겨 달라고 요청하였을 때, 자기 극화, 주목 추구, 정서적 불안정성, 그리고 유혹적 태도가 진단적으로 가장 중요한 것으로 평가되었고, 허영심, 미성숙, 그리고 전환 증상은 상대적으로 덜 중요한 특징으로 간주되었다.

임상 사례

캐시(Cathy)는 26살의 여성으로서, 최신 유행 의류를 파는 가게에서 점원으로 일하고 있었다. 그녀는 광장공포증을 동반한 공황장애의 치료를 위해 치료자를 찾아왔다. 그녀는 현란한 옷에 화려한 머리모양을 하고 나타났다. 그녀가 150cm 이하의 작은 키에 적어도 30kg 이상은 과체중인 점을 고려한다면, 그녀의 이러한 치장은 충격적이었다. 그녀는 평가 면접을 하는 동안 실내에서도 선글라스를 끼고

있었는데, 계속해서 선글라스를 손가락으로 만지작거리거나 불안하게 벗었다 쓰기를 반복했고, 뭔가를 강조할 때는 선글라스를 흔들어 대기도 하였다. 그녀는 면접 동안 여러 다양한 시점에서 큰 소리로 극적으로 울었고, 많은 휴지를 사용했다. 그녀는 끊임없이 확인을 원했고("제가 괜찮아지겠죠? 제가 극복할 수 있는 거죠?"), 면접 내내 쉴 새 없이 말을 하였다. 평가자가 부드럽게 말을 중단시키면, 그녀는 큰 소리로 웃으면서 사과를 하고는("제가 원래 좀 말이 많은데, 오늘도 그렇죠?"), 다시 계속해서 말을 시작하였다.

  Pfohl(1991)은 HPD의 일부 진단 기준에 대해 논의하였고, 이는 후에 DSM-IV-TR(APA, 2000)에 반영되었다. 두 가지 진단 기준, 즉 '끊임없이 위안, 승인 혹은 칭찬을 추구하거나 요구한다'는 기준과 '자기중심적이며 즉각적인 만족을 얻기 위한 방향으로 행동한다; 욕구 지연 만족의 좌절을 참지 못한다'는 기준이 삭제되어 DSM-IV-TR에서 사라지게 되었다. 이 두 기준이 사라진 이유는, 이러한 특징들이 HPD에서 나타나지 않기 때문이 아니라 다른 성격장애들에서도 빈번히 나타나서 변별성이 없기 때문이었다. DSM-IV-TR에는 DSM-III-R에 없었던 새로운 기준이 부가되었다. '관계를 실제보다 더 친밀한 것으로 받아들인다'는 기준은 역사적인 문헌에 나타난 개념에 기초하였고, 이를 부가함으로써 DSM-III-R과 같은 개수의 기준을 유지할 수 있게 되었다.
  HPD 환자는 우리의 문화권에서 여성적 특성으로 정의되는 것(허영심이 많고, 피상적이고, 자신을 극화하고, 미성숙하고, 지나치게 의존적이고, 이기적인)의 희화화로 개념화되어 왔다. 정신과 전공의 및 전문의들에게 여성, 남성, 연극성 성격, 반사회성 성격, 강박성 성격의 다섯 가지 개념을 의미 미분법(semantic differential technique)을 사용하여 평정하도록 하였을 때, 남성과 반사회성 성격 혹은 남성과 강박성 성격 간의 연결보다는 여성의 개념과 연극성 성격의 개념의 함축적 의미들 간의 연결성이 더 강력한 것으로 나타났다(Slavney, 1984).
  임상적으로 HPD는 여성에게서 가장 빈번히 진단되고, 남성을 HPD로 진단할 때는 동성애와 연관시켜 왔다. 그러나 이러한 성차는 실제 발생 빈도에서의 차이라기보다는 사회적 기대의 산물인 것으로 보인다. HPD는 극단적인 여성성뿐 아니라 극단적인 남성성을 포함하는 일반적인 성 역할의 희화화로 보는 것이 더 적절하다는 주장이 제기되어 왔다(Kolb, 1968; KacKinnon & Michaels, 1971; Malmquist, 1971). 그러나 극단적인 여성성은 일반적으로 쉽게 연극성으로 진단되지만, 극단적인 남성성의 모습을 보이는 사람(극적이고, 감각추구적이며, 피상적이고, 허영심이 많고, 자기중심적인 '진짜 사나이다운' 남성)은 설령 그가 DSM-IV-TR의 기준(〈표 10-1〉 참고)을 충족시키더라도 HPD로 진단되는 경우가 드물다. 또한 그런 남자는 치료를 받으러 오지 않으며, 따라서 진단을 받지도 않을 것이다.

연극적인 사람은 감정을 강렬하게 표현하지만, 마치 어떤 역할을 연기하는 것처럼 과장되게 느껴져서 오히려 감정적인 호소력이 없어 보인다. HPD를 평가할 때, 임상가는 자신의 반응을 유용한 지표로 활용할 수 있다. 만일 어떤 환자가 심한 고통을 호소하고 있는데도 임상가인 자신은 이를 공감적으로 대하기보다는 상연을 관찰하는 느낌으로 대하게 된다면, HPD의 가능성을 좀 더 탐색해 보는 것이 도움이 될 것이다. 이러한 환자들은 따뜻하고 매력적이며 심지어 유혹적으로 보이기도 하지만, 진실성이나 깊이가 부족한 것으로 느껴진다.

집단치료 중에, 한 치료자가 캐시는 항상 큰 물 컵을 들고 온다는 것을 지적하였다. 캐시는 다음과 같이 대답하였다. "물은 아무것도 아니에요. 내가 가지고 다녀야만 하는 다른 것들을 좀 보세요." 그녀는 자신의 큰 핸드백에서 성경, 소금, 손수건, 종이봉투와 약병을 꺼내더니, 공황 발작이 나타났을 때 이런 물건들을 어떻게 사용하는지를 설명하기 시작하였다. 그녀는 자신이 얼마나 불안한지, 그리고 이런 것들이 하나라도 빠지면 밖에 나가 견디 내는 것이 얼마나 고통스러운지를 묘사하였다. 하지만 그녀는 한편으로 이런 것들을 보여주는 게 자랑스러운 듯 보였고, '보여 주고 말하는' 것을 즐기는 듯 보였다.

이런 환자들은 종종 자신의 증상이나 생각, 행동을 마치 어쩔 수 없이 자신에게 주어진 외부적 실체인 것처럼 묘사한다. 이들은 극적인 비언어적 몸짓을 사용하며, '이런 일들은 항상 내게 일어나고 있지요'라는 식의 포괄적인 진술을 하는 경향이 강하다. 이들의 말은 강하고 극적이며 많은 과장을 포함할 수 있다. 이들의 강렬하고 극적인 표현은 당시에는 충격적으로 들리지만, 나중에 생각해 보면 이들이 무슨 말을 하려고 했는지 잘 알 수 없는 경우가 있다. 이들은 극적인 얼굴 표정 및 몸짓과 함께, 연극조의 과장된 억양을 사용한다. 이들은 종종 남들의 주목을 끄는 방식으로 치장을 하는데, 밝은 색조의 도발적이고 두드러진 옷을 입기도 하고, 화장이나 머리 염색을 과도하리만치 진하게 하기도 한다.

비록 극적이고 과장된 방식으로 자기를 드러내는 경향이 HPD 진단을 위한 유용한 단서로 작용할 수는 있지만, 극적인 스타일 혹은 두드러진 복장만으로는 진단을 내리기에 충분하지 않다. '연극성 성격장애'라는 용어가 많은 편견을 담고 있는 용어인 '히스테리'에 대한 단순한 대체물 이상의 역할을 하기 위해서는, DSM-IV-TR 진단 기준의 모든 항목들에 주의를 기울여야 하며, 단지 육감에 근거해서(가령, 빨간 옷은 환자가 연극적임을 시사한다) 환자를 연극성으로 분류해서는 안 된다. 그러나 환자에게서 이러한 특징이 나타난다면, 이는 부가적인 진단적 정보를 더 주의 깊게 탐색해 갈 필요가 있음을 보여 주는 것이라 하겠다.

대인관계에 대한 자료는 HPD의 평가에서 빠뜨려서는 안 되는 부분이다. 관계가 어떻게 시작되었는지, 무슨 일이 일어났는지, 그리고 관계가 어떻게 끝났는지에 관한 세부적인 자료를 얻어야 한다. 빨리 끝나 버리는 관계, 목가적으로 시작해서 파국적으로 끝나는 관계, 그리고 극적인 결말로 끝나는 폭풍우 같은 관계에 대한 낭만적인 시각이 있는지를 주의해서 살펴야 한다. 탐색해야 할 또 다른 영역은 이들이 분노, 다툼과 불일치를 다루는 방식이다. 치료자는 구체적인 예들을 질문하면서, 극적인 감정 폭발, 불끈 화내기, 분노를 통한 조종 등의 징후가 있는지를 탐색해야 한다.

캐시는 남자들과 폭풍우 같은 관계를 맺은 역사를 지니고 있었다. 10대였을 때, 그녀는 그녀를 잘 알지도 못하면서 쫓아다녔던 질투심 많은 남자친구를 사귀었다. 이 관계는 결국 둘 간의 칼부림으로 끝이 났지만, 캐시는 치료가 시작될 즈음에도 그를 간간히 만나고 있었다. 20대 초반 무렵, 이 남자친구로부터 갑자기 더 이상 전화가 걸려 오지 않자, 그녀는 단순한 앙갚음으로 다른 남자친구를 만났고 그와 결혼하였다. 그 결혼생활의 어떤 점이 좋았는지 물어 보았을 때, 그녀는 '둘 다 옷을 좋아했다'는 점에서 서로 잘 어울렸다고 말하였다. 이어서 그녀는 결혼 전까지 는 둘의 관계가 매우 좋았지만 결혼 직후부터 "그가 나를 통제하기 시작하였다." 라고 보고하였다. 그러나 이 말은 나중에 한 말, 즉 그녀가 결혼식 전날 밤에 자신 과 결혼하지 말아 달라고 그에게 어떻게 간청하며 빌었는지를 묘사한 것과 모순되 었다. 그때 그는 결혼식에 나타나지 않는다면 그녀를 죽여 버리겠다고 위협하였 다. '그가 그녀를 통제하기 시작했다'는 말이 무슨 뜻인지 상세히 질문한 후에야, 그녀는 그의 알코올 중독, 강박적인 도박, 신체적 학대, 간통 등의 사실을 구체적 으로 공개하기 시작하였다. 둘은 결혼한 지 몇 달 후에 이혼하였다.

많은 연극성 성격장애 환자들은 이 장애의 부정적 특질을 쉽게 인정하지 않으려 한다. 하지만 다른 사람들이 그들을 어떻게 보는지 물어봄으로써 이와 연관된 자 료를 유도해 낼 수 있다. 한 가지 방법은, 별로 좋지 않았던 이전의 관계에 대해 논 의하면서 상대가 그들에게 어떤 불만을 토로했는지를 물어보는 것이다. 또한 어떤 환자에게든지 현재 자살 시도의 위험이 있는지를 알아보기 위해서, 자살 사고, 자 살 위협 및 자살 시도에 관한 상세한 정보를 얻어야 한다. 연극적인 환자의 경우, 이러한 정보는 자살 위협이나 시도에 극적이거나 조종적인 성질이 있는지를 확인 하는 데 유용하다. 또한 환자가 특히 주목의 중심 대상이 되는 것을 즐기는지, 혹 은 활동과 흥분에 대한 갈망을 보이는지를 알아보기 위해서, 환자가 가장 즐겨 하 는 활동에 대해 자세히 물어보는 것이 유용하다.

순환성 장애 혹은 양극성 장애와 같은 축 I 장애 환자들에서와 마찬가지로, HPD 환자들에서도 경조증의 기간이 나타날 수 있다. Millon(1996)은 순환성 장애 의 경조증 단계에서 나타나는 양상에 대해 기술하고 있는데, 이는 연극성 성격장 애 환자들에게서 나타날 수 있는 전형적인 모습과는 다르다. 연극성 성격장애 환 자들이 경우에 따라 종종 부적절한 행동을 보일 수는 있지만, 이들은 일반적으로 적절한 수준의 사회적 기술을 습득하였으며, 일상적인 사회적·직업적 기능의 심 각한 손상 없이 경조증을 경험할 수 있다. 반면 순환성 장애 환자들의 경우, 경조 증의 삽화는 훨씬 더 파괴적이다.

연극성 성격장애와 다른 성격장애들 간에 중첩이 있을 수 있고, 여러 차원들이 공존할 수 있다. 연극성 환자들과 자기애성 환자들은 둘 다 관심의 중심이 되고 싶어 한다. 그러나 연극성 환자들은 관심을 유지하기 위해 기꺼이 복종적으로 행동하려고 하는 반면, 자기애성 환자들은 자신의 우월성을 유지하기 위해 관심을 희생하기도 한다. 경계선 환자들과 연극성 환자들은 모두 감정의 기복이 크고 극적인 감정을 드러낸다. 그러나 경계선 환자들은 자기파괴적 행동과 강렬한 감정에 대한 극도의 불편감을 훨씬 더 많이 드러낸다.

개념화

Shapiro(1965)는 히스테리의 일반적인 인지 양식을 그 내용과는 관계없이 전반적이고 산만하며 인상주의적이라고 기술하였다. 인지행동적 이론가들 중에서 Beck(1976)은 히스테리에 대한 인지적 개념화를 제시하였지만, HPD보다는 전환 히

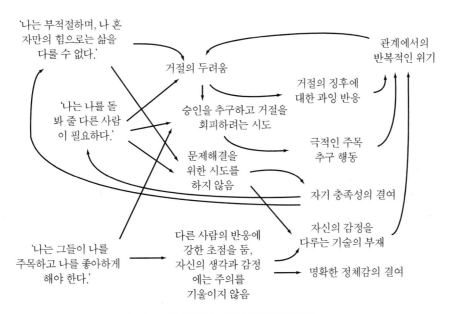

[그림 10-1] 연극성 성격장애의 인지 모델

스테리를 중심으로 그 개념화를 검토하였다. Millon(1996)은 HPD에 대한 생물사회적 학습이론의 관점을 제시하면서, 이 장애를 적극적-의존적(active-dependent) 성격 패턴으로 이해하였다. [그림 10-1]은 Millon 및 Shapiro의 관점과 Beck의 인지이론을 결합하여, HPD의 인지행동적 개념화를 그림으로 요약하여 제시한 것이다.

HPD 환자들의 기저에 있는 가정들 중 하나는 '나는 부적절하며 나 혼자만의 힘으로는 삶을 다룰 수 없다'는 것이다. 다른 장애를 지닌 환자들도 이와 비슷한 가정을 가지고 있을 수 있다. 그러나 환자들마다 이 가정에 대처하는 방식이 다르며, 이것이 장애들을 구분하는 중요한 차이가 된다. 예를 들어, 이러한 믿음을 지닌 우울증 환자는 자신의 부정적인 측면에 머물러 무가치함과 절망을 느낀다. 의존성 성격장애 환자는 자신의 무력함을 강조하면서 다른 누군가가 자신을 돌봐주기만을 수동적으로 소망한다. 그러나 연극성 성격장애 환자는 자신의 삶을 우연에 맡기지 않고, 보다 더 실용적인 접근을 취하는 경향을 보인다. 이들은 자신이 스스로를 돌볼 수 없기 때문에 다른 사람들이 자신을 돌보도록 하는 방법을 찾아야 한다고 결론짓는다. 따라서 이들은 자신의 필요가 타인에 의해 충분히 충족되는 것을 보장할 수 있는 방법을 찾기 위해서 적극적으로 관심과 승인을 찾아 나선다.

다른 사람들이 자신의 생존을 위한 열쇠를 쥐고 있다고 믿는 연극성 성격장애 환자들은 또한 자신이 하는 모든 일에서 모든 사람에게 사랑을 받아야 한다고 가정한다. 따라서 이들은 거절당하는 것에 대해 매우 강한 두려움을 느낀다. 이들은 심지어 거절당할 수 있다는 가능성을 생각하는 것만으로도 극도로 위협을 느끼는데, 왜냐하면 이러한 생각이 세상에서의 자신의 보잘 것 없는 위치를 일깨우기 때문이다. 이들은 거절의 어떤 사소한 징후에도 두려움을 느끼며, 심지어 자신에게 실제로 그렇게 중요하지 않은 사람의 거절에도 그러하다. 스스로 부적절하게 느끼면서도 타인의 승인을 유일한 구원의 방편으로 여기기 때문에, 이들은 좀처럼 마음을 놓을 수 없고 관심의 획득을 우연에 맡겨 두지 못한다. 대신에, 이들은 자신이 효과적이라고 배워 온 방식으로 관심을 얻으려는 지속적인 압력을 느낀다. 이는 종종 극단적인 성역할 고정관념을 충족시키는 방식으로 이루어진다. 연극적인 여성들은(일부 남성들도) 어려서부터 능력이나 체계적인 사고 및 계획을 요하는 노력에 대해서보다는 귀여움이나 신체적 매력에 대해서 보상을 받아온 것으로 보인다. 남자다움을 강조하는 연극적인 남성들은 대인관계 능력이나 문제해결 능력에 대해서보다는 사내다움, 강인함, 또는 힘에 대해서 보상을 받으면서 극단적인 남성적 역할을 학습해 온 것으로 보인다. 남성이든 여성이든, 연극성 성격장애 환자들은 이렇듯 역할의 '연기'와 다른 사람에게 보여 주기 위한 '공연'에 초점을 맞추는 것을 배운다.

캐시의 부모는 그녀가 아직 갓난아이일 때 이혼하였다. 아버지는 곧바로 뉴욕으로 이주하여 패션쇼 사업에 뛰어들었다. 어린 시절 그녀는 아버지를 1년에 한 번씩 만났고, 그때마다 자신이 아버지의 주변에 있는 '모든 패션계의 여자들'과 경쟁해야만 한다고 느꼈다. 그녀는 아버지가 자신이 항상 '완벽한 어린 소녀'로 있기를 원하였으며, 자신이 그를 실망시키지 않을까 늘 염려하였다고 보고하였다.

한 여성 HPD 환자의 사례를 논의하면서, Turkat과 Maisto(1985)는 그녀의 문제를 '관심에 대한 지나친 욕구, 그리고 다른 사람의 관심을 얻기 위해 적절한 사회적 기술을 사용하지 못하는 것'(p. 530)으로 개념화하였다. 다른 사람으로부터 관심을 받는 것이 일차적인 목표이면서도 이를 얻기 위한 효과적인 방법을 배우지 못한 것이 이들이 지닌 문제의 핵심이라는 것이다. 다른 사람들의 반응을 주의 깊게 관찰하고 분석하여 그들을 기쁘게 하기 위한 일을 체계적으로 계획하는 방법을 배우는 대신에, 연극적인 사람들은 어떤 고정된 역할을 전반적으로 상연하는 것에 대해서만 보상을 받아 왔다. 따라서 이들은 이러한 역할을 상연할 때에만 자신이 특출할 수 있다고 생각한다. 다른 사람들을 기쁘게 하기 위한 노력은 그 자체로 반드시 역기능적인 것은 아니다. 그러나 연극적인 사람들은 이런 책략에 너무 많이 몰두하여서, 이것이 실제로 효과를 발휘하는 선을 넘어서까지 여기에 매달린다. 타인의 주의를 끄는 연극조의 행동에 휩쓸리면서, 이들은 자신의 실제 목표를 잃어버리고 연극을 위한 연극을 추구하게 된다.

HPD 환자들은 자신을 사교적이고 친근하며 상냥한 사람으로 생각한다. 사실상, 관계의 초기에 이들은 종종 아주 매력적인 사람으로 지각된다. 그러나 관계가 지속됨에 따라서 매력은 점차 시들고, 지나치게 요구가 많고 지속적으로 안심이 필요한 사람으로 비치기 시작한다. 직접적인 요구는 거절의 위험을 내포하기 때문에, 이들은 관심을 끌기 위해 조종과 같은 보다 더 간접적인 방식을 사용한다. 그러나 이러한 미묘한 방식이 실패한 듯 보일 때, 이들은 위협이나 강요, 분노 폭발, 자살 위협 등에 의지할 것이다.

연극적인 사람들은 외부의 승인을 이끌어 내는 것에 지나친 관심을 두기 때문에, 자신의 내면적인 경험보다는 외부적인 사건을 더 비중 있게 받아들인다. 자기 내면의 삶에 거의 초점을 두지 않음으로써, 이들은 다른 사람으로부터 분리된 존재로서의 독자적인 정체감을 느끼지 못하며, 일차적으로 다른 사람들과의 관계 안에서만 자신을 파악할 수 있게 된다. 사실상 이들에게 자신의 내면 경험이란 낯선 이물질처럼 불편한 것으로 느껴지며, 이들은 때로 이를 어떻게 처리해야 할지 알지 못한 채 자신에 대해 아는 것을 적극적으로 회피한다. 자신의 감정 세계가 피상적이라는 사실을 모호하게나마 인식하면서, 이들은 감정의 숨은 진실이 드러날까 봐 두려워서 다른 사람과의 깊은 친밀감으로부터 도망치려 한다. 자신의 내적인 자원에 주의를 기울여 본 적이 거의 없기 때문에, 이들은 관계에서 깊이가 요구될 때 어떻게 반응해야 할지를 알지 못한다. 따라서 이들이 맺는 관계는 매우 얕고 피상적이며 역할 연기에 기반을 두는 경향을 보인다.

HPD 환자의 인지는 전반적이며, 세부적인 내용이 결여되어 있다. 따라서 자신에 대한 인식 또한 구체적인 특성과 성취에 기초하기보다는 인상적인 것에 의존하게 된다. 자신의 행동과 느낌을 충분히 세부적인 방식으로 보지 않는다면, 자신에 대한 현실적인 인식을 유지하기 어렵다. 이에 더하여, 인지이론이 주장하듯이 생각이 감정에 강한 영향을 미친다는 것을 고려한다면, 전반적이고 과장된 생각은 전반적이고 과장된 감정을 이끌어 낼 것이다. 이러한 감정은 매우 강렬하고 기복이 심하여서, 연극성 성격장애 환자들이 이에 쉽게 휩쓸릴 수 있다. 복잡한 인지적인 통합이 없다면, 이러한 미분화된 감정은 매우 통제하기 어려울 것이고, 따라서 감정의 폭발적인 표현이 나타날 수 있다.

연극성 성격장애 환자들의 특징적인 인지 양식에 따라 몇 가지 인지적 왜곡(특히 이분법적 사고)이 나타날 수 있다. 이들은 상황에 갑작스럽고도 강렬하게 반응하며, 긍정적이든 부정적이든 극단적인 결론으로 비약하는 경향이 있다. 따라서 어느 한 사람은 즉각적으로 훌륭한 사람으로 보이는 반면, 다른 한 사람은 끔찍스럽게 보일 수 있다. 이들은 감정을 강하게 느끼며 세부와 논리에는 주의를 기울이지 않기 때문에, 과잉일반화의 오류에 빠지는 경향을 보이기도 한다. 이들은 한 차례 거절을 당하면, 자신이 항상 거절을 당해 왔고 앞으로도 항상 거절을 당할 것이라고 결론을 내린다. 그러나 이들은, 우울한 사람들과는 달리, 긍정적인 결론에 대해서도 똑같이 극단적이어서, 부정과 긍정의 두 극단이 쉽게 교차하여 나타날 수 있다. 이들은 또한 정서적 추론의 오류에도 취약해서, 자신의 감정을 진실의 증거로 삼는 경향을 보인다. 따라서 이들은 자신이 부적절하게 느껴지면 자신은 부적절한 사람임에 틀림없다고 가정하고, 자신이 어리석게 느껴지면 자신은 어리석은 사람임이 분명하다고 가정한다.

치료적 접근

구체적인 문제 상황들에 대해 작업하는 과정에서, 다양한 인지적 및 행동적 기법들이 유용하게 적용될 수 있다. 자동적 사고를 파악하고 이에 도전하기, 행동 실험을 계획하여 사고를 검증하기, 활동 계획표 짜기, 이완 훈련, 문제해결 훈련, 자기주장 훈련 등을 포함한 다양한 기법들이 도움이 될 수 있다. 앞서 기술한 HPD의 개념화는, 환자의 대인관계 행동이나 사고 양식을 변화시키기 위해 어떤 치료 전략이 적절한지를 결정하는 데 도움을 줄 수 있다. 마지막으로, 종결 후에도 변화가 지속되기 위해서는, '나는 부적절하며 나 혼자만의 힘으로는 삶을 다룰 수 없다' 혹은 '나는 (모든 사람에게, 언제나) 사랑을 받아야 한다'는 기저 가정에 도전할 필요가 있다.

협력 전략

연극성 성격장애 환자의 사고 양식과 인지적인 지향을 지닌 치료자의 사고 양식이 서로 상당히 다르기 때문에, 치료의 초기에는 어려움이 나타날 수밖에 없으며 심지어 좌절할 수도 있다. 그러나 이러한 양식상의 갈등이 점차 해소되면, 치료에 의해 촉진된 인지 변화가 환자의 정서적 곤란을 중재할 수 있다. 연극성 성격장애 환자들과 인지치료를 진행하는 데 있어서 일차적인 도전은, 치료자가 지속적이고 일관적인 노력을 유지하는 것과 환자들이 자신에게는 매우 부자연스러운 접근을 점차로 수용할 수 있도록 치료자가 충분히 유연해지는 것이다. 인지치료의 체계적이고 문제 초점적인 접근 방식은 이들에게 '경험을 지각하고 처리하는 완전히 새로운 방식'에 노출될 수 있는 기회를 제공한다. 따라서 인지치료를 학습하는 과정은 목표를 위한 수단 그 이상의 것이 될 수 있다. 인지치료에 적극적으로 참여함으로써 얻게 되는 기술은 치료의 가장 중요한 부분이 될 수 있다.

적어도 치료의 초기에는, 환자들이 치료자를 전능한 구원자로 생각하기 쉽다. 이것이 치료자에게는 기분 좋은 것일 수도 있지만, 치료의 효율성을 심각하게 방해하는 것이 될 수 있다. 환자가 치료에서 더 적극적인 역할을 수행할수록, 치료자에 대한 이러한 이미지는 줄어든다. 따라서 연극성 성격장애 환자들이 치료관계에서 의존적인 역할을 수행하려는 경향이 많음을 고려할 때, 협력 및 안내를 통한 발견의 방식을 일관적으로 유지하는 것이 특히 중요하다. 환자가 치료자에게 도움을 간청할 때마다, 치료자는 구원자의 역할로 유혹되지 않도록 조심해야 하며, 오히려 환자 스스로 문제에 대한 해결책에 도달할 수 있도록 질문을 사용하는 것이 유용하다.

치료자가 조금만 방심하면, 자신도 모르게 구원자의 역할을 취하거나, 환자가 변화되지 않을 때 많은 비난을 감수하거나, 환자의 수많은 요구에 굴복하는 등의 교묘한 함정에 쉽게 빠질 수 있다. 이로 인해 치료자는 환자에게 조종당했다고 느끼거나 화가 날 수 있다. 다른 사람들에게 도움이 되기를 강력히 원하는 치료자는 무심코 연극성 성격장애 환자의 무력감을 강화하여, 환자가 평소에 구사하는 관계 방식의 상연에 말려들 수 있다. 치료자가 환자에 대한 자신의 감정 반응이 강렬하다는 것을 깨닫거나 자신이 환자의 주장적인 반응을 강화하는 데 일관적이지 않음을 느낀다면, 이는 치료자가 자신의 생각과 감정을 감찰해야 할 중요한 시기일 수 있다(이 책의 제5장을 보라).

치료자는 캐시에게 상반된 감정이 뒤섞여 있음을 느꼈다. 한편으로, 치료자는 그녀에게 호감을 느꼈으며 만일 그녀를 친구로 만난다면 만남이 재미있을 것이라고 생각했다. 그러나 그는 환자로서의 그녀에 대해서는 많은 좌절감을 느꼈다. 예를 들어, 최근의 공황발작 동안에 혹은 그 이전에 어떤 생각을 하였는지를 탐색하려고 했을 때, 그가 얻어낼 수 있었던 생각이라고는 '기절할 것 같다'는 피상적인 생각의 수없는 반복뿐이었다. 그는 면담이 무익하다는 느낌과 함께, 두 손을 들고 포기하고 싶은 느낌을 자주 경험하였다. 그는 '내가 왜 이것 때문에 괴로워하지? 그녀에게 스며든 게 아무것도 없잖아? 치료를 하든, 안 하든 별 차이가 없잖아? 어쨌든 아무것도 바뀌지 않을 거야'와 같은 생각에 시달렸다. 이러한 시점에 그는 다음과 같은 생각을 함으로써 자신의 생각에 도전할 수 있었다. '나는 우리가 지금 하고 있는 것의 결과를 확신할 수는 없어. 그러나 그녀는 더 나아지고 있고, 사실 사태는 좀 더 진전되고 있어. 이는 단지 하나의 도전일 뿐이야. 이러한 접근이 그녀에게 생소한 것일 테니까, 나는 단순히 그녀가 작업하는 과정을 지속적으로 도와줄 필요가 있어.'

치료 회기 내에서 유능함과 세부에 주의를 기울이는 것에 대해서 HPD 환자들을 강화해 주는 것이 중요하다. 세부에 대한 주의, 자기주장, 적극적인 문제해결이 자신에게 도움이 된다는 것을 회기 내에서 배우는 것은, 이러한 것들이 치료실 밖의 세상에서도 조종이나 정서적 분출보다 더 효과적일 수 있다는 것을 배우는 첫 번째 단계다. 따라서 치료자가 환자의 이전 관계 패턴에 휘말리지 않는 것이 중요하다. 이는 경험이 많은 치료자에게도 상당한 도전이 될 수 있는데, 왜냐하면 연극성 성격장애 환자들의 관계 양식이 매우 호소력 있고 매력적인 것일 수 있으며 이들의 극적인 연출이 재미있어서 그 속에 쉽게 빨려 들어갈 수 있기 때문이다. 치료자는 환자가 연출하는 드라마에 정신을 빼앗기지 않고 치료 내에서 벌어지는 조종의 시도를 자각하면서, 이러한 시도들을 보상하지 않고 분명한 한계를 설정해야 한다.

캐시는 몇 달 동안 다양한 방법으로 특별한 치료비 계약을 하려고 노력했다. 때로는 치료자 몰래 더 윗선까지 만나려고 했고, 특별대우를 받으려고 병원의 관리자들과 접촉하였다. 다행히도 치료자는 이러한 모든 시도들을 빨리 알아차렸고, 그녀가 다른 환자들과 동일한 규칙으로 치료비를 지불하도록 반복적으로 명확하게 언급하였다. 그녀가 자신의 요구가 거부당한 것을 개인적인 거절로 받아들였을 때, 치료자는 그녀의 느낌에 대해 함께 논의하였다. 그러나 치료비 계약에 대해서는 예외를 인정하지 않았다. 그녀는 경제적인 여유가 없기 때문에 격주로 약속을 잡아야 한다고 주장하면서, 한계를 시험하였다. 치료자가 치료를 매주 진행할 수 있도록 치료비를 깎아 주는 예외를 만드는 대신에, 격주로 오겠다는 그녀의 제안에 그대로 동의했을 때, 그녀는 매우 당황하여 화를 냈다. 몇 주 동안 격주로 치료에 오면서 특별 배려에 대한 희망이 보이지 않자, 그녀는 매주 치료를 하는 것으로 되돌아왔다. 치료 후반에, 그녀의 수입이 실제로 변하였고 그녀는 이 문제를 치료자에게 주장적으로 이야기하였다. 그녀의 주장은 보상을 받았고 적절한 치료비 조정이 이루어졌다.

구체적 개입

HPD 환자들은 한 번에 한 가지 주제에만 주의를 기울이는 법을 배울 필요가 있다. 회기 의제를 설정하는 것은 환자에게 구체적인 것에 주의를 기울이는 법을 가르치기 위한 좋은 출발점이 될 수 있다. 연극성 성격장애 환자들의 자연스러운 성향은, 회기 대부분의 시간을 일주일 동안 있었던 모든 흥미진진하거나 외상적인 사건들을 극적으로 얘기하는 데 소모하는 것이다. 환자의 이러한 성향과 싸우기보다는, 매 회기의 일정 부분을 의제 설정을 위한 시간으로 할애하는 것이 더 효과적일 수 있다. 따라서 (일정한 시간 내에서) 지난 한 주 동안 무슨 일이 있었는지를 검토하는 것이 하나의 의제 항목이 될 수 있다. 그 이후의 나머지 시간은 다른 목표를 위해 작업하는 데 사용할 수 있을 것이다.

HPD 환자들을 치료하는 데 가장 큰 문제 중 하나는, 이들이 의미 있는 변화가 나타날 만큼 충분한 시간 동안 치료에 머물러 있지 않는다는 것이다. 다른 활동이나 관계에서처럼, 이들은 치료에 대한 흥미를 잃고 더 새롭고 흥미로운 것을 좇아가려 한다. 연극성 성격장애 환자들을 치료에 머물게 하는 한 가지 열쇠는, 이들에게 진실로 의미 있고 중요하게 느껴지면서 장기적인 이익뿐 아니라 단기적인 이득도 얻을 수 있는 가능성을 보여 주는 목표를 설정하는 것이다. 이들은 환자로서 응당 '원해야 한다'고 기대되는, 그러나 진실해 보이지는 않는 광대하고 모호한 목표를 설정하는 경향을 보인다. 그러나 치료 목표는 구체적이고 실제적이어야 하며, 환자에게 진실로 중요한 것이어야 한다. 치료자는 다음과 같은 질문들을 통해서 환자가 목표를 조작적으로 설정할 수 있도록 도와줄 수 있다. '당신이 목표를 달성했다는 것을 어떻게 알 수 있겠습니까?' '목표를 성취하면 정확히 무엇이 다르게 보이고 달리 느껴지겠습니까?' '무엇 때문에 그 목표를 성취하기를 원합니까?' 일단 치료 목표들이 설정되면, 이를 목록으로 작성하여 환자가 회기 중에 초점을 유지할 수 있도록 돕는 보조물로 활용할 수 있다. 환자들이 주제에서 벗어나서 방황하거나 무관한 주제에 관해 시시콜콜하게 얘기를 늘어놓을 때, 치료자는 부드러우면서도 지속적으로 그 얘기가 서로 합의한 목표와 어떤 관련이 있는지를 물어볼 수 있다.

캐시가 처음 치료실에 왔을 때, 그녀의 목표는 직장에 복귀하는 것, 혼자 운전하게 되는 것, 아파트에 혼자 머물 수 있는 것 등 매우 실제적인 것이었다. 그러나 치료 목표가 그녀에게 즉각적으로 보상이 될 만한 상황에 갈 수 있게 되는 것으로 확장되었을 때, 그녀는 치료에 대해서 훨씬 더 흥미를 가질 수 있게 되었다. 쇼핑몰에 가는 것('특히 구두를 사는 것!'), 록 콘서트에 가는 것, 외식하러 나가는 것과 같은 목표를 가지고 작업할 때, 그녀는 실용적인 목표로 작업할 때보다 더 오랫동안 흥미를 유지할 수 있었다. 외국으로의 휴가 여행은 그녀에게 가장 강력한 동기유발자였다. 이는 매우 강한 흥미를 불러일으키는 목표였기 때문에, 그녀는 여행 전의 짧은 기간 동안 상당히 많은 진전을 이룰 수 있었다.

치료의 초기 단계가 지난 후에, 실제 개입은 환자의 특정 호소 문제와 목표에 따라 달라진다. 그러나 전반적인 증후군에서의 지속적인 변화를 이루기 위해서는, HPD에 대한 인지적 개념화([그림 10-1])의 다양한 요소들에 주의를 기울이는 것이 중요하다.

연극성 성격장애 환자들의 문제는 전반적이고 인상주의적인 사고 양식(구체적인 것에 주의를 기울이지 못하는 것을 포함하여)에 의해서 악화될 수 있기 때문에, 환자들에게 구체적인 사고를 정확히 감찰하고 파악할 수 있도록 가르치는 것은 이들의 호소 문제와 관계없이 치료의 중요한 한 부분이 된다. 이들에게 역기능적 사고 기록지(Dysfunctional Thought Record: DTR)를 사용하여 생각을 감찰하도록 가르칠 때, 처음 세 칼럼에 나타나는 사건, 감정, 자동적 사고를 구체화하는 데 상당히 많은 시간을 보내야만 할 때가 많이 있다. 다른 많은 환자들은 회기 중에 간단한 설명과 함께 시범을 보여 주면, 집에 가서 자신의 생각을 정확히 감찰할 수 있을 것이다. 그러나 연극성 성격장애 환자들에게 이러한 일을 기대하는 것은 비현실적이다. 연극성 성격장애 환자들은 자동적 사고를 감찰하는 목적을 잊어버리고는, 그 대신에 한 주 동안에 일어난 일을 긴 서술문으로 만들어 올 가능성이 많다. 물론 치료자는 숙제를 해 온 노력에 대해서 보상할 필요가 있다. 그러나 DTR의 목적이 단지 치료자와의 의사소통에 있는 것이 아니라는 점을 환자가 충분히 이해할 때까지, DTR에 대해서 여러 차례 설명해야 한다. DTR의 일차적 목적은 그 순간의 감정을 변화시키기 위해서 생각을 파악하고 도전하는 기술을 배우기 위함이라는 것을 이들에게 자주 일깨울 필요가 있다. 일부 연극성 성격장애 환자들은 자신의 모든 생각과 감정을 치료자에게 전달하고 싶은 욕구를 강하게 느낀다. 만일 그렇다면, 사고 기록지에 더하여 형식 없이 자유롭게 작성한 글(사고 기록지의 대체물이 아니라)을 가져와도 좋다고 제안할 수 있다. DTR은 환자들이 현실과 환상을 구분하고 원인과 결과에 대해 더 정확한 귀인을 할 수 있도록 돕는 데 유용하다.

캐시는 신체상에서 약간의 변화만 나타나도 이를 끔찍한 질병 때문이라고 이해하였고, 즉각적으로 자신이 암이나 AIDS에 걸려 곧 죽게 될 것이라고 결론을 내리곤 하였다. 그녀가 어지럽고 호흡이 답답한 것이 방이 너무 덥거나 사람이 많기 때문인지, 아니면 공황발작 때문인지는 그녀에게 큰 차이가 없었다. 현기증의 실제 원인이 무엇이든 간에, 그녀는 즉각적으로 자신이 곧 기절하거나 죽게 될 것이라고 결론지었다. 그녀에게 잠시 멈춰서 신체증상의 다른 대안적 원인을 탐색하도록 가르침으로써, 그녀는 더 적절한 인과 귀인을 할 수 있게 되었고, 이를 통해 공황의 악순환을 막을 수 있었다.

글로 적어야 하는 숙제는 이들에게 지루하고 따분한 것으로 느껴질 수 있다. 따라서 생각에 도전하는 과제가 이들에게 흥미 있는 것이 되도록 할 필요가 있다. 이들의 연극적인 감각과 싸우려 하기보다는, 치료 과제에서 이들의 생생한 상상력이 발휘될 수 있도록 해야 한다. 예를 들면, 이들이 자동적 사고에 대한 합리적인 반응을 적을 때, 극적으로 적어 보도록 격려할 수 있다. 이때 이 합리적인 반응은 이들에게 더 호소력 있고 강력한 것이 될 수 있다. 인지는 종종 언어적인 사고보다는 생생한 심상의 형태를 띠기 때문에, 때로 생생한 심상의 수정이 요구될 수 있다. 또한 자동적 사고에 대한 언어적 도전을 가르칠 때 '목소리의 외현화(externalization of voices)'와 같은 극적인 형식을 도입할 수 있는데, 가령 치료자가 환자의 자동적 사고의 목소리를 연기하고 환자는 더 적응적인 반응의 목소리를 연기할 수 있을 것이다.

치료자는 캐시에게 숙제를 내줄 때 그녀가 사용한 재미있는 단어를 사용하여 과제를 제안하면 그녀가 좀 더 많은 관심을 기울인다는 것을 알았다. 예를 들면, 숙제의 제목을 제시할 때 '상사와의 만남'과 같은 일상적인 용어를 사용하기보다는, '스멀스멀한 좀도둑과의 만남'이라고 표현하였다. 캐시는 '목소리의 외현화'가 자동적 사고에 대한 합리적인 반응을 만들어 내는 데 더 극적이고, 따라서 더 강력한 방법이라는 것을 알게 되었다. 회기 중에 목소리의 외현화를 연습한 후에, 그녀는 집에 가서 DTR을 작성할 때 자동적 사고에 대한 합리적인 반응을 좀 더 쉽게 기록할 수 있었다.

행동 실험을 극적으로 설정하는 것은 자동적 사고에 도전하는 또 다른 강력한 방법이 될 수 있다. 예를 들어, 캐시는 현기증을 느낄 때마다, '이제 막 기절할 것 같아. 기절하면 얼마나 망신스러울까?'라고 생각하였다. 이런 생각에 도전하기 위하여 현기증의 내면감각적(interoceptive) 단서에 대한 노출을 계획하였는데, 이는 집단치료 장면에서 보다 더 극적인 방식으로 이루어졌다.

치료자: 당신이 가장 두려워하는 주된 증상은 현기증인 것 같네요.

캐　시: 맞아요. 싫어요. 끔찍해요. 그렇지 않나요?

치료자: 당신에게는 그렇게 느껴지나 보네요. 하지만 현기증은 단지 불쾌할 뿐인데 당신이 스스로 끔찍하다고 생각하는 것은 아닌지 궁금해지네요. 어지러움이 왜 그렇게 끔찍하게 느껴지는지 말해 줄 수 있나요?

캐　시: 그냥 끔찍해요. 아시다시피, 나는 정신을 잃게 될 거고 망신을 당하고 말거예요.

치료자: 그러니까 당신은 현기증이 나면 정신을 잃게 될 거라고 믿고 있네요. 그렇다면 정신을 잃게 될 경우 무엇이 두려운가요?

캐　시: 깨어났다가 곧 또다시 정신을 잃는 과정이 영원히 지속되는 모습이 그림처럼 그려져요.

치료자: 영원히? 얼마나 오랫동안요?

캐　시: 그냥 영원히요. 결코 다시는 정신을 차릴 수 없을 것 같이…….(웃음)

치료자: 그 얘기를 하면서 웃고 있네요. 당신의 예측이 스스로도 의심스럽다는 건가요?

캐　시: 글쎄요. 다소는 우스꽝스럽게 들린다는 것을 나도 알아요. 하지만 그 순간에는 그렇게 느껴져요.

치료자: 그러니까 그 당시의 느낌에 근거해서 그렇게 예측하고 있는 거네요. 얼마나 자주 어지러움을 느꼈죠?

캐　시: 오, 수천 번은 느꼈죠. 내가 그에 대해 늘 말해 왔다는 것을 당신도 아시잖아요?

치료자: 그렇다면 당신이 현기증을 느낀 수천 번의 경험 중에서 실제로 졸도한 적은 몇 번이나 되나요?

캐　시: 한 번도 없어요. 하지만 그건 내가 현기증과 싸웠기 때문이에요. 만일 내가 싸우지 않았다면, 나는 분명히 정신을 잃었을 거예요.

치료자: 그게 바로 우리가 한 번 검증해 볼 필요가 있는 부분이에요. 내가 생각하기로는, 현기증 자체는 문제가 아니에요. 오히려 당신이 현기증과 연관시켜 온 두려움이 더 문제가 아닐까 생각해요. 당신이 현기증을 더 많이 수용하고 이를 덜 재앙적인 것으로 여길 수 있다면, 당신의 삶이 광장공포증에 의해 덜 지배를 받게 될 거예요. 따라서 현기증에 대해서 더 편안하게 받아들일 수 있게 되는 게 가장 중요해요. 이해가 되나요?

캐   시: 예. 그럴듯하네요. 하지만 어떻게 그렇게 될 수 있는지 모르겠네요. 그에 대해 이야기는 하고 있지만, 생각만 해도 계속 두렵네요.

치료자: 이해해요. 당신이 현기증을 두려워하는 이유는, 현기증을 느낄 때 그 어떤 재앙적인 일도 일어나지 않을 거라는 실제적인 증거가 없기 때문이죠. 지금 이 시점에서 우리가 가진 증거는 매우 빈약하죠. 현기증이 당신을 공격할 때까지 기다리기보다는, 당신이 의도적으로 현기증에 자신을 한 번 노출시켜 볼 필요가 있어요. 함께 실험을 해 볼 생각이 있나요?

캐   시: 우스꽝스럽거나 황당한 일이 아니라면요.

치료자: 지금까지 내가 이야기한 것에 동의하나요?

캐   시: 그럴 거예요.

치료자: 그렇다면, 좀 어색하겠지만, 한가운데로 가서 어지러움이 느껴질 때까지 제자리에서 빙빙 돌아보세요.

캐   시: 그러고 싶지 않아요.

치료자: 자, 내가 먼저 시범을 보일게요. (자리에서 일어나서 가운데로 나가 제자리에서 몇 바퀴를 돈다.) 자, 이렇게요. 나는 벌써 어지럽네요. 나는 어렸을 때 이런 장난을 자주 치곤 했지요. 당신은요?

캐   시: 나도요. 하지만 지금은 달라요. 그때는 재미있었지만, 지금은 두렵네요.

치료자: 아주 어지러워질 때까지 도는 게 자신이 없다면, 몇 바퀴만이라도 돌아보지 않겠어요?

캐   시: 두 바퀴만 돌아볼게요. 그 이상은 못해요.

치료자: 좋아요.

캐　시: (마지못한 듯 일어나 조심스럽게 두 바퀴를 돈다.) 이런 느낌이 싫어요.

치료자: 이렇게 해야 하는 더 많은 이유가 있어요. 그런 느낌을 피하려 하기보다 직접적으로 직면하게 되면, 그 느낌을 점차로 더 수용할 수 있게 될 거예요. 오늘 어떤 것을 발견했나요?

캐　시: 내가 졸도하지 않았다는 거죠. 하지만 그럴 수 있었던 것은 아마도 이곳이 병원이고 날 도와줄 사람이 바로 옆에 있었기 때문일 거예요. (웃음)

치료자: 그게 바로 당신이 집에 가서 매일 제자리돌기 연습을 해야 하는 이유예요. 그렇게 함으로써 당신은 자연스러운 환경에서 현기증을 직면할 수 있을 거예요. 그런 후에 다음 집단치료 시간에, 우리는 당신이 더 많이 돌 수 있는지 확인해 볼 수 있을 거예요.

캐　시: 이걸 다시 해야 한다는 말인가요?

치료자: 예. 이것이 당신의 문제를 해결하는 가장 빠른 방법이라고 생각해요. 당신이 주저한다는 것은 그 만큼 우리가 바른 길에 서 있다는 것을 말해 주는 것으로 느껴지네요. 하지만 당신이 견뎌 낼 수 있을 만큼의 속도로 해 나가시면 좋겠어요.

캐　시: 좀 미친 짓 같아 보이기는 하지만, 납득이 되었어요.

자동적 사고를 감찰하는 방법을 배우는 또 다른 이점은, 이 과정 자체가 충동성을 줄이는 데 도움이 될 수 있다는 것이다. 반응을 보이기 전에 먼저 생각을 파악하고 기록하기 위해 충분히 오래 멈추는 것을 배움으로써, 환자는 이미 자기조절을 향한 중요한 발걸음을 내딛은 것이다.

HPD 환자들의 대처기술을 향상시키는 데 유용한 한 가지 인지적 기법은, 선택지들의 장점과 단점의 목록을 작성하는 것이다. 이 기법은 치료의 초반에, 서로 합의한 주제에 초점을 맞추려는 노력에 환자가 저항을 보일 때 도입하는 것이 가장 좋다. 만일 치료자가 특정 목표에 초점을 맞추어야 한다고 단순히 주장하기만 한다면, 힘겨루기가 벌어지게 되고 환자는 치료자를 '자신을 이해하지 않으려는 비열한 사람'으로 비난하게 될 수도 있다. 반면에, 만일 치료자가 치료 시간을 어떻게 보낼지는 환자의 선택에 달려 있지만 목표에 초점을 맞춘다면 목표를 달성할 기회가 더 많아질 것이라고 단순히 언급하기만 한다면, 이는 환자에게 모든 결정을 스스로 내리도록 내맡기는 꼴이 된다. 어떤 선택이 이루어지든 그것이 치료자가 아니라 오로지 환자에 의해서 이루어진 것이라고 느껴지게 된다. 치료 회기 내에서 다양한 선택지들의 장단점을 검토하여 의식적인 선택을 할 수 있도록 돕는 과정을 통해서, 환자들은 일상생활에서 이러한 선택을 내리고 적극적인 문제 해결을 시도하는 법을 배울 수 있게 된다.

캐시는 '아파트에 혼자 머물 수 있게 되는 것'을 일차적인 치료 목표의 하나로 열거하였지만, 그녀는 매우 짧은 시간(5분) 동안 자신의 아파트에서 혼자 시간을 보내는 등의 숙제조차 전혀 수행하지 못하였다. 그녀에게 과제 지시에 순응하도록

〈표 10-2〉 아파트에 혼자 머무는 것의 장단점 분석: 캐시

장점	단점
어머니 집에 머물기	
나를 위해 많은 게 주어진다(식사, 빨래). 함께할 누군가가 있다. 엄마와 나는 많은 공예 작업을 함께해 왔다. 혼자 있을 때보다 덜 두렵다. 엄마와 함께 있는 것이 재미있다.	나는 시원한 것을 좋아하는데, 할머니는 따뜻한 것을 좋아한다. 그래서 불편하다. 독립할 수 없다. 나만의 공간이 없다. 엄마가 잔소리를 많이 한다(살빼기, 금연). 나 혼자 아파트에 살지 못하는 것이 실패로 느껴진다. 오디오가 없다. 비디오 상태가 좋지 않아서 내가 밖에 있을 때 녹화를 할 수 없다.
내 아파트에 머물기	
아파트의 전망과 느낌이 좋다. 내 옷과 물건들이 다 이 집에 있다. TV를 보거나 오디오를 들을 때, 마음껏 소리를 키울 수 있다. 나에게 전화 올 데가 많다. 아파트를 시원한 온도로 유지할 수 있다. 내가 독립적이라고 느껴진다. 밖에 나가 있는 동안 비디오를 녹화할 수 있다.	지금은 혼자 지내는 것이 불안하다. 월세가 비싸다. 광장공포증 전에 즐기던 것을 지금은 즐길 수 없어서 기분이 좋지 않다.

압력을 가하기보다는, 치료자는 그녀가 실제로 이 목표로 작업하기를 원하는지 여부를 논의의 주제로 부각시켰다. 어머니 집에 머무는 것과 자신의 아파트에 머무는 것 각각의 장단점을 목록으로 작성하는 과정을 통해서, 그녀는 자신이 진실로 이 목표를 추구하고 싶어 한다는 결론에 도달할 수 있었다(〈표 10-2〉). 그녀 스스로 이러한 결정에 이른 후에, 그녀는 이 목표를 위한 숙제에 더 일관적으로 참여하기 시작하였다.

이러한 인지적 전략들에 더하여, 이 환자들은 또한 구체적인 문제해결 기술들을 배움으로써 많은 도움을 얻을 수 있다. 이들이 행동을 하기 전에 좀처럼 결과를 먼저 생각하지 않는 경향이 있음을 고려할 때, '수단-결과 사고(means-ends thinking)' 방식을 가르쳐 주는 것이 도움이 된다(Spivack & Shure, 1974). 이 문제해결 방식은, 한 문제에 대해 다양한 해결책(수단)을 생성해 내고, 이 다양한 선택들의 가능한 결과에 대해 정확히 평가하는 과정을 포함한다.

HPD 환자들의 치료는 이들의 대인관계에 주목하지 않는 한 좀처럼 완전할 수 없다. 이들의 관계 방식은 거절당할 위험이 적어 보이는 간접적인 방식으로 이루어진다. 이들이 관계를 조종하기 위해 가장 일반적으로 사용하는 방법은 정서적 위기를 야기하고, 질투심을 불러일으키고, 자신의 매력과 유혹적인 모습을 이용하며, 성관계를 허락하지 않고, 잔소리하고, 앙알거리고, 불평하는 것이다. 이러한 행동들이 유지될 수 있을 정도로는 잘 기능하는 듯 보이지만, 단기적인 이득에만 초점이 맞춰져 있을 뿐 이들의 눈에 장기적인 손실은 잘 보이지 않는다. 그러나 연극성 성격장애 환자들은 상황을 조종하기 위한 한 가지 수단으로서 종종 감정의 폭발을 드러내기 때문에, 즉각적인 사고에 도전하는 것만으로는 충분하지 않을 수 있다. 어느 한 환자가 남편이 늦게 귀가하는 것 때문에 폭발적으로 감정을 표현할 때, 그녀의 즉각적인 자동적 사고는 '그가 어떻게 내게 이럴 수 있어? 그는 더 이상 나를 사랑하지 않아! 그가 날 떠난다면 난 죽어 버릴 거야!'라는 생각일 수 있다. 그러나 감정을 폭발시킨 결과로, 그녀는 남편의 아직 끝나지 않은 사랑의 격렬한 항의를 받게 될 것이며, 이를 통해 안심하려는 욕구를 충족시킬 수 있을 것이다. 그녀가 단지 자동적 사고에 대해서만 도전한다면, 그녀는 그 상황에서 가장 중요한 측면을 빠뜨리게 될 수 있다. 따라서 자동적 사고에 직접 도전하는 것에 더하여, 그녀는 "내가 지금 진실로 원하는 것이 뭐지?"라는 질문을 스스로에게 던져 보는 법을 배울 필요가 있으며, 자신이 원하는 것을 이루기 위하여 다른 대안적인 선택은 없는지를 탐색해 볼 필요가 있다.

어느 한 상황에서 자신이 무엇을 원하는지(연극성 성격장애 환자에게는 종종 안심과 관심이다)를 정확히 자각할 수 있게 되면, 그 다음으로 다양한 문제해결 기술들을 적용할 수 있다. 따라서 자동적으로 감정을 폭발시키기보다는 감정 폭발과 다른 대안들 사이에서 선택할 수 있는 기회가 주어지게 된다. 치료자는 이들에게 행동의 지속적인 변화(가령 감정 폭발을 완전히 포기하는 것)를 요구하기보다는, 어느 방법이 가장 효과적이며 장기적인 대가를 최소화할 수 있는 방법인지를 검증하기 위한 간단한 행동 실험을 수행해 보도록 제안할 수 있다. 간단한 실험이 지속적인 행동 변화보다 훨씬 덜 위협적이며, 새로운 행동을 촉진하는 데 더 큰 도움이 될 수 있다.

연극성 성격장애 환자들은 다른 사람으로부터 관심과 애정을 받는 것에 많은 초점을 두고 있기 때문에, 이들은 전형적으로 자신의 필요나 욕구, 정체성에 대해서는 별로 주의를 기울이지 않는다. 따라서 치료적 노력은 이들이 자신이 원하는 것에 주의를 기울이고 정체감을 발달시킬 수 있도록 돕는 방향으로 이루어질 필요가 있다. 자신의 욕구를 충족시킬 수 있는 개인적 권리에 대한 개념을 포함하여, 자기주장의 권리와 이점을 고려하도록 하는 것이 도움이 된다. 환자들이 자신의 욕구를 더 분명하고 효과적으로 전달하는 법을 배우려면, 먼저 자신과의 분명한 의사소통이 이루어져야 한다.

한 집단치료 회기에서, 집단 지도자는 캐시에게 어려운 숙제를 해오도록 격려하였다. 그녀는 숙제에 동의하였다. 하지만 그녀는 다음 회기에 오지 않았고, 그 다음 회기에 나타나서는 토라진 채로 앉아 있었다. 다른 집단 구성원이 그녀의 이러한 행동을 지적하였을 때, 그녀는 매우 불안해졌고 공황발작을 경험했다. 처음에 그녀는 자신이 무엇을 생각하고 느끼는지에 대해 알지 못했고, '더 이상 집단 속에 있는 것이 싫다'는 모호한 느낌만을 보고했다. 마침내 그녀는 자신의 생각을 파악할 수 있었고, 집단 지도자에게 "그가 너무 나를 세게 밀어붙였으며 너무 어려운 숙제를 내주었다."며 자신의 생각을 주장적으로 표현하였다. 그녀는 이러한 자기 주장에 대해 집단 지도자뿐 아니라 집단 구성원들로부터 많은 보상을 받았으며, 스스로 불안은 견뎌 낼 만한 가치가 있다는 결론에 이르렀다.

연극성 성격장애 환자들에게 있어서, '정체감' 혹은 '자기라는 느낌(sense of self)'의 개념은 많은 역기능적 사고들의 원천이 되는 것으로 보인다. 이들은 정체감이란 것을, 다른 사람들은 가지고 있지만 자신은 가지고 있지 않은, 크고 마술적인 어떤 것으로 생각한다. 이들은 정체감을 탐색한다는 자체에 압도당하는 것처럼 보이며, 정체감이란 누군가 이미 가지고 있거나 가지고 있지 않은 어떤 것으로 본다. 일단 환자들이 앞에서 논의한 인지적 기법들을 사용하기 시작했다면, 이들은 이미 자신의 감정과 욕구, 선호에 주의를 기울이고 있는 것이다. 그러나 이들은 이것이 정체감의 중요한 한 부분이라는 것을 알지 못한다. '정체감'이란 자신에 대해서 알고 있는 다양한 것들의 단순한 총화에 다름 아니라는 것을 알려주고, 치료 회기 중에 좋아하는 색깔이나 음식 등과 같이 일상적이고 구체적인 항목에서 출발하여 이러한 것들을 목록화하기 시작하는 것이 도움이 될 수 있다. 이러한 목록의 정교화는 남은 치료 기간 동안 지속적인 숙제로 부여될 수 있다. 또한 환자가 회기 중에 자신에 대해 어떤 진술을 할 때마다(가령, "사람들이 나를 기다리게 할 때, 정말 화가 나요."), 치료자는 이를 지적하고 목록에 추가할 수 있다.

궁극적으로 '관계의 상실은 곧 재앙'이라는 믿음에 도전하는 것이 중요하다. 다른 사람들과의 관계가 좋아 보일 때조차도, 여전히 '관계가 끝나면 살아남을 수 없다'고 믿는다면, 자기 주장의 모험은 매우 어려운 일이 될 것이다. 관계가 끝난다면 무슨 일이 벌어질지를 상상해 보는 것과 관계가 시작되기 전의 삶을 회상해 보는 것은 거절을 '탈재앙화'하도록 돕는 두 가지 유용한 방법이다. 또 하나의 유용한 방법은, 의도적으로 작은 '거절'을 설정하여 환자가 압도당하지 않으면서도 실제로 거절당하는 것을 연습해 볼 수 있는 행동 실험을 설계하는 것이다.

궁극적으로, HPD 환자들의 가장 기본적인 가정, 즉 '나는 부적절하며, 살아남으려면 반드시 남에게 의존해야 한다'는 믿음에 도전할 필요가 있다. 앞서 논의한 많은 절차들(자기주장, 문제해결, 행동 실험 등)은 환자의 대처 능력을 증진시킴으로써 자기효능감을 증진시키고 자신에 대해 유능감을 느낄 수 있도록 돕기 위해 고안된 것이다. 그러나 이들이 스스로 논리적인 결론을 이끄는 데 어려움을 보인다는 것을 고려할 때, 이들이 성취한 과제들이 어떻게 '나는 무능하다'는 생각에 도전하고 있는지를 체계적으로 지적해 주는 것이 중요하다. 또한 '나는 부적절하다'는 생각을 검증하기 위한 분명한 목표를 가지고, 작고 구체적인 행동 실험을 수행하는 것이 유용할 수 있다.

치료성과의 유지

연극적인 사람들은 생기 있고 원기왕성하며 함께 있기에 재미있는 사람들이다. 이들이 자신의 정서성을 완전히 포기한다면 이들은 상당히 많은 부분을 잃게 될 것이다. 이들은 남들에게 단조롭고 지루하고 따분하게 비치는 것을 두려워할지도 모른다. 따라서 치료의 목표가 감정을 제거하기 위한 것(이는 가능하지도 않다)이 아니라 이를 더 건설적으로 사용하기 위한 것이라는 점을 명료하게 전달할 필요가 있다. 실제로 치료자는 치료의 전 과정에 걸쳐서 이들이 자신의 연극적인 감각과 생생한 상상력을 적응적으로 이용할 수 있도록 격려할 수 있다. 또한 연극에 참여하고 흥미진진한 활동이나 열광적인 스포츠에 참가하고 때로 극적인 문학이나 영화, TV로 도피하는 등의 감각 추구를 위한 다른 건설적인 통로들이 격려될 수 있다.

자신의 삶에서 정서적인 외상을 포기하기를 꺼려하면서 끔찍하게 우울해지고 속상해지는 것 말고는 다른 대안이 없다고 주장하는 환자들에게는, '외상의 일정을 잡는 법(scheduling a trauma)'을 가르치는 것이 유용할 수 있다. 환자들이 매일(혹은 매주) 특정 시간을 잡아서 그 시간 동안에만 강렬한 감정(우울, 분노, 울화 등)에 굴복할 수 있도록 함으로써, 그러한 감정이 일어날 때마다 이에 압도되기보다는 이를 정해 놓은 시간까지 미룰 수 있도록 가르친다. 이 방법은 역설적인 효과가 있다. 이들이 실제로 '우울의 일정을 계획할' 수 있다는 것을 배우고, 시간 제한을 고수하면서 이로 인해 자신의 삶이 방해받지 않게 될 때, 이들은 정규적으로 그러한 시간을 계획할 필요를 느끼지 않게 될지도 모른다.

연극성 성격장애 환자들이 다른 사람들로부터 승인과 관심을 받는 것에 많은 주의를 기울이기 때문에, 구조화된 집단 인지치료가 특히 효과적인 치료 양식이 될 수 있다. Kass 등(1972)은 적절한 자기주장을 강화하고 역기능적인 감정 반응을 소거하는 데 집단 성원들이 서로 도움이 될 수 있음을 보여 주었다. 대부분의 다른 성격장애들에 대한 인지치료에서처럼, 연극성 성격장애 환자들에 대한 치료는 축 I 장애보다 치료 기간이 더 길어질 수 있다.

캐시의 치료는 개인치료로 출발하였다. 그녀가 인지치료의 기본적인 개념을 숙달해 감에 따라, 그녀는 치료의 완결을 향해 나아가는 한 단계로서 집단 인지치료에 참여하게 되었다. 집단 내에서 가장 연극적인 구성원으로서 그녀는 빠르게 '지휘자'의 역할을 맡기 시작했고, 다른 구성원들이 노출 위계상에서 진전을 보일 때마다 극적인 강화를 제공하는 분위기를 연출했다. 캐시의 격려 덕분에, 집단 구성원들은 누군가가 특별히 어려운 항목을 성취한 것에 대해서 서로 갈채를 보냈고 때로는 기립박수를 보내기도 했다. 집단은 그녀가 자기주장과 집단을 즐겁게 하려는 욕구에 대해 작업할 수 있는 이상적인 무대를 제공했다. 예를 들면, 한 회기에서 캐시가 농담을 했는데 그녀가 기대했던 반응을 전혀 얻지 못한 일이 벌어졌다. 다음 회기에 집단 구성원들은 자기주장에 대해 일정 시간 논의하기로 결정하였다. 이때 캐시가 다음과 같이 반응했다. "좋아요, 우리가 자기주장에 대해 이야기하기로 했으니까 나는 지난 시간에 내가 어떻게 느꼈는지를 나누고 싶어요." 이후의 논의를 통해 그녀는 다음과 같은 자신의 생각들을 정확히 파악할 수 있게 되었다. "내가 뭔가 재미있는 얘기를 했으니까 다른 사람들이 나를 쫓아낼 거예요" "내가 뭔가 잘못했어요" 그리고 "사람들은 나에게 내가 아닌 다른 사람이 되길 원해요." 이에 대해 논의하면서, 그녀는 특히 남자인 집단 지도자가 어떻게 반응할지에 대해 신경이 쓰였다는 것을 명확히 자각할 수 있게 되었다. 이러한 논의와 자동적 사고에 대한 도전이 이루어진 후에, 그녀는 다음 몇 회기에 걸쳐서 다른 사람들(특히 권위적 위치에 있는 남자)과 독립적으로 자신이 무엇을 원하며 자신에게 무엇이 최선인지를 결정하는 목표를 가지고 작업할 수 있게 되었다.

현재 누군가와 중요한 관계를 맺고 있는 환자들에게는, 커플 치료가 특히 도움이 될 수 있다. 커플 치료를 통해 양 배우자는 관계에서의 각자의 패턴과 각자가 상대의 패턴을 유지하도록 촉진하는 방식에 대해 분명히 인식할 수 있게 된다.

캐시는 3년에 걸쳐 총 101회기의 치료를 받았다. 그녀가 처음 치료를 시작하였을 때, 그녀는 광장공포증 때문에 일을 할 수 없었고 BDI(Beck Depression Inventory) 점수는 24점이었다. 여섯 회기가 지난 후에, 그녀는 직장으로 복귀할 수 있게 되었고 BDI 점수는 11점(정상 범위)으로 감소했다. 비록 그녀가 치료 초기에 증상의 빠른 호전을 보였지만, 광장공포증 및 우울증뿐 아니라 연극성 성격장애에서의 지속적인 변화를 이루는 데에는 훨씬 더 오랜 기간이 소요되었다. 치료가 종결된 지 2년이 지난 후에 캐시를 만났을 때, 그녀는 관계가 깨어진 일, 사랑하던 개를 안락사시켜야 했던 일, 어머니가 심각한 질병에 걸렸던 일 등 몇 차례의 심각한 위기를 겪어야 했음에도 불구하고 광장공포증이나 심한 우울증의 재발은 없었다고 보고했다. 그녀는 문제가 많았던 이전의 연인 관계를 끝냈으며, 안정적이고 성숙하고 그녀를 잘 대해 주는 남자와 결혼을 약속하였다고 했다. 그녀는 자신의 인생에서 처음으로 안정되고 굳건한 관계를 누리고 있다고 보고했다.

결론

3년에 걸친 101회기의 치료가 단기 치료라고 할 수는 없지만, 캐시가 광장공포증과 자주 재발하는 우울증에 더하여 HPD에 대해 치료받았음을 주목할 필요가 있다. 축 I 증상의 변화는 비교적 짧은 기간에 이루어질 수 있지만, 필자의 경험으로는 HPD 자체의 특성을 변화시키는 데에는 종종 1년에서 3년의 기간이 소요될 수 있다. 통제되지 않은 사례 보고의 유용성은 분명 그 유용성이 제한적이다. 이 임상 집단을 대상으로 한 치료의 효과성을 입증하고, 치료의 필수 요소를 명료화하고, 궁극적으로 어떤 유형의 환자가 어떤 유형의 치료에 가장 적합한지를 결정하기 위해서는 더 많은 경험적인 연구가 필요하다.

제**11**장

자기애성 성격장애

자기애성 성격장애(Narcissistic Personality Disorder: NPD)는 자신과 타인에 대해 광범위하게 왜곡된 관점을 보이는 장애다. 자신에 대해서 긍정적인 태도를 취하는 것은 정상적이고 건강한 일이지만, 자기애적인 사람들은 자신을 특별하고 우월한 사람으로 과장하여 인식한다. 자기애(narcissism)는 강한 자신감보다는 자기에 대한 과도한 몰두를 반영한다. NPD 환자들은 외적으로 드러나는 지위가 곧 사람을 평가하는 가치 척도라고 믿기 때문에, 매우 적극적이고 경쟁적으로 지위를 추구하는 특성을 보인다. 다른 사람들이 자신의 특별한 지위를 인정해 주지 않을 때, 이들은 참을 수 없는 푸대접을 받은 것으로 받아들여서 화를 내게 되며, 방어적이 되고, 우울해지는 경향을 보인다. 특별하게 보이거나 우월성을 인정받는 데 실패하면, 이들의 기저에 있는 열등함, 하찮음, 무력함의 믿음이 촉발되어, 자기보호와 자기방어를 위한 보상적인 방략이 활성화된다.

자기애적인 사람들은 자신의 사회적 위상에 대해 자긍심을 느끼지만, 대인관계에서 일반적으로 기대되는 사회적인 호환의 규범을 따르는 데에는 심각한 허점을 보인다. 이들은 자기중심적이고 타인의 감정에 무심하기 때문에, 타인과의 우호적인 상호 교류를 자신에게만 몰두하는 짜증나는 일방적 교류로 바꾸어 버린다. 일건 따뜻한 모습으로 꾸며진 태도는 이내 거만한 분노 표출, 냉정한 말, 둔감한 행동으로 훼손되곤 한다. 이들은 타인의 욕구와 감정에 주의를 기울이지 못하는데, 가령 타인의 공헌을 인정하지 않거나 타인의 깊고 의미 있는 감정들을 인식하지 못한다. 이들은 다른 사람의 성공을 질시에 찬 눈으로 폄하하며, 위협적으로 보이는 경쟁자를 깎아 내린다. 이들은 또한 다른 사람들의 결점과 잘못을 찾아 뒤틀린 직면을 하는 데 능숙할 수도 있다.

자신의 한계에 부딪치거나 비난에 직면할 때, NPD 환자들은 거칠어지거나 방어적으로 변하기 쉽다. 주변 사람들은 곧 이들이 요구가 많고 둔감하며 특히 정서적인 지지를 받기에는 신뢰할 만하지 않다는 것을 알게 되며, 이들에게 어떤 영향을 미치기가 쉽지 않고 이들의 거만한 행동 때문에 짜증이 난다는 사실을 깨닫게 된다. 자기애적인 사람들은 의리에 사로잡힌 숭배자들과 한패를 이룰 수는 있지만, 이들 관계는 종종 친밀감이 결여되어 있고 장기적인 관계에 이르지 못한다. 이들을 가까이서 접한 사람들은 이들에게서 겉으로 드러난 이미지와는 다른 모습을 보게 되며, 이들과의 개인적인 경험이 공적인 인상과는 상반된다는 사실을 깨닫게 될 수도 있다. 자기애적인 사람들은 자신을 '안 좋은 사람'으로 비치게 만들거나 자신의 지위를 상승시키는 데 저해가 되는 사람과는 어울리기를 꺼리기 때문에, 때로는 갑작스럽게 다른 사람을 거부한 역사를 지니고 있을 수도 있다.

자존감에 위협을 주는 외부 환경의 도전은 전형적으로 자기애적인 사람들이 치료를 원하게 되는 촉매제가 된다. 관계에서의 문제, 직업에서의 문제, 자기상을 위협하는 상실이나 한계 등이 주요 촉발 사건이 된다. 그러나 이들은 자신의 문제를 일반적인 용어로 파악하는 것을 거부하고, 자신을 특별하게 복잡한 환자로 보여 치료자를 매료시키려 한다. 때로는 충족되지 못한 웅대한 기대가 점차 누적되어서, 놓쳐 버린 기회와 실현되지 못한 특권의식으로 인해 낙담에 빠지기도 한다. 우울해진 NPD 환자들은 자신의 힘과 지위를 빨리 회복하려고 노력하며, 자신을 실망시키거나 홀대한 환경과 사람들을 탓하는 데 초점을 두는 경향을 보인다. 자신이 만족할 만한 대성공을 거두지 못한 데 대해서, 혹은 인생의 한 시점에서 향유했던 특별한 지위를 유지하지 못하는 데 대해서 분개하는 모습 속에서 이들의 과대

자아의 한 단면을 엿볼 수 있다.

NPD 환자들은 또한 이들에게서 좌절을 맛본 중요한 타인의 요청으로 치료에 응하거나, 착취적이고 공격적인 행동이나 권력의 남용으로 인해 곤경에 처한 결과로 치료에 참여하기도 한다. 이들이 보이는 갈등은 전형적으로 이들의 특권의식적인 태도와 현실적인 한계 사이의 괴리를 반영한다.

예를 들어, 27살의 미스티(Misty)는 미인대회에 출전 경험이 있는 의료 기사로서 직장과 개인생활에서 연이은 문제로 우울해진 후에 할머니의 강권으로 치료를 받게 되었다. 그녀는 최근에 관계가 깨진 남자친구에 대해 험한 비난을 하였다. 남자친구는 그녀를 '이기적이고 버릇없는 망나니'라고 욕하였는데, 그녀는 이에 대해 괘씸한 발언이라고 분개하면서, "결국 나는 그의 경력만 근사하게 만들어 준 꼴이죠."라고 분노에 찬 시각을 드러냈다. 그녀는 그에게 상처를 입히기 위해 그를 고소하고 싶다는 소망을 피력했다. 이번 일은 그녀가 먼저 차 버리지 않은 첫 번째 실연이었다. 그녀는 여태껏 수많은 데이트를 해 왔으며, 늘 자신이 먼저 '더 나은 남자를 향해' 상대를 떠나 버렸다. 직장에서 그녀는 '어떤 문제가 있으니' 상담을 받아야 한다는 말을 들은 적이 있었다. 한 외과의사가 다른 의료 기사들 앞에서 그녀의 잘못을 지적하였는데, 이 일로 그 의사와 크게 소리치며 싸운 후에 이러한 충고를 듣게 된 것이다. 또한 그녀는 교통법규 위반으로 운전면허를 정지당할 위기에 처해 있었다. 그녀는 교통사고를 조사하기 위해 주차중인 경찰차를 들이받았다. 당시 그녀는 사고로 인한 교통정체 속에 갇혀 있었는데, 거기에서 그녀는 '내가 여기서 다른 멍청이들처럼 주저앉아 기다릴 수는 없어'라고 생각했다. 그래서 그녀는 속도를 줄여서 다른 진입로로 들어가려다가 주차 중인 경찰차를 들이받은 것이다. 미스티의 사례는 다른 여러 NPD 환자들이 나타낼 수 있는 문제들이 복합적으로 표현된 일례이며, 이 장에서는 앞으로 그녀의 사례를 통해서 인지치료의 적용 과정을 예시할 것이다.

역사적 조망

'자기애'라는 용어는 '나르시스'에 대한 고전적인 그리스 신화에서 그 기원을 찾을 수 있다. 나르시스는 물에 비친 자신의 모습에 매료되어 사랑에 빠진 젊은이로, 그는 자신의 모습에 사로잡혀 그 자리에 뿌리를 내리고 수선화(Narcissus Flower)가 되었다고 전해진다. 심리학적 문헌 중에서는 Havelock Ellis(1898)의 사례 보고에서 이 신화가 처음으로 언급되었는데, 그는 이 논문에서 '자기성애적으로' 자위하는 습관을 지닌 한 젊은이를 기술하였다.

뒤이어 Freud(1905/1953)는 '자기애'라는 용어를 심리성적 발달에 대한 자신의 초기 이론에 포함시켰고, 이를 자기성애 단계(autoerotic stage)에 뒤이어 나타나는 정상적인 발달 단계로서 결국은 대상애(object love)의 단계로 성숙하게 되는 것으로 개념화하였다. Freud(1914/1957)는 대상애의 발달 과정에서 주요 갈등이 생길 때 자기애 단계에의 고착이 나타난다고 생각하였다.

대상관계이론에서는 자기애를 초기 발달 단계 동안의 부적절한 양육에서 비롯된 성격적 결함으로 정교화하였다(S. Johnson, 1987; Kernberg, 1975; Kohut, 1971). '재접근(rapprochement)'이라고 불리는 15~24개월 사이의 발달 단계 동안에, 아이는 주변 환경을 탐색하는 활동과 양육자가 제공하는 안전함으로 되돌아가는 행동을 번갈아서 드러내게 된다. 이때 양육자가 비일관적이거나 아이가 원하는 때에 가까이 없거나 아이에게 자기중심적인 요구를 하게 되면, 아이는 이러한 교차적인 노력에 대해 양육자로부터 적절한 지지를 얻지 못하게 된다. 취약한 아동은 이 때문에 새로이 출현하는 자기상에 상처를 입게 되고(이를 '자기애적 상처(narcissistic injury)'라고 한다), 이를 보상하기 위해 아동은 양육자의 욕구를 충족시킬 수 있는 거짓된 과대자기를 발달시킨다. 분노와 특권의식은 의식적인 마음으로부터 분리되어, 거짓 자기를 통해 영원한 칭송을 얻으려는 부단한 노력에 초점을 맞추게 된다. 자기애에 대한 이러한 개념화는, 거짓 자기에 기반을 둔 깨지기 쉬운 자존감을 유지하려는 부단한 노력의 이면에는 가치 없음, 부적절함, 의미 없음의 정서적 고통이 존재한다는 것을 잘 드러내고 있다(S. Johnson, 1987).

Alfred Adler(1991/1929)에 의해 발전된 대인관계적 접근에서는, 타인과의 비교에서 생겨나는 열등감을 극복하려는 노력이 성격발달의 주요 동기라고 본다. Adler는 이러한 노력을 '보상(compensation)'이라고 불렀다. 자신을 다른 사람에 비해서 부족하다고 지각하는 사람은 바로 그 영역에서 성취를 이루려고 과도한 노력을 기울이게 된다. 이 모델에 따르면, 자기애성 성격은 자신을 타인에 비해 하찮고 열등하다고 지각하는 개인이 보상적인 노력을 기울인 결과라고 이해될 수 있다.

자기애에 대한 Millon(1985)의 사회학습이론은 자기애적 상처 혹은 보상 가설에 의존하기보다는, 주로 부모의 과대평가에 초점을 맞추고 있다. Millon에 따르면, 부모가 아동의 자기가치감과 특권의식을 지나치게 부풀려 놓았을 때, 아동의 내면화된 자기상이 외부현실에 의해 타당화될 수 있는 수준을 넘어선 정도로 고양된다. 이러한 자기상의 왜곡은 간헐적인 강화를 통해 유지되며, 과장된 자기상으로 인해서 개인은 좌절과 실망에 대해 분노를 보이게 된다. 개인의 심리내적 구조는 그의 부풀려진 자기상에 한정되게 된다.

Young(1990)의 성격장애에 대한 도식 중심의 인지적 접근에서는, 초기 아동기의 상호작용 방식으로부터 학습된 무조건적이고 자기영속적 믿음인 여러 가지 '초기 부적응 도식(Early Maladaptive Schema)'을 열거하고 있다. NPD는 손상된 한계(impaired limits)와 가혹한 기준(unrelenting standards)의 초기 부적응 도식과 중복되는 것으로 보인다. 손상된 한계 도식은 자기중심적이고 착취적인 행동을 반영하고, 가혹한 기준 도식은 우월성을 성취하기 위한 부단한 노력을 반영한다.

자기애적인 자기몰두의 주제는 자위에 대한 설명으로부터 시작하여 성격 발달의 고착으로, 나아가서 과장된 자기상 혹은 부적응적인 도식에 의해 손상된 성격으로 그 개념화가 진화해 왔다. 자기애에 관한 정신역동적인 문헌들에서는 광범위한 현상학적 기술을 제공하고 있지만, 많은 가정들에 대한 경험적인 지지는 아직 부족하다. 인지적 접근은 자기애와 관련하여 새로이 출현하는 자료들을 더 밀접하게 연결할 수 있을 것이며, 환자와 치료자들이 더 쉽게 접근할 수 있는 치료 전략을 제공할 수 있을 것이다.

연구와 경험적 자료

자기애가 '기저의' 낮은 자존감과 연관되어 있다는 지배적인 관점에 반론을 제기하는 몇몇 경험적인 연구들이 있다(Baumeister, 2001). NPD 환자들은 특징적으로 자신을 타인보다 더 우월하다고 여기며, 자기 보고식 측정치에서 전형적으로 중간 수준 이상의 자존감을 보고한다. 자기애와 높은 자존감이 공격성 및 폭력 성향과 연결된다는 실험 연구와 임상집단 연구도 발표되었다. 그러나 NPD 환자들이 임상적으로 종종 자존감의 손상을 보이며 자존감의 위협에 과도하게 반응하는 경향을 보이므로, 이러한 관계들을 명확히 하기 위해서는 임상 집단과 비임상 집단을 대상으로 한 더 많은 연구가 필요하다.

자기확증 이론(self-verification theory)에 따르면, 자존감은 타인의 피드백을 추구하는 배후의 동기다(Swann, 1990). 과장된 자기상을 가진 사람들은 광범위한 맥락에 걸쳐서 허상적인 긍정적 편파(positive illusory bias)를 만들어 내고 유지하는 경향을 지니고 있어서, 타인으로부터 이를 확증하는 긍정적 피드백을 유도하고, 자기개념의 변화를 회피하며, 타인에게 불편한 요구를 부과하고, 적대감과 공격성을 통해 불일치를 다루려 하는데, 이러한 행동적 특성들은 자존감이 낮은 사람들의 특성과는 매우 다른 것이다(Baumeister, Smart, & Boden, 1996). 자기상에서의 이러한 허상적인 긍정적 편파는 성인 집단(Colvin, Block, & Funder, 1995)과 입원 중인 청소년 집단(Perez, Pettit, David, Kistner, & Joiner, 2001)에서 공격적인 행동, 대인관계의 결함, 바람직하지 않은 특질, 동료들로부터의 거부 등과 연관되는 것으로 밝혀졌다. 싸움 대장들은 자신의 학업과 대인관계 기술을 과대평가하며 자존감을 비현실적으로 높게 보고하는 경향을 보였다(Gresham, MacMillan, Bocian, Ward, & Forness, 1998). 또한 이와 비슷하게, 도심의 폭력배들에 대한 연구에서는 폭력적인 청소년들이 전형적으로 더 높은 자존감을 보고했다(Baumeister, 2001).

자기애와 적대적인 공격성 간의 관련성은 많은 실험실 연구에서 관찰되었다(Kernis, Grannemann, & Barclay, 1989; Rhodewalt & Morf, 1995). 자기애는 과대자아, 자기과시 및 타인에 대한 무시와 정적인 상관을 보일 뿐 아니라(Wink, 1991), 지배성 및 적대감과도 정적인 상관을 보인다(Raskin, Novacek, & Hogan, 1991). 자기애적인 사람들이 타인에 대해서 공격적으로 행동하는 경향은 자아에 대한 구체적인 위협(예를 들면, 좋지 않은 평가)에 의해 매개되는 것으로 보인다(Baumeister, Bushman, & Campbell, 2000; Bushman & Baumeister, 1998). 폭력 범죄로 구속된 사람들에 대한 연구결과를 살펴보면, 자기애 수준이 높은 사람들과 자기애성 성격장애를 지닌 사람들이 가족 폭력의 위험이 높은 것으로 나타났고, 특히 학대의 가족력을 지닌 경우에 더욱 그러했다(Dutton & Hart, 1992). 폭력 범죄자들에 대한 또다른 연구에서, 이들은 중간에서 높은 정도의 자존감 수준을 보였는데, 이는 전형적인 남자 대학생의 수준과 유사하였다. 반면, 폭력범들의 자기애 점수는 여태껏 발표된 다른 표본들의 점수보다 더 높은 것으로 나타났다(Baumeister, 2001). 그러나 Baumeister가 언급한 것처럼, "NPD 환자들은 누군가 자신을 비난하거나 모욕하지 않는 한 다른 사람들보다 더 공격적인 것은 아니다"(p. 101).

Bushman과 Baumeister(1998)는 정서와 인지를 분리하여 정신역동적, 동기적 관점에서 자존감이 높은 사람과 자기애가 높은 사람을 구분하려고 했다. 그들은 "높은 자존감이 자신을 긍정적으로 생각하는 것을 의미한다면, 자기애는 자신을 긍정적으로 생각하고 싶어 하는 것과 관련된다."(p. 228)라고 보았다. 그들은 자기애를 높은 자존감의 하위 범주로 이해했는데, 자기애적인 사람들의 자기상이 자아에 대한 위협에 반응적임에도 불구하고 고양되고 안정적인 것으로 보았다. 그러나 그들의 개념화를 살펴보면, 인지의 구체적인 역할을 정교하게 기술하지는 못한 것으로 보인다.

자존감과 자기애는 서로 많은 관련을 지니고 있지만, 두 특성이 서로 같은 것은 아니다. 높은 자존감을 지닌 사람들이 반드시 자기애적인 것은 아니며, 이들은 오히려 자기의 개인적 가치에 대해 자신감을 지니고 있다. 이들의 자존감은 자신의 재능이나 업적, 관계에 대한 현실적인 자기평가에 기반을 두고 있다. 이들은 타인으로부터 부정적인 피드백을 받았다고 해서 자존감이 극적으로 저하되지는 않는다. 반면 NPD 환자들의 자존감은 외면적인 성공에 의해서 좌우되며, 이러한 성공

올 위협하는 어떤 경험도 지존감에 심각한 위협이 된다. 마치 나르시스가 물에 비친 자신의 모습을 경탄하여 그 자리에 영원히 뿌리를 내린 것처럼, 이들은 결함 없는 자기상에 확고히 뿌리를 내리고 이에 머물려고 한다. 흠 없는 자기상이 사라지면, 열등함이라는 핵심 믿음이 활성화된다.

감별 진단

NPD는 임상 집단 내에서 2~16%의 비율로 나타난다(DSM-IV-TR; American Psychiatric Association, 2000; 진단 기준은 〈표 11-1〉참조). 공존장애들로는 기분장애(특히 경조증), 신경성 식욕부진증, 물질 관련 장애(특히 코카인 남용), 그리고 다른 성격장애들(특히 연극성, 경계선, 반사회성, 편집성 성격장애)이 자주 나타난다. 발달과정에서의 변화가 자신의 잠재능력에 대한 느낌과 자기상에 큰 영향을 미칠 수 있다는 것을 고려할 때, NPD를 지닌 사람들은 적응장애에 매우 취약할 수 있다. 다른 증상들이 드러나는 맥락 속에서 자기애를 정확하게 집어내기가 그리 쉽지는 않기 때문에, 공존장애로서의 NPD가 과소평가될 수 있다. 또한 철저한 임상적 평가를 통해서 망상장애(특히 색정망상이나 과대망상)와 같은 정신증적 과정을 배제할 수 있어야 한다.

자기애의 특질은 매우 성공적인 사람들 중에서도 흔히 찾아볼 수 있다는 것에 주목할 필요가 있다(APA, 2000, p. 717). 인지적인 관점에서 볼 때, '남들과 구별되는 탁월한 성공을 이루지 못한다면 나는 하찮고 무가치하다'라는 믿음은 자기애적 정신병리의 핵심적인 특징이다.

NPD 환자들이 보이는 현재 및 과거의 업무 수행, 대인관계, 비윤리적 행동, 타인에 대한 착취(예: 사기, 성적 학대), 법적인 문제, 과대자아 및 특권의식으로 초래된 재정적 문제, 그리고 축 I 장애와 연관된 정서적 문제들을 고려할 때, 이들이 삶의 여러 측면에서 기능적인 손상을 보인다는 증거를 확인할 수 있다. 이들이 주관적으로 느끼는 고통은 주로 타인의 부적절함이나 외부 상황의 불공평함에 대한 분

〈표 11-1〉 DSM-IV-TR에 의한 자기애성 성격장애의 진단 기준

과대자아(환상이나 행동에서 드러나는), 칭송에 대한 욕구, 그리고 공감 결여의 전반적인 양상이 성인기 초기에서 시작되어 다양한 상황에서 나타나며, 다음 중 5개 혹은 그 이상의 항목을 충족시킨다.

(1) 자신의 중요성에 대한 과대한 인식을 지니고 있다(예를 들면, 자신의 성취나 재능을 과대평가하며, 뒷받침할 만한 업적이 없으면서도 최고로 인정받기를 기대한다).
(2) 무한한 성공, 권력, 총명함, 아름다움, 또는 이상적인 사랑에 대한 환상에 사로잡힌다.
(3) 자신이 '특별하고' 독특하다고 믿으며, 다른 특별하거나 높은 지위에 있는 사람들(혹은 기관)만이 자신을 이해할 수 있고 또한 그들과만 어울려야 한다고 믿는다.
(4) 과도한 칭송을 요구한다.
(5) 특권의식을 지니고 있다. 예를 들면, 자신이 특별대우를 받아야 한다고 기대하거나, 남들이 자신이 원하는 대로 자동적으로 순응할 것으로 기대한다.
(6) 대인관계에서 착취적이다. 즉, 자신의 목적을 달성하기 위해 타인을 이용한다.
(7) 공감 능력이 결여되어 있다. 타인의 감정이나 욕구를 인정하거나 동일시하려 하지 않는다.
(8) 종종 타인들을 시기하거나, 타인들이 자신을 시기하고 있다고 믿는다.
(9) 거만하고 방자한 행동이나 태도를 보인다.

개와 실망에 집중되는데, 이러한 감정 이면에 존재하는 자신의 특권의식에 대해서는 통찰이 매우 부족하다.

개념화

열등감으로부터 도피하려고 특별함과 우월함을 추구하는 도식은 여러 가지 가능한 경로를 통해 발달할 수 있다. 자기애적 경향성은 부모로부터 물려받기 쉬우며(Livesley, Jang, Schroeder, & Jackson, 1993), 자신의 열등감과 무가치감을 과잉보상하려는 부모에 의해서 형성될 수 있다. 정상적이고 일시적인 열등감을 잘 받아들이고 처리하는 법을 배우는 대신에, 이런 경험을 패배의 위협으로 인식하기 때문에 외부적인 상징과 타당성을 획득함으로써 이를 극복하려 한다. 어떤 사례들에서는, 개인이 실제 매우 무력할 수밖에 없는 부정적인 환경에서 자라남으로써 심한 열등감을 느끼게 된다. 이때 그는 어떤 대가를 치르고서라도 열등감을 이겨

내고 긍정적인 자존감을 유지히려고 노력하게 되는데, 이러한 시도가 과도한 자기 과장 책략으로 확장되어 발달하기도 한다. 다른 사람들은 힘이 있다고 생각되기 때문에, 그들에게 인정받는 것이 자기가치감을 유지하는 데 매우 중요하다. 이와 동시에 다른 사람들의 결점에 민감한 것과 가장 긍정적이고 우월한 이미지를 반영 하는 사람들과만 친분을 쌓으려는 것이 자기애적인 보상 책략의 일부가 된다. 또 다른 다양한 경험들이 자기과장 책략의 발달을 강화할 수 있다. 한 개인이 문화적 으로 가치를 부여 받은 재능이나 특성 혹은 사회적 지위를 지니고 있다면, 그는 사 회로부터 우월함/특별함 도식을 강화하는 반응을 얻게 된다. 또한 외부인을 무시 하면서 배타적으로 자기 집단의 우월성만을 신봉하는 사회적 집단에 소속되어 있 다면, 이러한 도식이 더욱 확장될 수 있다. 부정적인 피드백으로부터 차단된 채 간 헐적으로 자기과시 행동이 강화를 받을 경우에도, 자기 우월성이라는 보상적 믿음 은 지지를 얻는다. 우월성과 자기에 대한 몰두는 환상을 통해 인지적으로 재현되 고 확장되면서, 자기과장 책략은 더 공고히 유지된다.

NPD 환자들의 적극적인 책략이 성공을 추구하는 데에는 상당히 적응적일 수도 있지만, 이들은 자기의 관심만을 강박적으로 추구하고, 자기상의 위협에 경직된 과잉 반응을 보이며, 지위나 권력을 이용하고, 타인과의 공유나 집단과의 동일시 등의 적응적인 기술을 발달시키지 못함으로써 부적응의 선을 넘어서게 된다. 나쁘 게 보이는 것, 기분이 나쁜 것, 특별한 지위를 잃는 것, 한계에 직면하는 것 등은 모두 자기상에 대한 위협으로 지각하게 된다. 우리는 이러한 자기상에 대한 위협 을 '자기애적 모욕(narcissistic insult)'이라고 부른다. 자기애적 모욕의 스트레스에 직면했을 때, NPD 환자들은 화를 내거나 자기방어적이 되고 타인에 대하여 무시 하는 행동을 보이게 된다.

이들의 자기중심적인 행동이 타인으로부터 반론이나 거부 혹은 불쾌감을 불러 일으킬 때, 하강적인 나선형의 악순환이 발생한다. 이들은 이러한 경험을 자기애 적인 모욕으로 생각하여, 화를 내거나 방어적이 되며 특별대우를 요구하게 된다. 이들은 또한 우울하거나 불안해질 수 있으며, 자신 및 타인에 대하여 비판적이고 처벌적인 생각을 품게 된다. 왜냐하면 이들의 자기가치감은 끝없는 성공과 외부의 경탄에 의존하고 있기 때문이다. 이에 더하여, NPD 환자들은 불편함과 부정적인 감정을 잘 견더 내지 못한다. 이들은 불평이나 요구 혹은 과격한 행동을 통해 자신에게 힘이 있음을 다시금 확인하려 하며, 때로 이러한 행동을 통해 자신의 우월감을 성공적으로 회복하기도 한다.

　　앞서 기술했듯이 직장, 대인관계, 운전 기록 등에서 문제를 보였던 의료 기사 미스티는 '예쁜 아이' 란 곧 다른 사람에게 '응석받이로 자라난 아이' 라는 믿음 아래서 성장하였다. 그녀는 자신이 덜 매력적인 다른 아이들에 비해서 더 우월하다고 믿고 자랐다. 어머니와 할머니는 미스티의 미인대회 출전에 헌신의 노력을 기울였고, 그녀가 미인으로 선발되었을 때 커다란 자부심을 느꼈다. 아버지는 그녀가 아주 어렸을 때 자동차 사고로 사망했다. 미스티의 어머니는 불행한 상실의 경험을 덮고 보상하기 위하여 자신과 미스티를 '응석받이' 로 떠받들 수 있는 남자와 재혼했다. 떠받든다는 것은 곧 원하는 물질을 마음껏 제공한다는 것을 의미하였고, 미스티의 새 아버지는 이를 통해 미스티와 그녀의 어머니가 자신을 인생에서 성공을 거둔 이상적인 남자로 생각해 주기를 기대하였다. 그 후에 부부 사이에서 두 아들이 태어났지만, 미스티는 집안에서 여전히 '특별한 딸' 로 남아 있을 수 있었다. 그러나 두 남동생들은 '똑똑한 아이들' 이었고, 이들은 종종 미스티를 '골 빈 여자' 라고 놀려댔다. 사실상 그녀는 학교에서 평균 수준 정도의 학생이었다. 어머니는 대가족을 꾸려 가면서 사회적인 모임을 찾아다니는 데 신경이 팔렸고, 아이들과의 관계에서는 아이들이 남과의 경쟁에서 이기는 데에만 관심을 쏟았다. 그녀의 가족은 또한 어떤 종교 집단에 속해 있었는데, 이 종교 집단은 자신들의 특별한 신앙과 경배로 인해 자신들이 도덕적으로 우월하며 자신들만이 지옥에서 벗어나 천국을 보장받았다는 믿음을 신봉하는 집단이었다. 〈표 11-2〉에는 인지적 개념화가 제시되어 있는데, 미스티의 초기 경험, 부적응적인 믿음과 책략, 그리고 이러한 패턴이 현재의 문제에 어떠한 영향을 미치는지를 요약하고 있다.

〈표 11-2〉 인지적 사례개념화: 미스티

아동기 자료
- 부모는 무관심하였으나 물질적으로는 관대했다; 부모의 주된 관심은 자식들의 경쟁적인 노력에 있었다.
- 남동생들에 비해서 지적 열등감을 느꼈다.
- 뛰어난 외모로 인해 자신이 특별하고 중요한 사람이라고 인식했다.

핵심 믿음
- '나는 열등하다. 이를 보상하기 위해서, 나는 특별해야만 한다.'

가정
- '예쁘다는 것은 내가 특별하고 우월하다는 것을 의미한다.'
- '나는 특별대우를 받을 만하다.'
- '나는 나를 칭송하고 떠받들어 줄 사람이 필요하다.'

대처 방략
- 관심을 끌고 만족을 얻기 위하여, 요구적이고 착취적으로 행동하기
- 도전을 받거나 좌절되었을 때, 타인을 폄하하거나 공격하기

	상황		
	직장에서 비판을 당함	교통 정체	미인대회 낙선
자동적 사고	'어떻게 감히 내게 그런 말을 할 수가 있어?'	'나는 이런 일을 당해서는 안 돼.'	'내가 당선되어야만 했어.'
자동적 사고의 의미	'나를 나쁘게 보는 것은 참을 수 없다.'	'나는 사소한 문제로 방해 받아서는 안 되는 사람이다.'	'그들이 나를 열등하다고 생각했다.'
감정	분노	조급함	분노, 불안
행동	분노로 날뜀 동료에게 분노를 퍼부음	경적을 울림 앞차 뒤에 바짝 붙음 가속 페달을 밟음	결과 판정에 대해 불만을 터뜨림 과소비를 함

핵심 믿음

자기애성 성격장애의 핵심 믿음은 열등함과 무가치함의 믿음이다. 이 믿음은 특정한 상황에서만 활성화되는데, 주로 자존감이 위협을 당하는 상황에 대한 반응을 통해서만 관찰될 수 있다. 다른 대부분의 경우에는, 우월함의 보상적인 태도가 표

면적인 믿음으로 드러나게 된다. '나는 귀하고 특별한 사람이다', '나는 다른 사람들보다 우월하다' 또는 '다른 사람들은 내가 얼마나 특별한지 인정해야만 한다' 등이다. 자기애성 성격장애 환자들은 치료 장면에서 자신의 특별한 재능을 인정받으려고 하면서, 자신의 열등감을 탐색하는 데에는 저항하고, 문제의 원인을 외부적인 조건에서 찾으려고 한다.

미스티는 치료자에게 자신의 미인대회 경험과 데이트 경력에 대해서 길게 늘어놓았다. 하지만 그녀는 대인관계 문제나 재정적, 법적 문제에 대해서는 언급을 꺼렸다. 그녀는 과속과 무모한 운전에 대해 얘기할 때 이를 공평하지 못한 환경 탓으로 돌렸다. "세상에는 도대체 운전을 어떻게 하는 줄 모르는 사람들이 너무 많아요. 그 와중에 나는 달리 어쩔 도리가 없었죠."라며 주먹을 불끈 쥐었다.

조건적 가정

우월성의 증거

자기애적인 사람들은 특정한 배경이나 가시적인 자산이 우월성, 중요성, 특별한 지위에 대한 증거를 제공하는 것이라고 가정한다. 따라서 이들은 '나는 나의 우월성을 증명하기 위해서 성공해야만 한다'고 믿는다. 그러한 증거들에는 지역사회에서의 영향력, 수입, 신체적 매력, 물질적인 장식품(가령 '자신에게 어울리는' 차를 가지고 있는 것, '굉장한' 이웃들이 많은 동네에 사는 것, 아무나 가입할 수 없는 특별한 단체의 회원이라는 것 등), 개인적인 수상 경력 등이 포함된다. 그러나 모든 사람들이 이러한 것들을 우월성의 일반적인 지표로 간주하지는 않는다. 성취나 지위, 재산, 사회적 명성이 한 개인의 가치를 나타낸다고 믿는 것은 NPD 환자들의 가정일 뿐이다. 이와 반대로, NPD 환자들은 또한 '만일 내가 성공하지 못한다면, 그것은 내가 무가치하다는 것을 의미한다'고 가정한다. 따라서 그러한 외적 지표들을 상실하거나 손에 넣을 수 없을 때, 이들의 자존감은 땅으로 추락한다.

도구로서의 관계

남들과 구별되는 명예를 추구하는 과정에서, 타인은 이용할 도구나 대상으로 지각된다. 자기애성 성격장애 환자들은 자신과 타인을 비교하면서 타인의 가치를 판단하는 데 많은 정신적 에너지를 소비한다. 만일 타인이 어떤 방식으로든 자신의 가치를 더 끌어올려 줄 수 있는 사람이라고 생각되면, 그를 이상화하면서 그와의 관계를 지속한다. 그러나 만약 그가 평범하거나 열등하다고 지각되면, 그를 관심에서 지워 버리든가, 아니면 어떤 다른 이득을 취한 후에 그를 차 버린다. 어떤 자기애성 성격장애 환자가 표현한 것처럼, "내가 나의 소중한 시간을 할애할 만한 가치가 있는 사람들은 극소수에 불과하다. 나머지들은 다 지루할 뿐이다." 타인의 가치는 그가 얼마나 NPD 환자들에게 봉사하고 숭배하느냐에 달려 있다. 만일 타인이 이들을 특별하게 대우하지 않는다면, 이는 그가 이들 자신을 열등하게 본다는 증거로서 감지되어, 방어적인 반응을 유발하게 된다. 또한 자기애성 성격장애 환자들은 만약 다른 누군가가 중요한 인물로부터 특별한 관심을 받게 되면 불안을 느끼는데, 이는 관계의 위기를 조성할 수 있다. 우정이 쉽게 깨지며, 가족 관계는 쉽게 긴장 상태에 놓이거나 악화된다. 왜냐하면, 다른 사람들 또한 정당한 권리를 가지고 있기 때문이다. 예를 들어, 자기애적인 남편은 아이가 태어나서 아내의 관심을 아이에게 빼앗겼을 때, 자신에게 끊임없는 찬사를 보내는 다른 여자와의 관계를 시작함으로써 관심의 상실에 대해 반응한다.

미스티는 사람의 가치를 위계적으로 평가하였는데, 외모, 명성, 경쟁에서의 승리와 같은 것들이 우월성의 지배적인 평가 기준이었다. 그녀는 오로지 '세련된 멋쟁이들'이나 '승리자들'과만 어울리고 싶어 했다. 그녀는 자신의 미모가 타인에 비해 더 뛰어나다는 사실을 입증하기 위한 경쟁에 많은 투자를 하였다. 그녀는 한 남자에게 거부당했을 때 심한 굴욕감을 느꼈고, 이를 끔찍한 지위 상실로 지각하였다.

권력과 특권의식

또한 NPD 환자들은 권력과 특권을 우월성의 증거로 이용한다. 이들은 '만일 내가 충분한 힘을 가지게 된다면, 나는 완전한 자신감을 가지고 의심으로부터 자유로울 수 있을 것이다'라고 믿는다. 자신의 힘을 입증하기 위한 수단으로서, 이들은 경계를 변경하기도 하고, 일방적인 결정을 내리기도 하며, 타인을 조종하고, 모두에게 적용되는 규칙에 자신만의 예외를 만들기도 한다. 힘의 상실은 이들에게 위기로 지각되어 심한 적개심, 저항, 혹은 우울을 유발할 수 있다.

NPD 환자들은 우월한 자신이 다른 사람들보다 더 우월한 판단력을 지니고 있는 것은 당연하다고 믿기 때문에, 의사소통에서 매우 판단적이고, 주장이 강하며, 자신의 주장을 강하게 밀어붙인다. 그러나 이들의 인지과정은 범주화, 흑백논리적 추론, 자기확증 편파, 임의적 추론, 타인에 대한 일반화 등을 특징적으로 드러낸다. 타인의 주장이나 의견은, 그 사람의 전문성 여하에 관계없이 쉽게 무시된다. 다른 한편으로, NPD 환자들은 정보를 구할 때 전형적으로 조언자가 어떤 우월한 자격을 지녔는지 여부를 가장 중요시한다. 흥미롭게도, 이들은 그 우월한 조언자가 무엇이 옳은지를 다 알고 있다고 임의적으로 추론한다. 따라서 당면한 일이 그 조언자의 전문 분야와는 거리가 멀다 해도, 그 우월한 사람이 옳다고 하는 주장은 정통한 것으로 받아들인다(예를 들면, 사회적 저명 인사가 재무에는 아무런 전문성이 없다 해도, 그의 재정적인 조언을 귀담아 듣는다). NPD 환자들이 맹목적으로 확신하고 있는 자기판단이 통하지 않을 때, 모든 종류의 경계선 침범이 일어날 수 있다. 왜냐하면, 이들은 자신이 통제를 행사하고 지시를 내릴 때는 편안함을 느끼지만('나는 그들에게 무엇이 옳은지 알고 있어'), 타인으로부터 영향을 받는 것은 매우 불편하게 여기기 때문이다. NPD 환자들은 타인이 자신의 지시를 고분고분하게 따르지 않을 때 당황해 하거나 즉각 화를 낸다. 자신의 의견이 도전을 받거나 지적을 당할 경우, 이들의 자존감과 자기가치감은 바닥으로 떨어진다.

미스티는 주임 의사와의 논쟁에서 동료들이 자신을 지지하지 않았을 때, 매우 화가 났다. 그 상황에 대해서 그녀는 "나는 당시 일이 어떻게 돌아가야 하는지 뻔히 다 알고 있었지만, 그 의사는 자기가 무슨 소리를 하는지조차 몰랐단 말이에요."라고 설명했다.

힘과 관련한 또 다른 조건적 가정은 일반적인 규칙이나 법칙(심지어 자연과학의 법칙일지라도)으로부터 자신은 예외지라는 가정이다. 위험은 저 멀리 떨어져 있고, 별 것 아니며, 쉽게 처리할 수 있는 것으로 본다. 이들은 자신이 예외자라는 확고한 믿음이 있기 때문에, 위험하다는 증거가 매우 뚜렷한 상황에서도 이를 무시하거나 적극적으로 왜곡한다. "나는 특별하다. 고로 나는 그 위험을 얼마든지 피해갈 수 있다." 여기서 위험이란 흡연의 피해가 될 수도 있고, 음주, 무모한 운전, 과소비, 과식, 약물 남용, 정서적 학대, 심지어는 성적 학대와 신체 손상의 위험을 의미할 수도 있다. 이러한 예외에 오류가 발생하면, 이들은 이것을 쉽게 받아들이지 않는다. 자신은 예외라는 믿음이 들어맞지 않을 때, 이들은 '그런 일이 내게 일어날 수는 없어'라고 생각한다. 가령 생명을 위협하는 질병과 같은 끔찍한 상실에 직면하였을 때, NPD 환자들은 자신이 이에 대처할 필요가 없다고 생각할지도 모른다. 왜냐하면, 다른 '열등한' 인간들이 경험하는 정서적 고통으로부터 자신은 예외일 것으로 믿기 때문이다.

자기애성 환자들은 또한 '다른 사람들은 내 욕구를 충족시켜야만 한다' 그리고 '어느 누구도 내 욕구를 침해해서는 안 된다'는 가정을 힘의 조건으로 이해한다. 따라서 이들은 어떤 상황에 대해서도, 개인적인 욕구의 만족에 대한 자동적인 특권을 부여받은 듯이 접근한다. 가장 좋은 자리나 가장 큰 스테이크를 탐하거나, 가장 좋은 침실을 먼저 선택하는 것과 같은 사소한 일에서부터, 자신의 시시콜콜한 개인적 관심사로 대화 전체를 지배하거나, 가계 지출의 상당한 부분을 자신이 차지해야 한다고 강요하거나, 혹은 유산의 지분을 터무니없이 요구하는 일에 이르기까지, 이들의 욕구 주장에는 타인에 대한 배려가 결여된 것으로 보인다. 좋은 사람으로 보이고 싶은 욕구, 손끝 하나 까딱하지 않고 편하고 싶은 욕구를 포함하여, 이들의 욕구를 다른 사람들이 충족시키지 못할 경우에 그 사람들은 '처벌을 받아 마땅한 사람들'이 되고 만다.

미스티는 자신이 누군가와 데이트를 하면, 상대방 남자로부터 선물과 보석, 현금, 여행과 같은 것을 마음대로 받아 누릴 수 있는 '응석받이'의 특권이 있다고 믿었다. 그녀는 이전 데이트에서 얼마나 대단한 선물을 받았는지, 그리고 이제는 추가적으로 어떤 물건들을 받고 싶은지를 언급하여 남자가 더 크고 더 좋은 물건으

로 응수하게끔 자극하였고, 이렇게 '남자를 가지고 노는' 자신의 힘을 자랑스러워
했다. 만일 그 남자가 이러한 사실상의 강탈을 거부한다면, 그녀는 그의 성적인 능
력에 대한 조롱 섞인 거짓말을 퍼뜨려서 그를 응징했다.

인상 유지

NPD 환자들은 '인상이 전부'라고 믿는다. 왜냐하면 인상이야말로 자기가치감
을 방어해 주는 전신갑주이기 때문이다. 자신의 인상을 항상 점검하는 것은 이들
의 지대한 관심사다. 이들은 늘 남의 눈에 비치는 자신을 의식한다. 이들의 전형적
인 자동적 사고에는 남들에게서 긍정적인 주목을 받을 가능성을 과장하는 내용이
나, 고위층의 사람들이나 저명인사들과 자신을 비교하는 내용이 자주 나타난다.
한 자기애성 성격장애 환자는 매우 자신감 넘치는 어조로 이렇게 말했다. "신이 나
를 봐도 경탄스럽기만 할 거예요." 이들은 좋게 보이거나 칭송을 받는 데 실패하면
극도의 혼란에 빠지는데, 왜냐하면 이러한 일이 분노, 반추적인 자기의심, 그리고
부정적인 핵심 믿음과 연관된 두려움을 유발하기 때문이다.

겉으로 드러나는 모습의 중요성에 대한 믿음은, 늘 그런 것은 아니지만 자주, 자
신의 연장이라고 생각하는 사람들(예: 배우자, 자식)에게로 확장되어 적용된다. 이
때의 가정은 다음과 같다. "내 아이(배우자)는 나를 빛나 보이도록 해야 한다." 그
러나 중요한 타인들에 대한 이러한 믿음에는 당혹스러운 이중의 구속이 숨어 있을
지도 모른다. 만일 그들이 NPD 환자의 눈에 감탄할 만한 수행을 보이지 못하면,
그들은 조롱받고 처벌받아야 마땅하다. 또한 만일 그들이 감탄할 만한 수행을 보
이지만 자신을 능가한다고 생각되면, 그들 역시 처벌받고 괴롭힘을 당해야 마땅한
사람이 된다.

아내 아만다(Amanda)와 남편 루이스(Lewis)는, 언제나 딸을 최고로 만들고 싶어
하는 아만다의 부모가 딸을 위해 특별히 마련한 리무진을 타고 부부치료를 받으러
치료실에 나타났다. 루이스에 대한 아만다의 불만이 점점 늘어나는 것과 그가 그
녀를 기쁘게 해 주기 위해 더 이상 노력하고 싶지 않은 것을 중심으로 하여, 부부관
계에 팽팽한 긴장감이 지속되었다. 42살인 루이스의 머리카락은 점점 가늘어지고

숱은 줄어들어 가는 깃 겉있다. 또한 그는 직업 스포츠맨으로서 신체적으로 잘 조화된 모습이었지만, 그의 배는 점차 탄력을 잃어 가고 있었다. 아직도 날씬한 몸매를 유지하는 아만다는 자신의 옷 사이즈를 가리키며, 자신이 16세 때 입던 옷과 같은 사이즈임을 자랑스럽게 과시하였다. 그녀를 기쁘게 해주는 데 진력이 난 루이스는, 그녀가 강권하는 모발 이식을 하지 않겠다고 저항하였다. 화가 난 그녀는 이렇게 불평을 터뜨렸다. "나는 살이 축 늘어진 대머리와는 같이 살 수 없어! 당신의 대머리는 내 품위를 떨어뜨리고 체면을 구긴단 말이야!"

가치 있는 공헌의 가정

NPD 환자들은 타인의 필요와 약점을 과장하고 자신의 미덕과 장점을 미화함으로써 자신에게 유리힌 기회의 시장을 만들어 내는 경향이 있다. 이들은 '그들에게는 내가 필요해' 그리고 '나는 그들에게 도움을 주고 있어' 와 같은 말들로 일차적으로는 자신을 충족시키기 위한 행동을 합리화한다. 자신을 관대하고 고상한 은인이자 후원자로 봄으로써, 타인이 입을 수 있는 불편이나 손해를 최소화하거나 부인한다. 이들이 타인에게 도움을 준 것이 사실일 수도 있지만, 이들은 자신 덕분에 타인이 얻은 이득이 대단한 것처럼 과장한다. 심지어 자신의 참을성 부족이나 특권의식으로 인해 화가 나서 타인을 처벌할 때에도, NPD 환자들은 이를 '그들이 더 나은 사람이 되기 위해서는 이러한 교훈이 꼭 필요해' 라고 합리화한다.

미스티는 할머니 집에서 공짜로 살고 있었다. 뿐만 아니라 정기적인 미용 관리, 비싼 화장품, 유명 디자이너의 옷과 액세서리 등에 들어가는 '품위 유지비' 까지 할머니에게서 받아 썼다. 할머니는 그 돈을 벌기 위해서 진행성 관절염에도 불구하고 소매점 시간제 근무를 하고 있었지만, 미스티는 자신이 할머니에게 손녀를 위해 돈을 벌 수 있는 보람과 행복의 기회를 주고 있다고 믿고 있었다.

감정에 대한 가정

NPD 환자들은 불안이나 슬픔, 죄책감 등의 감정을 자신의 긍정적 자기상을 위협하는 약점으로 보기 때문에, 이러한 감정들이 지니는 부정적인 의미는 과대평가하는 경향이 있다. 반면에 충동적인 분노 표현이나 자기 칭송과 관련된 위험성은 최소화하거나 송두리째 부정한다. NPD 환자들은 종종 좌절에 대한 인내력이 낮고, 자신의 욕구가 쉽게 충족될 수 있을 것으로 기대할 뿐 아니라, 긍정적 강화의 상태가 꾸준히 지속될 것으로 기대한다. 그러나 만일 이러한 일이 일어나지 않으면, 이들은 앞서 언급했듯이 '자기애적 모욕' 을 경험한다. 이들의 조건적 가정은 다음과 같다. '만일 내가 무언가를 원한다면, 내가 그것을 얻는 것은 대단히 중요하다', '나는 언제든지 행복하고 편안해야 한다', '내가 행복하지 않으면, 어느 누구도 행복할 수 없다.' 자기애성 환자들은 취약성을 '약한 모습' 으로 생각하여, 이를 견디지 못한다. 이들은 자신의 힘든 문제를 털어놓는 것이 자신의 '약한 모습' 을 드러내는 것이고 자신의 이미지에 오점을 남기는 것이라고 여기기 때문에, 자신의 고민이나 걱정을 이야기하는 것을 상당히 꺼리기도 한다. 주변 사람들이 이들을 걱정하여 관심을 표할 때, 이것은 이들에게 그저 견딜 만은 하지만 달가운 일은 아닌데, 왜냐하면 남들이 자신을 걱정한다는 것은 자신이 열등한 존재라는 것을 입증하는 것이기 때문이다. 치료 장면에서도 NPD 환자들은 '약함' 을 드러내기를 꺼리며, 그러면서도 동시에 치료자가 어떻게든 자신의 안녕감을 회복시켜 주기를 바란다.

보상 책략

NPD 환자들은 자기과장적 믿음을 강화하고 불편이나 취약함의 경험을 회피하기 위해서 매우 적극적인 시도를 보인다. 이들은 원대한 꿈을 지니고 있고, 명성과 권력을 추구하며, 이상적인 낭만적 사랑을 꿈꾼다. 이들이 바라는 힘은 재산이나 지위처럼 물질적인 것일 수도 있고, 다른 사람에게 권위와 영향력을 행사하는 것처럼 대인관계적인 것일 수도 있다. 이러한 노력의 목표는 타인에게서 칭송을 얻고, 자신의 우월함을 입증하며, 고통이나 자존감 상실에도 상처 입지 않는 불사신이 되는 것이다. 이러한 행동 성향을 표현하는 데에는 적어도 세 가지 유형의 책략이 존재하는 듯하다. 이러한 책략들 내에는, 이들이 비판을 받거나 도전을 당할 때 자신과 타인에 대해 폭력적으로 행동하거나 착취적으로 행동할 수 있는 위험성이 내포되어 있다.

자기 강화 책략

NPD 환자들은 남들로부터 아첨의 말을 유도하고 아랫사람들에게 거만하면서도 짐짓 생색을 내는 태도로 행동함으로써 자신의 힘과 중요성을 강화하려 한다. 이러한 책략을 통해 이들은 "내가 얼마나 중요하고 영향력 있는 사람인지 알겠지?"라고 말하는 것처럼 보인다.

자기 확장 책략

NPD 환자들은 지위, 완벽, 힘의 상징적인 잣대가 되는 것들을 진지하게 축적한다. 어떤 사람들은 물질적 소유에 온 힘을 쏟아서, 자신이 소유한 물건의 '지위'에 정서적 에너지를 투자한다. 이들의 좌우명은 '최상, 최고가 아니면 내게 어울리지 않아'일 것이다. 또 다른 사람들의 자기 확장 책략은 주로 성취 혹은 인정에 초점이 맞춰져 있어서, 이들은 심지어 외모의 치장이나 물질의 소유에는 전혀 신경을 쓰지 않는 듯 보이기도 한다.

또한 어떤 NPD 환자들은 큰 위험 부담이 따르는 사업 거래, 아슬아슬한 스포츠, 전승 트로피를 놓고 경쟁하는 듯한 데이트와 결혼, 동시다발의 성형수술, 세계 일주, 자지도 쉬지도 않고 오락을 즐기기, 기타 자신의 독특한 인생 스타일을 드러낼 수 있는 것이면 무엇에든 참여함으로써, 위험한 자기 확장 책략을 추구하기도 한다. 이러한 모험 추구는 조증 혹은 경조증의 활동 과다와 유사한 측면이 있어 보이지만, 더 목적적이고 지속적이며 행동의 와해를 보이지 않는다는 면에서 조증 혹은 경조증의 상태와는 구별된다. 다른 사람의 눈에 더 멋지게 보일 가능성이 있고 더 높은 지위를 차지할 수 있으며 힘의 경쟁에서 승리할 수 있다면, 거의 어느 것도 NPD 환자들의 이러한 행동을 멈추게 할 수 없으며, 사전에 행동의 결과를 고려해 보게 할 수 없을 것이다.

자기 보호 책략

자기애적인 보상 책략들 중에서 가장 유해한 것은, 왜곡된 자기상에 대한 위협을 차단하려는 목적으로 수행되는 책략이다. 무엇이 위협이 되는지는 개인마다 다르고, 위협은 다양한 형태로 지각될 수 있다. 그러나 이들에게 공통적으로 예측 가능한 위협은 개인적인 피드백이나 평가적인 발언을 포함하며, 이러한 발언이 정확히 아첨하는 말이 아니라면 비판으로 지각될 수 있다. 이들의 의견에 동의하지 않거나, 적절한 '존경'과 감탄을 보이지 않거나, 이들의 신념에 도전하는 것 등은 모두 이들의 자존감을 위협할 가능성이 있다. NPD 환자들에게는 '이미지가 전부'이기 때문에, 이들을 가장 위협할 만한 상황은 여러 사람들 앞에서, 혹은 중요한 사람의 눈에 자신이 '형편없이 보이는' 것이다. 여러 친구들 앞에서 우연하게 불거져 나온 사소한 비판은 자기애적 모욕에 기인한 '감정의 대폭발'을 유발할 수 있다. 다른 사람들은, 예의를 갖춰 따뜻하게 전달한 건설적인 피드백에 대해서조차도 이들이 얼마나 방어적이고 비수용적인지를 금세 알게 된다.

자기애는 상황적인 방어성이 도를 넘어서 파괴적이고 폭력적인 행동으로까지 이르게 하는 위험 요인이다. NPD 환자들은 도전자들에 대해서 소문을 퍼뜨리거나 그들을 고립시키거나 공공연하게 깎아내리는 등, 사회적으로 파괴적인 행동을 보일 수 있다. 도전자들에게 겁을 주기 위해서 폭력이 암시된 위협을 하거나("너는 반드시 후회하게 될 거야. 너는 지금 누구를 건드렸는지 모르는군!") 처벌을 위해서 실제로 물리적 폭력을 행사하는 일은, 불행하게도 드물지만 분명한 가능성으로 남아 있다.

윌리엄스(Williams)는 6명의 가족을 연쇄 살해한 죄로 구속되었고, 이후 그에게 NPD의 진단이 내려졌다. 윌리엄스가 저지른 살인 사건은 그가 연이어 어려운 일들을 겪고 난 후에 일어났다. 그는 아내와 이혼했지만, 네 명의 어린 자녀들에 대한 양육권은 그가 가지고 있었다. 그는 직장에서 일시 해고되어 재정적 손실을 입었고, 결국 가구를 다 팔아 치운 채 맨몸으로 집을 나오게 되었다. 윌리엄스의 말에 따르면, 그와 소원해진 아내는 그에게 이따금씩 전화를 걸어 새 남자친구의 큰 성기, 뛰어난 성적 능력, 그리고 많은 재산 이야기를 하며 그를 비웃었다고 한다. 윌리엄스는 점차로 분노하기 시작했고, '새 남자친구가 나보다 더 큰 성기를 가졌단 말이지' 라는 생각에 몰두했으며, 그의 아이들이 더 많은 물질을 제공할 수 있는 엄마와 그 남자친구를 찾아서 자신을 떠나 버릴지도 모른다는 두려움에 사로잡혔다. 그는 자신의 힘을 입증하기 위해서 아내와 그 남자친구를 살해할 계획을 세웠다. 그러나 그가 이 계획을 실행에 옮기기로 한 날, 그는 아내와 그 남자친구가 아이들을 소유하는 것을 허용할 수 없어서 네 아이들까지 살해함으로써 아이들을 '보호했다.' 그는 아내를 장모의 집에서 찾아내고는, 두 여자를 모두 총으로 쏴 버렸다. 이후 그는 6시간 동안 새 남자친구를 몰래 추적하여, 결국 총으로 부상을 입혔지만 그를 죽이는 데는 실패하였다. 집중적인 심리학적 평가를 통해, 그 살인은 모두 치욕스러운 상처를 입은 윌리엄스의 자존감을 보호하고, 그를 위협한 사람들을 응징하고, 그의 명예를 회복하기 위해서 저질러진 것이라는 생각이 지지되었다.

치료적 접근

자기애성 성격장애 환자들은 Freeman과 Dolan(2001)이 기술한 '반-숙고(anti-contemplation)' 의 변화 단계에서 치료에 참여할 것으로 기대된다. 전-숙고와 숙고의 사이에 있는 이 단계에서, 환자들은 변화에 반항하는 자세를 취한다. 이들이 취하는 자세는 이런 식이다. '나는 이대로의 내가 좋아. 나는 이 자리에 있을 필요도 없고, 변화할 필요도 없어. 더구나 당신이 나를 변화시킬 수 있다고? 심한 고통을 겪고 있을 때조차도, 자기애성 성격장애 환자들은 치료에 대해 양가적이며 자기평가 과정에 참여하기를 꺼려한다. 왜냐하면 이를 통해 열등함이라는 부정적 핵심 믿음이 활성화될까 봐 두렵기 때문이다. 이 장애의 자기 보호 책략은 고통의 원천을 외재화하는 것이다. 뭔가 달라질 필요를 느끼지만, 달라져야 하는 것이 자신은 아니라고 믿는다. 축 I 장애에서 더 전형적인 방식으로, 즉 치료자가 좋은 의도를 가지고 이들에게 변화를 위한 행동을 권면하면, 그 결말은 비생산적인 힘겨루기와 방어적 저항으로 나타나고 말 것이다.

협력 전략

이 장애에서 나타나는 방어적인 특성과 적극적인 책략으로 말미암아, 치료자는 쉽게 짜증이 나거나 방어적이 되고 불안해지거나 판단 실수를 범하게 된다. 비판과 아부는 모두 NPD 환자들이 흔히 사용하는 대인관계 책략이다. 이들은, 심지어 첫 만남에서부터, 클리닉의 위치와 실내 장식을 비난하거나 치료자의 가치에 도전하고 직원들에게 거만을 떨거나 특별대우를 요구할지 모른다. 이런 부적절한 행동으로 인해, 이들을 공감하고 정서적인 유대를 형성하는 것이 쉽지만은 않을 수 있다. 이와는 다른 방식으로, 자기애성 환자들은 아첨의 말로 치료자를 현혹하여 '예외적인' 사람들의 특별한 무리 속에 치료자를 끌어들이려고 하기도 한다. 치료자는 이러한 이상화와 과찬의 말을 잠재적인 정신병리로 감지해 낼 수 있어야 한다. 이런 말들은 다른 환자들에게서 흔히 들을 수 있는 긍정적인 반응과는 다소 거리가 있다. 예를 들어, 많은 다른 환자들은 흔히 치료실의 탁 트인 전망을 언급하면서 호의적인 반응을 보일 수 있다. 그러나 자기애성 성격장애 환자들은 치료실의 전망을 몹시 선망하면서 이를 지위의 척도로 평가한다.

이러한 책략들과 치료자 자신의 강화에 대한 기대와 반응들을 섬세하게 살펴보는 것이 매우 중요하다. 치료자에게 가장 중요한 전략은 환자의 믿음과 책략에 대한 개념화에 입각하여 일관적으로 작업해 나가면서, 환자의 반응에 맞추어 자신의 기대를 조정해가는 것이다. 만일 치료자가 인지적 기법을 적용하는 데 있어서 순탄한 과정을 밟을 것으로 기대한다면, 곧 낙담하게 될 것이다. 자기애성 성격장애 환자들은 통찰이 부족하거나 변화의 초점을 외부로 돌리는 등, 치료적 협력에 방해가 되는 심각한 문제를 지니고 있을 수 있다. 이들이 치료자의 영향력을 받아들일 수 있기 위해서는, 문제에 대한 숙고를 통해서 반복적으로 안내를 받아야 할 필요가 있을지 모른다. 이들은 치료를 위협으로 받아들이기 때문에, 치료를 자기 증진의 과정으로 이해하기 위해서는 많은 도움이 필요할 수 있다. 이들은 자신이 특별대우를 받을 권리가 있다고 느끼면서, 구체적이고 표준적인 권면들을 하찮은 것으로 여긴다. 이들은 노력 없이 나아지기를 기대하며, 노력이 필요하다는 말에 분개한다. 만일 치료자가 이러한 이유로 인지적 접근을 너무 빨리 포기히거나 이러한 어려움들의 원인을 치료자 자신의 기술 부족으로만 돌린다면, 이들의 부적응적인 성격 측면들은 다루어질 수 없다.

자기애성 성격장애 환자들을 치료할 때, 목표에 점진적으로 근접해 가는 행동과 환자의 강점에 대해서 칭찬과 지지를 보내는 것이 중요하다. 필요하다면 치료의 구조를 변경할 수도 있다. 환자가 지닌 관계에 대한 기대에 어느 정도 부응하면서 환자가 치료를 계속 받게 하기 위해서는 호의적인 반영과 언급이 필요하지만, 이는 바람직한 행동을 강화하기 위해서 전략적으로 이루어져야 한다.

때로 자기애성 성격장애 환자들에 대한 치료자의 감정 반응은 긍정적인 방향이든 부정적인 방향이든 정상 범위를 벗어나서, 치료자의 평소 대처 기술에 심각한 도전이 되기도 한다. 치료자는 환자의 무법적, 비도덕적, 또는 착취적 행동에 혐오감이나 역겨움을 느낄 수 있다. 아니면, 치료자는 이 외견상 명민하고 힘 있는 사람의 아첨에 매혹될 수도 있다. 어떤 유형의 반응이든 이러한 반응들은 온전한 치료에 위협이 되며, 어떤 치료적 반응이 적절한지를 개념화할 필요가 있음을 시사한다. 이때 치료자가 역기능적 사고 기록지와 같은 도구를 사용하여 자신의 강한 감정 반응을 이해하고, 대안적인 사고와 대처 책략을 생각해 보는 것은 특히 도움이 된다. 늘 그렇듯이, 위협적인 행동이나 경계의 침범을 다루기 위한 윤리적, 법적, 그리고 임상적 지침들에 유념하고, 필요하면 다른 치료자의 자문을 구하는 것은 지혜로운 일이다.

구체적 개입

자기애성 성격을 다룰 때 핵심 표적 영역은 다음과 같다: (1) 숙달 및 목표 달성 기술의 증진, 그리고 성공의 의미에 대한 검토, (2) 대인 경계 및 타인의 관점에 대한 인식의 증진, (3) 자기 가치 및 감정에 대한 믿음의 탐색, 그리고 건설적인 대안의 개발. 이러한 표적 영역을 다루면서 문제 상황에 대한 자료를 수집하고 가설을 검증하는 과정에서 다양한 인지적 도구들이 유용하게 적용될 수 있다. 기여 요인들에 대한 파이 차트(pie charts) 기법은 환자가 더 넓은 시각에서 생각하고 우선순위를 명료화하는 데 유용할 수 있다. 특히 역할 바꾸기를 포함한 역할 연기 기법은 대인 경계와 외부 관점에 대한 공감과 이해를 증진하는 데 효과적일 수 있다. 비판을 당하거나 특권의식이 좌절된 상황에서의 과도한 감정 반응은, 척도화 기법 및 다양한 선택과 대안을 검토하는 방법을 통해서 약화될 수 있다. 목표 설정 및 점진적으로 부여된 과제에의 집중 유지를 통해서, 환상을 통한 욕구 만족에 지나치게 의존하는 경향을 완화시킬 수 있다. 소크라테스식의 안내적인 질문을 다양하게 사용해서, 자기 과장적인 믿음과 가정을 탐색하고 다른 대안들을 발전시킬 수 있다. 인지적 최면치료 또한, 특히 구조 혹은 도식의 수준에서 자기애적인 사고를 수정하는 데 유용한 도구가 될 수 있다(Dowd, 2000). Dowd(2000)가 지적하였듯이, 이 특수한 치료법을 적용하기 위해서는 치료자와 환자 모두 이에 적절히 준비되어 있어야 한다.

문제 목록, 의제 그리고 치료 동기

NPD 환자들은 자신의 열등감에 노출되는 것을 두려워하기 때문에, 환자가 제시한 구체적인 어려움들에 기초한 구체적인 문제 목록을 가급적 빨리 작성할 필요가 있다. 이들이 치료에 대해 보이는 양가감정은, 치료가 이들의 문제를 해결하는 데 도움이 되는지 손해가 되는지를 검토함으로써 다루어질 수 있다. 이러한 구조를 통해서 환자들은 치료를 긍정적인 자기증진의 대안으로 선택할 수 있게 된다. 매우 성공적이거나 유명한 사람들을 포함하여 모든 사람들이 인생의 여정에서 심리치료를 받는다는 것, 그리고 많은 환자들이 치료를 긍정적인 경험으로 받아들인다는 것을 말해 주는 것이 도움이 된다. 비록 특정 주제들이 불편을 유발할 수 있음에도 불구하고, 환자들은 치료자의 도움과 지도를 즐기며 치료 시간에 오는 것을 긍정적으로 기대한다. 더 나아가 이들은 치료자와 함께 치료의 유용성과 진전을 평가하는 작업을 진행해 갈 것이다.

특정 기능상의 문제를 작업하는 과정에서 협력적 관계가 발달함에 따라, PBQ(Personality Belief Questionnaire)와 같은 구조화된 도구를 사용하여 자기애적인 믿음들과 그 강도를 평가할 수 있다. 이러한 평가는 환자와 치료자가 서로 공유하는 사례개념화를 위한 좋은 지침이 될 수 있다. 문제 목록 중에 흉악한 범죄 행위가 포함되어 있다면, 부가적인 치료 방략들이 요구된다(그러나 범죄의 문제를 집중적으로 설명하는 것은 이 책의 범위를 넘어선다).

전형적으로 다음과 같은 방법들이 유용하다. (1) 당장의 어떤 위기나 파괴적인 행동을 다루기, (2) 축 I 장애의 증상에 초점을 맞추기, (3) 행동실험 및 안내를 통한 발견을 통해서 기저의 믿음을 수정하기 등이다. 성격의 재구성과 같은 광범위한 목표(예: 미스티를 겸손하고 이타적인 사람으로 만드는 것)보다는, 적응적인 책략을 촉진하는 것과 같이 제한적인 초점을 유지하는 것이 더 필요하다(예: 미스티가 할머니를 착취적으로 대하는 것을 중지하고, 보다 현실적인 직업 목표를 세우고, 자기애적인 모욕에 더 효과적으로 대처하고, 자존감과 관련한 보다 더 적응적인 믿음을 구축할 수 있도록 돕는 것).

앞서 언급한 것처럼, 미스티는 할머니를 비롯한 여러 사람들의 일치된 제안에 따라 치료를 한 번쯤은 시도해 볼 필요가 있는 것으로 받아들였다. 그녀는 자신이 변화의 필요성을 느끼지 못한다는 것을 인정했다. 그러나 치료가 도움이 된다면 치료를 계속하겠지만 그렇지 않으면 치료를 중단하겠다는 조건하에, 관계에서의 실망감, 직업 목표에 대한 좌절, 그리고 운전과 관련한 법적 문제에만 초점을 맞춘다면, 처음 12회기 동안 치료에 참여하는 것에 동의했다. 그녀는 자신이 선망하는 유명 여배우가 어느 잡지 인터뷰 기사에서 "부부치료로 큰 도움을 받았다."라고 밝힌 사실을 접하고는, 치료에 대해 보다 더 호의적인 태도로 선회하였다. 그녀는 그 사실을 마음에 새기면서, 자신도 치료를 자기증진의 기회로 받아들이면 된다는 위안과 용기를 얻게 되었다.

미스티는 처음에 어떤 문제부터 다룰지에 대해서 특별한 선호가 있지는 않았지만, 자신을 과장하여 부풀리는 이야기로 치료 시간을 보내고 싶어 하는 경향을 보였다. 이런 일이 있을 때마다, 치료자는 간단한 말로, 그러나 빈번하게 인지적 모델로 방향을 전환해야 했다.

치료자: 미스티, 나는 당신이 치료 시간이 시작될 때 놀라울 정도로 주도적인 모습

을 보여 주었다고 생각해요. 그리고 그러한 자질과 재능이 많은 상황에서 당신의 장점이 되었을 것이라고 생각해요.

미스티: 고마워요!

치료자: 물론 우리를 기분 좋게 하는 것에 주목하고 우리의 성공으로부터 뭔가를 배우는 것은 큰 도움이 되지요. 그러나 분명히 해 둬야 할 게 있는데, 우리는 우리의 목록에 있는 것 중에서 적어도 한 가지에 충분한 시간을 할애해야 한다는 거예요. 오늘은 어떤 것을 다루는 게 좋을까요?

미스티: 음. 토요일에 있었던 대단히 멋진 경험에 대해서 이야기하고 싶어요.

치료자: 좋아요. 나도 들어 보고 싶군요. 그런데 만일 그 얘기가 우리의 문제 목록 중 하나와 자연스럽게 연결되지 않는다면, 나는 10분 안에 이야기의 방향을 전환해서 당신의 경력에 관련된 얘기로 돌아가 작업을 할 수 있으면 좋겠어요. 제 얘기가 어떻게 생각되나요?

미스티: 좋습니다. 자, 그러면 지난 토요일로 돌아가서…….

목표 달성과 성공의 의미

높은 목표의 달성은 NPD 환자의 자기가치감과 정체감의 핵심이다. 그러나 대부분의 성취 경험 속에 본질적으로 내재된 부단한 노력과 좌절은 이들의 부정적인 핵심 믿음을 쉽게 촉발시킬 수 있다. 이들이 보이는 특권의식, 환상에의 과도한 의존, 과장된 기대, 그리고 부족한 노력 때문에 실제적인 성취와 숙달은 달성하기 어려운 머나먼 목표일 때가 많다. 실제 성취를 측정하는 척도가 있다 해도, 그리고 심지어 뛰어난 성취를 이루었다 해도, 성공의 의미가 지속적으로 문제가 될 수 있는데, 왜냐하면 이들에게는 성공이 개인의 가치를 가늠하는 척도이기 때문이다. 보다 효과적인 목표 달성을 위해서, 그리고 성공의 의미와 관련한 믿음을 검토하기 위해서 다양한 인지적, 행동적 책략들이 사용될 수 있다.

직업에 대한 포부를 탐색하는 과정에서, 미스티는 일류 미인대회에서 일등으로 뽑히고 최고 배우가 되어 결국 영화제에서 대상을 수상하는 환상에 자주 빠진다고 보고했다. 그녀는 오스카 시상식을 TV로 시청하면서, '내가 저 자리에 올라갔어

아 하는데'라고 생각하곤 했다. 그러나 그녀가 겪는 좌절의 많은 부분은, 그녀가 배우로서의 화려한 경력을 꿈꾸는 것 말고는 아무런 노력도 기울이지 않는다는 데서 비롯되는 것으로 보였다. 그녀는 이상적인 미래를 환상 속에서 소망하면서(그러나 이를 위해 아무것도 하지 않으면서), 다른 개인적인 목표들에는 거의 주의를 기울이지 않았다.

미스티가 우선순위를 명확히 할 수 있도록 돕기 위해서, 치료자는 그녀에게 잠재적으로 바람직한 삶의 꿈(성취)들을 파이 차트에 그려보도록 요청하였다. 그녀는 유명 배우가 되고 싶은 포부 외에도, 행복하고 지속적인 관계와 가족 간 유대를 소망하고 있다는 사실을 인정하였다. 우선순위들의 상대적인 비율을 배정하게 했을 때, 그녀는 배우가 되는 것에 40%를 배정하였고, 데이트에 30%, 친구 및 가족에 20%, 그리고 생계 유지에는 10%를 배정히였다. 그 다음으로 미스티와 치료자는, 꿈이 실현되기를 마냥 기다리기보다는 꿈을 실현하기 위해 그녀가 취할 수 있는 현실적인 단계들에 대한 청사진을 그려보았다. 미스티가 배우로서의 꿈에 현실적으로 접근하기 위해서 선택한 점진적인 과제들은, 연기강습 과정에 등록하는 것, '단역 배우'를 선발하는 오디션에 참가하는 것, 그리고 주요 영화제작사의 촬영 현장에서 시간제로 일하는 것이었다.

이러한 연습의 중요한 부분은, 미스티가 작은 발걸음을 내딛었을 때 그녀 자신의 반응에 대해 논의하고, 이러한 노력을 하찮게 여기거나 비웃는 것과 같은 부정적인 반응을 포착하는 것이었다. 일상적인 활동 중에 일어나는 이런 반응들을 추적하면서 역기능적 사고 기록지를 작성하는 것이 큰 도움이 되었다. 부정적인 반응들의 이유를 탐색할 수 있게 됨에 따라서, 그녀는 우월성 및 성공과 연결된 가치에 관한 자신의 핵심 믿음(예: '나는 스타의 역할을 해야만 해. 그렇지 않으면 난 쓸모없는 존재야.')을 정확히 이해할 수 있게 되었다. 이는 한 걸음 더 나아가서 기저의 믿음을 검증하는 단계로까지 이어졌고, 그녀는 목표 추구에서의 지속성과 유연성(스타의 역할보다는 작은 일부가 되는 일)이 과연 보람 있는 소득을 가져다주는지를 검증하기 위한 실험을 수행하였다.

자기애성 환자들이 기대나 꿈의 좌절을 호소할 때, 최상의 성취에 대한 경직된 기대가 있는지, 그리고 이에 기인하는 반추적인 비교, 노력의 필요성에 대한 경시, 미약한 결과에 대한 무시의 경향이 있는지를 확인해야 한다. 이들은 더 나아가, 자신의 진전을 방해해 온 착취적이거나 공격적인 행동을 경시하거나 부정하기도 한다.

스코트(Scott)는, 자신의 세 번째 직장에서 해고된 투자 중개인으로서, "이런 일이 내게 일어나다니, 이건 있을 수 없는 일이야."라며 불만을 터트렸다. 그는 자신이 '누려야 마땅한' 성공에 대해 끊임없이 반추하였고, 사업에 성공한 동창들과 자신을 비교하면서 노여움에 찬 표정으로 "그 놈들의 성공이 나를 짓밟고 있다고!"라고 뇌까렸다. 그는 '최소한' 100만 달러의 연봉은 받아야 한다고 기대하였다. 그러나 그는 자신의 해고 사유가 자신이 저지른 성희롱에 대한 여직원들의 불만과 어떤 관련이 있으리라고는 전혀 생각하지 못하였다. 스코트는 다른 사람들이 이미 이룩한 성공과 끊임없이 비교하면서 자신의 잠재력을 가늠하는 것이 자신에게 득이 되지 않는다는 것을 어렵게 받아들일 수 있었다. 그가 이보다 더 마지못해 수용한 것은, 그가 과연 성희롱과 직업 윤리에 어긋나는 다른 처신들에 대한 반복적인(그러면서도 실질적인 근거가 있는) 클레임에도 불구하고 '품격 높은' 회사와 100만 달러의 연봉 계약을 체결하는 것이 가능한지를 탐색하는 것이었다. 가장 어려우면서도 핵심적이었던 것은, 그가 기대하는 성공의 의미가 무엇인지를 탐색하는 것과 대안적인 목표들이 하찮게 보인다는 그의 믿음을 수정하는 것이었다.

특권의식의 좌절에 따른 분노와 질시가 환자의 문제로 부각되었을 때 도움이 될 만한 또 다른 전략은, 현재의 행동이 가져다주는 이득과 손실을 평가해 보고 대안적인 행동들에 대해 문제해결적인 방식으로 토의하는 것이다. 예를 들어, 미스티는 그녀가 최대한 빨리 목적지에 도달하려면 다른 사람들이 그녀의 길을 가로막아서는 안 된다고 믿고 있었다. 치료자는 만일 다른 사람들이 그녀를 위해 길을 비켜 주기만 한다면, 그녀의 행로는 수월할 것이라는 데 동의하였다. 그러나 그들이 그렇게 할 가능성이 희박하다면, 이런 좌절스러운 상황에 대처하기 위한 더 나은 선택은 없을까? 미스티가 '멍청한' 그들을 추월하기 위해 치른 대가는, 자신이 애써 번 돈을 수많은 벌금과 할증된 보험료, 자동차 수리비로 날려 버린 것과 면허 취소라는 결과가 아니었던가? 결국 미스티는 자기절제를 위한 변화를 시도해 보는 데 동의하였다. 이러한 시도에는 천천히 달리는 앞차에 바짝 붙어서 따라가는 것을 포기하고, 교통체증이 심할 때 자신을 차분히 가라앉히는 생각을 연습하는 내용이 포함되었다. 특권의식에 따른 분노를 다루기 위한 추가적인 책략들은 DiGiuseppe (2001)에 상세하게 기술되어 있다.

치료적인 신뢰 관계가 충분히 잘 형성되었다면, 치료자는 특권의식의 배후에 있는 추리 과정을 탐색하고, 이러한 입장에 대해서 부드럽게 도전하며, 특권의식을 포기하는 것과 관련된 의미를 탐색해 볼 수 있다. 주어진 특권을 포기함으로써 현실적으로 잃게 되는 것은 무엇인가? 얻을 수 있는 것은 무엇인가? 예를 들면, 치료자는 미스티에게, 데이트에서 자신이 응당 선물을 받아야 하는 것처럼 응석을 부리는 것을 포기할 때 무엇을 잃고 무엇을 얻을 수 있는지 생각해 보도록 격려했다. 스코트에게는, 매일 커피숍에 앉아서 자신이 응당 받아야 마땅했던 것들을 반추함으로써 잃는 것과, 반대로 '이류 혹은 삼류' 회사에서 일하면서 회사의 근무지침을 따름으로써 얻는 것을 비교해 보도록 요청했다.

대인 경계와 타인의 관점

비록 NPD 환자들이 사회기술훈련을 자기애적 모욕으로 받아들일 여지는 있지만, 이들을 치료하는 데 있어서 핵심적인 과제의 하나는 대인관계기술을 증진하는 것이다. 이들에게 결여된 것은, 기본적인 사회기술이기보다는 타인을 경청하고 공감하고 돌봐 주며 타인의 영향력을 수용하는 등의 친밀함의 기술이다. NPD 환자들은 타인과 친밀한 관계를 맺기보다는, 타인을 판단하고 조종하며 지배하려는 경향을 보인다. 이들의 반발을 최소화하면서 이러한 주제들에 접근하기 위한 한 가지 좋은 방법은, 대인 경계 및 타인의 관점에 초점을 유지하는 것이다. 검토해 봐야 할 경계들에는 타인의 신체적, 성적, 사회적, 정서적 경계뿐 아니라 타인에 대한 관심의 경계가 포함될 수 있다. 치료자가 회기 중에 이들에게 피드백을 요청하고 이를 존중함으로써, 타인의 관점에 주의를 기울이는 모범을 보일 수 있다. 또한 판단과 비교는 정서적 경계의 침범으로 이해될 수 있으며, 비판단적인 묘사와 수용이 더 공감적인 대안임을 강조할 필요가 있다.

할머니의 관계를 이야기하면서, 미스티는 서로 간에 어떤 경계들이 침범되고 있는지와 그녀가 할머니의 관점을 얼마나 이해하고 있는지에 대해서 논의하는 것에 동의했다. 비록 그녀가 거부적인 태도를 보이긴 하였지만, 그녀는 할머니가 자신의 삶에서 매우 중요한 사람이라는 것을 인정하였다. 심상을 통한 역할 바꾸기와 공감적 직면을 통해서, 치료자는 미스티가 할머니의 욕구와 경계에 대해서 더 많이 공감할 수 있도록 이끌었다.

치료자: 그러니까 할머니는 때로 저녁에 짜증을 내실 때가 있고, 특히 당신이 저녁 식사 시간에 맞춰 집에 들어오지 않으면 그렇다는 말이군요. 우리 한 번 할머니가 그때 어떤 생각을 하실지 상상해 보도록 합시다. 당신이 지금 할머니의 입장이 되었다고 상상하고, 당신이 할머니로서 미스티에게 왜 그렇게 짜증이 났는지 이야기해 보실 수 있겠어요?

미스티: 나는 지금 일을 마치고 돌아와 지쳤단다. 관절염 때문에 몸이 힘들기도 하고. 서 있기도 힘들고, 저녁밥을 짓기는 더 힘들단다. 나는 당장 들어가서 눕고만 싶은 심정이야.

치료자: 할머니가 그 나이에 일을 나가시는 게 힘든 일이겠군요. 그리고 손녀딸이 여러 가지 많은 일로 자신에게 기대고 있는 것도 스트레스가 되겠어요.

미스티: 오, 아니에요. 할머니는 내 응석을 받아 주고 나를 행복하게 해 주는 것을 즐거워하세요.

치료자: 할머니가 당신을 사랑한다는 것과 당신을 행복하게 해 주는 것을 즐거워한다는 것에는 나도 동의해요. 하지만 그녀가 지치고 아프고 자신을 위한 돈이 필요할 때는, 손녀를 위한 일이 스트레스가 될 수 있지 않을까요?

미스티: 잘은 모르겠지만, 그럴 수 있을 거라고 생각해요.

치료자: 이런 가설을 검증해 보기 위해서, 할머니에게 어떤 심정이신지 한번 물어보면 어떨까요?

미스티: 좋아요.

치료자: 좋아요. 그러면 당신이 실제로 할머니에게 어떻게 물어 볼 수 있을지 얘기해 보죠.

자기애성 성격장애 환자들은, 조증 상태의 환자들처럼, 타인의 긍정적인 반응을 과대 추정하는 경향이 있고, 자신이 드러내는 문제 행동의 긍정적인 영향을 부풀려 생각하는 경향이 있다. 이러한 왜곡된 지각에 대해서 집중적이고 반복적으로 초점을 맞춤으로써, 자신의 행동이 타인에게 어떤 영향을 줄 수 있는지를 이해할 수 있도록 도와야 한다.

자기 및 감정에 대한 부적응적 믿음

판단의 경직성과 자기 및 감정에 대한 부적응적 믿음은 NPD를 치료할 때 다루어야 할 중요한 주제다.

자기애와 관련된 왜곡된 자신감은 자신에 대한 비판적인 생각에 직면하는 능력에 중대한 영향을 미칠 수 있다. 외부의 영향을 수용하고 외부로부터의 정보에 맞춰 자신의 입장을 바꾸는 것은, 자기상을 위협하는 약점 혹은 힘의 상실로 간주될 수 있다. 예를 들어, NPD 환자들은 '일단 어떤 결정을 내리면, 어떤 희생을 치르더라도 이를 고수해야 한다', '만일 내가 마음을 바꾼다면, 나는 나약하고 열등한 사람으로 비칠 것이다' 라고 믿는다. 더 나아가 이들은 '다른 사람의 영향을 받아들이는 것은 그에게 지는 것을 의미하고, 패배를 시인하는 것은 모욕적인 일이다' 라고 생각한다. 이들의 마음속에는 '자신 있고 성공적인 사람은 절대로 자신의 입장을 바꾸거나 뒤로 물러서지 않는다' 는 믿음이 자리 잡고 있다. 이러한 믿음의 대안들을 탐색하는 작업은 이들과의 치료 과정에서 하나의 중요한 단계가 된다. 한 가지 방안은 대안적 믿음을 이행하기 위한 이유와 상황을 정의하는 것이다. 예를 들면, 자신감에 찬 사람들도 위태로운 상황이나 친밀한 관계와 같은 맥락에서는 자신의 입장을 바꾸기도 한다는 것이다.

언제나 편안하고 행복하고 자신감에 차 있어야 한다는 이들의 믿음은 또 다른 중요한 주제가 될 수 있다. '치료자는 환자 자신이 긍정적인 상태를 회복하고 이를 지속적으로 유지할 수 있도록 도와야만 한다'는 암묵적인 혹은 명시적인 요구가 있을지도 모른다. 그러나 이러한 자동적 반응은 부정적인 도식의 활성화를 최소화하기 위한 회피 방략일 가능성이 아주 높다. 어떤 NPD 환자들은, 자신이 안 좋은 감정을 느낀다면 이는 자신이 무능하고 부적절하다는 것을 의미하는 것으로 받아들이며, 자신감 넘치고 우월한 사람은 절대로 실망이나 두려움, 슬픔, 불안 등의 부정적인 감정을 겪는 일이 없을 것이라고 믿는다. 이와 관련하여 이들은 자신의 긍정적인 자기상을 반드시 방어해야 한다고 믿는데, 가령 '내가 도전을 당한다면 반드시 나를 지켜야 한다' 혹은 '누군가 나를 비판하는 것을 용납해서는 안 된다'와 같은 믿음이 그 예가 될 수 있을 것이다.

감정 경험을 수용할 수 있도록 돕는 첫 번째 단계는 감정에 대한 공감적 지지와 타당화(validation)를 제공해 주는 것이다. 두 번째로, 긍정적인 정서만을 유지하려는 기대가 자기패배적인 결과와 어떻게 직결되는지를 지적하는 것이 유용하다. 왜냐하면, 긍정적 정서만을 유지하려 할 경우에는 어떤 부정적인 정서 경험도 자존감에 위협이 될 수 있기 때문이다. 또한 치료자는 환자가 어떤 감정에 대해 지니고 있는 경멸적이고 거부적인 태도에 주의를 기울이고, '나는 감정의 상처를 입을 만큼 어리석고 나약하다' 혹은 '늘 행복하지 않은 것은 견딜 수 없다'와 같은 자동적 사고의 평가적 속성에 주목할 수 있다. 이러한 평가적인 생각들은 이러한 믿음을 유지했을 때 얻는 이득과 손실의 관점에서 더 탐색해 볼 수 있다. 뿐만 아니라 대안적 믿음, 즉 다양한 감정들을 정상적이고 인간적인 것으로, 그리고 삶에 생동감과 도전을 주는 것으로 받아들이는 입장에 대해서도 이득과 손실의 관점에서 더 탐색해 볼 수 있다. 자신에게 이익이 된다는 것이 호소력 있게 느껴질 때, 자기애성 성격장애 환자들은 감정을 수용할 때 과연 어떤 결과가 나타나는지, 그리고 성격의 이 중요한 차원(감정)을 평가절하하지 않고 그 가치를 인정할 때 과연 더 자신감 있게 행동할 수 있는지에 대해서, 그 효과를 검증하기 위한 실험을 수행할 수 있게 된다.

미스티는 직장에서 자신의 행동이 지적당했을 때 당황스럽고 화가 났으며 방어적으로 행동했다는 것을 인정했다. 그러나 이러한 불편한 감정을 '견딜 수 없었기' 때문에, 그녀는 이런 감정을 '느끼게 만든' 장본인인 외과의사에게 폭언을 퍼부었는데, 이 사건은 그녀에 대한 업무 평가와 감봉 조치에 치명적인 영향을 미쳤다. 그녀는 또한 '내가 옳다는 것을 입증하기 위해서는 나를 방어해야 한다'는 자신의 믿음을 파악할 수 있었다. 그녀가 '참을 수 없는 것'이 무엇인지 구체적으로 살펴보도록 했을 때, 그녀는 '동료들 앞에서 나쁘게 보이는 것' '내 공헌이 인정받지 못하는 것'이라고 대답했다. 다음으로, 치료자는 그녀가 폭언을 퍼붓고 나서 과연 불편감이 감소했는지를 물어보았고, 그녀는 폭언 후에도 여전히 화가 나고 당황스러웠음을 인정했다. 또한 그녀는 폭언이 실제로 자신의 공헌을 인정받는 데 아무런 영향을 미치지 못했다는 점에도 동의를 표했다. 이후 치료자는 그녀가 지적을 당했을 때 느끼는 불편한 감정을 그대로 허용한다면 무엇을 얻을 수 있는지 고려하도록 격려했다. 미스티는 그것이 자기수용의 기회가 될 수 있으며, 그 상황에서 자신이 스스로에게 부과하는 요구를 이해하는 기회가 될 수 있다는 사실에 동의했다. 불편한 감정의 더 많은 부분은 지적당하는 것에 대해 그녀가 주관적으로 부여한 의미에서 유래한 것이었다. 이러한 논의를 통해서 그녀는, 그 외과의사가 실제로 자신을 돕기 위한 목적으로 지적한 것일지도 모르며, 그러한 지적을 받아들였다면 자신의 공헌이 인정받을 수 있는 더 많은 기회가 주어졌을 수도 있다는 가능성을 받아들이게 되었다.

역기능적 믿음의 검증과 기능적 믿음의 강화

PBQ에 나타난 미스티의 반응에 기초하여, 치료자는 '타인에게서 칭송을 받고 스스로 특별하다고 느끼는 것이 중요하다'는 그녀의 강한 믿음을 찾아낼 수 있었고, 이러한 믿음이 그녀의 삶과 행동에 어떤 영향을 미치는지를 그녀와 함께 탐색하였다. 미스티가 이러한 믿음에 따라 행동해 온 한 가지 방식은 미인대회에 참가한 것이었다. 그녀와 치료자는 경쟁에서 승리하고 타인의 칭송을 받음으로써 과연 그녀의 삶이 얼마나 행복하고 가치 있게 되었는지를 검증하였다. 그녀는 미인대회의 참가 경험이 실제로 어떠했는지, 승리의 기쁨이 얼마나 오랫동안 지속되었는지, 그리고 반대로 패배의 경험은 전반적인 삶에 어떤 영향을 미쳤는지를 되돌아보았다. 미인대회는 실제로 상당한 스트레스를 주었으며 치러야 할 대가가 매우 컸음을 그녀가 인정하였을 때, 의미 있는 도식의 변화가 나타나기 시작하였다. 승리는 단지 잠시 동안만 행복을 가져다주었을 뿐이며, 그 행복 또한 승리를 통해 자신을 특별한 사람으로 여길 수 있었던 것에 기초한 것이었다. 더 나아가, 그녀는 인간의 가치가 미인대회에서의 우승이나 타이틀, 간판에 따라 결정된다는 생각을 철학적으로 수용할 수 없었다.

그녀와 치료자는 믿음의 아동기 기원과 그녀가 가족으로부터 어떤 메시지들을 받아 왔는지를 탐색하기 시작했다. 지위를 갖는다는 것이 얼마나 중요한지, 외모가 그녀의 가치를 결정하는 얼마나 특별한 자질인지, 그리고 가족 내에서 그녀의 가치와 중요성은 가족의 이미지에 얼마나 많은 기여를 하는가에 달려 있는 것이지 그녀의 존재 자체나 가족과의 관계와는 무관하다는 등의 메시지들을 하나씩 탐색하면서, 그녀의 믿음은 더 큰 변화를 보이기 시작했다.

미스티와 치료자는, 그녀가 특별한 사람이 아니라 단지 평범한 사람에 불과하다는 것을 인정한다면 어떤 느낌이 드는지를 탐색했다. 미스티는 그런 생각이 불안을 유발하며 기저에 있는 열등함과 무가치함의 두려움을 불러일으킨다는 것을 깨달았다. 이렇게 핵심 믿음이 활성화됨으로써, 미스티는 자신이 열등감과 무가치감을 느끼지 않으려면 특별함에 더 매달릴 수밖에 없었음을 더 분명히 이해할 수 있게 되었다. 치료자는 그녀에게 강렬한 감정 반응이란 핵심 믿음이 활성화되었음을 알려주는 표지가 된다는 사실을 일깨워 주었다. 핵심 믿음의 촉발은 이러한 믿음에 도전할 수 있는 기회를 제공하며, 새롭고 생산적인 대안적 믿음을 탐색할 수 있는 좋은 기회가 된다. 미스티가 지금까지 자신의 인생에서 발달시키지 못한 자존감의 잠재적인 대안적 원천으로서, 치료자는 그녀에게 몇 가지의 대안적 믿음을 실험해 보자고 제안하였다. 그녀가 여태껏 이런 생각들에 노출되어 본 적이 거의 없었기 때문에, 치료자가 대안적 믿음들의 메뉴를 제시하고(〈표 11-3〉), 그녀로 하여금 그 가능성을 고려하게 하였다.

〈표 11 3〉 **나눔과 친화를 통해 자존감을 이루기 위한 다양한 믿음들**

- '나는 다른 어느 누구와도 똑같은 인간이지만, 그럼에도 여전히 특별한 존재다.'
- '자존감은 참여와 친화 속에서 생겨날 수 있다.'
- '누군가의 인정이나 칭찬이 없어도, 단지 재미를 위해서, 관계를 위해서, 혹은 타인에게 도움이 되기 위해서 어떤 일을 하는 것은 좋은 것이다.'
- '나는 평범하면서도 동시에 행복할 수 있다.'
- '단지 팀의 일원이 되는 것에도 보상은 주어진다.'
- '관계는 지위의 상징이 아니라 경험이다.'
- '다른 사람들은 단순히 경쟁자가 아니라 자원이 될 수 있다.'
- '타인의 피드백은, 비록 불편하지만, 타당하고 유용한 것일 수 있다.'
- '인간은 누구나 어떤 면에서 특별하다.'
- '사람들 간의 우월함과 열등함은 상대적인 가치 판단이며, 따라서 언제든 뒤바뀔 수 있다.'
- '내가 존재하고 행복해지기 위해서 끊임없는 경탄과 특별한 지위가 필요한 것은 아니다.'
- '늘 다른 사람들보다 더 나아짐으로써가 아니라 그들과 같아짐으로써 삶을 즐길 수 있다.'
- '지위는 내가 그렇게 믿을 때에만 가치의 척도가 된다.'

미스티는 '내가 행복해지기 위해서 늘 특별하다고 느낄 필요는 없다'는 생각을 검증하는 데 동의하였다. 이후 회기마다, 치료자는 이러한 새로운 믿음을 지지하는 증거에 대해서 물어보았다. 예를 들면, 미스티는 동료들과 점심식사를 함께 하면서 그들로부터 칭송을 받는 것에 초점을 두지 않고 그들의 삶에 초점을 기울여 대화를 나누었을 때, 그 시간이 매우 즐거운 시간이었음을 깨닫게 되었다. 새로운 믿음에 도전이 되는 사건들에 대해서도 함께 논의하면서, 이 사건들을 재구조화할 수 있었다. 한 예로, 그녀는 예전의 남자친구가 각광받는 한 여자 예술가와 데이트하는 장면을 목격하게 되었는데, 그때 그녀는 '그 여자 예술가가 자신보다 더 특별하며 자신은 무가치하다'는 생각으로 매우 화가 났다. 이 사건을 재구조화하는 과정에서, 그녀는 자신의 옛 믿음이 자동적으로 촉발되었음을 깨닫게 되었다. 예전 남자친구와 여전히 만나고 있는 것을 가정했을 때의 장단점을 체계적으로 살펴보면서, 그녀는 그와의 관계를 정리함으로써 더 행복할 수 있었다는 것에 동의하였다. 더 나아가, 그녀는 그 남자가 지금 누구에게 관심을 보이는가 하는 것이 그녀의 개인적 가치나 중요성을 반영하는 것이 아니라는 점에도 동의하게 되었다.

미스티는 자기발전이라는 일차적인 목적 없이도 단지 재미를 위해서, 관계를 위해서, 혹은 타인에게 도움이 되기 위해서 어떤 일을 하는 것이 자존감을 높여 줄 수 있다는 생각에 접하면서 당혹스러워 하였고, 이러한 생각을 쉽게 받아들이지 못했다. 그녀는 어떻게 이런 일이 가능할 수 있는지 확신할 수 없었다. 그러나 그녀는 자존감의 새로운 원천을 발견할 수도 있다는 것에 흥미를 느끼고는, 어떤 과제들을 수행해 보는 데 동의하였다. 그녀가 먼저 참신한 제안을 하였는데, 이 중에는 매달 적어도 한 번씩은 일요일에 할머니를 그 지역에 사는 친척집으로 모셔다 드리는 것과 독서토론회에 참가하는 것이 포함되었다. 그녀가 이러한 새로운 경험들에 참여함에 따라, 치료자는 그녀가 다른 사람들과의 교류를 얼마나 가치 있게 느꼈는지, 그리고 '평범한' 일상에 참여하는 것을 얼마나 잘 견딜 수 있었는지를 평정하도록 하였다. 미스티는 매우 큰 즐거움을 느꼈으며, 전혀 예상 밖의 결과였다고 보고하였다. 그녀는 또한, 누구나 할 수 있는 이런 단순한 일을 했을 뿐임에도 불구하고 다른 사람들이 자신을 좋게 생각해 주더라는 사실에 스스로도 놀랐다고 보고하였다.

치료성과의 유지

치료 종결 후에, 비록 정기적으로 혹은 자주 회기를 진행하지는 않더라도, 자기애성 성격장애 환자와 자문 수준에서 접촉을 유지하는 것이 도움이 된다. 이러한 지속적인 혹은 추수적인 접촉은 기능적인 노력과 적응적인 믿음을 지속할 수 있도록 해 주고, 자기과장 책략으로의 회귀에 주목할 수 있도록 해 준다. 변화에 대한 도전, 혹은 이전 책략으로의 회귀는 얼마든지 나타날 수 있으며, 이전 치료에서 논의된 유용한 도구들을 다시 한 번 개별적으로 요약해 주는 것은 많은 도움이 된다.

미스티는 1년 반에 걸쳐 40회기의 치료를 받았다. 마지막 몇 회기 동안, 그녀와 치료자는 치료 과정을 통해 나타난 변화들의 목록을 작성하였다. 이 목록에는 배우에 대한 꿈속에서만 살지 않고 목표를 실현하기 위한 구체적인 단계들을 실천한 것, 직장에서 다른 사람들과 공통 관심사를 발견할 수 있게 된 것, 할머니에게 논을 받지 않고 할머니의 건강에 관심을 기울이는 등 할머니에 대한 공감과 관심을 보일 수 있게 된 것, '남성'을 이용하지 않는 것, 그리고 운전면허를 위한 기록을 관리하는 것이 포함되었다. 그녀는 '특별해지지 않고도 행복해질 수 있다'는 믿음에 대해 그 확신의 정도를 90%로 평정하였으며, 자신이 타인에게 도움이 되려고 노력하는 것에 대해 즐거워했다. 그녀는 직장에서 더 개선된 업무평가 점수를 받게 되었으며, 더 이상의 소환장 없이 운전면허를 유지할 수 있게 되었다. 그녀는 치료에 대한 호의적인 태도를 가지고 치료를 종결하였으며, 만일 앞으로 기분이나 대인관계의 문제가 있을 경우에는 다시 찾아오겠다고 약속하였다.

결 론

자기애에 대한 인지적 개념화에서는 개인적인 열등함에 대한 왜곡된 핵심 믿음이 우월함, 자기상, 권력, 장점, 감정에 대한 조건적 가정 및 자기몰두로 이끈다는 입장을 견지한다. 상황이 이러한 조건적 가정과 일치하지 않아서 자존감이 위협을 받을 때, 자기애적인 모욕이 경험된다. 적극적이고 자기과장적인 책략들은 보상적인 믿음을 강화하지만, 관계 및 기능적 적응을 손상시킨다. 적응, 관계 및 목표 달성을 증진하고 자기 및 감정에 대한 부적응적인 믿음을 재해석하기 위한 대안적 기술들이 더 탄력적이고 덜 반응적인 자신감을 발달시키기 위한 수단으로서 제안된다.

제**12**장

의존성 성격장애

　의존과 애착의 감정은 모든 인간에게 보편적이며, 아마도 포유류의 정의적 특성을 규정하는 행동으로 간주될 수 있을 것이다(Frances, 1988). 개인이 다른 사람에게 어느 정도로 의존하는 것은 분명히 적응적이지만, 그 정도가 지나칠 때는 문제가 될 수 있으며, 극단적인 의존은 DSM-IV-TR(APA, 2000)에서 의존성 성격장애(Dependent Personality Disorder: DPD)로 정의되어 왔다. DSM-IV-TR에서는, DPD의 본질적인 특징을 다음과 같이 기술하고 있다. "보살핌을 받으려는 과도하고 만연된 욕구로 인해서 복종적이고 매달리는 행동과 분리에 대한 두려움이 나타나며, 성인 초기에 시작되고 다양한 상황에서 나타난다."(APA, 2000, p. 725; 〈표 12-1〉) 다른 사람으로부터 조언이나 확인을 받지 않고서는 일상생활에서 결정을 내리기 어렵기 때문에, 의존적인 사람들은 전형적으로 다른 사람의 제안에 동의한다. 그들은 스스로 어떤 일을 계획하거나 수행하기가 어려워서, 혼자 있을 때는 불편함을 느끼고 다른 사람과 함께 있으려고 부단히 노력한다. 그들은 다른 사람들의 반대 의견이나 관계상의 거리감에 대해서 곤혹스러워 하거나 무기력하게 느끼며, 버림받는 것에 대한 두려움에 집착하는 경향을 보인다. 그들은 자신을 다른 사람보다 아래에 두려고 하며, 다른 사람들이 자신을 좋아하게 하려고 많은 노력을

〈표 12-1〉 의존성 성격장애의 DSM-IV-TR 진단 기준

보살핌을 받으려는 과도하고 만연된 욕구로 인해서 복종적이고 매달리는 행동과 분리에 대한 두려움이 나타나며, 성인 초기에 시작되고 다양한 상황에서 나타나며, 다음 중 5개(혹은 그 이상)의 특성이 나타나야 한다.

(1) 다른 사람으로부터 과도한 정도의 조언이나 확인이 없이는 매일 매일의 결정을 내리기 어렵다.
(2) 자기 인생의 매우 중요한 영역까지도 대신 책임져 줄 수 있는 타인을 필요로 한다.
(3) 지지와 승인을 상실할까 봐 두려워하여 타인의 의견에 반대하지 못한다.
 (주의: 보복에 대한 현실적인 두려움은 포함되지 않는다.)
(4) 스스로 어떤 일을 시작하거나 수행하기가 어렵다.
 (동기나 활력이 부족해서가 아니라 판단과 능력에 대한 자신이 없기 때문이다.)
(5) 타인의 보살핌과 지지를 얻기 위하여 불쾌한 일까지도 자청해서 한다.
(6) 스스로 잘해 나갈 수 없다는 과도한 두려움으로 인하여 혼자 있으면 불편하거나 무력하게 느낀다.
(7) 어떤 친밀한 관계가 끝났을 때, 보살핌과 지지를 얻기 위하여 곧바로 또 다른 관계를 찾는다.
(8) 스스로 자신을 돌봐야 하는 상황에 처할지도 모른다는 두려움에 비현실적으로 집착한다.

기울인다. 거절을 매우 위협적인 것으로 느끼기 때문에, 다른 사람이 틀렸다고 생각할 때조차 그에게 동의를 표한다. 이들은 자신감이 결여되어 있어서, 자신의 능력과 힘을 스스로 깎아내리는 경향을 보인다.

DPD의 치료는 치료자에게 흥미로우면서도 곤란한 상황을 제공한다. 치료 초반에, 이 환자들은 치료하기 쉬운 대상으로 보일 수도 있다. 치료자의 말을 잘 듣지 않거나 존중하지 않는 듯 보이는 여러 다른 환자들과는 대조적으로, 이들은 치료자의 말을 경청하고 치료자의 노력에 감사를 표함으로써 치료자에게 반가운 안도감을 준다. 이들은 치료를 시작할 때 치료에 쉽게 참여하고 협조적이어서, 치료의 진전이 빠를 것이라는 기대를 갖게 한다. 그러나 이후 치료 단계에서, 환자가 더 큰 자율성을 격려하려는 치료자의 노력에 저항하면서 수동적으로 매달리는 듯 보일 때, 치료자의 좌절감이 가중될 수 있다. D. Hill(1970)은 이러한 환자와 작업할 때 느끼는 좌절감에 대해 다음과 같이 기술하였다. "이 환자들은 치료가 단지 수동적인 경험만이 아니라는 것을 깨닫게 되면 여지없이 뒤로 물러선다." (p. 39)

우울과 불안은 DPD 환자들에게서 공통적으로 나타나는 문제다. 의존적인 사람

은 자신의 생존을 위해서 다른 사람에게 의지하기 때문에, 특히 분리 불안에 취약하며 버림받거나 혼자 남겨질까 봐 걱정한다. 자신이 다룰 수 없다고 믿는 새로운 책임을 예상하고 두려워할 때, 공황발작이 나타날 수도 있다. 책임을 회피할 수 있도록 해 줄 뿐 아니라 타인으로부터 보살핌과 보호를 이끌어 낼 수 있는 공포증은 이들의 기본적인 의존적 지향과 일치하는 이차적 이득을 제공해 줄 수 있다 (Millon, 1996). DPD 환자들은 또한 전환증상에서 건강염려증, 신체화장애에 이르는 신체적인 호소를 흔히 나타낸다. 알코올 중독이나 기타 다른 물질의 남용 또한 이들이 흔히 보이는 문제다.

역사적 조망

의존적인 사람에 대한 초기의 묘사는 종종 경멸적인 표현을 담고 있었다. 19세기 정신과 의사들의 문헌을 살펴보면, 이러한 환자들의 수동성, 무력함, 유순함과 같은 특징들이 도덕 발달에서의 실패로 간주되었고, '무능한' '의지가 박약한' '퇴화한' 등의 용어로 표현되었다. 지나치게 의존적인 성격 유형은, 자주 관찰되었음에도 불구하고, 대부분의 초기 진단분류체계에서 별도의 명칭이 주어지지 않았다.

초기의 정신분석이론가들은 매우 다른 관점을 지녔다. Freud와 Abraham은 '구강-수용적(oral-receptive)' 성격을 기술하면서, 이는 발달상의 구강기에서 지나친 충족 또는 결핍 때문에 나타나는 것으로 이해하였다. Abraham(1924/1927)은 다음과 같이 기술하였다. "어떤 사람들은 자신을 돌봐 주고 자신이 필요로 하는 것은 무엇이든지 다 주는 어떤 친절한 사람(아마도 어머니로 대표되는 사람)이 항상 존재할 것이라는 믿음에 지배되는 것 같다. 이러한 낙관적인 믿음은 이들에게 무활동이라는 형벌을 내린다……. 이들은 어떠한 노력도 하지 않으며, 어떤 경우에는 빵을 얻기 위한 생업이란 떠맡을 가치가 없는 것이라고 생각하기도 한다"(pp. 399-400).

수동-공격적 성격과 의존적 성격유형을 진단적으로 범주화하려는 노력은 제2

차 세계대전 당시 '미성숙 반응(immaturity reactions)' 범주로 분류한 것에서 찾아볼 수 있다. 이것은 "일상적인 전투 스트레스에 대한 신경증적 유형의 반응으로서, 무기력함이나 부적절한 반응, 수동성, 의사방해나 분노의 폭발로 표현된다." (Anderson, 1966, p. 756)라고 정의되었다. DSM-I(APA, 1952)에서는 의존적 성격이 수동-공격성 장애의 수동-의존적 하위 유형으로만 언급되어 있는데, 환경적인 좌절에 직면했을 때 부적절하게 매달리는 특징을 보이는 것으로 간단히 기술되었다. DSM-II(APA, 1968)에서는 의존적 성격의 범주가 완전히 빠져 버렸고, 이에 가장 가까운 범주로서 '부적합(inadequate) 성격장애'가 나와 있는데, 이는 다음과 같은 특징을 보이는 것으로 기술되었다. "정서적, 사회적, 지적, 그리고 신체적 요구에 대해 효과적이지 못한 반응을 보인다. 신체적으로나 정신적으로 결함이 있어 보이지 않음에도 불구하고, 부적응, 무능함, 빈약한 판단, 사회적 불안정 및 신체적/정서적 원기 부족을 나타낸다"(p. 44).

고전적인 양극으로서의 능동-수동, 즐거움-고통, 자기-타인의 축을 기본 축으로 하여, Millon(1969)은 8가지 기본 성격 유형을 구분하는 분류 체계를 만들어 냈다. 수동-의존적 유형(Millon의 처음 명칭은 복종적 성격이었다)은 강화를 얻기 위해 다른 사람에게 수동적으로 기대어 즐거움을 추구하고 고통을 회피하는 유형이다. 이러한 분류는 Millon에 의해 몇 차례 수정을 거쳐서 의존성 성격장애로 확장되었고, 이 범주가 DSM-III(APA, 1980)에 처음 나타나게 된다.

DPD에 대한 현대의 정신역동적 개념화에서는, 과잉 충족이나 결핍이 특정 심리성적 발달단계에의 고착을 가져오는데, 과도하고 부적응적인 의존성은 구강적 빨기 단계에 고착된 결과인 것으로 이해한다. 어머니의 과잉보호에 대한 연구에서, Levy(1966)는 익애적 과잉 충족을 통해서 요구가 많고, 주도성이 부족하며, 자신이 스스로 할 수 없다고 느끼는 일에 대해 다른 사람이 대신 해 주어야 한다고 고집하는 것과 같은 과잉 의존적 특질이 나타나게 된다고 보았다. 일부 사례에서는 충족되지 않은 남근열망의 퇴행적인 표현으로서 과잉 의존이 나타나는 것으로 보이는데, 이때 개인은 의존적 애착을 통해서 자존감에 필수적이라고 믿는 남근을 얻을 수 있을 것이라고 기대한다(Esman, 1986). Esman(1986)은 의존적인 개인의 일차적인 대상을 향한 잠재적이고 무의식적인 공격성과 적대감의 중요성을 강조하면서, 상냥함과 유순함은 중요한 관계를 위협할 수도 있는 적대적인 감정 표현에 대한 반동형성인 것으로 보았다.

West와 Sheldon(1988)은 DPD를 Bowlby(1969, 1977)에 의해서 철저히 논의된 바 있는 애착체계장애의 한 가지 명백한 예로 보았다. DPD가 보이는 가장 특징적인 애착패턴은 '불안한 애착' 패턴인데, Bowlby는 이러한 패턴이 애착 대상의 가용성과 반응성을 의심하도록 이끄는 경험으로부터 발달한다고 보았다. 이러한 사람들이 누군가와 관계를 맺을 때, 이들은 애착 대상에게 지나치게 의존하게 되고 애착 대상을 잃을지도 모른다는 끊임없는 불안 속에서 살게 된다. Pilkonis(1988)는 애착과 의존에 대한 후속 연구를 통해서, 불안한 애착과 과도한 의존성 간의 연관성을 지지하는 결과를 발표하였다.

연구와 경험적 자료

Koenigsberg, Kaplan, Gilmore 및 Cooper(1985)에 따르면, 주요우울장애와 적응장애는 DPD와 가장 자주 관련되는 축 I 진단이다. Reich와 Noyes(1987)는 성격질문지의 기준을 사용한 연구에서 우울한 피험자의 54%가 DPD 진단을 충족하였다고 보고하였다. 의존적인 사람들은 지지와 돌봄을 받기 위하여 다른 사람에게 지나치게 의존하고 잠재적인 유기에 직면했을 때 무력하게 느끼기 때문에, 우울증에 대한 취약성소인이 많은 것으로 보인다(Birtchnell, 1984; Zuroff & Mongrain, 1987). Overholser, Kabakoff 및 Norman(1989)은 DPD의 진단 기준이 주도성의 결여, 무력감, 의사결정의 어려움 등 우울증에서 공통적으로 나타나는 많은 특질들을 포함하고 있다는 것을 지적한다. Overholser(1992)의 경험적인 연구에서, 의존성이 높은 피험자들은 우울, 외로움, 자기비판이 유의미하게 더 높고 자존감이 유의미하게 더 낮은 것으로 나타났다. 또한 의존적인 피험자들은 사회적 기술과 문제해결능력에서 결핍을 보였을 뿐만 아니라, 행복을 외부 사건으로 귀인하는 경향을 보였다(Overholser, 1991). 이들은 문제해결에 대한 자신감이 낮고, 삶의 문제가 나타났을 때 이를 회피하는 경향을 보였다. 이러한 차이는 집단 간에 지능과 우울의 정도가 동등함에도 불구하고 나타났다.

DPD 환자들은 또한 종종 불안장애를 나타낸다. Reich, Noyes 및 Troughton (1987)은 공황장애 환자들에게 동반되는 축 II 장애 중에서 DPD가 가장 흔한 장애이며, 특히 공포증적 회피를 보이는 하위 집단에서 더욱 그러하다는 것을 발견하였다. 어떤 측정 도구를 사용하였는지에 따라 조금씩 다르지만, 공포증적 회피를 보이는 피험자들의 대략 40%가 DPD의 진단 기준을 충족시켰다. Overholser 등(1989)은 정신과 입원환자들을 대상으로 한 연구에서, 의존적인 환자들이 우울 수준과 상관없이 불안, 자기의심, 사회적 불안정감을 시사하는 MMPI 프로파일을 나타낸다는 것을 발견하였다. 의존적인 환자들이 불안장애에 대한 치료를 받을 때는 노출이 치료자에 의해 구조화되고 지시될수록 회피가 더 감소하는 등 치료에 더 나은 반응을 보였다(Chambless, Renneberg, Goldstein, & Gracely, 1992; Turner, 1987).

신체적인 호소 또한 DPD 환자들에게서 자주 나타난다. 수동-의존적으로 분류된 50명의 외래 여자 환자들에 대한 연구에서, D. Hill(1970)은 모든 환자들이 신체적인 증상을 보고하였으며 이러한 신체적 호소를 통해 다른 가족들과 전문가들로부터 많은 관심을 이끌고 있다는 것을 발견하였다. 이러한 환자들 중의 다수는 약물을 잠재적인 도움의 일차적인 원천으로 의지하고 있는 듯 보였다. Greenberg와 Dattore(1981)에 따르면, 신체적인 장애(암, 양성 종양, 고혈압, 위궤양)를 지니고 있는 남성들은 10년간 건강을 잘 유지해 온 남성들보다 의존성과 관련된 MMPI 척도에서 유의미하게 더 높은 병전 점수를 보였다. 이와 유사하게, Vaillant(1978)와 Hinkle(1961)은 의존적 성격 특질과 일반적인 질병 소인 간에 상관이 있음을 발견했다. 경험적 연구들을 개관하면서 Greenberg와 Bornstein(1988)은 다음과 같이 결론지었다. "의존적인 성격성향을 지닌 사람들은 한 가지 특정 유형의 장애에 취약하기보다는 다양한 신체장애들에 대해 취약하다." (p. 132) 이 연구자들은 또한, 의존적인 사람들이 독립적인 사람들에 비해 자신의 문제를 심리적인 것보다는 신체적인 것으로 보려는 경향이 더 강하고, 자신의 문제에 대해 의학적인 도움을 구하려 하며, 더 일찍 도움을 구하기 시작하는 경향을 보이고, 치료에 더 성실하게 따르는 경향이 있다고 보고하였다.

DPD 진단을 받는 비율은 여성이 남성보다 더 높다(Bornstein, 1996). 외래를 찾은 DPD 환자들의 경우, DPD가 아닌 다른 환자들이나 정상 통제 집단에 비해서 덜 표현적이고 더 통제적인 가족 환경을 지닌 것으로 보인다(Head, Baker, & Williamson, 1991). 비임상 집단을 대상으로 한 가족환경 연구에서, 의존적인 사람들은 독립적 기능을 덜 강조하고, 유대감이 더 낮으며, 통제성이 더 높은 가족 배경을 지니고 있는 것으로 나타났다(Baker, Capron, & Azorlosa, 1996).

Beck과 동료들의 연구(Beck 등, 2001)에서는, 다섯 가지 성격장애(의존성, 회피성, 강박성, 자기애성, 편집성)에 대해서, Beck의 인지이론이 예언하는 것처럼, 각 성격장애와 특정한 역기능적 믿음이 서로 변별적으로 관련되는지를 검토하였다. 그 결과, DPD 환자들은 다른 성격장애 환자들이나 성격장애 진단을 받지 않은 환자들과 구별되게, 이론적으로 의존적 성격과 일치하는 것으로 보이는 일련의 믿음을 지니는 것으로 나타났다.

감별 진단

만일 어느 환자가 치료실에 찾아와서 자신감이 낮고 확인을 받고 싶은 욕구가 높은 모습을 보인다면, DPD의 진단을 고려해야 한다.

데비(Debbie)는 45세의 기혼 여성으로서, 내과의사가 공황발작의 치료를 위해 심리치료를 의뢰하였다. 평가하는 동안에 그녀는 매우 근심스럽고, 예민하고, 순진해 보였다. 그녀는 감정에 쉽게 압도되었으며, 때때로 눈물을 흘렸고, 자기비판적이었다. 다른 사람들과 어떻게 어울려 지내는지 물었을 때, 그녀는 "다른 사람들이 나를 우둔하고 부적절한 사람이라고 생각한다."라고 대답했지만, 그렇게 생각하게 된 구체적인 근거는 제시하지 못했다. 그녀는 '내가 우둔해서' 학교를 좋아하지 않았던 것이고, 여태껏 잘한다고 느껴 본 적이 없다고 했다. 그녀는 정신상태 검사의 일부로시 100에서 7씩 빼기를 시도하기 전에도, 치료자로부터 수많은 확인을 필요로 하였다. 공황발작과 회피 외에도, 그녀는 적어도 5년 동안 때때로 심각한 정도로 우울했으며, 월경 전 증후군이 심하다고 보고했다. 그녀는 매일 술을 한 잔에서 세 잔 정도 마신다고 말하였으나, 이를 문제로 여기지는 않았다.

DPD의 진단에서, 환자가 처음에 호소하는 문제를 넘어서서 대인관계 역사를 주의 깊게 평가하는 것이 중요한데, 특히 관계가 끝날 때 어떻게 반응하는지와 다른 사람들이 환자에 대해서 어떻게 얘기하는지에 주목해야 한다. 의사결정이 어떻게 이루어지는지를 주의 깊게 탐색하는 것도 유용한데, 중요한 일뿐만 아니라 사소한 일상적인 일에 대해서 어떻게 결정이 이루어지는지를 살펴야 한다. 또한 오랫동안 혼자 있게 될 때 어떤 감정을 느끼는지에 대해서도 물어보아야 한다. 이에 더하여, 자신이 동의하지 않는 일 혹은 불쾌하거나 천한 일을 하도록 요구받았을 때 이 상황을 어떻게 처리하는지에 대해서 묻는 것도 유용하다. 치료자 자신의 반응을 잘 살펴보는 것도 도움이 될 수 있다. 만일 치료자가 환자를 구원해 줘야 할 것 같은 유혹을 느끼거나 환자의 요구에 대해 평소와 달리 예외를 만들어 주고 싶어 한다면, DPD 진단의 가능성을 고려해 볼 필요가 있다.

데비는 첫 결혼생활을 '지옥'처럼 느꼈음에도 불구하고 10년 동안이나 지속했다. 그녀의 남편은 다른 여자들과 바람을 많이 피웠고, 그녀를 언어적으로 학대했다. 그녀는 여러 차례 그와 헤어지려고 시도했지만, 그때마다 돌아오라는 그의 요구에 결국은 굴복하고 말았다. 마침내 그녀는 그와 이혼하였고, 곧바로 친절하고 민감하고 지지적인 지금의 남편과 결혼하였다. 데비는 다른 사람이 중요한 결정을 하는 것이 더 편하며, 갈등을 피하기 위해서는 싫어도 다른 사람에게 동의해 주는 것이 더 좋다고 했다. 그녀는 자신을 돌봐 줄 사람 없이 혼자 남겨질까 봐 걱정했고, 다른 사람의 확인과 위안이 없으면 어쩔 줄 모르겠다고 했다. 또한 그녀는 자신이 쉽게 상처받기 때문에, 비판을 받을 만한 일을 하지 않기 위해서 열심히 노력한다고 했다.

의존적인 특성은 다양한 장애들에서 나타날 수 있다. 따라서 유사한 특성을 공유하는 다른 장애들과 DPD를 감별 진단하는 데 주의를 기울일 필요가 있다. 예를 들어, HPD와 DPD 환자들은 공히 아이 같고 매달리는 특징을 보이지만, DPD 환자들은 HPD 환자들보다 덜 화려하고, 덜 자기중심적이며, 덜 피상적이다. DPD 환자들은 수동적이고, 복종적이며, 잘 드러나지 않고, 유순하다. 이러한 모습은 적극적으로 조종하고, 사교적이며, 매력적이고, 유혹적인 행동을 보이는 HPD 환자들의 모습과는 대조적이다. 회피성 성격장애 환자들은 강한 애정 욕구를 갖고 있다는 점에서 의존성 성격장애 환자들과 유사하다. 그러나 회피성 환자들은 그러한 애정을 얻을 수 있을지에 대해서 매우 의심하고 두려워하는 반면, 의존성 환자들은 노력에 대한 보상으로 애정과 보살핌이 주어질 것이라고 기대하면서 다른 사람을 믿고 충실히 의존하려는 경향을 보인다. 광장공포증 환자들 또한 다른 사람에게 의존하는 경향을 보이지만, 이들은 특히 공황발작이 있을 때 혼자 있게 되는 것을 피하기 위해 타인에게 의존한다. 광장공포증 환자들은 DPD 환자들에 비해서 대체로 자신의 의존을 더 당당히 주장하며, 자신이 어디를 가든지 함께 따라와 줄 것을 적극적으로 요구한다. 그러나 한 사람이 광장공포증을 동반한 공황장애와 DPD의 진단 기준 모두를 만족시킬 수 있으며, 이럴 때는 두 진단이 함께 내려질 수 있다(각각 축 I과 축 II 상에서).

데비는 공황발작 때문에 치료실을 찾아왔고, 지난 7년 동안 광범위한 회피 양상을 보여 왔다. 그러나 그녀는 광장공포증과 공황발작이 나타나기 훨씬 이전부터 많은 문제가 존재하였다는 것을 인정하였다. 그녀는 공황발작 훨씬 전에도 혼자 어떤 일을 하는 것을 좋아하지 않았고, 적어도 3학년 이후로는 '나는 쓸모없어'와 같은 생각을 지니고 있었다. 그녀에게는 주요우울장애, 광장공포증을 동반한 공황장애, 그리고 DPD의 진단 기준이 모두 충족되었다.

개념화

DPD는 다음의 두 가지 핵심 가정으로부터 나타나는 것으로 개념화할 수 있다. 첫째, 이들은 자신이 본질적으로 부적절하고 무기력하기 때문에 혼자서는 세상에 대처할 수 없을 것이라고 생각한다. 이들은 세상을 차갑고, 외롭고, 위험한 곳으로 여기며, 혼자서 이에 대처하는 것은 불가능하다고 생각한다. 둘째, 이들은 무서운 세상 속에서의 무력함이라는 딜레마를 해결하기 위해서는 자신을 보호하고 돌봐 줄 수 있는 누군가를 찾으려고 노력해야 한다고 결론짓는다. 이들은 자신이 돌봄을 받는 대가로 자신의 권리와 책임을 포기하고 자신의 필요와 욕구를 타인에 종속시킬 필요가 있다고 결정한다. 물론 이러한 적응방식은 개인에게 불리한 결과를 초래한다. 문제를 해결하고 결정을 내리는 것을 타인에게 의존함으로써, 이들은 자율성 발달에 필요한 기술을 배우고 숙달할 수 있는 기회를 거의 갖지 못하게 된다. 어떤 사람들은 독립적인 삶의 기술(자기주장, 문제해결, 의사결정 등)을 전혀 배우지 못하기도 하고, 또 다른 사람들은 자신이 이미 갖고 있는 기술을 인식하지 못하기에 이를 사용하지 못하여 자신의 의존성을 영속화시키기도 한다. 이에 더하여, 보다 더 유능해진다는 생각이 두려움을 가져다 줄 수 있는데, 이는 자신이 도움이 필요 없는 사람이 되면 자신 스스로 대처할 준비를 갖추지 못한 채로 버림받을지도 모른다고 두려워하기 때문이다.

이러한 가정들로 인해, 의존적인 사람들은 몇 가지 부가적인 불이익을 당할 수 있다. 이들은 중요한 관계가 깨져서 혼자 내버려질까 봐 두렵기 때문에, 타인과의 갈등을 피하고 타인을 기쁘게 하려고 노력한다. 따라서 자신의 의견을 피력하고 주장하는 것은 이들에게 전혀 중요한 문제가 되지 않는다. 또한 DPD 환자들은 필사적으로 매달리는 듯 보이기 때문에, 그 곁에서 언제까지든 이들의 요구를 기꺼이 충족시켜 주려 하거나 충족시켜 줄 수 있는 사람은 별로 없다. 만일 중요한 관계가 끝난다면, 이들은 완전히 망연자실해져서 새로운 의존상대를 찾는 것 외에는 다른 대안을 찾지 못한다.

데비는 "나는 아빠의 어린 천사였지요." 라고 말하면서, 아버지와 항상 좋은 관계였다고 보고했다. 그는 사소한 일로 딱 한 번 그녀에게 화를 낸 적이 있었지만, 그 외에 나머지는 항상 좋았다고 말하였다. 그녀는 어머니를 지배적인 분이라고 묘사하면서, 자신이 어머니와 자주 충돌했지만 '어떤 일이 생겨도 바로 엄마에게 달려갔다' 고 기술하였다. 데비가 자신이 '우둔하고 제대로 잘하지 못하는' 사람이라는 것을 알게 된 것은 학교에서였다. 그녀는 글을 거꾸로 읽곤 하였는데, 선생님들은 때로 다른 아이들 앞에서 이런 그녀를 놀리거나 핀잔을 주었다. 그녀는 몸이 아프기 시작했고, 종종 학교에서 토하였으며, 학교 가는 것을 꺼려했다.

데비는 일찍 결혼했다. 그녀는 혼자서 생활하는 기간 없이, 부모님께 의지하던 삶에서 곧바로 남편에게 의지하는 삶으로 옮아갔다. 남편이 자신에게 함부로 대하고 전혀 충실하지 않았음에도 불구하고, 그녀는 남편과 헤어지는 것이 어렵다는 것을 알았다. 그리고 실제 헤어지고 난 후에는, 남편 없이 사는 것이 끔찍하다고 느꼈다. 그녀는 이혼 후 곧바로 새로운 관계를 추구하였고, 다시 그녀를 돌봐 줄 상대를 만나자 안도감을 느꼈다.

DPD에서 나타나는 주된 인지적 왜곡은 독립과 관련한 영역에서의 이분법적 사고이다. DPD의 기본적인 믿음은 다음과 같다. '나를 돌봐줄 사람이 없다면, 나는 혼자서 살아갈 수 없다', '나는 부적절해서 스스로 삶을 조정할 수 없다', '만약 나의 배우자(부모 등)가 나를 남겨 두고 떠난다면, 나는 무너져 내릴 것이다', '내가 더 독립적이라면, 나는 혼자 고립될 것이다', '독립이란 완전히 혼자서 해 나가는 것을 의미한다.' 이들은 자신이 완전히 무력하고 의존적이거나 전적으로 독립적이고 혼자인 것으로 믿으면서, 그 둘 사이에 다양한 등급이 있다는 것을 알지 못한다. 이들은 자신의 능력에 대해서도 이분법적 사고를 보인다. 무슨 일을 '제대로' 하거나 '완전히 그르게' 하는 것으로 생각한다. 물론 이들은 전반적으로 자신이 완전히 틀렸고, 무능하며, 전적으로 실패했다고 결론짓는다. 이들은 또한 '파국화'라는 인지적 왜곡을 보이는데, 특히 관계가 끝났을 때 그러하다. 이들이 관계를 잃는 것에 대해 슬퍼하고 힘들어하는 정도는 정상적인 수준을 벗어난다. 이들은 관계의 상실이 마치 파국적인 재난이며, 관계가 끝난다면 삶이 영원히 그리고 완전히 산산조각 날 것처럼 믿고 반응하는 것처럼 보인다.

DPD의 기본적인 믿음과 인지적 왜곡은 다음과 같은 자동적인 사고로 이어진다. '나는 할 수 없어', '나는 결코 그 일을 할 수 없을 거야', '나는 너무 멍청하고 나약해' 또한 무언가를 해달라는 요청을 받을 때 이들은 다음과 같이 생각할 것이다. '아, 이 일은 남편(아내)이 더 잘할 수 있을 텐데', '그들이 내가 이걸 잘할 수

있을 기라고 기대할 리가 없지.'

초기 평가 시간에 100에서 연속적으로 7씩 빼도록 요청했을 때, 데비는 "아, 나는 정말 수학 못하는데, 나는 절대로 못할 거예요. 그게 꼭 필요한가요? 나는 못해요."라고 말하였다. 첫 번째 치료 시간에 치료자가 치료 계획의 윤곽을 그릴 때, 데비는 "아, 나는 생각을 기록하는 것을 할 수 없을 거예요. 그게 다른 사람들에게는 도움이 될지 모르지만, 나는 너무 바보 같아서 그런 일은 할 수 없어요."라고 반응했다.

치료적 접근

DPD 환자의 치료 목표는 독립이라고 가정하기 쉽다. 사실상 많은 의존적인 환자들이 갖는 최악의 공포는, 치료가 완전한 독립과 고립을 가져올 것이고 결국 타인의 도움이나 지지 없이 혼자서 삶에 직면해야 할 것이라는 점이다. DPD의 치료 목표로 더 적절한 단어가 있다면, 이는 '자율성'일 것이다. 자율성이란 타인과 독립적으로 행동할 수 있으면서도 가깝고 친밀한 관계를 발전시킬 수 있는 것이라고 기술할 수 있다(Birtchnell, 1984). 이를 성취하기 위해서는, 환자가 의미 있는 타인(치료자를 포함하여)으로부터 점차적으로 더 분리되고 자신감과 자기효능감을 증진시킬 수 있도록 돕는 것이 필수적이다. 그러나 유능해지면 버림받을지도 모른다는 환자의 두려움을 고려하여, 이 과정은 점진적으로 섬세하게 진행되어야 한다.

치료의 초기부터 치료자에게는 의존이 환자의 중요한 문제라는 것이 명백해 보이지만, 환자가 먼저 의존을 문제로 인정하는 경우는 드물다. 만일 환자가 이러한 주제를 탐색할 준비가 되어 있지 않다면, 치료 초기에 '의존', '독립' 혹은 '자율성'이라는 단어를 사용하는 것조차도 환자를 당황하게 만들 수 있다. 치료의 구체적인 목표가 무엇이든 간에, 치료가 진행됨에 따라 의존이라는 주제는 치료자와 환자 모두에게 명백해진다. 하지만 환자가 이 주제를 드러낼 준비가 되어서 환자의 입에서 먼저 이러한 용어들이 표현되기 시작한다면, 더 자연스럽고 덜 위협적인 일이 될 것이다.

치료 초기에 '의존'과 같은 단어들을 뚜렷이 사용하지는 않았지만, 데비는 다음과 같은 치료 목표들을 분명히 말할 수 있었다. "자신감을 증가시킴으로써 (1) 보다 더 사교적이 되고 주도적으로 교제를 시작할 수 있고, (2) 주도적으로 계획을 세울 수 있으며, (3) 일을 떠맡을 수 있고, (4) 다른 사람들과 함께 있을 때 더 편해질 수 있으며, (5) 실패에 대한 두려움을 줄이고, 내가 행한 것을 스스로 더 칭찬해 줄 수 있다."

협력 전략

DPD 환자들은 자신의 문제를 해결해 줄 누군가를 필사적으로 찾으며 치료자에게 오기 때문에, 치료 초기에 환자에게 어느 정도의 의존을 허용하는 것은 불가피한 것으로 보인다. 협력이 항상 50:50일 필요는 없으며, 치료 초기에는 치료자가 절반 이상의 역할을 할 수도 있다. 그러나 치료가 진행되어 가면서 이 비율은 점차 변화될 필요가 있다. 점진적으로 환자에게 논의 주제와 숙제 항목 등을 스스로 정해 보도록 요청하면서, 결국 치료가 환자 자신의 것이 되도록 해 나간다. 치료자는 환자가 의존으로부터 점차 떨어져 나와서 자율성을 향해 나아갈 수 있도록 일관적으로 작업할 필요가 있다.

DPD 환자들과 작업할 때, 안내를 통한 발견법(guided discovery)과 소크라테스식 질문법을 사용하는 것이 특히 중요하다. 이 환자들은 치료자를 '전문가'로 간주하고 치료자의 한 마디 한 마디에 귀 기울이며 매달리려 하기 때문에, 치료자는 정확하게 문제가 무엇이고 그들이 해야 할 일은 무엇이라고 말해 주고 싶은 유혹을 느끼기 쉬우며, 자신도 모르게 권위주의자의 역할을 떠맡을 수 있다. 불행히도 이러한 태도는 환자가 자율성을 발달시키기보다는 치료자에게 더 의존하도록 만들 수 있다. 치료 초기에 치료자의 적극적인 지시와 실제적인 제안은 환자가 쉽게 치료에 참여하도록 촉진할 수 있다. 비지시적인 접근은 의존적인 환자들이 오랫동안 견뎌내기에는 너무 힘든 불안을 유발할 수 있다. 그러나 환자가 자신이 무엇을 해야 할지 물어 올 때, 치료사는 직접적인 제안을 하기보다는 주의 깊게 안내를 통한 발견법과 소크라테스식 질문법을 사용해서 환자가 스스로 자신의 해결책에 도달할 수 있도록 도와줄 필요가 있다.

데비는 특히 그녀 자신의 감정을 이해하고 설명하는 데 있어서 치료자가 해답을 제시할 거라고 기대하는 듯 보였다. 그녀는 치료실에 들어오면서, "저는 지난주에 우울하고 낙심했어요. 왜죠?"라고 물었다. 마치 자신이 아무런 노력을 기울이지 않아도 치료자가 모든 것을 다 설명해 줄 수 있으리라고 기대하는 태도였다. 그녀의 기대에 따라 설명해 주는 대신에, 치료자는 무슨 일이 있었는지, 그녀가 어떻게 느꼈는지, 언제 감정이 변했는지, 그리고 화가 났을 때 어떤 구체적인 생각이 들었는지를 물어보았다. 이러한 질문의 과정을 통해서, 데비는 지난주에 무슨 일이 있었는지, 그리고 자신의 감정이 생각과 어떻게 관련되어 있는지를 스스로 보다 잘 이해할 수 있게 되었다.

환자와 치료자 간의 상호작용에 대해서 환자가 느끼는 감정과 생각을 탐색하면, '지금-여기'의 즉시성으로 인해 매우 강력한 영향력을 지닌 개입으로 이끌어 갈 수 있다. 환자가 맺어 온 지속적인 의존적 관계 방식의 한 가지 예로 치료 관계를 활용하기 위해서는, 환자의 치료자에 대한 느낌이나 생각을 탐색하도록 격려하는 것이 필요하다. 환자들은 삶의 다른 중요한 관계에만 초점이 맞춰져서, 치료자에 대한 생각이나 느낌을 논의하는 것이 매우 중요하다는 점을 모르고 있을 수 있다.

치료자가 데비에게 자동적 사고를 정확히 찾아내어 검토하는 방법을 가르치고 있을 때, 데비는 불편해하기 시작하더니 숙제를 하지 못한 것에 대해서 치료자에게 사과하였다. 이때 치료자는 자동적 사고를 찾아내는 예로서 지금-여기에서의 생각과 감정을 이용하기로 결정하였다. 데비는 높은 수준의 불안과 죄책감을 보고하면서, 일차적으로 지나간 자동적 사고는 "톰(치료자)이 나에게 매우 실망하게 될 거야."라고 말했다. 둘은 이 생각을 더 객관적으로 검토할 수 있었으며, 논의를 마친 후에 치료자는 그녀에게 불안과 죄책감에 대해서 다시 평정하도록 요구했다. 그녀는 많이 진정되었다고 보고했다. 치료자에 대한 즉각적인 생각과 감정을 자동적 사고를 탐색하기 위한 기초로 사용함으로써, 이러한 절차가 감정을 변화시키는 데 얼마나 유용한지를 강력히 보여 줄 수 있었을 뿐 아니라, 치료자에게 느끼는 그녀의 감정을 개방적으로 논의해도 된다는 것을 명백히 깨닫도록 해 주었다.

협력을 위한 또 다른 중요한 책략은, 치료자가 환자를 향해 갖는 생각이나 느낌을 검토하는 것이다. DPD 환자를 구원해야 할 것 같은 유혹은 특히 강력해서, 무력함에 대한 환자의 믿음을 그대로 수용하거나, 더딘 진전에 따른 좌절로부터 환자를 구하려고 노력하게 되는데, 이는 치료자가 흔히 빠지기 쉬운 함정이다. 불행히도 환자를 구하려는 시도는 환자의 자율성을 증진시키려는 목표와 상반된다. 만일 치료자가, 환자의 사정이 너무 다급해 보이고 이 '애처로운' 환자에게 시급한 도움이 절실해 보여서, 어느 한 환자에게 예외를 만들어 주는(예를 들어, 평소대로의 철저한 평가 없이 약을 처방하거나 개입을 하는 것) 자신을 발견했다면, 자신이 혹시 환자가 스스로에 대해 지니고 있는 무력함에 대한 견해를 단순히 그대로 수용하고 있는 것은 아닌지 자문해 보는 것이 바람직하다. 치료자가 환자에 대해 더 지시적이고 덜 협력적이 되려고 하거나 예외를 만들려고 하는 유혹을 느낄 때마다, 이러한 예외가 과연 장기적으로 환자의 유익을 위한 것인지 아니면 환자의 의존을 더 조장할 것인지를 명확히 하기 위해서, 치료자가 자신의 역기능적 사고 기록지를 작성해 보는 것이 유용할 것이다.

데비의 치료자는 종종 그녀에게 매우 쉬워 보이는 질문(그녀의 생각과 감정이 어떠하냐)을 했는데, 그녀로부터 다음과 같은 대답을 듣곤 했다. "모르겠어요. 나의 머리는 텅 비었어요. 나는 더 이상 아무것도 생각할 수가 없어요." 이러한 반응을 몇 차례 접한 후에, 치료자는 그녀의 자기비하와 무력감에 대해 심한 좌절감과 짜증을 느꼈다. 이때 그는 자신이 다음과 같은 생각을 하고 있음을 자각하게 되었다. '오, 제발! 당신은 이것을 할 수 있단 말예요', '이것은 진짜 간단한 거예요', '오, 당신은 정말 어리석어', '제발 무기력하게 행동하는 걸 그만두고 한번 시도해 보란 말예요!' 참을성 없이 그녀를 몰아치는 대신에, 그는 자신의 생각에 대해 다음과 같이 반응할 수 있었다. '그녀가 진짜 어리석지는 않아. 그녀는 단지 자신을 그런 식으로 바라보는 데 익숙해져 있을 뿐이야. 나에게는 단순할지 몰라도, 그녀에게는 단순하게 보이지 않을 수 있어. 만약 내가 참을성 없이 행동해서 그녀에게 화를 낸다면, 나는 자신이 어리석다는 그녀의 믿음을 확증하게 될 거야. 속도를 조금 늦추고, 그녀가 이러한 생각을 바라보고 충분히 검토할 수 있도록 도와줄 필요가 있어.'

치료의 다른 시점에서, 치료자는 그녀의 더딘 진전에 다시 한 번 좌절하였다. 실제 노출로서 데비가 혼자 운전해서 직장까지 갔다 오는 동안, 치료자는 그녀를 기다리고 있었다. 치료자는 기다리면서 좌절감에 사로잡혀 짜증이 나기 시작하였다. 이때 자신이 다음과 같은 자동적 사고를 하고 있음을 자각하게 되었다. '제기랄, 우리가 지금 여기서 무슨 짓을 하고 있는지 좀 봐! 직장까지 겨우 2km 다녀오는데 이 요란법석을 떨고 있다고! 고작 2km를 운전하는 게 뭐 대단한 일이라고! 그냥 타고 하면 되잖아!' 그러나 좌절감에 사로잡혀 있는 대신에, 그는 다음과 같이 반응함으로써 자신의 자동적 사고에 도전하였다. '내 목표가 그녀의 목표가 될 수는 없어. 내가 바라는 것을 그녀에게 강요할 수는 없지. 그녀는 자신의 페이스대로 걸어갈 필요가 있어. 나는 내 눈높이를 낮춰야 해. 내게 중요치 않은 것이 그녀에게도 중요치 않은 것은 아니야.'

치료자는 DPD 환자와 맺는 전문적인 치료 관계의 수준에 대해서 명확한 한계를 설정하는 것이 중요하다. 우리의 임상적 경험에 따르면, 의존적인 환자들은 다른 환자들에 비해서 치료자와 사랑에 빠졌다고 보고하는 경향이 더 많았다. 신체적인 접촉이 치료자의 평소 방식의 일부분일지라도, 이러한 환자들과는 신체적인 접촉(악수를 하거나, 등을 두드리거나, 가볍게 안는 것조차도)을 최소화하는 것이 더 안전하다. 또한 전문적인 관계를 유지하기 위한 일반적인 규칙을 굽히지 않는 것이 중요하다. 만일 불안 유발 상황에 대한 노출을 위해서 치료자가 환자와 함께 치료실 밖으로 나가야 한다면, 매우 전문적인 관계를 유지하고(예를 들어, 일정한 간격으로 인지와 불안 수준을 기록함) 일상적인 대화는 최소화해야 한다. 예를 들어, 데비가 불안 때문에 운전과 관련된 과제를 회피했을 때, 치료자는 이 장애물을 극복할 수 있도록 도우려고 그녀와 함께 운전을 위해 치료실 밖으로 나갔다. 그러나 그들은 연습에 대해서 사전에 주의 깊게 논의하였고 구체적인 경로를 계획했다. 그리고 치료자는 그녀가 운전하는 동안 그녀의 불안 수준과 인지를 감찰하여 기록함으로써, 그녀가 이를 '톰과 함께 드라이브 나온 것'으로 오해하지 않도록 했다.

만일 환자가 치료자에게 낭만적이거나 사적인 감정을 느끼기 시작하는 기미를 치료자가 알아차린다면, 혹은 환자가 이러한 감정을 치료자에게 분명히 표현한다면, 이 상황을 조심스럽고 사려 깊게 다루어야 한다. 만일 치료자에 대한 반응이 정기적으로 논의되었다면, 이렇게 매우 민감한 생각과 감정을 파악하여 검토하는 일은 보다 더 쉽고 자연스러운 일이 될 것이다. 치료자가 환자의 감정을 충분히 인정하고, 이러한 감정이 치료 장면에서 얼마나 자주 일어날 수 있는 반응인지를 설명해 주는 것이 중요하다. 그러나 이러한 감정에도 불구하고 이 관계가 전문적이 아닌 개인적인 관계로 변질될 여지가 있어서는 안 된다는 것을 명확하게 이야기해 주는 것 또한 중요하다. 환자는 이러한 감정이 논의되는 과정에 대해서, 그리고 치료자의 분명한 한계 설정에 대해서 강한 정서적 반응을 나타내기 쉬운데, 이 주제에 대한 환자의 생각과 감정은 이어지는 여러 회기들 혹은 치료의 남은 회기들을 통해서 분명히 파악되고 논의되어야 한다.

구체적 개입

인지치료의 구조화된 협력적 접근을 통해서, 치료자는 환자가 자신의 문제를 다루는 데 있어서 보다 더 적극적인 역할을 떠맡도록 격려할 수 있다. 회기의 의제 설정 과정조차도 환자가 주도적이 되기 위한 연습의 기회가 될 수 있다. DPD 환자들은 흔히 치료의 주도권을 치료자에게 전적으로 위임하려 한다. 가령 "오늘 무엇에 초점을 맞추고 싶나요?"라는 질문에 대해서, 이들은 "아, 선생님이 정하시면 뭐든지 좋아요." 또는 "제가 어떻게 알겠어요? 선생님이 중요하다고 생각하는 게 최선일 거라고 확신해요."라고 대답한다. 표준적인 인지치료에서는 치료자가 환자에게 의제를 제안할 선택권을 주지만, 만일 환자가 특별히 마음에 둔 것이 없을 때는 치료자가 의제를 꺼내기도 한다. 그러나 DPD 환자들의 경우 이보다 한 걸음 더 나아가서, 이 시간은 그들의 치료 시간이므로 매 회기마다 무엇을 의논하고 싶은지에 대해서 먼저 제안해야 한다고 설명하는 것이 중요하다.

네비의 경우, 회기를 시작할 때 무엇이든 그녀가 밀하는 것을 선택하여 이 시간에 그것을 다루고 싶은지 물어봄으로써, 의제 설정 과정에서 그녀와 협력할 수 있었다. 예를 들어, 회기를 시작하면서 데비가 불쑥 "나는 이번 주에 아무것도 하지 않았어요."라고 얘기했을 때, 비록 그녀가 이를 분명한 안건의 하나로 제안한 것은 아니지만, 치료자는 "아, 그걸 이 시간에 다루어도 될까요?"라고 물어보았다. 다음 시간에 다루고 싶은 주제들을 메모하는 것이 숙제로 부여될 수도 있다. 환자들이 매 회기마다 특별히 제안할 게 없다는 말을 반복할지라도 의제를 제안하도록 계속적으로 요청하고, 그냥 넘어가지 않고 어떤 제안을 할 때까지 기다리면서, 의제 설정에 참여하는 것이 그들의 몫임을 명확히 함으로써, 치료자는 환자들이 치료에 능동적으로 참여하도록 촉진할 수 있을 것이다. 이러한 환자들은 상대를 기쁘게 하려고 하는 경향이 많기 때문에, 대체로 자신에게 기대되는 것을 하려고 노력한다. 데비는 결국 매 회기마다 자신의 의제(예를 들면, '기분이 가라앉았다' '딸과의 문제' 등)를 먼저 제시하기 시작했다.

분명하고 구체적인 목표와 이를 향한 진전은 '나는 무력하다'는 의존적인 사람의 기저 가정에 도전하는 강력한 증거로 사용될 수 있다. 결국, 자신이 무력하다는 믿음에 도전하는 가장 강력한 방법 중의 하나는 개인적인 유능성을 보여 주는 구체적인 증거를 수집하는 것이다. 주요 문제 중의 하나인 광장공포증에 대해서, 데비는 다음과 같은 목표를 세웠다.

1. 운전할 수 있게 되기
2. 혼자 식료품점에 가기
3. 혼자 쇼핑몰에 가기
4. 교회에서 원하는 자리에 앉기

이러한 불안 유발 상황에 대한 점진적인 노출을 통해서, 무력함과 관련된 데비의 믿음에 도전할 수 있었다. 데비는 혼자 식료품점에 가고, 혼자 쇼핑을 하고, 수표를 사용할 수 있게 되면서, 자신을 매우 자랑스러워했으며 자신이 조금은 더 유능하다고 느꼈다. 그러나 유능성에 대한 증거를 체계적으로 수집하기 위해서 반드시 불안 위계에 따라 작업할 필요는 없다. 어떤 구체적인 목표를 수행한다 해도 같은 목적에 도달할 수 있을 것이다. 바느질을 배우는 목표를 달성하고 난 후에, 그녀는 더욱 자신감을 가지고 다소 도전적인 일도 시도해 볼 수 있었다. Turkat와 Carlson(1984)의 DPD 환자 치료 사례에 나타나 있는 것처럼, 치료자와 환자는 협력해서 점차 더 어려운 독립적인 활동의 위계를 만들 수 있다. 예를 들어, 의사 결정의 위계는 점심으로 어떤 과일을 먹을지부터 시작하여 직업이나 거주지를 결정하는 것에 이르기까지 위계적으로 배열할 수 있다. 각 결정을 통해서, 환자들은 적어도 그 일만큼은 독립적으로 할 수 있다는 믿음이 증진될 수 있다.

치료에서 어떤 구체적인 개입을 하는지와 관계없이, 환자의 의존성과 무능감은 목표를 향한 진전을 방해할 수 있다. 이런 일이 발생할 때, 환자의 자동적 사고는 생산적인 개입의 초점이 될 수 있다.

두 번째 회기에서 위계의 개념이 소개되었을 때, 데비는 이해하기 어려워하면서 매우 자기비판적이 되었다. 또한 그녀는 불안을 0부터 100까지 평정하는 것이 너무 어렵고 복잡해서 할 수 없다고 말했고, 그녀와 치료자는 그 대신에 0부터 10까지의 척도를 사용하는 데 동의했다. 세 번째 회기에 이완 훈련이 소개되었을 때, 그녀는 '나는 할 수 없어', '그건 너무 복잡해', '나는 결국 실패할 거야'와 같은 생각을 보고했다.

특히 부적절감과 관련한 자동적 사고는 회기 사이에 숙제를 시도하려는 것을 방해할 수 있다. 따라서 치료 초반에 이러한 생각들을 이끌어 내어 평가하는 것이 필요하다. 회기 내에서의 행동실험이 이러한 생각에 도전하는 데 매우 유용하게 이용될 수 있다.

자동적 사고를 찾아내고 이에 도전하는 방법을 소개하였을 때, 데비는 '나는 못해요'라는 전형적인 생각으로 반응하였다. 이때 치료자는 권위자의 역할을 취하여 환자를 밀어붙이지 않고, 그녀가 역기능적 사고 기록지를 작성하는 것의 장단점 목록을 적도록 도와주었다. 함께 장단점을 탐색하면서, 그녀는 다음과 같은 생각을 보고했다. "나는 글로 쓰인 것은 그 어떤 것도 잘 이해할 수 없어요." 치료자는 이 생각에 도전할 수 있는 행동실험을 제안했다. 그는 책꽂이에서 책을 한 권 뽑아서 임의로 한 장을 펼친 다음, 데비에게 첫 문장을 크게 읽어보라고 요청했다. 그리고 나서 그녀에게 문장이 뜻하는 것을 설명해 달라고 요청했다. 실제 그녀는 이 일을 잘 수행했고, 자신의 자동적 사고에 대하여 설득력 있는 합리적 반응을 적을 수 있었다. "내가 글로 된 것들을 이해하기 어려워하는 것은 사실이지만, 내가 하려고만 한다면 대개는 잘할 수 있을 것이다."

의존적인 환자들이 자신의 능력을 과소평가하는 것을 고려할 때, 환자가 집에서 혼자 새로운 과제와 숙제를 잘 수행해 낼 것이라고 기대하기보다는, 이를 회기 중

상황	감정	자동적 사고	합리적 반응
직장에서 공황을 경험함	불안	사람이 너무 많다.	어떻게 끝내야 할지 모르겠다.
	속이 울렁거림	위장 때문에 천천히 먹어.	위장이 2시간 동안 탈이 났다.
	부들부들 떨림	진정해. 긴장을 풀어.	약 3시경에 진정되었다.

[그림 12-1] 데비가 처음 시도한 역기능적 사고 기록지

상황	감정	자동적 사고	합리적 반응
저녁 파티	불안	내가 모르는 사람들이야. 100	내가 최상의 교육을 받은 것은 아니지만, 나도 괜찮은 자질을 지녔어.
	두려움	바보 같은 말을 할지도 몰라. 100	
	분노	스프가 없었으면 좋겠다. 100	대부분의 사람들은 알아채지 못할 거야. 몇 명은 눈치 챌 수 있겠지만, 나머지는 그렇지 않을 거야.
	슬픔	다른 사람들이 내가 떠는 걸 다 알거야. 100	
	100	다른 사람들이 나에 대해 안 좋은 인상을 가지고 있을 거야. 100	

[그림 12-2] 데비가 두 번째 작성한 역기능적 사고 기록지

에 먼저 연습하는 게 필요하다. 예를 들어, 대부분의 다른 환자들에게는 역기능적 사고 기록지의 처음 세 칸을 작성하는 것을 시범적으로 보여 준 다음, 이 같은 방식으로 집에서 기록지를 작성해 오도록 숙제를 주면 이것으로 충분할 수 있다. 그러나 데비의 경우, 그녀가 혼자 스스로 하는 것이 편하게 느껴질 때까지 치료 시간에 치료자와 함께 생각을 찾아내는 작업을 할 필요가 있었다. 점진적으로 치료실에서 사고 기록지를 작성하는 책임을 데비에게 주었고, 몇 회기 동안의 연습 후에야 비로소 그녀는 치료 시간에 실제로 자신의 생각과 반응을 적을 수 있게 되면서, 집에서 혼자 할 준비가 되었다고 느꼈다. 그녀가 집에서 혼자 역기능적 사고 기록지를 작성한 자신의 첫 번째 시도를 폄하하긴 했지만, 그녀의 수행은 다른 많은 환자들의 처음 것보다 못하지 않았다([그림 12-1]). 치료자가 몇 가지를 제안한 후, 그녀의 두 번째 숙제는 상당히 개선되었다([그림 12-2]).

개입을 위한 계획을 수립하면서, 환자가 세상에서 효과적으로 기능할 수 없는 것처럼 보일 때조차도 환자에게 실제로 기술의 결핍이 있을 것이라고 가정하는 것은 안전하지 않다. 많은 환자들은 실제로 독립적이고도 성공적으로 기능하는 데 필요한 많은 기술을 지니고 있지만, 단지 이를 인식하지 못하거나 혹은 가지고 있는 기술을 사용하는 데 실패하는 것뿐인 경우가 많다. 실제로 기술이 결핍되어 있는 경우에는, 환자의 능력을 향상시키기 위해 자기주장(예, Rakos, 1991), 문제해결(Hawton & Kirk, 1989), 의사 결정(Turkat & Carlson, 1984), 사회적 상호작용(Liberman, DeRisis, & Mueser, 1989)에 필요한 기술을 훈련시킬 수 있다.

데비는 매우 오랫동안 다른 사람들에게 의존해 왔기 때문에 실제로 많은 기술이 결여되어 있었다. 따라서 그녀는 자신의 능력에 대한 부정적인 생각에 도전하는 훈련에 더하여, 다양한 대처기술에 대한 훈련이 필요했다. 그녀는 불안을 다루는 데 이완기술에 대한 철저한 훈련이 필요했다(예, Bernstein & Borkovec, 1976; Bourne, 1995). 남편과 딸을 이전과 다르게 대하기 위해서는, 주장 훈련이 필요했다. 구체적인 삶의 사소한 영역들에서조차, 그녀에게 최소한의 기술이 있을 것이라고 당연시해서는 안 될 정도였다. 운전상황에 대한 점진적인 노출 과정에서, 단지 불안을 줄이는 것 이상이 요구되었다. 그녀는 오랫동안 자신이 결코 운전할 수 없을 거라고 확신해 왔기 때문에, 기본적인 결정을 어떻게 해야 하는지에 대해서도 의문을 지니고 있었으며(예를 들어, "노란 불에서 언제 멈추어야 하는지를 어떻게 결정하나요?"), 이러한 것 또한 불안과 함께 다루어져야 했다.

의존적인 환자들에게 일반적인 대처기술과 문제해결기술을 훈련시키는 것에 더하여, Overholser(1987)는 이들에게 원래 우울증 치료를 위해 Rehm(1977)에 의해 개발된 것과 같은 자기통제기술(self-control skill)을 가르칠 필요가 있다고 제안하였다. 자기통제훈련은 자기감찰, 자기평가, 자기강화의 세 가지 기본 요소를 포함한다. 자기감찰(self-monitoring)은 환자에게 특정한 행동의 선행 요인과 결과를 포함하여 행동의 빈도, 강도 및 지속기간을 기록하도록 가르치는 것이다. 그러한 구체적인 자료를 기록함으로써, 환자 스스로 자신의 분명한 변화와 개선을 볼 수 있게 된다. 자기평가(self-evaluation)는 자신의 실제 수행과 수행의 기준을 비교하는 것을 포함한다. 의존적인 사람들은 비현실적으로 높은 수행 기준을 가지고 있거나 다른 사람의 기준에 초점을 맞추고 있기 때문에, 자신의 기준에 대한 명확한 심상을 가지고 있지 않다. 보다 적절한 자기평가를 위한 훈련을 통해서, 의존적인 사람들도 그러한 기준을 개발해 갈 수 있으며, 언제 도움 요청이 필요한지를 구분하는 법을 배워 갈 수 있다. 자기강화(self-reinforcement)는 자신의 수행에 기초하여 스스로 적절한 보상을 제공하는 것이다. 의존적인 사람에게 자신의 바람직한 행동에 대해 스스로 강화하도록 가르치는 것은 아마도 자기통제의 가장 중요한 측면일 것이다. 왜냐하면 의존적인 사람들은 모든 강화를 오로지 다른 사람들에게 의존하려는 경향이 있기 때문이다. 처음의 자기강화물로서 구체적인 보상(예를 들어, 원하는 선물을 살 수 있는 토큰 주기, 산책하기, 소설 한 장을 읽기)이 사용될 수 있지만, 긍정적인 인지적 강화물로서의 자기칭찬(예를 들어, "내가 진짜 끝까지 해냈네, 정말 잘 했어!")도 매우 유용하게 사용될 수 있다.

DPD 환자들은 치료의 초반부에 일반적으로 치료에 협조적이고 치료자를 기쁘게 하려고 애쓰지만, 숙제가 부과되면서부터 문제가 나타날 수 있다. 이러한 문제는 과제를 할 수 없을 것이라는 환자의 믿음이나 기술 결핍에 기인할 수 있지만, 때로 치료가 너무 빨리 진행된다는 것 혹은 자신이 목표를 향해 너무 빨리 나아간다는 것에 환자 자신이 놀람으로써 이러한 문제가 발생할 수도 있다. 만일 그렇다면, 변화하는 것에 대한 장점과 단점의 목록을 작성해 보는 것이 유용한데, 특히 목표를 달성해 가는 것의 단점을 잘 탐색해야 한다. 종종 치료에서의 진전이 갖는 단점에 대해 처음 질문하면, 환자들은 당황하면서 목표의 달성은 전적으로 긍정적이라고 대답할 것이다. 그러나 조금만 더 주의 깊게 탐색해 보면, 이들이 다른 한편으로 변화에 대해 주저하고 있음을 알 수 있다.

데비는 치료가 시작된 지 몇 달 후에 첫 실제노출(in vivo exposure) 회기를 가졌는데, 이는 치료자와 함께 차를 운전하는 것이었다. 노출이 매우 잘 진행되었고, 기대한 대로 불안이 줄어들었으며, 예상한 것보다 더 멀리까지 운전할 수 있었음에도 불구하고, 그녀는 회기가 끝날 무렵 자신의 느낌이 무엇인지 잘 모르겠고 '상당히 복잡한 감정' 이라고 보고했다. 이는 다음 회기에서 다음과 같이 다루어졌다.

치료자: 실제로 운전을 꽤 잘했는데도, 이에 대해서 복잡한 감정이 든다고 했지요? 이번 주에는 이에 대해 어떤 생각이 드는지요?

데 비: 나는 지난 한 주 동안 내가 어떻게 느꼈는지 잘 모르겠어요. 매우 혼란스러워요. 나는 심지어 치료를 끝낼 생각까지도 했어요.

치료자: 다소 의아하게 느껴지네요. 한편으로 운전을 꽤 잘 하셨고, 불안도 빨리 감소했고요, 그러나 다른 한편으로 갑자기 치료를 그만둘 생각까지 했네요. 무슨 생각이 들었나요?

데 비: 잘 모르겠어요. 지난주에 내게 어떤 일이 있었어요. 내가 잘 할 수 있다는 걸 알아서 그것과 싸우고 있나? 내가 독립적으로 될까 봐 두려워하고 있나? 나는 조지(남편)가 나를 돌봐 주었으면 좋겠어요.

치료자: 꽤 중요한 얘기인 듯 보이네요. 내가 이해할 수 있게 조금만 더 얘기해 주세요. 운전할 수 있게 된다는 것이 곧 당신이 더 독립적이 될 수 있다는 것을 의미하나요? 그게 걱정이 되는 건가요?

데 비: 아마도요.

치료자: 만약 더 독립적이 된다면 어떤 일이 일어날까요?

데   비: 글쎄요, 니는 실패할 기예요.

치료자: 무슨 뜻이죠?

데   비: 독립적인 사람은 많은 일을 하죠. 나는 못할 거고요. 그리고 만일 내가 조
지에게 기댈 수 있다면 나는 실패하지 않겠지요.

치료자: 그러니까 만일 당신이 운전을 할 수 있게 된다면 이는 당신이 좀 더 독립
적인 사람이 된다는 것을 의미하고, 만약 그런 일이 일어나면 당신은 무언
가에 더 많이 실패하게 될 거라는 거군요.

데   비: 예, 그렇게 생각해요.

치료자: 좋아요. 이에 대해 더 얘기할 게 많을 것 같네요. 하지만 이런 얘기들을 통
해서 당신이 최근 겪은 경험을 내가 더 잘 이해하게 된 것 같아요. 성공이
오히려 당신을 더 놀라게 한 것 같아요. 이 경험을 좀 더 잘 이해하기 위해
서, 이에 대해 더 논의해도 될까요?

데   비: 네, 그리고 싶어요, 이 모든 것들이 나를 혼란스럽게 하거든요.

[이후에, 독립과 관련한 인지망을 함께 탐색하였다]

치료자: 좋아요. 정리하면, 당신은 독립에 뒤따를 수 있는 많은 변화들에 대해 준
비가 되어 있지 않다고 느끼는 거군요. 당신이 좀 더 변화를 통제할 수 있
다고 느낄 수 있도록 변화의 속도를 조금 늦춰서, 당신이 조절할 수 있는
속도로 해보면 어떨까요?

데   비: 우리가 그걸 할 수 있을까요? 이제 좀 편안해졌어요. 긴장이 풀리기 시작
했어요.

치료자: 당신이 편안하게 받아들일 수 있는 정도로 변화의 속도를 늦출 수 있는 방
법으로 생각나는 게 있나요?

때로 변화의 장단점을 탐색하다 보면, 환자가 변화를 가치 있게 느끼지 않는다
는 것이 드러나는 경우가 있다.

20대 초반의 가정주부인 메리(Mary)는 우울증 때문에 치료실을 찾아왔다. 그녀는 늘 어머니에게 극단적으로 의존해 왔고, 무언가를 스스로 혼자 하는 법을 배워본 적이 없었다. 그녀는 혼자서는 그 어떤 것도 잘할 수 없다고 굳게 믿고 있었고, 끔찍한 실패가 두려워서 새로운 일을 시도하지 못하였다. 그녀는 고등학교 시절에 사랑하던 애인과 결혼하였고, 남편의 직장 때문에 다른 주로 이사해야 했다. 이사를 하고 난 후, 그녀는 곧바로 매우 우울해졌다. 그녀는 아내로서의 역할에 압도되었고, 가까이에 어머니도 없는데 혼자서 새로운 책임을 떠맡아야 한다는 것에 무력감을 느꼈다. 그녀는 계속해서 자신의 부적절성에 대해서 반추하였고, 고향에 되돌아갈 수만 있다면 모든 것이 다시 좋아질 거라고 믿었다. 치료가 진행되어 가면서, 그녀는 만일 자신이 우울에서 벗어나서 타향살이를 받아들이게 된다면 남편이 고향으로 되돌아갈 동기가 없어질 것을 두려워하고 있다는 것이 드러났다. 그녀가 남편과 함께 고향으로 돌아가는 것이 자신의 숨겨진 목표였음을 인정하였을 때, 그녀가 그동안 치료에 순응적이지 않았던 이유가 분명해졌다. 실제로 남편이 그 해 안에 다시 이사하기로 동의할 때까지, 그녀의 기분은 개선을 보이지 않았다.

이렇듯 의존적인 사람이 변화에 대해 양가적인 태도를 보일 수밖에 없는 강력한 이유가 있다. 한편으로는 무기력과 싸우면서 자신에게 아무런 힘이 없다고 느끼는 것이 고통스러우면서도, 다른 한편으로는 무력한 역할을 맡는 것이 사실상 매우 강력하고도 보상적이어서 이러한 역할을 포기하는 것이 어려울 수 있다. 만일 환자가 무기력에서 벗어나면 무엇을 잃을까 봐 두려워하는지를 명확히 이해하게 된다면, 보다 더 건설적인 대안을 찾을 수 있을 것이다. 예를 들어, 데비는 자신이 무력감에서 벗어남으로써 쇼핑을 할 때 남편이 더 이상 필요하지 않게 된다면, 남편은 자신과 시간을 보내지 않을지도 모른다는 것을 두려워했다. 따라서 그녀는 남편과 함께하는 정례 주간 '데이트'를 약속할 수 있었는데, 이는 무기력해지지 않고도 남편과 함께할 수 있는 시간을 허락해 주었다. 잘 탐색해야 할 중요한 영역 중 하나는 독립에 대한 환자의 이분법적 관점이다. 만일 환자가 사람은 전적으로 의존적이고 무력하거나 전적으로 독립적이고 분리된 존재라고 믿고 있다면, 자율성을 향한 어떠한 움직임도 완전하고 영원한 소외처럼 여겨질 것이다. 의존에서 독립에 이르는 연속선을 그림으로 제시하는 깃은 매우 유용할 수 있다([그림 12-3]). 전적인 의존과 전적인 독립의 양극단 사이에는 많은 단계들이 존재한다는 것을 안다면, 독립을 향한 한 단계의 이동이 크게 두렵게 느껴지지는 않을 것이다. 또한 독립적으로 잘 기능하는 사람들도 타인의 도움이 필요할 때에는 도움을 구하기 위한 조처를 취한다는 사실을 지적하는 것도 유용하다. 이렇듯 사람이 어느 상황, 어느 순간에서건 항상 전적으로 독립적일 수는 없으며, 때때로 도움이 필요하다는 것을 인정하는 것이 창피한 것도 아님을 지적해 줄 필요가 있다.

이분법적 사고 경향으로 인해, 데비는 자신이 완벽하지 않다고 느낄 때마다(예를 들면, 사소하고 단순한 실수를 하였을 때) 스스로를 '멍청하다' 거나 '바보' 라고 비난했다. 그녀의 접근에 내재한 이중 기준을 부각시켜서 인지적 왜곡에 도전하는 깃은 매우 유익하였다. 만약 친구가 같은 실수를 했을 때에도 같은 결론을 내릴 것이냐는 질문을 했을 때, 그녀는 자신에게 다른 사람과는 다른 기준을 적용했다는

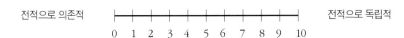

전적으로 의존적   0 1 2 3 4 5 6 7 8 9 10   전적으로 독립적

• 혼자서는 아무것도 할 수 없다.	• 모든 것을 혼자 한다.
• 다른 누군가가 모든 것을 대신 결정하도록 한다.	• 어느 누구에게도 묻지 않고 혼자서 결정한다.
• 남이 하라는 대로 한다.	• 자신이 원하는 대로 한다.
• 남의 어떤 말에든 동의한다.	• 남의 말에 전혀 구애받지 않고 자신의 의견을 주장한다.
• 다른 누군가가 대신 모든 문제를 해결하게 한다.	• 자신이 스스로 모든 문제를 해결한다.
• 완전히 무력한	• 완전히 유능한
• 남을 추종하고 유순한	• 거리낌 없고 공격적인
• 강아지처럼 늘 행복하고 기쁜 듯이 행동하는	• 고립되고 고독한

[그림 12-3] 한 의존적인 환자와 함께 만든 의존-독립의 연속선

것을 알게 되었다. 숙제를 부과할 때에도 그녀의 이분법적 사고 경향을 염두에 두고, 치료자는 그녀에게 일부러 불완전한 역기능적 사고 기록지를 작성해 보라고 요청하였다(예를 들면, 틀린 철자 사용, 지저분한 필기, 일부 생각을 빠뜨리기, 일부 항목을 잘못된 칸에 기록하기 등). 치료자는 이러한 숙제가 과제를 시작했다가 완벽하지 못한 것을 발견하자마자 과제를 중단하고 스스로를 멍청하다고 결론짓는 경향에 도전하기 위한 시도라고 부연 설명하였다.

치료의 어느 시점에서, 자신이 보다 더 유능해진다면 버림받을지도 모른다는 환자의 믿음을 탐색할 필요가 있다. 이러한 믿음에 도전하는 한 가지 유용한 방법은, 보다 더 유능하게 행동한 후에 다른 사람의 반응을 관찰하는 것과 같은 구체적인 행동실험을 수행하는 것이다. 이러한 유형의 과제는 다른 사람을 포함하게 되는데, 환자나 치료자 모두 결과가 어떨지 확신할 수 없다는 점에서 진정한 '실험'이 될 수 있다. 비록 자신을 주장하게 되면 완전히 버림받고 영원히 혼자가 될 것이라는 믿음이 비합리적으로 보일 수는 있지만, 실제로 보다 더 자율적으로 행동했을 때 특정한 개인에게 버림받게 될지 아닐지는 알 수 없다. 데비의 남편인 조지를 만나 본 적이 없기 때문에, 치료자는 그가 데비의 변화에 어떻게 반응할지 알 도리가 없었다. 많은 사람들은 의존적인 사람에게 매력을 느껴 결혼하기도 한다. 따라서 의존적인 환자가 독립적이고 주장적인 방향으로 변화하기 시작할 때, 배우자가 이에 부정적으로 반응할 가능성은 얼마든지 존재한다. 환자 주변의 중요한 타인들은 환자의 의존적인 행동을 적극적으로 강화하면서, 변화의 시도에 대해서는 처벌할 수 있다. 그러나 배우자가 이러한 변화에 긍정적으로 반응할 가능성 또한 존재한다. 따라서 작은 단계로부터 실험을 시작함으로써, 심각하고 영구적인 결과에 대한 위험을 무릅쓰지 않고서도 변화에 대한 배우자의 반응을 관찰할 수 있을 것이다.

데비는 자신의 독립성이 증가하는 데 대해서 남편이 어떻게 반응할지 염려했다. 그의 첫 부인은 바람을 피웠고, 그는 데비 또한 그럴까 봐 두렵다는 것을 여러 차례 표현한 바 있었다. 그는 그녀와 가게에도 같이 가고, 그녀 혼자 할 수 있는 일도 대신해 주며, 그녀가 어디에 있는지 알지 못하면 불안해하는 등, 여러 가지 면에서 그녀의 의존성을 조장하는 듯 보였다. 비록 데비가 남편의 반응을 걱정하기는 하였지만, 그녀는 혼자서 식료품섬에 가고 운선을 하는 등 불안을 유발하는 상황에 점진적으로 노출하였다. 그녀는 남편의 반응을 인식하려고 노력하였으며, 놀랍게도 긍정적인 반응만을 관찰할 수 있었다. 치료자는 필요하다면 데비와 남편이 함께 와서 공동 회기를 진행할 수 있다고 제안했다. 그러나 데비가 상황을 객관적으로 볼 수 있게 되면서, 그녀는 남편이 자신의 진전을 수용하고 있음을 알기 때문에 공동 회기가 필요치 않음을 깨닫게 되었다.

환자의 자기주장이 증가하는 것에 대한 배우자의 반응이 부정적인 경우, 다른 치료적 대안을 탐색하는 것이 필요하다. 부부치료나 가족치료를 통해서, 배우자가 환자의 변화에 적응할 수 있도록 돕거나 때로는 함께 변할 수 있도록 도와줄 수 있다. 그러나 만약 환자나 배우자 어느 한 쪽이 부부치료를 원치 않는다면, 환자는 관계에 대한 현재의 접근을 유지하거나 배우자가 견딜 수 있을 정도로 조정하거나 심지어는 관계를 끝내는 것을 포함하여 다양한 대안들의 장단점을 탐색해 볼 필요가 있다. 물론 관계를 끝낸다는 것이 환자에게는 매우 두려운 일일 수 있지만, 이것도 가능한 많은 대안 중의 하나라는 것을 인정할 필요가 있다.

관계를 유지하면서 변화를 향해 작업해 나가든지, 현재의 관계를 있는 그대로 받아들이든지, 아니면 관계를 끝내든지 간에, 치료자는 궁극적으로 관계가 끝날 수도 있는 가능성에 대해서 논의하면서 관계의 상실에 대한 환자의 파국적 사고에 도전해야 한다. 환자가 의존적인 관계 안에서 모든 것이 환상적이라고 주장할지라도, 우연한 사건은 항상 발생할 수 있으며 이 세상 어느 누구도 항상 그 자리에 있어줄 타인에게 절대적으로 의지할 수는 없는 것이다. 물론, 치료자는 중요한 관계를 잃는 것에 대한 슬픔을 경시해서는 안 된다. 치료의 목표는 의존적인 사람들에게 다른 사람은 중요하지 않다고 설득하는 데 있는 것이 아니라, 설사 이별이 매우 당혹스러울지라도 그들은 관계의 상실로부터 살아남을 수 있고 살아남을 것이라는 것을 알 수 있도록 도와주는 데 있다.

치료성과의 유지

　치료의 구조 자체를 바꿈으로써 의존에서 독립으로의 진전을 촉진할 수 있다. 개인 치료에서 집단 치료로 옮아가면서, 환자는 치료자에 대한 의존을 줄이고 치료자와의 관계의 농도를 묽게 할 수 있다. 집단 장면에서도 환자는 여전히 많은 지지를 얻을 수 있지만, 치료자보다는 다른 집단 구성원들로부터 더 많은 지지를 얻기 시작한다. 이는 자율성에 대해 가족이나 친구에게서 자연스러운 지지를 얻기 위한 첫 단계가 될 수 있다. 모델링은 독립적인 행동을 증가시킨다고 알려져 있으며(Goldstein et al., 1973), 집단 치료에서 다른 환자들은 많은 기술을 발달시키는 데 모델이 되어 줄 수 있다. 이에 더하여, 집단치료 장면은 자기주장과 같은 새로운 기술을 연습하는 데 상대적으로 안전한 장소를 제공한다.

　치료의 종결은 DPD 환자들에게 극히 위협적일 수 있다. 왜냐하면 이들은 치료자의 지지 없이는 진전된 상태를 유지할 수 없을 것이라고 믿기 때문이다. 언어적인 수단으로 이러한 믿음에 도전하기보다는, 행동 실험의 형태로 회기 간격을 점차로 늘려 감으로써 이러한 믿음에 도전해 볼 수 있다. 예를 들어, 환자가 주 1회에서 격주 1회로 간격을 늘렸는데도 2주 동안 자신이 잘 기능한다는 것을 알게 되면, 월 1회 회기를 시도해 볼 수 있다. 만약 환자가 2주 동안 진전을 유지할 수 없다면, 그는 아직 종결할 준비가 되어 있지 않은 것일 수 있고, 추가적인 문제들이 해결될 때까지 주간 회기로 돌아가는 것이 적절할 수 있다. 만일 환자에게 회기 간격에 대해 더 많은 선택권을 줄 수 있다면, 자신의 선택이 되돌릴 수 없는 것이 아니기 때문에, 덜 위협적으로 느끼고 기꺼이 회기 간격을 늘려 보려고 시도할 수 있을 것이다. 치료자는 회기 간격을 점점 더 늘려 가서 1개월, 3개월, 혹은 6개월에 한 번씩 만날 것을 제안할 수 있다. 그러나 환자에게 자유 선택이 주어졌을 때, 환자가 치료자 없이 한 달을 잘 지낼 수 있다면 대개는 더 이상 치료를 지속할 필요가 없다는 것을 깨닫게 된다.

　DPD 환자들의 종결이 더 수월하도록 돕기 위한 또 다른 전략은 추수 회기

(booster session)를 제안하는 것이다. 한 환자와 치료를 종결할 때마다, 치료자는 환자가 이미 다룬 문제이든 새로운 문제이든 장차 어떤 어려움을 겪게 된다면, 한두 번의 추수 회기를 위해 치료자를 다시 만나는 것은 좋은 방법이라고 설명해 줄 수 있다. 추수 회기를 통해서 과거에 도움을 주었던 개입을 되살림으로써, 환자들이 다시 '제 궤도를 찾도록' 해 줄 수 있다. 단지 치료자를 다시 만날 수 있다는 것을 아는 것만으로도, 많은 환자들은 쉽게 종결로 이행할 수 있다. 의존적인 환자들에게 자율성을 부여한다는 것은 그들이 독립적인 결정을 내릴 수 있도록 허용한다는 것을 의미하며, 이때 치료는 치료자가 예상한 것과 다른 과정을 밟게 된다. 때로 환자가 보다 더 독립적이 되도록 내버려 두는 것이 필요하다.

치료의 후반부에, 데비는 몇 회기 동안 동기가 시든 듯 보였으며 과제를 수행하지 않았다. 과제에 대한 그녀의 생각과 감정을 몇 회기에 걸쳐 논의하였다. 회기를 시작하며 데비는 매우 주저하면서 다음과 같이 말을 꺼냈다.

데　비: 이런 건 더 이상 하고 싶지 않아요.

치료자: 이해가 안 되네요. 나는 당신이 운전을 좀 더 잘 할 수 있기를 바란다고 생각했는데요.

데　비: 그랬죠. 하지만 지금은 아니에요. 당신이 나를 몰아붙이는 것 같아요.

치료자: 약간 화가 난 것처럼 들리네요.

데　비: (잠시 침묵 후) 음, 아마도요. 죄책감도 들어요.

치료자: 죄책감이요?

데　비: 내가 뭔가를 더 해야 될 것 같고, 안하면 당신이 화낼 것 같아요.

치료자: 당신이 원하는 건 뭐죠?

데　비: (완강하게) 나는 내 속도대로 운전을 배워 나가고 싶어요.

치료자: 그에 대해 생각이 꽤 분명한 것 같네요. 그렇게 하는 데 무슨 문제가 있나요?

데　비: 음, 없어요. 하지만 그렇다면 내가 어떤 진전을 이뤘는지 궁금해요.

치료자: 진전된 것에 대해서 함께 점검해 볼 시간을 가지고 싶나요? 현실적인 증

거들도 검토해 보고, 이를 토대로 앞으로 어떻게 할지에 대해서도 살펴볼

수 있겠네요.

데   비: 좋아요. 진짜 좋은 생각이에요. 이미 좀 안심이 됐어요. 당신이 나한테 화

를 낼 거라고 생각했거든요.

치료자: 나를 기쁘게 해야 한다는 압력을 느꼈나요?

데   비: 네, 하지만 그 압력은 당신이 아니라 나로부터 온 것이라는 생각이 들어

요. [데비의 진전을 검토하기 위한 논의가 진행됨. 데비는 8개의 목표 중 7

개에서 중요한 진전이 이뤄졌다고 느낌.] 이제 더 많이 편안해졌어요. 내

가 이렇게 많이 왔는지 깨닫지 못했어요.

치료자: 현실적인 증거들이 당신이 이뤄 온 것을 말해 주고 있네요. 그러면 이제

어디로 향해 가길 바라나요?

데   비: 나는 혼자서 운전해 나가고 싶어요. 한번 해 볼 필요가 있다고 느껴요.

치료자: 그렇다면 당신은 혼자서 어떻게 그것을 해 나갈지에 대해서 함께 논의하

고 싶은가요? [운전에 대한 데비의 계획에 대해서 15분간 논의함.] 좋아

요. 그럼 이제 당신은 문제가 갑자기 생겼을 때 어떻게 할 수 있는지, 그리

고 진전을 계속 유지하기 위해서 어떻게 할 수 있는지에 대해서 명확한 계

획이 선 것 같네요. 지금 어떻게 느껴져요?

데   비: 정말 좋아요. 나는 오늘 매우 화가 난 상태로 돌아가게 될 거라고 생각했

어요.

치료자: 당신이 원하는 것을 내게 분명하게 표현하면 끔찍한 일이 일어날 거라고

기대했군요. 실제로는 무슨 일이 일어났나요?

데   비: 기대와는 정반대였죠. 내가 원하는 대로 결정해도 괜찮구나.

치료자: 그리고 물론 도움이 필요하거나 후퇴의 조짐이 보이면 내게 연락해서 함

께 생각해 볼 수 있다는 것도 알고 있겠죠?

결 론

DPD의 치료가 더디고 힘들며 때로는 좌절스러운 과정일 수도 있지만, 또한 보상적인 과정이기도 하다. Turkat와 Carlson(1984)이 한 DPD 환자에 대한 사례 연구에서 보여 준 것처럼, 단순한 증상 위주의 치료보다는 이 장애에 대한 인식, 포괄적인 사례 개념화, 그리고 이러한 개념화에 기초한 전략적인 개입 계획을 통해서 치료를 더 효과적이고 덜 좌절적인 것으로 이끌어 나갈 수 있다. 적절한 개념화와 치료 전반에 대한 세심하고 전략적인 계획을 통해서, 치료자는 환자가 자율적인 성인으로 성장하는 것을 볼 수 있을 것이다. 이는 마치 아이들이 성장하는 것을 지켜보는 것과 같은 만족을 줄 것이다.

제 **13** 장
회피성 성격장애

대부분의 사람들은 살아가면서 때때로, 특히 불안을 완화시키고 싶거나 어려운 상황이나 선택에 직면할 때, 회피를 보인다. 회피성 성격장애(Avoidant Personality Disorder: APD) 환자들은 삶에 만연한 행동적, 정서적, 인지적 회피의 특징을 보이는데, 이러한 회피로 개인적인 목표나 욕구가 좌절되는 때조차도 그러하다. APD에서 회피를 불러일으키는 인지적 주제는 자기비하의 믿음, 불쾌한 생각이나 감정은 견딜 수 없을 것이라는 믿음, 그리고 '진정한 자기'를 다른 사람들에게 보이거나 자신을 주장적으로 표현한다면 거부당하게 될 것이라는 가정 등을 포함한다.

APD 환자들은 애정, 수용 그리고 우정에 대한 갈망을 표현하면서도, 친구들이 거의 없고 다른 사람들과 친밀함을 잘 나누지 못한다. 사실상 이들은 치료자에게조차 이런 주제를 꺼내는 것에 대해 어려워할지도 모른다. 인간관계 속에서 이들이 느끼는 외로움, 슬픔, 불안은 거부에 대한 두려움에 의해서 유지되는데, 이러한 두려움으로 인해 이들은 관계를 시작하지 못하거나 더 깊은 관계로 나아가지 못한다.

전형적인 APD 환자들은 '나는 사회적으로 부적절하고, 바람직하지 못한 존재다', '나는 열등하며, 다른 사람들이 나를 알게 된다면 나를 거부하거나 비판적으로 생각할 것이다'는 믿음을 지니고 있다. 치료자가 이런 믿음으로부터 기원하는 생각이나 불편한 감정을 이끌어 내면, 환자들은 종종 화제를 바꾸거나, 일어서서 이리저리 서성이거나, 또는 "갑자기 멍해졌다."라고 보고하면서, 생각이나 감정을 회피하거나 차단한다. 치료가 진행되어 가면서, 치료자는 이러한 감정적·인지적 회피에 다음과 같은 생각들이 동반된다는 것을 알게 된다. '나는 강한 감정을 견딜수 없다', '당신[치료자]은 내가 약하다는 것을 알게 될 것이다', '대부분의 사람들은 이런 감정을 느끼지 않을 것이다' 그리고 '만일 내가 부정적인 감정을 그대로 내버려 둔다면, 상태는 더 심해져서 영원히 지속될 것이다.' APD 환자들은 치료실 안에서든 밖에서든 불편한 감정에 대한 인내력이 부족하며, 부정적인 생각이나 감정으로부터 주의를 분산하기 위해 약물 남용을 비롯한 다양한 행동을 한다.

APD 환자들이 처음 치료실을 찾아올 때에는, 우울증, 불안장애, 물질 남용, 수면장애, 또는 심리생리적 장애를 포함한 스트레스 관련 장애를 호소한다. 이들은 인지치료에 매력을 느낄 수 있는데, 왜냐하면 인지치료가 단기 치료이고 이런 형태의 치료는 자기개방이나 개인사 노출을 거의 요구하지 않을 것이라고 (잘못) 믿기 때문이다.

역사적 조망

Millon(1969)은 최초로 '회피성 성격'이라는 용어를 만들어 냈다. APD에 대한 Millon의 개념화는 주로 사회학습이론에 기초한다. 그는 이 성격은 '적극적으로 거리를 두는(active-detached)' 패턴으로 이루어지며, '다른 사람에 대한 두려움과 불신'을 나타낸다고 기술하였다.

이 사람들은 애정에 대한 충동과 갈망이 이전에 다른 사람과의 관계에서 겪었던 고통과 괴로움의 반복으로 또다시 귀결되지 않도록 끊임없이 주의를 기울인다. 오직 적극적인 철수에 의해서만 이들은 스스로를 보호할 수 있다. 관계를 맺고 싶은 욕구가 많음에도 불구하고, 이들은 이러한 감정을 거부하고 대인간 거리를 유지하는 것이 상책이라는 것을 학습해 왔다(Millon, 1981a, p. 61).

Karen Horney(1945)의 저술에서 보다 인지적인 관점을 접할 수 있는데, 그녀는 DSM-III-R(American Psychiatric Association, 1987)의 개념화보다 40년 앞서 '대인관계에서 회피적인' 사람을 다음과 같이 묘사했다. "사람들과의 관계 속에서 참을 수 없는 긴장을 느끼며, 고독은 이를 피하기 위한 주된 수단이 된다……. 일반적으로 모든 감정을 억제하는데, 심지어는 감정의 존재조차 부정한다"(pp. 73-82). 이후의 저술에서 Horney(1950)는 이러한 회피적인 사람을 다음과 같은 인지적 개념화를 통해 묘사했다.

> 그는 아주 사소한 자극에 대해서, 혹은 아무런 도발이 없을 때에도, 다른 사람들이 자신을 깔보며, 자신을 진지하게 대하지 않고, 자신을 동료로서 배려하지 않으며, 자신을 모욕한다고 느낀다. 이러한 자기경멸로 인해 그는 자신에 대한 다른 사람들의 태도를 심각하게 불신한다. 자신을 있는 그대로 받아들일 수 없기 때문에, 그는 다른 사람들이 자신의 모든 단점을 알게 된다면 자신을 우호적으로 받아들일 수 없을 것이라고 믿게 된다.

APD에 대해 인지적 관점으로 기술된 문헌은 최근까지 거의 없었다. 이 장에서는, APD 환자들의 자동적 사고, 기저 가정 및 핵심 믿음을 검토하면서 이 장애의 발달과 유지를 설명하기 위한 간결한 개념화를 시도해 볼 것이다. 개념화에 뒤이어, 문제 사고와 행동뿐 아니라 기저 가정과 핵심 믿음을 수정하는 데 도움이 될 수 있는 임상적 전략들을 제안할 것이다.

연구와 경험적 자료

APD의 인지치료에 관한 대부분의 연구들은 비통제 임상보고서와 단일사례 연구설계로 이루어졌다(Beck, Freeman, & Associates, 1990; Gradman, Thompson, & Gallagher-Thompson, 1999; Newman, 1999). APD 환자들을 대상으로 단지 하나의 통제된 효과연구가 발표되었는데, 환자들에게 사회기술훈련과 함께 인지적 개입을 적용하였다. 이 환자들은 사회기술훈련만 단독으로 받은 환자들과 마찬가지로, 사회불안이 감소하고 사회적 상호작용이 증가하는 것으로 나타났다(Stravynski, Marks, & Yule, 1982).

많은 연구자들(Heimberg, 1996; Herbert, Hope, & Bellack, 1992)은 APD가 일반화된 사회공포증(generalized social phobia)의 보다 심각한 형태일 뿐이라고 주장해 왔다. 또한, 비록 일반화되지 않은 사회공포증(nongeneralized social phobia)에 비해 더 낮은 치료 성공률을 나타내긴 하였지만, 일반화된 사회공포증에 대한 인지치료의 효과를 입증하는 연구들이 발표되었다(Brown, Heimberg, & Juster, 1995; Chambless & Hope, 1996). 그러나 이 두 가지 진단이 같은 것이라는 보다 광범위한 동의가 있기 전까지, 이 연구들은 APD에 대한 인지치료의 효과를 단지 잠정적으로만 지지하는 것으로 간주되어야 한다.

확고한 인지치료기법을 사용하는 추가적인 효과연구들이 요구된다. 만일 인지치료가 효과적인 것으로 밝혀지면, 다른 많은 중요한 경로들이 탐색되어야 한다. 예를 들어, 이 장에는 APD 환자들의 발달력과 관련된 것으로 보이는 사회적 · 인지적 요인들이 기술되어 있다. 이러한 대인관계적 경험과 이에 수반되는 믿음이 과연 APD의 발달에 결정적인 부분인지를 검토하는 연구들이 필요하다. 또한 아동기의 장애를 예방하거나 치료하기 위한 프로그램을 개발하기 위해서는 병인론적인 규명을 위한 연구가 필요하다.

감별 진단

〈표 13-1〉은 APD에 대한 DSM-IV-TR(American Psychiatric Association, 2000)
의 진단 기준을 제시하고 있다. 이 장애의 특징들은 다른 진단범주들(특히, 일반화
된 사회공포증; 광장공포증을 동반한 공황장애; 의존성, 분열성, 그리고 분열형 성격장애)
과 명백히 중첩되는 부분이 있다. 감별 진단을 위해서는, 치료자가 회피적인 패턴
의 역사적 과정뿐 아니라 다양한 증상들과 연관된 의미 및 믿음에 대해 조사하는
것이 필요하다.

〈표 13-1〉 DSM-IV-TR의 회피성 성격장애 진단 기준

전반에 걸친 사회적 억제, 부적절감, 그리고 부정적 평가에 대한 과민성이 청년기에 시작하여 여러 측
면에서 나타나고, 다음 중 적어도 네 가지 이상의 증상이 나타난다.

(1) 비난이나 비판 혹은 거절에 대한 두려움 때문에 중요한 대인간의 접촉을 필요로 하는 직업 활동을
    회피한다.
(2) 자신을 좋아한다는 확신이 없으면 다른 사람들과의 관계에 관여하지 않으려 한다.
(3) 창피를 당하거나 조롱을 받을까 봐 두려워서 친밀한 관계 외에는 갖지 않으려 한다.
(4) 사회적 상황에서 비판을 받거나 거절당하는 것에 대하여 집착한다.
(5) 부적절감 때문에 새로운 대인 관계적 상황에서는 억제되어 있다.
(6) 자신을 사회적으로 어리석고, 개인적으로 매력이 없으며, 다른 사람에 비하여 열등한 것으로 여
    긴다.
(7) 당황하게 될까 봐 개인적 위험을 감수하거나 새로운 활동에 참가하는 것을 지나치게 주저한다.

사회공포증은 APD와 많은 특징들을 공유한다. 사회공포증을 지닌 대부분의 사
람들은 몇몇 특수한 상황(예, 대중 앞에서 발표하기, 사람들이 보는 앞에서 수표에 서명
하기 등)에서 사회불안을 경험하는 반면, APD는 거의 모든 사회적 상황에서 불안
을 경험한다. 이런 면에서 APD는 일반화된 유형의 사회공포증과 유사하며, 일반
화된 사회공포증을 진단할 때에는 부가적인 진단으로서 APD를 반드시 고려해야
한다.

공황장애와 광장공포증을 지닌 사람들은 종종 APD와 유사한 행동적·사회적 회피를 보인다. 그러나 이러한 회피 반응의 이유는 서로 매우 다르다. 공황장애와 광장공포증 환자들이 보이는 회피는 공황발작이나 이와 관련된 신체감각에 대한 두려움, 그리고 안전한 장소나 재난(신체적 또는 심리적)으로부터 자신을 '구원해 줄 수 있는' 사람들로부터 멀어지는 것에 대한 두려움으로 촉발된다. 반면 APD의 회피는 타인의 비판이나 거절에 대한 두려움 때문에 나타난다.

의존적 성격장애와 APD의 자기에 대한 관점은 서로 유사하지만('나는 부적절하다'), 타인에 대한 견해는 서로 다르다. 의존적 성격장애 환자들은 타인을 자신을 보살펴 줄 수 있는 강한 존재로 보는 반면, APD 환자들은 타인을 잠재적으로 비판적이고 거부적인 존재로 이해한다. 따라서 의존적인 사람들은 친밀한 관계를 추구하고 이것으로 편안함을 느끼지만, 회피적인 사람들은 친밀한 관계를 두려워하고 이러한 관계 속에서 취약함을 느낀다.

APD 환자들은 분열성 및 분열형 성격장애 환자들처럼 흔히 사회적으로 고립되어 있다. 이 두 성격장애와 APD의 주된 차이는 APD 환자들이 수용과 친밀한 인간관계를 갈망한다는 것이다. 분열성 또는 분열형 성격장애로 진단된 사람들은 오히려 사회적 고립을 선호한다. 분열성 성격장애 환자들은 타인으로부터의 비판이나 거절에 무관심하다. 분열형 성격장애 환자들은 APD처럼 타인으로부터의 부정적인 반응에 민감하게 반응하지만, APD 환자들이 자기비하로 인해 민감한 반응을 보이는 것에 비해 분열형의 사람들은 편집적 색채를 띤 민감성을 드러낸다('저들이 왜 그러지?').

앞서 언급했듯이, APD 환자들은 관련된 축 I 장애로 인해 치료실에 찾아온다. 이들을 치료할 때 치료 초기에서부터 APD에 대한 적절한 진단을 내리는 것이 중요하다. 왜냐하면 APD의 특징적인 회피를 극복하기 위한 전략이 수립되어야만, 관련된 축 I 장애를 성공적으로 치료할 수 있기 때문이다.

흔하지는 않지만, 신체화장애와 해리장애 또한 APD에 동반될 수 있다. 신체화장애는 신체적인 증상이 사회적 회피의 구실을 제공할 때 발달할 수 있다. 해리장애는 인지적·정서적 회피 패턴이 매우 심해서 정체성, 기억, 또는 의식의 장애를 경험할 때 나타날 수 있다.

개념화

APD 환자들은 다른 사람들과 더 친밀해지기를 갈망하면서도, 사회적 관계, 특히 친밀한 관계를 잘 맺지 않으려 한다. 이들은 자신이 먼저 접근하여 관계를 시작하거나 자신에게 다가오는 타인의 접근에 반응하는 것을 두려워하는데, 이는 자신이 거부될 것이며 그런 거부는 견딜 수 없을 것이라고 믿기 때문이다. 이들의 사회적 회피는 대개 겉으로 뚜렷이 드러난다. 그러나 불편한 감정과 이를 유발하는 것에 대한 생각을 회피하는 정서적, 인지적 회피는 상대적으로 덜 분명하게 나타난다. 또한 이들은 불편한 감정을 잘 견디지 못하기 때문에 부정적인 생각으로부터 행동적으로 주의 전환을 시도하기도 한다(행동적 회피). 이 절에서는 인지적 관점에서 사회적, 행동적, 인지적, 그리고 정서적 회피를 설명할 것이다. 또한 인지 개념화 서식(Cognitive Conceptualization Diagram, J. Beck, 1995)을 통해 한 APD 환자의 사례를 제시하면서, 초기 경험, 부정적인 믿음 및 대처방략 간의 관계를 보여주고 이러한 핵심 믿음, 가정 및 행동 패턴들이 현재 상황에 대한 그녀의 반응에 어떻게 영향을 미치고 있는지를 보여 줄 것이다([그림 13-1]).

사회적 회피

핵심 믿음

회피성 성격장애 환자들은 사회적인 기능을 방해하는, 오랫동안 지속되어 온 역기능적인 믿음을 지니고 있다. 이러한 믿음들은 충분히 정교하게 표현되지는 않았을지 모르지만, 이들이 자신과 타인을 어떻게 이해하고 있는지를 잘 반영한다. 어린 시절에 중요한 사람들(부모, 교사, 형제자매, 또래)이 이들에게 매우 비판적이고 거부적이었을 수 있다. 이들은 그 사람과의 상호작용을 통해서 '나는 부적절해',

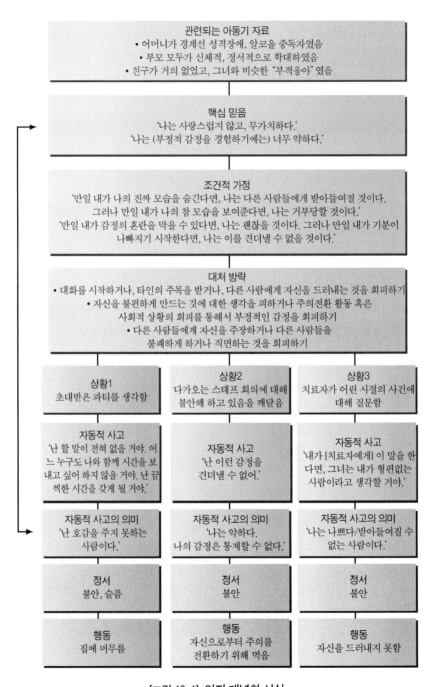

[그림 13-1] 인지 개념화 서식

'나는 결함이 있어', '나는 사랑스럽지 않아', '나는 남들과 동떨어졌어', '나는 여기에 어울리지 않아' 와 같은 도식을 발달시킨다. 이들은 또한 '사람들은 나에게 관심이 없어', '사람들은 나를 거부할 거야' 와 같은 타인에 대한 부정적인 믿음을 발달시킨다.

기저의 가정들

비판적이거나 거부적인 부모 아래서 자란 모든 아이들이 다 회피적이 되는 것은 아니다. APD 환자들은 부정적인 상호작용을 설명하는 어떤 가정을 지니고 있다. '이 사람이 나를 안 좋게 대한다면 나는 나쁜 사람임에 틀림없다', '만일 친구들이 없다면 내게 결함이 있는 것임에 틀림없다' 그리고 '만일 내 부모님이 나를 좋아하지 않는다면, 어떻게 다른 사람들이 나를 좋아할 수 있겠는가?'

거부에 대한 두려움

어린이로서, 그리고 후에 성인이 되어서도, APD 환자들은 과거에 비판적인 중요 인물이 했던 것과 똑같은 부정적인 방식으로 다른 사람들이 자신을 대할 것이라고 가정하는 오류를 범한다. 이들은 타인들이 자신에게서 부족함을 발견할 것이고 자신을 거부할 것이라고 늘 두려워한다. 이들은 또한 거부당했을 때 느끼게 될 우울한 감정을 견뎌 낼 수 없을 것이라고 두려워한다. 그래서 이들은 때로는 삶의 반경을 심하게 축소하면서까지 사회적 상황과 관계를 회피함으로써, 거부당했을 때 느끼게 될 고통을 피하려 한다.

이러한 거부에 대한 예상은 그 자체로 고통스러운 불편감을 유발한다. 그러나 거부에 대한 예상은, 회피적인 사람들이 타인의 부정적인 반응을 정당한 것으로 보기 때문에 더 큰 고통을 초래한다. 이들은 거부를 매우 개인적인 것으로, 오로지 자신의 개인적인 결함 때문에 초래된 것으로 해석한다. 즉, '그는 내가 형편없기 때문에 나를 거부한 거야', '만일 그녀가 나를 똑똑하지 못하다고 생각한다면, 그것은 틀림없는 사실이야.' 자신에 대한 부정적인 믿음에서 나온 이러한 귀인은 다시금 이러한 역기능적 믿음을 강화하면서, 더 심한 부적절감과 절망감으로 이끌어

간다. 긍정적인 사회적 상호작용조차도 거부의 예상으로부터 안전한 피난처를 제공하지는 못한다. '만일 누군가가 나를 좋아한다면, 이는 그가 아직 내 참 모습을 보지 못했기 때문이야. 나의 진짜 모습을 제대로 알기 전에 그와의 관계를 피하는 게 더 좋겠어.' 그래서 회피성 성격을 지닌 사람들은 긍정적이든 부정적이든 모든 관계를 피함으로써 힘든 감정을 회피하려고 한다.

자기비판

회피성 성격장애 환자들은 현재의 사회적 상황에서, 그리고 미래의 만남을 예상하면서, 자기비판적인 일련의 자동적 사고를 경험한다. 환자들은 이러한 생각들로 불편감을 겪으면서도, 이를 정확한 것으로 가정하기 때문에 좀처럼 이에 대해 평가해보지 않는다. 이러한 생각들은 앞서 기술한 부정적인 믿음으로부터 나온다. 이들에게서 전형적으로 나타나는 자동적 사고는 '나는 매력이 없어', '나는 재미없어', '나는 바보 같아', '나는 패배자야', '나는 우스꽝스러워', '나는 어울리지 않아' 등이다.

이에 더하여, 사회적인 접촉이 있기 전에, 그리고 만남이 이루어지는 동안에, APD 환자들은 일어날 일에 대해 다음과 같은 일련의 부정적인 자동적 사고를 경험한다. '할 말이 아무 것도 없을 거야', '조롱거리가 될 거야', '그가 나를 싫어할 거야', '그녀가 나를 비난할 거야' 등이다. 환자들은 처음에 이러한 생각들을 충분히 인식하지 못할 수도 있다. 이들은 이 생각들이 불러일으키는 불편한 감정을 먼저 알아차릴는지 모른다. 혹 생각을 알아차린다 해도, 이를 타당한 것으로서 받아들이기 때문에 그 진위를 검증하려 하지 않는다. 그 대신에 APD 환자들은 자기비판적인 생각과 불편한 감정을 유발한다고 믿는 상황을 적극적으로 피하려 한다.

관계에 대한 기저의 가정들

회피성 성격의 믿음은 또한 대인관계에 대한 역기능적인 가정을 낳는다. APD 환자들은 자신은 근본적으로 사랑스럽지 않은 존재지만, 자신의 참된 모습을 숨길 수 있다면 최소한 약간은 혹은 잠시 동안은 다른 사람들을 속일 수 있을 것이라고 믿는다. 이들은 스스로 '알고 있는' 자신의 진실(자신이 부적절하고 사랑스럽지 않다는 것 등)을 남들이 알아채지 못하도록 하기 위해서는, 그 어떤 누구와도 가까워져서 안 된다고 믿는다. 이들이 전형적으로 보이는 기저의 가정들은 다음과 같다. '다른 사람이 나를 좋아하게 하려면 가면을 써야 한다', '만일 다른 사람들이 나를 제대로 안다면, 그들은 나를 좋아하지 않을 것이다', '일단 그들이 나와 가까워지게 되면, 내가 얼마나 형편없는 사람인지를 알게 될 것이다' 그리고 '사람들과 너무 친해져서 그들이 나의 진짜 모습을 알게 되는 것은 위험하다' 등이다.

APD 환자들은 다른 사람들과 관계를 맺을 때, 관계를 유지하기 위해서 자신이 무엇을 해야만 하는지에 대해서 어떤 가정을 한다. 이들은 직면을 피하기 위해 과장된 행동을 하기도 하고, 매우 비주장적이 되기도 한다. 이들이 보이는 전형적인 가정은 다음과 같다. '나는 항상 그를 기쁘게 하고 그의 비위를 맞춰야 한다', '그가 원하는 것을 하지 않는다면 그는 나를 싫어할 것이다' 그리고 '나는 싫어라고 말해서는 안 된다' 등이다. 이들은 늘 자신이 마치 아슬아슬한 거절의 순간에 처해 있는 것처럼 느낀다. '내가 만일 실수를 한다면, 그는 나에 대해 여태껏 지녀 온 모든 관점을 확 바꿀 것이다', '만일 내가 그를 어떤 식으로든 불쾌하게 만든다면, 그는 우리의 우정을 끝장낼 것이다' 그리고 '그녀는 내 결점을 눈치 채고는 나를 내칠 것이다' 등이다.

다른 사람의 반응에 대한 잘못된 평가

회피적인 사람들은 다른 사람의 반응을 적절히 평가하는 데 어려움을 보인다. 이들은 중립적이거나 긍정적인 반응을 부정적인 것으로 잘못 이해한다. 사회공포증 환자들처럼, APD 환자들은 상대방의 얼굴표정과 신체언어보다는 자신의 내면적인 부정적 사고, 감정과 생리적 반응에 더 많은 초점을 둔다. 이들은 가게 점원이나 운전기사처럼 자신의 삶과는 큰 관련이 없는 사람들에게서조차도 아주 긍정적인 반응을 얻어 내기를 바라는 것 같다. 이들에게는 어느 누구도 자신을 나쁘게 생각하지 않는 것이 매우 중요하다. 왜냐하면 이들은 '만일 누군가가 나를 부정적으로 판단한다면, 그 비판은 진실임에 틀림없다'고 믿기 때문이다. 자신이 평가받는 입장에 놓이는 것은 위험하다고 느끼는데, 그 이유는 타인으로부터 부정직이거나 심지어 중립적인 평가를 받는다 해도 이는 자신이 사랑스럽지 않거나 결함이 있다는 믿음을 확증하는 것이 되기 때문이다. 이들은 자신을 긍정적인 방식으로 평가할 수 있는 내적 기준이 결핍되어 있다. 대신에, 이들은 다른 사람의 판단(더 정확하게 말하자면, 이에 대한 자신의 지각)에 전적으로 의존한다.

긍정적인 자료에 대한 평가절하

다른 사람들이 자신을 받아들이거나 좋아한다는 뒤바뀔 수 없는 증거에 접했을 때조차도, APD 환자들은 이를 평가절하한다. 이들은 이러한 증거를 자신이 다른 사람의 눈을 잠시 속였기 때문이라고 받아들이거나, 다른 사람의 판단이 잘못되었기나 부족한 정보에 근기하였기 때문이라고 믿는다. 전형적인 자동적 사고는 다음과 같다. '그는 내가 똑똑하다고 생각하지만 사실은 내가 그를 속였기 때문이지', '만일 그녀가 나를 제대로 안다면, 나를 좋아하지 않을 거야', '그는 언젠가 내가 실제로는 멋진 사람이 아니라는 것을 발견하게 될 거야' 등이다.

사례

제인(Jane)은 APD의 적절한 사례가 될 수 있다. 그녀의 어머니는 알코올 중독자였으며, 경계선 성격장애로 추정되고, 제인을 언어적 및 신체적으로 학대했다. 제인은 어린 시절에 자신이 본질적으로 무가치한 사람이기 때문에 엄마에게서 학대를 당하는 것이라고 이해했다. 그녀는 자신의 잘못된 행동만으로는 자신이 당하는 학대를 다 설명할 수 없었다. 사실상 그녀는 필사적으로 엄마의 비위를 맞추려 노력하는 매우 모범적인 아이였다. 따라서 제인은 엄마가 딸인 자신을 그렇게 심하게 대하는 이유는 자신이 근본적으로 나쁘기 때문이라고 밖에는 달리 결론지을 수 없었다. 그녀는 엄마의 행동이 엄마의 문제 때문이라고는 결코 생각해 본 적이 없었다. 20대 후반의 성인이 되었을 때, 그녀는 다른 사람들이 결국은 자신이 본질적으로 가치 없고 나쁘다는 것을 알게 될 것이라고 믿었기 때문에, 대인관계에서 끊임없이 거절을 예상했다.

제인은 사회적인 만남이 이루어지기 전이면 항상 일련의 자동적 사고를 경험하였다. 그녀는 매우 자기비판적이었고, 자신이 받아들여지지 않을 것이라고 예상하였다. 그녀는 사람들이 그녀를 좋아하지 않을 것이고, 그녀가 패배자라는 것을 알게 될 것이며, 자신은 반박할 말이 전혀 없을 것이라고 생각했다. 그녀는 자신이 만나는 모든 사람들은 자신에게 긍정적으로 반응해야만 한다고 생각했다. 만일 누군가가, 심지어 그냥 스쳐 지나가는 사람일지라도, 자신에게 부정적으로 혹은 중립적으로 대했다고 느낄 때는 마음이 심하게 동요되었다. 가령 신문판매원이 그녀에게 웃지 않거나 가게 점원이 약간만이라도 무뚝뚝하게 대하면, 그녀는 자동적으로 자신이 가치 없고 사랑스럽지 않기 때문이라고 생각하였다. 그럴 때면 심한 슬픔을 느꼈다. 제인은 심지어 친구로부터 긍정적인 피드백을 받아도 이를 평가절하했다. 그녀는 자신이 위선적으로 포장하였기 때문에 긍정적인 피드백을 받은 것뿐이라고 생각하였고, 친구가 자신의 위선 너머의 실제 모습을 발견하는 순간 둘 간의 관계를 끊어버릴 것이라고 믿었다. 결과적으로 제인에게는 친구들이 거의 없었고, 가까운 친구는 전혀 없었다.

인지적, 행동적 그리고 정서적 회피

사회적 회피에 더하여, 대부분의 APD 환자들은 또한 인지적, 행동적 그리고 정서적 회피를 보인다. 이들은 불편한 감정을 일으키는 문제에 대해 생각하는 것을 회피하며, 이러한 회피를 지속할 수 있는 방식으로 행동한다. 전형적인 패턴은 다음과 같다.

1. 불편한 감정을 알아차리게 된다(이러한 감정에 선행하는, 혹은 이에 수반하는 생각에 대해서는 이를 알아차릴 수도 있고 그렇지 않을 수도 있다.).
2. 불편감에 대한 인내력이 낮아서, 주의를 딴 데로 돌리거나 기분이 나아지도록 하기 위해서 다른 어떤 것을 한다. 하던 일을 중단할 수도 있고, 하려고 했던 일을 시작하지 못할 수도 있다. 텔레비전을 켜기도 하고, 읽을거리를 빼들

기도 하며, 먹을 것이니 담배를 찾을 수도 있고, 일어나서 이리저리 서성일 수도 있다. 간단히 말하면, 불편한 생각이나 감정을 떨쳐버리기 위해 주의를 딴 데로 돌린다.

3. 이러한 인지적, 행동적 회피 패턴은 불편감의 감소로 인해 강화되며, 결국 깊이 뿌리박힌 자동적 패턴으로 발전한다.

환자들은 자신의 행동적 회피를 최소한 어느 정도는 인식한다. 이들은 자신을 전반적이고 고정적인 말로 비판한다. '나는 게을러' 또는 '나는 늘 똑같은 놈이야' 등이다. 이러한 말들은 자신이 부적절하거나 결함이 많다는 믿음을 강화하고, 더 큰 절망감으로 이끌게 된다. 환자들은 회피가 불편한 감정에 대처하는 자신의 고유한 방식임을 이해하지 못한다. 이들은 그러한 패턴이 자신에게 분명해지기 전까지는 자신의 인지적 · 정서적 회피를 알아차리지 못한다.

불편한 감정에 대한 태도

회피적인 환자들은 흔히 불편한 감정에 대해 다음과 같은 역기능적인 태도를 지니고 있다. '기분이 나쁜 것은 나쁜 것이다', '불안을 느껴서는 안 된다', '늘 기분이 좋아야 한다', '다른 사람들은 좀처럼 두려워하거나 당황하거나 기분이 나빠지지 않는다.' 이들은 만일 자신이 불편한 감정을 느끼도록 허용한다면, 그 감정이 자신을 삼킬 것이며, 결코 회복될 수 없을 것이라고 믿는다. 즉, '만일 내 감정의 뚜껑이 열린다면, 나는 그 감정에 압도될 것이다', '만일 내가 조금이라도 불안을 느끼기 시작한다면, 나는 최악의 상태로 치달을 것이다', '만일 내 기분이 가라앉기 시작한다면, 통제할 수 없는 상태가 될 것이다.'

변명과 합리화

회피성 성격장애 환자들은 친밀한 관계 형성이라는 장기적 목표에 도달하고 싶은 강한 욕구를 지니고 있다. 이러한 면에서 볼 때, 이들은 타인과의 친밀감을 자아동조적으로 원치 않는 분열성 환자들과는 다르다. 회피적인 환자들은 공허감과 외로움을 느끼며, 가까운 친구를 사귀고 싶어 하고, 더 나은 직업을 얻고 싶어 한다. 그러나 자신의 욕구를 실현하기 위해서 무엇을 해야만 하는지를 잘 인식하고 있을 때조차도, 이들에게는 부정적인 감정을 겪기 위해 치러야 하는 단기적인 대가가 너무나 큰 것 같다. 이들은 목표를 이루는 데 요구되는 것을 하지 않기 위해서 수많은 변명을 만들어 낸다. "그 일은 별로 재미가 없어요." "너무 피곤하고 지쳤어요." "그 일을 하게 되면 기분이 더 나빠질 것 같아요(더 불안해질 것 같아요)." "나중에 할래요." "지금은 그 일을 할 기분이 아니에요." 일단 미뤄 놓은 '나중'이 되면, 이들은 변함없이 똑같은 변명을 늘어놓으며 행동적인 회피를 지속한다. 이에 더하여, 회피성 환자들은 자신이 실제로 목표에 도달할 수 있을 거라고 믿지 않는 것 같다. 이들은 다음과 같이 가정한다. '상황을 바꾸기 위해 내가 할 수 있는 건 아무 것도 없다', '노력해 봤자 무슨 소용이 있나? 결국 나는 그것을 할 수 없을 텐데', '노력하고도 결국 실패하느니 차라리 하지 않는 게 더 낫다' 등이다.

소망적인 사고

회피성 환자들은 자신의 미래에 대해서 소망적인 생각에 매여 있는 듯하다. 이들은 자신이 애쓰지 않더라도 언젠가는 완벽한 관계나 완벽한 직업이 저 멀리서 갑자기 찾아올지도 모른다고 믿는 것 같다. 사실상 이들은 자신의 노력을 통해서 자신의 목표에 도달할 수 있을 것이라고 믿지 않는다. 이들은 '언젠가 나는 잠에서 깨었을 때 모든 것이 잘 되어 있을 것이다', '나는 내 삶을 혼자 힘으로는 향상시킬 수 없다', '상황은 나아질 것이지만, 내 자신의 노력을 통해서는 아닐 것이다' 라고 생각한다.

사 례

앞서 기술했던 환자 제인은 자신의 능력보다 낮은 수준의 직장에서 일했다. 그녀는 더 나은 위치로 나아갈 수 있는 조처들을 취하려 하지 않았다. 가령 그녀는 상사에게 승진에 대해 얘기하거나, 다른 직업의 가능성을 알아보거나, 다른 사람들과의 관계망을 형성하는 것과 같은 일을 회피하였다. 그녀는 어떤 뜻밖의 일이 일어나서 자신을 현재 상황에서 구출해 줄 것이라는 소망에 끊임없이 매달렸다. 이 같은 태도는 치료 장면에서도 그대로 드러났다. 자신은 전혀 노력하지 않은 채 치료자가 자신을 다 '치유' 해 줄 것으로 기대했다. 사실상, 제인은 자신은 스스로를 바꾸는 데 무력하기 때문에 '치유' 는 외부로부터 와야만 한다고 믿고 있었다.

개념화 요약

회피성 성격장애 환자들에게는 자신, 타인, 그리고 불쾌한 정서 경험에 대한 부정적인 믿음이 깊이 자리 잡고 있다. 이런 믿음은 흔히 거부적이고 비판적인 중요 인물(들)과의 아동기 경험에서 비롯된다. 이들은 자신을 부적절하고 무가치한 존재로 보며, 타인을 비판적이고 거부적인 존재로, 그리고 불편한 감정을 압도적이고 견딜 수 없는 것으로 본다. 사회적으로 이들은 다른 사람들이 가까이 다가와서 '참된' 자신의 모습을 발견할 수 있는 상황을 회피한다. 행동적으로 이들은 자신을 불편하게 만드는 생각을 불러일으킬 수 있는 과제를 회피한다. 인지적으로 이들은 불편한 감정을 일으키는 일에 대해 생각하는 것을 회피한다. 이들은 불편한 감정에 대한 인내력이 매우 낮아서, 불안하거나 슬프거나 지루하다고 느껴지기 시작하면 곧바로 주의를 다른 데로 전환하려 한다. 이들은 현재의 상태에 대해 불행해 하지만, 자신의 노력을 통해서는 변화시킬 수 있는 게 없다고 느낀다.

치료적 접근

협력 전략

APD 환자들과 협력적인 관계를 맺는 데 있어서 예상되는 두 가지 장애물은 거절에 대한 두려움과 타인이 표현한 관심에 대한 불신이다. 이들은 치료실 밖의 다른 관계에서와 마찬가지로, 치료 관계에서도 흔히 많은 부정적인 생각들을 지니게 된다. 치료 과정 동안에 이러한 역기능적인 사고를 파악하고 검증하는 것은 적극적인 협력 관계를 형성하는 데 매우 중요하며, 다른 관계에서도 그렇게 할 수 있는 하나의 모델이 될 수 있다.

회피성 성격장애 환자들은 치료자나 치료 관계에 대한 자동적 사고를 알아차렸을 때조차도, 처음에는 대개 이를 잘 드러내지 않으려 한다. 이들은 흔히 비판('당신은 틀림없이 내가 숙제를 잘 해내지 못했을 것이라고 생각하고 있을 거야')과 불승인('내가 이렇게 울고 있을 때 당신은 분명히 나를 지겨워하고 있을 거야')을 예상한다. 이들은 또한 치료자가 직접적으로 관심이나 인정을 표현할 때 이를 잘 믿지 못하고 평가절하한다. '당신은 단지 모든 사람을 좋아하도록 훈련받은 치료자니까 나를 좋아할 뿐이지' 또는 '당신은 지금이야 나를 괜찮은 사람으로 생각하겠지만, 만일 내가 엄마와의 관계에 대해 말한다면 당신은 나를 싫어하게 될 거야.'

치료자는 치료 중에 환자가 감정의 변화를 보일 때('지금 어떤 생각이 스쳐 지나갔나요?'), 논의가 한참 진행되는 도중에('지금 내가 어떻게 느끼거나 생각하고 있을 거라고 예상하나요?'), 또는 회기가 끝날 무렵에('오늘 이 시간에 내 생각과 감정이 어떨 거라고 생각했나요? 과제를 하면서 느꼈던 어려움을 우리가 함께 토론할 때 어떤 생각이 들었나요?'), 적절한 질문을 통해 이러한 자동적 사고를 이끌어 낼 수 있다.

이렇게 치료 관계에 대한 자동적 사고를 이끌어 내고 나면, 이에 대해 여러 가지 방식으로 평가할 수 있다. 처음에는 치료자가 환자에게 자신(치료자)이 어떻게 생각하였는지를 직접 말해 줄 수 있다. 환자에게 치료자의 피드백을 어느 정도로 믿는지를 평가(0-100% 척도)하도록 하고, 치료자에 대한 신뢰가 커감에 따라 이러한 믿음의 정도가 어떻게 변화되어 가는지를 관찰하는 것도 좋은 방법이 될 수 있다. 이와 같은 직접적인 피드백을 여러 차례 표현한 후에, 치료자는 환자에게 자신(치료자)과의 이전 경험에 비추어 치료 관계에 대한 그(환자)의 부정적인 믿음을 다시 한 번 평가해 보도록 격려할 수 있다.

환자들은 또한 작은 실험을 통해 자신의 자동적 사고를 검증해 볼 수 있다. 아래 사례에서 보듯이, 치료자는 환자에게 치료자가 받아들이지 않을 것이라고 확신하는 한 가지 경험을 기술하게 하고 이러한 믿음이 얼마나 타당한지를 평가해 보도록 요청할 수 있다.

제인은 어린 시절에 엄마가 자신을 얼마나 학대하였는지를 다 말한다면, 치료자가 자신을 안 좋게 판단할 것이라고 확신하고 있었다. 아래에 발췌된 축어록은 치료자가 제인의 자동적 사고에 대해 어떻게 작업했는지, 그리고 치료관계에 대한 가정을 파악하고 평가하기 위한 토론으로 어떻게 넘어갔는지를 보여 주고 있다.

> 제　인: 이 부분에 대해서는 선생님께 말할 수가 없어요.
>
> 치료자: 꼭 얘기해야 할 필요는 없어요. 하지만, 만일 말하게 되면 무슨 일이 일어날까 봐 두려워하는 건지 궁금하네요.
>
> 제　인: 선생님은 더 이상 나를 만나고 싶지 않을 거예요.
>
> 치료자: 그렇다면 만일 당신이 내게 말하지 않으면 어떨 거라고 생각하나요?
>
> 제　인: 글쎄요. 그건 좀 복잡하긴 한데, 여하튼 선생님이 나에 대해 이렇게 나쁜 면을 알게 되는 게 싫어요.
>
> 치료자: 내가 당신을 더 이상 만나고 싶어 하지 않는 것 이외에, 혹시 내가 다른 반응을 보일 수는 없을까요? 예를 들어, 당신의 말을 통해서 내가 당신을 더 잘 이해하게 될 수도 있지 않을까요?

[제인과 치료자는 수분 동안 이에 대해 탐색한다. 제인은 지금까지의 치료 경험에 비추어, 비록 쉽게 상상이 되지는 않지만, 치료자가 거부 이외에 다른 반응을 보일 수도 있을 거라고 결정한다. 제인이 우선 작은 부분에서부터 자신을 드러냄으로써 이를 검증해 보기로 서로 동의한다.]

> 제　인: 저기, 선생님도 아시다시피 나는 정말 끔찍한 어린 시절을 보냈어요.
>
> 치료자: 아, 네.
>
> 제　인: 그리고 엄마는……. 음, 나를 많이 때렸지요.
>
> 치료자: 그랬군요. 저런. 그것에 대해 좀 더 얘기해 줄 수 있나요?

[제인은 그녀가 당했던 신체적·정서적 학대의 일부를 드러내다가 결국 울음을 터트린다.]

제　인: 내가 얼마나 나쁜 애였는지 이제 선생님이 다 아셨을 거예요(울음을 터뜨린다.).

치료자: 혼란스럽네요. 나쁜 애였다고요? 당신이 그 모든 학대를 당할 만했다는 건가요?

제　인: 예. 내게 뭔가 나쁜 게 있었으니까요. 그렇지 않고서야 엄마가 왜 나를 그런 식으로 대했겠어요?

치료자: 글쎄요. 그게 한 가지 이유가 될 수는 있었겠네요. 그러나 다른 한편으로, 당신의 어머니에게 심각한 문제가 있었을 수도 있지 않을까 하는 의문이 생기네요……. 어떤 경우에라도, 설사 당신이 몹쓸 아이였다손 치더라도, 내가 당신을 왜 더 이상 만나고 싶어 하지 않을 거라고 생각하나요?

제　인: (잠시 침묵하다가) 음, 선생님이 나를 더 이상 좋아하지 않을 테니까요.

치료자: 흥미롭군요. 하지만, 내가 당신의 힘들었던 어린 시절을 앎으로써 오히려 내가 당신을 더 많이 도와주고 싶어질 수도 있지 않을까요?

제　인: 잘 모르겠어요.

치료자: 어떻게 하면 알 수 있을까요?

제　인: 잘 모르겠어요.

치료자: 내게 직접 물어 볼 수도 있겠지요.

제　인: (주저하며) 선생님은 더 이상 나를 보고 싶지 않지요?

치료자: 아니요, 당연히 아니에요! 사실, 그 반대입니다! 난 당신이 힘들었던 일을 내게 말해줄 만큼 나를 믿어준 게 기뻐요. 이제 당신이 왜 스스로를 그렇게 부정적으로 보는지를 더 많이 이해하게 된 것 같아요……. 지금, 내 말을 어느 정도 믿을 수 있을 거 같나요?

제　인: 확신은 못 하겠고... 아마 50 대 50?

치료자: 아주 좋아요. 당신이 내가 당신을 이해하고 돕고 싶어 한다는 사실을 좀

더 확신할 수 있을 때까지, 매시간 조금씩 이 점을 더 다룰 수 있으면 좋겠습니다. 어떠세요?

제　인: 네, 좋아요.

이후 지속적인 대화를 통해, 비록 제인은 자신이 거부당할 것이라고 생각하지만 치료자는 그에 동의하지 않는다는 사실을 인식하도록 도울 수 있었다. 치료자는 그녀를 설득하여, 그녀가 과거에 학대당한 사실을 조금씩 드러내서 거부에 대한 두려움을 직접적으로 검증하게 할 수 있었다. 치료실 내에서의 이러한 작업은 치료실 바깥에서의 모델이 되어, 제인은 얼마 후에 가장 가까운 친구에게 자기노출을 시도해 보게 되었고, 이를 통해 자신이 느끼는 거부에 대한 두려움이 별 근거가 없음을 깨닫게 되었다. 그녀의 자기노출은 오히려 그 친구와 더 친밀해지고 그 친구의 따뜻한 보살핌을 받는 계기를 만들어 주었다.

회피성 성격장애 환자들은 치료자가 그들을 안 좋게 생각할지도 모른다고 여겨지는 것에 대해서는 말을 잘 꺼내려 하지 않기 때문에, 치료자는 가끔씩 환자에게 혹시 꺼내기를 두려워하는 주제가 있지는 않은지를 직접적으로 물어볼 필요가 있다. 회피성 성격장애 환자들이 이러한 주제를 표현하고 있지 않는 한, 그들은 계속해서 이와 같은 사실들이 알려지면 치료자가 자신을 거부할 것이라고(또는 최소한, 자신을 부정적으로 볼 것이라고) 믿고 있을 것이다. 이때, 예를 들어 치료자는 다음과 같이 말할 수 있다. "당신도 알다시피, 많은 환자들은 때때로 어떤 얘기를 꺼냈을 때 너무 당혹스러울 것 같아서, 혹은 내가 그것에 대해 부정적으로 반응할 것이라 예상해서, 내게 어떤 사실에 대해 말하기를 주저합니다. 당신도 혹시 내게 말하기를 꺼려하는 주제가 있다는 느낌을 가진 적이 있나요? 당신이 원하지 않는다면 그게 구체적으로 무엇인지 내게 말할 필요는 없어요. 하지만 당신이 두려워서 말하지 않은 게 있는지를 안다면 내게 도움이 되겠어요."

회피성 성격장애 환자들은 일단 어느 사람과 관계를 맺으면 끊임없이 그 사람의 비위를 맞춰야만 한다고 생각한다. 이들은 만일 자신의 욕구를 주장한다면 상대방이 관계를 단절해 버릴 거라고 믿는다. 이는 치료실에서의 극단적인 순응과 치료자에게 부정적인 반응을 하지 않으려는 태도로 나타나게 된다.

　치료실 내에서 환자의 주장성을 격려하는 한 가지 방법은 회기의 마지막에 '치료자에 대한 피드백 질문지'를 작성토록 하는 것이다. 환자들은 치료 과정(예: '치료자는 오늘 내 말을 잘 경청했고, 나를 잘 이해하는 것 같았다')과 내용(예: '치료자는 오늘 숙제를 충분히 명료하게 설명했다')을 포함하는 질문지 항목들에 답하면서 치료자를 평정하게 된다. 치료자는 다음 시간에 평정 내용을 함께 검토하면서 상대적으로 낮은 평정 항목에 대해 토론할 수 있다. 이때 치료자는 방어적이지 않은 자세를 취하고 회기의 내용 및 과정이 변화될 수 있음을 말해 줌으로써, 환자의 주장적인 비판에 대해 격려하고 환자의 정당한 불만을 수용하며 관계의 변화 가능성을 보여 줄 수 있다. 이후에 치료자는 환자들에게 보다 더 직접적인 피드백을 말로 전달해 보도록 격려할 수 있다. 또한 치료실 바깥의 다른 관계에서 자기주장을 연습하기 위한 실험을 함께 계획할 수 있다. 실제 주장 이전에 역할 연기와 심상을 통한 연습이 많은 도움을 줄 수 있다.

구체적 개입

　회피성 성격장애 환자들에게 인지치료의 표준적인 접근들(Beck, Rush, Shaw, & Emery, 1979; J. Beck, 1995; Greenberger & Padesky, 1995; Padesky, 1995; Salkovski, 1996)을 적용해서, 이들이 우울, 불안, 약물 남용, 그리고 기타 축 I 장애의 문제들을 잘 다룰 수 있도록 도와줄 수 있다. 표준적인 인지행동적 기법을 사용하여 '안내를 통한 발견'을 통해 환자들의 자동적 사고와 기저 가정을 찾아내고 검증함으로써, 그들이 자기비판, 부정적 예언, 부적응적인 가정, 그리고 타인의 반응에 대한 오해에 반박하기 시작하도록 도울 수 있다. 회피성 성격장애 환자들의 인지적·정서적 회피는 표준적 접근을 방해할 수 있으며, 이 절에서 소개할 특수한 기법들은 그러한 회피성 성격을 극복하기 위한 것이다.

인지적 · 정서적 회피를 극복하기

비록 회피성 성격장애 환자들이 다양한 불편한 감정을 경험한다고 해도, 이들에게 단순히 우울과 불안을 없애도록 가르치는 것은 바람직하지 않다. 표준적인 인지치료 기법의 적용을 방해하는 말썽거리 중 하나는, 이러한 환자들이 불쾌한 감정을 일으키는 것에 대해 생각하기를 회피한다는 것이다. 이들은 또한, 앞서 언급했듯이, 부정적인 감정을 경험하는 것에 대해 많은 부정적 가정을 지니고 있다. 인지치료가 효과적이기 위해서는 환자가 그와 같은 감정을 경험하고 이러한 감정 경험에 수반되는 생각과 심상을 기록할 수 있어야 할 것을 요구하기 때문에, 이런 인지적 · 정서적 회피는 치료의 심각한 장애가 될 수 있다.

회피성 성격장애 환자들은 회기와 회기 간에 부정적 감정 경험을 회피할 뿐 아니라(예: 과제를 시작하거나 완수하지 못한다), 치료 회기 동안에도 불편한 감정을 느끼지 않으려고 회피한다(예: 부정적인 생각들을 보고하지 못하거나 화제를 바꾼다). 환자들에게 회피의 과정을 그림으로 제시하는 것이 도움을 줄 수 있는데, 이를 통해서 환자들은 회피가 어떻게 작용하는지와 이를 멈추기 위해서 자신이 어떻게 개입할 수 있는지를 검토할 수 있다. [그림 13-2]는 전형적인 예를 보여 주고 있다. 이러한 예를 통해, 환자들에게 매일의 일상을 바탕으로 이와 유사한 패턴을 발견해 가도록 격려해야 한다. 환자들은 그림을 자신의 행동에 적용하면서, 스스로를 '게으른' 혹은 '저항적인'(변화시키기 어려워 보이는 특질) 사람으로 개념화하던 것을 재구조화할 수 있다. 환자들이 그림에 비추어 자신을 평가해 봄으로써, 자신을 어떤 좋지 않은 특질을 지닌 사람으로 이해하기보다는 자신이 자동적 사고와 불쾌한 감정을 일으키는 상황을 회피한다는 것을 알게 될 것이다. 치료자와 환자는 함께 이러한 부정적인 인지를 평가하고 불편감에 대한 환자의 인내력을 키울 수 있다.

그 같은 인내력을 키우는 과정에 들어가기에 앞서서, 이론적 근거를 먼저 제시하는 것이 좋다. '안내를 통한 발견'을 통해서, 환자들은 회피의 불이익(회피로 인해 자신이 원하는 목표에 도달하지 못하거나, 부정적인 감정뿐 아니라 긍정적인 감정 또한 충분히 경험하지 못하는 것 등)을 확인할 수 있다. 가능하다면, 치료자와 환자는 불편감을 회피하게 된 기원을 함께 탐색할 수 있다. 그러한 회피는 종종 어린 시절에 시

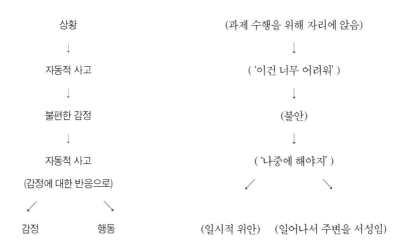

상황 (과제 수행을 위해 자리에 앉음)
↓ ↓
자동적 사고 ('이건 너무 어려워')
↓ ↓
불편한 감정 (불안)
↓ ↓
자동적 사고 ('나중에 해야지')
(감정에 대한 반응으로)
감정   행동 (일시적 위안)   (일어나서 주변을 서성임)

〈그림 13-2〉 회피 패턴

작되는데, 그 시절에 환자는 지금보다 더 취약해서 불쾌하거나 고통스러운 감정에 제대로 대처할 수 없었을 것이다.

감정에 대한 인내력을 키우기 시작하는 가장 좋은 방법 중의 하나는, 환자가 불편하게 느끼는 경험에 머물러 이에 대해 더 토론함으로써 회기 내에서 감정을 불러일으키는 것이다. 환자들이 강하게 반응하기 시작하면, 어떤 형태로든 인지적 회피가 나타날 수 있다(예를 들면, 환자들은 화제를 바꾸거나, 일어나서 서성이거나, '머리가 텅 빈 듯한' 경험을 한다.). 이때 치료자는 피하고자 하는 그 감정으로 되돌아가게 함으로써, 회피로 이끄는 믿음을 파악하고 검증하기 시작할 수 있다. 다음의 대화는 이런 과정을 잘 보여 준다.

제 인: (심상 연습을 하는 도중에) 저는 여기에 대해 더 얘기하고 싶지 않아요.
치료자: 지금 이 순간 어떤 느낌이 드세요?
제 인: 우울하고……. 그리고 두려워요. 정말 두려워요.
치료자: 만일 이런 느낌이 지속된다면 어떤 일이 일어날 것 같은가요?

> 제 인: 지는 이상해져서……. 미쳐비릴 거예요. 선생님은 제가 얼미니 쓰레기 같은 사람인지 알게 될 거고요.
>
> 치료자: 우리가 이전에 논의했다시피, 당신이 피하는 이런 감정들은 당신에게 유용한 정보를 줄 수도 있어요. 지금 한번 그 감정들에 머물러 봅시다. 자, 친구와 함께 그 식당에 있는 자신을 계속 상상해 봅시다. 무슨 일이 일어나고 있는지 내게 말해 볼래요? (오랜 침묵)
>
> 제 인: (흐느끼며) 그는 내게 화를 내려고 하고 있어요. 그를 그렇게 불행하게 만들었으니 저는 몹쓸 사람이에요.

이 대화를 통해, 치료자는 환자가 자신의 힘든 생각과 심상을 인식하고 '이와 함께 머물 수 있도록' 도와주었다. 이와 동시에, 환자는 만일 자신이 강렬한 감정을 경험하도록 내버려둔다면 자신이 '미쳐버릴 것이고' 통제를 잃게 될 것이라는 믿음을 검증할 수 있었다. 치료자는 그녀에게 이러한 예측을 상기시키면서, 그녀가 강렬한 감정을 경험하였지만 실제로 통제를 잃지는 않았다는 것을 깨닫게 해주었다.

이러한 것을 반복적으로 경험함으로써, 불편감에 대한 인내력이 증가하고 불편감을 경험하는 것에 대한 역기능적인 믿음이 경감될 수 있다. 환자의 둔감화를 돕기 위해서, 치료에서 논의할 고통스러운 주제들의 점진적인 위계를 구성할 수도 있다. 치료자는 각 주제를 논의하기 전에 환자들이 두려워하는 것(예를 들면, "이것은 논의하기에 너무 고통스러워요." "만일 내가 기분이 나빠지기 시작한다면, 그 고통은 결코 끝나지 않을 거예요." 등)을 이끌어 내고, 이러한 예측을 검증하면서, 그들의 잘못된 믿음을 반증할 증거들을 축적해 갈 수 있다. 부정적인 감정에 대한 인내력을 키우기 위해, 환자들은 또한 치료실 밖에서 하는 과제에 대한 점진적인 위계를 구성할 수 있다. 이러한 과제에 대해 '감정에 대한 인내력 연습' 혹은 '회피 극복 연습'이라고 명명할 수 있다. 이 연습은 어떤 행동을 하는 것('논문작성을 쉬지 않고 30분 동안 지속하기')으로 이루어질 수도 있고, 구조화된 반성('상사에게 휴무 시간을 더 내달라고 말하는 장면을 계속 생각하기')을 포함할 수도 있다. 또다시, 환자들이 자신에게 부과된 활동을 할 때 일어날까 봐 두려워하는 것을 예측하고, 이러한 예측을 검증하고 수정하는 것이 도움이 된다.

회피성 성격장애 환자들은 종종 자동적 사고를 파악하는 데 어려움을 겪는다. 일반적으로 치료 회기 중에 환자들에게 마치 그 일이 바로 지금 일어나고 있는 것처럼 상상하여 그 상황을 자세하게 기술해 보라고 요청하는 것은 자동적 사고를 파악하는 데 큰 도움을 준다. 적용 가능하다면, 두 번째 기법으로 역할 연기를 사용할 수 있다. 환자들이 자신의 역할을 맡고, 치료자는 상대방 역할을 담당한다. 문제가 된 상황을 재상연하면서, 환자들은 그 상황에서 자동적 사고를 포착하도록 지시받게 된다. 만일 이러한 표준적 기법들이 실패한다면, 치료자는 환자에 대한 사례개념화와 환자에게서 이전에 파악한 생각과 믿음에 근거하여 가설적인 생각들의 목록을 작성할 수 있다. 이 목록을 환자들에게 제시하고, 이러한 생각들 중에서 그 상황에서 경험한 생각이 있는지 검토하게 한다. 이 목록은 또한 환자들이 고통스러운 상황 중에 있을 때 자동적 사고를 파악하기 위한 용도로 활용될 수 있다.

숙제를 제대로 수행하지 못하는 환자들에게는, 다음의 예에서처럼, 심상을 통하여 숙제를 미리 계획하고 연습해 보도록 하는 것이 유용할 수 있다.

치료자: 당신은 이번 금요일에 일찍 퇴근하겠다고 상사에게 요청하기로 했었지요? 자, 지금 잠시 시간을 내서, 당신이 상사의 방에 들어가기 몇 분 전의 장면을 상상해 봅시다. 그 일을 하는 데 방해가 되는 게 있나요?

제 인: (침묵) 네. 저는 제 사무실에 있어요. 그리고 생각해요. '나중에 가자.'

치료자: 그 생각에 대해서는 어떻게 대답할 건가요?

제 인: 잘 모르겠어요. 저는 아마도 대답하지 않을 거예요. 저는 아마도 가지 않을 거예요.

치료자: 당신이 상사에게 가서 요청을 해야지 여행을 일찍 떠나려는 목표를 이룰 수 있지 않나요?

제 인: 그렇죠.

치료자: 당신이 상사에게 요청하는 것을 돕기 위해서, 스스로 무엇을 할 수 있을까

요?

제   인: 그 상황에서 오늘 우리가 작성한 카드를 읽는 게 도움이 될 것 같아요. 카드를 읽으면, 내가 회피할 때마다 내 옛 습관을 강화하게 되고 내가 계획을 따를 때마다 더 나은 새로운 습관을 강화하게 된다는 것을 다시금 기억할 수 있을 거예요.

치료자: 좋아요. 이제 카드를 꺼내는 것을 상상해 봅시다. 다음에 무슨 일이 일어나지요?

[제인은 용기를 내어 상사를 만나는 과정을 계속해서 묘사하면서, 방해가 되는 자동적 사고들을 구체적으로 기술한다. 그녀와 치료자는 각각의 사고에 대한 대안적 반응을 함께 생각한다.]

이때 치료자는 필요하다면 지점-반대지점 접근(point-counterpoint approach)을 사용할 수 있다. 먼저, 환자가 숙제를 반드시 할 필요는 없다는 자신의 '감정적인' 목소리(emotional voice)로 논쟁하면, 치료자는 '반-회피적인' 목소리(anti-avoidance voice)로 이에 대응한다. 그런 다음 서로 역할을 바꾸어서, 환자가 반-회피적인 반응을 연습한다. 마지막으로, 환자는 예상되는 자동적 사고를 카드에 적고, 그 뒷면에 자신의 언어로 반-회피적 반응을 기록한다. 환자는 매일 이러한 카드들을 읽는데, 특히 자신이 회피하고 싶은 과제를 수행하기 전에 읽을 수 있다.

앞서 기술한 것과 같은 회기 내와 회기 간의 경험들은 환자들이 불편한 생각을 자각하고 부정적인 감정을 견뎌내는 데 도움을 줄 수 있다. 이렇게 참을성이 증가함에 따라서, 이들은 가족들과 관계 맺는 방식이 변화하기 시작한다(예를 들면, 더 주장적인 방식으로 표현한다). 오랫동안 회피해 온 기억들을 인식하게 되면서, 이들은 또한 더욱 강렬한 슬픔, 두려움, 또는 분노를 경험하게 될 수도 있다. 이 시점에서, 이들에게 이러한 기분을 다스리기 위한 인지적·행동적 접근을 가르치는 것이 유용하다.

비록 환자가 이제 부정적인 감정의 중요성을 이해하고 이를 기꺼이 참아 내려고 할지라도, 치료자는 이러한 강렬한 감정을 내내 경험하는 것이 반드시 필요하거나 바람직한 것은 아니라고 지적해 줄 수 있다. 치료자는 환자들에게 감정과 생각이 일어났을 때 이를 일지에 기록하고 이 일지를 사용하여 감정에 가장 밀접하게 연관된 '뜨거운 인지(hot cognition)'를 검증하도록 가르칠 수 있다(Greenberger & Padesky, 1995). 환자들이 아직 인지적 재구조화 방법을 배우지 못했다면, 이들은 우선 생각과 감정을 기록한 후에 주의전환 기법을 사용할 수 있고, 그런 다음 치료 시간에 그 일지를 가져와서 치료자로부터 생각을 검증하기 위한 방법을 배울 수 있다.

이 시점에서, 만일 환자가 결혼했거나 부모와 함께 산다면, 부부치료나 가족치료를 하는 것이 도움이 될 수 있다. 치료실은 환자에게 자신의 믿음과 생각의 타당성을 검증하기 위한 안전한 공간을 제공할 수 있다. 예를 들어, 한 환자는 그녀가 직업을 갖지 않기 때문에 남편이 자신에게 화가 나 있을 것이라고 두려워했다. 부부치료 회기에, 치료자는 그녀에게 이것이 사실인지를 남편에게 물어보도록 격려했다. 그녀의 남편은 이는 사실이 아니며 자신은 다른 상황들 때문에 힘들다고 얘기했다. 남편이 겪는 어려움은 부부 공동의 문제해결을 통하여 해결될 수 있었다.

또한 환자들의 회피적인 패턴이 그들의 가족 체계에 의해 지지될 때 부부치료나 가족치료가 필요하다. 예를 들어, 또 다른 환자의 남편은 감정 표현에 대해 부정적인 가정을 지니고 있었다('감정 표현은 갈등과 회복할 수 없는 상처를 유발한다'). 가족치료는 가족 성원들이 지니고 있는 역기능적 가정을 다룰 수 있도록 도와주며, 의사소통과 문제해결을 위한 건설적인 기술을 배울 수 있는 장을 마련해 줄 수 있다(예, Beck, 1988; Dattilio & Padesky, 1990).

기술 익히기

APD 환자들은 사회적 경험이 부족하기 때문에 때로 사회적 기술이 결핍되어 있다. 이러한 경우에는 치료에 기술훈련을 포함해야 하는데, 환자들은 이를 통해서 믿음을 검증하기 위한 사회적 상호작용에서 성공할 기회가 많아지게 된다. 어떤 환자들의 경우, 사회적 기술훈련은 비언어적 단서들(예를 들면, 눈 맞춤, 표정, 자세,

그리고 미소)에서부터 출발한다. 환자들은 먼저 치료 시간에 이를 연습하고, 그 다음에 집에서나 위험부담이 적은 사회적 상황에서 연습할 수 있다. 사회적 경험이 빈약한 환자들에게는 경험을 보다 더 정확하게 평가하기 위해서 정보 제공과 교육이 필요할 것이다(예: '만일 주말 계획을 막바지에 세운다면, 대부분의 사람들은 이미 선약이 있을 것이다'). 보다 더 진전된 사회기술훈련으로는 대화, 자기주장, 성관계, 그리고 갈등관리와 관련된 교육과 훈련이 있다.

자기 자신에 대한 환자들의 부정적인 믿음은 새로이 개발한 기술을 시도하는 데 걸림돌이 될 수 있다. 이들에게 '마치' 그들이 이미 어떤 자질을 지니고 있는 것처럼 행동하도록 격려할 필요가 있다. 예를 들어, 한 환자는 '나는 그 모임에 가면 작은 대화에도 참여하지 못할 거야. 나는 자신이 없어'라고 생각하였다. 그녀에게 마치 자신감이 있는 것처럼 행동하라고 격려했는데, 그녀는 실제로 자신이 대화에 적절히 참여할 수 있음을 발견했다. 행동기술훈련을 하는 동안에 자동적 사고를 이끌어 내는 것이 중요한데, 특히 환자가 자신의 진전이나 훈련 자체에 대해 평가 절하하는 내용일 때 더욱 그러하다. '이 훈련은 사람들을 잠시 바보로 만들어서 나의 부족함을 못 보도록 하는 연습일 뿐이야', '오직 실패자들만이 이 나이에 이런 걸 배우는 거지.' 치료자와 환자는 이러한 믿음의 타당성과 유용성을 검증하기 위해 함께 작업할 수 있다.

부적응적 믿음을 파악하고 검증하기

치료의 주된 부분은 환자들이 회피적인 패턴의 인지적 토대를 파악하고 검증할 수 있도록 돕는 것으로 이루어진다. 이 일을 위해서 치료자와 환자는 먼저 부정적인 믿음의 발달적인 뿌리를 이해하려 노력하는데, 특히 이러한 믿음이 환자의 어린 시절에는 어떻게 유용했었는지에 대해 주목한다. 다음으로, 환자가 진실이기를 바라는 새로운 대안적인 믿음(예: '나는 좋아할 만한 사람이다', '내가 잘못하더라도 다른 사람들이 나를 이해할 것이다')을 파악할 수 있다(Mooney & Padesky, 2000; Padesky, 1994). 실험이나 관찰을 통해서, 혹은 역할 연기로 초기 사건을 재상연함으로써, 옛 믿음과 새 믿음을 검증해 볼 수 있다. 마지막으로, 환자들은 새로운 믿음을 지지하는 자료들을 주목하고 회상하기 시작하는 방향으로 나아가게 된다. 다음의 사례가 이러한 점들을 잘 예시하고 있다.

24세의 제인은 데이트 경험이 전혀 없었고 친구도 단지 한 명뿐이었다. 몇 달간의 치료를 통해서 제인은 인지적 재구조화를 배웠고, 기본적인 기술들을 습득했으며, 직장에서 만난 한 남자와 꾸준한 관계를 시작하는 데 성공했다. 하지만 그녀는 여전히 '나는 사랑스럽지 않다'는 믿음을 강하게 지니고 있었다. 치료자와 제인은, 이 믿음이 그녀의 부정적인 자동적 사고의 핵심 주제인 것으로 보였기 때문에, 믿음의 타당성을 검증하는 데 초점을 맞추기로 합의했다. 치료자와 제인은 먼저 이러한 믿음의 발달적 기원을 검토하였다. 그녀는 기억할 수 있는 한 자신은 사랑스럽지 않다고 믿어 왔으며, 학대적인 어머니는 그녀에게 수없이 "넌 정말 몹쓸 애야! 넌 태어나지 말았어야 해!"라고 소리 지름으로써 이러한 결론을 뒷받침하였다.

환자가 이와 같이 어린 시절의 생생한 장면을 회상할 때 사용할 수 있는 한 가지 강력한 방법은 심리극(psychodrama)이다. 먼저 제인이 자신의 역할을 맡고, 치료자는 그녀의 엄마 역할을 담당했다. 치료자는 제인에게 마치 그녀가 여섯 살인 것처럼 어린 시절의 감정을 재경험하고 그 경험에 대해 묘사하도록 요청했다. 다음으로, 제인이 엄마 역할을 하고 치료자는 어린 제인이 되어 연기했다. 다시금, 제인은 자신의 감정적, 인지적 경험을 보고했다.

이 역할극을 통해서 제인은 엄마의 심정을 공감할 수 있었고, 아버지가 엄마를 버리고 떠났을 때 엄마가 얼마나 불행하게 느꼈는지를 인식할 수 있었다. 제인은 엄마가 쉬운 대상으로서 딸인 자신을 비난했지만 사실은 엄마 스스로에 대해 끔찍하게 느껴서 그렇게 한 것임을 처음으로 인식할 수 있었다. 일단 제인이 전체 상황을 더 잘 이해하게 됨에 따라, 그녀는 엄마가 표현했던 것처럼 자신이 정말 그렇게 미운 존재는 아닐지 모른다고 생각하기 시작했다.

세 번째 심리극에서, 제인은 이러한 새로운 관점을 시연해 보았다. 치료자와 제인은 먼저 더 건강한 엄마라면 남편의 상실을 어떻게 다룰 수 있을지에 대해 토론했다. 다음으로, 그들은 어떤 아이라도 제인과 같은 상황에서는 자신에 대해 부정적인 결론을 내릴 수밖에 없음을 논의했다. 제인이 엄마에게 보일 수도 있었던 반응들에 대해 논의한 후에, 제인은 다시 여섯 실로 돌아가 자신의 역할을 연기하였다. 그러나 이번에는 스스로를 주장적으로 방어하였다.

> 엄   마: [치료자가 연기함] 넌 괜찮은 구석이라곤 조금도 없어! 넌 태어나지 말았어야 했어! 네 아빠가 우리를 떠난 유일한 이유는 아빠가 널 원하지 않았기 때문이야.
>
> 제   인: 그렇게 말씀하지 마세요, 엄마는 왜 그렇게 화가 나셨어요?
>
> 엄   마: 네가 몹쓸 애니까 화가 났다, 왜?
>
> 제   인: 내가 얼마나 그렇게 나쁜 짓을 했죠?
>
> 엄   마: 모든 게 다. 넌 짐 덩어리야. 넌 너무 짐스러워서 돌볼 수가 없다. 네 아빠도 네 곁에 있고 싶어 하지 않았어.
>
> 제   인: 나도 아빠가 떠나서 슬퍼요. 엄마도 그렇지 않나요?
>
> 엄   마: 그래, 나도 슬프다. 난 우리가 어떻게 견뎌낼 수 있을지 모르겠다.
>
> 제   인: 난 엄마가 그렇게 화내지 않았으면 좋겠어요. 난 아직 어린애라고요. 엄마가 내게 화내지 말고 아빠에게 화를 냈으면 좋겠어요. 떠난 사람은 아빠잖아요. 난 엄마와 함께 머물러있는 사람이고요.
>
> 엄   마: 나도 안다, 안다고. 정말 네 잘못은 아닌데. 아빠가 자기 책임을 다하지 않은 거지.
>
> 제   인: 엄마, 나도 정말 속상해요. 난 엄마가 그렇게 불행해 하시지 않았으면 좋겠어요. 그러면 엄마가 내게 그렇게 소리 지르지도 않을 거 아녜요.
>
> 엄   마: 내가 불행하게 느끼니까 너한테 그렇게 소리를 지른 것 같구나. 미안하다.

일단 제인이 엄마의 가혹한 대우가 엄마 자신의 개인적인 불행 때문이었다는 것을 이해하게 되면서, 그녀는 자신이 사랑스럽지 않다는 믿음을 더 자세히 검토할 필요성을 느끼게 되었다. 이 시점에서, 제인과 치료자는 그녀의 믿음에 대한 역사적인 검증을 시작하였다(Padesky, 1994; Young, 1984). 그녀의 전 생애를 몇 년씩의 단위로 나눠서, 그녀가 사랑스럽지 않다는 명제를 지지하는 역사적 증거와 지지하지 않는 반대 증거를 함께 수집하였다. 제인은 사전에, 만일 이 믿음이 사실이라면 반대 증거 항목들은 거의 없을 것이고 지지 증거 항목들은 매우 많을 것이라고 예측할 수 있었다.

그러나 제인이 발견한 사실은, 반대 증거들이 자신이 예상했던 것보다 훨씬 더 많다는 것이었다(예를 들면, 초등학교 때 매우 친한 단짝 친구가 있었고, 직장 동료들은 그녀에게 따뜻하고 우호적이었으며, 친구들이 종종 그녀를 초대하였고, 사촌들은 그녀를 만날 때마다 매우 행복한 듯 보였다). 더구나 그녀가 집을 떠나 치료를 시작한 후로는, 저울추의 균형이 사랑스럽다는 쪽으로 더 기울어졌다. 그녀는 여태껏 스스로 초래한 고립이 사람들과 사귈 기회를 어떻게 빼앗았는지를 이해하기 시작하였다.

부정적인 핵심 믿음을 역사적으로 검토한다고 해서, 핵심 믿음의 위력이 제거되는 것은 아니다. 제인은 지금까지 삶의 다양한 경험을 자신의 핵심 믿음을 지지하는 증거로 해석하며 살아왔기 때문에, 자신은 사랑스럽지 않다는 믿음을 대신할 어떤 긍정적인 믿음도 지니고 있지 않았다. 따라서 치료의 또 다른 중요한 부분은 제인이 '난 괜찮은 사람'이라는 보다 더 긍정적인 믿음을 구축할 수 있도록 돕는 것을 포함해야 한다.

치료의 이 단계에서는, 예언일지, 긍정적 경험일지, 새로운 행동에 대한 심상시연 등의 기법들이 도움이 될 수 있다. 예언일지(prediction logs)에서, 제인은 다양한 사회적 경험에 대한 사전 기대(예, '내일 밤 파티에서 세 명과 대화를 시도해 보겠지만 아무도 나와의 대화를 원치 않을 것이다')와 실제 결과('두 명은 내게 정말로 친절했고 한 명도 괜찮았다')를 기록하였다. 기록이 축적됨에 따라 제인은 수많은 상황에서 실제 일어난 결과들을 추적할 수 있었고, 그녀의 부정적인 핵심 믿음이 현재 경험을 잘 예측하지 못한다는 것을 알게 되었다.

또한, 제인은 새로운 믿음을 지지하는 사회적 상호작용의 목록을 기록해 갔다. 이러한 긍정적 경험일지(positive experience log)를 작성하면서, 제인은 거부적인 경험에만 주의를 기울이던 것에서 벗어나 점차 수용이나 즐거움의 경험에도 주의를 기울일 수 있게 되었다. 그녀가 스스로에게 비판적이 되거나 부정적인 핵심 믿음이 활성화되었을 때, 그녀는 이 일지를 다시 살펴보았고 이를 통해 긍정적인 핵심 믿음이 다시 활성회될 수 있었다.

마지막으로, 제인이 자신의 사랑스러움과 관련한 믿음을 변화시켜 감에 따라, 그녀는 더 많은 사회적 상황에 기꺼이 참여하기 시작하였다(예를 들면, 사진을 배우는 과정에 등록하여 다른 수강생들과 대화하기 위해 특별한 노력을 기울였고, 동료들을 점심식사에 초대하였으며, 룸메이트의 생일파티를 주선하였다). 그녀는 치료자와 함께 심상시연(imagery rehearsal)을 하면서 이러한 새로운 경험을 준비하였다. 그녀는 심상 속에서 경험을 구체적으로 상상하고, 맞닥뜨릴 어려움이나 당혹스러움을 치료자에게 보고하였다. 그들은 이러한 사회적 딜레마에 대한 가능한 해결책을 논의하였고, 실제 연습 이전에 심상 시연을 통해 바람직한 행동이나 대화 기법을 연습하였다.

치료 요약

APD 환자들을 치료하기 위해서는 신뢰할 수 있는 치료 동맹이 형성되어야 하는데, 이는 치료 관계에 대한, 특히 거부를 예상하는 것과 관련한, 환자의 역기능적인 생각과 믿음을 파악하고 수정함으로써 강화될 수 있다. 치료관계는 환자들이 다른 관계에서 믿음을 검증하는 것에 선행하여 자신의 믿음을 먼저 검증해 볼 수 있는 실험공간을 제공한다. 이는 또한 새로운 행동(예: 자기주장)을 시도해 볼 수 있는 안전한 환경을 제공하기도 한다. 또한 환자들에게 자신의 우울, 불안, 또는 다른 감정들을 다루는 것을 가르치기 위해 기분관리기법을 도입할 수 있다.

이 기법들의 목표는 불편한 감정을 제거하는 데 있는 것이 아니라 이에 대한 인내력을 키우는 데 있다. 회피의 과정을 도표로 예시하고 감정에 대한 인내력을 키우는 것의 이론적 근거를 설명해 줌으로써, 환자들이 부정적인 감정을 경험하는 것에 동의할 수 있도록 도와준 후, 회기 내에서 위계적인 방식으로 감정을 경험하게 한다. 회기 내에서의 '감정에 대한 인내력' 또는 '반-회피성' 연습은 치료 상황 밖에서의 연습으로 이어지게 된다. 인내력을 키우기 위한 중요한 열쇠는, 불편한 감정을 경험했을 때 어떤 일이 일어날지도 모른다고 두려워하는 환자들의 믿음을 지속적으로 검증하는 것이다.

사회적 기술훈련과 함께 부부치료 혹은 가족치료도 도입될 수 있을 것이다. 끝으로, 치료는 또한 심상, 심리극, 역사적 검토, 예언일지 등의 개입을 통해 역기능적 핵심 믿음을 파악하고 수정하는 것을 포함한다. 긍정적 경험일지와 같은 다양한 기법을 통해서 보다 더 긍정적인 믿음들이 구축되고 타당화되어야 할 것이다.

치료자의 반응

일부 치료자들은 APD 환자들이 대개 상당히 느린 진전을 보이기 때문에 이들과의 치료에서 상당한 좌절을 경험할지 모른다. 사실상, 회피성 성격장애 환자들이 약속을 취소하는 등 치료시간을 회피하기 시작하면서, 이들과의 치료를 지속적으로 유지하는 것 자체가 하나의 도전이 될 수 있다. 환자들이 숙제, 혹은 치료 자체를 회피할 때 이는 회피와 연관된 자동적 사고와 태도를 밝힐 수 있는 기회가 된다는 것을 깨닫는 것이 도움이 된다.

만일 그러한 회피가 나타난다면, 치료자는 (그리고 환자 또한) 치료에 대해 절망감을 느끼기 시작할지 모른다. 이러한 절망감을 미리 예상하고, 그동안 이루어낸 진전에 초점을 맞춤으로써 절망감을 완화하는 것이 중요하다. 숙제의 회피를 다루는 한 가지 효과적인 방법은, 숙제의 착수나 완수를 방해하는 생각을 파악하고, 환자들이 이런 생각을 검증하고 대응할 수 있도록 도와주는 것이다.

회피성 성격장애 환자를 대하는 치료자들이 지닐 수 있는 전형적인 생각은 다음과 같다. '이 환자는 전혀 노력하려고 하지 않아', '그녀는 내가 도울 구석을 주려고 하지 않아', '만일 내가 정말 열심히 노력한다면, 그녀는 어떤 식으로든 치료를 그만둘 거야', '치료 성과가 없다는 것은 내가 제대로 못했다는 것을 뜻하지', '다른 치료자들이라면 더 잘했을 텐데' 등이다. 이런 식으로 생각하는 치료자라면 무력감을 느껴서 환자를 제대로 도울 수 없을지 모른다. 이러한 믿음이 나타날 때, 치료자는 그동안 치료에서 이루어진 것을 검토함으로써 이 믿음을 검증할 수 있다. 치료 성과에 대해 현실적인 기대를 유지하고 작은 목표의 달성을 인식하는 것이 중요하다.

끝으로, 치료자는 회피의 진정한 장애물과 환자의 합리화를 구분할 수 있어야 한다. 예를 들어, 제인은 삼촌과 숙모의 기념 파티에 갈 수 없는데, 그 이유는 가는 길을 잘 모를 뿐 아니라 삼촌과 숙모가 자신의 저녁식사비를 지불해야 하는 것을 원치 않기 때문이라고 주장했다. 그녀는 또한 그들이 자신을 전혀 보고 싶어 하지 않을 것이라고 합리화했다. 치료 시간에 그녀가 주장한 그럴싸한 이유를 평가한 후에, 그녀는 삼촌과 숙모가 아마도 자신이 오기를 바랐을 것이라고 인식하게 되었다. 그들은 그동안 늘 그녀에게 따뜻하게 대했고, 많은 가족행사에 그녀를 초대하였으며, 그녀와 개별적인 시간을 가지려 노력했던 것이다. 이러한 토론을 거친 후에, 제인은 기꺼이 그 파티에 참여하였다. 회피성 성격장애 환자들의 변명을 직면시키지 못하는 치료자는, 환자들이 그러한 것처럼, 절망감과 무력감을 느끼게 되는 것 같다.

치료성과의 유지

APD 환자들은 또다시 쉽게 회피적이 될 수 있기 때문에, 치료의 마지막 단계는 성과 유지를 위한 계획 수립을 포함하게 된다. 성과 유지는 행동적, 인지적 영역에서의 작업을 포함한다. 지속적인 행동 목표는 흔히 다음과 같은 활동들을 포함한다. 새로운 친구 사귀기; 기존의 관계를 심화하기; 직장에서 더 많은 책임을 떠맡기(또는 직업을 바꾸기); 다른 사람에게 적절하게 주장적인 방식으로 의사를 표현하고 행동하기; 직장, 학교, 또는 가정에서 이전에 회피했던 과제에 도전하기; 새로운 경험을 시도하기; 새로운 강좌를 수강하기; 새로운 취미를 찾기; 자원봉사하기 등이다.

이러한 목표들은 환자에게 위험하게 느껴질 수 있다. 만일 이에 대한 생각이 불안을 유발한다면, 그 불안은 긍정적인 방식으로 재해석될 수 있다. 불안의 출현은 역기능적인 태도가 다시 활성화되었다는 신호가 된다. 따라서 불안은 목표 달성

능력을 저해하는 자동적 사고와 기저 가정을 찾을 수 있는 촉매제로 활용될 수 있다. 환자는 치료 종결 후에도 이러한 부정적인 인지와 태도들을 알아차리고 이에 반응할 수 있는 체계를 고안하기 위해서 그 동안 치료에서 도움이 되었던 것들을 검토할 수 있다.

환자들이 자신에게 남아 있는 역기능적 태도를 약화시키고, 새롭고 보다 기능적인 믿음을 강화시키는 것은 매우 중요하다. 매일 또는 매주 단위로, 이들은 옛 믿음의 반대 증거와 새로운 믿음의 지지 증거를 검토해야 한다. 이 목표를 달성하기 위한 한 가지 방법은 환자에게 매일 일지를 쓰도록 격려하는 것이다. 이 일지에서는 먼저 긍정적이든 부정적이든 자신의 경험을 기록한 후, 이러한 경험과 함께 어떠한 믿음이 활성화되었는지를 기록하고, 역기능적인 믿음을 약화시키고 기능적인 믿음을 강화시키는 대안적 논점을 발전시키게 된다.

제인이 일지에 기록한 두 가지 전형적인 예를 다음에 제시하였다.

9/27 - 직장 동료 두 사람이 클럽에 함께 가서 음악을 듣자고 나를 초대했다. 나는 그들과 대화를 나누었고 그들은 내가 그들과 함께 그곳에 있는 것에 대해서 좋아하는 듯 보였다. 이는 내 오래된 옛 믿음에 반하는 것이고, '내가 괜찮은 사람'이라는 새로운 믿음에 부합하는 증거가 된다.

10/1 - 나는 저녁 먹으러 나가기를 원치 않는다고 말했을 때, 룸메이트가 실망한 것처럼 보였다. 나는 기분이 나빠졌고, '난 그렇게 말하지 말았어야 했어'라는 생각이 들었다. 나의 옛 믿음에 따라서, 나는 스스로를 나쁘다고 생각했다('만일 내가 다른 사람을 기분 나쁘게 한다면 나는 나쁜 사람이다'). 그러나 나의 새로운 믿음에 따르면, 나는 나쁘지 않다. 다른 사람들이 때때로 실망하게 되는 것은 불가피하며, 그것은 한 인간으로서의 내 가치와 아무런 관련이 없다. 항상 다른 사람을 우선으로 두는 것은 좋지 않다. 또한 나의 욕구를 주장하는 것은 좋은 일이다.

환자들이 자신이 회피하고 있는 상황에 주의를 기울이고, 회피를 불러일으키는 생각을 자각하게 되는 것이 특히 중요하다. 이들이 회피하려는 욕구 이면에 있는 역기능적인 태도를 밝혀내고 보다 기능적인 태도를 강화하기 위해서, 앞서 기술한 일지나 사고기록지를 활용할 수 있다. 제인이 기록한 전형적인 회피일지는 다음과 같다.

10/24 - 상사에게 근무시간을 빼달라고 요청하는 것에 대해 생각함. 매우 불안함. [자동적 사고]: '그는 내게 크게 화를 낼 거야.' [역기능적 태도]: '사람들이 내게 화를 내는 것은 끔찍해.' [기능적 태도]: 그가 화를 내도 괜찮아. 실제로 그가 화를 낼지 안 낼지도 알 수 없지만, 설사 화를 낼지라도 화가 영원히 지속되는 건 아니잖아? 이번이 내가 나를 주장하는 좋은 연습의 기회가 될 거야. 만일 나의 역기능적 태도가 방해하는 대로 내버려 둔다면, 나는 결코 내가 원하는 것을 얻지 못할 거야. 일어날 수 있는 최악의 일이라고 해 봐야 그에게 요청을 거절당하는 것이지.

회피성 성격장애 환자들에게 특히 문제가 되는 믿음은 '만일 사람들이 진짜 나를 제대로 알게 된다면, 그들은 나를 거부할 거야' 다. 이 믿음은 환자들이 새로운 관계를 시작하여 다른 사람에게 자신에 대해 더 많은 것을 보여 주려고 할 때 활성화되는 듯하다. 적절하다면, 환자들이 치료자에게 자신을 처음 드러낼 때 느꼈던 두려움을 되돌아보고, 지금은 이에 대해 어떻게 생각하는지를 검토해 보는 것이 종종 도움이 된다. 비교적 '안전하지만' 이전에는 드러내지 않았던 자신에 대한 얘기를 다른 사람들에게 노출하고 무슨 일이 일어나는지를 관찰하는 것과 같은 행동 실험도 큰 도움이 된다. 위계적인 방식으로 이러한 일을 지속하여, 자신에 대해 더 많은 것을 점진적으로 노출해 갈 수 있다.

믿음일지와 사고기록지에 더하여, 특별히 준비한 카드들을 매일 혹은 매주 검토하는 것 또한 유용하다. 환자들은 카드마다 앞면에는 문제가 되는 믿음을 기록하고 이에 반대되는 증거를 아래쪽에 적는다. 카드의 뒷면에는 보다 더 적응적인 태도를 기록하고 이에 대한 지지 증거를 역시 아래쪽에 적는다. 환자들은 정기적으로 각각의 카드에 적힌 태도에 대해 믿는 정도를 평정한다. 역기능적인 태도에 대해 믿는 정도가 높거나 새로운 태도에 대해 믿는 정도가 낮은 경우, 이는 환자가 그 영역에서 더 작업할 필요가 있음을 시사한다.

치료가 종결을 향해 가면서, 치료자는 회기의 간격을 늘릴 필요성이 있는지 평가해야 한다. 회피성 성격장애 환자들은 종종 치료 횟수를 줄이고 회기 사이에 새로운 경험을 하는 데 더 많은 시간을 들이면서 자신의 두려움을 검증해 보도록 격려될 필요가 있다. 다른 한편으로 일부 회피성 성격장애 환자들은 종결을 원하고 이를 위한 준비가 되었다고 느끼지만, 그런 제안을 함으로써 치료자의 마음을 상하게 할까 봐 두려워하기도 한다.

끝으로, 공식적인 치료가 종결되었을 때 환자가 스스로 치료를 지속하기 위한 계획을 치료자와 환자가 함께 수립하는 것은 큰 도움이 된다. 예를 들어, 환자들은 치료 성과를 유지하기 위한 활동을 계획하기 위하여 매주 일정한 시간을 할애할 수 있다. 이 시간 동안에 환자들은 스스로 부과한 과제를 검토하고, 자신이 회피한 상황들을 살펴보며, 장애물을 조사하고, 다음 주에 문제가 될 만한 상황들을 예견하며, 나타날 수 있을 법한 회피를 다루는 방법을 생각해 볼 수 있다. 치료시의 관련 노트나 사고 기록지를 다시 검토할 수도 있다. 마지막으로, 그들은 자신에게 스스로 숙제를 부과하고, 다음 자가 치료 시간을 정할 수 있다.

성과 유지의 한 가지 중요한 목표는 종결 후에 나타날 수 있는 어려움들을 미리 예상하는 것이다. 일단 어려움들을 예견할 수 있게 되면, 환자들에게 이런 어려운 상황들을 다루기 위한 계획을 고안하도록 격려하고 지도해야 한다. 예를 들어, 환자들은 다음과 같은 어려움들을 다루기 위한 계획을 글로 작성해 두면 많은 도움이 된다는 것을 깨닫게 될 것이다.

만일 내가 다시 회피하기 시작한다면 어떻게 할 수 있을까?

만일 새로운 믿음보다 옛 믿음을 더 믿기 시작한다면 어떻게 할 수 있을까?

만일 내가 퇴보한다면 어떻게 할 수 있을까?

적절한 때마다 이 기록을 검토한다면, 치료 성과를 유지하는 데 도움이 될 것이다.

결 론

APD에 대한 인지적 개념화는 간명하며, 인지치료가 효과적임을 시사하는 핵심 믿음들과 단일사례설계 연구들이 다수 있다. 만일 인지치료가 통제된 성과 연구에서도 효과적인 것으로 계속 증명된다면, 어떤 역기능적인 태도가 APD의 유지에 가장 핵심적인지를 알아내기 위한 후속 연구를 통해 이 치료 접근을 더 강화할 수 있을 것이다. 이 장에서 제시된 개념화는 그와 같은 연구를 위하여 중요한 인지적 주제를 시사한다.

제**14**장
강박성 성격장애

강박적인 성격양식은 현대 서구사회에서 흔히 나타나며, 특히 남성에게서 더 흔하다(American Psychiatric Association, 2000). 이는 부분적으로는 사회가 이 양식의 어떤 특성들에 높은 가치를 부여하고 있기 때문일 것이다. 이러한 특성들에는 세부에 대한 주의, 자기절제, 감정통제, 인내력, 신뢰성, 예의바름 등이 포함된다. 하지만 어떤 사람들은 이러한 특성들을 극단적으로 많이 지니고 있어서, 기능상의 손상이나 주관적인 고통을 겪기도 한다. 즉, 강박성 성격장애(Obsessive-Compulsive Personality Disorder: OCPD)를 발달시킨 사람들은 경직되고, 완벽주의적이며, 독단적이고, 반추적이며, 도덕적이고, 융통성이 없고, 우유부단하며, 정서적 및 인지적으로 차단되어 있는 모습을 드러낸다.

OCPD 환자들에게서 가장 흔한 문제는 다양한 형태의 불안이다. 강박적인 사람들의 완벽주의, 경직성, 규칙지배적인 행동은 범불안장애에 특징적인 만성적 불안을 야기한다. 많은 강박적인 사람들은 자신이 제대로 잘 수행했는지, 혹시 잘못을 하지는 않았는지를 계속 반추하는데, 이로 인해 종종 우유부단함과 꾸물거림이 나타나기도 한다. 이들이 자신의 강박성과 외부 압력 간에 심한 갈등을 경험하게 되는 상황에서는, 만성적 불안이 공황장애의 수준으로까지 발전할 수 있다. 예를 들어, 프로젝트의 마감 시간이 다가오는데 완벽주의 때문에 일이 계속 지연되는 상황에서, 강박적인 사람들의 불안은 매우 고조될 수 있다. 이때 이들은 심장박동이 빨라지거나 숨이 가빠지는 것과 같은 신체증상을 파국적인 것으로 인식하게 된다. 이러한 걱정은 신체증상을 더욱 증가시키고, 이는 또다시 걱정을 더욱 증가시키는 악순환이 나타나는 것이다.

OCPD 환자들은 일반인보다 특정한 강박사고와 강박행동을 더 많이 겪는다. Rasmussen과 Tsuang(1986)은 강박사고나 강박행동 증상을 보이는 44명 중에서 24명(55%)이 또한 OCPD를 지니고 있었다고 보고하였다.

OCPD에서 흔히 나타나는 또 다른 문제는 우울증이다. 우울증은 기분부전장애나 단극성 주요우울장애로 나타날 수 있다. 강박적인 사람은 단조롭고 지루하고 재미없는 삶을 영위하기 쉽고, 이는 경미한 수준의 만성적 우울로 이어질 수 있다. 이들 중 일부는 시간이 지나면서 우울을 자각하지만, 왜 이런 현상이 일어나는지는 이해하지 못한 상태에서 치료실을 찾아와서, 무미건조하고 지루하고 열정이 부족하고 다른 사람들처럼 삶이 즐겁지 않은 것에 대해 호소하기도 한다. 이들은 때로, 자신을 우울한 사람 혹은 우울하게 만드는 사람으로 지각하는 배우자에게 떠밀려 치료실을 찾아오기도 한다. 경직성, 완벽주의, 그리고 자신과 환경을 통제해야 하는 압박감으로 인해서, 이들은 쉽게 우울해지며 압도당한 느낌에 사로잡힌다. 특히 삶이 통제 범위를 벗어났다고 느끼거나 평소의 대처기제가 더 이상 효과적이지 않다고 느낄 때 이러한 일들이 나타나게 된다.

강박적인 사람들은 종종 다양한 정신신체장애를 경험한다. 이들은 만성적으로 고조되어 있는 각성과 불안으로 인해서 이러한 신체적 문제들을 발달시키기 쉽다. 이들은 종종 긴장성 두통, 요통, 변비, 궤양 등을 겪게 된다. 이들은 또한 A 유형 성격을 지니고 있어서 심혈관질환의 위험이 높을 수 있는데, 특히 분노와 적개심을 자주 느낀다면 더욱 그러하다. 강박적인 사람들은 이러한 문제들이 신체적 원인 때문에 생긴 것으로 지각하기 때문에, 종종 내과 의사를 먼저 찾아갔다가 의사를 통해 심리치료에 의뢰되기도 한다. 따라서 이들이 신체적인 장애의 심리적 측면을 이해하고 심리적인 작업에 참여하는 것은 매우 어려운 일이 될 수 있다.

일부 OCPD 환자들은 성기능장애를 겪기도 한다. 감정에 대한 불편함, 자발성의 결여, 과잉통제, 경직성은 자신의 성 욕구를 자유스럽고 편안하게 표현하는 것을 방해한다. 강박적인 사람들이 흔히 겪는 성적인 문제로는 성 욕구 저하, 불감증, 조루, 성교 통증 등이 있다.

마지막으로, 강박적인 사람들은 이들을 대하는 주변 사람들이 겪는 어려움으로 인해 치료실을 찾게 된다. 배우자들은 이들과 정서적 교류가 이루어지지 않는다고 느끼거나 이들의 일중독적인 삶으로 인해 가족과 함께 보내는 시간이 없음을 고통스러워하며, 따라서 부부치료를 받고자 치료실을 방문한다. 강박적인 부모의 엄격하고 경직된 양육 방식으로 인해 부모-자녀 간에 만성적인 갈등을 겪을 때, 가족들에 의해 치료가 시작되기도 한다. 강박적인 사람들이 만성적인 꾸물거림으로 인하여 업무를 지연하거나 직무상 요구되는 대인관계에서 효율적으로 기능하지 못할 때, 직장의 상사가 이들을 치료에 의뢰하기도 한다.

역사적 조망

강박성 성격은 20세기 초반 이래 정신건강 분야에서 가장 중요한 관심영역 중의 하나였다. Freud(1908/1989)와 다른 일부 초기 정신분석가들(Abraham, 1921/1953; Jones, 1918/1961)은 강박적인 사람들에 대한 명시적인 이론과 치료 형태를 발전시킨 최초의 인물들이었다. '강박사고(obsession)'와 '강박행동(compulsion)'이라는 용어를 둘러싸고 다소간의 혼란도 있었는데, 초기 분석가들은 이 용어를 특정한 증상적, 병리적 행동을 가리키는 데 사용하였을 뿐 아니라, 성격장애의 한 유형을 지칭하는 데에도 사용하였기 때문이다. 축 I 진단으로서의 강박장애(Obsessive-Compulsive Disorder: OCD)와 성격장애로서의 OCPD는 둘 다 항문기(1~3세) 동안의 부적절한 배변 훈련에서 비롯되는 것으로 가정되었다.

Sullivan(1956)은 그가 발전시킨 이론인 대인관계 정신분석의 관점에서 OCPD에 대해 기술하였다. Sullivan은 OCPD를 지닌 사람들의 일차적인 문제는 극도로 낮은 수준의 자존감이라고 생각하였다. 그는 아동이 피상적인 사랑과 섬삶음 뒤에 분노와 증오가 숨겨진 가정환경에서 성장할 때 강박적인 성격이 나타난다고 가정하였다. Sullivan은 강박적인 사람들은 진정한 사태를 위장하거나 변명하기 위해 언어가 이용되는 '언어적 마술' 을 배운다고 가정하였다. 가령 "내가 너를 이렇게 때릴 때는 너보다 내가 더 상처를 받을 거야." 와 같은 말이 그 예가 될 것이다. 그는 강박적인 사람들이 자신의 행동을 안내하기 위해 일차적으로 말과 외부적인 규칙에 의존하는 것을 배운다고 보았다. 그는 이들이 정서적인 기술과 대인관계적인 기술을 발달시키지 못하는 경향이 있으며, 남들이 자신을 알게 되는 것이 두렵기 때문에 친밀감을 회피한다고 이론화하였다.

보다 최근에 Millon(1996; Millon, Davis, Millon, Escovar, & Meagher, 2000)은 생물심리사회적-진화적 이론의 관점에서 OCPD에 대해 기술하였다. Millon은 강박적인 양식이 보다 더 선진화된 사회의 요구에 잘 부합하는 것으로 이해하였다. 그는 '순수한 강박적 성격 유형' 을 위시한 다양한 변형의 강박적 성격 유형을 확인하였다. Millon은 강박적인 성격 양식을 복종과 반항 간의 근본적인 투쟁의 표현으로 보았다.

Beck의 모형(예, Beck, Rush, Shaw, & Emery, 1979)에 따르면, "인지이론은 개인의 감정과 행동은 그가 세상을 구성하는 방식에 의해 주로 결정된다는 이론적 근거에 기초하고 있다. 그의 인지는 …… 이전의 경험을 통해 발달된 …… 태도 혹은 가정에 기초한다." (p. 3).

David Shapiro는 일차적으로 인지적인 관점에서 OCPD를 광범위하게 기술한 최초의 이론가일 것이다. Shapiro는 원래 정신분석가로 훈련받았으나, 성격장애에 대한 정신분석이론에 만족하지 못하여 자신의 개념들을 발전시켰다. Shapiro(1965)는 그가 '신경증적 양식' 이라고 칭한 다양한 성격양식들의 구조와 특성들을 묘사했다. 그는 한 개인의 "일반적인 사고 양식은 다양한 특질, 증상, 방어기제들이 결정화되는 하나의 모체로 이해될 수 있다." (p. 2)라고 기술하였다.

Shapiro는 비록 OCPD에 대한 포괄적인 이론을 제시하지는 않았지만, 그가 OCPD의 세 가지 일차적인 특성이라고 본 것에 대해 논하였다. 첫 번째 특성은 경직되고 강렬하며 초점이 날카로운 사고 양식이다. Shapiro는 강박적인 사람들이 어떤 면에서는 뇌손상 환자들에 비견될 만큼 '자극에 구속된(stimulus-bound)' 인지 양식을 보인다는 것을 발견하였다. 이를 다시 표현하면, 강박적인 사람들은 한 곳에 끊임없이 주의를 기울이고 집중하면서 좀처럼 주의가 다른 데로 방황하는 것을 허용하지 않으려 한다는 것이다. 따라서 이들은 세부적이고 기술적인 과제에는 뛰어나지만, 가령 어떤 모임의 전체 분위기를 파악하는 것과 같이 사물의 전반적이고 인상적인 특징을 파악하는 데에는 서투른 경향이 있다. Shapiro는 강박적인 사람들을 '적극적인 부주의'를 지닌 사람으로 묘사했다. 이들은 자신의 좁은 관심 범위를 벗어난 새로운 정보나 외부 사건을 접하면 쉽게 주의가 분산되고 방해를 받기 때문에, 이러한 주의 분산이 일어나지 않도록 적극적으로 노력한다는 것이다. 이러한 사고 양식의 또 다른 결과는, 이들이 좀처럼 놀라지 않는다는 것이다.

Shapiro가 논한 두 번째 특성은 자율감에서의 왜곡이다. 자유의사와 선택에 기초한 정상적인 자율성과는 달리, 강박적인 사람들은 매사에 목적적으로 심사숙고하여 행동을 결정한다. 따라서 이들은 마치 이들 안에 있는 '감독자'가 이들에게 의도적인 압력과 지시를 행사하는 것에 따라 행동하는 것처럼 보이며, 심지어 이들은 "욕구와 감정에 대해서마저도 의지에 따라 지시를 행사하려 한다"(Shapiro, 1965, pp. 36-37). 이들의 경험에서 근본적인 측면은 '해야만 한다'는 생각이다. 강박적인 사람들은 신중한 의도성과 목적성의 이완을 부적절하고 안전하지 못한 것으로 경험한다. 이들은 주어진 상황에서 무엇을 '해야만 하는지'를 확립하기 위해서 도덕, 논리, 사회적 관습, 예의범절, 가족 규칙, 유사 상황에서의 행동 관례 등에 호소하며, 그에 따라 행동한다.

Shapiro가 파악한 마지막 특성은 현실감의 상실, 혹은 세상에 대한 확신감의 상실이다. 강박적인 사람들은 자신의 욕구, 선호, 느낌으로부터 많이 차단되어 있기 때문에, 자신의 결정, 행위, 신념 등에 대해서 잘 확신하지 못하는 경향을 보인다. 이에 따라 의심과 독단이 교차하는 모습이 나타나게 되는데, Shapiro는 이것을 갈등을 다루기 위한 교호적인 시도로 이해하였다.

Guidano와 Liotti(1983) 또한 OCPD를 인지적인 시각에서 기술하였다. 그들의 입장은, 완벽주의, 확실성에 내한 욕구, 그리고 인간의 문제에는 설대석으로 옳은 해결책이 존재한다는 강한 믿음이 강박장애의 의례적 행동과 OCPD의 이면에 내재하는 부적응적인 요소라는 것이다. 그들은 이러한 믿음으로 인해 과도한 의심, 꾸물거림, 세부에 대한 과도한 집착, 의사결정에서의 확신 결여가 나타난다고 이론화하였다. Sullivan(1956) 및 Angyal(1965)과 마찬가지로, Guidano와 Liotti는 강박적인 사람들이 대개 적어도 어느 한쪽 부모로부터 상반되고 모순적인 메시지를 받는 가정에서 성장하였음을 발견하였다.

연구와 경험적 자료

OCPD에 대한 결정적인 연구는 별로 이루어지지 않았다. 지금까지 이 장애에 대한 지식의 대부분은 임상 작업으로부터 얻어진 것이었다. 그러나 OCPD가 하나의 분리된 실체로서 존재한다는 증거들은 많이 축적되었다. 몇몇 요인분석 연구들을 통해서, OCPD를 구성하는 것으로 가정되는 다양한 특질들이 한 사람에게서 함께 나타나는 경향이 있음이 밝혀졌다(Hill, 1976; Lazare, Kerman, & Armor, 1966; Torgerson, 1980). 그러나 정신분석이론이 가정하는 것처럼, OCPD가 부적절한 배변훈련에서 비롯되었다는 증거는 별로 없다(Pollock, 1979). Adams(1973)는, 강박적인 아동들과 작업을 하면서, 이들의 부모가 엄격하고 통제적이며 과잉동조적이고 비공감적이며 자발적인 감정 표현을 억제하는 등의 많은 강박적인 특성들을 지니고 있음을 발견하였다. 하지만 강박적인 성격특성을 지닌 아동들의 몇 퍼센트가 성인이 되어서 OCPD로 발전하는지에 대해서는 아직 알려진 것이 없다.

OCPD의 유전적 · 생리적 기초를 이해하기 위한 몇몇 연구가 이루어졌다. Clifford, Murray 및 Fulker(1984)는 일란성 쌍생아들이 이란성 쌍생아들에 비해서 Layton 강박 질문지(Layton Obsessive Inventory)의 특질 척도로 측정한 강박적 특질들에서 서로 더 높은 상관을 보인다는 것을 발견하였다. 또 다른 연구에서, Smokler와 Shevrin(1979)은 측면 안구 운동에 반영된 뇌의 반구 특성과 관련하여 강박성 성격 양식과 연극성 성격 양식을 비교 검토하였다. 이 연구자들은 강박적인 피험자들이 실험 과제에 반응할 때 주로 오른쪽 시야를 보는 경향이 있음을 발견하였는데, 이는 좌반구 활동이 더 지배적임을 나타내는 것으로 해석될 수 있다. 반면, 연극성 피험자들은 주로 왼쪽을 보았다. 좌반구가 언어, 분석적 사고 및 이성과 관련되어 있음을 고려할 때, 강박적인 피험자들에게서 이러한 활동이 더 지배적일 것이라고 예상할 수 있다. 우반구는 심상 및 종합적인 사고와 관련되어 있다.

최근의 연구에서, Beck과 동료들(2001)은 역기능적 믿음이 OCPD를 포함한 다양한 성격장애들 간을 변별할 수 있는지를 조사하였다. 많은 수의 정신과 외래환자들(평균 연령 34.73세)이 접수면접에서 성격 믿음 질문지(Personality Belief Questionnaire: PBQ)를 작성하였고, 표준화된 임상면접을 통하여 성격장애에 대해 평가되었다. 연구에 참여한 환자들은 또한 DSM-IV를 위한 구조화된 임상면접(SCID-II; First, Spitzer, Gibbons, & Williams, 1995)의 자기보고 질문지를 완성하였다. 연구결과, 강박성 성격장애 환자들은 (회피성, 의존성, 자기애성 및 편집성 성격장애 환자들과 마찬가지로) 자신의 특정장애와 이론적으로 연결되는 믿음의 내용에 우선적으로 응답하는 경향을 보였다. Beck 등(2001)은 이러한 결과들을 성격장애에 대한 인지이론을 지지하는 증거로 해석하였다.

비록 많은 임상가들이 인지치료를 통한 OCPD의 치료 효과를 보고하였지만(예, Beck, Freeman, & Associates, 1990; Freeman, Pretzer, Fleming, & Simon, 1990; Pretzer & Hampl, 1994), 결정적인 효과 연구는 아직 이루어지지 않았다. 그러나 최근에 수행된 몇몇 연구들에서, 강박적인 특질과 OCPD에 대한 인지적 개입이 효과적임을 지지하는 결과가 나타났다.

Hardy와 동료들(Hardy, Barkham, Shapiro, Stiles, Rees, & Reynolds, 1995)은 군집 C 성격장애의 유무에 따라서 서로 다른 단기 심리치료들이 우울증 치료에 미치는 효과가 어떻게 달라지는지를 검토하였다. 114명의 우울증 환자들 중에서 27명이 DSM-III상에서 군집 C 성격장애(강박성, 회피성, 혹은 의존성 성격장애)의 진단을 받았고, 나머지 87명은 그렇지 않았다. 모든 환자들은 8회기 혹은 16회기 동안 인지행동치료 혹은 정신역동-대인관계 심리치료를 받았다. 대부분의 사전 측정치들에서 성격장애가 있는 환자들은 성격장애가 없는 환사들보나 증상의 정노가 더 심했다. 정신역동-대인관계 치료를 받은 환자 집단에서는, 성격장애가 있는 환자들과 없는 환자들 간의 이러한 차이가 사후와 추후(1년) 측정치에서 그대로 유지되었다. 반면 인지행동치료를 받은 환자 집단에서는, 성격장애가 있는 환자들과 없는 환자들 간에 처치 후 측정치에서 차이가 유의미하지 않았다. 치료 회기 수는 이런 결과에 영향을 미치지 않았다. 그러나 Barber와 Muenz(1996)는 강박적인 성격의 사람들이 인지치료보다 정신역동-대인관계 치료에서 더 좋은 결과를 나타냈음을 보고하였다는 사실 또한 주목할 필요가 있다.

인지치료와 명상의 효과를 비교하는 연구에서, Black, Monahan, Wesner, Gabel 및 Bowers(1996)는 공황장애 환자들의 이상 성격 특질을 검토하였다. 명상에 비해서 인지치료는, 성격 진단 질문지-개정판(Personality Diagnostic Questionnaire-Revised, Hyler & Reider, 1987)으로 측정한 이상 성격 특질에서 의미 있는 감소를 가져왔다. 이러한 결과는 강박성 성격뿐 아니라 분열형, 자기애성, 그리고 경계선 성격에 대해서도 마찬가지로 나타났다.

McKay, Neziroglu, Todaro 및 Yaryura-Tobias(1996)는 강박장애(OCD)에 대한 행동치료 후에 성격장애에서도 변화가 나타나는지를 검토하였다. OCD로 진단된 21명의 성인 환자들이 연구에 참여하였다. 사전 검사에서는 성격장애의 평균 개수가 대략 4개인 반면, 사후 검사에서는 약 3개였다. 이러한 변화는 얼핏 작아 보이지만 임상적으로 의미 있는 변화로 간주할 수 있다. 왜냐하면 성격장애 수에서의 변화는 치료 효과와 의미 있게 관련되기 때문이다. 치료가 OCD 증상의 감소에는 성공적이었지만, 강박성 성격은 치료적 변화에 더 저항적이었다.

감별 진단

〈표 14-1〉에는 강박성 성격장애에 대한 DSM-IV-TR의 진단 기준이 제시되어 있다. 임상가가 강박성 성격장애의 다양한 양상에 대해 잘 알고 있고 조금만 주의

〈표 14-1〉 DSM-IV-TR의 강박성 성격장애 진단 기준

융통성, 개방성, 효율성의 상실이라는 대가를 치르면서까지 정리정돈에 몰두하고, 완벽주의적이며, 마음을 통제하고 대인관계를 통제하려고 노력하는 전반적인 행동 양상이 나타난다. 성인기 초기에 시작되며, 여러 다양한 상황에서 이러한 특징들이 나타난다. 다음 가운데 4개, 또는 그 이상의 항목을 충족시킨다.

(1) 사소한 세부 사항, 규칙, 목록, 순서, 시간 계획이나 형식에 집착하여, 일의 큰 흐름을 잃고 만다.
(2) 완벽주의로 인해서 일을 완수하는 데 방해를 받는다(예: 자신의 지나치게 엄격한 기준에 맞지 않기 때문에 계획을 완수하지 못한다).
(3) 여가 활동과 우정을 나눌 시간을 배제하면서까지 지나치게 일과 생산성에 몰두한다(일에 대한 몰두가 명백한 경제적 필요 때문으로는 설명되지 않는다).
(4) 도덕, 윤리 또는 가치문제에서 지나치게 양심적이고, 고지식하며, 융통성이 없다(문화적 또는 종교적 배경에 의해서 설명되지 않는다).
(5) 감상적인 가치조차 없을 때라도, 닳아빠지거나 무가치한 물건을 버리지 못한다.
(6) 타인이 자신의 방식을 그대로 따르지 않을 경우에 타인에게 일을 맡기거나 같이 일하는 것을 꺼려한다.
(7) 자신과 타인 모두에게 돈을 쓰는 데 인색하다. 돈은 미래의 재난에 대비해서 축적해야 하는 것으로 생각한다.
(8) 경직성과 완고함을 보인다.

를 기울인다면, 이 장애의 평가와 진단은 그리 어렵지 않은 과정이다. 강박적인 환자와의 첫 전화 접촉에서, 치료자는 처음 약속시간을 잡는 데 경직되거나 우유부단한 모습을 감지할 수 있을 것이다. 강박적인 환자들의 우유부단함은 실수를 하지 않을까 하는 두려움에 기초하는데, 이는 의존성 성격장애 환자들이 치료자를 불쾌하게 하거나 불편하게 할까 봐 두려워서 우유부단한 것과는 구별된다.

강박적인 환자들을 처음 만났을 때, 치료자는 이들이 경직되어 있고 형식적이며, 특별히 따뜻하다거나 표현이 풍부하지 않음을 느끼게 될 것이다. 자신을 정확하게 묘사하려는 과정에서, 이들은 종종 한 주제에 대하여 오랫동안 반추하고, 모든 세부 사항에 대해서 다 이야기하였는지, 그리고 모든 가능한 대안들을 고려하였는지를 확신하려고 한다. 이들은 천천히 머뭇거리는 방식으로 말하는데, 이 또한 자신을 정확하게 표현하지 못할 수도 있다는 불안에 기인한다. 이들이 하는 말의 내용은 감정과 선호에 대한 것보다는 사실과 생각에 대한 것이 더 많다. 과거와 현재의 삶에 관한 정보를 얻을 때, 강박성 성격장애의 표지로서 다음과 같은 것들에 주목할 필요가 있다.

1. 경직되고 통제적인 유형의 가정환경에서 성장했다.
2. 친밀하고 자기개방적인 대인관계가 부족하다.
3. 회계, 법률, 공학 등 기술적이고 세부지향적인 직업에 종사한다.
4. 다양한 여가활동이 결핍되어 있거나, 여가활동이 단순히 즐기기 위한 것이기보다는 목표지향적인 성격이 강하다.

강박성 성격장애를 진단하는 데, 때로 공식적인 심리검사가 도움이 될 수 있다. MCMI(The Millon Clinical Multiaxial Inventory, Millon, Davis, & Millon, 1996)는 특별히 성격장애를 진단하기 위해서 개발된 것으로서, 강박성 성격장애의 다양한 양상을 이해하는 데 유용하게 사용될 수 있다. 로샤 검사에서 세부 반응의 수가 많거나 주제통각검사(TAT)에서 길고 자세하고 도덕적인 이야기가 많은 것 등은 투사법 검사에서 나타날 수 있는 전형적인 반응의 예다. 그러나 치료자는 과연 투사법 검사에 시간과 비용을 들일 가치가 있는지를 고려할 필요가 있는데, 왜냐하면 이러한 검사의 도움 없이도 환자에 대한 정확한 진단과 이해를 얻을 수 있는 경우가 많기 때문이다.

강박성 성격장애를 진단하기 위한 가장 간단하고 경제적인 방식은 환자들에게 자신이 DSM-IV-TR의 다양한 진단 기준에 해당되는지를 직접적이면서도 비판적이지 않은 방식으로 물어보는 것이다. 대부분의 강박성 환자들은 감정을 표현하는 것이 불편하게 느껴진다거나, 완벽주의적이라거나, 오래된 물건을 잘 버리지 못한다는 등의 진단 기준을 기꺼이 인정할 것이다. 그러나 환자들은 이러한 특징들과 현재의 호소 문제들 간의 연관성을 이해하지 못할 수도 있다.

강박성 성격장애는 다른 축 I 및 축 II 장애들과 많은 공통 요소를 지니고 있어서, 정확한 진단을 위해서는 이러한 점을 잘 감별해야 한다(American Psychiatric Association, 2000). 강박성 성격장애와 강박장애의 차이점은 비교적 감별하기가 쉬운 편이다. 강박장애에서는 자아이질적(ego-dystonic)인 강박사고와 강박행동이 나타나지만, 강박성 성격장애에서는 그렇지 않다. 그러나 한 환자가 두 장애 모두의 진단 기준을 충족시킨다면, 두 진단이 다 내려져야 한다.

강박성 성격장애와 자기애성 성격장애는 완벽주의와 함께 '다른 사람들은 어떤 일을 잘 할 수 없을 것'이라는 믿음을 공유한다. 그러나 두 장애 간에는 중요한 차이가 있는데, 강박적인 사람들은 자기비판적인 데 반해, 자기애적인 사람들은 자신이 완벽하다고 생각하는 경향을 보인다. 자기애성 성격장애와 반사회성 성격장애 환자들은 타인에 대한 관대함이 부족하지만, 자기 자신에게는 쉽게 유예를 허락한다. 그러나 강박성 성격장애 환자들은 타인에게뿐 아니라 자기 자신에게도 인색한 경향을 보인다. 강박성 성격장애는 딱딱한 형식성과 사회적 분리의 모습에서 분열형 성격장애와 유사한 특성을 보인다. 그러나 분열형 성격장애에서는 이러한 모습이 친밀감 형성 능력의 결핍에서 비롯되는 반면에, 강박성 성격장애에서는 이것이 감정에 대한 불편감과 일에 대한 과도한 몰두에서 기인한다는 점에서 두 장애는 구별된다.

때때로 강박성 성격장애는 '일반적인 의학적 상태에 따른 성격 변화'(가령, 어떤 질병이 중추신경계에 영향을 미친 결과)와 감별해야 할 필요가 있다. 또한 강박성 성격장애의 증상은 만성적인 약물 사용과 관련되어 나타나는 증상(예, 코카인 관련 장애의 증상)과 감별되어야 한다.

개념화

이 장에서 제시되는 OCPD의 개념화는 앞에서 소개한 관점들을 통합하면서 Freeman 등(1990)과 Pretzer와 Hampl(1994)의 견해를 따른 것이다. 다음의 도식들이 이들을 움직이는 가장 주된 도식으로 가정된다. '어떤 대가를 치르더라도 실수만큼은 피해야 한다', '매사에는 오직 하나의 옳은 길(대답, 행동)만이 존재한다', '실수는 참을 수 없다' 등이다. OCPD에서 나타나는 대부분의 문제들은 이들이 실수를 피하기 위해 사용하는 방략에서 비롯되는 것으로 보인다. '나는 용의주도하고 철저해야만 해', '나는 세세한 것에 주의를 기울여야 해', '나는 실수를 즉각 알아차려서 이를 바로 수정할 수 있어야만 해', '실수를 한다는 것은 비난받아 마땅한 일이야' 등이다. 강박적인 사람들의 목표는 실수를 최소화하는 것이 아니라 근절하는 것이다. 이러한 목표는 자신과 환경에 대한 전적인 통제의 욕구를 초래하게 된다.

이들이 특징적으로 보이는 중요한 왜곡은 이분법적 사고다. 이는 '옳은 것에서 조금이라도 벗어나는 것은 자동적으로 그른 것이다'는 믿음에서 잘 나타난다. 앞서 기술한 많은 개인내적 문제를 넘어서, 이러한 믿음은 대인관계의 문제를 낳는다. 왜냐하면 대인관계에는 종종 강렬한 감정이 개입되며, 분명하게 옳은 정답이란 존재하지 않기 때문이다. 또한 대인관계는 이들로 하여금 일로부터 주의를 분산시킴으로써 실수를 유발하기 때문에 더욱 문제가 된다. 이에 대한 이들의 해결책은 감정과 모호한 상황 모두를 피하는 것이다.

다음의 복합적인 사례는 OCPD에 대한 인지적 접근의 다양한 측면들을 보여 줄 것이다.

S씨는 45살의 백인 기혼 남자로서, 학령기의 아들을 둔 엔지니어였다. 그는 등, 목, 어깨의 심한 만성 근육통이 최근에 악화되면서 인지치료를 받으려고 치료자를 찾아 왔다. S씨는 20대 후반부터 이러한 증세로 고통을 겪어 왔다. 처음에 그는 자신의 통증이 신체적인 문제라고 생각했기 때문에, 물리치료사, 척추지압사, 마사지치료사를 찾아다니는 한편, 다양한 근육이완제와 소염제를 복용하였다. 이러한 치료가 어느 정도는 도움이 되었지만, 30대 후반 무렵에 그는 통증이 너무 심하여서 3주 동안 일을 나가지 못하게 되었다. 당시 그는 매우 중요하면서도 복잡한 프로젝트를 수행하던 중이었다. 그는 비로소 목과 허리의 통증이 심리적 스트레스와 관련되어 있을지도 모른다는 것을 진지하게 고려하기 시작하였다.

S씨는 미국의 한 중소도시에서 태어나서, 보수적이고 종교적인 중산층 가정에서 자랐다. 그는 두 남매의 막내로서, 7살 많은 누나가 한 명 있었다. S씨는 아버지를 멋지고 걱정이 다소 많은 사람으로 묘사하면서, 자신과 아버지의 관계는 좋

은 편이었지만 그리 친밀하지는 않은 것으로 기술했다. 그는 어머니와 훨씬 더 가까웠으며, 어머니가 자신을 어떻게 생각하는지에 대해 늘 신경 쓰며 살았다고 했다. 어머니는 그가 어렸을 때 그의 삶에 깊숙이 관여했다. 그는 그러한 관심을 좋아하였지만, 동시에 어머니가 사람들은 모름지기 어떻게 행동해야 하는지에 대한 많은 규칙을 지닌 비판적이고 판단적인 분이라고 생각했다. S씨는 한 특별한 사건을 기억하고 있었다. 그것은 그가 1학년 때, 친구는 모범상을 타고 그는 타지 못한 때의 일이었다. 어머니가 그것에 대해서 드러내 놓고 말하지는 않았음에도 불구하고, 그는 어머니가 그에게 실망해서 "네 친구는 상을 탔는데 왜 넌 못 탔니?"라고 생각하고 있을 것 같은 인상을 받았다.

S씨는 아동기에 대해 비교적 행복한 느낌으로 지냈다고 보고했다. 그러나 6학년이 될 무렵부터 그는 성적과 인기에 대해 신경을 쓰기 시작했다. 학교에서 그는 더 잘 하기 위해서 열심히 공부하거나(한편 잘 하고 있지 않다고 늘 걱정하였지만), 해야 할 일을 미룬 채 생각하지 않으려고 노력하는 방법으로 이에 대처하였다. 그는 사회적으로 내향적이고 회피적이며, 감정적으로 위축된 모습을 보였다. 그에게는, 덜 참여하고 덜 얽히고 덜 표현하면, 비난을 받거나 거절을 당할 기회가 줄어들 것으로 보였다. 이러한 행동 패턴은 청소년기를 지나면서 점점 더 굳어져 갔다.

대학 2학년 때, S씨는 기대에 미치는 학업 성취를 이룰 수 없는 데 대한 심한 불안을 느꼈다. 자신이 글을 썩 잘 쓰지 못한다는 생각 때문에, 특히 보고서를 완성하는 것이 더 힘들었다. 또한 S씨는 집을 떠나 온 데다가 우정이나 로맨틱한 관계를 맺을 수 없었기 때문에, 많이 외롭고 고독했다. 그는 점차 자신과 장래에 대해 비관적이 되어 갔다. 주요우울삽화가 최고조에 이르렀고, 이 기간 동안 그는 거의 모든 활동에서 흥미를 잃었으며 대부분의 시간을 잠자는 데 보냈다. 이 우울삽화는 두 달 가량 지속되었고, 그는 결국 학교를 휴학하고 군에 입대하였다. 군대의 보다 조직화된 구조와 관계는 그가 적응하는 데 더 도움이 되었고, 그는 3년간의 군복무를 잘 수행하였다. 그리고는 학교로 돌아와 공과대학 학사학위를 마치게 되었다.

S씨는 20대 후반부터 엔지니어로 일하기 시작하여 어느 정도 성공적인 경력을

쌓아 왔다. 치료자를 찾아왔을 당시, 그는 행정과 감독의 업무를 수행하고 있었는데, 그 일은 그가 이전까지 엔지니어로서 오랫동안 수행해 왔던 구조적이고 기술적이고 세부적인 작업보다 덜 편안한 일이었다.

S씨는 데이트에서도 결코 편하거나 성공적인 적이 없었다. 30대 초반에, 그는 몇 해 전 잠깐 만난 적이 있던 한 여성을 다시 소개받게 되었다. 그녀는 그를 기억하였고(그는 놀랐고 기분이 좋았다) 둘은 데이트를 시작했다. 그들은 1년 후 결혼했고, 다시 2년 후에 아기를 낳았다. S씨는 결혼생활이 좋지만 원하는 만큼 친밀해지지는 않는다고 하였다. 그는 부인에 대해 감정적 및 성적으로 절제하게 됨을 느꼈고, 이것이 그의 문제 중 일부임을 깨달았다. S씨는 친한 친구가 없었고, 단지 교회나 몇몇 시민단체에 주변인처럼 소극적으로 참여하고 있었다.

인지치료자는 이러한 정보들을 가지고 S씨에 대한 개념화를 수립하기 시작할 수 있다. 많은 주제들이 출현하는데, 이는 가능한 도식들을 시사한다. S씨는 자신의 부적절감을 반복적으로 표현하고 있다. 이는 그가 1학년 때 어머니와의 관계에서 일어난 일을 묘사한 데서 잘 나타난다. 또한 그가 일생동안 보여 온 회피와 고립의 패턴에서 그가 다른 사람들과 비교해서 자신이 얼마나 부적절하다고 느껴 왔는지를 잘 알 수 있다. 그는 덜 참여하고 덜 얽히고 덜 표현할수록 비난이나 거절을 당할 기회가 줄어든다고 말하였다. 이를 통해서 S씨의 개인사에서 또 다른 주제가 도출된다. 그는 다른 사람들(어머니와 어린 시절 친구들로부터 현재의 상사에 이르기까지)의 비판을 강하게 의식하고 있는 것으로 보인다. S씨의 강한 부적절감과 비판에 대한 기대는 그의 완벽주의로부터 비롯되는 것 같다. 그는 잘 수행하고 있을 때조차도 실수할까 걱정을 하며, 자신이 충분히 잘하고 있다는 것을 결코 믿지 못한다. 이러한 경향은 초등학교 시절의 모습에서도 나타났고, 지금의 직장 생활에까지 이어지고 있다. S씨는 OCPD의 많은 특징들을 드러내기 때문에, 치료자는 치료가 지속되는 동안 이 장애의 가능성을 늘 염두에 둘 것이다. 또한 부가적인 정보들이 새롭게 나타나면서, S씨에 대한 인지적 개념화는 진화해갈 것이다.

치료적 접근

환자들에게 감정에 대한 인지이론을 가르치는 것에 더하여, 인지치료의 초기에 치료 목표를 분명하게 설정하는 것이 중요하다. 치료 목표는 호소 문제와 명백히 연관되며, 강박적인 사람에게는 '제 시간에 과제나 일을 끝내기' '긴장성 두통의 빈도를 줄이기', '오르가슴을 느끼기' 등이 치료목표에 포함될 수 있다. 치료 목표의 목록은 구체적으로 작성하는 것이 중요하다. '우울해지지 않기'와 같은 일반적인 목표를 가지고는 작업하기가 더 힘들다. 만일 환자의 주요 문제가 우울증이라면, 우울증을 효과적으로 다루려고 할 때 이를 다양한 측면, 즉 아침에 일어나지 못하는 것, 어느 것도 성취하지 못하는 것 등의 구체적 측면으로 분할할 필요가 있다.

환자와 치료자가 적절하고 다룰 만하다고 합의한 치료 목표를 설정한 뒤에는, 치료 목표를 다루기 위한 순서를 정한다. 왜냐하면, 모든 것을 한꺼번에 다루려고 시도하는 것은 어려울 뿐만 아니라 종종 비생산적이기 때문이다. 치료 목표의 우선순위를 정하는 두 가지 기준은 문제의 중요성 및 해결의 용이성이다. 치료 초기에 빨리 성공 경험을 하는 것은 치료 과정에 대한 환자의 동기와 신뢰를 증진시키는 데 도움을 준다. 문제영역을 정하고 난 뒤에는, 이와 연관된 자동적 사고와 심리도식을 밝혀내는 것이 중요하다.

인지치료 과정의 초기에, 우리의 감정과 행동은 우리가 생활사건에 대하여 어떻게 지각하고 해석하며 의미를 부여하는가에 기초한다는 개념을 환자에게 소개하는 것이 중요하다. 회기 내에서 일어나는 감정 변화에 주목하여 환자에게 바로 직전에 그가 어떤 생각을 했는지를 물어봄으로써, 인지 모델을 교육할 수 있다. 인지 모델을 제시하는 또 다른 방법은, 약속시간에 오지 않는 친구를 기다리는 것과 같은 상황을 묘사하면서 그때 기다리는 사람이 느낄 만한 다양한 감정들(분노, 불안, 우울 등)을 나열하고, 이러한 감정과 이를 유발할 법한 생각을 연결 지어 보는 것이다. '어찌 감히 나를 기다리게 할 수가 있지', '혹시 오다가 사고를 당한 게 아닐까', '아무도 나를 좋아하지 않는다는 것이 또다시 입증되는구나.'

일반적으로 환자들은 매주 회기 사이에 현재 다루고 있는 문제들을 스스로 감찰하게 되는데, 자기감찰을 위해 주로 역기능적 사고 기록지(Beck et al., 1979)가 자주 사용된다. 환자들은 이 기록지에 상황은 무엇인지, 어떤 감정을 느꼈는지, 그리고 무슨 생각을 했는지를 기입한다. 예를 들어, 꾸물거림의 문제를 보이는 한 강박적인 환자는 기록지 작성을 통해서, 자신이 직장에서 과제를 하고 있을 때(상황) 불안함을 느꼈고(감정), '나는 이 일을 하고 싶지 않아. 왜냐하면 이 일을 완벽하게 해낼 수 없을 테니까'라고 생각했음(생각)을 자각하게 될 것이다. 유사한 자동적 사고의 예들이 다수 모여지면서, 강박적인 환자에게 불안과 꾸물거림의 상당 부분이 완벽주의에서 비롯된 것임이 점차 분명해진다. 이때 다양한 자동적 사고의 기저에 존재하는 가정 혹은 도식을 밝히는 것이 중요하다. 완벽주의의 경우, 기저 가정은 '가치 있는 사람이 되기 위해서는 절대로 실수하지 않아야 한다'는 것일 수 있다. 이 시점에서 환자가 어떻게 그런 도식을 학습하게 되었는지를 이해할 수 있도록 도와줄 필요가 있다. 도식이 때로 문화적인 규범에 기초한 것이거나 개인 특유의 방식으로 발달하는 경우도 있지만, 많은 경우 도식은 부모 혹은 중요한 타인들과의 상호작용을 통해 발달한다. 이후의 치료 과정은 환자들이 이러한 가정이나 도식이 초래하는 부정적인 결과를 밝히고 이해할 수 있게 돕고, 가정이나 도식이 환자들의 감정과 행동을 더 이상 지배하지 못하도록 이를 논박하는 방식을 발달시키는 것으로 진행된다.

S씨의 치료 목표는 등과 목 부위에서 느껴지는 통증을 제거하는 것, 혹은 적어도 상당히 완화하는 것이었다. 많은 정신신체장애 환자들과 달리, 그는 이미 심리적인 요인이 자신의 통증에 중요한 영향을 미치고 있음을 인정하고 있었다. 치료자는 S씨와 인지 모델에 대해 논의하였고, S씨는 이를 잘 받아들였다. 처음 몇 주간 그에게 부여된 숙제는 주간활동계획표(Weekly Activity Schedule)를 통해 자신의 통증을 감찰하는 것이었다. 그는 한 시간 간격으로 통증을 감찰하면서 통증의 정도를 1부터 10까지의 점수로 평정하였고, 동시에 그때 무슨 일을 하고 있었는지를 기록하였다. 처음에 S씨는 가족과 함께 집에서 보내는 저녁시간에 통증이 가장 심하다는 것을 발견하였다. 이는 이해하기 힘든 현상이었는데, 왜냐하면 그는 대체

로 집에서 보내는 저녁시간을 즐겁게 여기며 편안하게 느끼고 있었기 때문이다. 자료를 더 수집하는 과정에서, S씨는 낮 시간 동안에는 자신이 점차 커져 가는 통증으로부터 주의를 분산시키고 있음을 깨달았다. 강박적인 환자들에게 주의전환은 때로 유용한 기법인데, 특히 비생산적인 반추사고를 반복하는 사람들에게는 더욱 그러하다. 그러나 S씨의 경우에는 주의전환이 오히려 문제의 평가를 방해하고 있었다. 통증을 더 자각할 수 있게 됨에 따라서, 그는 통증이 처음에는 햇볕에 탄 듯이 따끔거리는 느낌으로 시작해서 점차 더 심한 통증으로 진전된다는 것을 깨닫게 되었다. 스트레스가 지속되는 상황에서는, 등과 목의 근육에서 경련이 일어났고 며칠간은 침대에 누워 지낼 수밖에 없었다.

협력 전략

강박적인 사람들은 다양한 이유로 치료자를 찾아오지만, 성격장애를 이유로 도움을 청하는 일은 극히 드물다. 때로 이들은 성격의 어떤 측면(완벽주의 등)이 심리적인 문제에 기여한다는 것을 알고 있다.

OCPD 환자들의 일반적인 치료 목표는 이들이 문제가 되는 기저 가정을 수정하거나 재해석할 수 있도록 도움으로써 감정과 행동의 변화가 뒤따르도록 하는 것이다. 인지치료자들은 (무의식적인 요인에 더 많은 초점을 맞추는) 정신역동치료자들에 비해서 대체로 환자들의 호소를 액면 그대로 받아들이려 한다. 따라서 환자가 초기에 불안이나 두통, 발기불능의 증상을 호소하면, 이 증상 자체가 치료에서 다루는 문제가 되는 경우가 빈번하다. 때로 이들의 호소는 보다 더 외재화되기도 한다 (예를 들면, "제 상사는 특별한 이유 없이 제가 하는 일에 대해 비판적이에요."). 이런 식의 문제 호소는 다루기가 더 어려울 수 있다. 그러나 치료자는 환자의 이러한 불평을 직접적으로 다룰 수 있는데, 상사의 행동은 치료를 통해 직접 변화시킬 수 없기 때문에 치료 목표는 환자 자신의 행동을 변화시키는 것이어야 하며, 이를 통해 상사의 행동 변화를 유도할 수도 있음을 명확히 할 필요가 있다.

다른 모든 치료에서처럼, 치료의 초기 단계에 환자와 라포를 형성하는 것은 매우 중요하다. 그러나 강박적인 환자들이 경직되어 있고 감정을 불편하게 여기며 대인관계의 중요성을 경시하는 경향을 보이기 때문에, 이들과의 라포 형성이 어려울 수 있다. 이들과의 인지치료는 다른 사람들과의 치료보다 더 사무적이거나 문제중심적인 경향을 띠게 되며, 정서적 지지나 관계의 문제를 덜 강조하게 된다. 보통 이들과의 라포는 이들이 치료자의 능력과 전문성을 존중하고 신뢰하는 것에 기초한다. 만일 치료 초기에 이들이 편안하게 느끼는 관계 이상으로 친밀한 정서적 관계를 발전시키려고 시도하게 되면, 치료 관계를 해칠 수 있으며 조기 종결로 이어질 수도 있다. 이 부분에 대한 더 자세한 논의는 Beck(1983)의 자율적 우울증(autonomous depression) 치료에 관한 논문을 참고하기 바란다.

강박적인 환자들은 치료자로부터 다양한 감정 반응을 유발할 수 있다. 어떤 치료자는 이들에게서 다소 건조하고 지루함을 느낄 수 있는데, 왜냐하면 이들은 일반적으로 정서성이 결여되어 있고 한 사건의 정서적인 색조보다는 사실적인 측면에 더 초점을 맞추는 경향을 보이기 때문이다. 또한 이들은 말이 느리고 세세한 것에 초점을 맞추기 때문에, 특히 효율성을 강조하고 목표지향적인 치료자인 경우 답답함을 경험할 수 있다. 환자들이 자신을 이상화하고 의존하는 것을 좋아하는 치료자는 강박적인 환자들과의 관계가 덜 보상적으로 느껴질 것이다. 왜냐하면 이 환자들은 이러한 식의 치료적 관계를 잘 형성하지 않기 때문이다. 어떤 강박적인 환자들은 치료 과정을 통제하려는 욕구를 직접적으로 혹은 수동-공격적인 방식으로 표출한다. 예를 들어, 숙제가 주어질 때 이들은 치료자에게 직접 숙제가 부적절하거나 바보 같은 짓이라고 말하기도 하고, 아니면 숙제를 하기로 동의해 놓고는 이를 잊어버리거나 시간이 없어서 못했다고 하기도 한다. 이런 환자들을 접하면서 치료자는 좌절감과 분노를 느낄 수 있고, 치료자 자신의 통제 욕구와 상충하는 갈등을 겪을 수 있다.

치료자의 도식 역시 강박적인 경우, 또 다른 문제 상황이 발생할 수 있다. 앞에서 이미 언급한 것처럼, 서양문화에서는 준임상적인 강박적 특성이 개인의 성공에 도움이 될 수 있다. 인지치료자 또한 자신의 성실성, 세부에 대한 주의, 자기훈련, 인내, 신뢰성 등을 통해 학술적이고 전문적인 성공에 이르렀을 수 있다. 만일 치료자가 완벽주의적이고 경직되어 있고 과도하게 통제적이고 통찰이 부족할 때, 그는 자신과 비슷한 환자의 병리에 주목하지 못하여 이를 놓칠 수 있다. 이런 치료자는 환자들의 시각을 비판 없이 받아들임으로써, 이들을 도울 수 있는 기회를 잃어버리게 된다.

강박적인 환자들에 대한 치료자의 반응은 환자들과 이들이 겪는 어려움에 대한 귀중한 정보를 제공해 준다. 그러나 치료자는 환자의 욕구나 호소 문제보다는 치료자 자신의 가치에 근거하여 환자의 변화를 꾀하려는 시도를 피해야만 한다. 예를 들어, S씨는 치료자가 원하는 만큼 감정을 잘 드러내지는 못하지만, 이것이 그에게 주관적인 고통이나 심각한 지장을 초래하는 것은 아니었기 때문에 치료에서 다루고 싶은 문제의 초점이 아니었다.

구체적 개입

인지치료의 전반적인 구조 내에서, 많은 구체적인 기법들이 강박적인 환자들에게 도움이 된다. 의제를 정하고 문제의 우선순위를 정하며 문제해결적인 기법을 사용하는 등 치료 회기를 구조화하는 것이 중요하다. 이러한 방식은 우유부단함, 반추, 꾸물거림 등의 많은 특성들을 다룰 때 유용하게 적용될 수 있다. 회기의 구조가 있음으로 해서, 환자들은 특정 문제를 선정하여 받아들일 만한 수준으로 향상될 때까지 지속적으로 작업할 수 있게 된다. 만약 강박적인 환자가 구조를 가지고 작업하는 것을 어려워한다면, 치료자는 환자가 이와 관련한 자동적인 사고를 살펴보고, 이러한 어려움을 우유부단함과 꾸물거림 등의 일반적인 문제와 연결시켜 보도록 할 수 있다. 또한 주간활동계획표는 환자들이 자신의 삶에 구조를 부가하도록 도울 수 있으며, 노력을 덜 하면서도 더 생산적이 되도록 도와줄 수 있다.

치료자는 강박적인 환자들이 다양한 구체적인 기법들을 완벽주의적인 태도로 적용하는 것에 대비하고 있어야 한다. 예를 들어, OCPD 환자들이 한 주일 동안의 숙제로 부과된 역기능적 사고 기록지를 가져오면서 오자 없이 타이핑된 두툼한 서류뭉치를 제출하는 것은 그리 드문 일이 아니다. 이러한 성실성이 처음에는 치료의 진전에 도움이 될 것으로 보이겠지만, 이는 오히려 이들의 문제 행동의 표본으로 간주되어야 한다. 강박적인 환자들은 역기능적 사고 기록지를 작성할 때 종종 이들에게 전형적인 우유부단함과 반추를 드러낸다. 이들은 자동적 사고 칸과 합리적 반응 칸 사이를 왔다 갔다 하면서, 균형 잡힌 결론에 도달하지 못하기도 한다. 이것은 이들이 보이는 사고과정에 대한 하나의 표본으로 볼 수 있다. 따라서 이는 이들의 인지내용 뿐 아니라 인지과정을 다루기 위한 기회를 제공한다.

강박적인 환자들이 흔히 불안과 정신신체증상을 호소하기 때문에, 이완기법과 명상이 종종 도움이 된다. 이완이나 명상을 위해 30분을 소모하는 것은 시간 낭비라는 믿음 때문에, 강박적인 사람들은 처음에는 흔히 이러한 기법들을 적용하는 데 어려움을 겪는다. 이러한 문제를 다루는 데 유용한 인지적 기법은 특정 행동이나 믿음의 이득과 손실을 열거하는 것이다. 이완이나 명상 기법의 한 가지 손실은 시간이 소요된다는 것일 수 있다. 이득은 이 기법을 통해서 더 상쾌해지고 덜 불안해지기 때문에 실제로 더 많은 일을 할 수 있게 된다는 것이다.

OCPD 환자들과 행동 실험을 수행해 보는 것도 종종 유익하다. 예를 들어, 강박적인 환자들이 지니고 있는 어떤 믿음을 직접적으로 논박하려고 시도하는 대신에, 치료자는 그에 대해 중립적이고 실험적인 태도를 취할 수 있다. 따라서 만일 강박적인 환자가 하루 종일 이완할 수 있는 시간이 없다고 주장한다면, 치료자는 이 주장을 검증하기 위한 한 가지 실험을 제안할 수 있다. 환자는 이완기법을 적용한 날과 그렇지 않은 날의 생산성을 비교해 볼 수 있다. 한편 강박적인 환자들은 생산성보다는 즐거움에 가치를 훨씬 덜 부여하는 경향이 있다. 환자들이 이를 자각할 수 있도록 돕고, 자신의 삶 속에서 즐거움이 차지하는 위치와 관련하여 자신의 가치체계 이면에 있는 가정을 평가해볼 수 있도록 돕는 것은 종종 치료적이다.

강박적인 환자들이 만성적인 걱정과 반추에 대처하는 것을 돕기 위해서, 몇 가지의 인지적 및 행동적 기법들이 유용하게 적용될 수 있다. 일단 환자들이 걱정이 역기능적이라는 데 동의한다면, 이들에게 사고과정의 방향을 바꾸기 위해서 사고중지(thought stopping) 기법과 재초점화(refocusing) 기법을 가르칠 수 있다. 만일 이들이 계속해서 걱정이 유익하거나 생산적이라고 믿는다면, 이들에게 하루 중 일정 시간 동안만으로 걱정을 제한하도록 가르칠 수 있다. 이렇게 함으로써 이들은 최소한 하루의 나머지 시간만큼은 걱정으로부터 자유로워질 수 있다. 한 가지 목표나 과제를 구체적인 세부 단계로 나누어 수행하는 점진적 과제 부여(graded task assignment) 기법 또한 유용하다. 이러한 단계적인 수행을 통해서, 환자들은 대부분의 일들이 한 번에 완벽히 이루어지는 것이 아니라 조금씩 점진적으로 성취된다는 것을 알게 됨으로써, 자신의 이분법적 사고와 완벽주의 성향을 반박할 수 있게 된다.

S씨가 자신의 통증을 보다 더 일관적으로 관찰하는 것을 배운 후에, 그는 세 가지 유형의 상황들이 근육 긴장과 연관됨을 발견하였다: (1) 해야 할 과제나 숙제가 있을 때, (2) 할 일을 미룸으로써 끝마치지 못한 일들이 쌓일 때, (3) 새로운 사람들과의 만남을 앞두었을 때. S씨와 치료자는 먼저 첫 번째 상황부터 다루기로 결정하였는데, 왜냐하면 첫 번째 상황이 두 번째 상황을 야기하는 경향이 있고, 또한 세 번째 상황보다 더 자주 일어나기 때문이었다. 예를 들어, 그는 식기세척기에 접시를 넣기 전에 이를 먼저 간단히 헹구는 동안, 중간 정도의 요통을 경험한다는 것을 알게 되었다. 그는 접시들을 세척기 안에 넣기 전에 그것들이 완벽하게 깨끗해져야 한다고 생각하고 있었다. 이러한 생각으로 인해서, 과제가 더 부담스럽게 느껴졌으며, 과제를 수행하는 데 더 많은 시간이 걸렸다. 이와 비슷한 다른 많은 예들을 수집하면서, S씨는 완벽주의가 일상의 수많은 과제들을 스트레스의 근원으로 만들며 이것이 다시 통증을 초래한다는 것을 깨닫게 되었다. 이후 그는 자동적 사고들 기저에 있는 일반적인 가정 혹은 도식을 찾기 시작하였다. S씨는 자신의 행동 모델로서 [그림 14-1]에 제시된 도표를 만들었다.

치료자와 S씨는 이러한 사고와 행동 패턴의 의미에 대해 좀 더 논의하였다.

치료자: 당신이 어떤 일을 아무리 잘 한다 해도 받아들일 만한 수준에 이르지 못할 것이라고 믿기 때문에, 어떤 일을 해야 할 때 상당한 스트레스를 경험하게 된다는 것을 깨닫게 되셨네요.

환　자: 예, 그리고 제 생각에는 그게 바로 결정을 내리지 않거나 미루는 이유인

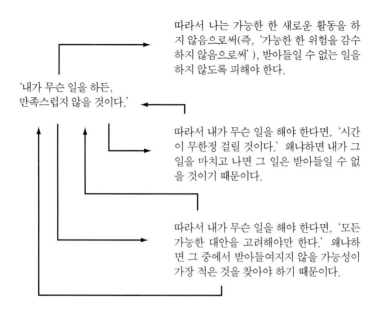

따라서 나는 가능한 한 새로운 활동을 하지 않음으로써(즉, '가능한 한 위험을 감수하지 않음으로써'), 받아들일 수 없는 일을 하지 않도록 피해야 한다.

'내가 무슨 일을 하든, 만족스럽지 않을 것이다.'

따라서 내가 무슨 일을 해야 한다면, '시간이 무한정 걸릴 것이다.' 왜냐하면 내가 그 일을 마치고 나면 그 일은 받아들일 수 없을 것이기 때문이다.

따라서 내가 무슨 일을 해야 한다면, '모든 가능한 대안을 고려해야만 한다.' 왜냐하면 그 중에서 받아들여지지 않을 가능성이 가장 적은 것을 찾아야 하기 때문이다.

[그림 14-1] S씨의 행동 모델

것 같아요. 결정을 미룸으로써 이러한 감정에 부딪히지 않아도 되니까요.

치료자: 그러니까 당신은 스트레스를 줄이기 위해서 회피하거나 미루는군요.

환　자: 예, 그런 것 같아요.

치료자: 그런 게 실제로 스트레스를 줄이는 방법으로서 효과적이던가요?

환　자: 아니요, 일을 미루게 되면 대개는 상황이 더 악화되죠. 저는 제 자신이 꽤 책임감 있는 사람이라고 생각하고 싶거든요. 그런데 일을 끝마치지 못하니까 정말 불편해지죠. 일주일 내내 일을 미루고 나면, 허리 통증이 최악의 수준에 이르곤 했어요.

치료자: 도표를 보면, 당신이 하는 일은 받아들여지지 않을 거라고 기록했네요. 만일 실제로 당신이 다른 사람들에게 만족스럽지 않은 일을 한다면 어떻게 될까요? 무엇 때문에 당신이 힘들어질까요?

환　자: 무슨 뜻이죠?

치료자: 누군가가 다른 사람들이 만족스럽지 않게 여기는 일을 하고도 그것 때문에 힘들어지지 않는 것이 가능하다고 생각하나요?

환　자: 예, 그런 사람들을 몇 명 보아 왔어요. 그러나 제 경우에는, 제가 어떤 일정 수준 이상으로 잘 하지 못하면, 제 자신이 개인적으로 받아들여질 수 없거나 부족한 존재처럼 느껴져요.

따라서 S씨의 핵심도식 혹은 믿음은 '내가 항상 완벽하게 잘 하지 못한다면, 나는 개인적으로 받아들여질 수 없는 사람이다' 라는 것이다. 그가 스스로 받아들일 수 있을 만큼 충분히 잘 할 수 있는 기회는 거의 없었기 때문에, 그의 일차적인 증상은 불안의 한 형태(즉, 허리의 통증)로 나타났다. 때로 S씨는 모든 것을 포기하고, 그가 무슨 일을 하든 받아들여지지 않을 것이라고 결론짓기도 하였다. 이러한 때에는(가령, 대학시절) 무기력해지고 우울해졌다.

S씨의 핵심 믿음이 밝혀진 후에, 치료의 초점은 이 믿음을 변화시키는 것으로 옮겨졌다. 왜냐하면 이 믿음은 S씨의 현재 증상들과 강박성 성격장애 모두의 일차적 근원이었기 때문이다. 이어지는 몇 회기에 걸쳐 그의 믿음에 대해 논의하면서, 그는 어머니가 그에게 부과했던 매우 높은 기준을 어떻게 내면화하게 되었는지를 더 잘 이해하게 되었다. 이에 더하여, 그가 어머니의 기대를 충족시키지 못했을 때 어머니가 그에게 비판적이었던 것처럼, 그는 스스로에게 매우 비판적이었다. 또한 그는 다른 사람들이 자신에게 매우 비판적일 것으로 기대하였다.

치료자와 S씨는 그의 믿음의 타당성을 검토하기 시작하였고, 먼저 그의 믿음이 과거에 일어난 일들에 대한 정확한 해석이었는지를 살펴보았다. 한 가지 숙제로, S씨는 다른 사람들이 그에게 매우 비판적이었다고 기억되는 과거의 일들의 목록을 작성하고, 또한 그들이 왜 그렇게 행동했는지에 대하여 다른 가능한 대안들을 기록하였다. S씨는 아마도 다른 사람들이 많은 경우에 그를 인정하지 않고 있었지만 단지 그렇게 말하지 않았을 뿐이라는 생각을 지니고 있었다. 따라서 치료자와 S씨는 그가 이러한 믿음에 대해 무엇을 할 수 있을지에 대해 논의하였다.

치료자: 당신은 여전히 대부분의 사람들이 당신을 인정히지 않을 기리고 느끼는 군요. 이에 대한 명백한 증거가 있는 경우는 거의 없었다는 걸 알지만, 그래도 여전히 그런 생각이 드네요.

환　자: 예, 나는 여전히 다른 사람들이 내가 하고 있는 일에 만족하지 않을 거라는 생각이 들어요. 그러면 그들과 함께 있는 것이 매우 불편해지죠.

치료자: 당신은 이러한 생각이 정확한지 아닌지를 어떻게 알 수 있을 거라고 생각하나요?

환　자: 잘 모르겠는데요.

치료자: 음, 일반적으로, 다른 누군가가 무슨 생각을 하고 있는지 알고 싶다면 어떻게 해야 할까요?

환　자: 아마도 그에게 직접 물어보는 게 좋겠지요.

치료자: 당신이 실제로 그렇게 물어보는 게 가능하겠는지요? 누군가가 당신을 인정하지 않는다고 생각될 때 그에게 피드백을 요청할 수 있겠는지요?

환　자: 잘 모르겠어요. 그들이 내가 물어보는 걸 좋아하지 않을 것 같아요. 내가 물어볼 수 있다 해도 그들이 내게 진실을 말해 줄는지는 알 수 없지요.

치료자: 그럴 가능성도 있겠네요. 그에 대해서는 아마도 나중에 다시 논의할 기회가 있겠지요. 우선 먼저 이렇게 해보면 어떨까요? 당신이 보기에 정직하고 비판단적이라고 생각되는 사람에게 먼저 물어볼 수 있지 않을까요? 생각나는 사람이 있나요?

환　자: 내 상사가 적절할 것 같네요. 그는 점잖은 사람이에요. 그가 늘 나를 판단하고 있을 거라는 걱정에서 자유로울 수만 있다면 정말 좋겠어요.

치료자: 그가 당신이나 당신의 업무에 대하여 어떻게 생각하고 있는지를 물어볼 수 있는 비교적 안전한 방법이 뭐 없을까요?

환　자: 이렇게 말해 보면 어떨까요? "잭, 뭔가 염려스러운 듯 보이시네요. 혹 제 프로젝트 진행 방식에 대해서 마음에 안 드시는 부분이 있나요?"

치료자: 아주 좋은데요. 다음 주 숙제로 해볼 수 있을까요? 이번 주 중에 상사가 당신을 인정하지 않고 있다는 생각이 들 때, 상사에게 그가 어떤 생각을 하

고 있는지 물어보는 거예요. 그리고 그가 말할 거라고 미리 예상한 내용과

그가 실제로 한 말의 내용을 모두 기록해 보는 겁니다.

환 자: 좋습니다. 한 번 해 볼게요.

이것은 특정한 역기능적 믿음을 검증하는 행동 실험의 한 가지 예다. 다음 몇 주 동안, S씨는 몇몇 상황에서 다른 사람들이 자신을 비판적으로 평가하고 있다고 생각될 때, 그들이 무슨 생각을 하고 있는지를 물어보았다. 한 번을 제외한 모든 상황에서, 그가 사람들의 생각을 잘못 해석한 것이었음이 드러났다. 나머지 한 번의 경우도, 상사가 그에게 가볍게 짜증이 났던 것은 사실이었지만, 그 이유가 S씨의 업무보고 지연 때문이었다. 이러한 행동실험을 통해, S씨는 자신의 수행 수준보다는 오히려 꾸물거림이 더 많은 문제를 초래하였음을 깨닫게 되었다.

다른 많은 강박적인 환자들처럼, S씨 또한 '더 나은 수행을 위해서는 일을 미루는 것이 더 기능적'이라는 믿음을 지니고 있었다. 이러한 믿음을 평가하기 위하여, 치료자는 S씨에게 다양한 과제에서의 수행 수준을 1에서 10까지 점수로 평정해보는 숙제를 주었다. 이러한 숙제를 통해 그는 즉시 수행한 과제들과 미루다가 수행한 과제들에서의 평균 수행 수준을 비교해 볼 수 있었다. 그는 꾸물거림 없이 즉시 수행한 과제들에서 평균 수행 수준이 오히려 더 높다는 것을 발견하였다. S씨는 그가 꾸물거리며 과제를 회피할 때 스트레스가 증가되기 때문에 이러한 현상이 초래된 것으로 이해하였다.

또한 치료자와 S씨는 그가 빈번히 보이는 주된 인지적 왜곡과 부적응적인 사고 양식을 파악하였다. 이는 다음과 같다.

1. 이분법적 사고 ('이 일을 완벽하게 하지 못하면, 형편없이 한 것이나 다름없다.')

2. 과장 ('이 일을 잘해내지 못한다는 것은 너무나 끔찍하다.')

3. 과잉일반화 ('내가 어떤 일을 제대로 해내지 못한다면, 이는 내가 받아들여질 수 없는 인간임을 의미한다.')

4. 당위 진술 ('나는 이 일을 완벽하게 해야만 한다.')

S씨는 역기능적 사고 기록지를 통해 이러한 인지적 왜곡을 관찰하였고, 이러한 사고패턴이 스트레스를 가중시키고 수행 수준을 낮춘다는 것을 알게 되었다.

치료성과의 유지

환자들이 이전의 익숙한 역기능적 패턴으로 되돌아가는 것은 드문 일이 아니다. 특히 성격장애 환자들의 경우 더욱 그러한데, 이들의 문제가 매우 뿌리 깊은 것이기 때문이다. 이러한 문제를 극복하는 데 있어서 인지치료는 다른 형태의 치료보다 더 유리하다. 인지치료를 통해서 환자들은 자신의 문제의 본질을 잘 인식하게 되고, 효과적으로 대처하는 빙법을 배우게 된다. 이들은 역기능적 사고 기록지와 같은 도구를 사용하는 방법을 배워서 치료 상황 밖에서도 문제영역을 다루는 데 활용할 수 있다.

치료의 종결이 가까웠을 때, 환자에게 재발의 가능성에 대해서 언급하고, 문제가 가볍게라도 다시 나타나는 것을 주의 깊게 관찰하도록 요구하는 것은 매우 중요하다. 문제의 재현은 (환자 스스로 치료에서 배운 도구를 활용하든, 아니면 치료자와 함께하는 치료 시간을 통해서든 간에) 좀 더 작업할 필요가 있음을 알리는 지표다. 필요에 따라 추수 회기(booster session)를 갖는 것이 일반적임을 환자들에게 미리 알려줌으로써, 환자들이 문제가 재발했을 때 다시 도움을 구하는 것을 부끄러워하지 않도록 하는 것 또한 중요한 일이다. 대부분의 인지치료자들은 치료가 종결된 후에 정기적인 추수 회기들을 진행하는 방식으로 치료를 구성한다.

S씨가 자신의 사고과정의 왜곡을 인식하고 이해하는 법을 배워 감에 따라서, 그는 점차로 자동적 사고에 합리적으로 반응할 수 있게 되었다. 이는 근육통을 유발하는 습관적인 인지적 및 행동적 패턴을 깨뜨리는 데 도움을 주었다. 이후 두 회기에 걸쳐 대인불안을 다루었는데, 대인불안 또한 완벽주의 및 받아들여지지 않을 것에 대한 두려움과 연관되어 있었다. 이러한 영역들에 대해서 이미 이뤄 낸 진전의 결과로서, S씨는 자신이 대인불안을 덜 경험하고 있음을 알게 되었다. 그는 또

한 과제수행에 대한 불안을 다룰 때 배운 것과 동일한 기법을 사용해서 앞으로도 지속적인 진전을 이룰 수 있음을 알게 되었다.

6개월에 걸친 15회기의 치료 후에, S씨는 통증을 거의 겪지 않게 되었고, 통증을 경험할 때는 스트레스의 근원과 역기능적인 자동적 사고를 인식하고 이를 수정할 수 있게 되었다. 6개월 후에 이루어진 추수 회기에서, S씨는 통증에서 비교적 자유로운 상태를 유지하였다고 보고하였다. 그는 발표를 앞두고 힘든 주말을 보낸 적이 한 차례 있었지만, 이에 잘 대처하여 발표를 준비할 수 있었고 실제 발표도 잘하였다고 보고하였다.

결 론

상당한 임상적 경험과 몇몇 연구 결과에 기초해 볼 때, 인지치료는 OCPD에 효과적이고 효율적인 치료인 것으로 보인다. 강박적인 사람들은 종종 인지치료의 어떤 측면들에 특히 잘 반응한다. 이에는 문제중심적 특성, 숙제 부여, 사고과정의 중요성에 대한 강조 등이 포함된다. OCPD 환자들은 치료과정과 전이관계에 일차적으로 초점을 두는 접근보다는 구조화되고 문제중심적인 접근을 더 선호하는 것으로 보인다(Juni & Semel, 1982).

제**15**장

수동-공격성 성격장애(거부적 성격장애)

수동-공격성 성격장애(Passive-Aggressive Personality Disorder: PAPD)에 대한 현재의 진단 기준은 권위적 인물을 향한 반항적 행동들의 집합체를 일컫는 용어에서 출발하여, 보다 더 차원적인 구성개념인 거부적 성격(negativistic personality)을 통합하는 형태로 발전된 것이다(DSM-IV-TR: APA, 2000; Millon, 1969, 1981).[1] PAPD의 핵심 특징은 적절한 사회적, 직업적 수행을 위해 부과되는 외부의 요구를 적대적으로 소홀히 한다는 것이다. 이러한 수동적 저항과 반항적 양식은 고의적인 꾸물거림, 권위에 대한 저항, 논쟁적 태도, 항의, 의사 방해 등으로 나타난다. 마감 시간을 좀처럼 맞추지 않으며, 마감 시간을 맞추지 못한 것에 대해서 '건망증'으로 핑계를 대거나, '권위자'의 불합리한 요구 혹은 비현실적 기대를 탓하고, 심지어는 애초부터 마감 시간을 정하는 데 공정성이 결여되었기 때문이라며 외부로 비난의 화살을 돌린다(Ottaviani, 1990). 이렇게 수동적으로 나타나는 저항적 행동은

---

1) 이 장애에 대한 진단적 분류와 배치는 DSM-III-R로부터 DSM-IV-TR에 이르면서 변화하였다. DSM-III-R에서는 수동-공격성 성격장애가 하나의 성격장애로서 본문 속에 포함되었다. DSM-IV-TR에서 이 장애는 '수동-공격성 성격장애(거부적 성격장애)'로 개정되면서, 향후 연구를 위해 제안된 진단의 하나로서 부록에 수록되었다. 간결한 전달을 위해서, 이 장에서는 이 진단을 PAPD로 축약해서 부르기로 한다.

다른 사람들에게서 상당한 좌절감을 불러일으키며, 개인적, 사회적, 직업적 관계에서의 긴장을 초래하게 된다. 주변 사람들은 의무와 기대를 저버리는 이들의 행동에 분노를 느끼고, 이를 직면시키려 하게 된다. 상황을 더욱 악화시키는 것은, PAPD 환자들이 주어진 일을 태만히 하거나 고의로 하지 않으면서도 다른 사람으로부터 도움이나 지도를 이끌어 내려고 한다는 것이다.

Millon의 구성개념인 '거부적 성격'은 PAPD 진단에 현상학적, 심리내적, 생물신체적 영역을 추가하였다. 이러한 추가적인 임상적 영역들은 PAPD의 전형적인 특성들(분노 표현 양식, 상반된 대인관계 양식, 회의적인 인지, 불만스러운 자기상, 동요하는 대상, 전치 기제, 분산된 조직화, 성마른 기분 등)을 잘 적시하고 있다. 또한 이 영역들과 연관하여, 오해를 받는 느낌, 강렬한 양가감정, 뾰루퉁함 등의 특성이 나타난다(Millon & Davis, 1996)(〈표 15-1〉). PAPD에 대한 이러한 차원적인 접근을 통해서, 진단적인 감별 및 전체적인 평가가 더 잘 이루어질 수 있게 되었으며, 임상적 정보에 입각한 치료 계획의 수립도 가능하게 되었다.

PAPD 환자들에게서 나타나는 화나 있고 특권의식을 지니며 비일관적이고 상반된 대인관계 양식에서 이들의 중요한 사회적 손상을 확인할 수 있다. 이들은 동료를 찾아 나서다가도, 강렬한 양가감정으로 인해 자신이 찾던 바로 그 동료를 거절하고 따돌리게 된다. 이들은 수동적으로, 때로는 능동적으로 자신의 분노를 드러낸다. 예를 들어, 이들은 회의에 한 시간 늦게 나타나기도 하고, 더 교묘하게는 직장에 늘 15분씩 지각하기도 한다. 이들은 15분 연장근무를 해서 늦은 15분을 보충하겠다고 제안하면서, 문제될 것이 없는데 왜 사람들은 이 '타협책'을 받아들이지 않는지 의아해한다. PAPD 환자들은 치료 과정에서도 의사진행 방해, 반항, 꾸물거림, 언쟁, 치료에 대한 비협조 등을 통해 자신의 양가감정을 드러낸다.

PAPD의 핵심적인 특징은, 단순히 삶의 상황에 대해 화나 있는 것을 넘어서서 (Ottaviani, 1990), 타인의 기대에 부응하지 않으려는 만성적인 경향이다(Wetzler & Morey, 1999). 이 진단의 용어가 함축하는 것처럼, 수동-공격적인 사람들은 논쟁적이고, 심술궂고, 남에게 동조하지 않고, 신경질을 내는 등 은밀하고 수동적인 방식으로 적대감을 표현한다. 수동-공격적인 환자들은 또한 뾰루퉁하거나 언짢아하

〈표 15-1〉 거부적(수동–공격성) 성격에 대한 임상적 영역

행동적 수준

(F) 분노 표현 타인의 기대를 충족시키는 것에 저항하며, 빈번하게 꾸물거림, 고집스러움, 지거움, 반항적 태도, 비효율 등을 드러냄; 타인의 사기를 저하시키고 타인의 즐거움이나 갈망을 좌절시키는 데에서 만족을 느낌

(F) 상반된 대인관계 사회적인 관계에서 갈등적인 역할을 가정함, 특히 의존적이고 후회하는 듯한 묵종과 적대적이고 주장적인 독립의 두 역할이 교차함; 운이 좋은 사람들을 향하여 시기와 불쾌감을 보이고, 동시적으로 혹은 순차적으로 이들을 방해하고 참을 수 없어하면서 부정적인 혹은 양립할 수 없는 태도를 표현함

현상학적 수준

(F) 회의적인 인지 냉소적이고 회의적인 불신의 태도를 보이며, 긍정적 사건을 불신으로 대하고, 미래의 가능성을 비관, 분노, 공포로 접근함; 삶에 대한 염세적 시각을 보이며, 푸념과 불평을 늘어놓고, 운 좋은 사람을 경멸하듯 신랄하게 비판함

(S) 불만스러운 자기상 자신을 오해받고 불운하며 진가를 인정받지 못하고 재수 없는 사람으로 지각함; 자신을 인생의 비참함과 쓰라림을 맛보고 삶의 환멸을 느낀 사람으로 인식함

(S) 동요하는 대상 과거의 내재화된 표상들이 서로를 무효화하는 모순적인 관계의 복합으로 구성되어서, 서로 상반된 감정, 모순된 성향, 양립할 수 없는 기억이 작동하고, 타인의 성공과 즐거움을 격하시키고자 하는 욕구에 이끌림

심리내적 수준

(F) 전치 기제 분노나 다루기 힘든 감정을 느낄 때, 무의식적인 책략을 통해 직접 당사자가 아닌 덜 중요한 사람이나 환경에게로 전치하여 감정을 방출함; 반대 의견을 표시할 때 수동적인 수단(예를 들면, 바보같이 행동하거나 당황스러운 척하거나 잊어버린 듯이 행동하거나 못들은 척 꾸물댐)으로 대체함

(S) 분산된 조직화 한 가지 충동이나 욕구의 충족이 불가피하게 다른 것의 충족에 역행하기 때문에, 주요 갈등들이 해결되지 않은 채 심리적 일관성의 결여를 보이고 대처와 방어의 책략들이 상반된 목표를 향하는 등, 형태학적 구조의 분열이 나타남

생물신체적 수준

(S) 성마른 기분 쉽게 짜증을 내고 투덜거리고 신경질을 내다가, 이내 뿌루퉁하고 침울한 기분을 보임; 성마르고 참을성이 부족하며, 권위자를 이치에 맞지 않게 경멸하고, 사소한 많은 것들에 좌절하고 언짢아 함

주. (F) 기능적 영역; (S) 구조적 영역. Millon과 Davis(1996, p. 550)에서 인용함.

거나 양가적인 모습을 보인다(Millon, 1969). Malinow(1981)가 언급한 것처럼, "수동-공격성이라는 용어 자체가 양가적이며 역설적이다."(p. 121) 적극적 양가성에 대한 Millon(1981; Millon & Davis, 1996)의 기술은 PAPD 환자의 동요적인 본질을 잘 구체화해 주고 있다. 이들은 한편으로는 자신을 돌봐 주고 삶을 만족스럽게 해 줄 누군가를 원하지만, 다른 한편으로는 자율성이나 자유를 잃고 싶어 하지 않으며, 자신이 의존하는 사람 혹은 권위자로부터의 지시나 권력 행사에 분노한다. 강렬한 의존성과 자율성 사이의 어딘가에서 올무에 사로잡힌 채, 이들은 결코 만족감을 느낄 수 없는 심한 고뇌에 빠지게 되는 것이다. 이렇듯 상존하는 만족 결여의 상태는 Schneider(1958)가 정의한 '신경질적인 우울(ill-tempered depression)'의 증상과 유사하다. 인생의 재난과 부정적인 선회는 어떻게든지 서로 연결되어 자신에게로 향한다고 믿고, 외부적인 요구를 개인적인 모욕으로 받아들인다는 점에서, 수동-공격적인 사람들의 전반적인 회의주의는 자기도취적인 분위기를 띤다. PAPD의 전반적인 거부적 태도는 자기패배적이며, 바로 이러한 본질 때문에 자기충족적으로 되어 간다(Stone, 1993a).

이들은 직접적인 자기주장은 파국을 초래한다는 도식을 강하게 지니고 있다. 또한 이들은 타인의 거절이나 거부를 통해 자신이 자율성을 상실할지도 모른다고 믿는다. 따라서 PAPD 환자들은 권위자들에 대해 분개하면서도 이들로부터 통제를 당하지 않기 위하여, 외부의 요구에 수동적이면서도 은근히 약을 올리는 간접적인 방식으로 반응한다. 자기주장과 직면에 대한 두려움 때문에, PAPD 환자들은 자기패배적 패턴 안에 머물게 된다. 이러한 패턴으로 인해 이들은 자신의 길로 나아가지 못하고, '미해결 과업(unfinished business)'의 길을 만들어낸다(Wetzler & Morey, 1999, p. 57). Stone(1993a)이 기술했듯이, "이들은 일하기를 거부하고, 스스로 막다른 골목에 처하며, 어떤 방향으로든 앞으로 진전하는 것을 완강히 거부하기도 하는데, 이 모든 행동들은 궁극적으로 이들이 품고 있는 희망과 야심을 좌절시킨다."(p. 362) 이들의 수동적 행동을 직접적으로 직면했을 때, 이들은 전형적으로 믿을 수 없다는 듯한 분노를 드러내면서 자기 행동의 결백성과 정당성을 주장한다. 자신이 처한 딜레마에 대한 책임이 명백한 상황에서도, 이들은 어떤 긍정적 제안에 대해서도 이를 무효화시키기 위해 반박하기 때문에 지속적인 긍정적 변화가 나타나기 어렵다(Stone, 1993a).

　수동–공격적인 사람들은 전형적으로, 이들에 지친 주변 사람들의 권유나 호소로 치료자를 찾아오게 된다(Freeman, 2002; Ottaviani, 1990). 이들이 마감 시간을 지키지 않거나 지시를 따르지 않거나 다른 동료 직원들의 사기를 떨어뜨리기 때문에, 직장의 상사나 권위자가 사원 지원 프로그램을 통해 이들을 의뢰하기도 한다. 또한 이들이 가사나 육아, 심지어 관계에 대해서까지 등한시하는 것 때문에, 애인이나 배우자가 이들에게 치료를 받도록 강한 압력을 가하기도 한다. 직장을 구해야한다거나, 과정에 등록하거나, 육아의 책임을 지거나, 집안일을 해야 하는 등의 요구들이 부과될 때, 이들은 개인적인 압력을 느낀다(Stone, 1993a). 청구서를 지불하거나, 추가적인 정보 요구에 답하거나, 권위적 위치에 있다고 지각되는 인물(예: 의사, 치료자, 교수 등)의 간단한 요구에 응하는 것과 같은 일상사의 책임이 주어질 때, 지속적인 문제가 야기된다. 예를 들어, 한 PAPD 환자는 처방된 혈압 강하제를 매일 복용하라는 치료자의 말에 분개하면서, "저는 이 알약을 가지고 다니고 싶지도 않고, 이 알약의 노예가 되고 싶지도 않아요."라고 거부하였다. 그는 약물 복용만 거부한 것이 아니라, 치료자가 내과 의사와 협력하는 것도 거부하였고, 결국 다음 치료시간에 나타나지 않았다. 또 다른 환자는 치료를 받지 않으면 헤어지겠다는 부인의 위협에 못 이겨 치료자를 찾아왔다. 이 환자는 11년 동안 박사과정을 다니고 있었는데, 이 중 적어도 5년 이상을 대학의 정책과 싸우면서 시간을 허비하고 있었다.

역사적 조망

비록 초기의 DSM에서는 직접적 또는 간접적으로 적대감을 드러내는 것을 PAPD의 결론적인 특징으로 정의하였지만, 제2차세계대전 이전의 문헌들이 Millon이 제안한 거부적 성격장애의 전체적 임상영역들을 오히려 더 잘 포착하고 있다(Millon & Davis, 1996). 관련된 초기 문헌들은 초기의 DSM에서는 소홀히 취급했던 장애의 인지적, 대인관계적, 자기상, 정서적 요소들을 포괄적으로 기술하였다. 이러한 초기의 개념화들은 후에 회고적으로 기분순환성 성격, 신경질적 우울, 구강 가학적 우울, 높은 신경증 및 낮은 양심, 그리고 사회적 부적응 성격유형으로 정의되었다(Millon & Davis, 1996).

역사적으로 PAPD의 진단은 DSM-I(American Psychiatric Association, 1952)부터 DSM-III-R(American Psychiatric Association, 1987)에 이르기까지 존재하였다. 수동-의존적 및 수동-공격적 성격 혹은 양식이라는 용어가 초기 정신분석 문헌에서 자주 나타나기는 하였지만, 그 공식적 명칭은 제2차세계대전 무렵부터 사용되기 시작하였는데, 당시 군의 상황은 군 지원자 중 표준 전범 및 규칙을 준수하는 데 어려움이 있는 개인들을 확인하고 명명하는 것이 필요하였다(Malinow, 1981). 지원자들은 "광범위한 문화적 사회적 조건과 수행하도록 되어 있는 다양한 역할에 적응할"(Malinow, 1981, p. 122) 것이 요구되었으며, 특히 전투에의 적응이 요구되었다. 군은 지시와 명령을 잘 따르고 협동의 필요성을 잘 이해하는 지원자가 필요하였다. 2차 대전 직후, 국방부는 전문적 보고서를 통해 이러한 행동들 및 관련 성격 패턴을 공식화하였다(Millon & Davis, 1996). 수동-공격적 증상군은 군사적 스트레스에 대한 미성숙한(신경증적) 반응으로 분류되었으며, 무기력, 의사진행 방해, 분노 및 공격성의 폭발, 수동성, 부적절한 행동 등과 관련되는 것으로 이해되었다. 이는 이후의 수동-공격성 성격에 대한 진단 및 정의의 근간이 되었다(Malinow, 1981). '수동-공격성'이라는 명칭은 1951년 발간된 '재향군인보훈국 표준분류체계(Standard Veterans Administration Classification)'에서도 그대로 사용되었다

(Millon & Davis, 1996). 미 육군은 군 의료시설에 정신과적 문제로 입원한 환자들의 6.1%가 이 장애로 진단되었다고 보고하였다. 곧이어 DSM-I(American Psychiatric Association, 1952)은 수동-공격성 성격장애 진단을 성격장애의 하나로 포함하였다(Malinow, 1981).

DSM의 개정을 시도하면서 일부 연구자들은 PAPD 진단의 타당성을 지속적으로 문제 삼았고, DSM-III의 초고에는 PAPD가 포함되지 않았다. 몇몇 이론가들은 이러한 일련의 행동들을 하나의 성격 증후군이라기보다는, 단지 군대에서처럼 한 개인이 상대적으로 취약한 위치에 놓였을 때 나타낼 수 있는 방어적 유형의 반응으로 간주하였다(Malinow, 1981). 정신과 병동에 입원한 환자들이나 정신과적 평가를 받아야 하는 환자들 역시 상대적으로 취약한 위치에 놓이기 때문에 수동-공격적 양식을 취할 수도 있을 것이다(Frances, 1980). 그러나 PAPD 진단을 옹호하는 입장의 연구자들도 많았으며, DSM-III 특별위원회는 이들의 의견을 받아들여서 이 진단을 최종적으로 채택하게 되었다.

Millon은 PAPD가 보다 더 포괄적인 구성개념인 거부적 성격장애(NPD)로 확장되어야 한다고 주장하였다. 이는 '권위에 대한 저항'이라는 좁은 행동 영역에 초점을 국한시키지 않고, 이와 관련된 특성들을 부가적으로 포함하는 개념이다. Millon은 새로이 제안된 더 포괄적인 장애로서의 거부적 성격장애(NPD)에 4가지 새로운 측면들을 포함하였다: 성마른 정서, 인지적 양가성, 불만스러운 자기상, 대인관계에서의 동요(Millon & Davis, 1996). Millon은 공격성의 수동적인 측면뿐만 아니라, PAPD 환자가 주관적으로 경험하는 적극적인 양가성을 포함하려고 했다. 의존 욕구와 자기주장 욕구 사이의 강렬한 갈등으로 인해, 이들은 감정을 충동적으로 드러내게 된다. 또한 이들이 보이는 특유의 짜증과 불평, 거부적인 행동으로 인해, 이들의 개인적 관계는 논쟁과 실망으로 가득 차게 된다(Millon & Davis, 1996).

DSM-IV는 범주적 진단체계의 틀을 유지하였고, PAPD(NPD)의 진단을 부록에 위치시키면서, 향후 연구와 타당화를 기다리는 장애의 하나로 제시하였다. DSM-IV 축 II 작업 그룹(Work Group)은 Millon의 1975년 원고에서 비롯된 원래의 진단 기준을 재평가하는 데 동의하였다. 근본적 변화의 필요성을 인식한 작업 그룹은, 새롭게 공식화된 진단으로서의 NPD를 포함하기로 결정하면서, 이 장애를 수동-공격성(거부적) 성격장애로 분류하고 이를 부록에 수록하기로 결정하였다. DSM-IV-TR(American Psychiatric Association, 2000)에서도 이러한 PAPD(NPD) 진단의 틀은 그대로 유지되었다.

연구와 경험적 자료

PAPD를 일차적인 관심 대상으로 하여 수행된 경험적 연구는 거의 없다. McCann(1988)과 Millon(1993)은 그 이유를 원래 PAPD 진단의 기준이 제한적이었기 때문으로 보았다. 최근까지 단 두 개의 연구만이 PAPD 환자들을 구체적으로 검토하고 있다.

PAPD를 구체적으로 다룬 첫 번째 연구는 Whitman, Trosman 및 Koenig(1954)에 의해 수행되었다. 이들은 정신과 외래환자들을 대상으로, 당시 새로운 진단 범주였던 PAPD의 조작적 사용 및 잠재적 공병률을 조사하였다. 이들은 DSM-I(1952)의 기준을 사용하여, 심리치료를 위해 외래 클리닉을 찾은 400명의 환자들을 진단하였다. 92명의 환자들이 수동-공격성 혹은 수동-의존성 성격으로 진단되어, PAPD 진단이 성격장애 중에서 가장 높은 빈도를 나타내었다. 이에 더하여, PAPD 환자들은 다른 여타의 성격장애 환자들보다 첫 방문 이후에 치료 약속을 어기거나 치료를 종결하는 빈도가 더 높은 것으로 나타났다.

또한 정신과 환자들에 대한 장기 종단적 연구에서 PAPD의 특성을 평가하였다(Small, Small, Alig, & Moore, 1970). 전체 3,682명의 피험자들 중에서 수동-공격성 환자는 3%에 해당하는 100명인 것으로 나타났고, 여성보다 남성이 더 많았다. 7년 및 15년 후에 이루어진 추적 조사에서, 수동-공격성 환자들은 다른 정신과적 진단을 받은 50명의 통제 집단에 비하여, "여전히 교육 과정을 끝마치지 못하였고, 임시직이 아닌 일자리에 필요한 자격을 아직 갖추지 못하고 있었다." (p. 975)

Small 등(1970)은 PAPD 환자들의 몇 가지 공통 특성을 언급하였는데, 이에는 알코올 남용, 대인 투쟁, 언어적 공격성, 감정적 폭풍, 충동성, 조종적인 행동 등이 포함되었다.

최근 몇 년간, 이 진단을 타당화하거나 그 특성을 검토하기 위한 연구들이 수행되었다. Fossati 등(2000)의 연구에서는, PAPD의 이환율이 이전 연구들에서보다 더 높은 것으로 나타났다. Milan에 있는 한 심리치료 기관의 입원환자 및 외래환자 379명 중에서 47명(12.4%)이 DSM-IV의 PAPD 진단을 받았다. 이들 중 89.4%는 다른 부가적인 성격장애 진단을 받았다. 연구자들은 특히 PAPD와 자기애성 성격장애 간의 유의미한 상관에 주목하였다. 과대 자아나 대인 착취와 같은 특성들은 PAPD와 가장 높은 상관을 보였다. 이 연구자들은 PAPD가 하나의 독자적인 성격장애이기보다는 자기애성 성격장애의 한 하위 유형일 수도 있다고 결론지었다.

Vereycken, Vertommen 및 Corveleyn(2002)은 Millon Clinical Multiaxial Inventory-I(MCMI-I; Millon, 1983)을 사용하여, 권위와의 만성적인 갈등을 보이는 젊은 남성들의 성격 양식을 연구하였다. 연구자들은 권위와의 만성적인 갈등을 겪고 있는 젊은 남성 집단과 정상 통제 집단 간에 진단을 비교하였다. 권위와의 만성적인 갈등은 PAPD와 매우 높은 관련성을 보였고(권위 갈등을 겪는 41명의 환자들 중 28명이 PAPD로 진단됨), 다른 성격장애들과는 높은 관련성을 보이지 않았는데, 이러한 결과는 PAPD가 하나의 독자적인 장애일 가능성을 지지하는 것으로 해석될 수 있다.

감별 진단

현재의 진단체계 내에서, 만일 환자가 PAPD의 진단 기준을 충족하는 경우, 공식적으로 '달리 분류되지 않는 성격장애(Personality Disorder NOS)' 범주로 분류된다(〈표 15-2〉 참조). 비록 많은 사람들이 수동-공격적이라고 간주될 수 있는 행동을 보이기는 하지만(예: 꾸물거림, 치료에의 비협조, 분개), 수동-공격적인 환자들은 삶과 삶의 많은 도전들에 대해서 늘 같은 패턴으로 접근한다. 이러한 특질들은 반응적이거나 일시적인 것이 아니며, 만성적이고 경직되어 있으며 부적응적인 것이다.

수동-공격적인 환자들과의 진단적 면접은, 이들의 헛갈리게 도망가는 듯한 답변으로 인해 진행하는 데 애를 먹는다. 예를 들어, "오늘 하늘이 맑은가요?"라는 직접적인 질문을 받았을 때, 이들은 틀린 말은 아니지만 심술궂게도 "제가 앉은 자리에서는 천장밖에 보이지 않는데요."라고 대답한다. 무슨 일을 하는지에 대해 질문하면, 이들은 "일을 어떻게 정의하시는데요?"라고 되묻는다. 이런 식의 대화는 자칫하면 특정 단어나 개념의 정의에 대한 토론으로 이어지며 곁길로 새게 된다. 평가 과정은 결국 대수롭지 않은 세부 내용으로 가득 찬, 불완전한 대답의 좌절스러운 수수께끼만을 남길 수 있다. 대답을 요구하는 일반적인 질문에 대해 이들이 분노를 드러내며 부가적인 질문을 제기할 때(가령, "그게 왜 중요한가요?", "그게 평가를 위해 꼭 필요한가요?"), 평가 과정은 금세 논쟁적으로 변하게 된다. 자신이 종속적이거나 의존적인 위치에 처하는 것과 싸우면서, 수동-공격적인 사람들은 직접적인 대답을 회피함으로써 자율성을 고수하려 하고 권위적 인물에 대해 복종하지 않으려 한다.

PAPD 환자들의 우울한 양식과는 달리, 우울증 환자들은 자기비하적인 생각을 더 많이 하며, 불운에 대해 자신을 더 많이 비난하고, 미래에 대해 더 비관적인 견해를 보인다. PAPD 환자에게서 우울증이 나타날 가능성이 있으므로, 자살, 살인, 약물 남용과 같은 연관된 고위험 행동의 평가를 소홀히 해서는 안 된다. PAPD와 관련된 또 다른 축 I 장애로는 불안장애가 있다. 수동-공격적인 환자들이 직접 자기주장을 하도록 도전받는 상황이나 외부의 요구에 반응해야 하는 상황, 특정 행동을 선택하지 않으면 안 되는 상황에서 불안 증상이 나타날 수 있다.

자기애성 및 경계선 성격장애는 PAPD와 매우 유사하고 중첩되는 부분도 많은 장애다. 수동-공격적인 사람들이 자신의 곤경이나 불운에 초점을 맞추고, 과대성과 특권의식의 태도를 보이며, 다른 사람을 잘 공감하지 못하는 모습에서 자기애의 특성이 나타난다. 그러나 두 장애 간에는 변별점이 있는데, 자기애성 환자들은 전형적으로 더 적극적이며 더 직접적으로 공격성을 드러내고, 권위적 인물이나 외부의 요구와 불일치할 때 주저함 없이 지배적인 모습으로 자신을 주장한다. 자기애성 환자들은 자신이 권위자라고 믿는 반면, 수동-공격성 환자들은 자신을 권위의 희생자로 생각한다. Millon과 Davis(1996)는 경계선 성격장애 환자들 역시 수동-공격성 환자들처럼 심한 양가감정과 동요를 보이지만, 경계선 환자들의 인지적 양극성, 정서 변화, 행동적 충동성이 더 심하다고 기술하였다.

〈표 15-2〉 **수동-공격성 성격장애(거부적 성격장애)에 대한 DSM-IV-TR의 연구 기준**

A. 적절한 수행의 요구에 대한 거부적 태도와 수동적 저항의 전반적인 양상이 나타난다. 성인 초기에 시작되며, 여러 다양한 상황에서 이러한 특징들이 나타난다. 다음 가운데 4개 혹은 그 이상의 항목을 충족시킨다.

   (1) 일상적인 사회적, 직업적 업무 수행에 수동적으로 저항한다.
   (2) 다른 사람으로부터 제대로 이해받고 인정받지 못한다고 불평한다.
   (3) 뾰루퉁하고 논쟁적이다.
   (4) 권위적 인물에 대해 불합리하게 비판하고 경멸한다.
   (5) 운이 더 좋은 사람들에 대해 시기와 분노를 표현한다.
   (6) 개인적인 불운에 대해 계속적으로 과장되게 불평한다.
   (7) 적대적인 반항과 뉘우침 사이를 교차적으로 오간다.

B. 주요 우울증 삽화 동안에만 나타나는 것이 아니며, 기분부전장애에 의해 더 잘 설명되지 않는다.

개념화

PAPD 환자들의 인지적 프로파일은 거부적 태도, 양가감정, 저항, 타인의 기대를 충족하는 것에 대한 거부, 그리고 자율성을 고수하려는 우선적 목표와 일치하는 핵심 믿음, 조건적 가정, 보상적 전략을 포함한다. 이들이 보이는 자동적 사고는 이들의 무자비하게 회의적이고 비관적인 태도를 반영한다. 이러한 태도는 이들이 자신, 타인, 세상, 그리고 그 모든 도전들을 지각하는 방식 속에 침투해 있다. 힘 있는 사람들과 잘 지내고 싶은 욕구(의존과 승인)는 '자율성을 고수하기 위해서는 규칙이나 기대를 무시하거나 엇나가지 않으면 안 된다'는 믿음과 직집직으로 대치된다. 이러한 양가감정을 다스리기 위한 수단으로, 이들은 직접 권위에 맞서거나 도전하지 않는 수동적 행동을 통해서 독립성을 유지한다. 이들은 갈등과 잠재적 거부를 회피함으로써 통제와 자율성을 유지하게 된다.

임상 사례

앨런(Allen)은 47세의 은행원이었다. 앨런이 지속적으로 자료 제출 마감 시간을 지키지 못하고 상급자의 감독을 거부하며 심지어는 고객들에게도 반항적으로 대하는 문제를 보이자, 그의 감독자가 그를 치료에 의뢰했다. 그의 행동 표현에서 우울, 불안, 그리고 분노의 증상이 시사되었다. 그는 은행 관리가 끔찍하리만치 불공정하며, 관리자들이 자신의 의도를 이해하지 못한다고 호소했다. 그는 자신이 보다 더 효율적인 자료 기록 방법을 개발했다고 확신하고 있었고, 이 방법을 적용해서 은행 업무 절차를 변화시키려고 반복적으로 노력했지만 자신의 시도가 번번이 무시되었기 때문에 실망스럽다고 주장했다. 자신의 위치를 입증하기 위해서, 그는 피상적으로는 타인의 기대에 동조하면서, 다른 한편으로는 계속해서 자신만의 방식으로 자료를 기록해 나갔다. 놀랍게도, 그는 은행의 정책과 절차를 지속적으로 따르지 않는 것이 규칙 위반에 해당한다는 것에 대해 아무런 인식도 가지고 있지 않았다. 앨런은 다만 감독자가 자신을 치료에 의뢰한 것에 대해 격분해 있었다. 그는 감독자도 언젠가는 자신의 총명한 회계 능력을 깨닫고 인정하게 될 것이라는 환상 속에 빠져 있었다.

현재의 문제와 일관되게, 앨런은 과거에도 권위적 인물, 감독자, 그리고 일반적인 규칙과의 만성적인 갈등의 역사를 지니고 있었다. 그는 늘 친구가 별로 없고 사회적 관계나 외부적인 흥미도 거의 없는 '외톨이'였다. 그는 빈정대며 남의 신경을 건드리는 식으로 상호작용하면서 타인과 쉽게 틀어지고 멀어졌지만, 자신의 이러한 행동이 타인에게 어떤 영향을 미치는지에 대해서는 잘 인식하지 못하였다. 그는 혼자서 장기적인 목표와 프로젝트 계획을 세우곤 하였지만, 거의 언제나 중도에 단념하고 말았다. 왜냐하면 그가 임의적이고 독단적이라고 간주하여 무시하려는 규칙과 규제를 놓고, 동료들과 열띤 논쟁과 마찰을 빚었기 때문이었다.

심리치료에서 다루고 싶은 다른 문제들이 있는지를 물어보았을 때, 앨런은 '삶의 방향을 찾는 것', '진정한 나를 발견하는 것'과 같은 전반적이면서도 모호한 목표를 언급했다. 그는 잦은 이사와 빈번한 변화들로 가득 찬, 외로웠던 어린 시절에 대해 이야기했다. 그의 부모는 이혼하였고, 그는 어머니와 함께 살았으며, 이후 아버지와는 전혀 접촉을 하지 않았다. 그의 정서적 기억은 분노, 원한, 그리고 좌절에 집중되어 있었다. 그는 숙제를 하는 것이 너무 힘들었지만, 시험은 가까스로 다 통과하였다고 기억하였다. 그가 겪은 사회적 상황은 끔찍할 정도로 힘들었다. 그는 자신을 진정으로 이해한 사람은 아무도 없었으며, 자신에게서 여자라는 존재는 신비에 가까웠다고 말했다. 그는 데이트를 해본 적이 없었으며, 늘 독신으로 지냈다. 최근에 어머니가 돌아가셨는데, 이 때문에 그는 미래의 삶의 방향에 대해서 의문을 갖게 되었다. 그는 자신이 70대까지 잘 살아서 어머니를 편안하게 부양하는 상상을 해 왔는데, 어머니를 부양하는 책임이 사라지고 나니까 이제 무엇을 하고 살아야 할지 전혀 모르겠다고 하였다.

핵심 믿음

이들의 핵심 믿음 및 자동적 사고는 통제와 저항의 주제를 지니고 있다(예: '어느 누구도 나를 통제하게 놔둬서는 안 된다', '순종은 곧 통제력의 상실을 의미한다'). 순응이란 통제, 자유 및 자율성의 상실과 동의어이기 때문에, 이들은 순응해야 하는 상황을 견뎌 내지 못한다. 타인의 영향을 받아들이는 데서의 어려움 혹은 갈등은 이들이 겪는 양가감정의 근본적인 측면이다. 수동성 혹은 피상적인 순응은 사람이나 상황의 요구들로부터 거리를 유지하는 수단이다. 이들은 자신을 종종 자신의 독특한 공헌을 인정받지 못한 채 오랫동안 고통을 받아 온 희생자로 인식한다. 〈표 15-3〉에는 이들이 전형적으로 보일 수 있는 핵심 믿음이 열거되어 있다.

통제에 대한 핵심 믿음으로 인해, 앨런은 자신의 독립성을 보호하기 위해서 규칙에 저항하였다. 동시에 그는 관리자와 좋은 관계를 유지하고 대립을 피하기 위해서 겉으로는 순응적인 모습을 취하였다. 그러나 그는 실제로 일을 할 때는 자신만의 방식을 고수하였다. 희생이라는 주제는 그의 믿음 체계에 두루 퍼져 있었다: 이해받지 못했고, 이용당해 왔다는 등. 그는 관리자의 스타일을 헐뜯으며, 동료들에게 자신의 생각에 동의하도록 압력을 가하였다. 그는 동료들의 의견을 구하였으며, 만일 동료가 자신에게 동의하지 않으면 대결적인 자세로 논쟁과 마찰을 일으켰다.

조건적 믿음

PAPD의 조건적 믿음은 이들의 피상적인 순응 방식을 지지해 주고, 이들이 상황을 다루는 방식이 최선의 필연적인 수단이라고 칭찬해 준다. 따라서 한 상황을 성공적으로 관리하기 위해서는, 피상적인 수준의 순종에 더하여 '더 나은' PAPD 접근의 은밀한 주입이 요구된다. 〈표 15-3〉에는 이들의 전형적인 조건적 믿음이 열거되어 있다.

앨런은 많은 반대와 비판에 직면하였음에도 불구하고, 자신이 가장 효율적이라고 믿는 방식대로 자료를 계속 처리해 나간다면, 언젠가는 관리자도 그 방식이 올바른 방식이자 유일한 방식임을 깨닫게 될 것이라고 확신하였다. 이에 더하여 그는 동료와 감독자에게 지시를 따르겠노라고 이야기하면서 당분간 마찰과 대립을 피하게 되면, 결국에는 자신의 지혜로운 방식이 인정받게 될 것이라고 믿고 있었다. 놀랍게도 앨런은 자신의 피상적인 순종이 본질적으로는 속임수라는 것을 인식하지 못했으며, 자신의 행동이 어떤 결과를 낳는지에 대해서도 알지 못하였다.

보상적 믿음

PAPD 환자들의 보상적 믿음은 주로 피상적으로 순응함으로써 권위적 인물과 우호적인 관계를 유지하는 것을 주제로 이루어진다. 그러나 어떤 상황에서 피상적인 순응 방식이 제 역할을 하지 못하여 갈등이 초래되면, 이들은 부당한 일이 발생했다는 믿음에 의지하게 된다. 이들은 자신이 이뤄 낸 특별한 공헌이 제대로 인정받지 못했으며, 자신을 제대로 이해할 수 있는 사람은 아무도 없다고 확신하게 된다. 이들의 보상적 믿음에는 자기애적인 속성이 있어서, 거절의 상처를 회피하거나 비껴가기 위한 보호 기제로 작용한다. 그러나 이러한 믿음에 수반하여 나타나는 강렬한 분노는 이러한 믿음이 보호적인 기능을 한다는 개념과 다소 불일치하는데, 이러한 분노는 오히려 자기애적인 상처의 결과로 이해할 수 있다. 〈표 15-3〉에는 이들의 전형적인 보상적 믿음이 열거되어 있다.

앨런의 보상적 믿음은 자신이 감독자로부터 거부당했다는 지각과 관련된 왜곡된 사고로 이루어져 있다. 하지만 그는 감독자의 거부가 자신의 반항 때문에 초래된 것임을 인식하지 못하였고, 단지 감독자가 자신의 독특한 생각을 인정해 줄 수 있는 안목이 없기 때문에 자신이 거부당한 것이라고 생각하였다. 그는 "정해진 틀밖에서 생각하지 못하는 사회 체계"에 대해서 강렬한 분노와 실망, 좌절을 표현하였다. 순응을 강요하는 감독자의 압력이 거세질수록, 업무 절차를 변화시켜야 한다는 그의 확신은 더욱 굳건해져만 갔다. 그는 강렬한 분노를 느꼈으며, 때로 인정받는 동료를 음해하거나 흠집을 내기도 하였다. 동료들이 하나둘씩 승진해감에 따라, 앨런은 더더욱 자신이 희생을 당하고 있다는 확신을 다져 갔다.

〈표 15-3〉 핵심 믿음, 조건적 믿음 및 보상적 믿음

핵심 믿음
  '어느 누구도 내게 무엇을 하라고 말해서는 안 된다.'
  '나는 누구에게도 의지해서는 안 된다.'
  '순응한다는 것은 내게 통제력이 없다는 것을 의미한다.'
  '분노를 표현하면 어려움을 겪게 될 것이다.'
  '규칙은 사람을 속박한다.'
  '사람들은 나를 이해하지 못한다.'
  '사람들은 내게 의문을 제기해서는 안 된다.'
  '사람들을 그대로 내버려 두면 나를 이용할 것이다.'

조건적 믿음
  '요구에 저항함으로써, 나의 독립성을 유지할 수 있다.'
  '규칙을 따른다면, 나는 자유를 상실할 것이다.'

'누군가가 나에 대해 많은 정보를 알게 되면, 나는 취약해질 것이다.'
'내가 누군가를 의지하면, 나는 아무 말도 할 수 없는 입장에 놓이게 된다.'
'내가 옳다고 믿는 것을 하면, 다른 사람도 언젠가 내가 옳다는 것을 알게 될 것이다.'
'직접적으로 나를 주장하지 않음으로써, 다른 사람들과 잘 지낼 수 있을 것이다.'

보상적 믿음
'자유를 유지하려면 규칙을 교묘하게 어겨야 한다.'
'다른 사람의 길을 따라가서는 안 된다.'
'갈등을 피하려면 다른 사람들과 겉으로는 잘 지내야 한다.'
'거부당하지 않기 위해서는 나를 간접적으로 주장해야 한다.'
'다른 사람들이 나를 인정할 수 없기 때문에, 나는 합당한 영예를 얻지 못한다.'
'내게는 다른 사람들이 이해할 수 없는 나만의 독특한 수행 방식이 있다.'

치료적 접근

Beck, Freeman과 동료들(1990)은, PAPD를 위해 인지행동치료를 적용할 때 역기능적 행동 및 부적절한 분노 표현과 연관되어 있는 자동적 사고 및 도식을 규명하기 위해서 협력적인 접근이 필요하다고 제안하였다. 치료의 주요 초점은 자신, 타인 및 세상을 어떻게 지각하는가와 관련한 기본 믿음과 사고 패턴에 도전하는 것이며, 이러한 비합리적 믿음을 수정함으로써 정서 상태의 변화와 행동 변화가 나타난다는 것이다.

협력 전략

PAPD 환자들과의 치료에서 핵심적 요소는 협력이다. 그러나 이들이 지닌 핵심 믿음으로 인해서, 이들과 협동적인 치료적 교류를 하는 데 독특한 어려움이 야기될 수 있다. 이들의 일차적인 핵심 믿음은 권위적 인물의 지시에 저항하는 것이기 때문에, 치료 과정 자체가 도전받을 수 있다. 환자들은 치료자가 자신에게 무엇이 변해야 하고, 변화를 위해서 무엇을 해야 하는지를 지시하고 설득할 것이라고 믿는다. 따라서 환자가 치료에 참여할 것을 책임 있게 약속하고, 치료 과정에 능동적으로 참여할 수 있도록 하는 것이 필수적이다. 이를 위해서는 환자가 치료 관계 안에서 일정 부분의 통제권을 가지고 있다는 것을 지속적으로 확인시켜 주기 위한 치료자의 부지런함이 요구된다. 환자가 치료자의 요구에 의해 어쩔 수 없이 끌려다닌다는 느낌을 갖지 않도록 하려면, 치료자 편에서 환자에게 자주 피드백을 요청할 필요가 있다. 만일 환자가 느끼기에, 치료자가 회기를 좌지우지하며 자신에게 순응을 강요한다고 여겨지면, 환자는 숙제를 깜빡 잊어버린다거나 치료 시간을 취소하거나 나타나지 않는 식으로 치료 과정에 대해 수동적인 저항을 보일지도 모른다. PAPD 환자들은 전형적으로 치료에 저항적이다. Stone(1993b)이 지적한 것처럼, "어떤 긍정적인 변화가 일어나기 전에 많은 환자들이 치료를 떠나는데, 이 자체가 또 하나의 수동-공격적 행동이다"(p. 308).

회기 내에서, 그리고 회기 간에 자동적 사고를 파악하기 위한 지속적인 노력이 필요하다. 통제를 당하는 것과 관련한 환자의 왜곡된 믿음에 대해서, 치료자는 치료자와 환자가 지금껏 치료 과정에서 협력적 태도를 취해 왔고, 환자가 무엇을 하도록 지시받거나 강요당하지 않았음을 증거로 제시하면서 환자의 왜곡된 믿음에 도전할 수 있어야 한다.

앨런과의 평가과정은, 그의 불분명하고 피해 가는 듯한 답변 방식 때문에 무척이나 길고 힘들었다. 앨런은 명확하고 구체적인 치료 목표를 설정하지 못하였다. 치료가 진행되는 동안, 그는 치료자의 제안에 대해 저항적 태도를 보였고, 많은 경우에 그 날 다룰 의제를 설정하는 것 이상으로 대화를 진전시킬 수 없었다. 그는 모호한 질문(예: "나는 누구인가?")을 제기하고는, 그 대답을 스스로에게 구하기도 하고 치료자에게 요구하기도 하였다. 치료자가 어떤 제안을 하면, 그는 화가 나면서도 의기소침한 방식으로 반응하였다. 협력적 관계를 맺기 위해서, 치료자는 치료의 주제 영역이나 방향에 대해 그의 의견을 구하였다. 이때 그에게서 치료자가 접한 반응은 "무엇을 해야 할지를 말해 주는 것은 당신의 일이 아니던가요?", "제가 어떻게 알겠습니까, 당신이 치료자잖습니까?"와 같은 것이었다. 일정을 논의할 때면, 그는 논쟁적이고 신랄한 자세를 취하였다. 그의 삶의 질을 향상시키기 위한 그 어떤 제안도 그에 의해 거부되고, 논박되고, 무시되었다. 치료자와 앨런 사이의 많은 성호작용은 Yalom(1985)이 묘사한 '도움을 거절하면서 불평하는 사람'의 모습으로 잘 요약될 수 있을 것이다.

협력적 관계를 형성하기 위해서, 치료자는 통제 당하는 것과 관련된 그의 양가 감정 및 왜곡된 믿음을 파악하려고 하였다. 치료자와 환자는 먼저 의제에 포함시킬 수 있는 몇 가지 잠재적 목표들을 함께 선정하였다. 치료자는 앨런에게 그가 다루기로 동의하는 영역들을 선정하고 목록으로 작성하도록 격려하였다. 협력적인 치료 과정의 일환으로, 문서로 작성된 이 목록에 치료자와 환자가 함께 서명을 하였다. 예를 들어, 다음과 같은 잠재적 목표들이 열거되었다: 감독자와의 업무관계 개선, 문제 상황에서 자신이 기여한 부분을 검토하기, 사회기술 증진, 우울증상의 기원을 검토하기, 분노 조절 및 적절한 분노 표현, 치료 후의 장기적인 목표를 설정하기. 환자에게 그가 다루고 싶은 것을 선택하도록 격려함으로써, 치료자는 문제를 야기하는 바로 그 수동성에 도전하였을 뿐만 아니라, 치료 목표와 의제를 설정할 때 주장적으로 행동하도록 격려하였다. 이에 더하여, 치료자가 치료 과정을 통제하려는 시도와 관련하여 나타나는 왜곡된 사고를 찾아내고 이에 도전하였다.

> 치료자: 자, 이제 우리가 함께 작성한 목표에 동의하시지요?
>
> 앨　런: 적절해 보이는군요. 하지만 나중에 마음이 바뀔지도 모르겠습니다.
>
> 치료자: 괜찮습니다. 우리가 바뀐 목표에 대해서 얘기할 수 있고, 그것이 우리의 회기 일정에 어떤 영향을 미칠지에 대해서 논의할 수 있을 테니까요.
>
> 앨　런: 당신이 짠 회기 일정을 뜻하는 건가요?
>
> 치료자: 잠깐만요, 제가 좀 혼란스럽네요. 우리가 만든 이 목록은 당신이 동의한 것 아닌가요?
>
> 앨　런: 그렇지요.
>
> 치료자: 목록을 다시 만들고 싶으신 건가요, 아니면 뭔가 석연찮은 것이 있나요?

직면의 관리

앞의 상황에서 치료자는 환자의 반항을 확인할 수 있었지만, 더 중요한 것은 그럼에도 불구하고 치료자가 강한 직면으로 환자를 압도하지 않았다는 것이다. Beck 등(1990)은, 직접적 직면은 권위적 인물과 관련한 환자의 핵심 믿음을 활성화시킬 수 있고, 통제 및 자율성을 유지하려는 환자로 하여금 치료자의 영향력 행사에 자동적으로 저항하는 반응을 불러일으키기 때문에, 치료자는 너무 공격적으로 혹은 섣불리 환자의 역기능적 믿음과 행동에 도전하는 것을 피해야 한다고 강조하였다. 치료자는 후에 앨런이 보인 공격적인 언어 반응 및 반항을 그의 양가감정과 연결시킬 수 있었다. 예를 들어, 앨런이 자신이 스스로 선택한 주제에 대해 동의하지 않을 때, 치료자는 자신 스스로 제안한 것에 대해서조차 순응할 수 없는 그의 모습을 경험적 증거로 삼아서 그의 양가감정을 보여 줄 수 있었다.

PAPD 환자들의 핵심 양상과 믿음은 '타인에 대한 복종과 자기욕구 충족' 간의 양가감정이다(Millon & Davis, 1996, p. 570). 앨런은 그의 모든 의사소통방식에서 의존 대 반항의 이러한 근본적인 갈등을 드러내고 있었다. 의존적인 방식으로, 그는 치료자가 모든 것에 대답해 주기를 기대하였다. 치료자가 그의 질문을 되돌려서 그 질문에 대한 답을 자기 안에서 찾아보고 자신의 욕구를 탐색하여 더 구체적인 목표를 찾아보도록 격려하면, 앨런은 후회의 감정이 살아나면서 참을 수 없어하였다. 자신의 의존적인 모습에 화가 나서, 그는 반항적인 태도로 반응하기 시작하였다. 그는 불필요한 세부 사항을 길고 장황하게 늘어놓거나, 목소리를 높이거나, 논쟁을 걸거나, 뿌루퉁해지거나, 언어적인 공격을 하는 등의 수동-공격적인 의사소통방식을 통해서 그 어떤 제안이나 권면에 대해서도 거부적인 자세를 취하였다. 치료실이라는 소우주에서, 앨런은 자기 자신을 적절히 표현하지 못하였다. 적대감과 결부되어 나타나는 장황한 말투로 인해, 직접적 의사소통이 힘들었다. 대화를 구체적인 방향으로 진행하는 것이 매우 어려웠으며, 요점 없고 두서없는 세부적인 이야기로부터 화제를 제자리로 되돌리기 위한 반복적인 노력이 필요하였다. 앨런은 자신의 성격양식이 때로 공격적이고 다른 사람들을 소외시킨다는 것을 알고 있었다. 그러나 자신의 대인관계양식을 변화시키는 것이 자신에게도 유익하다는 것을 잘 알고 있으면서도, 그는 이를 변화시키는 것에 대해 지속적으로 양가감정을 보였다. 이러한 상황에서 치료자는 의존(치료자와 함께 새로운 대인관계 양식을 학습하는 것)과 변화에 대한 확고한 저항 사이의 중간 지대를 만듦으로써 이러한 양가감정을 다루고자 하였다. 소크라테스식 질문을 통해 변화의 손익을 분석하고 변화가 유익을 더 많이 가져다준다는 결론에 스스로 도달할 수 있었는데, 이러한 방식은 극단적인 의존과 극단적인 저항 사이의 균형을 만드는 데 필요한 중간 지대를 제공하였다.

치료자: 당신이 사람과 관계할 수 있는 다양한 방식에 대해서 더 말씀하고 싶으신가요?

앨 런: 예. 그것도 그렇고, 다른 많은 것들에 대해서도 얘기하고 싶어요.

치료자: 한 번에 하나씩 얘기해야 어느 한 가지에 초점을 맞출 수 있겠죠. 동의하시나요?

앨 런: 예. 그렇긴 합니다만, 내 마음 속에서는 내가 정말 변하고 싶어 하는지를 무의식적으로 묻게 됩니다.

치료자: 어떤 부분을 탐색하고 싶으신가요?

앨 런: 다른 사람과의 관계를 증진시키는 부분요.

치료자: 다른 사람들과의 관계에서 어떤 사람이 되고 싶으세요?

앨 런: 될 수 있는 한 가장 좋은 사람이 되고 싶어요. 하지만 내가 어떤 사람이 되고 싶은지는 잘 모르겠어요. 나도 그것에 대해 계속 얘기하고 싶고, 선생님께서도 저를 도와주려고 애쓰고 계시다는 것을 알고 있지만, 내가 의도치 않게 살짝 살짝 미끄러져 나가는 것 같아요.

치료자: 미끄러져 나간다는 것이 무슨 뜻이지요?

앨 런: 선생님이 나를 한 곳에 붙잡아 놓느라 애를 먹는 것 같아요.

치료자: 내가 당신을 붙드느라 애를 먹는 이유가 무엇이라고 생각하나요?

앨 런: 잘 모르겠는데, 이런 생각이 드네요. 어쩌면 내가 말로는 변하기를 원한다고 하면서 실제로는 변화를 원하지 않기 때문일지도 모르겠습니다.

치료자: 우리는 계속해서 대인관계의 주제로 되돌아왔어요, 맞죠? 동의하십니까?

앨　런: 예.

치료자: 당신이 사람들을 대하는 방식을 바꾼다면 긍정적인 이점은 무엇일까요?

앨　런: 아마도 더 즐거운 새로운 관계를 맺을 수 있을 테고, 그래서 사는 게 조금 더 쉬워질 수 있겠죠.

치료자: 새로운 관계가 어떻게 더 즐거워질 수 있을까요?

앨　런: 글쎄요. 우리 사회에서는 일반적으로 우리가 먼저 예의를 갖추고 친절하게 대하면 다른 사람들과 더 잘 지낼 수 있지 않나요? 항상 싸움거리를 찾아다니면서 억지를 부리거나 날을 세우고 있기보다는, 친절하게 대하면 사는 게 더 쉬워질 수 있겠죠.

치료자: 그렇게 변화하면 직접적이든 간접적이든 당신에게 이익이 될까요?

앨　런: 직접적으로 이익이 안 될 이유가 없죠.

치료자: 그렇다면, 내가 왜 당신을 한 곳에 붙드느라 애를 먹게 될까요?

힘겨루기를 피하기

치료에서의 저항은 다음과 같이 은밀하게 표현될 수 있다: 침묵; 치료자의 권면이나 제안을 따르지 못한 것에 대해 합리화함; 직면에 대하여 점차적으로 수치감, 굴욕감, 분노 혹은 비난의 감정으로 반응함; 저항적 행동이나 의도적 실패, 증상의 고의적 악화 등을 통하여 치료적 변화에 대해 수동적으로 저항함; 한편으로 치료자의 도움을 거절하면서 다른 한편으로 도움을 주지 못하는 치료자의 무능에 대해 불평과 분노를 드러냄; 다른 치료자들과의 치료나 자문에 대해 언급함(American Psychiatric Association, 1989). Stone(1993b)이 기술한 것처럼, "이러한 태도들은 곧 분명하게 드러나게 되는데, 전형적으로 치료자의 무능함을 입증하려는 욕구를 반영하는 것이다"(p. 308). 치료비 지불 방식을 잊어버리는 것과 관련하여 환자와 분쟁을 피하기 위해서는, 시간 약속 및 취소, 치료 시간, 치료비 등의 규칙을 명확히 문서화해야 한다(Reid, 1988). 이는 치료 초반에 이루어져야 하며, 설정된 한계와 규칙을 치료자가 일관적으로 고수하는 것이 특히 중요하다. 이러한 과정은 협력적으로 이루어져야 하는데, 환자가 치료 과정의 구조와 한계를 이해하고 동의하는지를 각 항목별로 확인해야 한다. 만일 한 환자가 '어느 누구도 나에게 언제 오라거나 무엇을 하라고 말해서는 안 된다' 는 자동적 사고로 인해 치료시간에 늦게 나타나는 등의 수동-공격적 행동을 보인다면, 이는 이러한 왜곡된 사고를 다루고 도전하고 논박할 수 있는 적절한 기회가 된다.

일관성 및 공감

치료의 전 과정을 통하여, 치료자는 PAPD 환자들에게 일관적이고 객관적이며 공감적인 태도를 견지해야 한다. 이들이 보이는 "제발 저를 도와주세요/ 당신을 괴롭힐게요" 식의 행동 때문에, 이들과 빠져나오기 힘든 전투에 휘말리기 쉽다. 이들의 빈정거리는 말투로 인해 치료자는 쉽게 지치게 되며, 때로 불쾌감까지 느끼게 된다. 환자의 끊임없는 양가적 태도로 인해서 치료는 빈번히 시작과 중단을 반복한다. 환자가 서서히 치료자의 제안을 더 편안히 받아들이게 됨에 따라(의존), 잠재해 있던 양가감정의 다른 한편이 변덕스럽게 튀어나와 치료 과정을 거부하거나 역류하게 된다(저항). 치료자는 이러한 변화와 관련한 역기능적 사고를 파악하기 위하여 일관적인 노력을 기울일 필요가 있으며, 이러한 왜곡에 서서히 도전해 가야 한다. 비록 PAPD 환자들이 겉으로는 자신의 불행을 즐기는 것처럼 보일는지 모르지만, 이들 역시 자신이 처한 곤경 속에서 큰 불안과 고뇌, 슬픔을 경험한다. 치료자는 환자의 거부적 태도를 개인적인 것으로 받아들여 상처를 입기보다는, 이를 학습된 부적응 행동으로 이해할 필요가 있다.

구체적 개입

주장 훈련

PAPD 환자들은 주장 훈련을 통해서, 은밀하게 드러내던 분노를 보다 더 명확하고 기능적으로 표현하도록 도움을 받을 수 있다(Hollandsworth & Cooley, 1978; Perry & Flannery, 1982). 앨런의 경우, 주장 훈련을 통해서, 그가 은행 경영에 대해 겪어 온 좌절감을 친사회적인 방식(예를 들면, 은밀한 근무태만 대신에 자신의 의견을 공식적인 문안으로 작성하여 제출하는 등)으로 표현할 수 있었다. 치료 회기 내에서, 치료자는 앨런이 치료 방향에 대해 피드백을 표현할 수 있는 시간을 할애하였고, 그가 원하는 변화의 방향을 이야기해 보도록 격려하였다. 이를 통해서 알렌은 치료과정에 대해서 느끼는 불만을 긍정적이고 구조화된 방식으로 적절하게 주장할 수 있는 충분한 기회를 갖게 되었다. 이에 대한 반응으로, 치료자는 일관적인 한계 유지와 알렌의 요구에 대한 수용 간의 균형을 제공하였다.

자기감찰 및 타인감찰

PAPD 환자들이 세상에 대해 냉소적으로 평가하는 자신의 세계 속으로 치료자를 끌어들이면서, 이들은 전형적으로 적대적이고 떨떠름하며 불만에 찬 모습으로 비치고, 뭔가 음모를 꾸미는 심술궂은 사람으로 인식되기 쉽다. 이들은 만성적인 불평을 통해 타인의 기분을 상하게 하는 자신의 모습에 대해서는 자각하지 못한 채, 주변 사람들을 지치게 만들고, 자신이 더 가까워지고 싶고 인정받고 싶은 사람들로부터 오히려 더 소외되게 된다. 다른 사람에 대한 반응으로 겪게 되는 감정의 변화를 자각함으로써(자기감찰), 이와 연관된 자동적 사고(이용당한다, 오해받는다, 통제 당한다는 등)를 더 쉽게 파악하고 이에 도전할 수 있게 된다. 분노나 실망, 혹은 다른 여타의 감정에 머물러 이 감정이 실제로 어떻게 느껴지는지(예: 생리적 반응)를 자각하는 것은, 이와 관련된 자동적 사고와 기저의 핵심 믿음에 이르는 소중한 통로를 제공한다. 숙제를 통해서, 특히 강렬한 감정을 경험하였을 때 이와 연관된 자동적 사고를 파악하고 기록하도록 하는 것이 많은 도움이 된다.

PAPD 환자들이 자기주장에 문제가 있다는 것을 고려할 때, 분노 표현에 대한 자기감찰이 많은 도움이 된다. 분노를 표현할 때의 자세, 목소리 억양(예: 소리를 지름), 신체 언어(예: 손가락질), 눈 맞춤(예: 강렬함, 회피함), 상처 주는 단어의 사용 등이 감찰의 대상이 될 수 있다(Prout & Platt, 1983). 타인감찰은, 환자가 자신의 경험을 감찰하는 데 그치지 않고, 다른 사람들이 자신의 공격적으로 빈정대는 방식을 어떻게 지각할 수 있는지를 이해하려는 시도다. 이에는 다른 사람이 나타내는 불쾌함 혹은 관심 철회의 징후(시선 회피, 자세 변화, 언어적 단서 등)를 감찰하는 것이 포함된다. 타인의 개인적 권리에 대한 존중은 자기주장의 중요한 요소이며, 이에 대해 환자와 명백히 논의해야 한다. 타인들은 환자의 행동에 상처를 입거나 화를 낼 권리가 있으며, 이를 피하거나 자신을 보호하기 위한 조처를 취할 권리가 있음을 인식시켜야 한다.

사회기술 및 의사소통 훈련

사회기술 및 의사소통기술의 결핍은 PAPD 환자들의 치료에서 반드시 다루어야 할 중요한 표적이 된다. PAPD 환자들과의 상호작용은 거부적 태도, 빈약한 경계, 빈정대는 말, 그리고 수다스러움과 속으로 끓고 있는 침묵 간을 오가는 통제적 양식으로 점철된다. PAPD 환자들 편에서 보면, 이들은 타인에 대한 경청, 상호적인 교환, 혹은 타인의 피드백에 대한 민감성이 부족하다. 앨런은 사회적 관계에서 어려움을 보였는데, 이는 부분적으로 그가 대인간 경계에 대한 인식이 부족하고 대인 단서에 민감하지 못한 데서 비롯되었다. 예를 들어, 앨런은 한 이웃과 뜨거운 논쟁이 벌어졌던 사건에 대해 자세히 얘기했다. 앨런은 그 이웃에게 16살 된 딸의 대학 진로에 대해 어떤 계획을 가지고 있는지를 물어보았다. 처음에는 적절한 수준의 질문으로 출발하였지만, 그는 곧 얘기를 비화하여 자신이 그 딸의 정신적 조언자가 되어 주겠노라고 제안하였다. 그는 자신이 학교위원회를 움직일 수 있는 힘과 지식이 많다고 주장하면서, 그 위원회의 운영이 체계적이지 못하며 편파적이라고 비판하였다. 그는 자신이 대인 경계를 심각하게 침범하였음을 인식하지 못하였고, 심지어 그 이웃집 딸에게 저녁을 함께 먹으면서 진로에 대해 의논하자고 제안하기까지 하였다.

사회기술훈련을 통해서, 앨런은 개인마다 경계가 서로 다르다는 개념을 이해할 수 있었고, 그가 타인의 경계를 침범할 때 타인이 나타내는 경고 사인을 알아차릴 수 있게 되었으며, 상대방을 존중하는 방식으로 자신의 의견을 드러내는 방법을 배우게 되었다. 어떤 상호작용기술을 다룰 것인지, 그리고 어떤 영역에 적용시키고 싶은지에 대해서 협의를 통해 결정하고 함께 목록을 작성하였다. 그는 타인과 의견이 일치하지 않을 때 이를 공격적이지 않은 방식으로 전달하는 기술을 배울 필요가 있다는 데 동의하였다. 의사소통훈련을 통해서, 앨런은 '나'를 주어로 진술하기, 반응하기 전에 잠깐 멈추기, 적절한 눈 맞춤을 유지하기, 지나치게 길거나 상세하게 이야기하지 않기 등을 배우게 되었다. 동료와의 대화에 참여하여, 목소리를 높이지 않기, 반응하기 전에 잠깐 멈추기, 자신이 말하려는 것이 불쾌하게 해석될 수 있는지를 검토하기, 다른 사람이 반응할 수 있도록 기다리기 등을 연습해 보도록 숙제가 부과되었다. 잘 듣는 것이 효율적인 의사소통의 핵심임을 이해한 후에, 그는 대화가 끝나면 상대방이 한 말을 적어 봄으로써 자신이 진정으로 상대방의 말에 귀 기울였는지를 점검하였다. 회기 중에는 다양한 대안적 반응들을 검토하였고, 역할 연기를 수행하기도 하였다.

분노 조절

PAPD 환자들의 가장 중요한 정서적 문제는 분노, 적개심, 원한 등의 부적응적인 감정반응이다. 이러한 감정반응을 치료하기 위해서, 치료자는 이들이 지니고 있는 '부당한 그들에게 되갚아 주는 정당한 복수'라는 생각을 다시 검토해 볼 수 있도록 도와주어야 한다. '그들은 처벌받아 마땅해', '어느 누구도 진정으로 나를 이해하지 못해' 등의 주제를 파악하고 이에 도전해야 한다(Ottaviani, 1990). 또한 통제와 관련한 핵심 믿음이 탐색되어야 한다. 이를 위해서는 환자가 다른 사람으로부터 받은 학대에 초점을 맞추는 것이 아니라 자신의 행동과 수행에 초점을 맞추어야 하기 때문에, 그 과정이 쉽지 않을 수 있다. 이에 더하여, 다른 사람의 판단을 고려하여 현실적 기대를 조절하도록 요청할 필요가 있다. 이 과정 속에서, PAPD 환자들의 자기애적인 성질을 띤 핵심 믿음이나 우월성, 특권의식이 건드려질 수 있다. 자기애성 성격장애에 대한 치료 책략이 이들에게도 유용할 것이다.

다른 사람들이 자신을 통제하려 한다거나 자신의 가치를 실추시키려 한다는 핵심 믿음으로 인하여, PAPD 환자의 분노 반응은 곧바로 행동 반응으로 이어질 수 있다. 어쩌면 상황에 대한 인지적 해석이 먼저 일어나지 않을지도 모른다. 오히려 이러한 반응들은 즉각적인 내장 반응에서 유래할 수 있다. 이러한 과정은 감정에 기초한 추리(emotion-based reasoning)라고 명명될 수 있는데(Ottaviani, 1990), 종종 현실 피악의 많은 왜곡을 초래하게 된다. 이때 충동적인 반응의 이익과 불이익을 검토하는 손익 분석이 유용하게 활용될 수 있다.

치료성과의 유지

PAPD 환자들과의 치료 과정에서, 통제 및 순응(치료 계획, 치료의 일반적 구조, 다른 사람의 제안 등에 따르는 것)에 대한 저항의 핵심 믿음이 쉽게 다시 활성화될 수 있다. 환자가 권위자의 지시 아래 놓이는 상황에서 통제/저항의 도식이 쉽게 촉발되어, 치료 과정에서 그 동안 이루어온 성과를 곧바로 위협할 수 있다. 종결을 앞두고 옛 도식을 다시 촉발시킬 만한 위험 상황들을 예상하여 이를 목록으로 작성해 놓으면, 환자가 그 상황에 적극적으로 접근하여 더 건강한 방식으로 그 상황을 다룰 수 있도록 도와줄 수 있다. 이들의 문제영역과 행동을 점검하기 위하여 추수 회기를 갖는 것은 치료성과를 유지하는 데 많은 도움이 된다. 또한 집단치료 등을 통해 치료에서 배운 새로운 기술들을 지속적으로 연습하고 다지는 것은 성과를 유지하는 데 잠재적으로 유익할 것이다.

결 론

PAPD 환자들은 거부적 태도, 양가감정, 저항, 그리고 무엇보다 우선하여 자율성을 지키려는 경향을 특징적으로 보인다. 이러한 특징들로 인해 이들과의 치료적 개입은 상당히 어려운 도전이 된다. 치료자는 이들의 과도한 회의주의와 비관주의에 맞서면서도, 동시에 이들이 치료 과정에서 상당 부분 통제를 유지할 수 있도록 허용해야 한다. 주장훈련, 의사소통훈련, 자기 및 타인감찰, 분노조절 등의 다양한 기법들을 통해서 통제 및 저항의 핵심 믿음이 유발되고 수정될 수 있다.

제16장
미래를 위한 종합과 전망

성격장애에 대한 개념은 계속 진화하고 있다. 미국정신의학회(APA)의 DSM (Diagnostic and Statistical Manual of Mental Disorders; 정신장애의 진단 및 통계 편람)은 개정을 거듭해 오면서, 성격장애에 대한 이론적인 관점, 문제의 범위, 정의, 용어 등에서 중요한 변화를 겪어 왔다. 어떤 성격장애들은 사라지고 새로운 장애들이 나타났다. 예를 들어, DSM-II의 부적합 성격(inadequate personality)과 쇠약한 성격(asthenic personality)은 DSM-III에서는 사라졌다. 자기애성 성격장애는 DSM-III에서 처음으로 등장하였다. 수동-공격성 성격장애는 DSM-IV-TR에서는 공식진단에서 제외되고 예비적 진단의 하나로 부록에 수록되었는데, 이후의 개정판에서는 다시 공식진단에 포함될지도 모른다. 다른 용어들도 변화를 겪었다. 예를 들어, DSM-I의 정서적으로 불안정한 성격(emotionally unstable personality)은 DSM-II에서 히스테리성 성격(hysterical personality)으로 바뀌었다가, DSM-III부터 DSM-IV-TR에 이르기까지 연극성 성격장애로 분류되고 있다. Blashfield와 Breen(1989)은 몇몇 성격장애들이 안면타당도가 낮고 장애들 간에 높은 수준의 중첩을 보인다고 지적하였다.

성격장애에 대한 DSM-IV-TR의 기준과 국제질병병분류체계(International

Classification of Diseases: ICD; World Health Organization, 1998)의 기준 간의 차이를 살펴볼 때 혼란은 가중된다. 앞으로 지속적인 연구를 통해 축 II에서 서로 중첩되는 범주들을 잘 구분하고 감별 진단을 위한 중요 요인들을 파악해 내는 것이 매우 필요하다. 더 나아가, 진단 범주들이 효과적인 임상개입을 위한 타당하고도 유용한 개념적 틀을 제공할 수 있도록 하는 것이 중요하다.

평 가

치료의 효율성은 지속적인 평가와 사례개념화에 의해 좌우된다. 평가에서 무엇보다 우선되는 목표는, 지속적인 특질과 어떤 상황에 따른 일시적인 상태 혹은 증상을 서로 구별하는 것이다. 대부분의 인지치료자들은 진단적 면접, 가까운 사람들과의 면접자료, 행동관찰, 자기보고식 질문지 등의 다양한 자료들을 통합하여 평가한다. 성격 믿음 질문지(Personality Belief Questionnaire, Beck & Beck, 1991) 혹은 도식 질문지(Schema Questionnaire, Young, 2002b)와 같은 도구들을 사용하여, 환자에게 작용하는 개별적으로 고유한 믿음들을 세부적이고 구체적으로 파악할 수 있으며, 성격 특징 차원들의 프로파일을 그릴 수 있다.

임상적 주제들

이전 장들에서 살펴본 것처럼, 인지치료는 성격장애를 치료하는 데 상당한 진전을 이루어 왔다. 그럼에도 불구하고, 치료자들은 여전히 신뢰할 만하고 타당성 있는 치료 프로토콜 없이 복잡한 장애를 다루어야 하는 도전에 직면해 있다. 더욱이 지금까지는 성격장애 각각에 대한 치료가 서로 분리되어 다루어져 왔다. 하지만 치료를 찾는 사람들이 단일한 진단범주로 깔끔하게 분류될 수 있는 경우는 좀처럼 드물다. 성격장애 환자들이 치료를 원할 때에는, 어떤 한 가지 성격장애의 진단 기준을 충분히 만족시키지 못한 채 여러 가지 성격장애의 특징들을 보이거나, 하나 이상의 성격장애를 지니고 있을 수 있다. 게다가 그들은 전형적으로, 공존하는 축 I 장애를 함께 지니고 있다.

임상 실제에서 마주치는 복합적인 상황에서 효과적인 치료를 제공하기란 결코 간단한 일이 아니다. 하지만 다행스러운 것은, 성격장애 환자들에 대한 치료계획에 어떻게 접근할 것인가를 이해하기 위해서 치료자가 무(無)에서부터 새롭게 출발할 필요는 없다는 것이다. 이 책에 기술된 경험적 및 임상적 문헌에 대한 검토를 살펴봄으로써, 성격장애 환자들과의 인지치료를 위한 일반적 지침을 제공받을 수 있다. 이러한 지침들은 다음과 같이 요약될 수 있다.

1. 치료적 개입은 환자의 문제에 대한 개별화된 개념화에 기초할 때 가장 효과적이다.

성격장애 환자들의 문제는 복합적이기 때문에 치료자는 종종 많은 표적들 중에서 무엇을 먼저 다루어야 하며, 다양한 치료기법들 중에서 어떤 기법을 적용해야 하는가의 선택에 직면하게 된다. 만일 치료자가 분명한 치료 계획을 가지고 있지 않다면, 치료는 혼란스럽고 지리멸렬한 양상으로 흐를 수 있으며, 환자에 대한 피상적인 검토 후에 일견 적절해 보였던 개입들은 이내 비효과적이거나 반생산적인 것으로 드러날 수 있다. Turkat와 Maisto(1985)는 각 환자에 대한 개별화된 개념화를 발달시키는 것의 가치를 잘 보여 주었다. 이들은, 이러한 개별화된 개념화는 구체적이고 세부적인 평가에 기초해야 하며 부가적인 자료 수집과 임상적 개입효과의 관찰을 통해서 이 개념화의 타당성을 지속적으로 검증해가야 함을 역설하였다.

이 책에 제시된 개념화가 출발점을 제공할 수는 있지만, 어떤 '표준적인' 개념화가 있어서 이것이 특정 진단에 해당하는 모든 환자들에게 딱 맞을 것이라고 가정하기보다는 오히려 각 환자에게 맞는 개별화된 개념화에 기초하여 개입을 하는 것이 더 중요하다. 물론 복잡한 환자에 대한 이해를 발달시켜 가는 것이 간단하지는 않지만, 인지치료는 치료과정을 거치면서 그 개념화가 점차로 더 정교해져 가는 지속적인 자기수정의 과정이 될 수 있다. 치료자가 초기 평가에 기초하여 개념화를 시작하고 이 개념화를 개입의 기초로 삼는다면, 이러한 개입의 결과는 귀중한 피드백을 제공하게 된다. 어떤 개념화에 대한 '리트머스 시험지'는 그것이 과연 과거 행동을 설명할 수 있는가, 현재 행동을 잘 설명하는가, 미래 행동을 제대로 예언하는가 하는 것이다. 만일 개입이 예상대로 효과적이라면, 이는 그 개념화가 정확하였음을 알려 주는 것이다. 그러나 만일 개입이 효과적이지 않거나 예상치 못한 결과를 가져왔다면, 이는 그 개념화가 적절하지 않았음을 보여 주는 것이다. 부가적으로, 개입을 통해 유발된 생각과 감정을 검토함으로써 개념화와 치료계획을 발전시키기 위한 귀중한 자료를 얻을 수 있을 것이다.

2. 치료자와 환자가 분명하게 정의하고 공유한 목표를 향해서 협력적으로 작업하는 것이 중요하다.

성격장애 환자들처럼 복잡한 환자들에게는, 이 문제에서 저 문제로 별 진전 없이 넘나드는 것을 피하기 위해서, 분명하고 일관적인 치료 목표가 필요하다. 또한 성격장애 환자들을 치료할 때 종종 나타날 수 있는 비협력과 힘겨루기를 최소화하기 위해서, 이러한 목표들에 서로 동의하는 것이 중요하다. 성격장애 환자들은 수많은 모호한 어려움을 호소하며, 치료자 편에서는 문제라고 보는 어떤 행동들을 수정하기를 내켜하지 않기 때문에, 때로 치료 목표에 대한 합의에 도달하는 것이 어려운 과제가 될 수 있다. 그러나 서로 공유할 수 있는 목표에 이르기 위해 들이는 시간과 노력은 충분히 투자할 만한 가치가 있다. 이는 변화를 위한 환자의 동기를 최대화시키고, 저항을 최소화하며, 치료의 초점을 일관성 있게 유지할 수 있도록 해 준다.

3. 평소의 치료에서보다 치료자-환자 관계에 더 많은 주의를 기울이는 것이 중요하다.

다른 치료적 접근에서와 마찬가지로, 인지치료에서도 좋은 치료 관계는 효과적인 개입을 위해 필수적이다. 행동적 그리고 인지행동적 치료자들은 일반적으로 치료의 시작부터 직접적인 협력 관계를 맺을 수 있으며, 그리고는 치료의 관계적인 측면에 많은 주의를 기울이지 않고 치료를 진행하는 것에 익숙하다. 그러나 성격장애 환자들과의 협력 관계는 종종 이렇게 직접적으로 맺어지지 않는다. 다른 사람들에 대한 지각을 편향시키는 환자의 역기능적 도식, 믿음, 가정들이 치료자에 대한 지각 또한 편향시킬 수 있으며, 치료실 바깥의 관계에서 나타나는 역기능적인 대인관계 행동들이 환자-치료자 관계에서도 또한 나타날 수 있다. 환자-치료자 관계에서 나타나는 어려움은, 효과적으로 다루어지지 않는다면, 치료 과정을 방해할 수 있다. 그러나 다른 한편으로 이러한 관계에서의 어려움은 환자의 대인관계 문제들을, 치료실 밖에서 일어나는 일에 대한 환자의 보고에 의존하지 않고도, 실제 치료 장면에서 생생하게 관찰하고 개입할 수 있는 기회를 제공한다(Freeman, Pretzer, Fleming, & Simon, 1990; Linehan, 1987a; Mays, 1985; Padesky, 1986).

다른 환자들에 비해 성격장애 환자들에게서 더 흔히 나타나는 치료자-환자 관계에서의 문제 중 하나는 전통적으로 '전이'라고 불려온 현상이다. 이 용어는 전통적으로, 환자가 치료자의 행동에 기초해서가 아니라, 환자의 중요한 관계에서의 이전 경험에 기초해서 치료자를 극도로 혹은 지속적으로 잘못 지각할 때를 언급하기 위해 사용된다. 이 현상을 인지적 용어로 설명하면, 과거 중요한 관계에서 습득한 믿음이나 기대를 치료자에게도 과잉일반화하는 것으로 이해할 수 있다. 성격장애 환자들은 전형적으로 자신의 두려움이 실현될 것 같은 조짐에 매우 민감하고, 치료자의 행동이 자신의 예상을 확증하는 듯 보일 때 아주 강하게 반응하는 경향이 있다. 이런 강렬한 감정 반응이 나타날 때, 치료자는 무슨 일이 일어나고 있는지를 알아차리고, 환자가 생각하는 것을 빨리 이해해서, 치료 관계 내에서의 이러한 오해를 직접적으로 그러나 섬세하게 다루는 것이 중요하다. 이러한 반응들이 상당히 문제가 될 수도 있지만, 다른 한편으로 환자의 믿음, 기대, 대인관계 방략을 파악할 수 있는 좋은 기회를 제공한다. 이는 또한 치료자가 환자의 역기능적 믿음이나 기대를 반증하는 방식으로 반응할 수 있는 기회를 제공하기도 한다.

4. 치료 초기에는 과도한 자기개방을 요구하지 않는 개입을 사용할 것을 고려하라.

많은 성격장애 환자들은 치료 초기에 자기개방을 불편해한다. 이들은 치료자를 신뢰하지 못하기도 하고, 경미한 수준의 친밀감조차 불편하게 느낄 수도 있으며,

거부를 두려워할는지도 모른다. 때로 환자의 감정과 생각에 대한 집중적인 논의를 요하는 개입으로 치료를 시작하는 것도 필요하지만, 대부분의 경우 점진적으로 자기 개방을 유도하는 행동적 개입으로 치료를 시작하는 게 더 바람직하다. 이러한 개입을 통해, 환자 편에서는 치료에 대해 좀 더 편안해질 수 있는 여유를 얻을 수 있고, 치료자는 환자의 신뢰를 얻고 환자가 자기개방을 불편해하는 이유를 탐색할 수 있는 시간을 확보하게 된다.

5. 환자의 자기효능감을 증진시키는 개입은 종종 증상의 강도를 감소시키며 다른 개입들을 촉진시킨다.

성격장애 환자들이 보이는 감정반응 및 행동반응의 강도는 부분적으로 특정 문제 상황에 효과적으로 대처할 수 있는 자신의 능력을 의심하는 데서 비롯된다. 자신의 대처 능력에 대한 이러한 의심은 그 상황에 대한 감정반응을 증폭시킬 뿐 아니라, 격렬한 반응의 소인이 된다. 문제상황을 잘 다룰 수 있을 것이라는 자신감이 증진되면, 종종 환자의 불안 수준이 낮아지고, 증상이 완화되며, 보다 더 유연하게 반응할 수 있게 되고, 다른 개입을 시행하는 것이 더 쉬워진다. 환자의 자기효능감, 즉 특정 상황을 효과적으로 다룰 수 있다는 자신감은, 상황의 요구를 과대평가하고 자신의 대처능력을 과소평가하는 경향을 수정하는 개입을 통해서, 혹은 실제 대처기술을 향상시키는 개입을 통해서, 혹은 이 두 가지 개입을 병행함으로써 증진될 수 있다(Freeman et al., 1990; Pretzer, Beck, & Newman, 1989).

6. 언어적 개입에 많이 의존하지 말라.

환자의 문제가 심각할수록, 행동 변화뿐 아니라 인지 변화를 이루기 위한 행동적 개입을 더 많이 사용하는 것이 중요하다(Freeman et al., 1990). 회기 내에서 수행되는 역할 연기와 회기 간에 점진적인 위계에 따라 이루어지는 '행동 실험'은, 둔감화가 일어날 기회를 제공하며, 환자가 새로운 기술에 숙달할 수 있도록 돕고, 비현실적인 믿음과 기대에 도전하는 데 효과적일 수 있다. 부득이 순수한 언어적 개입에 의존해야 할 경우에는, 구체적인 일상생활에서의 실례를 다루는 것이 추상적이고 철학적인 토론보다 더 효과적이다.

7. 변화를 실행하기 전에 먼저 환자의 두려움을 파악하여 다루도록 하라.

성격장애 환자들은 종종 자신이 추구하려는 변화에 대해서 표현되지 않은 강한 두려움을 지니고 있다. 이러한 두려움을 다루지 않은 채 환자에게 그저 앞으로 나아가라고만 요구하는 시도는 종종 실패에 부딪치게 된다(Mays, 1985). 변화를 시도하기 전에 먼저 환자의 기대와 걱정을 논의할 수 있다면, 치료에 대한 환자의 불안 수준이 낮아지고 치료에 대한 순응도가 높아질 것이다.

8. 환자가 혐오스러운 감정을 적응적으로 다룰 수 있도록 도와주어라.

성격장애 환자들은 종종 어느 특정 상황에서 매우 강렬한 혐오적인 감정반응을 경험한다. 이 강렬한 반응은 그 자체로 중요한 문제가 될 수 있지만, 부가적으로 이러한 감정 경험을 회피하려는 시도와 이러한 경험으로부터 도피하려는 시도, 그리고 이러한 감정에 대한 인지적, 행동적 반응이 환자의 문제에서 중요한 역할을 하게 된다. 혐오스러운 감정을 겪지 않으려는 경향으로 인해서, 환자들은 그 감정을 적응적으로 다루지 못하게 되며, 감정 경험의 결과에 대한 두려움이 지속되게 된다. 따라서 강렬한 감정을 견뎌 내고 이에 효과적으로 대처할 수 있는 환자의 능력을 증진시키기 위한 체계적인 작업이 매우 중요하다(Farrell & Shaw, 1994).

9. 환자가 치료적 개입으로 유발될 수 있는 혐오스러운 감정에 대처할 수 있도록 도와주어라.

환자가 매일의 일상적인 삶 속에서 경험하는 강렬한 감정에 더하여, 치료 자체가 환자에게서 강렬한 감정을 유발할 수 있다. 치료가 환자로 하여금 자신의 두려움에 직면하고 삶의 중요한 변화를 이뤄 내며 자기개방의 위험을 감수하고 고통스러운 기억에 직면해야 하는 과정을 포함하는 것이라면, 치료는 다양한 고통스러운 감정반응을 불러일으키지 않을 수 없다. 따라서 치료자가 치료로 유발되는 고통스러운 감정을 인식하고, 환자가 이를 잘 이해하여 대처할 수 있도록 돕지 않으면 안

된다. 그렇지 않으면, 이러한 감정들 때문에 환자가 치료를 그만둘 수 있는 위험이 상존한다. 만일 치료자가 환자로부터 정기적으로 피드백을 구하는 습관을 들이고 환자가 보이는 감정반응의 비언어적 신호를 관찰할 수 있다면, 문제가 되는 감정 반응을 인식하는 것이 그리 어렵지 않을 것이다. 이러한 반응들이 나타났을 때, 치료자가 이를 환자의 감정과 생각을 이해하는 기회로 삼고 환자가 자신의 반응을 이해할 수 있도록 돕는 것이 중요하다. 또한 치료의 속도에 대해 환자와 협력적으로 논의하고 더 천천히 치료를 진행함으로써, 환자가 느끼는 반응의 강도를 조절할 수 있다. 치료에서 얻는 손해가 이득을 능가하지 않도록 치료 속도를 조절하고 환자도 이를 인식할 수 있도록 돕는 것이 중요하다.

10. 과제 완수와 관련된 문제들을 예상하라.

성격장애 환자들이 과제를 완수하지 못하는 데에는 많은 요인들이 개재된다. 이들의 역기능적 행동은 깊이 뿌리내려 있고, 종종 환자가 처한 환경적 측면에 의해 강화된다. 그러나 환자가 과제를 완수하지 못하는 것은, 단순히 진전의 방해물이기보다는, 효과적인 개입의 기회를 제공할 수 있다. 가장 중요한 치료적 반응은 협력을 증진시켜서 치료에의 참여를 방해하는 어떤 문제점을 평가하는 것이다. 이러한 협력 과정을 통해서, 환자의 진전을 방해하는 주제들이 다루어질 수 있다. 환자가 과제를 수행하려다가 하지 않기로 결정하는 바로 그 시점에 나타나는 생각은, 극복해야 할 가장 중요한 장애물이 무엇인지를 잘 드러내 준다.

11. 환자가 적절한 환경 속에서 살고 있다고 가정하지 말라.

가령 자기주장과 같은 어떤 행동들은 종종 적응적이기 때문에, 누구에게나 항상 좋을 것이라고 가정하기 쉽다. 그러나 성격장애 환자들은 종종 매우 비전형적인 가족의 산물이며, 지금도 비전형적인 환경 속에서 살고 있는 경우도 많다. 환자가 행동의 변화를 시도할 때, 다른 사람들이 이에 합리적으로 반응할 것이라고만 가정하기보다는, 환자의 환경 내 중요한 타인들이 어떤 가능한 반응을 보일지를 평가해 보는 것이 중요하다. 환자가 새로운 행동을 시도할 때, 처음에는 위험이 낮은 상황에서 실험적으로 수행해 보도록 하는 게 유용하다. 이러한 방식이 불안을 덜 유발하며, 환자가 더 도전적인 상황에 직면하기 전에 자신의 기술을 연마할 수 있는 기회를 제공한다.

12. 한계 설정은 전반적인 치료 구조의 필수적인 부분이다.

축Ⅱ 환자들과의 치료에서, 합리적이면서도 확고한 한계를 설정하고 이를 일관적으로 유지하는 것은 여러 가지 목적에 기여한다. 첫째, 이는 환자가 더 적응적인 방식으로 자신의 삶을 조직할 수 있도록 돕고, 자신과 타인에게 문제를 야기하는 행동 과잉으로부터 자신을 보호할 수 있도록 돕는다. 둘째, 이는 치료자가 문제해결을 위한 합리적이고 구조화된 접근의 모범을 보일 수 있는 기회를 제공한다. 셋째, 이는 장기적이면서 격렬해질 수도 있는 치료 관계를 유지하기 위한 구조를 제공한다. 마지막으로, 적절한 한계 설정은 치료자가 이용당했다고 느끼고 분개하게 될 위험성을 최소화시킨다.

치료자가 크나큰 고통 속에 있는 환자를 돕기 위해 자비와 은혜를 베푸는 것이 일견 좋은 일로 보일지 모르나, 이러한 '자비'는 예상과는 다른 결과를 가져올 수 있다. 단기적으로는 수용 가능한 것처럼 보일 수도 있는 특별 대우는, 이러한 특별 대우에 대한 환자의 요구가 여러 달에 걸쳐 지속될 경우 치료자를 짜증스럽게 만들 수 있다. 만일 치료자가 자신을 화나도록 만드는 상황이 발생하도록 허용할 경우, 효과적인 치료에 커다란 방해물이 나타난다. 고통 속에 있는 환자를 보상하는 방식으로 반응함으로써 부지불식간에 환자의 역기능적인 행동을 강화하지 않도록 하는 것이 특히 중요하다.

13. 치료 과정 동안에 나타나는 치료자 자신의 감정반응에 주의를 기울여라.

치료자는 성격장애 환자들과의 상호작용을 통해 공감이나 연민에서부터 강한 분노, 실망, 두려움, 혹은 성적 호감에 이르기까지 많은 다양한 감정반응을 경험한다. 치료자는 이러한 자신의 반응을 자각하여 잠재적으로 유용한 자료로 활용할 수 있어야 한다. 치료자는 역기능적 사고 기록지를 작성하는 등의 인지적 기법을 사용함으로써, 사례개념화를 검토함으로써, 또는 객관적인 동료에게 자문을 구함으로써 도움을 얻을 수 있다. 치료자는 자신의 감정반응을 치료 과정에 대한 정보를 알려주는 예상된 반응으로 간주해야 하며, 자신의 실수 혹은 잘못으로 생각하지 않아야 한다. 감정반응을 회피하거나 억압하려는 시도는 치료적 상호작용을 잘못 이끌 위험성을 증가시킬 수 있다.

감정반응은 무작위로 나타나지 않는다. 치료자의 강렬한 감정반응은, 물론 치료자의 도식이나 개인사와 같은 다른 결정요인에 의한 것일 수도 있지만, 흔히 환자의 어떤 행동 측면에 대한 반응인 경우가 많다. 치료자가 환자의 행동 패턴에 대해 의식적으로 인식하기 이전에 감정적으로 먼저 반응할 수 있기 때문에, 자신의 반응을 자각하고 이를 정확히 이해함으로써 환자의 행동 패턴을 좀 더 빨리 인식할 수 있다.

치료자가 이러한 반응을 환자에게 개방할 것인지 말 것인지, 그리고 이러한 개방을 어떻게 치료적으로 다룰 것인지에 대해서는 신중하게 생각할 필요가 있다. 한편으로, 성격장애 환자들은 치료자의 자기개방을 쉽게 오해하여 이에 대해 강하게 반응할 수 있다. 다른 한편으로, 만일 비언어적인 단서를 통해 환자가 분명히 알아차릴 수 있는 감정반응, 혹은 환자가 다른 관계에서의 경험에 기초하여 기대할 수 있는 감정반응을 치료자가 개방하지 않는다면, 이로 인해 쉽게 오해와 불신이 생길 수도 있다. 이에 대한 결정은 사례개념화, 환자의 최근 쟁점, 치료적인 신뢰 관계의 정도, 치료자의 대처 능력 등을 신중하게 고려하여 이루어져야 한다.

14. 치료 기간, 치료 목표, 그리고 치료자의 자기평가 기준에 대해 현실적이 되라.

행동적 혹은 인지행동적 접근을 취하는 많은 치료자들은, 실질적인 결과를 비교적 빨리 달성하는 데 익숙하다. 따라서 치료가 더디게 진행될 때, 치료자는 이러한 '저항적인' 환자에게 쉽게 좌절하거나 화가 날 수 있으며, 혹은 낙담하거나 스스로를 비판할 수 있다. 치료가 성공적이지 않을 때, 치료 결과에 영향을 미치는 요인은 다양하며 치료자의 능력이라는 것은 이 많은 요인들 중에 단지 하나에 불과하다는 것을 기억할 필요가 있다. 치료가 더디게 진행될 때, 성급하게 포기하지 말아야 하지만, 비성공적인 접근을 고집스럽게 고수하지도 않아야 한다. 성격장애에 대한 인지행동적 개입들은 일부 환자들에게는 실질적이고도 지속적인 변화를 가져오지만, 어떤 사례들에서는 이보다 더 작은 변화를 이루기도 하며, 또 다른 사례들에서는 거의 아무런 결과도 달성하지 못하기도 한다.

결 론

지난 10년간 성격장애에 대한 구체적인 인지적 특성을 파악하는 데 급속한 발전을 이루어 왔다. 아마도 미래의 연구에서 가장 새로운 미개척의 영역은, 축Ⅱ 장애에 대한 인지치료의 임상적 효율성을 확립하는 것과 더불어, 성격장애의 변화과정을 정교하게 그려내는 것일 것이다. 21세기의 첫 10년에 진입하면서, 우리는 한 때 치료적인 개입에 잘 반응하지 않는 것으로 간주되었던 성격장애가 기분장애나 불안장애에서와 마찬가지 방식으로 수정될 수 있을 것이라는 더 큰 희망을 가지게 된다.

Abraham, K. (1927). The influence of oral eroticism on character formation. In *Selected papers on psychoanalysis*. London: Hogarth Press. (Original work published 1924)

Abraham, K. (1949). Manifestations of the female castration complex. In *Selected papers of Karl Abraham*. London: Hogarth Press. (Original work published 1920)

Abraham, K. (1953). Contributions to the theory of the anal character. In *Selected papers of Karl Abraham* (D. Bryan & A. Strachey, Trans.). New York: Basic Books. (Original work published 1921)

Adams, P. (1973). *Obsessive children: A sociopsychiatric study.* New York: Brunner/ Mazel.

Adams, H. E., Bernat, J. A., & Luscher, K. A. (2001). Borderline personality disorder: An overview. In P. B. Sutker & H. E. Adams (Eds.), *Comprehensive handbook of psychopathology* (pp. 491-507). New York: Kluwer Academic/Plenum Press.

Adler, A. (1991). *The practice and theory of individual psychology.* Birmingham, AL: Classics of Psychiatry & Behavioral Sciences Library. (Original work published 1929)

American Psychiatric Association. (1952). *Diagnostic and statistical manual of mental disorders* (1st ed.). Washington, DC: Author.

American Psychiatric Association. (1968). *Diagnostic and statistical manual of mental disorder* (2nd ed.). Washington, DC: Author.

American Psychiatric Association. (1980). *Diagnostic and statistical manual of mental disorder* (3rd ed.). Washington, DC: Author.

American Psychiatric Association. (1987). *Diagnostic and statistical manual of mental disorder* (3rd ed., rev.). Washington, DC: Author.

American Psychiatric Association. (1989). Passive-aggressive personality disorder. In *Treatments* of psychiatric disorders: A task force report of the American Psychiatric Association (pp. 2783-2789). Washington, DC: Author.

American Psychiatric Association. (1994). *Diagnostic and statistical manual of mental disorders* (4th ed.). Washington, DC: Author.

American Psychiatric Association. (2000). *Diagnostic and statistical manual of mental disorders* (4th ed., text rev.). Washington, DC: Author.

American Psychiatric Association. (2002). *Ethical principles of psychologists and code of conduct*. Washington, DC: Author.

Anderson, R. (1966). *Neuropsychiatry in World War II* (Vol 1). Washington, DC: Office of the Surgeon General, Department of the Army.

Angyal, A. (1965). *Neurosis and treatment: A holistic theory*. New York: Viking Press.

Arntz, A. (1994). Treatment of borderline personality disorder: A challenger for cognitive behavioural therapy. *Behaviour Research and Therapy, 32*, 419-430.

Arntz, A. (1999a). Do personality disorders exist?: On the validity of the concept and its cognitive-behavioural formulation and treatment. *Behaviour Research and Therapy, 37*, S97-S134.

Arntz, A. (1999b). *Borderline personality disorder*. Invited lecture presented at the 29th annual Congress of the European Association for Behavioural and Cognitive Therapies, Dresden, Germany.

Arntz, A., Appels, C., & Sieswerda, S. (2000).

Hypervigilance in borderline personality disorder: A test with the emotional Stroop paradigm. *Journal of Personality Disorders, 14*, 366-373.

Arntz, A., Dietzel, R., & Dreessen, L. (1999). Assumptions in borderline personality disorder: Specificity, stability, and relationship with etiological factors. *Behaviour Research and Therapy, 37*, 545-557.

Arntz, A., Dreessen, L., Schouten, E., & Weertman, A. (in press). Beliefs in personality disorders: A test with the Personality Disorder Belief Questionnarie. *Behavior Research and Therapy*.

Arntz, A., Klokman, J., & Sieswerda, S. (2003). An experimental test of the Schema Mode Model of borderline personality disorder. *Journal of Behavior Therapy and Experimental Psychiatry*. Manuscript accepted pending revision.

Arntz, A., & Veen, G. (2001). Evaluations of others by borderline patients. *Journal of Nervous and Mental Disease, 189*, 513-521.

Arntz, A., & Weertman, A. (1999). Treatment of childhood memories: Theory and practice. *Behaviour Research and Therapy, 37*, 715-740.

Baker, J. D., Capron, E. W., & Azorlosa, J. (1996). Family environment characteristics of persons with histrionic and dependent personality disorders. *Journal of Personality Disorders, 10*, 82-87.

Barker, L., Silk, K. R., Westen, D., Nigg, J. T., &

Lohr, N. E. (1992). Malevolence, splitting and parental ratings by borderlines. *Journal of Nervous and Mental Disease, 180*, 258-264.

Bandura, A. (1977). *Social learning theory.* Englewood Cliffs, NJ: Prentice-Hall.

Barber, J. P., & Muenz, L. R. (1996). The role of avoidance and obsessiveness in matching patients to cognitive and interpersonal psychotherapy: Empirical finding from the Treatment for Depression Collaborative Research Program. *Journal of Consulting and Clinical Psychology, 64*(5), 951-958.

Bartlett. F. C. (1932). *Remembering.* New York: Columbia University Press.

Bartlett, F. C. (1958). *Thinking: An experimental and social study.* New York: Basic Books.

Baumbacher, G., & Amini, F. (1980-1981). The hysterical personality disorder: A proposed clarification of a diagnostic dilemma. *International Journal of Psychoanalytic Psychotherapy, 8*, 501-532.

Baunmeister, R. (2001, April). Violent pride. *Scientific American, 284*(4), 96-101.

Baunmeister, R., Bushman, B., & Campbell, W. K (2000). Self-esteem, narcissism, and aggression: Does violence result from low self-esteem or from threatened egotism? *Current Directions in Psychological Science, 9*, 26-29.

Baumeister, R., Smart, L., & Boden, J. (1996). Relation of threatened egotism to violence and aggression: The dark side of high self-esteem. *Psychological Review, 103*, 5-33.

Beck, A. T. (1963). Thinking and depression: I. Idiosyncratic content and cognitive distortions. *Archives of General Psychiatry, 9*, 324-344.

Beck, A. T. (1964). Thinking and depression: II. Theory and therapy. *Archives of General Psychiatry, 10*, 561-571.

Beck, A. T. (1967). Depression: Clinical, experimental and theoretical aspects. New York: Harper & Row. (Republished as *Depression: Causes and treatment.* Philadelphia: University of Pennsylvania Press, 1972)

Beck, A. T. (1976). *Cognitive therapy and the emotional disorders.* New York: International Universities Press.

Beck, A. T. (1983). Cognitive therapy of depression: New perspectives. In P. J. Clayton & J. E. Barrett (Eds.), *Treatment of depression: Old controversies and new approaches.* New York: Raven Press.

Beck, A. T. (1988). *Love is never enough.* New York: Harper & Row.

Beck, A. T. (2002, December). *Cognitive therapy of borderline personality disorder and attempted suicide.* Paper presented at the 1st annual conference of the Treatment and Research Advancements Association for Personality Disorders, Bethesda, MD.

Beck, A. T., & Beck, J. S. (1991). *The Personality Belief Questionnaire.* Bala Cynwyd, PA: Beck Institute for Cognitive Therapy and Research.

Beck, A. T., Butler, A. C., Brown, G. K., Dahlsgaard, K. K., Newman, C. F., & Beck, J. S. (2001). Dysfunctional beliefs discriminate personality disorders. *Behaviour Research and Therapy, 39*(10), 1213–1225.

Beck, A. T., Emery, G., with Greenberg, R. L. (1985). *Anxiety disorders and phobias: A cognitive perspective.* New York: Basic Books.

Beck, A. T., Freeman, A., & Associates. (1990). *Cognitive therapy of personality disorders.* New York: Guilford Press.

Beck, A. T., Rush, A. J., Shaw, B. F., & Emery, G. (1979). *Cognitive therapy of depression.* New York: Guilford Press.

Beck, J. S. (1995). *Cognitive Therapy: Basics and beyond.* New York: Guilford Press.

Bentall, R. P., & Kaney, S. (1989). Content-specific information processing and persecutory delusions: An investigation using the emotional Stroop test. *British Journal of Medical Psychology 62,* 355–364.

Bentall, R. P., Kinderman, P., & Kaney, S. (1994). The self, attributional processes and abnormal beliefs: Towards a model of persecutory delusions. *Behaviour Research and Therapy, 32,* 331–341.

Beck, M. S., Forman, E. M., Henriques, G. R., Brown, G. K., & Beck, A. T., (2002, August). *Characteristics of suicide attempters with borderline personality disorder.* Paper presented at the annual conference of the American Psychological Association, Chicago.

Bernstein, D. A., & Borkovec, T. D. (1976). *Progressive relaxation training: A manual for the helping professionals.* Champaign, IL: Research Press.

Bijttebier, P., & Vertommen, H. (1999). Coping strategies in relation to personality disorders. *Personality and Individual Differences, 26,* 847–856.

Bird, J. (1979). The behavioural treatment of hysteria. *British Journal of Psychiatry, 134,* 129–137.

Birtchnell, J. (1984). Dependence and its relationship to repression. *British Journal of Medical Psychology, 57,* 215–225.

Black, D. W., Monahan, P., Wesner, R., Gabel, J., & Bowers, W. (1996). The effect of fluvoxamine, cognitive therapy, and placebo on abnormal personality traits in 44 patients with panic disorder. *Journal of Personality Disorders, 10*(2), 185–194.

Blackburn, R., & Lee-Evans, J. M. (1985). Reactions of primary and secondary psychopaths to anger-evoking situations. *British Journal of Clinical Psychology, 24,* 93–100.

Blashfield, R. K., & Breen, M. J. (1989). Face validity of the DSM-III-R personality disorders. *American Journal of Psychiatry, 146,* 1575–1579.

Bohus, M., Limberger, M., Ebner, U., Glocker, F. X., Schwarz, B., Wernz, M., & Lieb, K. (2000). Pain perception during self-reported distress and calmness in patients with borderline personality disorder and self-mutilating behavior. *Psychiatry Research, 95*, 251–260.

Bornstein, R. F. (1996). Sex differences in dependent personality disorder prevalence rates. *Clinical Psychology: Science and Practice, 3*, 1–12.

Bornstein, R. F. (1999). Histrionic personality disorder, physical attractiveness, and social adjustment. *Journal of Psychopathology and Behavioral Assessment, 21*, 79–94.

Bourne, E. J. (1995). *The anxiety and phobia workbook* (2nd ed.). Oakland, CA: New Harbinger.

Bowlby, J. (1969). *Attachment and loss: Vol. 1. Attachment*. New York: Basic Books.

Bowlby, J. (1977). The making and breaking of affectional bonds. *British Journal of Psychiatry, 130,* 201–210.

Breier, A., & Strauss, J. S. (1983). Self control in psychotic disorders. *Archives of General Psychiatry, 130,* 201–210.

Breuer, J., & Freud, S. (1955). Studies on hysteria. In J. Strachey (Ed. and Trans.), *The standard edition of the complete psychological works of Sigmund Freu*d (Vol. 2, pp. 1–311). London: Hogarth Press. (Original work published 1893–1895).

Brown, E. J., Heimberg, R. G., & Juster, H. R. (1995). Social phobia subtype and avoidant personality disorder: Effect on severity of social phobia, impairment, and outcome of cognitive–behavioral treatment. *Behavior Therapy, 26,* 467–486.

Brown, G. K., Newman, C. F., Charlesworth, S., &

Crits-Cristoph, P. (in press). An open clinical trial of cognitive therapy for borderline personality disorder. *Journal of Personality Disorders.*

Bushman, B., & Baumeister, R. (1998). Threatened egotism, narcissism, self-esteem, and direct and displaced aggression: Does self-love or self-hate lead to violence? *Journal of Personality and Social Psychology, 75,* 219–229.

Buss, A. H. (198). Personality: Primitive heritage and human distinctiveness. In J. Aronoff, A. I. Robin, & R. A. Zucker (Eds.), *The emergence of personality* (pp. 13–49). New York: Springer.

Butler, A. C., & Beck, A. T. (2002). *Parallel forms of the Personality Belief Questionnarie.* Manuscript in preparation.

Butler, A. C., Brown, G. K., Beck, A. T., & Grisham, J. R. (2002). Assessment of dysfunctional beliefs in borderline personality disorder. *Behaviour Research and Therapy, 40*(1), 1231–1240.

Cadenhead, K. S., Perry, W., Shafer, K., & Braff, D. L. (1999). Cognitive functions in schizotypal personality disorder. *Schizophrenia Research 37,* 123–132.

Cale, E. M., & Lilienfeld, S. O. (2002). Histrionic Personality Disorder and Antisocial Personality Disorder: Sex-differentiated manifestations of psychopathy? *Journal of Personality Disorders, 16,* 52–72.

Cameron, N. (1963). *Personality development and*

psychopathology: A dynamic approach. Boston: Houghton-Mifflin.

Cameron, N. (1974). Paranoid conditions and paranoia. In S. Arieti & E. Brody (Eds.), *American handbook of psychiatry* (Vol. 3, pp. 676-693). New York: Basic Books.

Campbell, R. J. (1981). *Psychiatric dictionary* (5th ed.). New York: Oxford University Press.

Chadwick, P., & Lowe, C. F. (1990). The measurement and modification of delusional beliefs. *Journal of Consulting and Clinical Psychology, 58,* 225-232.

Chambless, D. L., & Hope, D. A. (1996). Cognitive approaches to the psychopathology and treatment of social phobia. In P. M. Salkovskis (Ed.), *Frontiers of cognitive therapy* (pp. 345-382). New York: Guilford Press.

Chambless, D. L., Renneberg, B., Goldstein, A., & Gracely, E. J. (1992). MCMI-diagnosed personality disorders among agoraphobic outpatients: Prevalence and relationship to severity and treatment outcome. *Journal of Anxiety Disorder, 6*(3), 193-211.

Chatham, P. M. (1985). *Treatment of the borderline personality*. New York: Jason Aronson.

Clark, D. A., & Beck, A. T., With Alford, B. A. (1999). *Scientific foundations of cognitive theory and therapy of depression*. New York: Wiley.

Clark, D. M. (1999). Anxiety disorders: Why they persist and how to treat them. *Behaviour Research and Therapy, 37*(Suppl.), 5-27.

Clark, L. A. (1993). *Manual for the Schedule for Nonadaptive and Adaptive Personality*. Minneapolis: University of Minnesota Press.

Clark, L. A. (1999). Dimensional approaches to personality disorder assessment and diagnosis. In C. R. Cloninger (Ed.), *Personality and psychopathology* (pp. 219-244). Washington, DC: American Psychiatric Press.

Clarkin, J. F., Koenigsberg, H., Yeomans, F., Selzer, M., Kernberg, P., & Kernberg, O. F. (1994). Psychodynamische psychotherapie bij de borderline patiënt. (Psychodynamic psychotherapy with borderline patients.) In J. J. L. Derksen & H. Groen (Eds.), *Handbook voor de behandeling van borderline patiënten, (Handbook of treatment of borderline patients)* (pp. 69-82). Utrecht: De Tijdstroom.

Cleckley, H. (1976). *The mask of sanity* (5th ed.). St. Louis: Mosby.

Clifford, C. A., Murray, R. M., & Fulker, D. W. (1984). Genetic and environmental influences on obsessional traits and symptoms. *Psychological Medicine, 14*(4), 791-800.

Colby, K. M. (1981). Modeling a paranoid mind. *Behavioral and Brain Sciences, 4,* 515-560.

Colby, K. M., Faught, W. S., & Parkinson, R. C. (1979). Cognitive therapy of paranoid conditions: Heuristic suggestions based on a computer simulation model. *Cognitive Therapy and Research, 3,* 55-60.

Colvin, C. R., Block, J., & Funder, D. C. (1995). Overly positive self-evaluations and personality: Negative implications for mental health. *Journal of Personality and Social Psychology, 68,* 1152-1162.

Coolidge, F. L., Thede, L. L., & Jang, K. L. (2001). Heritability of personality disorders in childhood: A preliminary investigation. *Journal of Personality Disorders, 15,* 33-40.

Costa, P. T., & McCrae, R. R. (1992). The five-factor model of personality and its relevance to personality disorders. *Journal of Personality Disorders, 6,* 343-359.

Cowdry, R. W., & Gardner, D. (1988). Pharmaco-therapy of borderline personality disorder: alprazolam, carmabazepine, trifluoperazine and tranlcypromine. *Archives of General Psychiatry, 45,* 111-119.

Cowdry, R. W., Gardner, D., O'Leary, K., Leibenluft, E., & Rubinow, D. (1991). Mood variability: A study of four groups. *American Journal of Psychiatry, 148,* 1505-1511.

Dattilo, F. M., & Padesky, C. A. (1900). *Cognitive therapy with couples.* Sarasota, FL: Professional Resource Exchange.

Davidson, K. M., & Tyrer, P. (1996). Cognitive therapy for antisocial and borderline personality disorders: Single case study series. *British Journal of Clinical Psychology, 35,* 413-429.

Davis, D., & Hollon, S. (1999). Reframing resistance and noncompliance in cognitive therapy. *Journal of Psychotherapy Integration, 9*(1), 33-55.

Delphin, M. E. (2002, August). Gender and ethnic bias in the diagnosis of antisocial and borderline personality disorders. *Dissertation Abstracts International, Humanities and Social Sciences, 63,* 767A.

Diaferia, G., Sciuto, G., Perna, G., Bernardeschi, L., Battaglia, M., Rusmini, S., & Bellodi, L. (1993). DSM-III-R personality disorders in panic disorder. *Journal of Anxiety Disorders, 7,* 153-161.

DiGiuseppe, R. (1986). The implication of the philosophy of science for rational-emotive theory and therapy. *Psychotherapy, 23*(4) 634-639.

DiGiuseppe, R. (1989). Cognitive therapy with children. In A. Freeman, K. M. Simon, L. Beutler, & H. Arkowitz (Eds.), *Comprehensive handbook of cognitive therapy* (pp. 515-533). New York: Plenum Press.

DiGiuseppe, R. (2001). *Redirecting anger toward self change.* World Rounds Video. New York: AABT.

Dimeff, L. A., McDavid, J., & Linehan, M. M. (1999). Pharmacotherapy for borderline personality disorder: A review of the literature and recommendations for treatment. *Journal of Clinical Psychology in Medical Settings, 6,* 113-138.

Dlugos, R. F., & Friedlander, M. L. (2001). Passionately committed psychotherapists. A qualitative study of their experience. *Professional Psychology: Research and Practice, 32*(3), 298-304.

Dobson, K. S., & Pusch, D. (1993). Towards a

definition of the conceptual and empirical boundaries of cognitive therapy. *Australian Psychologist, 28,* 137-144.

Dowd, E. T. (2000). *Cognitive hypnotherapy.* Northvale, NJ: Jason Aronson.

Dowrick, P. W. (Ed.). (1991). *Practical guide to using video in the behavioural sciences.* New York: Wiley.

Dreessen, L., & Arntz, A. (1998). The impact of personality disorders on treatment outcome of anxiety disorders: Best-evidence synthesis. *Behaviour Research and Therapy, 36,* 483-504.

Dreessen, L., Arntz, A., Luttels, C., & Sallaerts, S. (1994). Personality disorders do not influence the results of cognitive behavior therapies for anxiety disorders. *Comprehensive Psychiatry, 35,* 265-274.

Dumas, P., Souad, M., Bouafia, S., Gutknecht, C., Ecochard, R., Dalery, J., Rochet, T., & d'Amato, T. (2002). Cannabis use correlates with schizotypal personality traits in healthy students. *Psychiatry Research, 109,* 27-35.

Dutton, D. C., & Hart, S. D. (1992). Risk markers for family violence in a federally incarcerated population. *International Journal of Law and Psychiatry, 15,* 101-112.

D'Zurilla, T. J., & Goldfried, M. R. (1971). Problem solving and behavior modification. *Journal of Abnormal Psychology, 78,* 107-126.

Easser, B. R., & Lesser, S. R. (1965). Hysterical personality: A revaluation. *Psychoanalytic Quarterly, 34,* 390-415.

Eisely, L. (1961). *Darwin's century.* Garden City, NY: Dubleday/Anchor.

Ellis, A. (1962). *Reason and emotion in psychotherapy.* New York: Lyle Stuart.

Ellis, A. (1985). *Overcoming resistance: Rational-emotive therapy with difficult clients.* New York: Springer.

Ellis, H. (1898). Auto-eroticism: A psychological study. *Alienist and Neurologist, 19,* 260-299.

Erikson, E. (1950). *Childhood and society.* New York: Norton.

Esman, A. H. (1986). Dependent and passive-aggressive personality disorders. In A. M. Cooper, A. J. Frances, & M. H. Sacks (Eds.), *The personality disorders and neuroses* (pp. 283-289). New York: Basic Books.

Fagan, T. J., & Lira, F. T. (1980). The primary and secondary sociopathic personality: Differences in frequency and severity of antisocial behavior. *Journal of Abnormal Psychology, 89*(3), 493-496.

Fahy, T. A., Eisler, I., & Russell, G. F. (1993). Personality disorder and treatment response in bulimia nervosa. *British Journal of Psychiatry, 162,* 765-770.

Farrell, J. M., & Shaw, I. A. (1994). Emotion awareness training: A prerequisite to effective cognitive-behavioral treatment of borderline personality disorder. *Cognitive and Behavioral Practice, 1,* 71-91.

Felske, U., Perry, K. J., Chambless, D. L., Renneberg, B., & Goldstein, A. J. (1996). Avoidant personality disorder as a predictor for treatment outcome among generalized social phobics. *Journal of Personality Disorders, 10,* 174-184.

Fenichel, O. (1945). *The psychoanalytic theory of neuroses.* New York: Norton.

First, M. B., Spitzer, R. L., Gibbon, M., & Williams, J. B. W. (1995). The Structured Clinical Interview for DSM-III-R Personality Disorders (SCD-II): Part I. Description. *Journal of Personality Disorders, 9,* 83-91.

Fleming, B., & Pretzer, J. (1990). Cognitive-behavioral approaches to personality disorders. In M. Hersen, R. M. Eisler, & P. M. Miller (Eds.), *Progress in behavior modification* (Vol. 25, pp. 119-151). Newbury Park, CA: Sage.

Fonagy, P., Leigh, T., Steele, M., Steele, H., Kennedy, R., Mattoon, G., et al. (1996). The relation of attachment status, psychiatric classification, and response to psychotherapy. *Journal of Consulting and Clinical Psychology, 64,* 22-31.

Fossati, A., Madeddu, F., & Maffei, C. (1999). Borderline personality disorder and childhood sexual abuse: A meta-analytic study. *Journal of Personality Disorders, 13,* 268-280.

Fossati, A., Maffei, C., Bagnato, M., Donati, D., Donini, M., Fiorelli, M., & Norella, L. (2000). A psychometric study of DSM-IV passive-aggressive (negativistic) personality disorder criteria. *Journal of Personality Disorders, 14*(1), 72-83.

Frances, A. (1980). The DSM-III personality disorders section: A commentary. *American Journal of Psychiatry, 137*(9), 1050-1054.

Frances, A. (1988). Dependency and attachment. *Journal of Personality Disorders, 2,* 125.

Freeman, A. (1987). Understanding personal, cultural, and religious schema in psychotherapy. In A. Freeman, N. Epstein, & K. Simon (Eds.), *Depression in the family* (pp. 79-99). New York: Haworth Press.

Freeman, A. (1988). Cognitive therapy of personality disorders. In C. Perris & M. Eismann (Eds.), *Cognitive psychotherapy: An update* (pp. 49-52). Umea: DOPW Press.

Freeman, A. (1990). *Clinical applications of cognitive therapy.* New York: Plenum Press.

Freeman, A. (2002). *Cognitive-behavioral therapy for severe personality disorders.* In S. G. Hofmann & M. C. Thompson (Eds.), *Treating chronic and severe mental disorders* (pp. 382-402). New York: Guilford Press.

Freeman, A., & Datillio, F. M. (Eds.). (1992). *Comprehensive casebook of clinical psychology.* New York: Plenum Press.

Freeman, A., & Dolan, M. (2001). Revisiting Prochaska and DiClemente's stages of change theory: An expansion and specification to aid in treatment planning and outcome evaluation. *Cognitive and Behavioral Practice, 8*(3), 224-234.

Freeman, A., & Leaf, R. (1989). Cognitive therapy applied to personality disorders. In A. Freeman, K. Simon, L. Beutler, & H.

Arkowitz (Eds.), *Comprehensive handbook of cognitive therapy* (pp. 403-433). New York: Plenum Press.

Freeman, A., Pretzer, J., Fleming, B., & Simon, K. M. (1990). *Clinical applications of cognitive therapy.* New York: Plenum Press.

Freeston, M. H., Rheaume, J., & Ladoucer, R. (1996). Correcting faulty appraisals of obsessional thoughts. *Behaviour Research and Therapy, 34,* 433-446.

Freud, S. (1953). Three essays of the theory of sexuality. In J. Strachey (Ed. and Trans.), *The standard edition of the complete psychological works of Sigmund Freud* (Vol. 7, pp. 255-268). London: Hogarth Press. (Original work published 1905)

Freud, S. (1955). Notes upon a case of obsessional neurosis. In J. Strachey (Ed. and Trans.), *The standard edition of the complete psychological works of Sigmund Freud* (Vol. 10, pp. 151-320). London: Hogarth Press. (Original work published 1909)

Freud, S. (1957). On narcissism: An introduction. In J. Strachey (Ed. and Trans.), *The standard edition of the complete psychological works of Sigmund Freud* (Vol. 14, pp. 67-102). London: Hogarth Press. (Original work published 1914)

Freud, S. (1989). Character and anal eroticism. In P. Gay (Ed.), *The Freud Reader* (pp. 293-297). New York: Norton. (Original work published 1908)

Gardner, D. L., & Cowdry, R. W. (1985). Alprazolam-induced dyscontrol in borderline personality disorder. *American Journal of Psychiatry, 142,* 98-100.

Gasperini, M., Provenza, M., Ronchi, P., Scherillo, P., Bellodi, L., & Smeraldi, E. (1989). Cognitive processes and personality disorders in affective patients. *Journal of Personality Disorders, 3,* 63-71.

Giesen-Bloo, J., & Arntz, A. (2003). World assumptions and the role of trauma in borderline personality disorder. *Journal of Behavior Therapy and Experimental Psychiatry.* Manuscript accepted pending revision.

Giesen-Bloo, J., Arntz, A., van Dyck, R., Spinhoven, P., & van Tilburg, W. (2001, July). *Outpatient treatment of borderline personality disorder: Analytical psychotherapy versus cognitive behavior therapy.* Paper presented at the World Congress of Behavioral and Cognitive Therapies, Vancouver.

Gissen-Bloo, J., Arntz, A., van Dyck, R., Spinhoven, P., & van Tilburg, W. (2002, November). *Outpatient treatment of borderline personality disorder: Schema focused therapy vs. transference focused psychotherapy, preliminary results of an ongoing multicenter trial.* Paper presented at the symposium on "Transference Focused Psychotherapy for Borderline Personality," New York.

Gilbert, P. (1989). *Human nature and suffering.* Hillsdale, NJ: Erlbaum.

Gilligan, C. (1982). *In a different voice.* Cambridge,

MA: Harvard University Press.

Gilson, M. L. (1983). Depression as measured by perceptual bias in binocular rivalry. *Dissertation Abstracts International, 44*(8B), 2555 (University Microfilms No. AAD83-27351)

Goldstein, A. P., Martens, J., Hubben, J., Van Belle, H. A., Schaaf, W., Wirsma, H., & Goedhart, A. (1973). The use of modeling to increase independent behavior. *Behaviour Research and Therapy, 11*, 31-42.

Goldstein, W. (1985). *An introduction to the borderline conditions*. Northvale, NJ: Jason Aronson.

Gradman, T. J., Thompson, L. W., & Gallagher-Thompson, D. (1999). Personality disorders and treatment outcome. In E. Rosowsky, R. C. Abrams, & R. A. Zweig (Eds.), *Personality disorders in older adults: Emerging issues in diagnosis and treatment* (pp. 69-94). Mahwah, NJ: Erlbaum.

Greenberg, D., & Stravynski, A. (1985). Patients who complain of social dysfunction: I. Clinical and demographic features. *Canadian Journal of Psychiatry, 30*, 206-211.

Greenberg, R. P., & Bornstein, R. F. (1988). The dependent personality: I. Risk for physical disorders. *Journal of Personality Disorders, 2*, 126-135.

Greenberg, R. P., & Dattore, P. J. (1981). The relationship between dependency and the development of cancer. *Psychosomatic Medicine, 43*, 35-43.

Greenberg, D., & Padesky, C. A. (1995). *Mind over mood: Change how you feel by changing the way you think*. New York: Guilford Press.

Gresham, F. M., MacMillan, D. L., Bocian, K. M., Ward, S. L., & Forness, S. R. (1998). Comorbidity of hyperactivity-impulsivity-inattention and conduct problems: Risk factors in social, affective, and academic domains. *Journal of Abnormal Child Psychology, 26*, 393-406.

Guidano, V. F., & Liotti, G. (1983). *Cognitive processes and emotional disorders*. New York: Guilford Press.

Gunderson, J. G. (1996). The borderline patient's intolerance of aloneness: Insecure attachments and therapist availability. *American Journal of Psychiatry, 153*, 752-758.

Gunderson, J. G., Frank, A. F., Ronningstam, E. F., Wachter, S., Lynch, V. J., & Wolf, P. J. (1989). Early discontinuance of borderline patients from psychotherapy. *Journal of Nervous and Mental Disease, 177*, 38-42.

Gunderson, J. G., & Singer, M. (1975). Defining borderline patients: An overview. *American Journal of Psychiatry, 132*, 1-9.

Gunderson, J. G., Triebwasser, J., Phillips, K. A., & Sullivan, C. N. (1999). Personality and vulnerability to affective disorders. In C. Robert Cloninger (Ed.), *Personality and psychopathology* (pp. 3-32). Washington, DC: American Psychiatric Press.

Habel, U., Kuehn, E. Salloum, J. B., Devos, H., &

Schneider, F. (2002). Emotional processing in the psychopathic personality. *Aggressive Behavior, 28*(5), 394-400.

Hardy, G. E., Barkham, M., Shapiro, D. A., Stiles, W. B., Rees, A., & Reynolds, S. (1995). Impact of Cluster C personality disorders on outcomes of contrasting brief psychotherapies for depression. *Journal of Consulting and Clinical Psychology, 63*(6), 997-1004.

Hare, R. (1985). A checklist for assessment of psychopathy. In M. H. Ben-Aron, S. J. Hucker, & C. Webster (Eds.), *Clinical criminology* (pp. 157-167). Toronto: M. & M. Graphics.

Hare, R. (1986). Twenty years of experience with the Cleckley psychopath. In W. Reid, D. Dorr, J. Walker, & J. Bonner (Eds.), *Unmasking the psychopath* (pp. 3-27). New York: Norton.

Hawton, K., & Kirk, J. (1989). Problem-solving. In K. Hawton, P. Salkovskis, J. Kirk, & D. Clark (Eds.), *Cognitive behavior therapy for psychiatric problems* (pp. 406-449). Oxford, UK: Oxford University Press.

Head, S. B., Baker, J. D., & Williamson, D. A. (1991). *Journal of Personality Disorders, 5,* 256-263.

Heimberg, R. G. (1996). Social phobia, avoidant personality disorder and the multiaxial conceptualization of interpersonal anxiety. In P. M. Salkovskis (Ed.), *Trends in cognitive and behavioural therapies* (pp. 43-61). London: Wiley.

Herbert, J. D., Hope, D. A., & Bellack, A. S. (1992). Validity of the distinction between generalized social phobia and avoidant personality disorder. *Journal of Abnormal Psychology, 101,* 332-339.

Herman, J. L., Perry, J. C., & van der Kolk, B. A. (1989). Childhood trauma in borderline personality disorder. *American Journal of Psychiatry, 146,* 490-495.

Herman, J. L., & van der Kolk, B. A. (1987). Traumatic origins of borderline personality disorder. In B. A. van der Kolk (Ed.), *Psychological trauma.* Washington, DC: American Psychiatric Press.

Herpertz, S. C., Dietrich, T. M., Wenning, B., Krings, T., Erberich, S. G., Willmes, K., et al. (2001). Evidence of abnormal amygdala functioning in borderline personality disorder: A functional MRI study. *Biological Psychiatry, 50,* 292-298.

Herpertz, S. C., Schwenger, U. B., Kunert, H. J., Lukas, G., Gretzer, U., Nutzmann, J., et al. (2000). Emotional responses in patients with borderline as compared with avoidant personality disorder. *Journal of Personality Disorders, 14,* 328-337.

Herpertz, S. C., Werth, U., Lukas, G., Qunaibi, M., Schuerkens, A., Kunert, H.-J., et al. (2001). Emotion in criminal offenders with psychopathy and borderline personality disorder. *Archives of General Psychiatry, 58,* 737-745.

Heumann, K. A., & Morey, L. C. (1990). Reliability

of categorical and dimensional judgements of personality disorder. *American Journal of Psychiatry, 147,* 498-500.

Hill, A. B. (1976). Methodological problems in the use of factor analysis: A critical review of the experimental evidence for the anal character. *British Journal of Medical Psychology, 49,* 145-159.

Hill, D. C. (1970). Outpatient management of passive-dependent women. *Hospital and Community Psychiatry, 21,* 38-41.

Hinkle, L. E. (1961). Ecological observations on the relation of physical illness, mental illness and the social environment. *Psychosomatic Medicine, 23,* 289-296.

Hogan, R. (1987). Personality psychology: Back to basics. In J. Aronoff, A. I. Robin, & R. A. Zucker, (Eds.), *The emergence of personality* (pp. 141-188). New York: Springer.

Hollandsworth, J., & Cooley, M. (1978). Provoking anger and gaining compliance with assertive versus aggressive responses. *Behavior Therapy, 9,* 640-646.

Hollon, S. D., Kendall, P. C., & Lumry, A. (1986). Specificity of depressogenic cognitions in clinical depression. *Journal of Abnormal Psychology, 95*(1), 52-59.

Horney, K. (1945). *Our inner conflicts.* New York: Norton.

Horney, K. (1950). *Neurosis and human growth.* New York: Norton.

Horowitz, M. (Ed.). (1977). *Hysterical personality.* New York: Jason Aronson.

Hyler, S. E., & Rieder, R. O. (1987). *PDQ-R: Personality Diagnostic Questionnaire? Revised.* New York: New York State Psychiatric Institute.

Ingram, R. E., & Hollon, S. D. (1986). Cognitive therapy for depression from an information processing perspective. In R. E. Ingram (Ed.), *Information processing approaches to clinical psychology* (pp. 261-284). New York: Academic Press.

Janssen, S. A., & Arntz, A. (2001). Real-life stress and opioid-mediated analgesia in novice parachute jumpers. *Journal of Psychophysiology, 15,* 106-113.

Johnson, J. J., Cohen, P., Smailes, E. M., Skodol, A. E., Brown, J., & Oldham, J. M. (2001). Childhood verbal abuse and risk for personality disorders during adolescence and early adulthood. *Comprehensive Psychiatry, 42,* 16-23.

Johnson, J. J., Smailes, E. M., Cohen, P., Brown, J., & Bernstein, D. P. (2000). Associations between four types of childhood neglect and personality disorder symptoms during adolescence and early adulthood: Findings of a community-based longitudinal study. *Journal of Personality Disorders, 14,* 171-187.

Johnson, S. (1987). *Humanizing the narcissistic style.* New York: Norton.

Jones, E. (1961). Anal erotic character traits. In *Papers on psychoanalysis.* Boston: Beacon Press. (Original work published 1918)

Juni, S., & Semel, S. R. (1982). Person perception as a function or orality and anality. *Journal of Social Psychology, 118,* 99-103.

Kagan, J. (1989). Tempermental contributions to social behavior. *American Psychologist, 44*(4), 668-674.

Kass, D. J., Silvers, F. M., & Abrams, G. M. (1972). Behavioral group treatment of hysteria. *Archives of General Psychiatry, 26,* 42-50.

Kegan, R. (1986). The child behind the mask: Sociopathy as a developmental delay. In W. Reid, D. Dorr, J. Walker, & J. Bonner (Eds.), *Unmasking the psychopath* (pp. 45-77). New York: Norton.

Kelly, G. (1955). *The psychology of personal constructs.* New York: Norton.

Kemperman, I., Russ, M. J., Clark, W. C., Kakuma, T., Zanine, E., & Harrison, K. (1997). Pain assessment in self-injurious patients with borderline personality disorder using signal detection theory. *Psychiatry Research, 70,* 175-183.

Kendler, K. S., & Gruenberg, A. M. (1982). Genetic relationship between Paranoid Personality Disorder and the "schizophrenic spectrum" disorders. *American Journal of Psychiatry, 139,* 1185-1186.

Kernberg, O. F. (1975). *Borderline conditions and pathological narcissism.* New York: Jason Aronson.

Kernberg, O. F. (1976). *Object relations theory and clinical psycho-analysis.* New York: Jason Aronson.

Kernberg, O. F. (1984). *Severe personality disorders: Psychotherapeutic strategies.* New York: Yale University Press.

Kernberg, O. F. (1996). A psychoanalytic theory of personality disorders. In J. F. Clarkin & M. F. Lenzeweger (Eds.), *Major theories of personality disorder* (pp. 106-137). New York: Guilford Press.

Kernberg, O. F., Selzer, M. A., Koenigsberg, H. W., Carr, A. C., & Appelbaum, A. H. (1989). *Psychodynamic psychotherapy of borderline patients.* New York: Basic Books.

Kernis, M. H., Grannemann, B. D., & Barclay, L. C. (1989). Stability and level of self-esteem as predictors of anger arousal and hostility. *Journal of Personality and Social Psychology, 56,* 1013-1022.

Kimmerling, R., Zeiss, A., & Zeiss, R. (2000). Therapist emotional responses to patients: Building a learning-based language. *Cognitive and Behavioral Practice, 7,* 312-321.

Kingdon, D. G., & Turkington, D. (1994). *Cognitive-behavioral therapy of schizophrenia.* New York: Guilford Press.

Klein, M. H., Benjamin, L. S., Rosenfeld, R., Treece, C., Husted, J., & Greist, J. H. (1993). The Wisconsin Personality Disorders Inventory: Development, reliability, and validity. *Journal of Personality Disorders, 7,* 285-303.

Klonsky, E. D., Oltmanns, T. F., Turkheimer, E., & Fiedler, E. R. (2000). Recollections of conflict with parents and family support in personality disorders. *Journal of Personality Disorders, 14,* 327–338.

Kochen, M. (1981). On the generality of PARRY, Colby's paranoia model. *The Behavioral and Brain Sciences, 4,* 540–541.

Koenigsberg, H., Kaplan, R., Gilmore, M., & Cooper, A. (1985). The relationship between syndrome and personality disorder in DSM-III: Experience with 2,462 patients. *American Journal of Psychiatry, 142,* 207–212.

Kohlberg, L. (1984). *The psychology of moral development.* New York: Harper & Row.

Kohut, H. (1984). *The analysis of the self.* New York: International University Press.

Kolb, L. C. (1968). *Noyes' clinical psychiatry* (7th ed.). Philadelphia: Sounders.

Koocher, G., & Keith-Spiegel, P. (1998). *Ethics in psychology: Professional standards and cases* (2nd ed.). New York: Oxford University Press.

Koons, C, R., Robbins, C. J., Tweed, J. L., Lynch, T. R., Gonzalez, A. M., Morse, J. Q., et al. (2001). Efficacy of dialectical behavior therapy in women with borderline person-ality disorder. *Behavior Therapy, 32,* 371–390.

Kraeplin, E. (1913). *Psychiatrie: Ein lehrbuch* (8th ed., Vol. 3). Leipzig: Barth.

Kretschmer, E. (1936). *Physique and character.* London: Routledge & Kegan paul.

Kuyken, W., Kurzer, N., DeRubeis, R. J., Beck, A. T., & Brown, G. K. (2001). Response to

cognitive therapy in depression: The role of maladaptive beliefs and personality disorders. *Journal of Consulting and Clinical Psychology,* 69(3), 560–566.

Layden, M. A., Newman, C. F., Freeman, A., & Morse, S. B. (1993). *Cognitive therapy of borderline personality disorder.* Boston: Allyn & Bacon.

Lazare, A., Klerman, G. L., & Armor, D. (1966). Oral, obsessive and hysterical personality patterns. *Archives of General Psychiatry, 14,* 624–630.

Lazare, A., Klerman, G. L., & Armor, D. (1970). Oral, obsessive and hysterical personality patterns: Replication of factor analysis in an independent sample. *Journal of Psychiatric Research, 7,* 275–290.

Lee, C. W., Taylor, G., & Dunn, J. (1999). Factor structure of the Schema Questionnaire in a large clinical sample. *Cognitive Therapy and Research, 23,* 441–451.

Levy, D. (1966). *Maternal overprotection.* New York: Norton.

Liberman, R., De Risis, W., & Mueser, K. (1989). *Social skills training for psychiatric patients.* New York: Pergamon Press.

Like, R., & Zyzanski, S. J. (1987). Patient satisfaction with the clinical encounter: Social psychological determinants. *Social Science in Medicine,* 24(4), 351–357.

Lilienfeld, S. O., VanValkenburg, C., Larntz, K., & Akiskal, H. S. (1986). The relationship of histrionic personality disorder to antisocial personality and somatization disorders. *American Journal of Psychiatry, 143*, 718-722.

Linehan, M. M. (1987a). Dialectical behavior therapy in groups: Treating borderline personality disorders and suicidal behavior. In C. M. Brody (Ed.), *Woman in groups*. New York: Springer.

Linehan, M. M. (1987b). Dialectical behavioral therapy: A cognitive behavioral approach to parasuicide. *Journal of Personality Disorders, 1*, 328-333.

Linehan, M. M. (1993). *Cognitive-behavioral treatment of borderline personality disorder*. New York: Guilford Press.

Linehan, M. M., Armstrong, H. E., Suarez, A., Allmon, D., & Heard, H. L. (1991). Cognitive-behavioral treatment of chronically para-suicidal borderline patients. *Archives of General Psychiatry, 48*, 1060-1064.

Linehan, M. M., & Heard, H. L. (1999). Borderline personality disorder: Costs, course, and treatment outcomes. In N. E. Miller & K. M. Magruder (Eds.), *Cost-effectiveness of psychotherapy: A guide for practitioners, researchers, and policymakers* (pp. 291-305). New York: Oxford University Press.

Linehan, M. M., Heard, H. L., & Armstrong, H. E. (1993). Naturalistic follow-up of a behavioral treatment for chronically para-suicidal borderline patients. *Archives of General Psychiatry, 50*, 971-974.

Linehan, M. M., Schmidt, H., Dimeff, L. A., Craft, J. C., Kanter, J., & Comtois, K. (1999). Dialectical behavior therapy for patients with borderline personality disorder and drug-dependence. *American Journal on Addictions, 8*, 279-292.

Linehan, M. M., Tutek, D. A., & Heard, H. L. (1992, November). *Interpersonal and social treatment outcomes in borderline personality disorder*. Paper presented at the 26th annual conference of the Association for Advancement of Behavior Therapy, Boston.

Lion, J. R. (Ed.). (1981). *Personality disorders: Diagnosis and management*. Baltimore: Williams & Wilkens.

Livesley, W. J. (1990). *Dimensional Assessment of Personality Pathology-Basic Questionnaire*. Unpublished manuscript, University of British Columbia.

Livesley, W. J., Jang, K., Schroeder, M. L., & Jackson, D. N. (1993). Genetic and environ-mental factors in personality dimensions. *American Journal of Psychiatry, 150*, 1826-1831.

Loranger, A. W. (1991). Diagnosis of personality disorders: General considerations. In R. Michels (Ed.), *Psychiatry* (Vol. 1, pp. 1-14). Philadelphia: Lippincott.

Loranger, A. W. (1999). Categorical approaches to assessment and diagnosis of personality disorders. In C. Robert Cloninger (Ed.), *Personality and psychopathology* (pp. 201-217). Washington, DC: American Psychiatric Press.

Loranger, A. W., Lenzenweger, M. F., Gartner, A. F., Lehman, S. V., Herzig, J., Zammit, G. K., et al. (1991). Trait-state artifacts and the diagnosis of personality disorders. *Archives of General Psychiatry, 48,* 720-728.

Loranger, A. W., Susman, V. L., Oldham, J. M., & Russakoff, L. M. (1987). The Personality Disorder Examination: A preliminary report. *Journal of Personality Disorders, 1,* 1-13.

Luborsky, L., McLellan, A. T., Woody, G. E., O'Brien, C. P., & Auerbach, A. (1985). Therapist success and its determinants. *Archives of General Psychiatry, 42,* 602-611.

Mackinnon, R. A., & Michaels, R. (1971). *The psychiatric interview in clinical practice* (pp. 110-146). Philadelphia: Saunders.

Maffei, C., Fosaati, A., Agnostoni, I., Barraco, A., Bagnato, M., Deborah, D., et al. (1997). Interrater reliability and internal consistency of the Structured Clinical Interview for DSM-IV Axis II Personality Disorders (SCID-II), version 2.0. *Journal of Personality Disorders, 11*(3), 279-284.

Mahoney, M. (1984). Behaviorism, cognitivism, and human change processes. In M. A. Reda & M. Mahoney (Eds.), *Cognitive psychotherapies: Recent developments in theory, research, and practice* (pp. 3-30). Cambridge, MA: Ballinger.

Malinow, K. (1981). Passive-aggressive personality. In J. Lion (Ed.), *Personality disorders diagnosis and management (revised for DSM III)* (2nd ed., pp. 121-132). Baltimore: Williams & Wilkins.

Malmquist, C. P. (1971). Hysteria in childhood. *Postgraduate Medicine, 50,* 112-117.

Marchand, A., Goyer, L. R., Dupuis, G., & Mainguy, N. (1998). Personality disorders and the outcome of cognitive behavioural treatment of panic disorder with agoraphobia. *Canadian Journal of Behavioural Science, 30,* 14-23.

Marmor, J. (1953). Orality in the hysterical personality. *Journal of the American Psychoanalytic Association, 1,* 656-671.

Martin, J., Martin, W., & Slemon, A. G. (1987). Cognitive mediation in person-centered and rational-emotive therapy. *Journal of Counseling Psychology, 34*(3), 251-260.

Masterson, J. F. (1985). *Treatment of the borderline adolescent: A developmental approach.* New York: Brunner/Mazel.

Mavissakalian, M., & Hamman, M. S. (1987). DSM-III personality disorder in agoraphobia: II. Changes with treatment. *Comprehensive Psychiatry, 28,* 356-361.

Mays, D. T. (1985). Behavior therapy with borderline personality disorders: One clinician's perspective. In D. T. Mays & C. M. Franks (Eds.), *Negative outcome in psychotherapy and what to do about it* (pp. 301-311). New York: Springer.

McCann, J. (1988). Passive-aggressive personality disorder: A review. *Journal of Personality Disorders, 2*(2), 170-179.

McCown, W., Galina, H., Johnson, J., DeSimone, P., & Posa, J., (1993). Borderline personality disorder and laboratory induced cold pressor pain: Evidence of stress-induced analgesia. *Journal of Psychopathology and Behavioral Assessment, 15,* 87-95.

McCreey, C., & Claridge, G. (2002). Healthy schizotypy: The case of out-of-the-body experiences. *Personality and Individual Differences, 32,* 141-154.

McDougall, W. (1921). *An introduction to social psychology* (14th ed.). Boston: John W. Luce.

McGinn, L. K., & Young, J. E. (1996). Schema-focused therapy. In P. M. Salkovkis (Ed.), *Frontiers of cognitive therapy* (pp. 182-207). New York: Guilford Press.

McKay, D., Neziroglu, F., Todaro, J., & Yaryura-Tobias, J. A. (1996). Changes in personality disorders following behavior therapy for obsessive-compulsive disorder. *Journal of Anxiety Disorders, 10*(1), 47-57.

Merbaum, M., & Butcher, J. N. (1982). Therapists' liking of their psychotherapy patients: Some issues related to severity of disorder and treatability. *Psychotherapy: Theory, Research and Practice, 19*(1), 69-76.

Mersch, P. P. A., Jansen, M. A., & Arntz, A. (1995). Social phobia and personality disorder: Severity of complaint and treatment effectiveness. *Journal of Personality Disorders, 9,* 143-159.

Millon, T. (1969). *Modern psychopathology: A biosocial approach to maladaptive learning and functioning.* Philadelphia: Saunders.

Millon, T. (1981). *Disorders of personality: DSM-III, Axis II.* New York: Wiley.

Millon, T. (1983). *Manual for the Millon Clinical Multiaxial Inventory-I (MCMI-I).* Minneapolis: National Computer Systems.

Millon, T. (1985). *Personality and its disorders.* New York: Wiley.

Millon, T. (1993). Negativistic (passive-aggressive) personality disorder. *Journal of Personality Disorders, 7*(1), 78-85.

Millon, T. (1996). *Disorders of personality: DSM-IV and beyond* (2nd ed.). New York: Wiley.

Millon, T., & Davis, R. (1996). Negativistic personality disorders: The vacillating pattern. In T. Millon, *Disorders of personality: DSM-IV and Beyond* (2nd ed., pp. 541-574). New York: Wiley.

Millon, T., Davis, R. D., & Millon, C. (1996). *The Millon Clinical Multiaxial Inventory-III manual.* Minnetonka, MN: National Computer System.

Millon, T., Davis, R., Millon, C., Escovar, L., & Meagher, S. (2000). *Personality disorders in modern life.* New York: Wiley.

Millon, T., Millon, C., & Davis, R. D. (1994). *Millon Clinical Multiaxial Inventory-III.* Minneapolis: National Computer Systems.

Moony, K. A., & Padesky, C. A. (2000). Applying client creativity to recurrent problems: Constructing possibilities and tolerating doubt. *Journal of Cognitive Psychotherapy: An International Quarterly, 14*(2), 149-161.

Morey, L. C., Waugh, M. H., & Blashfield, R. K. (1985). MMPI scores for the DSM-III personality disorders: Their derivation and correlates. *Journal of Personality Assessment, 49,* 245-251.

Morrison, A. P. (1998). A cognitive analysis of the maintenance of auditory hallucinations: Are voices to schizophrenia what bodily sensations are to panic? *Behavioural and Cognitive Psychotherapy, 26,* 289-302.

Morrison, A. P., & Renton, J. C. (2001). Cognitive therapy for auditory hallucinations: A theory-based approach. *Cognitive and Behavioral Practice, 8,* 147-169.

Najavits, L. (2000). Researching therapist emotions and countertransference. *Cognitive and Behavioral Practice, 7,* 322-328.

Nakao, K., Gunderson, J. G., Phillips, K. A., Tanaka, N., Yorifuji, K., Takaishi, J., & Nishimura, T. (1992). Functional impairment in personality disorders. *Journal of Personality Disorders, 6,* 24-33.

Nelson-Gray, R. O., Johnson, D., Foyle, L. W., Daniel, S. S., & Harmon, R. (1996). The effectiveness of cognitive therapy tailored to depressives with personality disorders. *Journal of Personality Disorders, 10,* 132-152.

Nestadt, G., Romanoski, A. J., Chahal, R., Merchant, A., Folstein, M. F., Gruenberg, E. M., & McHugh, P. R. (1990). An epidemiological study of histrionic personality disorder. *Psychological Medicine, 20,* 413-422.

Newman, C. (1997). Maintaining professionalism in the face of emotional abuse from clients. *Cognitive and Behavioral Practice, 4,* 1-29.

Newman, C. F. (1999). Showing up for your own life: Cognitive therapy of avoidant personality disorder. *In Session: Psychotherapy in Practice, 4*(4), 55-71.

Neziroglu, F., McKay, D., Todaro, J., & Yaryura-Tobias, J. A. (1996). Effect of cognitive behavior therapy on persons with body dysmorphic disorder and comorbid axis II diagnosis. *Behavior Therapy, 27,* 67-77.

Norcross, J. C., Prochaska, J. O., & Gallagher, K. M. (1989). Clinical psychologist in the 1980's: II. Theory, research, and practice. *The Clinical Psychologist, 42*(3), 45-53.

Ogata, S. N., Silk, K. R., Goodrich, S., Lohr, N. E., Westen, D., & Hill, E. M. (1990). Childhood sexual and physical abuse in adult patients with borderline personality disorder. *American Journal of Psychiatry, 147,* 1008-1013.

O'Leary, K. M., Cowdry, R. W., Gardner, D. L., Leibenluft, E., Lucas, P. B., & deJong-Meyer, R. (1991). Dysfunctional attitudes in borderline personality disorder. *Journal of Personality Disorders, 5,* 233-242.

Olin, S. S., Raine, A., Cannon, T. D., & Parnas, J. (1997). Childhood behavior precursors of schizotypal personality disorder. *Schizophrenia Bulletin, 23,* 93-103.

O'Reilly, T., Dunbar, R., & Bentall, R. P. (2001). Schizotypy and creativity: An evolutionary connection? *Personality and Individual Differences, 31,* 1067-1078.

Ottaviani, R. (1990). Passive-aggressive personality

disorder. In A. T. Beck, A. Freeman, & Associates, *Cognitive therapy of personality disorders* (pp. 333-349). New York: Guilford Press.

Overholser, J. C. (1987). Facilitating autonomy in passive-dependent persons: An integrative model. *Journal of Contemporary Psychotherapy, 17,* 250-269.

Overholser, J. C. (1991). Categorical assessment of the dependent personality disorder in depressed inpatients. *Journal of Personality Disorders, 5,* 243-255.

Overholser, J. C. (1992). Interpersonal dependency and social loss. *Personality and Individual Differences, 13,* 17-23.

Overholser, J. C., Kabakoff, R., & Norman, W. H. (1989). Personality characteristics in depressed and dependent psychiatric inpatients. *Journal of Personality Assessment, 53,* 40-50.

Padesky, C. A. (1986, September 18-20). *Personality disorders: Cognitive therapy into the 90's.* Paper presented at the Second International Conference on Cognitive Psychotherapy, Umeå, Sweden.

Padesky, C. A. (1993). Schema as self prejudice. *International Cognitive Therapy Newsletter, 5/6,* 16-17.

Padesky, C. A. (1994). Schema change processes in cognitive therapy. *Clinical Psychology and Psychotherapy, 1,* 267-278.

Padesky, C. A., with Greenberger, D. (1995). *Clinician's Guide to Mind Over Mood.* New York: Guilford Press.

Paris, J. (1993). The treatment of borderline personality disorder in light of the research on its long term outcome. *Canadian Journal of Psychiatry, 38*(Suppl. 1), S28-S34.

Patrick, M., Hobson, R. P., Castle, D., Howard, R., & Maughan, B. (1994). Personality disorder and the mental representation of early social experience. *Developmental Psychopathology, 6,* 375-388.

Perez, M., Pettit, J., David, C., Kistner, J., & Joiner, T. (2001). The interpersonal consequences of inflated self-esteem in an inpatient psychiatric youth sample. *Journal of Counseling and Clinical Psychology, 69*(4), 712-716.

Perris, C., & McGorry, P. D. (1988). *Cognitive psychotherapy of psychotic and personality disorders: Handbook of theory and practice.* New York: Wiley.

Perry, J., & Flannery, R. (1982). Passive-aggressive personality disorder treatment implications of a clinical typology. *Journal of Nervous and Mental Disease, 170*(3), 164-173.

Person, E. S. (1986). Manipulativeness in enterpreneurs and psychopaths. In W. Reid, D. Dorr, J. Walker, & J. Bonner (Eds.), *Unmasking the psychopath* (pp. 256-273). New York: Norton.

Persons, J. (1986). The advantages of studying psychological phenomena rather than psychiatric diagnoses. *American Psychologist, 41,* 1252-1260.

Persons, J. B., Burns, B. D., & Perloff, J. M. (1988).

Predictors of drop-out and outcome in cognitive therapy for depression in a private practice setting. *Cognitive Therapy and Research, 12,* 557-575.

Peselow, E. D., Sanfilipo, M. P., & Fieve, R. R. (1994). Patients' and informants' reports of personality traits during and after major depression. *Journal of Abnormal Psychology, 103*(4), 819-824.

Peters, E. R., Joseph, S. A., & Garety, P. A. (1999). Measurement of delusional ideation in the normal population: Introducing the PDI (Peters et al. Delusions Inventory). *Schizophrenia Bulletin, 25,* 553-576.

Pfohl, B. (1991). Histrionic personality disorder: A review of available data and recommendations for DSM-IV. *Journal of Personality Disorders, 5*(2), 150-166.

Pfohl, B. (1999). Axis I and Axis II: Comorbidity or confusion? In C. Robert Cloninger (Ed.), *Personality and psychopathology* (pp. 83-98). Washington, DC: American Psychiatric Press.

Pfohl, B., Blum, N., Zimmerman, M., & Stangl, D. (1989). *Structured Interview for DSM-III-R Personality (SIDP-R)*. Iowa City: University of Iowa, Department of Psychiatry.

Piaget, J. (1926). *The language and thought of the child.* New York: Harcourt, Brace.

Piaget, J. (1952). *The origin of intelligence in children*. New York: International Universities Press. (Original work published 1936)

Pilkonis, P. (1988). Personality prototypes among depressives: Themes of dependency and autonomy. *Journal of Personality Disorders, 2,* 144-152.

Pilkonis, P. A., Heape, C. L., Proietti, J. M., Clark, S. W., McDavid, J. D., & Pitts, T. E. (1995). The reliability and validity of two structured diagnostic interviews for personality disorders. *Archives of General Psychiatry, 52*(12), 1025-1033.

Pilkonis, P. A., Heape, C. L., Ruddy, J., & Serrao, P. (1991). Validity in the diagnosis of personality disorders: The use of the LEAD standard. *Psychological Assessment, 3*(1), 46-54.

Pitman, R. K., van der Kolk, B. A., Orr, S. P., & Greenberg, M. S. (1990). Naloxone-reversible analgesic response to combat-related stimuli in posttraumatic stress disorder. *Archives of General Psychiatry, 47,* 541-544.

Pollack, J. M. (1979). Obsessive-compulsive personality: A review. *Psychologist Bulletin, 86,* 225-241.

Pretzer, J. L. (1985, November). *Paranoid personality disorder: A cognitive view*. Paper presented at the meeting of the Association for the Advancement of Behavior Therapy, Houston, TX.

Pretzer, J. L. (1988). Paranoid personality disorder: A cognitive view. *International Cognitive Therapy Newsletter, 4*(4), 10-12.

Pretzer, J. L. (1990). Borderline personality

disorder. In A. T. Beck, A. Freeman, & Associates, *Cognitive therapy of personality disorders* (pp. 176-207). New York: Guilford Press.

Pretzer, J. L., & Beck, A. T. (1996). A cognitive theory of personality disorders. In J. F. Clarkin & M. F. Lenzenweger (Eds.), *Major theories of personality disorder* (pp. 36-105). New York: Guilford Press.

Pretzer, J. L., Beck, A. T., & Newman, C. F. (1989). Stress and stress management: A cognitive view. *Journal of Cognitive Psychotherapy: An International Quarterly, 3,* 163-179.

Pretzer, J. L., & Hampl, S. (1994). Cognitive behavioural treatment of obsessive compulsive personality disorder. *Clinical Psychology and Psychotherapy, 1*(5), 298-307.

Prochaska, J. O., & DiClemente, C. C. (1982). Transtheoretical therapy: Toward a more integrative model of change. *Psychotherapy: Theory, Research and Practice, 19*(3), 276-288.

Prochaska, J. O., & Norcross, J. C. (2003). *System of psychotherapy: A transtheoretical analysis* (5th ed.). Pacific Grove, CA: Brooks/Cole.

Prout, M., & Platt, J. (1983). The development and maintenance of passive-aggressiveness: The behavioral approach. In R. Parsons & R. Wicks (Eds.), *Passive aggressiveness theory and practice* (pp. 25-43). New York: Brunner/Mazel.

Quay, H. C., Routh, D. K., & Shapiro, S. K. (1987).

Psychopathology of childhood: From description to validation. *Annual Review of Psychology, 38,* 491-532.

Rabins, P. V., & Slavney, P. R. (1979). Hysterical traits and variability of mood in normal men. *Psychological Medicine, 9,* 301-304.

Rakos, R. F. (1991). *Assertive behavior: Theory, research, and training.* New York: Routldege.

Raskin, R., Novacek, J., & Hogan, R. (1991). Narcissistic self-esteem management. *Journal of Personality and Social Psychology, 60,* 911-918.

Rasmussen, S., & Tsuang, M. (1986). Clinical characteristics and family history in DSM-III obsessive-compulsive disorder. *American Journal of Psychiatry, 143,* 317-322.

Rehm, L. (1977). A self-control model of depression. *Behavior Therapy, 8,* 787-804.

Reich, J. H. (1987). Instruments measuring DSM-III and DSM-III-R personality disorders. *Journal of Personality Disorders, 1,* 220-240.

Reich, W. (1972). *Character analysis.* New York: Farrar, Straus, & Giroux.

Reich, J., & Noyes, R. (1987). A comparison of DSM-III personality disorders in acutely ill panic and depressed patients. *Journal of Anxiety Disorders, 1,* 123-131.

Reich, J., Noyes, R., & Troughton, E. (1987). Dependent personality disorder associated with phobic avoidance in patients with panic disorder. *American Journal of Psychiatry, 144,* 323-326.

Reid, W. H. (Ed.). (1981). *The treatment of the antisocial syndromes*. New York: Van Nostrand.

Reid, W. H. (1988). *The treatment of psychiatric disorders: Revised for the DSM-III-R*. New York: Brunner/Mazel.

Renneberg, B., Heyn, K., Gebhard, R., & Bachmann, S. (in press). Facial expression of emotions in borderline personality disorder and depression. *Journal of Behavior Therapy and Experimental Psychiatry*.

Rhodewalt, F., & Morf, C. (1995). Self and interpersonal correlates of the Narcissistic Personality Inventory: A review and new findings. *Journal of Research in Personality, 29*, 1–23.

Robins, L. N. (1966). *Deviant children grow up: A sociological and psychiatric study of sociopathic personality*. Oxford: Williams & Wilkens.

Rossi, A., & Daneluzzo, E. (2002). Schizotypal dimensions in normals and schizophrenic patients: A comparison with other clinical samples. *Schizophrenia Research, 54*, 67–75.

Russ, M. J., Roth, S. D., Lerman, A., Kakuma, T., Harrison, K., Shindledecker, R. D., Hull, J., & Mattis, S. (1992). Pain perception in self-injurious patients with borderline personality disorder. *Biological Psychiatry, 32*, 501–511.

Russ, M. J., Roth, S. D., Kakuma, T., Harrison, K., Shindledecker, R. D., & Hull, J. W. (1994). Pain perception in self-injurious borderline patients: nalaxone effects. *Biological Psychiatry, 35*, 207–209.

Salkovskis, P. (Ed.). (1996). *Frontiers of cognitive therapy*. New York: Guilford Press.

Sanderson, W. C., Beck, A. T., & McGinn, L. K. (1994). Cognitive therapy for generalized anxiety disorders: Significance of co-morbid personality disorders. *Journal of Cognitive Psychotherapy: An International Quarterly, 8*, 13–18.

Saul, L. J., & Warner, S. L. (1982). *The psychotic personality*. New York: Van Nostrand.

Scarr, S. (1987). Personality and experience: Individual encounters with the world. In J. Aronoff, A. I. Robin, & R. A. Zucker (Eds.), *The emergence of personality* (pp. 66–70). New York: Springer.

Schmidt, N. B., Joiner, T. E., Young, J. E., & Telch, M. J. (1995). The Schema Questionnaire: Investigation of psychometric properties and the hierarchical structure of a measure of maladaptive schemas. *Cognitive Therapy and Research, 19*, 295–321.

Schneider, K. (1958). *Psychopathic personalities* (M. Hamilton, Trans.). Springfield, IL: Charles C. Thomas. (Original work published 1923)

Sciuto, G., Diaferia, G., Battaglia, M., Perna, G. P., Gabriele, A., & Bellodi, L. (1991). DSM-III-R personality disorders in panic and obsessive compulsive disorder: A comparison study. *Comprehensive Psychiatry, 32*(5), 450–457.

Scrimali, T., & Grimaldi, L. (1996). Schizophrenia and Cluster A personality disorders. *Journal of Cognitive Psychotherapy: An International*

Quarterly, 10(4), 291-304.

Shapiro, D. (1965). *Neurotic styles.* New York: Basic Books.

Shea, M. T., Pilkonis, P. A., Beckham, E., Collins, J. F., Elkins, I., Sotsky, S. M., & Docherty, J. P. (1990). Personality disorders and treatment outcome in the NIMH Treatment of Depression Collaborative Research Program. *American Journal of Psychiatry, 147,* 711-718.

Shelton, J. L., & Levy, R. L. (1981). *Behavioral assignments and treatment compliance: A handbook of clinical strategies.* Champaign, IL: Research Press.

Sieswerda, S., & Arntz. A. (2001, July 17-21). *Schema-specific emotional STROOP effects in BPD patients.* Paper presented at the World Congress of Behavioral and Cognitive Therapies, Vancouver.

Skodol, A., Buckley, P., & Charles, E. (1983). Is there a characteristic pattern to the treatment history of clinical outpatients with borderline personality disorder? *Journal of Mental and Nervous Disease, 171,* 405-410.

Slavney, P. R. (1978). The diagnosis of hysterical personality disorder: A study of attitudes. *Comprehensive Psychiatry, 19,* 501-507.

Slavney, P. R. (1984). Histrionic personality and antisocial personality: Caricatures of stereotypes? *Comprehensive Psychiatry, 25,* 129-141.

Slavney, P. R., Breitner, J. C. S., & Rabins, P. V. (1977). Variability of mood and hysterical traits in normal women. *Journal of Psychiatric Research, 13,* 155-160.

Slavney, P. R., & McHugh, P. R. (1974). The hysterical personality. *Archives of General Psychiatry, 30,* 325-332.

Slavney, P., & Rich, G. (1980). Variability of mood and the diagnosis of hysterical personality disorder. *British Journal of Psychiatry, 136,* 402-404.

Small, I., Small, J., Alig, V., & Moore, D. (1970). Passive-aggressive personality disorder: A search for a syndrome. *American Journal of Psychiatry, 126*(7), 973-983.

Smokler, I. A., & Shevrin, H. (1979). Cerebral lateralization and personality style. *Archives of General Psychiatry, 36,* 949-954.

Smucker, M. R., Dancu, C., Foa, E. B., & Neideree, J. L. (1995). Imagery rescripting: A new treatment for survivors of childhood sexual abuse suffering from posttraumatic stress. *Journal of Cognitive Psychotherapy, 9,* 3-17.

Soloff, P. H. (1994). Is there any drug treatment of choice for the borderline patient? *Acta Psychiatrica Scandinavica, 379,* 50-55.

Spitzer, R. L. (1983). Psychiatric diagnosis: Are clinicians still necessary? *Comprehensive Psychiatry, 24,* 399-411.

Spivack, G., & Shure, M. B. (1974). *Social adjustment of young children: A cognitive approach to solving real-life problems.* San Francisco: Jossey-Bass.

Springer, T., Lohr, N. E., Buchtel, H. A., & Silk, K. R. (1995). A preliminary report of short-term cognitive-behavioral group therapy for inpatients with personality disorders. *Journal of Psychotherapy Practice and Research, 5,* 57–71.

Standage, K., Bilsbury, C., Jain, S., & Smith, D. (1984). An investigation of role-taking in histrionic personalities. *Canadian Journal of Psychiatry, 29,* 407–411.

Stanley, B., Bundy, E., & Beberman, R. (2001). Skills training as an adjunctive treatment for personality disorders. *Journal of Psychiatric Practice, 7*(5), 324–335.

Stein, K. F. (1996). Affect instability in adults with a borderline personality disorder. *Archives of Psychiatric Nursing, 10,* 32–40.

Steiner, J. L., Tebes, J. K., Sledge, W. H., & Walker, M. L. (1995). A comparison of structured clinical interview for DSM-III-R and clinical diagnoses. *Journal of Nervous and Mental Disease, 183*(6), 365–369.

Steiner, J. L., Tebes, J. K., Sledge, W. H., Walker, W. H., & Loukides, M. (1995). A comparison of the Structured Clinical Interview for DSM-III-R and clinical diagnoses. *Journal of Nervous and Mental Disease, 183*(6), 365–369.

Stern, A. (1938). Psychoanalytic investigations of and therapy in the borderline group of neuroses. *Psychoanalytic Quarterly, 7,* 467–489.

Stone, M. (1993a). *Abnormalities of personality: Within and beyond the realm of treatment.* New York: Norton.

Stone, M. (1993b). Long-term outcome in personality disorders. *British Journal of Psychiatry, 162,* 299–313.

Stone, M. H. (2000). Gradations of antisociality and rersponsiveness to psychosocial therapies. In J. G. Gunderson & G. O. Gabbard (Eds.), *Psychotherapy for personality disorders* (pp. 95–130). Washington, DC: American Psychiatric Press.

Stravynski, A., Marks, I., & Yule, W. (1982). Social skills problems in neurotic outpatients: Social skills training with and without cognitive modification. *Archives of General Psychiatry, 39,* 1378–1385.

Sullivan, H. S. (1956). *Clinical studies in psychiatry.* New York: Norton.

Swann, W. B., Jr. (1990). To be known or to be adored: The interplay of self-enhancement and self-verification. In E. T. Higgins & R. M. Sorrentino (Eds.), *Handbook of motivation and cognitive* (Vol. 2, pp. 408–448). New York: Guilford Press.

Tellegen, A. (1993). *Multidimensional Personality Questionnaire.* Minneapolis: University of Minnesota Press.

Temoshok, L., & Heller, B. (1983). Hysteria. In R. J. Daitzman (Ed.), *Diagnosis and intervention in behavior therapy and behavioral medicine* (pp. 204–294). New York: Springer.

Torgerson, S. (1980). The oral, obsessive and hysterical personality syndromes. *Archives of General Psychiatry, 37,* 1272–1277.

Trull, T. J. (2001). Structural relations between

borderline personality disorder features and putative etiological correlates. *Journal of Abnormal Psychology, 110,* 471-481.

Trull, T. J., Goodwin, A. H., Schopp, L. H., Hillenbrand, T. L., & Schuster, T. (1993). Psychometric properties of a cognitive measure of personality disorders. *Journal of Personality Assessment, 61*(3), 536-546.

Trull, T. J., Widiger, T. A., & Guthrie, P. (1990). Categorical versus dimensional status of borderline personality disorders. *Clinical Psychology Review, 7,* 49-75.

Turkat, I. D. (1985). Formulation of paranoid personality disorder. In I. D. Turkat (Ed.), *Behavioral case formulation* (pp. 157-198). New York: Plenum Press.

Turkat, I. D. (1986). The behavioral interview. In A. R. Ciminero, K. S. Calhoun, & H. E. Adams (Eds.), *Handbook of behavioral assessment* (2nd ed., pp. 109-149). New York: Wiley.

Turkat, I. D. (1987). The initial clinical hypothesis. *Journal of Behavior Therapy and Experimental Psychiatry, 18,* 349-356.

Turkat, I. D. (1990). *The personality disorders: A psychological approach to clinical management.* New York: Pergamon Press.

Turkat, I. D., & Banks, D. S. (1987). Paranoid personality and its disorder. *Journal of Psychopathology and Behavioral Assessment, 9,* 295-304.

Turkat, I. D., & Carlson, C. R. (1984). Data-based versus symptomatic formulation of treat-ment: The case of a dependent personality. *Journal of Behavioral Therapy and Experimental Psychiatry, 15,* 153-160.

Turkat, I. D., & Maisto, S. A. (1985). Personality disorders: Application of the experimental method to the formulation and modification of personality disorders. In D. H. Barlow (Ed.), *Clinical handbook of psychological disorders: A step-by-step treatment manual* (pp. 503-570). New York: Guilford Press.

Turner, R. M. (1987). The effects of personality disorder diagnosis on the outcome of social anxiety symptom reduction. *Journal of Personality Disorders, 1,* 136-143.

Turner, R. M. (1989). Case study evaluations of a bio-cognitive-behavioral approach for the treatment of borderline personality disorder. *Behavior Therapy, 20,* 477-489.

Vaillant, G. E. (1978). Natural history of male psychological health: IV. What kinds of men do not get psychosomatic illness? *Psychosomatic Medicine, 40,* 420-431.

Van Asselt, A. D. I., Dirksen, C. D., Severens, J. L., & Arntz, A. (2002). *Societal costs of illness in BPD patients: results from bottom-up and top-down estimations.* Manuscript submitted for publication.

van den Bosch, L. M. C., Verheul, R., Schippers, G. M., & van den Brink, W. (2002). Dialectical behavior therapy of borderline patients with and without substance use problems: Implementation and long term effects. *Addictive Behaviors, 900,* 1-13.

Van IJzendoorn, M. H., Schuengel, C., & Bakermans-Kranenburg, M. J. (1999). Disorganzied attachment in early childhood: Meta-analysis of precursors, concomitants, and sequelae. *Development and Psychopathology, 11,* 225-249.

van Os, J., Hanssen, M., Bijl, R. V., & Ravelli, A. (2000). Strauss (1969) revisited: A psychosis continuum in the normal population? *Schizophrenia Research, 45,* 11-20.

van Velzen, C. J. M., & Emmelkamp, P. M. G. (1996). The assessment of personality disorders: Implications for cognitive and behavior therapy. *Behaviour Research and Therapy, 34*(8), 655-668.

Veen, G., & Arntz, A. (2000). Multidimensional dichotomous thinking characterizes borderline personality disorder. *Cognitive Therapy and Research, 24,* 23-45.

Ventura, J., Liberman, R. P., Green, M. F., Shaner, A., & Mintz, J. (1998). Training and quality assurance with Structured Clinical Interview for DSM-IV (SCID-I/P). *Psychiatry Research, 79*(2), 163-173.

Vereycken, J., Vertommen, H., & Corveleyn, J. (2002). Authority conflicts and personality disorders. *Journal of Personality Disorders, 16*(1), 41-51.

Veterans Administration. (1951). *Standard classification of diseases.* Washington, DC: Author.

Vieth, I. (1963). *Hysteria: History of a disease.* Chicago: University of Chicago Press.

Wachtel, P. L. (Ed.). (1982). *Resistance: Psychodynamic and behavioral approaches.* New York: Plenum Press.

Waldinger, R. J., & Gunderson, J. C. (1984). Completed psychotherapies with borderline patients. *American Journal of Psychiatry, 38,* 190-202.

Waldinger, R. J., & Gunderson, J. G. (1987). *Effective psychotherapy with borderline patients: Case studies.* New York: Macmillan.

Waller, G., & Button, J. (in press). Processing of threat cues in borderline personality disorder. *Behavioural and Cognitive Psychotherapy.*

Ward, L. G., Freidlander, M. L., & Silverman, W. K. (1987). Children's depressive symptoms, negative self-statements, and causal attributions for success and failure. *Cognitive Therapy and Research, 11*(2), 215-227.

Weaver, T. L., & Clum, G. A. (1993). Early family environment and traumatic experiences associated with borderline personality disorder. *Journal of Consulting and Clinical Psychology, 61,* 1068-1075.

Weertman, A., & Arntz, A. (2001, July 17-21). *Treatment of childhood memories in personality disorders: A controlled study contrasting methods focusing on the present and methods focusing on childhood memories.* Paper presented at the World Congress of Behavioral and Cognitive Therapies, Vancouver.

Weiss, M., Zelkowitz, P., Feldman, R. B., Vogel, J., Heyman, M., & Paris, J. (1996). Psychopathology in offspring of mothers with borderline personality disorder: A pilot study. *Canadian Journal of Psychiatry, 41,* 285-290.

Wellburn, K., Coristine, M., Dagg, P., Pontefract, A., & Jordan, S. (2002). The Schema Questionnaire-Short Form: Factor analysis and relationship between schemas and symptoms. *Cognitive Therapy and Research, 26*(4), 519-530.

Wellburn, K., Dagg, P., Coristine, M., Dagg, P., & Pontefract, A. (2000). Schematic change as a result of an intensive group-therapy day-treatment program. *Psychotherapy, 37*(2), 189-195.

Wells, A. (1997). *Cognitive therapy for anxiety disorders*. London, Wiley.

West, M., & Sheldon, A. E. R. (1988). Classification of pathological attachment patterns in adults. *Journal of Personality Disorders, 2,* 153-159.

Westen, D. (1991). Social cognition and object relations. *Psychological Bulletin, 109,* 429-455.

Wetzler, S., & Morey, L. (1999). Passive-aggressive personality disorder: The demise of a syndrome. *Psychiatry, 62*(1), 49-59.

Whitman, R., Trosman, H., & Koenig, R. (1954). Clinical assessment of passive-aggressive personality. *Archives of Neurology and Psychiatry, 72,* 540-549.

Widiger, T. A. (1992). Categorical versus dimensional classification: Implications from

and for research. *Journal of Personality Disorders, 6,* 287-300.

Widiger, T. A., & Frances, A. (1987). Interviews and inventories for the measurement of personality disorders. *Clinical Psychology Review, 7,* 49-75.

Wilkins, S., & Venables, P. H. (1992). Disorder of attention in individuals with schizotypal personality. *Schizophrenia Bulletin, 18,* 717-723.

Wink, P. (1991). Two faces of narcissism. *Journal of Personality and Social Psychology, 61,* 590-597.

Woody, G. E., McLellan, A. T., Luborsky, L., & O'Brien, C. P. (1985). Sociopathy and psychotherapy outcome. *Archives of General Psychiatry, 42,* 1081-1086.

Woolson, A. M., & Swanson, M. G. (1972). The second time around: Psychotherapy with the "hysterical woman." *Psychotherapy: Theory, Research and Practice, 9,* 168-175.

World Health Organization. (1998). *International classification of diseases* (9th rev., 5th ed.). Geneva: Author.

Wright, J., & Davis, D. (1994). The therapeutic relationship in cognitive behavioral therapy: Patient perceptions and therapist responses. *Cognitive and Behavioral Practice, 1,* 25-45.

Yalom, I. (1985). *The theory and practice of group psychotherapy* (3rd ed.). New York: Basic Books.

Yeomans, F. E., Selzer, M. A., & Clarkin, J. F. (1993). Studying the treatment contract in intensive psychotherapy with borderline patients. *Psychiatry, 56,* 254–263.

Young, J. E. (1984, November). *Cognitive therapy with difficult patients.* Workshop presented at the meeting of the Association for Advancement of Behavior Therapy, Philadelphia.

Young, J. E. (1990). *Cognitive therapy for personality disorders: A schema-focused approach.* Sarasota, FL: Professional Resource Exchange.

Young, J. E. (1990). *Cognitive therapy for personality disorders: A schema-focused approach* (rev. ed.). Sarasota, FL: Professional Resource Exchange.

Young, J. E. (2002a). *Schema theory.* http://www.schematherapy.com/id30.htm.

Young, J. E. (2002b). *Overview of schema inventories.* http://www.schematherapy.com/id49.htm.

Young, J. E., & Brown, G. (1994). Schema Questionnaire. In J. E. Young (Ed.), *Cognitive therapy for personality disorders: A schema-focused approach* (rev. ed., pp. 63–76). Sarasota, FL: Professional Resource Exchange.

Young, J. E., Klosko, J., & Weishaar, M. E. (2003). *Schema therapy: A practitioner's guide.* New York: Guilford Press.

Zanarini, M. C. (1997). *Role of sexual abuse in the etiology of borderline personality disorder.* Washington, DC: American Psychiatric Press.

Zanarini, M. C. (2000). Childhood experiences associated with the development of borderline personality disorder. *Psychiatric Clinics of North America, 23,* 89–101.

Zetzel, E. (1968). The so-called good hysteric. *International Journal of Psycho-Analysis, 49,* 256–260.

Zimmerman, M. (1994). Diagnosing personality disorders: A review. *Archives of General Psychiatry, 51,* 225–245.

Zimmerman, M., Pfohl, B., Coryell, W., Stangl, D., & Corenthal, C. (1988). Diagnosing personality disorder in depressed patients. *Archives of General Psychiatry, 45,* 733–737.

Zimmerman, M., Pfohl, B., Stangl, D., & Corenthal, C. (1986). Assessment of DSM-III personality disorders: The importance of interviewing an informant. *Journal of Clinical Psychiatry, 47,* 261–263.

Zimmerman, M., Pfohl, B., Stangl, D., & Coryell, W. (1985). the validity of DSM-III Axis IV. *American Journal of Psychiatry, 142*(12), 1437–1441.

Zlotnick, C., Rothschild, L., & Zimmerman, M. (2002). The role of gender in the clinical presentation of patients with borderline personality disorder. *Journal of Personality Disorders, 16*(3), 277–282.

Zuroff, D., & Mongrain, M. (1987). Dependency and self-criticism: Vulnerability factors for depressive affective states. *Journal of Abnormal Psychology, 96,* 14–22.

Zwemer, W. A., & Deffenbacher, J. L. (1984). Irrational beliefs, anger, and anxiety. *Journal of Counseling Psychology, 31*(3), 391–393.

찾아보기

| 저자소개 |

• **Aaron T. Beck, MD**

펜실베이니아대학교 정신과 교수이자 Beck 인지치료연구소의 대표이다. 450편 이상의 저술과 논문을 집필했으며, 여러 전문가단체 및 과학자단체로부터 영예로운 상을 받았다. 성격장애에 대해서 활발한 연구를 수행했으며, 경계선 성격장애의 인지치료에 대한 두 편의 연구를 수행했다.

• **Arthur Freeman, EdD, ABPP, ACT**

필라델피아 의과대학 심리학과의 교수이자 학과장이다. AABT(Association for Advancement of Behavior Therapy) 및 IACP(International Association for Cognitive Psychotherapy) 회장을 역임했고, ACT(Academy of Cognitive Therapy)의 특별창설회원이다. 미국전문심리학회로부터 임상심리학, 행동심리학, 가족심리학의 전문가 자격을 획득했다. 부부치료와 가족치료뿐만 아니라 우울증, 불안장애 및 성격장애의 인지치료에 관심을 갖고 있다.

• **Denise D. Davis, PhD**

ACT(Academy of Cognitive Therapy)의 창설회원이며, 1984년에 Beck 인지치료연구소에서 박사후 과정을 마친 뒤 지금까지 Beck, Freeman 및 동료들과 함께 그곳에서 일하고 있다. 그녀는 이 책의 초판에 참여했을 뿐만 아니라 인지치료에 관한 다양한 저술, 논문 및 워크숍을 주관했다. 『Cognitive and Behavioral Practice』라는 저널의 초대 편집장이었다. 현재 벤더빌트 대학교의 심리학 임상훈련 과정의 부책임자를 맡고 있으며, 20년 동안 독립적으로 인지치료 개인치료실을 운영해 왔다.

| 역자소개 |

• **민병배**

서울대학교 심리학과를 졸업하고 동 대학원에서 임상심리학을 전공하여 박사학위를 받았다. 서울대학교병원에서 임상심리연수원 과정을 수료하고 임상심리전문가 및 정신보건임상심리사(1급) 자격을 취득했다. 현재 마음사랑인지행동치료센터 소장으로 재직하고 있다. 주요 저서로는 『강박성 성격장애』, 『의존성 성격장애와 회피성 성격장애』, 『노년기 정신장애』, 『한국판 기질 및 성격검사-성인용, 청소년용, 아동용, 유아용』 등이 있다.

• **유성진**

서울대학교 심리학과를 졸업하고 동 대학원에서 임상 · 상담심리학을 전공하여 석사학위를 받았으며, 박사과정을 수료했다. 서울대학교병원에서 임상심리 수련과정을 수료하여 임상심리전문가 및 정신보건임상심리사(1급) 자격을 취득했다. 현재 마음사랑인지행동치료센터 부소장이자 서울디지털대학교 상담심리학부 교수로 재직하고 있다. 주요 역서로는 『심리도식치료』(공역), 『MMPI-2: 성격 및 정신병리 평가』(공역) 등이 있다.

성격장애의 인지치료
Cognitive Therapy of Personality Disorders -Second Edition

2008년 1월 15일 1판 1쇄 발행
2024년 11월 20일 1판 9쇄 발행

지은이 • Aaron T. Beck, Arthur Freeman, Denise D. Davis & Associates
옮긴이 • 민병배 · 유성진
펴낸이 • 김 진 환
펴낸곳 • ㈜ **학지사**
  04031 서울특별시 마포구 양화로 15길 20 마인드월드빌딩 5층
대표전화 • 02) 330-5114   팩스 • 02) 324-2345
등록번호 • 제313-2006-000265호

홈페이지 • http://www.hakjisa.co.kr
인스타그램 • https://www.instagram.com/hakjisabook

ISBN 978-89-5891-593-5 93180

정가 20,000원

역자와의 협약으로 인지는 생략합니다.
파본은 구입처에서 교환하여 드립니다.

출판미디어기업 **학지사**
간호보건의학출판 **학지사메디컬** www.hakjisamd.co.kr
심리검사연구소 **인싸이트** www.inpsyt.co.kr
학술논문서비스 **뉴논문** www.newnonmun.com
원격교육연수원 **카운피아** www.counpia.com
대학교재전자책플랫폼 **캠퍼스북** www.campusbook.co.kr